Schellmann, Gaida, Gläser, Kegel

Medien

verstehen – gestalten – produzieren

2. Auflage

VERLAG EUROPA-LEHRMITTEL • Nourney, Vollmer GmbH & Co.
Düsselberger Straße 23 • 42781 Haan-Gruiten

Europa-Nr.: 35210

Die Autoren

Schellmann, Bernhard, Studienrat
studierte Maschinenbau, Sport und Berufspädagogik an der Universität Stuttgart und unterrichtet an der Gewerblichen Schule Leutkirch. Daneben ist er Lehrbeauftragter im Bereich Medienproduktion und Medientechnik an der Fachhochschule Stuttgart, Hochschule der Medien und an der Fachhochschule Ravensburg-Weingarten. Er beschäftigt sich mit der Konzeption, der didaktisch-methodischen Umsetzung und der Drehbucherstellung von multimedialen Lernprogrammen und technischen Dokumentationen.

Gaida, Peter
studierte Lehramt für die Mittel- und Oberstufe in den Fächern Musik und Physik an der Gesamthochschule Kassel. Nach mehrjähriger Tätigkeit als Tonmeister, Musiker und Dozent wechselte er in den Vertrieb und arbeitete als Produktmanager für professionelle digitale Audiosysteme. An der Multimedia-Akademie in Friedrichshafen war er neben seiner Dozententätigkeit als Projektleiter für interaktive Anwendungen zuständig. Jetzt arbeitet er überwiegend als freiberuflicher Dozent u.a. als Lehrbeauftragter der Fachhochschule Ravensburg-Weingarten.

Gläser, Martin, Prof. Dr.
studierte Volkswirtschaftslehre an der Universität Mannheim. Nach der Promotion war er langjährig beim Süddeutschen Rundfunk Stuttgart im programmwirtschaftlichen Management tätig. Nach seinem Wechsel in den Hochschulbereich lehrte er zunächst an der Fachhochschule Furtwangen, Fachbereich Medieninformatik. Heute unterrichtet und forscht er an der Fachhochschule Stuttgart, Hochschule der Medien, Studiengang Medienwirtschaft, dessen Leiter er in der Aufbauphase war. Seine Spezialgebiete im Medienbereich sind Führung und Management, Projektmanagement, Kalkulation von Medienprojekten, Controlling, Trends und Perspektiven, Medientheorie.

Kegel, Thomas, Dipl.Ing. (FH)
studierte Medientechnik an der Hochschule für Druck und Medien in Stuttgart. Nach mehrjähriger Tätigkeit als technischer Redakteur für Pre-Sales-Printmedien bei AEG und Daimler-Benz Industries gründete er 1991 mit drei weiteren Mitarbeitern ein Entwicklungsteam für Computer Based Training im industriellen Einsatz. Als Leiter für die jetzt unter Siemens Dematic AG in Konstanz geführte Abteilung mit mehr als 10 Mitarbeitern produziert er weltweit CBT-Großprojekte für technische Produkte. Zusätzlich ist er als Lehrbeauftragter für Multimedia an der Fachhochschule Konstanz und als Dozent an der Multimedia-Akademie in Friedrichshafen tätig.

Lektorat und Leitung des Arbeitskreises
Bernhard Schellmann

Bildentwürfe und Fotos: Die Autoren
Weitere Fotos und Grafiken: Leihgaben der Firmen (s. Verzeichnis)
Bildbearbeitung: Jürgen Neumann, Grafische Produktionen

Das vorliegende Buch wurde auf der Grundlage der neuen amtlichen Rechtschreibung erstellt.

2. Auflage 2002
Druck 5 4 3 2 1
Alle Drucke derselben Auflage sind parallel einsetzbar, da bis auf die Behebung von Druckfehlern untereinander unverändert.

ISBN 3-8085-3522-9

Alle Rechte vorbehalten. Das Werk ist urheberrechtlich geschützt. Jede Verwertung außerhalb der gesetzlich geregelten Fälle muss vom Verlag schriftlich genehmigt werden.

© 2002 by Verlag Europa-Lehrmittel, Nourney, Vollmer GmbH & Co., 42781 Haan-Gruiten

http://www.europa-lehrmittel.de
Umschlaggestaltung: Thomas Kegel, 78464 Konstanz
Satz: Jürgen Neumann, Grafische Produktionen, 97222 Rimpar, www.gp-neumann.de
Druck: B.O.S.S. Druck und Medien GmbH, 47533 Kleve

Vorwort

Eine große Zahl interessierter junger Menschen setzt sich mittlerweile mit den Fragen der „neuen Medien" in Schule, Studium, in einer Umschulungsmaßnahme oder autodidaktisch im Beruf auseinander. Der Weg zur fachlichen Spitze beginnt auf einem breiten und soliden Fundament mit einem breit gefächerten Wissen. Hier ist auch der Platz für dieses Buch, das umfangreiche und fundierte Einblicke in die Medienwelt gewährt. Es bietet dem Einsteiger, aber auch dem Fortgeschrittenen, einen grundlegenden und praxisnahen Gesamtüberblick über die Medien, ihren Einsatz, stellt die Wege zur Produktion multimedialer Anwendungen dar, befasst sich mit wirtschaftlichen und rechtlichen Fragen, zeigt die Theorien und Modelle der Kommunikation auf und setzt sich in Wort und Bild mit Spezialthemen wie Audio, Video, Typografie, Grafik, Drucktechnik auseinander. Um dem vielfach geäußerten Wunsch nach einem eigenständigen Kapitel zum Thema Internet nachzukommen, haben wir die 2. Auflage in vielen Kapiteln nochmals überarbeitet und das Thema „Internet" auf eigene Füße gestellt. Das Buch integriert nun in 15 Kapiteln übersichtlich und leicht verständlich die verschiedenen medialen Themen. Anhand zahlreicher Abbildungen und kompakter Texte können die Inhalte immer anwendungsbezogen und mit aktuellem Bezug erarbeitet werden. Die inhaltliche Aufbereitung entspricht dem neuesten Stand technischer und wissenschaftlicher Erkenntnisse, wobei die Beispiele zu den Medienprodukten und die Nennung von Firmen von den Autoren ohne Wertung und ohne jeglichen Anspruch auf Vollständigkeit ausgewählt wurden.

Längst ist die Medienbranche keine reine Männerdomäne mehr, wie der steigende Anteil an Frauen in den verschiedenen medialen Betätigungsfeldern zeigt. Wenn Sie als Leser die Beschreibung von Berufsbildern und Personen stets in der maskulinen Form vorfinden, so geschieht dies aus rein praktischen Erwägungen.

Viele Anwendungsbeispiele bedürfen der visuellen Unterstützung durch Hard- und Softwareprodukte, die wir aus einer breiten Palette von Angeboten beispielhaft herausgesucht haben. Die erwähnten Soft- und Hardwareprodukte sind in den meisten Fällen eingetragene Warenzeichen und unterliegen als solche den gesetzlichen Bestimmungen.

Die in sich abgeschlossenen, didaktisch aufbereiteten Lehr- und Lerneinheiten in den Kapiteln werden mit einer Aufgabensammlung abgeschlossen, die dazu anregen soll, sich mit dem Thema intensiver zu beschäftigen und durch das Experimentieren und Produzieren von Medien, zu neuen Erkenntnissen und interessanten Erfahrungen zu gelangen.

Das Lehrbuch ist vorgesehen für den Einsatz im Fach Gestaltung(s-) und Medientechnik sowie der Computertechnik mit Vertiefung Multimedia des Technischen Gymnasiums, im Berufskolleg mit medientechnischen Schwerpunkten, im Berufsfeld Mediengestalter und spezieller Fachschulen. Ein zweiter Schwerpunkt liegt im Einsatz als Grundlagenwerk an Fachhochschulen und Hochschulen mit medialen Fachrichtungen, in Akademien und selbstverständlich im Selbststudium.

Für die Unterstützung bei der Entstehung des Werkes möchten wir uns bei den Herren Prof. Dr. Dieter Eichhorn und Johannes Dürr bedanken. Darüberhinaus danken wir den Herren Prof. Dr. Gerhard Maletzke, Prof. Dr. Mike Friedrichsen, Dr. Christoph Hartmann, Rechtsanwalt in Stuttgart, und Prof. Dr. Peter Slowig für die Durchsicht von Teilen des Manuskripts. Unser besonderer Dank gilt unseren Ehefrauen und Familien für ihr Verständnis und ihre aktive Unterstützung.

Gerne dürfen Sie uns Ihre Gedanken zum Buch sowie kritischen Hinweise zu den Inhalten mitteilen. Dazu steht Ihnen unsere Website www.europa-lehrmittel.de/medien zur Verfügung.

Kißlegg, im Sommer 2002
Bernhard Schellmann   Peter Gaida   Martin Gläser   Thomas Kegel

Inhaltsverzeichnis

	Vorwort	3
	Inhaltsverzeichnis	4

1 Medien — 9

1.1 Medien als Phänomen — 10
1.1.1 Definition von Medien — 10
1.1.2 Klassifikationen — 12
1.1.3 Vertieftes Verständnis der Medien — 16

1.2 Medien in der Theorie — 19
1.2.1 Einfacher Modellansatz — 19
1.2.2 Grundmodelle der Kommunikation — 26
1.2.3 Bedeutung der Perspektive — 29

1.3 Medien in der Praxis — 33
1.3.1 Sprache — 34
1.3.2 Telefon — 37
1.3.3 Zeitungen — 39
1.3.4 Zeitschriften — 41
1.3.5 Buch — 43
1.3.6 Radio — 45
1.3.7 Fernsehen — 51
1.3.8 Kino — 58
1.3.9 Trägermedien — 60
1.3.10 Internet — 62

2 Medienproduktion — 65

2.1 Projektbeteiligte — 66
2.1.1 Berufsbilder — 66
2.1.2 Produzent — 67
2.1.3 Produktionsteam — 67

2.2 Projektphasen — 72
2.2.1 Konzeption — 72
2.2.2 Realisierung — 79
2.2.3 Einführung — 84

3 Typografie — 87

3.1 Geschichte und Merkmale — 88
3.1.1 Geschichte — 88
3.1.2 Klassifikation von Druckschriften — 89

3.2 Grundbegriffe — 90
3.2.1 Schriftfamilie und Schriftauswahl — 90
3.2.2 Buchstabe und Wort — 92
3.2.3 Vom Buchstaben zur Schrift — 94

3.3 Typografisches Gestalten — 97
3.3.1 Satzarten — 97
3.3.2 Gestaltungsmittel im Text — 99

3.4 Seitengestaltung — 101
3.4.1 Satzspiegel — 101
3.4.2 Bildhaftes Gestalten — 101
3.4.3 Hurenkind und Schusterjunge — 101
3.4.4 Fußnoten und Marginalien — 102

3.5 Anwendungen — 102
3.5.1 Logo und Werbung — 102
3.5.2 Interaktive Anwendungen — 103

4 Audio — 105

4.1 Töne — 106
4.1.1 Physik der Töne — 107
4.1.2 Empfindung von Tönen — 108
4.1.3 Raumakustik — 114

4.2 Funktion von Tönen — 117
4.2.1 Sprechtext — 117
4.2.2 Musik — 118
4.2.3 Geräusch — 119
4.2.4 Töne in interaktiven Anwendungen — 121

4.3	**Tonaufnahme**	**123**
4.3.1	Konzeptionelle Vorüberlegungen	123
4.3.2	Technik	127
4.3.3	Soundkarte	138
4.3.4	Harddisk-Recording	140
4.3.5	Software für Ton und Bild	141
4.4	**Tonbearbeitung**	**142**
4.4.1	Bearbeitungsschritte	142
4.4.2	Datenreduktion	146
4.5	**Integration und Wiedergabe**	**148**
4.5.1	Tonmischung	148
4.5.2	Anwenderbezug	149
4.6	**Ton und Internet**	**150**

5	**Grafik**	**155**
5.1	**Grafische Elemente**	**156**
5.1.1	Punkt	156
5.1.2	Linie	157
5.1.3	Fläche	159
5.2	**Kontraste**	**160**
5.2.1	Hell-Dunkel-Kontrast	160
5.2.2	Formen- und Flächenkontrast	160
5.2.3	Größenkontrast	160
5.2.4	Strukturkontrast	161
5.2.5	Richtungskontrast	161
5.2.6	Mengenkontrast	161
5.3	**Farben**	**162**
5.3.1	Farbwahrnehmung	162
5.3.2	Farbmischung	162
5.3.3	Farbsechseck	163
5.3.4	Farbkontraste	164
5.3.5	Wirkung von Farben	165
5.3.6	Harmonische Farbzusammenstellungen	166

5.4	**Gestaltgesetze**	**168**
5.5	**Vektor- und Pixelgrafik**	**169**
5.5.1	Vektorgrafik	169
5.5.2	Pixelgrafik	169
6	**Bild**	**171**
6.1	**Fotografie**	**172**
6.1.1	Fotografischer Prozess	172
6.1.2	Analoge Fotografie	180
6.1.3	Digitale Fotografie	184
6.2	**Gestalten von Bildern**	**188**
6.2.1	Funktion des Standbildes	188
6.2.2	Einstellungen	189
6.2.3	Perspektive	191
6.2.4	Raumtiefe	192
6.2.5	Denken in Schwarzweiß	192
6.2.6	Denken in Farbe	193
6.2.7	Kontur und Umriss	193
6.2.8	Muster und Struktur	194
6.2.9	Licht und Schatten	194
6.2.10	Schärfe und Unschärfe	194
6.3	**Bildkommunikation**	**195**
6.3.1	Bild als Abbildung der Wirklichkeit	196
6.3.2	Bild und Text	197
6.3.3	Bildwirkung durch Wahrnehmung	199
6.3.4	Bild als Transportmittel	200
6.4	**Bearbeiten von Bildern**	**201**
6.4.1	Digitalisieren	201
6.4.2	Bildoptimierung	202
6.4.3	Verfremdungen	206
6.5	**Einsatz in Medienproduktion**	**208**
6.5.1	Datenmengen	208
6.5.2	Layout	211

7 Video — 217

7.1 Dynamische Bildwechsel — 218
- 7.1.1 Visuelle Blende — 218
- 7.1.2 Auf- und Abblenden — 219
- 7.1.3 Einblendungen — 220

7.2 Film und Video — 221
- 7.2.1 Vom Film zum Video — 221
- 7.2.2 Analoges vs. digitales Video — 221
- 7.2.3 Analoge Videotechnik — 222
- 7.2.4 Digitale Videotechnik — 224

7.3 Filmgestaltung — 226
- 7.3.1 Bewegung — 226
- 7.3.2 Richtung — 228
- 7.3.3 Beleuchtung — 229
- 7.3.4 Aufnahmetechniken — 230

7.4 Video-Produktion — 232
- 7.4.1 Drehbuch — 232
- 7.4.2 Digitaler Video-Schnitt — 234
- 7.4.3 Spezialeffekte — 235

8 Animation — 237

8.1 Prinzip und Formen der Animation — 238
- 8.1.1 Prinzip der Animation — 238
- 8.1.2 Phasenanimation — 238
- 8.1.3 Pfadanimation — 240
- 8.1.4 3D-Animation — 241
- 8.1.5 Inverse Kinematik — 244

8.2 Virtual Reality — 244
- 8.2.1 2D-VR-Systeme — 244
- 8.2.2 3D-VR-Systeme — 246
- 8.2.3 3D-VR-Simulatoren — 247

9 Multimedia — 249

9.1 Didaktik und Dramaturgie — 250
- 9.1.1 Didaktik — 250
- 9.1.2 Dramaturgie — 253
- 9.1.3 Montage — 255
- 9.1.4 Umsetzung — 256

9.2 Struktur — 259
- 9.2.1 Strukturwahl — 259
- 9.2.2 Leiter-Metapher — 260
- 9.2.3 Baum-Metapher — 260
- 9.2.4 Netzwerk-Metapher — 261

9.3 Interaktionen — 262
- 9.3.1 Dialog- und Benutzerführung — 263
- 9.3.2 Navigationselemente — 268

9.4 Werkzeuge — 271
- 9.4.1 Definition Autorensysteme — 271
- 9.4.2 Auswahl und Beschreibung — 272
- 9.4.3 Systementscheidung — 274
- 9.4.4 Beispiel 1: Authorware — 276
- 9.4.5 Beispiel 2: Director — 278
- 9.4.6 Beispiel 3: ToolBook — 280

10 Internet — 283

10.1 Grundlagen — 284
- 10.1.1 Definition Internet — 284
- 10.1.2 Entstehungsgeschichte — 284
- 10.1.3 Grundprinzip — 286

10.2 Dienste im Internet — 288
- 10.2.1 World Wide Web — 288
- 10.2.2 E-Mail — 288
- 10.2.3 Newsgroups — 291
- 10.2.4 Chat — 292
- 10.2.5 WebCams und Telefonie — 296
- 10.2.6 FTP, Telnet, Gopher und WAIS — 297
- 10.2.7 Suchdienste und Agenten — 299
- 10.2.8 WAP — 302
- 10.2.9 Netiquette — 303

10.3	**World Wide Web**	**304**
10.3.1	Definition WWW	304
10.3.2	Funktionsweise des WWW	304
10.3.3	Sprache des WWW	305
10.3.4	Multimedia im Internet	311
10.4	**Zugang zum Internet**	**312**
10.4.1	Hardware	312
10.4.2	Provider	314
10.4.3	Software	315
10.4.4	Sicherheit im Internet	316
10.4.5	Publizieren im WWW	318
10.5	**Anwendungen**	**319**
10.5.1	Intranet und Extranet	319
10.5.2	E-Business und E-Commerce	320
10.5.3	E-Learning und E-Collaboration	321

11 Design — 323

11.1	**Geschichte und Begriff**	**324**
11.1.1	Geschichte	324
11.1.2	Designbegriff	326
11.2	**Grundprinzipien der räumlichen Darstellung**	**327**
11.2.1	Perspektivische Darstellung	327
11.2.2	Axonometrische Darstellung	328
11.2.3	Ansichtsdarstellung	330
11.2.4	Licht, Schatten, Farbe	331
11.3	**Darstellungsmethoden**	**333**
11.3.1	Skizze	333
11.3.2	Prinzipzeichnung	333
11.3.3	Schematische Darstellung	334
11.3.4	Ergonomische Darstellung	334
11.3.5	Dimensionsdarstellung	335
11.3.6	Explosionsdarstellung	336
11.3.7	Gerenderte Darstellung	336
11.4	**Designprozess**	**337**
11.4.1	Phasen der Produktgestaltung	337
11.4.2	Produktbeispiele	339

12 Druck — 343

12.1	**Druckvorbereitung**	**346**
12.1.1	Aufbereiten von Rohmaterial	346
12.1.2	Fonts und Farben	348
12.1.3	Dateivorbereitung	351
12.1.4	Proofen, Belichten, Bebildern	352
12.1.5	Ausschießen	354
12.2	**Druckverfahren**	**355**
12.2.1	Einteilung der Druckverfahren	355
12.2.2	Hochdruck	355
12.2.3	Flachdruck	356
12.2.4	Tiefdruck	357
12.2.5	Digitaler Druck	357
12.3	**Druckmaschinen**	**359**
12.3.1	Bogendruckmaschinen	359
12.3.2	Rollendruckmaschine	360
12.3.3	Drucküberwachung	361
12.4	**Bedruckstoff, Falzen, Binden**	**363**
12.4.1	Bedruckstoff	363
12.4.2	Falzen	366
12.4.3	Binden	367
12.5	**Anwendung**	**368**
12.5.1	Vom Manuskript zum Buch	368
12.5.2	Herstellung einer Tageszeitung	371

13 Präsentation — 377

13.1	**Konzeption und Vorbereitung**	**378**
13.1.1	Präsentationsziele festlegen	378
13.1.2	Inhalte aufbereiten	379
13.1.3	Präsentation gliedern	380

13.2	**Visualisierung der Inhalte**	**381**
13.2.1	Grundsätze der Visualisierung	381
13.2.2	Vielfalt der Bilder	382
13.2.3	Gestaltungsregeln	383
13.3	**Durchführung der Präsentation**	**384**
13.3.1	Lampenfieber vor dem Auftritt	384
13.3.2	Körpersprache während des Vortrages	384
13.3.3	Wirkungsvoll sprechen	385
13.3.4	Zuhörer begeistern	386
13.4	**Medieneinsatz**	**387**
13.4.1	Folienpräsentation am Tageslichtprojektor	387
13.4.2	Dia- und Videopräsentation	389
13.4.3	Flip-Chart	390
13.4.4	Computerpräsentation	392

14 Medienökonomie 395

14.1	**Kalkulation**	**396**
14.1.1	Kosten von Medienprodukten	396
14.1.2	5-Schritte-Konzept der Kalkulation	398
14.1.3	Kalkulationsbeispiele Film und Multimedia	401
14.2	**Projektmanagement**	**414**
14.2.1	Vorgehenskonzept	414
14.2.2	Konzeption	414
14.2.3	Vorbereitung	418
14.2.4	Realisierung	423
14.3	**Marketing**	**425**
14.3.1	Definition Marketing	425
14.3.2	Medienprodukte als Publikation	431
14.3.3	Medienprodukte im Business	436

15 Medienrecht 441

15.1	**Materialien aus der Praxis**	**442**
15.1.1	Anschauungsbeispiel	442
15.1.2	Kleine praktische Fallbeispiele	448
15.2	**Grundzüge des Urheberrechts**	**450**
15.2.1	Bedeutung des Urheberrechts	450
15.2.2	Werk als Schutzgegenstand	451
15.2.3	Urheber als Werkschöpfer	454
15.2.4	Geschützte Rechte	456
15.2.5	Einräumung von Nutzungsrechten	457
15.3	**Verwertungspraxis**	**458**
15.3.1	Verlage	458
15.3.2	Verwertungsgesellschaften	458

Literaturverzeichnis	**463**
Sachwortverzeichnis	**469**
Firmenverzeichnis	**482**

1 Medien

Zu Beginn des vorliegenden Lehrbuchs wird Klarheit darüber hergestellt, was Medien eigentlich sind. Dabei ist viel von Kommunikation die Rede, weil die Medien eine wichtige Rolle in der Kommunikation der Menschen spielen. Die Medien werden sowohl theoretisch als auch in ihrer praktischen Bedeutung aufgezeigt.

Was sind Medien? Das Wort stammt vom lateinischen Begriff „medium" ab, was so viel wie „mittel", „mitten drin", „dazwischen" bedeutet. Ein Medium hat also den Charakter eines Mittels, wodurch ein Sachverhalt vermittelt werden kann. Das Medium sorgt sozusagen für Vermittlung.

Im Bewusstsein der Menschen haben die Medien einen hohen Stellenwert. Das geht so weit, dass sogar unsere Vorstellungen von der Wirklichkeit stark von den Medien geprägt sind. Medien sind aus dem Leben des Einzelnen nicht mehr wegzudenken. Sie sind im wahrsten Sinne des Wortes „mitten drin". In Deutschland lesen über 80 Prozent der Menschen mehrmals in der Woche Zeitung, fast 50 Prozent lesen Zeitschriften, etwa ein Fünftel der Bevölkerung liest mehrmals in der Woche in Büchern. Der Durchschnittsbürger hört drei Stunden täglich Radio, weitere drei Stunden sieht er fern, und schon fast eineinhalb Stunden nutzt er täglich das Medium Online. So kann es nicht überraschen, dass alle Experten von der Vorstellung ausgehen, den Medien komme in Gesellschaft, Wirtschaft, Politik und Technik eine große Bedeutung zu.

1.1 Medien als Phänomen

1.1.1 Definition von Medien

Der Begriff „Medien" ist uns alltäglich und selbstverständlich. Wir verwenden ihn, ohne viel nachzudenken. Da sie überall präsent sind, ist uns das Phänomen der Medien längst in Fleisch und Blut übergegangen. Völlig zu Recht bezeichnet man unsere Epoche daher auch als das „Medien- und Informationszeitalter".

Doch Vorsicht! Bei genauerem Hinsehen zeigt es sich schnell, dass der Medienbegriff gar nicht so einfach zu fassen ist. Es gibt ziemliche Unschärfen im Gebrauch. Alles Mögliche bekommt das populäre Etikett Medien angeheftet, ohne dass dies immer zweckmäßig ist. Deshalb muss man sich ausführlich mit dem Begriff des Mediums bzw. der Medien befassen.

Ursprung des Wortes Medien

Das Wort „Medien" stammt vom lateinischen Adjektiv „*medium*" ab, was so viel bedeutet wie „in der Mitte befindlich", „mittlerer" ❶. Die Verwendung des Begriffs steht in Verbindung mit „der Idee der Vermittlung, der Idee des Zentrierens, der Idee eines Trägersystems geistigen Ausdrucks, das sich von örtlicher und zeitlicher Gebundenheit löst" ❷.

Definitionen im Alltagsgebrauch

Der Medienbegriff wird im Alltagsgebrauch vorrangig als Sammelbegriff für die technischen Mittel oder Instrumente verwendet, die der Verbreitung von Aussagen dienen. Dies zeigen Lexikon-Definitionen:

- Meyers Enzyklopädisches Lexikon 1975: „Medium (Plural: Media) [lat.: das in der Mitte Befindliche], allgemein: Mittel, vermittelndes Element; insbes. [in der Mehrzahl]: Mittel zur Weitergabe oder Verbreitung von Information durch Sprache, Gestik, Mimik, Schrift und Bild (...)".
- Bertelsmann Universal Lexikon 1993: „Massenmedien, Massenkommunikationsmittel, alle Einrichtungen, die bei der Massenkommunikation zur Vermittlung oder Übertragung von Aussagen dienen; sie sind technische Instrumente oder Apparaturen, mit denen Aussagen öffentlich, direkt, und einseitig (d. h. ohne Dialog zwischen Publikum und Medium) an ein *disperses* ❸ Publikum verbreitet werden. Zu den Massenmedien werden Presse, Rundfunk, Film und Fernsehen gerechnet, neuerdings auch Schallplatte, Buch und Video."

---

❶ *medius, media, medium (lat.)* = in der Mitte befindlich, mittlerer

❷ Quelle: Wiegerling, Klaus: Medienethik, Stuttgart 1998, S. 7. In unserer Sprache haben sich verschiedene verwandte Begriffe zum Medienbegriff eingebürgert, die auch den Sachverhalt der Vermittlung kennzeichnen: *Mediation* = Vermittlung in einem Streit, z. B. zwischen Staaten, Unternehmen oder Einzelpersonen (Scheidung); *Medium* = Mittel, Mittelsperson (bei spiritistischen Sitzungen) zwischen dem Fragenden und der Geisterwelt, auch Experimentierperson bei Varietévorführungen, Hypnosen und dergleichen.

❸ *dispers* = verstreut

Vertiefende Definitionen der Wissenschaft

Auch die Wissenschaft stellt die Vermittlungsfunktion der Medien bei ihren Analysen in den Vordergrund, wie man aus verschiedenen Definitionen ersehen kann:

- Die Medien sind die „technische und organisatorische Infrastruktur für die Kommunikation" ❶.
- Ein Medium umfasst „alle jene technischen Instrumente und Apparaturen, mit deren Hilfe publizistische Aussagen an die Öffentlichkeit weitergeleitet werden" ❷.
- „Medien sind Vermittlungsinstanzen. Zur Vermittlung benötigen sie nicht nur eine Öffentlichkeit, eine Präsentationsstätte für das Mitzuteilende und eine Transportkapazität, sondern auch einen Inhalt. Was Medien transportieren, sind Bedeutungen, die auf einen Gegenstand oder einen Sachverhalt verweisen" ❸.
- „Unter Medien werden in unserem Zusammenhang materiell-mechanische oder energetische (elektrische, elektromagnetische, elektronische, optoelektronische) Träger und Übermittler von Daten bzw. Informationseinheiten und mechanische sowie elektronische Mittel der Datenverarbeitung verstanden, dies im Sinne der drei medienlogischen Grundphänomene der Speicherung, Übertragung und Bearbeitung" ❹.

Allerdings weisen viele Ansätze über die enge Vorstellung, Medien seien lediglich so etwas wie „Transport-Unternehmen für Botschaften zwischen den Menschen", hinaus. Die Wissenschaft sieht die Medien auch noch in einem größeren Zusammenhang, und hier vor allem als wichtige Einrichtungen der Gesellschaft:

- Medien sind nicht nur Kommunikationskanäle, die geeignet sind, Zeichensysteme zu transportieren. Sie sind auch Organisationen, also „zweckerfüllende Sozialsysteme", und zwar komplexe Systeme. Diese Systeme haben eine große Wirkung "in alle erdenkliche Schichten des gesellschaftlichen Seins" hinein. Und es sind institutionalisierte Einrichtungen, die innerhalb des „gesellschaftlichen Regelungssystems" eine Rolle spielen ❺.
- „Damit ein Kommunikationsvorgang zustande kommt, bedarf es eines Mediums, d. h. einer Veranschaulichung der zu übertragenden sprachlichen Zeichen. Die Gestalt der Medien hängt von der Art der verwendeten Zeichensysteme sowie von der Art des sozialen Kontakts zwischen den Kommunikationspartnern ab" ❻.
- Medien sind u. a. „technologische Artefakte" (z. B. Kabel, Satelliten), von der Gesellschaft abhängige publizistische Arbeitsorganisationen (Redaktionen, Nachrichtenagenturen, Rundfunkorganisationen, Pressedienste, Vertriebssysteme) und auch gleichzusetzen mit „Berichterstattung", das sind die verbreiteten Ergebnisse der Auswahlentscheidungen der Redaktionen ❼.

---

❶ Quelle: Hunziker, Peter: Medien, Kommunikation und Gesellschaft, Darmstadt 1988, S. 15

❷ Quelle: Pürer, Heinz: Einführung in die Publizistikwissenschaft, 4., überarbeitete Auflage, München 1990, S. 42

❸ Quelle: Wiegerling, Klaus: Medienethik, Stuttgart 1998, S. 17

❹ Quelle: Hiebel, Hans H. / Hiebler, Heinz / Kogler, Karl / Walitsch, Herwig: Die Medien, München 1998, S. 12

❺ Quelle: sinngemäß nach Saxer, Ulrich: Konstituenten einer Medienwissenschaft, in: Schanze, H. und Ludes, P. (Hg.): Qualitative Perspektiven des Medienwandels, Opladen 1997, S. 21

❻ Quelle: Hunziker, Peter: Medien, Kommunikation und Gesellschaft, Darmstadt 1988, S. 15

❼ Quelle: sinngemäß nach Rühl, Manfred: Kommunikation und Öffentlichkeitsarbeit, in: Bentele, G. und Rühl, M.: Theorien öffentlicher Kommunikation, München 1993, S. 79

1.1.2 Klassifikationen

- Klassifikation nach technischen Kriterien
- Klassifikation nach der Rolle im Kommunikationsprozess
- Klassifikation nach dem Grad der Öffentlichkeit
- Klassifikation nach der Anzahl der einzusetzenden Medienbausteine

Klassifikation nach technischen Kriterien

❶ Quelle: Maletzke, Gerhard: Kommunikationswissenschaft im Überblick, Opladen, Wiesbaden 1998. S. 53; nach Pross, Harry: Medienforschung, Darmstadt 1972

❷ „Es gibt keine unvermittelte Kommunikation; alle Kommunikation bedarf des Mittels oder Mediums, durch das hindurch eine Nachricht übertragen bzw. aufgenommen wird."
Quelle: Graumann, Carl Friedrich: Handbuch der Psychologie, Bd.7, Göttingen 1972, S. 1182

Medien kann man aus ganz unterschiedlichen Blickwinkeln betrachten. Man kann sie z. B. danach unterscheiden, inwieweit die Sender und Empfänger von Botschaften bei ihrer Kommunikation technische Hilfsmittel einsetzen. Grundsätzlich gibt es hierbei drei Möglichkeiten ❶:

- Fall 1: Weder Sender noch Empfänger setzen technische Hilfsmittel ein. Beide beschränken sich auf die dem Menschen von Natur aus gegebenen Möglichkeiten der Kommunikation, nämlich auf die menschliche Stimme, die Gestik und die Mimik. Als Transportmittel der Kommunikation fungieren also die natürlichsten Medien, die es gibt, nämlich die Medien des „menschlichen Elementarkontakts", die „Mensch-Medien" ❷. Man nennt sie *primäre Medien*.
- Fall 2: Nur der Sender setzt technische Hilfsmittel ein, der Empfänger kann darauf verzichten. Zu denken ist an Printprodukte wie Zeitungen, Zeitschriften oder Bücher, die einen hohen technischen Aufwand zur Herstellung erfordern, vom Leser aber ohne Technikeinsatz genutzt werden können. Diese Medien nennt man *sekundäre Medien*.

Primäre Medien

- Körperbewegungen, v.a. Gesichtsausdruck, Handbewegungen, Haltung
- Lachen und Weinen
- Geräusche (so weit sie noch nicht codiert sind) wie Zischen, Blasgeräusche, Pfeifen, Stöhnen, Seufzen, Glucksen, Kichern, Zungenschnalzen
- Demonstrative Kopf- oder Handbewegungen
- Gerüche wie z.B. Deodorants
- Gesprochene Sprache
- zu beachten: Lautstärke, Tonfall

Sekundäre Medien

- Frühe sekundäre Medien: Megafon (Hebung der Lautstärke der menschlichen Stimme), Glocken-, Trommel-, Feuer- und Rauchzeichen, optische Telegrafie, Signalmasten, Flaggen
- Sekundäre Medien auf der Grundlage von Bildern, Schrift und Buchstaben: Handschriften, Briefe, Druckerzeugnisse: Buch, Presseorgane wie Zeitungen und Zeitschriften, Werbebroschüren, Plakate, Fotografien

Tertiäre Medien

- Frühe tertiäre Medien: Kabelübertragungen, Telegrafie, Fernübertragung, über Telegrafenmasten, Morsezeichen, Codierte optische Telegrafie, Telefon
- Jüngere tertiäre Medien: Radio, Fernsehen, Schallplatte, Tonband, Cassetten für Video, Film und Ton, Compact Disk
- zu beachten: Fernsehen ist das Leitmedium!

- Fall 3: Sowohl Sender als auch Empfänger bedienen sich bei der Kommunikation technischer Hilfsmittel, und auch die Übertragung der Botschaften erfordert technische Unterstützung. Typische Beispiele für diese Medienform sind die elektronischen Massenmedien Radio und Fernsehen sowie das Internet. Medien dieser Kategorie nennt man *tertiäre Medien*.

Diese Dreiteilung geht von der Unterstellung aus, dass jede Kommunikation ein medialer Vorgang ist. Jeder Austausch von Botschaften zwischen einem Sender und einem Empfänger benötigt danach ein Medium, egal ob es sich um die direkte Kommunikation von Mensch zu Mensch handelt oder um indirekte Kommunikation im Wege des Einsatzes von Technik.

Klassifikation nach der Rolle im Kommunikationsprozess

Wenn Menschen miteinander in Kommunikation treten, werden Botschaften ausgetauscht, die in irgendeiner Form transportiert werden müssen. Dies geschieht zum einen mit Hilfe elektromagnetischer Wellen, zum anderen durch den Einsatz von langlebigen Trägermaterialien. Demnach können Medien auch unterschieden werden in ❶:

- Übertragungs- oder Transportmedien
- Speicher- oder Fixiermedien

Unter den *Übertragungs- oder Transportmedien* ist das natürlichste die menschliche Sprache. Erfolgt ein Technikeinsatz, so sind vor allem das Telefon, Radio und Fernsehen und das Internet zu nennen.

Zahlreiche weitere Übertragungsmedien sind denkbar, insbesondere solche, bei der die zu transportierende Botschaft in die Form eines Symbols gekleidet ist, z. B. die Beflaggung von staatlichen Gebäuden an wichtigen weltlichen Feiertagen oder zu besonderen Anlässen (Staatsbesuch, Katastrophe). Zu denken ist auch an Hornsignale wie das Blaulicht von Polizei und Feuerwehr oder das Läuten von Kirchenglocken an Sonn- und Feiertagen. Zahlreiche solcher „Symbol- oder Signalmedien" sind heute nicht mehr in Gebrauch, hatten aber in der Vergangenheit zum Teil höchste Bedeutung erlangt. Ein prominentes Beispiel ist die Errichtung eines Systems der optischen Telegrafie im Frankreich des 18. Jahrhunderts ❷.

Eine immer größere Rolle im Leben der Menschen spielt der zweite hier genannte Medien-Typ, nämlich die *Speicher- bzw. Fixiermedien*. Bei ihnen handelt es sich im Einzelnen um:

- Handschriften
- Druckwerke
- Bilder
- Fotos
- Ton-, Film-, Videobänder oder -cassetten
- Audio-, Video- oder Multimedia-CDs
- Online-Systeme
- Datenbanken

---

❶ Quelle: Winterhoff-Spurk, Peter: Medienpsychologie, Stuttgart, Berlin, Köln 1999, S. 13ff.

❷ Die optische Telegraphie von Chappe: „Betrachtet man nur einmal das von Claude Chappe entwickelte System der optischen Telegraphie, bei dem mit Hilfe fester Relais-Stationen auf Kirchtürmen oder Bergkuppen ein begrenztes aber wohldefiniertes System von 77 Zeichen (...) über längere Distanzen übertragen wurde. Das 1793 vom Nationalkonvent der Französischen Republik für die Strecke Paris–Lille erstmals genehmigte System wurde anfangs ausschließlich für militärische und politische Zwecke benutzt; es beruhte auf einem Code-Buch, in welchem häufig wiederkehrende Botschaften in bestimmte Stellungen der beiden Signalarme des Systems übersetzt wurden. Den Bedienungsmannschaften des optischen Telegraphen wurden vom Leiter der Telegraphenstationen lediglich die Abfolgen der Einstellungen mitgeteilt, die diese ohne Kenntnis des zu übermittelnden Inhalts in einer bestimmten zeitlichen Reihenfolge einstellten. Hatte die nächste Relaisstation die Einstellung übernommen und dadurch quittiert, wurde die nächste Kombination hergestellt. Eine mit diesem System übermittelte Nachricht war von Straßburg nach Paris nur 37 Minuten unterwegs." Quelle: Winterhoff-Spurk, Peter: Medienpsychologie, Stuttgart, Berlin, Köln 1999, S. 13

Klassifikation nach dem Grad der Öffentlichkeit

❶ Quelle: Littlejohn, S.W.: Theories of Human Communication, zit. nach Maletzke, Gerhard: Kommunikationswissenschaft im Überblick, Opladen, Wiesbaden 1998, S. 41

Eine weitere Einteilung der Medien bezieht sich auf die Anzahl der Personen, die von einer Botschaft angesprochen werden sollen. Es geht also um die Frage, ob eine Person, mehrere, viele oder sehr viele Personen vom Kommunikationsvorgang betroffen sind. *Vier Grundformen der Kommunikation*, auf die sich Medien beziehen können, lassen sich unterscheiden ❶:

- Interpersonale Kommunikation
- Kleingruppenkommunikation
- Organisationskommunikation
- Massenkommunikation

❷ Direkte Kommunikation von Mensch zu Mensch = „Face-to-Face-Kommunikation"

Medien in der interpersonalen Kommunikation beziehen sich auf die Kommunikation von Mensch zu Mensch ❷, vor allem in der direkten privaten oder geschäftlichen Begegnung. Hier steht das für den Menschen typische und zugleich am weitesten entwickelte Kommunikationsmittel, nämlich die Sprache, im Mittelpunkt. Aber auch die technisch vermittelte Individualkommunikation über Telefon oder Online ist hier zu nennen.

❸ Software dieser Art wird „Groupware" genannt.

In der *Kleingruppenkommunikation* sind Medien dazu da, den Austausch (die „Interaktion") zwischen Personen in kleinen Gruppen zu befördern, normalerweise mit dem Ziel, die Entscheidungsfindung zu unterstützen. Angesprochen sind Themen wie das Arbeiten im Team im Bereich des Projektmanagements oder der Einsatz von Software für Gruppenarbeit ❸.

❹ „Unter Massenkommunikation verstehen wir jene Form der Kommunikation, bei der Aussagen
- öffentlich (also ohne begrenzte und personell definierte Empfängerschaft),
- durch technische Hilfsmittel (Medien),
- indirekt (also bei räumlicher oder zeitlicher oder raumzeitlicher Distanz zwischen den Kommunikationspartnern),
- und einseitig (also ohne Rollenwechsel zwischen Aussagendem und Aufnehmendem),

an ein disperses Publikum vermittelt werden."
Quelle: Maletzke, Gerhard: Kommunikationswissenschaft im Überblick, Opladen, Wiesbaden 1998, S. 46

Im größeren Zusammenhang steht der Einsatz von *Medien in der Organisationskommunikation*. Hier geht es um die Unterstützung großer kooperativer Netzwerke innerhalb von Unternehmen, Behörden oder anderen Organisationen. Alle Aspekte der interpersonalen und Gruppenkommunikation sind betroffen. Die Medien greifen stark in die Organisationsstruktur ein.

Schließlich spielen die *Medien in der Massenkommunikation* eine Rolle. Im Gegensatz zur Individual-, Gruppen- und Organisationskommunikation ist die Massenkommunikation auf ein großes Publikum ausgerichtet, das sich nicht an einem Ort versammelt, sondern weit verstreut ist („disperses Publikum"). Bei der Massenkommunikation geht es um öffentliche Kommunikation. Die Massenmedien zielen darauf ab, Öffentlichkeit herzustellen. Es handelt sich ferner um eine einseitige Kommunikation, bei der so gut wie keine Interaktion stattfindet ❹.

❺ Quelle: Funkkolleg Medien und Kommunikation, Weinheim und Basel 1990, Studienbrief 3, S. 14

Den Massenmedien kommt bei der Behandlung der Medienthematik eine herausragende Bedeutung zu. Das Leben jedes einzelnen und die ganze Gesellschaft ist stark von den Massenmedien geprägt. Massenmedien machen einen hohen technischen Einsatz zumindest auf der Produktionsseite erforderlich, so dass es verständlich ist, dass die Grundlage für das Entstehen von Massenmedien – beispielsweise Tageszeitung oder Hörfunk – die technischen Entwicklungen am Ende des 19. und zu Beginn des 20. Jahrhunderts waren ❺.

Klassifikation nach dem Kriterium der Anzahl der eingesetzten Medienbausteine

Im Hinblick auf den *Umfang der eingesetzten Medienbausteine* können drei Typen von Medien unterschieden werden: Monomedien, Duale Medien und Multimedia.

Monomedien betreffen jeweils nur ein einziges Medium wie z. B. Bild, Ton oder Text. Zu denken ist an eine Audio-CD oder ein nur aus Text bestehendes Buch. Angesprochen wird also der Nutzer des Mediums auf einen einzigen Sinn hin, z.B. auf das Gehör oder das Auge.

Duale Medien stellen eine Verbindung zwischen zwei Feldern von Medien her und führen damit zu einer neuen Qualität der Mediennutzung. Vorwiegend treten duale Medien als audiovisuelle Medien in Erscheinung.

Multimedia ist schließlich die Verknüpfung mehrerer Medienelemente auf einer gemeinsamen digitalen Plattform. Ziel ist es, den Nutzer über mehrere Sinne gleichzeitig anzusprechen. Dies erfolgt in Kombination statischer und dynamischer Medienbausteine ❶. Bei Multimedia werden in der Regel *drei Merkmale* miteinander verbunden ❷:

- Multimodalität: Mehrere Sinne werden gleichzeitig angesprochen.
- Integration: Die Bausteine werden auf einer digitalen Basis zusammen geführt, was die Möglichkeit bietet, inhaltlich und zeitlich beliebige Kombinationen zu erzeugen.
- Interaktivität: Die Benutzerführung erfolgt dialogorientiert über Eingabemechanismen wie z. B. Tastatur oder Touchscreen. Informationen können nach individuellen Bedürfnissen abgerufen und bearbeitet werden.

Ausgangspunkt für das Entstehen von Multimedia ist das Zusammenwachsen der „TIME"-Branchen, d. h. der Telekommunikations- (T), der Informationstechnologie- (I), der Medien- (M) und der Unterhaltungsbranche (E für Entertainment).

❶ Statische Medien: Texte, Daten. Dynamische Medien: Töne, Animationen, Bewegtbilder

❷ Quelle: Bruhn, Manfred: Kommunikationspolitik, München 1997, S. 824f.

Telekommunikation
Datenübertragung, Kabel, Satellit, Mobiltelefon, Videoconferencing, Internet, E-Mail, Homebanking, Online-Shopping, E-Commerce-Funktionen, Mobilfunk

Informationstechnologie
Personal Computer, Workstations, Notebooks, Datenbanken, Software, Virtuelle Realität, Internet, Streaming Audio und Video, Downloads

Konvergenz auf der digitalen Plattform

Entertainment
TV, Fernseh- und Radiogeräte, HiFi, Video-, Audio-, DAT-Recorder, CD-Player, DVD-Player, Internet, Spielkonsolen

Medien
Fernsehen, Hörfunk, Online, Kino, CD-Produktion, Spiele, Filme, Musikproduktionen, Zeitungen, Zeitschriften, Online-Publishing, Bücher, Werbung

1.1.3 Vertieftes Verständnis der Medien

Medien als Teil des Kommunikationsprozesses

Medien sind Bestandteil der Kommunikation. Sie sind ein wichtiger Teil der Kommunikation innerhalb der Gesellschaft und zwischen den Menschen. Medien werden eingesetzt, um das Gelingen der Kommunikation sicher zu stellen, sei es im Bereich der Individual- oder der Massenkommunikation. Medien sind also immer untrennbar mit der Frage der Kommunikation verbunden.

Die zentrale Bedeutung der Medien liegt also darin, dass sie eine Leistung erbringen, die zum Gelingen von *Kommunikation* beiträgt. Diese Leistung besteht in der Vermittlung. Es ist wichtig, das Phänomen der Kommunikation nachfolgend näher zu beleuchten.

Kommunikation - Begriff und Bedeutung

Ein Wissenschaftler hat über 160 Definitionen für Kommunikation ausfindig gemacht. Gleichwohl besteht eine gewisse Einigkeit darüber, was unter dem Begriff „Kommunikation" zu verstehen ist ❶: „Kommunikation steht für die Tatsache, dass Lebewesen untereinander in Beziehung stehen, dass sie sich verständigen können, dass sie im Stande sind, innere Vorgänge oder Zustände auszudrücken, ihren Mitgeschöpfen Sachverhalte mitzuteilen oder auch andere zu einem bestimmten Verhalten aufzufordern."

Nach Burkart ❷ lassen sich *sechs Merkmale* anführen, die das Wesen von Kommunikation ausmachen:

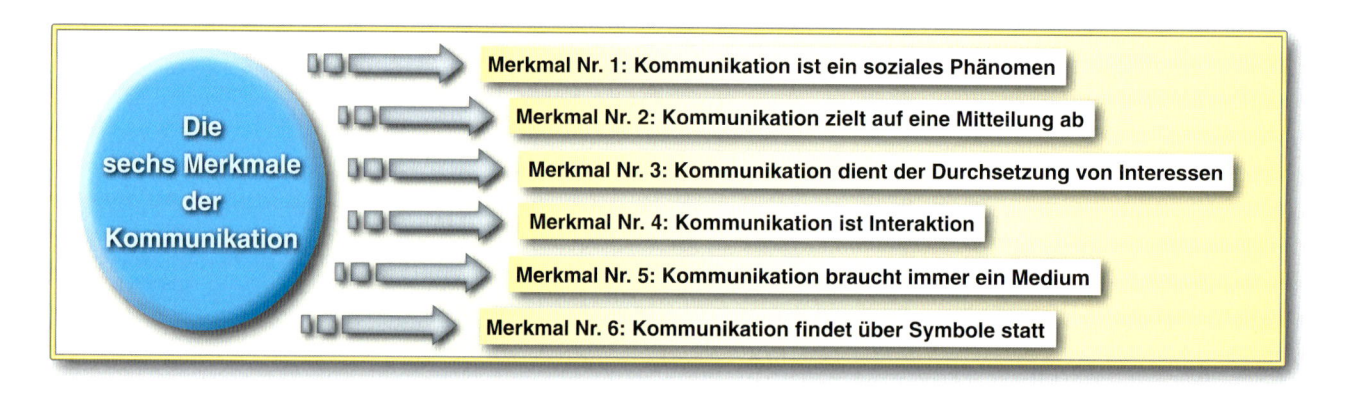

❶ Maletzke, Gerhard: Kommunikationswissenschaft im Überblick, Opladen, Wiesbaden 1998, S. 37

❷ Quelle: Burkart, Roland: Kommunikationswissenschaft, Wien, Köln, Weimar 1995, S. 20ff.

Die sechs Merkmale der Kommunikation

- Merkmal Nr. 1: Kommunikation ist ein soziales Phänomen
- Merkmal Nr. 2: Kommunikation zielt auf eine Mitteilung ab
- Merkmal Nr. 3: Kommunikation dient der Durchsetzung von Interessen
- Merkmal Nr. 4: Kommunikation ist Interaktion
- Merkmal Nr. 5: Kommunikation braucht immer ein Medium
- Merkmal Nr. 6: Kommunikation findet über Symbole statt

Merkmal Nr. 1: Kommunikation ist ein soziales Phänomen

Kommunikation ist ein Ausdruck sozialen Verhaltens und hat daher immer mit Lebewesen zu tun ❸. Sozial sind Verhaltensweisen von Lebewesen dann, wenn sie aufeinander bezogen sind, aufeinander ausgerichtet, mit der Zielrichtung der gegenseitigen Beeinflussung. Unter diesem Blickwinkel ist es daher nicht zweckmäßig, z. B. von „Mensch-Maschine-Kommunikation" zu sprechen. Maschinen sind keine sozialen Wesen und kommunizieren infolgedessen nicht.

❸ Kommunikation kommt vom lat. Adjektiv „communis" = gemeinsam. Kommunikation sorgt für Gemeinsamkeit. Kommunikation ist Bedeutungsvermittlung zwischen Lebewesen.

Merkmal Nr. 2: Kommunikation zielt auf eine Mitteilung ab

❶ Manfred: "Monika, schließe bitte das Fenster"

Menschliche Kommunikation ist auf eine *Handlung* ausgerichtet, sie ist „intentional" ❶. Kommunikation ist also kein Selbstzweck, sondern stets Mittel zum Zweck: Wenn ein Mensch kommuniziert, verfolgt er immer ganz bestimmte Ziele. Auch wenn er es wollte, kann er sich diesem intentionalen Charakter der Kommunikation nicht entziehen.

❷ Manfred verfolgt mit seiner Äußerung das Ziel, dass Monika versteht, was er meint. Er sucht die Verständigung mit ihr.

❸ Quelle Grafik: Burkart, Roland: Kommunikationswissenschaft, Wien, Köln, Weimar 1995, S. 20ff.

Hauptstoßrichtung der Kommunikation ist die *Mitteilung* ❷. Derjenige, der kommuniziert, will einem anderen etwas mitteilen, genauer: Er will bestimmte Bedeutungen „mit ihm teilen". Hinter dem Anliegen, dem anderen eine Mitteilung zu machen, steht das Ziel der Verständigung. Er will *Verständigung* zwischen sich und seinem Kommunikationspartner herstellen. Sich mit dem anderen zu verständigen, gelingt dann, wenn die Kommunikationspartner die vermittelten Bedeutungen auch tatsächlich miteinander teilen ❸.

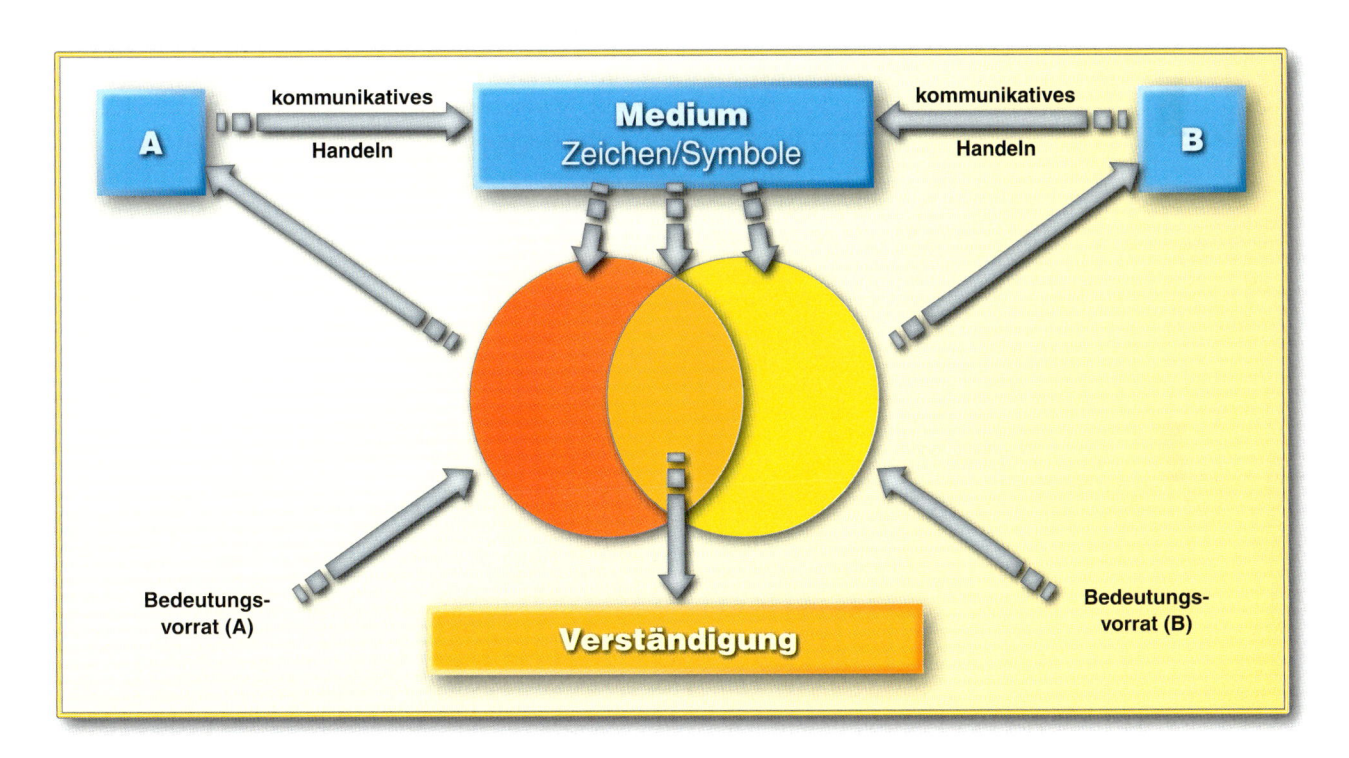

```
    kommunikatives                    kommunikatives
A ──── Handeln ────▶  Medium  ◀──── Handeln ──── B
                    Zeichen/Symbole
                          │
            ┌─────────────┼─────────────┐
            ▼             ▼             ▼
         Bedeutungs-   Verständigung   Bedeutungs-
         vorrat (A)                    vorrat (B)
```

Merkmal Nr. 3: Kommunikation dient der Durchsetzung von Interessen

❹ Manfred will erreichen, dass Monika das Fenster schließt und die störende Zugluft ausbleibt. Das Ergebnis der Kommunikation soll sein, dass Manfred sein Interesse durchsetzt.

Weiterer Zweck der Kommunikation ist die *Durchsetzung von Interessen*. Neben der Mitteilung mit dem Ziel der Verständigung verfolgen die Kommunikationspartner also immer auch spezielle Interessen ❹.

Insofern hat Kommunikation im Sinne einer sozialen Handlung *immer zwei Aspekte*:

- Mitteilung mit dem Ziel der Verständigung
- Interesse mit dem Ziel der Interessensdurchsetzung

❶ Manfred will, dass Monika ihn versteht und auf seine Äußerung reagiert.

❷ Manfred setzt das Medium Sprache ein, um die Kommunikation mit Monika zu gewährleisten. Die gemeinten Bedeutungsinhalte sind mit der Lautabfolge z. B. „F-e-n-s-t-e-r" greifbar und wahrnehmbar.

Merkmal Nr. 4: Kommunikation ist Interaktion

Damit man von Kommunikation sprechen kann, bedarf es der sog. *Interaktion*, d. h. Kommunikation liegt nur dann vor, wenn die Kommunikationspartner in eine wechselseitige Beziehung zueinander treten und sich austauschen. Nur so gelingt es ihnen, zu einer Verständigung (Merkmal Nr. 2) zu gelangen. Kommunikation ist ein doppelseitiges Geschehen ❶.

Merkmal Nr. 5: Kommunikation braucht immer ein Medium

Jede Kommunikation benötigt ein *Medium*, eine Instanz, über die der Austausch der Botschaften zwischen den Kommunikationspartnern abläuft und die für die Vermittlung zwischen den Kommunikationspartnern sorgt. Dies gilt auch für die direkte persönliche Kommunikation.

Es geht bei der Kommunikation darum, dass wir mit Hilfe von Medien Botschaften übermitteln, mit Hilfe von Mimik, Gestik, Sprache, Schrift, Bild oder Ton, von Angesicht zu Angesicht oder über papierene oder elektronische Übertragungs- und Speichertechniken. Medien sind die Transportmittel für die Botschaften bzw. für die zu vermittelnden Bedeutungsinhalte. Medien sind Vermittlungsinstanzen, ohne die Kommunikation nicht möglich ist. Es gibt keine unvermittelte Kommunikation ❷.

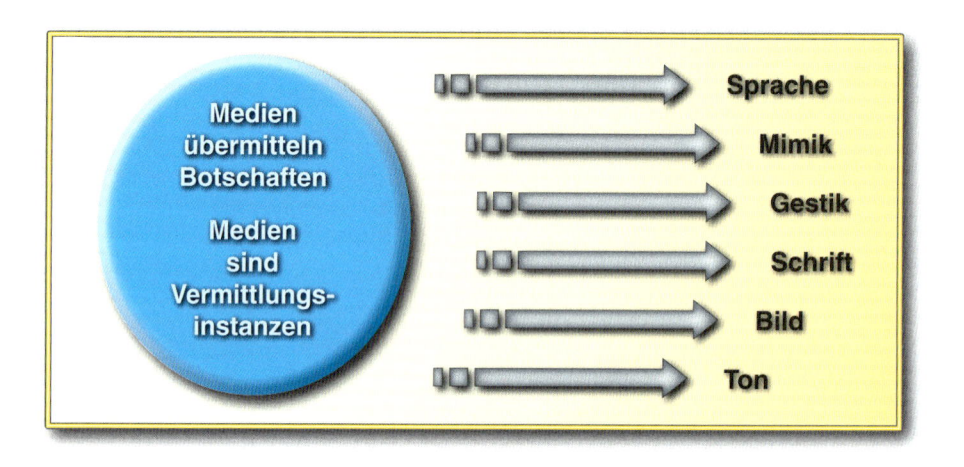

Merkmal Nr. 6: Kommunikation findet über Symbole statt

❸ Manfred und Monika verstehen einander, weil die Aussage „Fenster schließen" eine gemeinsam vorrätige Bedeutung, ein Symbol, das für einen Gegenstand steht, „treffsicher" ins Bewusstsein ruft.

Menschliche Kommunikation ist schließlich als ein Interaktionsvorgang zu verstehen, der über *Symbole* vermittelt wird. Gemeint ist dabei eine wechselseitige Beziehung zwischen den Kommunikationspartnern, bei der ein gemeinsam verfügbarer Zeichenvorrat aufgebaut wird, den beide verstehen ❸.

Ein Zeichen, das einen Gegenstand, einen Zustand oder ein Ereignis repräsentiert, nennt man Symbol. Ein Symbol übt eine Stellvertreterfunktion aus, indem es stellvertretend für den Gegenstand steht, auf den es verweist. Das bedeutet, dass die Symbole anstelle des jeweiligen Gegenstandes im Bewusstsein der Kommunikationspartner Anschauungen, Vorstellungen und Gedanken hervorrufen können, die sonst nur der Gegenstand selber hervorrufen könnte.

1.2 Medien in der Theorie

1.2.1 Einfacher Modellansatz

Lasswell-Formel

❶ Wie geht ein Arzt vor?
1. Anamnese: Beschreibung des Krankheitsbildes
2. Diagnose: Erklärung
3. Therapie: Einflussnahme, Behandlung

Will man einen Vorgang oder ein Phänomen verstehen, benötigt man Erklärungen, wie die Dinge zusammenhängen, wie sie „funktionieren". Ein Arzt wird nach der Erhebung des Krankheitsbildes (Anamnese) zunächst eine Erklärung der Zusammenhänge suchen (Diagnose), bevor er in die Behandlung (Therapie) einsteigt ❶. Mit der Diagnose erarbeitet der Arzt eine Theorie des Krankheitsgeschehens, zumindest eine theoretische Vorstellung oder einen Modellansatz. Wie man an diesem Beispiel sieht, sind Theorien also von großer Bedeutung. Gelegentlich wird gesagt: „Es gibt nichts Praktischeres als eine gute Theorie"!

Beschreibung = Deskription
Arztbeispiel: Anamnese
Medien: Mediendeskription

→ **Erklärung** = Theorie
Arztbeispiel: Diagnose
Medien: Medientheorie

→ **Beeinflussung** = Politik
Arztbeispiel: Therapie
Medien: Medienpolitik

❷ Maletzke: "Modelle sind Abstraktionsleistungen des menschlichen Denkens".

Will man Medien verstehen, benötigt man ebenfalls überzeugende Erklärungen. Über plausible Theorien zu verfügen und gute Modelle zu entwickeln, muss bei diesem wichtigen Thema besonders interessieren ❷. Die Medientheorie will die Auswirkungen der Medien und die Zusammenhänge, in denen sie stehen, erkennen und erklären. Einen ersten Einstieg in die Welt der Medienmodelle bietet die sog. *Lasswell-Formel*. Sie lautet:

⊃ **Wer sagt was in welchem Kanal zu wem mit welcher Wirkung?**

❸ Harold S. Lasswell, amerikanischer Politikwissenschaftler, formulierte 1948 seine berühmte Formel.

Lasswell ❸ hat mit dieser Kurz-Formel grundlegende Themenfelder auf den Punkt gebracht und große Aufmerksamkeit errungen. Diese Formel ist auch heute noch – völlig zu Recht – an Hochschulen und in der Werbe- und Kommunikationspraxis sehr populär. Die Lasswell-Formel schafft es, den recht komplizierten Vorgang der Kommunikation in fünf klar definierte Bausteine zu zerlegen. Diese Bausteine sind:

- Baustein Nr. 1: Kommunikator (wer?)
- Baustein Nr. 2: Aussage (sagt was?)
- Baustein Nr. 3: Medium (in welchem Kanal?)
- Baustein Nr. 4: Rezipient (zu wem?)
- Baustein Nr. 5: Wirkung (mit welcher Wirkung?)

❹ Heuristisch heißt, dass die Lasswell-Formel mehr eine Denkhilfe ist als ein ausgearbeitetes Modell.

Die Lasswell-Formel ist ein erster Ansatz, der die Medien als einen wesentlichen Baustein im Rahmen des Kommunikationsprozesses positioniert. Es handelt sich um einen „heuristischen Aufhänger" ❹.

Kommunikator

Ein *Kommunikator* ist eine Person, die einer anderen Person, mehreren oder vielen anderen Personen etwas mitteilen will. Diese *Mitteilung* produziert er selber wie z. B. bei einem Telefongespräch oder er lässt sie in seinem Auftrag produzieren wie z. B. ein Redakteur einer Zeitung durch den Auftrag an einen Reporter. Statt Kommunikator spricht man auch von *Sender, Quelle oder Produzent*. Das Erscheinungsbild eines Kommunikators ist vielschichtig. Ein Kommunikator kann z. B. sein:

- Ein verliebter Mann, der einer Frau im persönlichen Gespräch („face to face") mitteilt, dass er sie hübsch findet.
- Eine junge Mutter, die einer anderen jungen Mutter über das Telefon mitteilt, dass der Kindergarten am nächsten Morgen eine Stunde später beginnt.
- Ein Schüler, der eine Mitschülerin per E-Mail bittet, ihr bei den Hausaufgaben zu helfen.
- Ein E-Commerce-Experte, der vor hundert Leuten einen Fachvortrag zum Thema „Vermarktung von Handwerksleistungen im Internet-Zeitalter" hält.
- Ein Physiklehrer, der die Funktionsweise des elektrischen Stroms erklärt.
- Ein Pfarrer, der am Sonntag im Gottesdienst die Predigt hält.
- Ein Sportjournalist, der über das Fußballspiel in der Lokalzeitung berichtet.
- Ein verärgerter Betroffener, der einen Leserbrief wegen der nicht gebauten Umgehungsstraße schreibt.
- Ein Moderator, der in Viva 2 eine Musiksendung „fährt".
- Ein Reporter, der vom Kirchentag in Stuttgart im Radio berichtet.
- Die Geschäftsleitung von DaimlerChrysler, die ihren Verkäufern über Business TV vermittelt, welche Chancen mit dem Angebot von Mercedes-Mountain-Bikes verbunden sind.
- Ein Kommentator des WDR, der sich im Fernsehen zur anstehenden Steuerreform äußert.
- Der Bundespräsident, der die Neujahrsansprache hält.

Alle genannten Beispiele gehen davon aus, dass es sich bei einem Kommunikator um eine *Einzelperson* handelt. Der Begriff ist aber weiter zu fassen. In der Massenkommunikation sind normalerweise eine *ganze Reihe von Personen* damit beschäftigt, Aussagen auszuwählen, zu gestalten, zu produzieren und zu verbreiten. Man denke in diesem Zusammenhang an einen Fernseh- oder Radiosender oder an einen Zeitungsverlag. Als „Kommunikator" ist in diesem Fall das ganze *Team von Personen* anzusehen, die das Medienprodukt auf den Weg gebracht haben ❶.

Man kann noch weiter gehen und als Kommunikator sogar die ganze *Institution* bezeichnen, die für die Herstellung und Vermittlung von Inhalten (Aussagen, Nachrichten, Botschaften) zuständig ist. In diesem Sinne ist dann eine Fernsehanstalt, eine Radiostation oder ein Zeitungsverlag als Kommunikator zu verstehen.

❶ Die wissenschaftliche Beschäftigung mit dem Bereich Kommunikator nennt man „Kommunikatorforschung".

Aussage

Unter *Aussage* wird eine *Mitteilung* oder eine *Botschaft* („message") verstanden, die ein Kommunikator von sich gibt. Aussagen können z. B. sein:

- Persönliche Mitteilungen („face to face"), in gesprochener Form, als Mimik, Gestik oder in Form einer Körperbewegung innerhalb eines vertraulichen Gesprächs, eines Statements, einer Präsentation, einer Rede oder einer Kirchenpredigt.
- Künstlerische Darbietungen: Theaterstück, Pantomime (als Ausdruck visueller Kommunikation), Ballett-Aufführung, Oper, Operette, Kleinkunst, Kabarett, Varieté
- Über Telekommunikation vermittelte Botschaften: Telefongespräch, E-Mail, Meldung einer Nachrichtenagentur (aus dem „Ticker")
- Beiträge in Zeitungen und Zeitschriften: Aktueller Bericht, Leitartikel, Kommentar, Reportage, Wandzeitung
- Radiosendungen: Magazinsendung, Interview, Hörspiel, Feature, Musiksendung, Bildungssendung, Reportage, aktueller Beitrag (im Format „1:30" = eine Minute und dreißig Sekunden), Servicesendung
- Fernsehsendungen: Nachrichtensendung (Tagesschau, Heute), Reportage, Kommentar, Dokumentation, Spielfilm, Fernsehfilm, Unterhaltungsshow, Talkshow, Spielshow, Quiz, Serie, Soap-Opera, Live-Übertragung eines Ereignisses (Sport, Musik), Kindersendung, Gottesdienstübertragung, Themenabend, Theater, Kulturmagazin
- Werbebotschaften (die Werbung spricht von „Werbemitteln"): Werbeplakat, Anzeigen in Zeitungen und Zeitschriften, Prospekt, Flugblatt, Fernseh- und Kinowerbespot, Werbesendungen im Radio

Ob die Aussage so ankommt, wie es der Kommunikator sich vorstellt, hängt z. B. davon ab, wie interessant der Inhalt der Aussage aufbereitet ist, welchen Nutzen der Inhalt für den Empfänger hat, aber auch davon, in welcher Form der Inhalt vom Kommunikator präsentiert wird. Eine Aussage hat daher immer zwei Seiten, die man als das „Grundgesetz der Aussage" bezeichnen kann:

➲ **Es kommt nicht nur darauf an, was mitgeteilt wird, sondern auch wie es mitgeteilt wird.**

Folglich unterscheidet man bei der Aussage immer nach *zwei Aspekten*, zum einen nach dem „Was", das ist der Inhalt, das Thema, der Stoff, und zum anderen nach dem „Wie", das ist die Form, die Gestaltung, die Präsentation.

Inhalt der Aussage

Unter dem *Inhalt der Aussage* ist die Sache zu verstehen, um die es dem Kommunikator geht ❶. Der Inhalt bezeichnet das „Ausgesagte", das er dem Empfänger mitteilen will. Grundsätzlich sind die folgenden *Inhaltstypen* denkbar:

❶ Um den Inhalt einer Aussage zu bezeichnen, wird zunehmend der englische Begriff „Content" verwendet. So ist z. B. ein "Content Management System" eine Software, die aus einem gemeinsamen Datenpool heraus einen Inhalt in den unterschiedlichsten Formen medien- und zielgruppengerecht aufbereiten kann, z. B. gleichzeitig als Zeitungsartikel und als Webangebot.

- Vermittlung von Nachrichten und Informationen
- Interpretation, Kommentierung, Verarbeitung
- Kultur
- Erziehung
- Unterhaltung

❶ Ein bedeutender Kritiker dieser Entwicklung ist Neil Postman. Seine 1985 erschienene Veröffentlichung „Wir amüsieren uns zu Tode" hat höchste Beachtung gefunden.

Seit einigen Jahren ist festzustellen, dass diese *grundlegenden Aussagentypen immer mehr vermischt* werden. Dies ist besonders im Fernsehen der Fall, wo man Mischformen in großer Zahl vorfindet ❶. Das Ziel ist dabei, die Reichweite und Attraktivität von Sendungen zu steigern. Zu nennen sind:

- Infotainment: Mischung aus Information und Unterhaltung (entertainment), z. B. in Talkshows, Reality TV, Nachrichtenmagazinen
- Edutainment: Mischung aus Erziehung (education) und Unterhaltung, z. B. bei Bildungssendungen und Dokumentationen
- Advertainment: Mischung aus Unterhaltung und Werbung (advertising)

Form der Aussage

Neben dem Inhalt spielt die *Form der Aussage* für die Wirksamkeit der Botschaft eine große Rolle. Aussagen können je nachdem, wie sie gestaltet sind, eine höchst unterschiedliche Form aufweisen, die wiederum völlig unterschiedlichen Wirkungsgesetzen unterliegt. Eine aktuelle Nachricht wird völlig unterschiedlich aufbereitet sein, je nachdem, welchem Zweck sie dient. Die Anspracheform hat unterschiedliche Ausprägungen, wenn man die Sachinformation einer Stadtverwaltung mit dem Aufreißer auf der ersten Seite der Bildzeitung vergleicht.

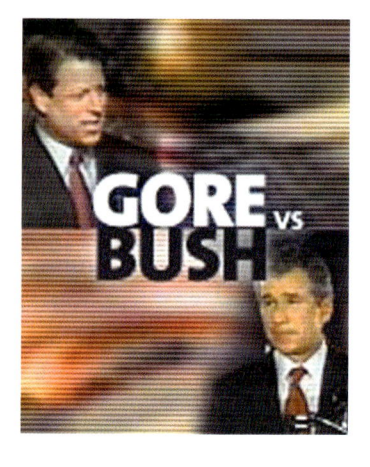

❷ Die wissenschaftliche Befassung mit dem Thema Aussagen nennt man „Aussagenforschung" oder „Inhaltsanalyse".

Es ist leicht einzusehen, dass die Form der Aussage von den *Gestaltungselementen* bzw. „Grundbausteinen" abhängt, die dem Kommunikator bei der „Formung" seiner Botschaft grundsätzlich zur Verfügung stehen. Je nach dem, wie er die Bausteine „zusammenmixt", entsteht die Botschaft in der einen oder in der anderen Form ❷.

Grundsätzlich stehen dem Kommunikator die folgenden Bausteine bzw. Gestaltungselemente zur Verfügung:

- *Medienelemente*: Eine Medienproduktion kann sich aus den folgenden sechs Bausteinen (Medienelemente) zusammensetzen: Text, stehendes Realbild (Foto, Dia), stehendes Kunstbild (Grafik), bewegtes Realbild (Film, Video), bewegtes Kunstbild (Computeranimation, Zeichentrick) und/oder Audio. Je nach der Zahl der eingesetzten Medienelemente hat man es mit monomedialen, bimedialen oder multimedialen Aussagen zu tun.
- *Darstellungselemente*: Bei einem Film sind z. B. die folgenden Darstellungselemente von Bedeutung: Farbe, Licht, Einstellungsgröße, Kamera-Perspektive, Kamera-Bewegung, Tiefenschärfe, Ablaufgeschwindigkeit, Art der Montage, Dramaturgie, Schnitt.
- *Element Zeit*: Eine große Rolle spielt die Reihenfolge, in der ein Inhalt zeitlich präsentiert wird (linearer Ablauf z. B. bei einem Film oder nicht-linearer Ablauf z. B. bei einem Lernprogramm auf CD-ROM).

❶ Quelle: Groebel, Jo und Gleich, U.: Gewaltprofil im deutschen Fernsehprogramm, Opladen 1993, S. 83ff. Zum Thema Gewaltdarstellungen im Fernsehen vgl. auch: Friedrichsen, Mike und Vowe, Gerhard: Gewaltdarstellungen in den Medien, Opladen 1995; Zeitter, E. / Kapp, F. / Jaiser, F. / Scheltwort, P.: Die „Sprache der Gewalt" und ihre Wirkungen, Villingen-Schwenningen 1996.

Am *Beispiel von Gewaltdarstellungen* in Fernsehfilmen hat die Kommunikations- und Medienwissenschaft z. B. aufgezeigt, wie einseitig ein Thema dargeboten werden kann. Am Beispiel von Spielfilmen wird dies deutlich ❶:

- Gewalt geht in Spielfilmen regelmäßig von männlichen Erwachsenen aus.
- Es dominiert die Sicht des Angreifers.
- Das Opfer ist überdurchschnittlich häufig eine Frau.
- Gewalt ist oft reiner Selbstzweck und wird nicht näher begründet.
- Erfolgt eine Begründung, dann ist sie ein Mittel, um Konflikte zu lösen.
- Gewalt wird kalt und zynisch ausgeübt. Die unmittelbaren Konsequenzen werden selten gezeigt, und wenn dann aus der Perspektive des Täters, der sich befriedigt zeigt.
- An erster Stelle der Schädigungen rangiert der Tod.
- Ein Viertel aller Gewaltszenen entfällt auf Trickfilme.

Rezipient

Ein *Rezipient* ist derjenige, an den die Botschaft eines Kommunikators adressiert ist, der also die Botschaft konsumiert oder empfängt. Ein Rezipient wird auch als *Adressat, Konsument, Kommunikant oder Empfänger* bezeichnet. Sind sehr viele Rezipienten gleichzeitig angesprochen, wie es in der Massenkommunikation der Fall ist, spricht man von einem *Publikum*. Rezipienten können dann beispielsweise folgende Gruppen sein:

- Schüler, die dem Lehrer bei der Darstellung des Themas „Die Bedeutung Karls des Großen für Europa" folgen.
- Leser einer Zeitung, einer Zeitschrift oder eines Buches.
- Fernsehzuschauer oder Radiohörer, die eine Sendung verfolgen.
- Zuhörer einer Rede oder einer Präsentation.
- Internet-User, die interessante Beiträge aus dem Netz downloaden.

❷ Das Forschungsgebiet in der Wissenschaft, das sich mit den Rezipienten befasst, nennt man Rezipienten- oder Publikumsforschung.

Für jeden Kommunikator ist es wichtig zu wissen, wie der Rezipient, mit dem er in Kommunikation treten will, eigentlich beschaffen ist ❷. Dass dies notwendig ist, wird am augenfälligsten bei Wirtschaftsunternehmen, die eine Werbebotschaft an ihre Zielgruppe kommunizieren wollen. Erst wenn das Unternehmen genau geklärt hat, welche Zielgruppe als Rezipienten angesprochen werden soll, kann die Werbekampagne sinnvoll konzipiert werden.

Zielgruppen (allgemein: Gruppen der Gesellschaft) lassen sich nach unterschiedlichen Kriterien einteilen. Man spricht auch von der *Segmentierung* von Zielgruppen bzw. von Rezipienten.

Segmentierung von Zielgruppen

- **Demografische Merkmale:** Alter (nach Segmenten, z.B. „die 14- bis 29-Jährigen"), Geschlecht (männlich, weiblich), Familienstand (ledig, verheiratet, geschieden, verwitwet)
- **Geografische Merkmale:** Wohnort (nach Bundesland, Größenklasse der Stadt oder Gemeinde, Ortsteile)
- **Sozio-ökonomische Merkmale:** Haushaltsgröße (Single-Haushalt, Lebensgemeinschaften ohne Kinder, mit Kindern), Einkommen, Kaufkraft (z.B. Haushaltseinkommen zwischen 2.000 und 2.500 Euro), Ausbildung (Volksschule, Weiterführende Schule, Abitur, Hochschule), Berufliche Tätigkeit (selbständig, angestellt, Beamter), Besitzmerkmale (Vermögen, dauerhafte Gebrauchsgüter etc.)
- **Psychografische Merkmale:** Persönlichkeitsmerkmale, Kenntnisse, Interessen, Motive, Einstellungen, Präferenzen, Kaufabsichten, Lebensstil („Life Style"), Wahrnehmungen, Nutzenvorstellungen
- **Verhaltensmerkmale:** Kaufmengen, Kaufhäufigkeit, Verwendungsverhalten, Einkaufsstättenwahl, Kommunikationsverhalten, Mediennutzung

Wirkung

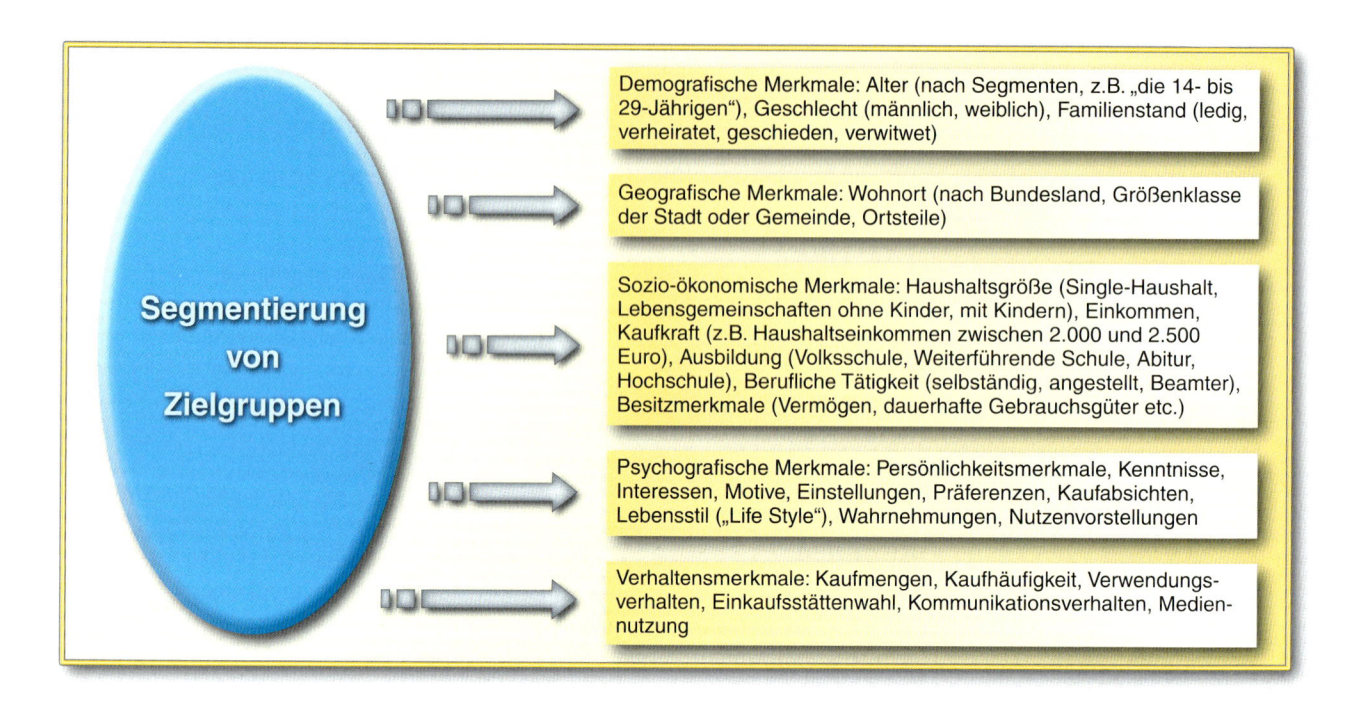

❶ In der Wissenschaft nennt man dieses Forschungsgebiet „Wirkungsforschung" oder „Medienwirkungsfoschung".

Das Thema der *Wirkungen* ist der letzte Baustein der Lasswell-Formel. Hier öffnet sich das ganze weite Feld der Medientheorie, speziell der *Medienwirkungsforschung*, deren Aufgabe es ist, die Wirkungsweisen von Medien sichtbar und nachvollziehbar zu machen ❶. Bereits hier ist anzumerken, dass die Wissenschaft beim Thema der Medienwirkungen keine einheitliche Sprache spricht und eine große Spannbreite von Erklärungsversuchen, Vermutungen und Modellvorstellungen entwickelt hat. Von einer einheitlichen Theorie der Medienwirkungen kann also nicht die Rede sein. Einig ist sich die Wissenschaft aber darin, dass höchste Vorsicht geboten ist, wenn populäre Vorstellungen über die Wirkungen von Medien in den Raum gestellt werden. Häufig sind die Behauptungen schlicht unhaltbar oder zumindest viel zu einseitig. Einige kleine Beispiele:

- Radiohören macht Kinder und Jugendliche bei den Schularbeiten unaufmerksam und nervös.
- Fernsehen macht durch seine Gewaltdarstellungen Kinder aggressiv.
- Fernsehen verleitet den Menschen zu Passivität.
- Die Medien überfluten uns mit Informationen und machen uns orientierungslos.

Auch in der Wissenschaft selbst ist man sich nicht immer einig. Viele der vertretenen Positionen sind bei näherem Hinsehen keineswegs immer überzeugend. Nicht selten stehen sich widersprüchliche Ansichten gegenüber. Allerdings besteht Einigkeit darin, dass den Medien selbstverständlich eine – nicht selten starke – Wirkung beizumessen ist. Einige wenige Beispiele für unmittelbar nachvollziehbare (emotionale) Wirkungen der Medien seien hier dargestellt:

- Bei einer tragischen Kinofilm-Szene brechen drei viertel der Kinobesucher in Tränen aus.
- Die Familie schaut sich den Urlaubsfilm an und freut sich über die schöne Zeit am Meer.
- Der Schüler arbeitet das vorliegende Lehrbuch über die Medien durch und ist nachher bestens informiert, im Gegensatz zu vorher.
- Die Fernsehberichterstattung über eine Flutkatastrophe in Afrika löst eine Welle von Hilfsbereitschaft aus. Es werden 5 Millionen Euro gespendet.
- Die Besteigung der Eiger-Nordwand wird im Fernsehen live übertragen. Ein Zuschauer vor dem Fernsehgerät erinnert sich an eine brenzliche Situation auf einer Bergwanderung, bei der er beinahe abgestürzt ist, und muss den Fernseher ausmachen.
- Die Hausfrau im Supermarkt ist dabei, Suppenpulver einzukaufen. Sie erinnert sich an die gestrige Fernsehwerbung über „Maggis Suppen-Terrine" und entscheidet sich, diese einmal auszuprobieren.
- In der Mediengeschichte gibt es ein prominentes Beispiel für die Wirksamkeit der Medien, als in den 30er Jahren in den USA nach einer fiktionalen Radiosendung über die Landung von Marsmenschen tausende von Menschen in Furcht auf die Straßen rannten.

Fazit

Die Lasswell-Formel ist wertvoll, weil sie den Kommunikationsprozess verständlich und in einer allgemeingültigen Weise beschreibt. Viele spätere Modellbildungen beruhen auf ihrem Ansatz. Sie ist eine gute Hilfe, die Medien als ein Element der Kommunikation besser zu verstehen und sie sorgt für eine klare Systematisierung. Auch Lasswell selbst war bewusst, dass es sich mit seiner Formel eigentlich gar nicht um ein Modell, sondern lediglich um eine Art Navigationshilfe handelte, mit deren Hilfe viele Fragen, die sich im Zusammenhang mit den Medien und mit der Kommunikation stellen, besser bearbeiten lassen.

Nachfolgend soll anhand einer Übersicht noch einmal der Grundgedanke der Lasswell-Formel verdeutlicht werden. Die angeführte Liste an Beispielen kann beliebig fortgesetzt werden.

Kommunikator	Aussage	Medium	Rezipient	Wirkung
Fachautoren	Know How über Medien	Schulfachbuch	Schüler	Ausbildung
Sportreporter	Sportbericht	Tageszeitung	Leser	Information
Musikredakteur	Musiksendung	Viva 2	Zuschauer	Unterhaltung
Reporter	Bericht aus der Kriegsregion	Radiosendung SWR 1 Aktuell	Hörer	Information
Autoverkäufer	Website als Shop	Internet WWW	Online User	Produktwissen

1.2.2 Grundmodelle der Kommunikation

❶ Bei vertieftem Interesse vgl. Maletzke, Gerhard: Kommunikationswissenschaft im Überblick, Opladen, Wiesbaden 1998

Nachfolgend seien einige Erklärungsmodelle für Medien und Kommunikation herausgegriffen, die besondere Aufmerksamkeit erfahren haben und die als besonders aussagekräftig gelten können. Es ist an dieser Stelle nicht möglich, einen Gesamtüberblick über alle Modellvarianten zu geben ❶.

Shannon-Weaver-Modell

Im zeitlichen Umfeld der Lasswell-Formel wurde ein Modell entwickelt, das in der Fachwelt einen ähnlich starken Eindruck hinterließ. Es handelt sich um das 1949 von Shannon und Weaver vorgestellte Modell der „Mathematischen Theorie der Kommunikation", das als ein Fundament der modernen Informationstheorie gilt.

Im Mittelpunkt dieses Modells steht die Vorstellung, dass es sich bei der Kommunikation um einen technischen Vorgang handelt, wobei von einem Sender zu einem Empfänger ein Vorrat an Zeichen übertragen wird. Damit das auch gelingt, muss man die Zeichen transportfähig machen, indem man sie in technische Signale umwandelt. Das geschieht in Form der sog. Encodierung und Decodierung. Unter „Encodierung" versteht man die Verschlüsselung der Zeichen beim Kommunikator, und unter „Decodierung" ihre Entschlüsselung beim Rezipienten.

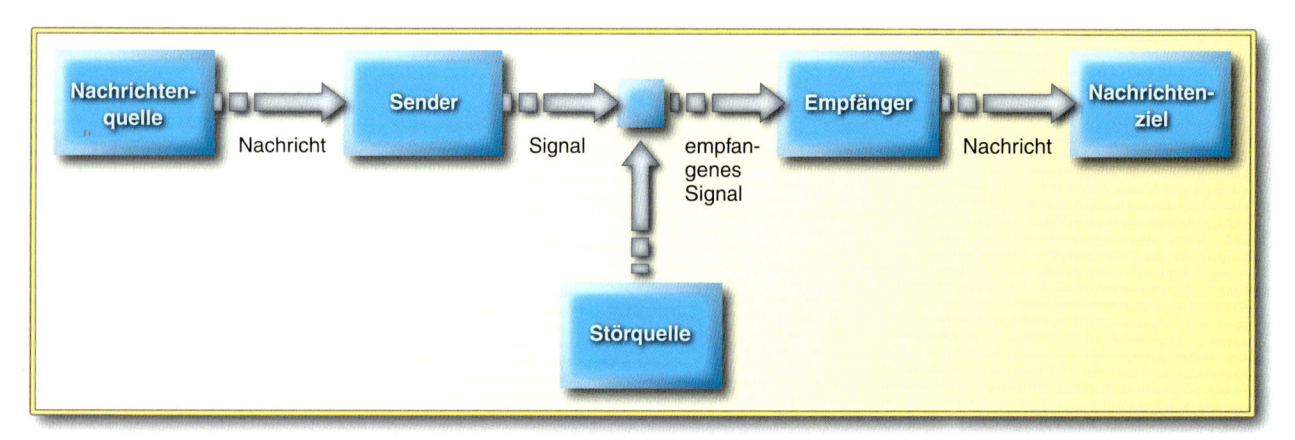

Nachrichtenquelle → Nachricht → Sender → Signal → empfangenes Signal → Empfänger → Nachricht → Nachrichtenziel

Störquelle

Nach dem vorliegenden Modell ergeben sich Kommunikationsstörungen, wenn die technische Vermittlung nicht funktioniert. Störquellen haben also höchste Bedeutung für das Gelingen von Kommunikation, und es geht darum, solche störenden Einflüsse möglichst zu beseitigen. Störungen (technischer Natur) können z. B. wie folgt auftreten:

- Der Übertragungskanal hat eine zu geringe Übertragungskapazität, um eine bestimmte Informationsmenge zu übertragen.
- Es gibt atmosphärische Störungen wie das „Rauschen" im Übertragungskanal (z.B. Kurzwellen-Empfang), die die Signalstärke reduzieren oder den Ton verzerren.
- In einer Gesprächssituation ist Straßenlärm oder ein anderes Umweltgeräusch zu vernehmen.

Badura-Modell

Das Modell von Shannon und Weaver ist oft kritisiert worden, und zwar dahingehend, dass es viel zu einseitig die Realität der Kommunikation aus einem rein technischen Blickwinkel beschreiben würde. Kommunikation, so die Kritiker, könne man nicht auf einen technischen Vorgang verkürzen. Um diesen Mangel zu überwinden, gab es zahlreiche Versuche, das Shannon-Weaver-Modell auf eine allgemeinere Grundlage zu stellen. Ein Beispiel ist das Badura-Modell.

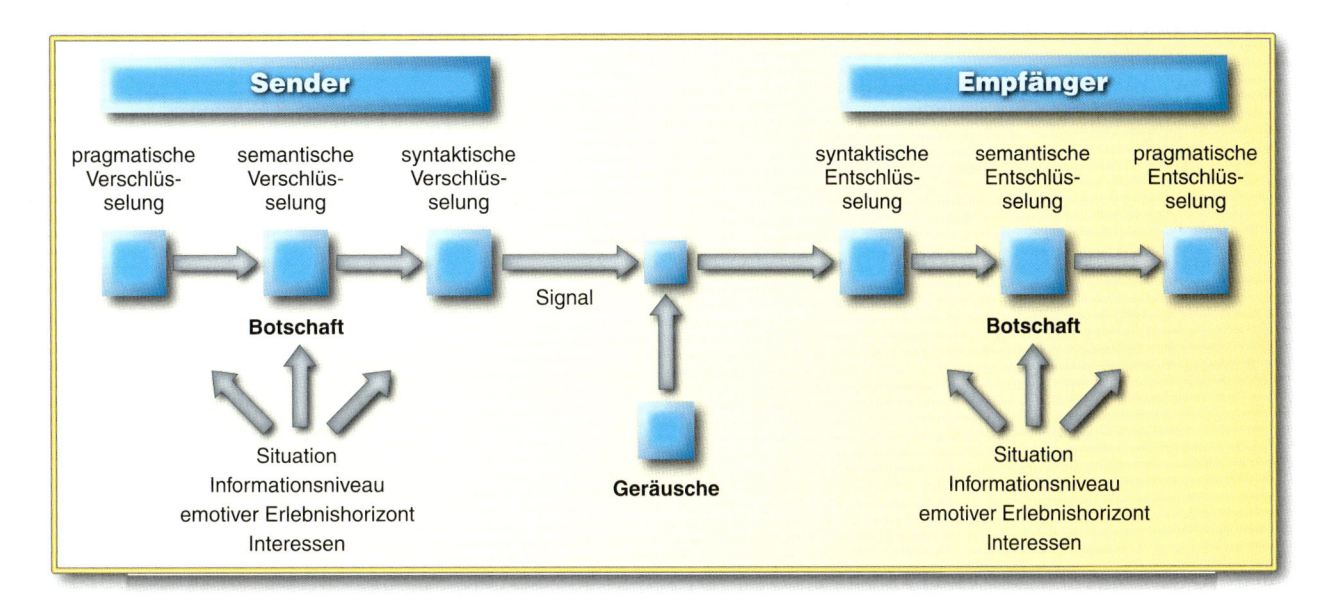

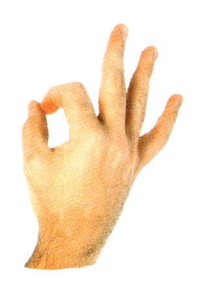

Sender: pragmatische Verschlüsselung → semantische Verschlüsselung → syntaktische Verschlüsselung → Signal → (Geräusche) → **Empfänger**: syntaktische Entschlüsselung → semantische Entschlüsselung → pragmatische Entschlüsselung

Botschaft ← Situation, Informationsniveau, emotiver Erlebnishorizont, Interessen

Botschaft ← Situation, Informationsniveau, emotiver Erlebnishorizont, Interessen

Das Modell erweitert die rein technische Sichtweise des Shannon-Weaver-Modells in Richtung der menschlichen Komponente. Es macht deutlich, dass zur Verständigung zwischen Menschen mehr gehört als eine perfekte Technik. Für eine wirkliche Verständigung ist es notwendig, dass die übermittelten Zeichen durch den Kommunikator, der die Zeichen verschlüsselt, und den Rezipienten, der sie wieder entschlüsselt, gleich interpretiert werden. Drei Verständigungsebenen sind zu unterscheiden:

- *Syntaktische Ebene*: Die Zeichen werden nach bestimmten *grammatischen Regeln* zusammengeführt.
- *Semantische Ebene*: Die Zeichen haben eine *Bedeutung* bzw. einen *Sinngehalt*.
- *Pragmatische Ebene*: Die Zeichen sind auf der Ebene der *zwischenmenschlichen Beziehungen* zu sehen.

Verständigung bzw. störungsfreie Kommunikation kommt nach dieser Modellvorstellung nur dann zustande, wenn die Kommunikationspartner *auf allen drei Ebenen zu gleichen Interpretationen* gelangen. Zusätzlich ist es erforderlich, dass nicht noch die sog. „Randbedingungen" einen Strich durch die Rechnung machen. Als Randbedingungen sind zu nennen: die Situation, in der die Kommunikation stattfindet (daheim, unterwegs), das Informationsniveau (Welcher Informationsgehalt? Wie verständlich?), der Erlebnishorizont (Welche Gefühle werden ausgelöst?) und die Interessen der Beteiligten (Wie stark spricht das Thema an?).

Feldschema von Maletzke

❶ Gerhard Maletzke, geb. 1922, Kommunikationswissenschaftler, lebt in Stuttgart

Wesentlich differenzierter als in der Lasswell-Formel stellte Maletzke 1963 die Beziehungen im Kommunikationsprozess dar ❶. Neu ist die Beschreibung der Kommunikation als ein wechselseitiger Vorgang, nach dem sich alle Bausteine in einer gegenseitigen Abhängigkeit befinden. Bei Lasswell war die Vorstellung vorherrschend, dass Kommunikation ein eher einseitig geprägter Vorgang vom Kommunikator zum Rezipienten sei, eine Art „Einbahnstraße". Diese (zu) enge Sicht wird nun aufgehoben.

Das Modell bezieht sich vorrangig auf die Massenkommunikation.

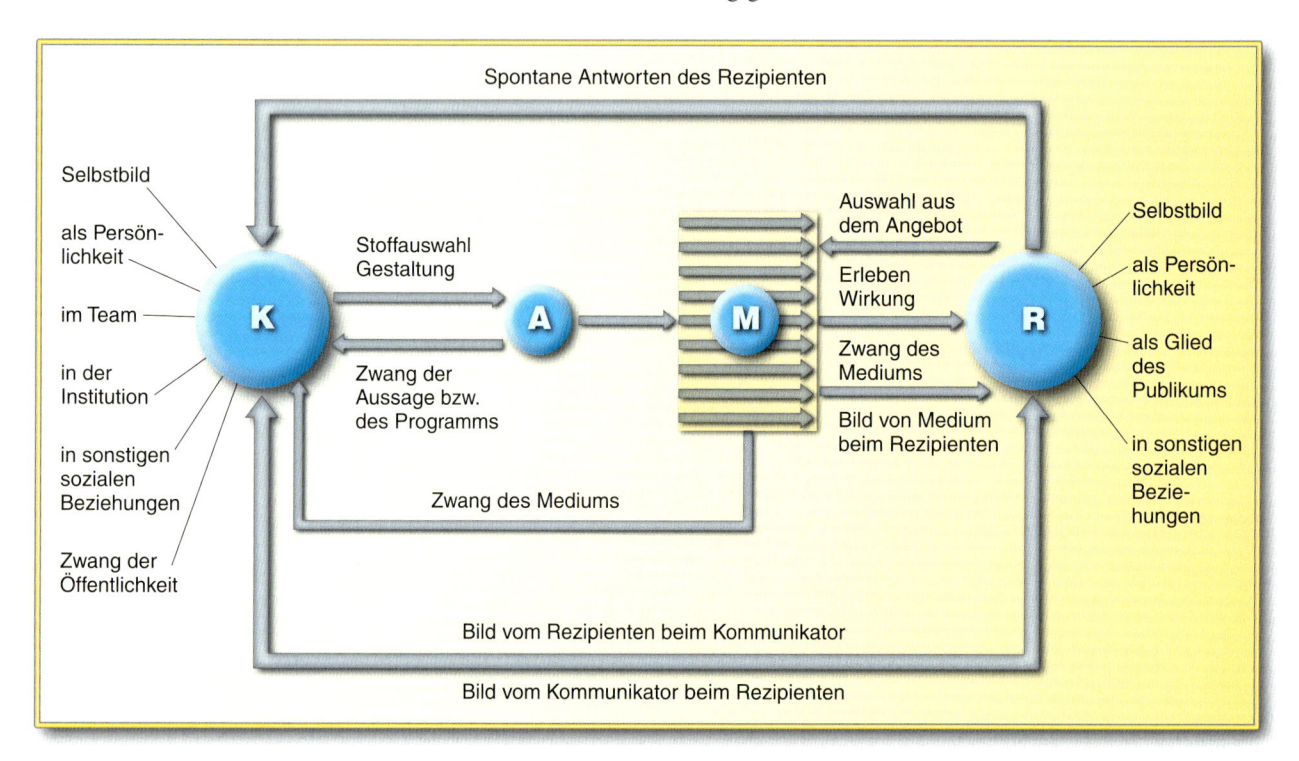

Das Modell führt vor Augen, dass sowohl der Kommunikator als auch der Rezipient keine Einzelwesen sind, sondern in einer wechselseitigen Beziehung zueinander stehen. Beide machen sich ein Bild voneinander, und jeder der beiden geht zudem mit ganz bestimmten Vorprägungen (z. B. Bild von sich selbst, Persönlichkeitsmerkmale) in den Kommunikationsvorgang hinein. Das Zusammenspiel von Kommunikator und Rezipient wird dabei von den verschiedensten Zwängen beeinflusst:

- Zwang für den Kommunikator: Er kann unter dem Druck der Öffentlichkeit stehen.
- Zwang der Aussage: Der Kommunikator äußert sich öffentlich und kann im Hinblick auf seine Aussagen beim Wort genommen werden.
- Zwang des Mediums: Es unterliegt ganz bestimmten dramaturgischen und technisch-organisatorischen Voraussetzungen, die das, was produziert und dargestellt werden soll, maßgeblich beeinflussen.
- Zwang für den Rezipienten: Die Art des Mediums bestimmt darüber, in welcher Form das Dargebotene aufgenommen werden muss.

1.2.3 Bedeutung der Perspektive

Metaphern

Jede theoretische Erklärung, sei es in Form eines einfachen oder komplexeren Modells, sei es in Form eines ganzen Theoriegebäudes, hängt davon ab, von welchem Standpunkt aus die Erklärung vorgenommen wird. Der subjektive Standpunkt des Betrachters bestimmt die Erkenntnis. In der Medien- und Kommunikationstheorie wird dieser Sachverhalt mit dem Begriff der „Metapher" bezeichnet.

➲ **Eine Metapher ist die ganz spezielle Perspektive, aus der heraus wir einen interessierenden Gegenstand (hier die Medien) betrachten.**

Es ist wichtig, sich stets bewusst zu machen, dass wir die Dinge *immer* aus einer bestimmten Perspektive heraus betrachten und dass es notwendig ist, die jeweilige Perspektive, aus der wir ein Thema beleuchten, zu verdeutlichen.

❶ Quelle: Funkkolleg Medien und Kommunikation, Weinheim und Basel 1990, Studienbrief 3, S. 18ff.

Die Erklärung von Rolle und Bedeutung der Medien kann aus den unterschiedlichsten Perspektiven heraus erfolgen. Als grundlegende Sichtweisen kommen zahlreiche Metaphern in Frage ❶:

- Im Altertum steht die Metapher von der Bewahrung erinnerungswürdiger Ereignisse, Personen oder Errungenschaften im Vordergrund: Kommunikation ist die Schaffung von zeitlosen Monumenten (Inschriften in Grabkammern, auf Obelisken, in Stein gemeißelt, zur Verewigung z. B. des Pharao). Die monumentalen Inschriften hatten im Übrigen auch die Funktion, das Volk gefügig zu machen.
- Die Metapher der Schaffung von (kognitiven) Gemeinsamkeiten („cognitive sharing") besagt: Kommunikation ist etwas, das bei den Kommunikationspartnern zu Gemeinsamkeit führt. Sie drückt sich in Form einer *Mitteilung* aus. „Mit-Teilung" bedeutet „Teilung" von etwas Gemeinsamem. Diese Metapher unterstellt, dass es im Kommunikationsvorgang nur *eine einzige* Bedeutung gibt, die von jedem der beteiligten Kommunikationspartner erkannt und begriffen wird.
- Die Metapher vom physischen Transport („Container-Metapher") besagt: Kommunikation ist die – physikalisch messbare – Übertragung von Botschaften. Ein Medium ist gleichsam ein Container, der Botschaften von einem Ort zum anderen transportiert. Umgangssprachliche Redewendungen, die auf diese Optik hindeuten, sind z. B.: „Was steht *in* dem Brief?"; „Der Artikel *enthält* nichts Neues"; „ein bedeutungs*voller* Satz!"
- Die Metapher vom Kanal besagt: Kommunikation wird als ein physikalischer Fließvorgang von Signalen verstanden, der in einem rohrartigen Kanal stattfindet. Die Botschaften werden als Flüssigkeit von einem Ort zum anderen geleitet. Menschliche Kommunikation ist in diesem Bild eine Erscheinung, die sogar mehrere Rohre benötigt, entsprechend der Vielfalt der Kommunikationsformen (verbal/nonverbal; Kanäle des Sehens, Hörens, Berührens, Riechens, Schmeckens). Sprachlich kommt diese Metapher z. B. im Bild vom „Informationsfluss" zum Ausdruck.

❶ Dabei spielen Begriffe wie Informationsmengen (Bits), Kanalkapazität, Übertragungsmenge oder Redundanz eine Rolle.

❷ In vielen alltäglichen Redewendungen ist diese Metapher lebendig, z. B.: „Dann schieß mal los!"; „Ihre Behauptung ist unhaltbar"; „Seine Worte haben ins Schwarze getroffen"

❸ Metaphern leiten unser Bild von Kommunikation. Herauszufinden, wie wir zu Wissen und Vorstellungen gelangen, ist Aufgabe der sog. „Erkenntnistheorie".

- Das vorgestellte Shannon-Weaver-Modell folgt – wie gezeigt – einer Metaphorik, bei der die Kommunikation als ein mathematisch nachvollziehbarer Vorgang verstanden wird ❶.
- Metapher vom Argument als Krieg: Kommunikation wird als ein Instrument der verbalen Kriegführung begriffen ❷.
- Kontroll-Metapher: Kommunikation ist nach dieser Vorstellung ein Instrument zur Lösung menschlicher Probleme bzw. zur Erreichung von Zielen. Kommunikation ist Ursache. Im Extrem kann Kommunikation sogar eine Technik zur Manipulation sein. Umgangssprachlich finden sich viele Beispiele: „Das Fernsehen wirkt sich auf die Schulleistungen aus"; „Der Brief machte mich glücklich".

Anhand dieser Aufzählung möglicher Metaphern wird deutlich, dass es immer höchst unterschiedliche Vorstellungen über das Phänomen der Kommunikation und der Medien geben wird ❸. Es wird nicht möglich sein, sich auf eine einzige Sichtweise zu verständigen. Je nach Gesellschaft, Situation oder Fragestellung wird die eine oder die andere Sicht bevorzugt.

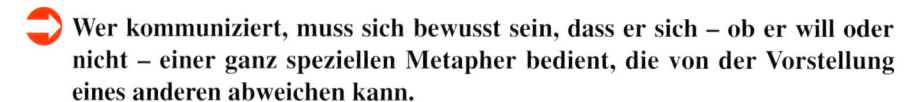

➡ **Wer kommuniziert, muss sich bewusst sein, dass er sich – ob er will oder nicht – einer ganz speziellen Metapher bedient, die von der Vorstellung eines anderen abweichen kann.**

Viele Metaphern werden von vielen Menschen – bewusst oder intuitiv – häufig verwendet. Sie sind dann wie ausgetretene Pfade, denen viele folgen. Das gilt sicher für die Container-Metapher oder die Metapher vom Fluss von Informationsmengen. Es ist offenkundig, dass eine solche physikalisch-mathematische Sicht der Dinge problematisch sein kann. Ebenso ist es offenkundig, dass es ein einziges, allgemein gültiges Kommunikationsmodell nicht geben kann.

In der Medien- und Kommunikationstheorie haben sich aber dennoch zwei theoretische Grundkonzeptionen herausgebildet, die sich gewissermaßen als *Leitlinien für den Aufbau von Theoriegebäuden* eignen. Es handelt sich um die beiden folgenden Konzepte:

- Reiz-Reaktions-Schema
- Konstruktivismus

Das *Reiz-Reaktions-Schema* geht davon aus, dass eine Wirkung immer auch eine Ursache haben muss. Die Wirkung (= „Response", „Reaktion") ist also immer die Folge eines Reizes (= „Stimulus"): Man verwende bei einer Anzeigenwerbung eine knallige Farbe, und schon steigt der Grad der Aufmerksamkeit beim Leser! Der Ansatz wird daher auch *Stimulus-Response-Ansatz* genannt. Auf die Medien übertragen, stellt er die Frage: Was machen die Medien mit den Menschen?

Im Gegensatz zu diesem theoretischen Ansatz steht der Ansatz des *Konstruktivismus*. Dieser geht nicht davon aus, dass der Mensch ein passives Wesen ist, das nur darauf wartet, von den Medien beeinflusst zu werden, sondern unterstreicht die Vorstellung, dass sich jeder Mensch seine eigene Wirklichkeit – aktiv – selbst konstruiert. Die zentrale Frage ist nicht: Was machen die Medien mit den Menschen? Sondern: Was machen die Menschen mit den Medien?

Reiz-Reaktions-Schema

❶ *kausal* = ursächlich von lat. „causa" = der Grund
final = zielgerichtet von lat. „finis" = das Ende

Das Reiz-Reaktions-Schema bezeichnet eine Denkhaltung, die sich in den Kategorien von *Ursache* (*Reiz*) und *Wirkung* (*Reaktion*) bewegt. Nach diesem Denkmodell hat jede Erscheinung, die wir beobachten können, immer eine Ursache, oder auch „Stimulus" genannt, und eine Wirkung, als „Response" bezeichnet. Ein Beispiel:

Reiz bzw. *Stimulus*: Ein Kind sieht fünf Stunden am Stück fern.
Reaktion bzw. *Response*: Am nächsten Tag zeigt das Kind ein aggressives Verhalten, das in der Schule allen Lehrern und Mitschülern auffällt.

Man spricht in diesem Zusammenhang auch vom Denken in den Kategorien von *Kausalität* (Ursache) und *Finalität* (Wirkung) ❶.

❷ Quelle: Merten, Klaus: Die Wirklichkeit der Medien, Opladen 1994, S. 294ff.

In der Medien- und Kommunikationstheorie werden Modelle, die dem Reiz-Reaktions-Schema folgen, als „S-R-Modelle" oder „S-O-R-Modelle" bezeichnet (S = Stimulus, O = Organismus, R = Response).

Ein *Organismus* ist z.B. der Mensch, von dem man wissen will, wie er sich verhält. Es kann auch eine ganze Gruppe von Menschen angesprochen sein, z. B. in der Werbung, wenn man sich eine Vorstellung darüber machen will, wie eine Werbekampagne im Fernsehen auf die Zielgruppe wirkt.

Hinter dem Reiz-Reaktions-Schema stehen *drei Annahmen* ❷:

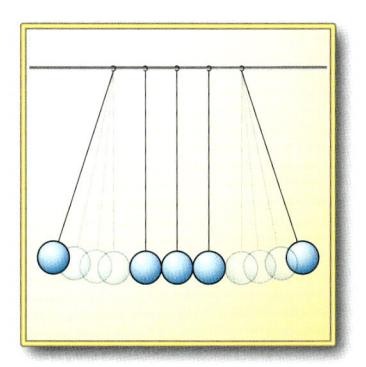

- *Kausalität*: Zwischen Wirkung und Ursache besteht ein direkter Zusammenhang. Diese Vorstellung ist eng mit dem Denken in den Naturwissenschaften verbunden. Schlägt man beispielsweise mit dem Hammer (Ursache) auf einen Nagel, so wird der Nagel (Wirkung) sich bewegen. Das Denken ist linear und einseitig, es ist ein „Wenn-Dann-Denken".
- *Transitivität*: Nach dieser Annahme beruht das Reiz-Reaktions-Schema auf einem Vorgang wie der Kraftübertragung zwischen zwei Körpern.
- *Proportionalität*: Nach dieser Annahme erzeugt ein stets gleicher Reiz eine stets gleiche Wirkung. Je intensiver, anhaltender und direkter ein Stimulus kommt, desto größer wird die Wirkung sein.

Konstruktivismus

Der *Konstruktivismus* versteht sich als Antwort auf die beschriebene einseitige und eingeschränkte Sicht des Reiz-Reaktions-Schemas. Er geht von anderen Annahmen aus ❶:

- Wirklichkeit ist nicht objektiv gegeben. Jeder Mensch konstruiert sich seine eigene Wirklichkeit subjektiv. Der Mensch ist nicht passiv und hilflos den Medien ausgeliefert, sondern er hat die Möglichkeit, aus den Angeboten auszuwählen (Möglichkeit zu „selektivem Verhalten").
- Die Rezipienten sind sich darüber im Klaren, dass sie diese ihre Wirklichkeit selber konstruieren, und sie versuchen auf alle erdenkliche Weise, für ihre Konstruktion Bestätigungen zu finden.
- Wirklichkeiten werden durch Kommunikation konstruiert.
- Wirklichkeitskonstruktionen und mediale Wirkungen stehen in Verbindung.

Unter dieser Perspektive ist es notwendig, den Vorgang der Medienwirkung anders zu interpretieren. So müssen neben den Botschaften des Kommunikators, die natürlich auch weiterhin eine große Rolle spielen, noch andere „Wirkfaktoren" in Betracht gezogen werden, und vor allem diejenigen, die besonders stark die Konstruktion der Wirklichkeit bei den Menschen beeinflussen.

Dies sei am Beispiel der berühmten Goebbels-Rede im Berliner Sportpalast verdeutlicht ❷. Gemäß dem SOR-Denken wird man annehmen, dass die Rede von Goebbels ein maßgeblicher Auslöser (ein medialer Stimulus) dafür war, das deutsche Volk weiter in den Krieg hineinzutreiben (Wirkung). Der Rezipient (das deutsche Volk) war gewissermaßen „schutzlos" den gezielten Attacken des Verführers ausgeliefert.

Konstruktivistisches Denken lehnt diese einseitige Wenn-Dann-Sicht ab und verlangt, auch auf die Randbedingungen zu achten, die eine Wirkung z. B. durch sich selbst verstärkende Effekte, „hochschaukeln" können. So war es bei der Goebbels-Rede so, dass zunächst *nur die Teilnehmer der Veranstaltung* in Begeisterungsstürme ausbrachen. Zu Hause an den Radios nahmen die Hörer wahr, dass die Rede *bei anderen* Begeisterung auslöste. Der große Effekt entstand erst dadurch, dass die Hörer am Lautsprecher bereit waren, die offensichtlich faszinierende Rede als Modell und Beispiel für die eigene Wirklichkeitskonstruktion heranzuziehen.

In der SOR-Interpretation wird dem Medium Radio als Verbreitungsmittel eine enorme Bedeutung zugemessen. Im Konstruktivismus wird man diese These zwar nicht leugnen, man wird aber zusätzlich auf die anderen Einflüsse verweisen, denen ebenfalls hohe Bedeutung zugemessen werden muss. Das sind vor allem die Erfahrungen, das Wissen und die Einstellungen des Rezipienten (interner Kontext) sowie die Situation und die sozialen Randbedingungen (externer Kontext).

Die Frage der Wirkungstheorie hat viel mit dem *Menschenbild* zu tun, das man zugrunde legt. In Reiz-Reaktions-Kategorien wird der Mensch eher als passiv-rezeptives Wesen verstanden. Geht man einen Schritt weiter, wird man den Menschen eher als ein aktives, sinn- und gestaltgebendes Wesen verstehen, das sich seine eigene Welt aufbaut.

---

❶ Quelle: Merten, Klaus: Die Wirklichkeit der Medien, Opladen 1994, S. 309ff.

❷ Quelle: Merten, Klaus: Die Wirklichkeit der Medien, Opladen 1994, S. 311. Die Goebbels-Rede 1943: Teilnehmer im Sportpalast waren Parteimitglieder. Mit ihnen führte er einen Dialog, indem er von Frage zu Frage mehr fordert und dann die Frage stellt: „Ich frage Euch: Wollt Ihr den totalen Krieg?" Die tosenden Ja-Rufe der eingeschworenen Parteigänger werden reichsweit vom Rundfunk übertragen.

1.3 Medien in der Praxis

Nach der theoretischen Betrachtung der Medien sollen nun die wichtigsten Medienformen in ihrer praktischen Bedeutung dargestellt werden. Die Darstellung der einzelnen Bereiche ist nach dem *zunehmenden Grad der Öffentlichkeit* geordnet:

- Persönliche Kommunikation in der direkten zwischenmenschlichen Begegnung („face to face"): Hauptausdrucksmittel ist die Sprache, aber auch nicht-sprachliche Ausdrucksformen und technische Hilfsmittel spielen eine Rolle.
- Unpersönliche Kommunikation zwischen zwei Menschen oder in kleineren oder größeren Gruppen: Durch technische Hilfsmittel wie Telefon, Videoconferencing, E-Mail oder Software wird eine gruppenbezogene Kommunikation ermöglicht („Groupware", Intranet).
- Massenkommunikation: Die wichtigsten Vertreter sind Presse, Radio, TV und Online.

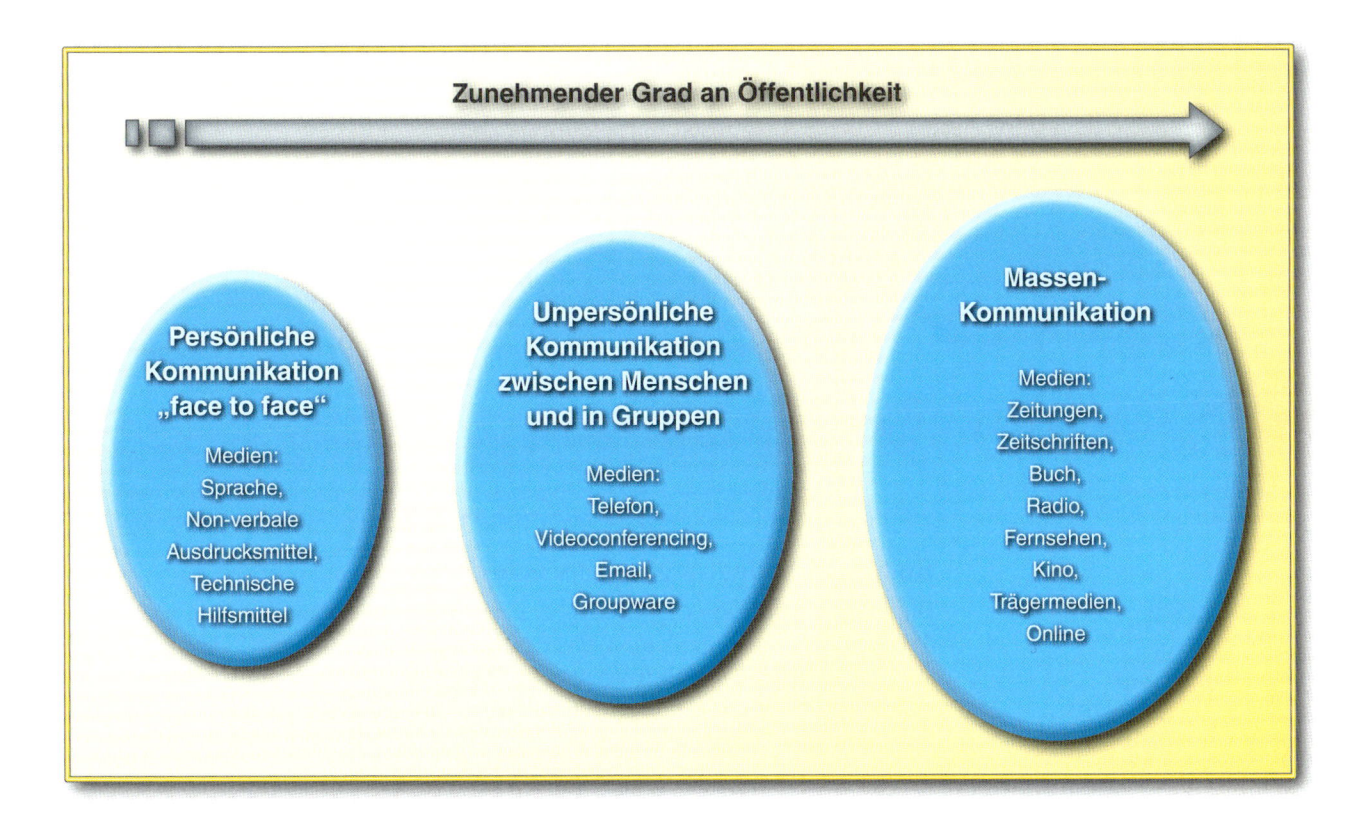

Zunehmender Grad an Öffentlichkeit →

Persönliche Kommunikation „face to face"
Medien: Sprache, Non-verbale Ausdrucksmittel, Technische Hilfsmittel

Unpersönliche Kommunikation zwischen Menschen und in Gruppen
Medien: Telefon, Videoconferencing, Email, Groupware

Massen-Kommunikation
Medien: Zeitungen, Zeitschriften, Buch, Radio, Fernsehen, Kino, Trägermedien, Online

Aus diesem Feld sollen in den nachfolgenden Lektionen *die wichtigsten Medien herausgegriffen* werden. Es sind dies die Sprache, die in allen der drei aufgezeigten Stufen eine Rolle spielt, sodann das Telefon als zentrales Medium für die zwischenmenschliche indirekte Kommunikation sowie die wichtigsten Massenkommunikationsmittel.

1.3.1 Sprache

Fakten

Die Sprache ist das vorherrschende Mittel der Kommunikation. Wenn zwischenmenschliche Kommunikation stattfindet, ist sie in der Regel sprachliche Kommunikation. Sprache ist das Kommunikationsmittel, das für den Menschen allein typisch ist und das bei weitem am meisten entwickelt ist.

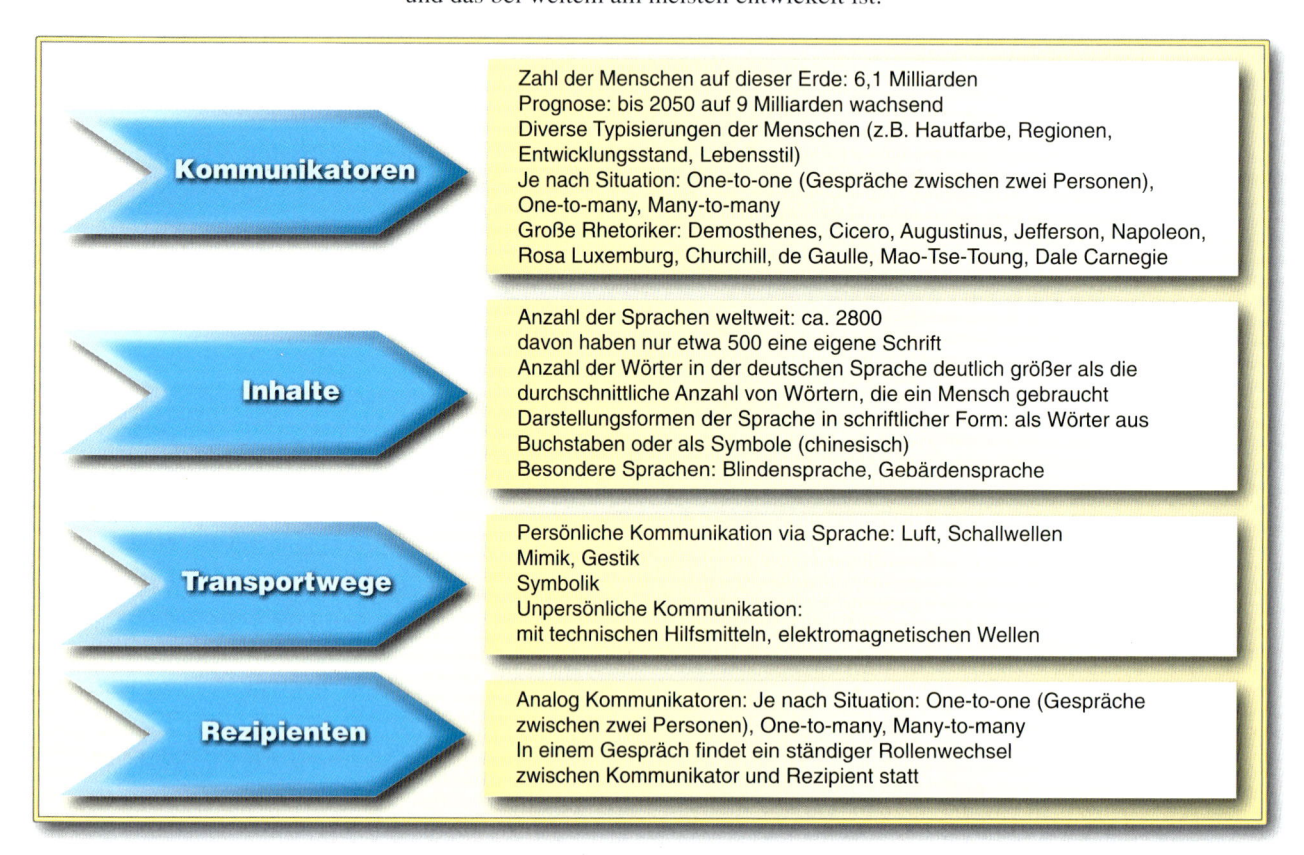

Kommunikatoren
- Zahl der Menschen auf dieser Erde: 6,1 Milliarden
- Prognose: bis 2050 auf 9 Milliarden wachsend
- Diverse Typisierungen der Menschen (z.B. Hautfarbe, Regionen, Entwicklungsstand, Lebensstil)
- Je nach Situation: One-to-one (Gespräche zwischen zwei Personen), One-to-many, Many-to-many
- Große Rhetoriker: Demosthenes, Cicero, Augustinus, Jefferson, Napoleon, Rosa Luxemburg, Churchill, de Gaulle, Mao-Tse-Toung, Dale Carnegie

Inhalte
- Anzahl der Sprachen weltweit: ca. 2800
- davon haben nur etwa 500 eine eigene Schrift
- Anzahl der Wörter in der deutschen Sprache deutlich größer als die durchschnittliche Anzahl von Wörtern, die ein Mensch gebraucht
- Darstellungsformen der Sprache in schriftlicher Form: als Wörter aus Buchstaben oder als Symbole (chinesisch)
- Besondere Sprachen: Blindensprache, Gebärdensprache

Transportwege
- Persönliche Kommunikation via Sprache: Luft, Schallwellen
- Mimik, Gestik
- Symbolik
- Unpersönliche Kommunikation:
- mit technischen Hilfsmitteln, elektromagnetischen Wellen

Rezipienten
- Analog Kommunikatoren: Je nach Situation: One-to-one (Gespräche zwischen zwei Personen), One-to-many, Many-to-many
- In einem Gespräch findet ein ständiger Rollenwechsel zwischen Kommunikator und Rezipient statt

Rolle und Bedeutung der Sprache

Die Bedeutung der Sprache kann nicht hoch genug eingeschätzt werden. Sprache ist das Mittel der Kommunikation, das den Menschen von anderen Lebewesen unterscheidet. Nur der Mensch tritt mit seinen Artgenossen mit Hilfe von sprachlichen Symbolen, also Worten, in Beziehung. Überdies ist Sprache ein empfindliches Medium, das sensibel eingesetzt werden muss, z. B. in kritischen Situationen. Die folgenden Aspekte spielen eine besondere Rolle:

- Die Sprache folgt bestimmten Regeln, und zwar der Semantik, der Syntax und der Pragmatik. So muss z. B. ein kleines Kind lernen, dass die Wörter eine bestimmte Bedeutung haben (Semantik), dass es eine Grammatik gibt, die diese Wörter zu Sätzen verknüpft (Syntax), und dass es die Wörter und Sätze in einer bestimmten Situation in einer ganz bestimmten Weise gebrauchen muss, wenn es etwas erreichen will (Pragmatik).

❶ Schulz von Thun, Friedemann: Miteinander reden, 3 Bände, Reinbek bei Hamburg 1992, 1998

- Zu unterscheiden ist zwischen verbaler und nicht-verbaler Kommunikation. In der unpersönlichen Kommunikation entsteht die Schwierigkeit, dass die nicht-verbalen Bestandteile der Kommunikation fehlen oder nicht transportiert werden können. Die Gefahr von Fehlinterpretationen steigt dadurch.
- Damit Kommunikation gelingt, müssen gezielt kommunikationsfördernde Verhaltensweisen unterstützt werden. Dabei ist es hilfreich, praktische Ansätze in Betracht zu ziehen, insbesondere das Modell der „Vier Seiten einer Nachricht" nach Schulz von Thun ❶: Es besagt, dass jede Nachricht immer vier Seiten aufweist, zum einen den Sachaspekt, dann den Beziehungsaspekt, ferner den Aspekt der Selbstoffenbarung und schließlich den Appell-Aspekt ❷.

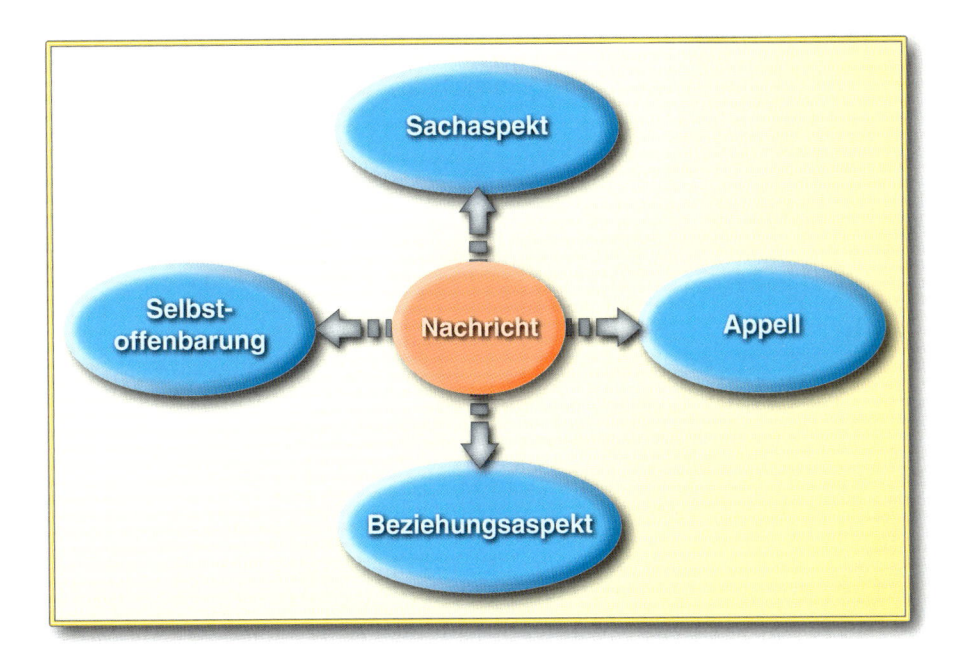

❷ Die vier Seiten einer Nachricht: Ich bitte z. B. einen Kollegen, mir eine Unterlage auszuhändigen und tue dies in arrogantem Ton, so habe ich vier Botschaften von mir gegeben: Ich habe eine Bitte geäußert (= Sachaspekt), habe an den Kollegen appelliert, die Unterlage herauszugeben (= Appell), ich habe mich als arrogant gezeigt (= Selbstoffenbarung) und schließlich habe ich einen Impuls für eine schlechte Beziehung gesetzt (= Beziehungsaspekt). Es ist zu erwarten, dass mein Kollege nicht unbedingt freundlich reagieren wird.

❸ Quelle: Neuhäuser-Metternich, Sylvia und Witt, Frank-Jürgen: Kommunikation und Berichtswesen, München 1997, S. 15ff.

Nichtsprachliche Kommunikation

Das Medium Sprache im Sinne von verbaler Kommunikation darf nicht isoliert betrachtet werden. Wenn es um Verständigung geht, spielen stets auch die nicht-verbalen Formen der Kommunikation eine bedeutende Rolle. Zu nennen sind ❸:

- Körperkontakt: z. B. Händereichen als Grußform.
- Nähe/Distanz: Eine Person rückt z. B. im Gespräch einer anderen Person zu nahe. Es entsteht Unwohlsein, wenn sie die Grenze zur Intimität verletzt. Eine reibungslose persönliche Interaktion geschieht am besten in einer Distanz zwischen 46 cm und ca. 1,20 Metern. Die öffentliche Distanz beginnt ab ca. 3,60 Metern. Sie ist wichtig, wenn eine größere Anzahl von Menschen zusammen kommt.
- Körperhaltung: z. B. aufrechte Haltung, verschränkte Arme.

- **Äußere Erscheinung:** Diese wird meist gezielt eingesetzt, um den Erwartungen der sozialen Gruppe zu entsprechen, z.B. durch Tragen eines dunklen Anzuges und Krawatte bei Geschäftsleuten.
- **Mimik / Gestik / Pantomimik:** Hier geht es um den Gesichtsausdruck, um die „Sprache" der Hände und um Bewegungen des Körpers.
- **Blick:** Der Blickkontakt spielt eine wichtige Rolle beim Aufrechterhalten eines Gespräches. Allerdings kann der unausgesetzt andauernde Blick Stress verursachen.
- **Non-verbale Aspekte** der Sprache: Gemeint ist die Sprechweise, die Stimme, die Sprechgeschwindigkeit oder die Tonhöhe.

Die nicht-verbale Kommunikation ist deswegen so bedeutsam, weil sie das, was über die verbale Schiene zum Ausdruck kommt, unterstützt, interpretiert, bestätigt und unterstreicht. Sie wirkt gewissermaßen als „Flankenschutz", um das Gesagte besser zu vermitteln. Manchmal ist es allerdings so, dass zwischen dem, was gesprochen wird, und dem, was die Körper-„Sprache" verrät, ein Gegensatz bestehen kann.

Beispiel: Jemand versichert einem anderen tiefste Freundschaft, und genau als er dies sagt, wendet er sich mit verschränkten Armen vor der Brust von seinem Freund ab. Allerdings ist bei Interpretationen Vorsicht geboten, da immer die jeweilige Situation in Betracht gezogen werden muss.

Technische Hilfsmittel

Oft ist es hilfreich, z. B. in Präsentationen, das in der persönlichen Kommunikation eingesetzte Medium Sprache durch technische Hilfsmittel zu unterstützen. Dies kann akustisch oder visuell geschehen:

- Mikrofon und Lautsprecher verstärken die Stimme.
- Die Tafel ist das klassische Medium im Schulungsbereich.
- Flipchart mit großformatigem Papier lässt sich gut bei Besprechungen in Kleingruppen einsetzen.
- Overhead-Projektor bildet Klarsichtfolien ab.
- Pinn-Wände mit Packpapier bespannt ergänzen großflächig das Medium Flipchart.
- Dia-Projektor gibt Bilder mit einer stark dominierenden Wirkung wieder.
- Video-Anlagen verarbeiten in Verbindung mit Beamern bewegtes Bildmaterial.

Die eingesetzten Medien haben bei Präsentationen zumeist den Zweck, die Aufmerksamkeit der Zuhörer und Zuschauer von der Person des Vortragenden weg zur Sache zu lenken. Eine wichtige Rolle spielt auch die Erkenntnis, dass die Lerninhalte und Botschaften durch Visualisierungstechniken besser behalten werden können.

Wichtig ist es, die Medienunterstützung professionell vorzunehmen. So ist darauf zu achten, dass alles, was gezeigt wird, auch kommentiert wird; der Einsatz von Farben muss genau durchdacht werden; die Schriftgröße ist so zu wählen, dass die Präsentation auch vom hintersten Platz aus gut verfolgt werden kann.

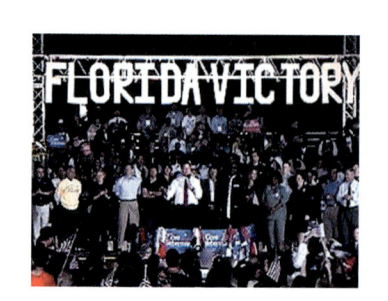

1.3.2 Telefon

Fakten

Von größter Bedeutung für die Menschheit war die Erfindung der Fernübertragung von Signalen, die *Telekommunikation*. Nach dem Start im Jahre 1880 verbreitete sich das *Telefon* rasant. Das Telefon war ursprünglich nur zur Übertragung von Sprache und Texten geeignet, heute kann es im Grunde alle medialen Formen übertragen: Bild, Daten oder Video.

Heute ist das Telefon Teil der multimedialen Welt. Es ist ein Endgerät, das im Prinzip alle Formen medialer Kommunikation beherrscht. Die Entwicklung ist dabei so weit fortgeschritten, dass der mobile Gebrauch des Telefons heute schon im Vordergrund steht. Die ökonomische Bedeutung des Telekommunikationsmarktes in Deutschland kann mit 60 Mrd. Euro beziffert werden.

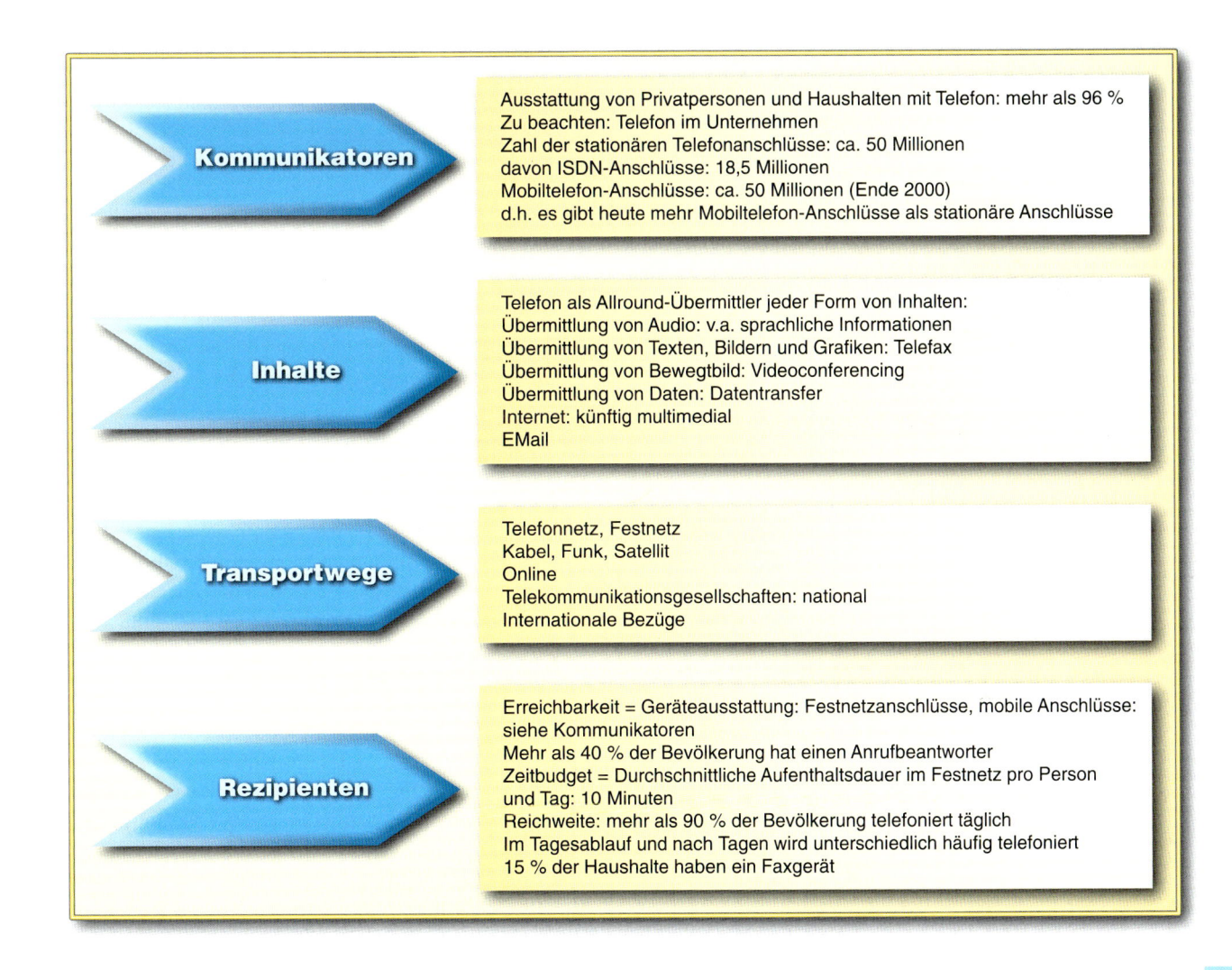

Kommunikatoren
Ausstattung von Privatpersonen und Haushalten mit Telefon: mehr als 96 %
Zu beachten: Telefon im Unternehmen
Zahl der stationären Telefonanschlüsse: ca. 50 Millionen
davon ISDN-Anschlüsse: 18,5 Millionen
Mobiltelefon-Anschlüsse: ca. 50 Millionen (Ende 2000)
d.h. es gibt heute mehr Mobiltelefon-Anschlüsse als stationäre Anschlüsse

Inhalte
Telefon als Allround-Übermittler jeder Form von Inhalten:
Übermittlung von Audio: v.a. sprachliche Informationen
Übermittlung von Texten, Bildern und Grafiken: Telefax
Übermittlung von Bewegtbild: Videoconferencing
Übermittlung von Daten: Datentransfer
Internet: künftig multimedial
EMail

Transportwege
Telefonnetz, Festnetz
Kabel, Funk, Satellit
Online
Telekommunikationsgesellschaften: national
Internationale Bezüge

Rezipienten
Erreichbarkeit = Geräteausstattung: Festnetzanschlüsse, mobile Anschlüsse: siehe Kommunikatoren
Mehr als 40 % der Bevölkerung hat einen Anrufbeantworter
Zeitbudget = Durchschnittliche Aufenthaltsdauer im Festnetz pro Person und Tag: 10 Minuten
Reichweite: mehr als 90 % der Bevölkerung telefoniert täglich
Im Tagesablauf und nach Tagen wird unterschiedlich häufig telefoniert
15 % der Haushalte haben ein Faxgerät

Rolle und Bedeutung

Ein prominentes Beispiel:
In der Nacht vom 14. auf den 15. April 1912 sinkt das "unsinkbare" Luxuspassagierschiff Titanic im Nordatlantik. Ein junger Funker nimmt schwache Signale auf: "S.S. Titanic auf Eisberg gelaufen. Sinken schnell."

In den Jahren seit 1880 hat das Medium Telefon eine enorme Bedeutung erlangt: Es wurde binnen weniger Jahrzehnte zum *wichtigsten technischen Kommunikationsmedium in Hinblick auf die Verbindung von Mensch zu Mensch*. Es ist kein Massenmedium.

Mit Hilfe des Telefons wurde das menschliche Zusammenleben auf eine neue Stufe gestellt, das Telefon ist heute dank der sich durchsetzenden modernen Mobiltechnik überall im Einsatz. Im Verbund mit der Digitalisierung wird das Telefon mehr und mehr zu einem Multifunktionsgerät.

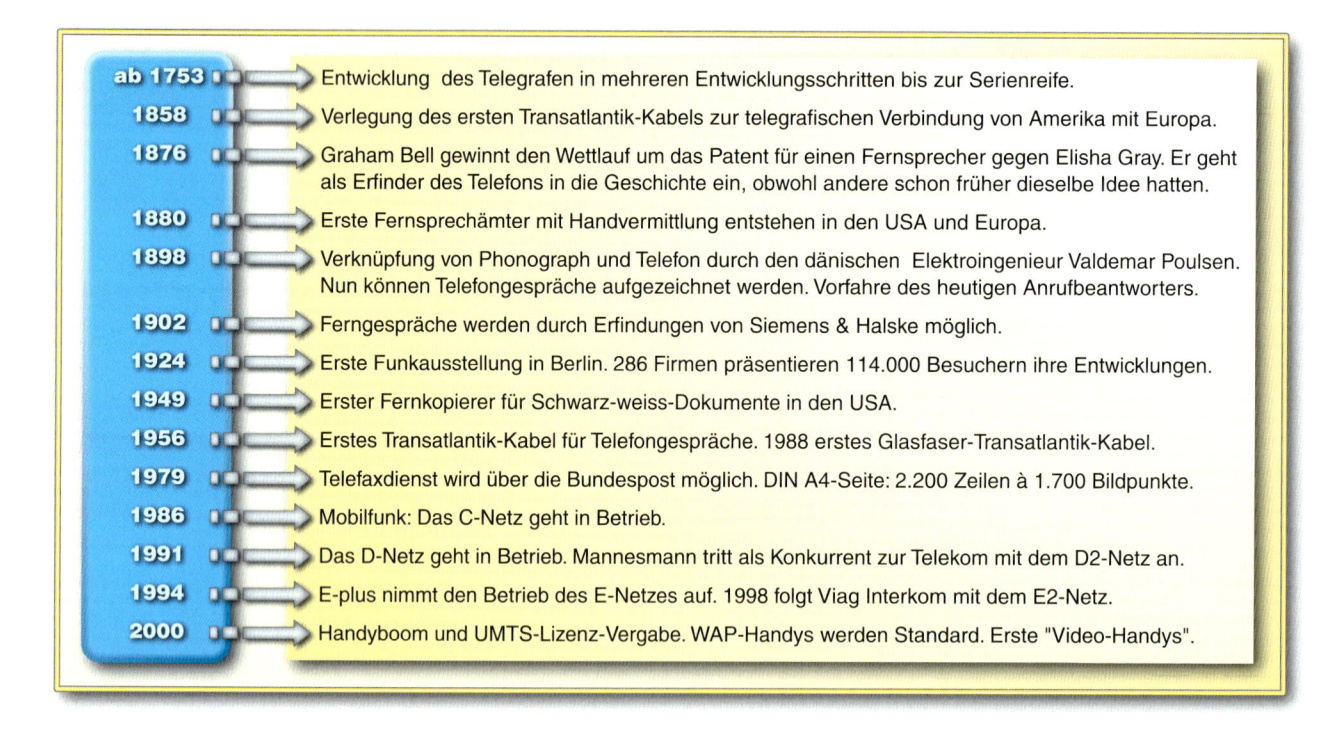

ab 1753	Entwicklung des Telegrafen in mehreren Entwicklungsschritten bis zur Serienreife.
1858	Verlegung des ersten Transatlantik-Kabels zur telegrafischen Verbindung von Amerika mit Europa.
1876	Graham Bell gewinnt den Wettlauf um das Patent für einen Fernsprecher gegen Elisha Gray. Er geht als Erfinder des Telefons in die Geschichte ein, obwohl andere schon früher dieselbe Idee hatten.
1880	Erste Fernsprechämter mit Handvermittlung entstehen in den USA und Europa.
1898	Verknüpfung von Phonograph und Telefon durch den dänischen Elektroingenieur Valdemar Poulsen. Nun können Telefongespräche aufgezeichnet werden. Vorfahre des heutigen Anrufbeantworters.
1902	Ferngespräche werden durch Erfindungen von Siemens & Halske möglich.
1924	Erste Funkausstellung in Berlin. 286 Firmen präsentieren 114.000 Besuchern ihre Entwicklungen.
1949	Erster Fernkopierer für Schwarz-weiss-Dokumente in den USA.
1956	Erstes Transatlantik-Kabel für Telefongespräche. 1988 erstes Glasfaser-Transatlantik-Kabel.
1979	Telefaxdienst wird über die Bundespost möglich. DIN A4-Seite: 2.200 Zeilen à 1.700 Bildpunkte.
1986	Mobilfunk: Das C-Netz geht in Betrieb.
1991	Das D-Netz geht in Betrieb. Mannesmann tritt als Konkurrent zur Telekom mit dem D2-Netz an.
1994	E-plus nimmt den Betrieb des E-Netzes auf. 1998 folgt Viag Interkom mit dem E2-Netz.
2000	Handyboom und UMTS-Lizenz-Vergabe. WAP-Handys werden Standard. Erste "Video-Handys".

Der Markt ist gekennzeichnet durch eine stark wachsende Nachfrage nach Telekommunikationsleistungen, die sich auf den mobilen Empfang konzentriert. Die Anbieter sind daher dabei, den Ausbau der Infrastrukturen und die Umrüstung auf neue Technologien voranzutreiben. Neue leistungsfähige Netze, eine weltweite Mobilfunk-Infrastruktur, die mobile Verbindung zum Internet und die deutliche Erhöhung der Übertragungsgeschwindigkeit sind wichtige Themen des Marktes.

Vor diesem Hintergrund ist es für die Telefongesellschaften reizvoll, Allianzen und Netzwerke bis hin zu Fusionen mit anderen Telefongesellschaften einzugehen. Im Zuge des Trends zur Globalisierung gibt es einen starken Anreiz, große internationale Telefonkonzerne zu bilden. Ziel ist es, Kosten einzusparen und die Leistung durch Vorhaltung internationaler Netzwerke zu steigern. Ein weiterer Anreiz ergibt sich aus dem Trend zur Konvergenz, d. h. zum Zusammenwachsen der Branchen der Informationswirtschaft, nachdem es auch für Telefongesellschaften attraktiv ist, sich zu Multimedia-Unternehmen weiterzuentwickeln.

1.3.3 Zeitungen

Fakten

❶ Unter *Basismedium* versteht man ein Medium, das einen maßgeblichen Beitrag zur Meinungsbildung und grundlegenden Beitrag zum Informationsstand der Bevölkerung liefert.

In publizistischer Hinsicht sind die Zeitungen als ein *Basismedium* ❶ anzusehen. Ihre ökonomische Bedeutung zeigt sich in einem Marktvolumen von ca. 8 Mrd. Euro in Deutschland, womit die Zeitungen nach wie vor der größte Teilmarkt im Mediensektor darstellen. Sie haben auch als Werbeträger größte Bedeutung.

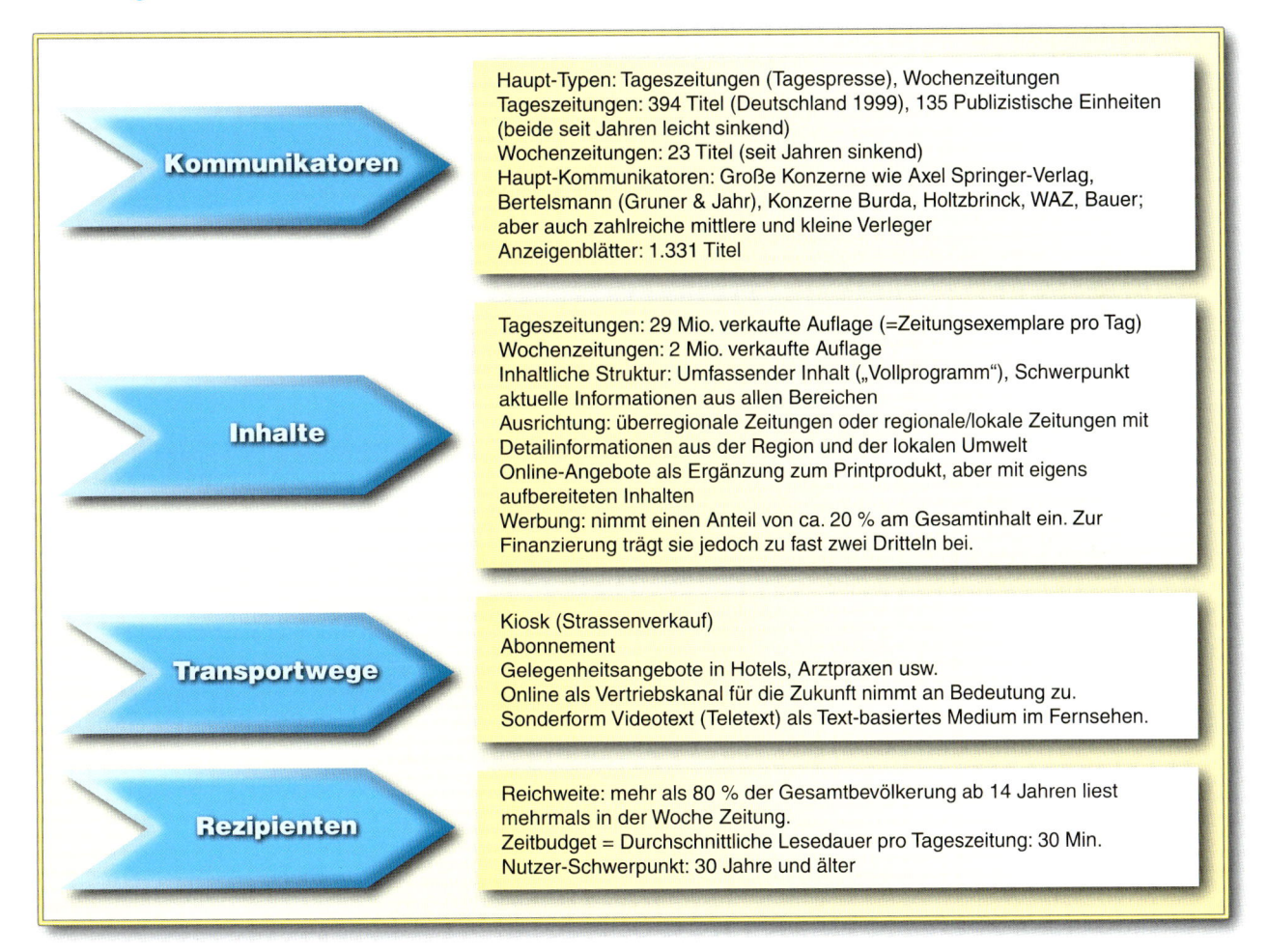

Kommunikatoren
Haupt-Typen: Tageszeitungen (Tagespresse), Wochenzeitungen
Tageszeitungen: 394 Titel (Deutschland 1999), 135 Publizistische Einheiten (beide seit Jahren leicht sinkend)
Wochenzeitungen: 23 Titel (seit Jahren sinkend)
Haupt-Kommunikatoren: Große Konzerne wie Axel Springer-Verlag, Bertelsmann (Gruner & Jahr), Konzerne Burda, Holtzbrinck, WAZ, Bauer; aber auch zahlreiche mittlere und kleine Verleger
Anzeigenblätter: 1.331 Titel

Inhalte
Tageszeitungen: 29 Mio. verkaufte Auflage (=Zeitungsexemplare pro Tag)
Wochenzeitungen: 2 Mio. verkaufte Auflage
Inhaltliche Struktur: Umfassender Inhalt („Vollprogramm"), Schwerpunkt aktuelle Informationen aus allen Bereichen
Ausrichtung: überregionale Zeitungen oder regionale/lokale Zeitungen mit Detailinformationen aus der Region und der lokalen Umwelt
Online-Angebote als Ergänzung zum Printprodukt, aber mit eigens aufbereiteten Inhalten
Werbung: nimmt einen Anteil von ca. 20 % am Gesamtinhalt ein. Zur Finanzierung trägt sie jedoch zu fast zwei Dritteln bei.

Transportwege
Kiosk (Strassenverkauf)
Abonnement
Gelegenheitsangebote in Hotels, Arztpraxen usw.
Online als Vertriebskanal für die Zukunft nimmt an Bedeutung zu.
Sonderform Videotext (Teletext) als Text-basiertes Medium im Fernsehen.

Rezipienten
Reichweite: mehr als 80 % der Gesamtbevölkerung ab 14 Jahren liest mehrmals in der Woche Zeitung.
Zeitbudget = Durchschnittliche Lesedauer pro Tageszeitung: 30 Min.
Nutzer-Schwerpunkt: 30 Jahre und älter

Rolle und Bedeutung

Zeitungen sind *periodische Veröffentlichungen*, die in kurzen Abständen erscheinen. Ihr Hauptzweck ist die Übermittlung aktueller Nachrichten aus den verschiedensten Bereichen, vor allem aus Politik, Wirtschaft, Unterhaltung, Kultur, Gesellschaft und Sport. Sie konkurrieren im Hinblick auf die Breite der Berichterstattung mit Radio und Fernsehen. Sowohl die auf den nationalen Raum ausgerichteten Zeitungen wie FAZ, Die Welt, Frankfurter Rundschau oder Süddeutsche Zeitung als auch die regionalen und lokalen Tageszeitungen sind als Basismedium anzusehen.

❶ Beim *Nebenbeimedium* erfolgt die Nutzung zeitgleich mit anderen Medien oder anderen Betätigungen.

Zeitungen zeichnen sich dadurch aus, dass sich ihre Leser während der Nutzung *aktiv* dem Medium widmen und nur sehr begrenzt Nebenbeschäftigungen eingehen. Dadurch unterscheiden sie sich völlig vom Medium Radio, das als ausgesprochenes „*Nebenbeimedium*" ❶ gilt.

Zeitungen

→ **Tageszeitungen**
Überregionale Tageszeitungen: z.B. FAZ, Süddeutsche Zeitung
Regionale Tageszeitungen: z.B. Stuttgarter Nachrichten, Kölnische Rundschau, Schweriner Volkszeitung
Tageszeitungen mit thematischem Schwerpunkt: z.B. Handelsblatt, Financial Times Deutschland

→ **Wochenzeitungen**
Überregionale Wochenzeitungen: z.B. Die Zeit, Rheinischer Merkur
Regionale Wochenzeitungen
Sonntagszeitungen: z.B. Bild am Sonntag, Welt am Sonntag

→ **Sonstige Zeitungen**
Anzeigenblätter
Supplements, z.B. rtv, IWZ, BWZ, Sonntag Aktuell, Prisma

Überregionale Tageszeitungen zeichnen sich durch *einen hohen redaktionellen Anspruch* aus, bei denen sehr stark die vertiefende Hintergrundinformation eine Rolle spielt. Sie erreichen vor allem Angehörige der höheren sozialen Schichten, insbesondere Führungskräfte aus Wirtschaft, Politik und Gesellschaft. Daher sind sie vor allem für die Werbung interessant, wenn es um gehobene Freizeitangebote, um hochwertige langlebige Konsumgüter (z. B. Autos), um wirtschaftsorientierte Produkte (z. B. Unternehmens-Software) oder um Stellenanzeigen mittlerer oder oberer Führungspositionen geht.

Eine Sonderstellung im Zeitungsbereich nehmen die sonstigen Zeitungen ein. So sind die für die Werbewirtschaft wichtigen *Anzeigenblätter* nicht zu unterschätzen, da sie auch für den Nutzer eine Reihe von interessanten Merkmalen aufweisen:

- Sie werden kostenlos verteilt.
- Die Finanzierung erfolgt ausschließlich aus Werbegeldern.
- Beliefert werden fast alle Privat- und Geschäftshaushalte.
- Sie erscheinen regelmäßig, überwiegend wöchentlich.
- Sie beinhalten eine Vielzahl redaktioneller Beiträge, in der Regel von stark ausgeprägtem lokalen Bezug.

Es gibt Zeitungen, die praktisch ausschließlich am Kiosk gekauft werden. Eine solche *Kaufzeitung* ist z. B. „Bild". Sie sind durch den Zwang geprägt, täglich neue Kaufanreize bieten zu müssen und setzen auf Sensationsberichterstattung. Die Aufmachung und die Schlagzeilen sind auffällig und reißerisch. Im Gegensatz zu den überregionalen Zeitungen sind die Kaufzeitungen auf die mittleren sozialen Schichten, insbesondere auf qualifizierte Arbeiter und Angestellte ausgerichtet.

1.3.4 Zeitschriften

Fakten

Deutschland ist das Land mit der weltweit höchsten Zeitschriftendichte. Die publizistische Bedeutung der Zeitschriften zeigt sich vor allem als begleitendes Medium im Tagesablauf. Zur ökonomischen Bedeutung: Es geht um ein Marktvolumen von ca. 4 Mrd. Euro in Deutschland.

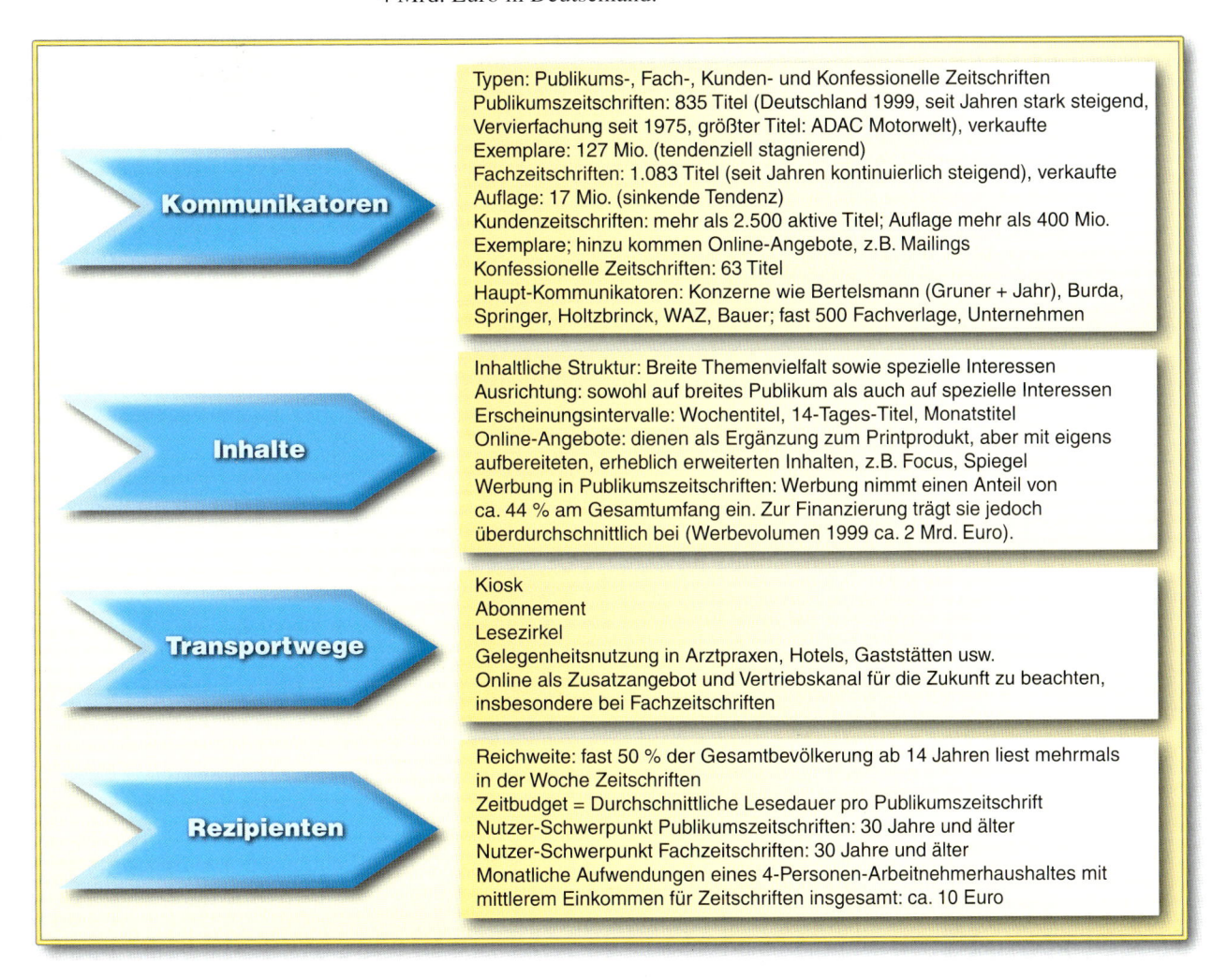

Kommunikatoren

Typen: Publikums-, Fach-, Kunden- und Konfessionelle Zeitschriften
Publikumszeitschriften: 835 Titel (Deutschland 1999, seit Jahren stark steigend, Vervierfachung seit 1975, größter Titel: ADAC Motorwelt), verkaufte Exemplare: 127 Mio. (tendenziell stagnierend)
Fachzeitschriften: 1.083 Titel (seit Jahren kontinuierlich steigend), verkaufte Auflage: 17 Mio. (sinkende Tendenz)
Kundenzeitschriften: mehr als 2.500 aktive Titel; Auflage mehr als 400 Mio. Exemplare; hinzu kommen Online-Angebote, z.B. Mailings
Konfessionelle Zeitschriften: 63 Titel
Haupt-Kommunikatoren: Konzerne wie Bertelsmann (Gruner + Jahr), Burda, Springer, Holtzbrinck, WAZ, Bauer; fast 500 Fachverlage, Unternehmen

Inhalte

Inhaltliche Struktur: Breite Themenvielfalt sowie spezielle Interessen
Ausrichtung: sowohl auf breites Publikum als auch auf spezielle Interessen
Erscheinungsintervalle: Wochentitel, 14-Tages-Titel, Monatstitel
Online-Angebote: dienen als Ergänzung zum Printprodukt, aber mit eigens aufbereiteten, erheblich erweiterten Inhalten, z.B. Focus, Spiegel
Werbung in Publikumszeitschriften: Werbung nimmt einen Anteil von ca. 44 % am Gesamtumfang ein. Zur Finanzierung trägt sie jedoch überdurchschnittlich bei (Werbevolumen 1999 ca. 2 Mrd. Euro).

Transportwege

Kiosk
Abonnement
Lesezirkel
Gelegenheitsnutzung in Arztpraxen, Hotels, Gaststätten usw.
Online als Zusatzangebot und Vertriebskanal für die Zukunft zu beachten, insbesondere bei Fachzeitschriften

Rezipienten

Reichweite: fast 50 % der Gesamtbevölkerung ab 14 Jahren liest mehrmals in der Woche Zeitschriften
Zeitbudget = Durchschnittliche Lesedauer pro Publikumszeitschrift
Nutzer-Schwerpunkt Publikumszeitschriften: 30 Jahre und älter
Nutzer-Schwerpunkt Fachzeitschriften: 30 Jahre und älter
Monatliche Aufwendungen eines 4-Personen-Arbeitnehmerhaushaltes mit mittlerem Einkommen für Zeitschriften insgesamt: ca. 10 Euro

Rolle und Bedeutung

Zeitschriften können als eine *Zwischenform zwischen Zeitungen und Büchern* verstanden werden, da sie wie Zeitungen periodisch erscheinen, aber in der Regel nicht so häufig. Sie sind aktueller als Bücher, nicht jedoch so aktuell wie Zeitungen. Ihre Aufmachung im Hinblick auf Format und Druckqualität ist den Büchern ähnlicher als den Zeitungen, und sie werden länger als Zeitungen aufbewahrt, allerdings nicht so lange wie Bücher. Es gibt freilich auch Billigzeitschriften, die ähnlich wie Zeitungen zum Teil nur flüchtig „konsumiert" werden.

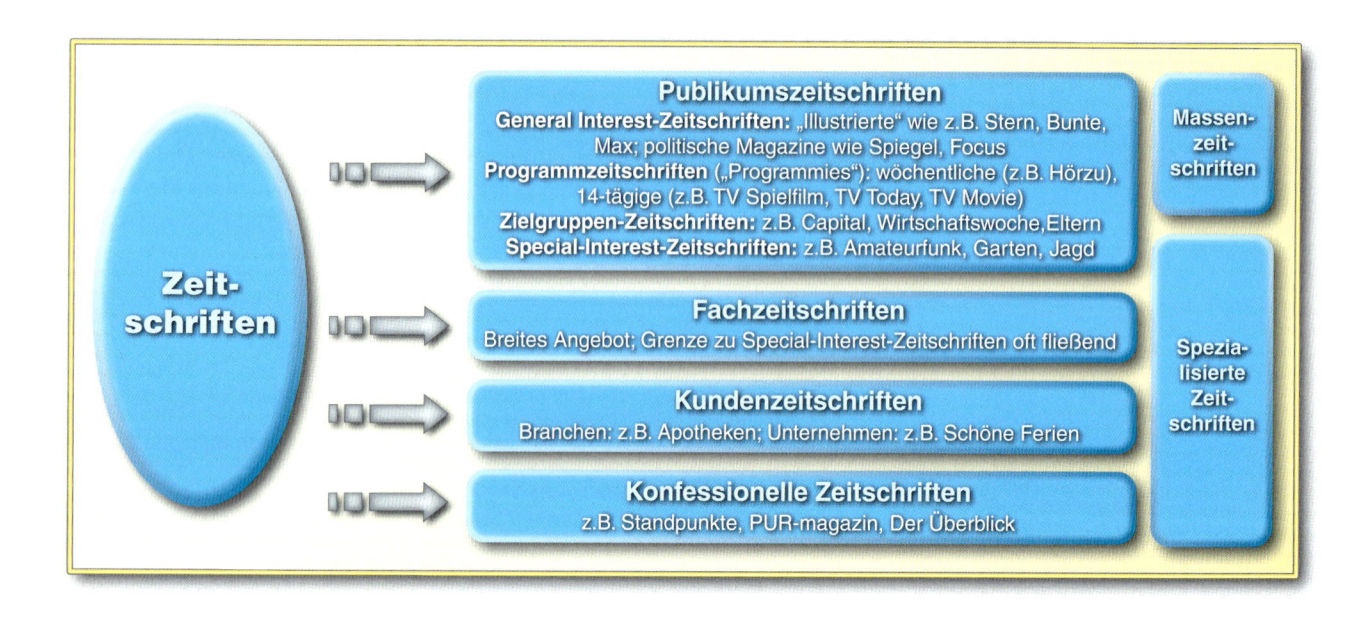

Zeitschriften

- **Publikumszeitschriften** (Massenzeitschriften)
  - **General Interest-Zeitschriften:** „Illustrierte" wie z.B. Stern, Bunte, Max; politische Magazine wie Spiegel, Focus
  - **Programmzeitschriften** („Programmies"): wöchentliche (z.B. Hörzu), 14-tägige (z.B. TV Spielfilm, TV Today, TV Movie)
  - **Zielgruppen-Zeitschriften:** z.B. Capital, Wirtschaftswoche, Eltern
  - **Special-Interest-Zeitschriften:** z.B. Amateurfunk, Garten, Jagd
- **Fachzeitschriften** (Spezialisierte Zeitschriften)
  - Breites Angebot; Grenze zu Special-Interest-Zeitschriften oft fließend
- **Kundenzeitschriften**
  - Branchen: z.B. Apotheken; Unternehmen: z.B. Schöne Ferien
- **Konfessionelle Zeitschriften**
  - z.B. Standpunkte, PUR-magazin, Der Überblick

Facts zur Werbung 1999
- Einnahmen der Werbeträger: ca. 21 Mrd. €
- Anteil Werbung am Bruttoinlandsprodukt: ca. 1,6%
- Der Werbeträger mit dem höchsten Wachstum (ab 1994): Kundenzeitschriften

---

Bei den *Publikumszeitschriften* können die General-Interest-Zeitschriften und die Programmzeitschriften zu den sog. *Massenzeitschriften* zusammengefasst werden. Alle anderen Zeitschriften sind sog. *Spezialisierte Zeitschriften*.

Massenzeitschriften bieten eine breite, allgemein interessierenden Themenpalette an. Sie erreichen hohe Reichweiten, die noch durch Lesezirkel und Weiterreichen der Zeitschriften zusätzlich ausgedehnt werden. Aktuelle Illustrierte werden nicht so regelmäßig gelesen wie Programmzeitschriften. Das Werbevolumen der Massenzeitschriften ist in den letzten Jahren gesunken, und zwar durch die starke Zunahme der Fernsehwerbung, das mit der Zulassung privater TV-Anbieter Werbegelder auf sich gezogen hat. Auch sind die Auflagen der Massenzeitschriften gesunken.

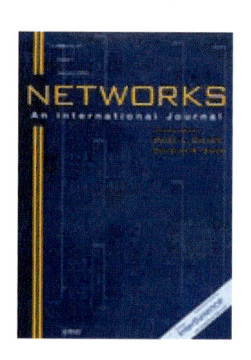

Zudem werden Massenzeitschriften neben dem Fernsehen immer mehr von den *Zielgruppen-Zeitschriften* und den *Special-Interest-Zeitschriften* bedrängt. Bei letzteren haben die Computer-Zeitschriften eine große Bedeutung erlangt. Sie haben die anderen Bereiche mit ihrer breiten Themenvielfalt (z. B. Garten, Familie, Segeln, Reiten, Jagd) überflügelt. Für die Werbung sind die Zielgruppen- und Special-Interest-Zeitschriften ein wichtiger Werbeträger, da hier genau definierte Zielgruppen zielgenau erreicht werden können (sog. „Streuverlust" ist gering).

Fachzeitschriften sind auf die Bedürfnisse von Experten eines Berufszweiges oder einer Branche ausgerichtet. Sie werden häufig in gebundener Form aufbewahrt. Es ist zu erwarten, dass den Fachzeitschriften über die Online-Dienste eine beachtliche Konkurrenz erwächst.

Kundenzeitschriften werden von Handels- und Dienstleistungsunternehmen herausgebracht und kostenlos an Kunden abgegeben. Sie sollen denn Verkauf unterstützen und bieten Neuigkeiten aus der betreffenden Branche. Besonders stark sind Kundenzeitschriften der Apotheken vertreten.

1.3.5 Buch

Fakten

Deutschland ist ein Land mit relativ hoher Buchproduktion und liegt im Weltmaßstab weit vorn. Die publizistische Bedeutung des Buches besteht darin, das es für eine umfassende Vermittlung von Wissen, Bildung, Kultur und Unterhaltung sorgt. Die ökonomische Bedeutung des Buchmarktes in Deutschland drückt sich in einem Marktvolumen von ca. 9 Mrd. Euro aus.

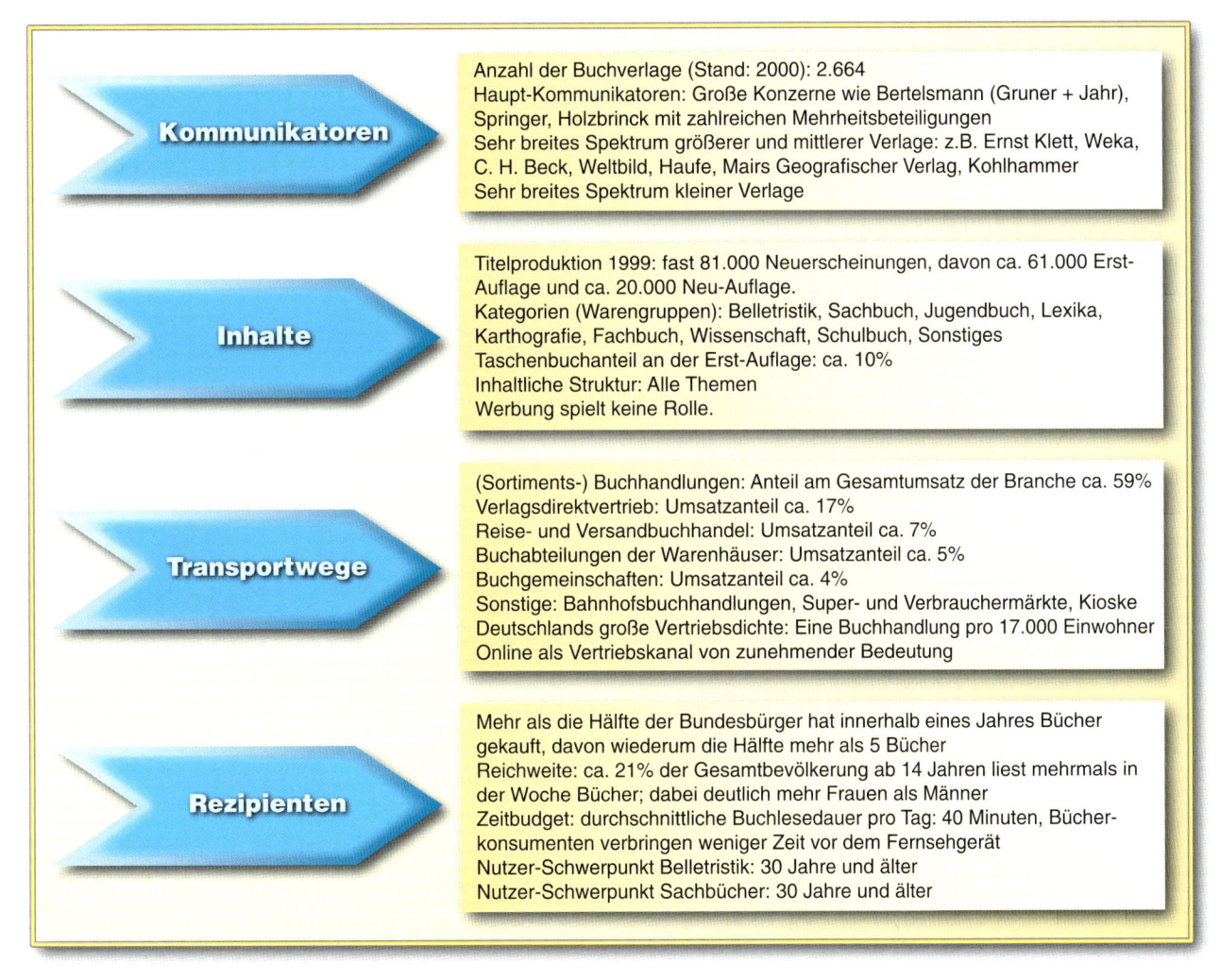

Kommunikatoren
Anzahl der Buchverlage (Stand: 2000): 2.664
Haupt-Kommunikatoren: Große Konzerne wie Bertelsmann (Gruner + Jahr), Springer, Holzbrinck mit zahlreichen Mehrheitsbeteiligungen
Sehr breites Spektrum größerer und mittlerer Verlage: z.B. Ernst Klett, Weka, C. H. Beck, Weltbild, Haufe, Mairs Geografischer Verlag, Kohlhammer
Sehr breites Spektrum kleiner Verlage

Inhalte
Titelproduktion 1999: fast 81.000 Neuerscheinungen, davon ca. 61.000 Erst-Auflage und ca. 20.000 Neu-Auflage.
Kategorien (Warengruppen): Belletristik, Sachbuch, Jugendbuch, Lexika, Karthografie, Fachbuch, Wissenschaft, Schulbuch, Sonstiges
Taschenbuchanteil an der Erst-Auflage: ca. 10%
Inhaltliche Struktur: Alle Themen
Werbung spielt keine Rolle.

Transportwege
(Sortiments-) Buchhandlungen: Anteil am Gesamtumsatz der Branche ca. 59%
Verlagsdirektvertrieb: Umsatzanteil ca. 17%
Reise- und Versandbuchhandel: Umsatzanteil ca. 7%
Buchabteilungen der Warenhäuser: Umsatzanteil ca. 5%
Buchgemeinschaften: Umsatzanteil ca. 4%
Sonstige: Bahnhofsbuchhandlungen, Super- und Verbrauchermärkte, Kioske
Deutschlands große Vertriebsdichte: Eine Buchhandlung pro 17.000 Einwohner
Online als Vertriebskanal von zunehmender Bedeutung

Rezipienten
Mehr als die Hälfte der Bundesbürger hat innerhalb eines Jahres Bücher gekauft, davon wiederum die Hälfte mehr als 5 Bücher
Reichweite: ca. 21% der Gesamtbevölkerung ab 14 Jahren liest mehrmals in der Woche Bücher; dabei deutlich mehr Frauen als Männer
Zeitbudget: durchschnittliche Buchlesedauer pro Tag: 40 Minuten, Bücherkonsumenten verbringen weniger Zeit vor dem Fernsehgerät
Nutzer-Schwerpunkt Belletristik: 30 Jahre und älter
Nutzer-Schwerpunkt Sachbücher: 30 Jahre und älter

Rolle und Bedeutung

Das Medium Buch ist einer der ältesten Informationsspeicher. Es fußt auf der Möglichkeit der Speicherung von Schriftzeichen. Die äußere Gestaltung des Buches, die wir heute kennen, hat sich in folgenden Stufen entwickelt:

- Wände von Höhlen mit einfachen bildlichen Darstellungen.
- Keilschrift der Sumerer aus dem 3. Jahrhundert vor Christus.

- Verwendung von Papyrus (Ägypten).
- Mittelalterliche Handschriften.
- Verwendung von Pergament (aus Tierhäuten hergestellt).
- Erfindung des Buchdrucks mit beweglichen Lettern um 1440 durch Johannes Gutenberg. Dadurch wurde die Voraussetzung geschaffen, Bücher massenhaft zu verbreiten.
- Im weiteren Verlauf starke Mechanisierung, vor allem mit der Erfindung der mechanischen Setzmaschine durch Ottmar Mergenthaler (1884).
- Durch den Rotationsdruck wurden die Kosten gesenkt. Dadurch Beschleunigung der Produktion.
- Heute: Digitalisierung aller Abläufe.

Das Buch hat trotz einer übermächtigen Konkurrenz der Zeitungen und Zeitschriften sowie durch die elektronischen Medien seinen Reiz nicht verloren. Es hat grundsätzliche Vorteile und bleibt für den Menschen Quelle und Speicher von Wissen und Unterhaltung über Raum und Zeit hinweg. Es hat praktische Vorteile, z.B. dadurch, dass es leicht transportiert und archiviert werden kann.

1.3.6 Radio

Fakten

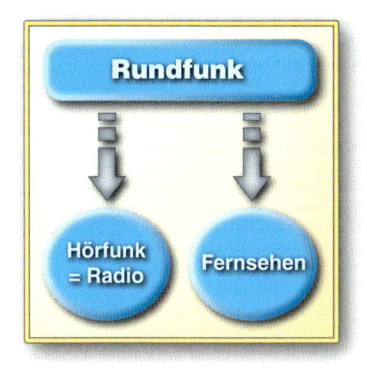

Die erste Radiosendung in Deutschland wurde am 29. Oktober 1923 aus dem Vox-Haus in Berlin ausgestrahlt. Damit ist der *Hörfunk* das *älteste elektronische Medium*. Seine *publizistische Bedeutung* war sowohl in der Gründerzeit (1923-1933) als auch im Dritten Reich und in den 50er und 60er Jahren enorm. Privatradios wurden in Deutschland ab dem Jahr 1984 zugelassen. Heute ist das Radio eher ein *Nebenbei- und Hintergrundmedium*. Allerdings verwendet die Bevölkerung etwa gleich viel Zeit für das Radiohören wie für das Fernsehen. Zu beachten ist ferner, dass das Radio bei der aktuellen Information und bei der mobilen Nutzung (vor allem im Auto) eine außergewöhnliche Stellung einnimmt. Die *medienökonomische Bedeutung* des Radios in Deutschland ist mit etwa 3 Mrd. Euro gegenüber der Presse und dem Fernsehen nachrangig.

Kommunikatoren
Öffentlich-rechtliche Rundfunkanstalten: 10 ARD-Anstalten, 54 Hörfunkprogramme, DeutschlandRadio (ARD, ZDF), Deutsche Welle (Bundesrecht)
Privat-kommerzielle Anbieter: Anzahl Landes- und Regionalprogramme: 38;
Private Lokalsender: 355
Private nicht-kommerzielle Anbieter: ca. 120 Angebote, davon ca. 60 Offene Kanäle, mehr als 10 Hochschul- und Ausbildungsradios, 52 nichtkommerzielle Lokalradios; ein Drittel davon auf UKW
Online-Radio: starke Zunahme, weltweit ca. 8.000 Internet-Radios

Inhalte
Volumen der Programmangebote: 24-Stunden-Angebote vorherrschend
Programmleistung und Programmstrukturen: alle Formen („Formate");
Öffentlich-rechtliche Rundfunkanstalten: ca. 33% Wort (davon mehr als die Hälfte Politik), ca. 66% Musik (davon ein Viertel Ernste Musik), stark differenziertes Programmangebot; Privatanbieter: vorherrschend Musik
Werbung im öffentlich-rechtlichen Rundfunk: Anteil der Werbung an der gesamten Sendezeit: ca. 5%; Beitrag zur Finanzierung: ca. 5 bis 10%
Werbung bei Privatradios: Anteil von ca. 10 bis 15% an der Gesamtsendezeit
Beitrag zur Finanzierung: 100%

Transportwege
Terrestrischer Verbreitungsweg (UKW-, MW-, KW-, LW-Sendernetze);
139 Sender mit Höchstleistung; Frequenzsituation: große Knappheit
Kabel, Satellit
Online: sowohl neuer Verbreitungsweg für bestehende Radioprogramme als auch Verbreitung für exklusive Online-Radioprogramme

Rezipienten
Erreichbarkeit = Geräteausstattung: 99%, angemeldete Geräte: 38 Mio.
Fast 80% besitzen ein Autoradio
45% besitzen vier oder mehr Radiogeräte (Radio als Teil einer Stereoanlage, Stationäres Radio als Einzelgerät, Kofferradio, Radiowecker, Autoradio)
Reichweite: 85% der Bevölkerung ab 14 J. hört mehrmals in der Woche Radio
Zeitbudget = Durchschnittliche Hördauer: ca. 3 Stunden täglich (deutliche Zunahme seit 1985)
Nutzung im Hinblick auf den Aufmerksamkeitsgrad: wenig intensiv, nebenbei
Nutzung im Tagesablauf: Hauptnutzung zwischen 6:00 und 8:00 Uhr
Marktanteil der Privatradios: mehr als 40%; starke regionale Unterschiede

"Achtung, Achtung, hier ist Berlin auf Welle 400 Meter. Meine Damen und Herren, wir machen Ihnen davon Mitteilung, dass am heutigen Tage der Unterhaltungsrundfunkdienst mit Verbreitung von Musikvorführungen auf drahtlos-elektronischem Wege beginnt. Die Benutzung ist genehmigungspflichtig." Erste Rundfunkansage in Deutschland am 29.10.1923 in Berlin.

Öffentlich-rechtlicher Rundfunk

In Deutschland gibt es das sog. „duale Rundfunksystem", nach dem neben den öffentlich-rechtlichen Rundfunkanstalten auch private Veranstalter zugelassen sind. Im Hörfunk dominiert deutlich der öffentliche Rundfunk, während sich im Fernsehen öffentliche und private Anbieter in ihrer wirtschaftlichen Bedeutung in etwa die Waage halten.

Die *öffentlich-rechtlichen Rundfunkanstalten* wurden nach dem 2. Weltkrieg von den Alliierten als eine *öffentliche und gemeinnützige Einrichtung* gegründet, um sicherzustellen, dass der Rundfunk nicht noch einmal wie im Dritten Reich in staatliche Hände gelangt und für Propagandazwecke missbraucht werden kann.

Eigentümerin des öffentlichen Rundfunks ist die Gesellschaft, die in den Aufsichtsorganen (Rundfunkrat, Verwaltungsrat, Fernsehrat) in Form der sog. gesellschaftlich relevanten Gruppen vertreten ist. Das heißt, dass sich die Aufsichts- und Kontrollorgane der Sender durch Vertreter aus allen gesellschaftlich wichtigen Gruppen zusammen setzen. Dort sind zwar auch Parteien und staatliche Organe vertreten, aber nur in untergeordnetem Maße.

Um die Staatsunabhängigkeit noch zu unterstreichen, erfolgt die Finanzierung nicht durch Steuern, sondern durch einen Beitrag, der von allen Gerätebesitzern zu entrichten ist („Rundfunkgebühr"). Es gibt also keine staatlichen Zahlungen (Subventionen) an die öffentlich-rechtlichen Rundfunkanstalten. Sie finanzieren sich völlig außerhalb der staatlichen Budgets. *Der öffentlich-rechtliche Rundfunk ist also keine staatliche, sondern eine öffentliche Einrichtung*. Die gemeinnützige Konstruktion hat neben der dargestellten Staatsunabhängigkeit auch das Ziel, den öffentlichen Rundfunk von Einflussnahmen der Wirtschaft und der Verbände unabhängig zu machen. Die Finanzierung aus Werbung macht nur einen kleinen Teil der Gesamteinnahmen aus (ca. 5 %).

⇨ **Der öffentlich-rechtliche Rundfunk ist keine staatliche, sondern eine öffentliche Einrichtung! Er ist gemeinnützig und finanziert sich durch Beitragszahlungen der Hörer und Zuschauer.**

Als *Fazit* kann festgehalten werden, dass der öffentliche Rundfunk als eine unabhängige Einrichtung konstruiert ist, unabhängig von Staat, Wirtschaft und Interessensverbänden.

⇨ **Öffentlicher Rundfunk ist freier Rundfunk und erfüllt einen von der Gesellschaft auferlegten Programmauftrag.**

Im Übrigen ist in Deutschland die Organisation des Rundfunks gemäß der föderativen Struktur eine Angelegenheit der Länder. Alle Fragen, die ARD und ZDF betreffen, sind in den Länderparlamenten zu lösen und nicht über den Bund. Die Rechtsgrundlagen des öffentlich-rechtlichen Rundfunks sind in zahlreichen Urteilen des Bundesverfassungsgerichts gefestigt worden.

	Öffentlich-rechtlicher Rundfunk	private Rundfunkveranstalter
Ziel	Rundfunk für alle, gemeinnützig kostendeckende Vollversorgung	privatwirtschaftlich gewinnorientiert
Eigentumsverhältnisse	Öffentliche Trägerschaft, Länder als Regelungsorgane	Private Eigentümer
Finanzierung	Beitrag, der von den Gerätebesitzern zu entrichten ist (Rundfunkgebühr), Werbung und Sponsoring als Ergänzung (stark eingeschränkt)	Werbung, Sponsoring Abonnements (Pay TV, Pay Per View)

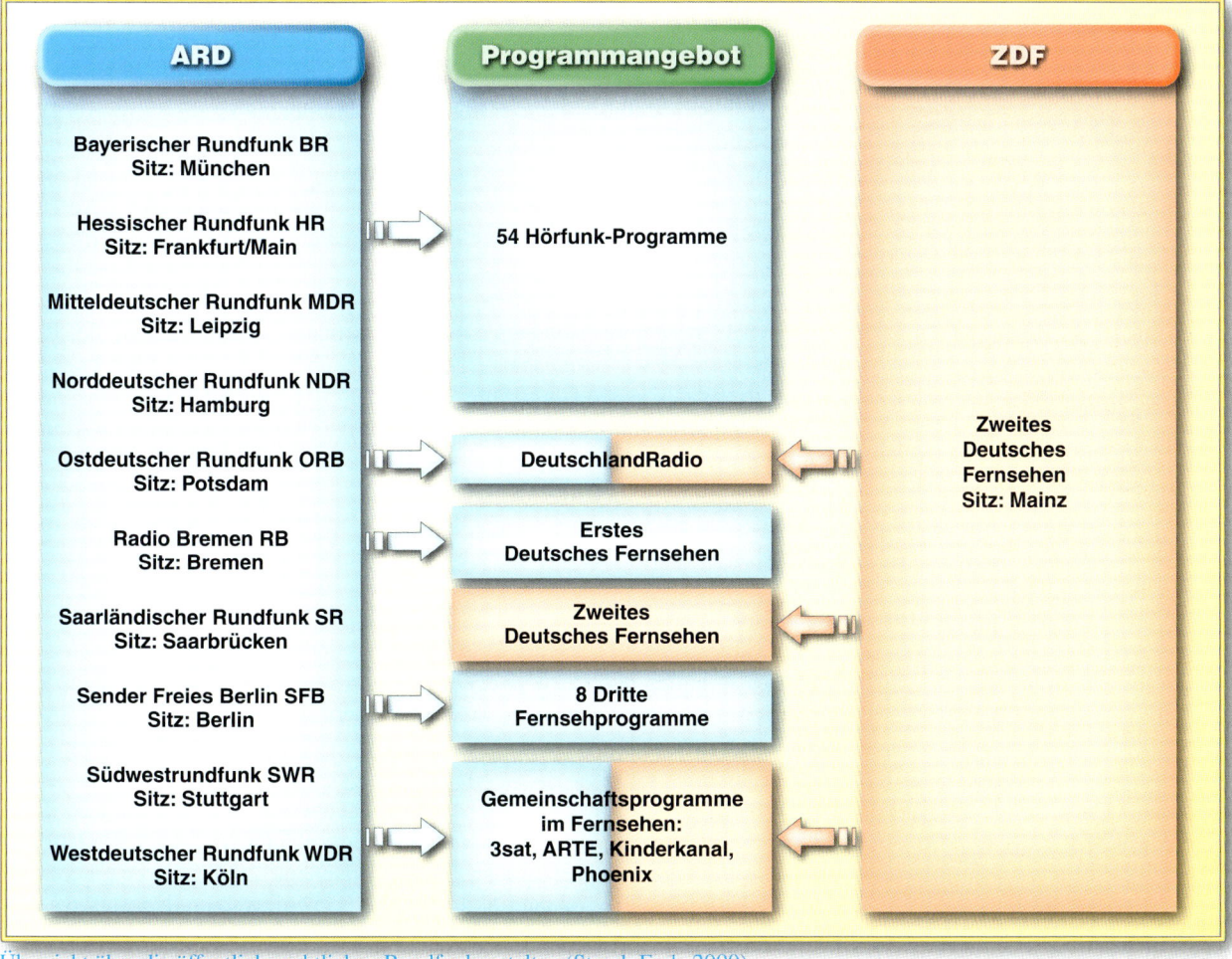

ARD	Programmangebot	ZDF
Bayerischer Rundfunk BR, Sitz: München	54 Hörfunk-Programme	
Hessischer Rundfunk HR, Sitz: Frankfurt/Main		
Mitteldeutscher Rundfunk MDR, Sitz: Leipzig		
Norddeutscher Rundfunk NDR, Sitz: Hamburg		Zweites Deutsches Fernsehen Sitz: Mainz
Ostdeutscher Rundfunk ORB, Sitz: Potsdam	DeutschlandRadio	
Radio Bremen RB, Sitz: Bremen	Erstes Deutsches Fernsehen	
Saarländischer Rundfunk SR, Sitz: Saarbrücken	Zweites Deutsches Fernsehen	
Sender Freies Berlin SFB, Sitz: Berlin	8 Dritte Fernsehprogramme	
Südwestrundfunk SWR, Sitz: Stuttgart	Gemeinschaftsprogramme im Fernsehen: 3sat, ARTE, Kinderkanal, Phoenix	
Westdeutscher Rundfunk WDR, Sitz: Köln		

Übersicht über die öffentlich-rechtlichen Rundfunkanstalten (Stand: Ende 2000)

Private Rundfunkveranstalter

Der Bereich der *privaten Rundfunkveranstalter* wird hauptsächlich von den *kommerziellen Radio- und Fernsehunternehmen* abgedeckt. Sie sind am Markt, um mit Radio- und Fernsehprogrammen Gewinn zu erwirtschaften. Ihr vorrangiges Interesse liegt also in der bestmöglichen Gestaltung von Programmen im Hinblick auf deren Verkaufbarkeit am Markt. Zwei Märkte kommen in Frage, auf denen sie Erlöse erzielen können:

- *Publikumsmarkt*: Die Programme werden von den Zuschauern und Zuhörern finanziert. Man spricht von „Pay TV". Es kann in Form von „Pay per Channel" auftreten (ein oder mehrere Kanäle werden abonniert) oder als „Pay Per View" (eine einzelne Sendung, z. B. ein Formel 1-Rennen, wird geliefert und gesondert bezahlt).
- *Werbemarkt*: Die Finanzierung erfolgt über die Werbewirtschaft, die durch ihre Einschaltungen die Programmkosten abdeckt. Da diese Programme für den Konsumenten scheinbar „kostenlos" sind (scheinbar deswegen, weil die Werbekosten vom Verbraucher von Produkten getragen werden), spricht man hier auch von „Free-TV". Neben der reinen Werbung in Form von Fernseh- oder Radiospots (sog. „Harte Werbung") gibt es hier auch andere Formen wie *Sponsoring* ❶, *Product Placement* ❷ oder *Merchandising* ❸.

❶ *Sponsoring:* Unterstützung einer ganzen Sendung mit entsprechendem Hinweis vor und nach der Sendung

❷ *Product Placement:* Platzierung einer Produktmarke in einem Film

❸ *Merchandising:* Verkauf von programmbezogenen Artikeln wie Erkennungsfiguren, T-Shirts oder Büchern

Kommerzielle Privatradios finanzieren sich ausschließlich über die *Werbung*. Damit stehen sie in direkter Abhängigkeit von der werbetreibenden Wirtschaft. Ihre Programme müssen so ausgerichtet sein, dass sie für die Werbung eine attraktive Plattform bieten. Die Plattform ist wiederum dann attraktiv, wenn das Programm von möglichst vielen Hörern genutzt wird oder von einer Zielgruppe, die für die Werbung interessant ist.

Im politischen System der Bundesrepublik Deutschland ist die Regelung des Rundfunks Angelegenheit der *Bundesländer*. Dies ist der Grund, dass es in der Radiolandschaft Deutschlands große Unterschiede zwischen den einzelnen Ländern gibt. So gibt es z. B. in Nordrhein-Westfalen eine Vielzahl von Lokalsendern, die etwa in Baden-Württemberg ganz fehlen.

⮕ **Rundfunk ist im deutschen föderativen System eine Angelegenheit der Bundesländer.**

Dem privaten Rundfunk gemeinsam ist die Tatsache, dass er im Prinzip von wenigen Kommunikatoren beherrscht wird. Große Medien- und Verlagskonzerne spielen über Tochtergesellschaften und Vernetzungen genauso wie im Fernsehen eine Hauptrolle. Diese haben sich in sog. „Senderfamilien" organisiert. Die wichtigsten Senderfamilien sind:

❹ Der Sachverhalt wird auch als „Syndication" bezeichnet.

- Bertelsmann beherrscht über die Tochergesellschaft CLT/UFA den Sender RTL. Die 100%-Tochter „RTL Radio" ist ein wichtiger Lieferant von Mantelprogrammen für lokale und regionale Radiosender ❹. Bertelsmann ist mit der Marke RTL zudem stark im europäischen Ausland aktiv und betreibt in systematischer Weise ein europäisches RTL-Netzwerk.
- Springer-Konzern unterhält vielfältige nationale Beteiligungen.

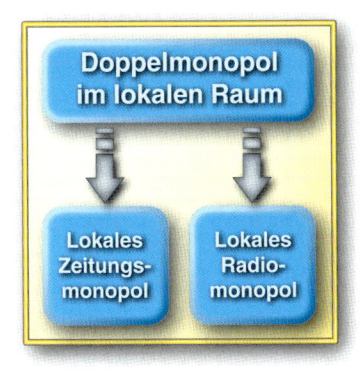

- Burda-Konzern besitzt insbesondere Beteiligungen in Bayern.
- WAZ-Konzern engagiert sich stark in Nordrhein-Westfalen und ist in Östereich präsent.
- Holtzbrinck-Konzern besitzt vielfältige nationale Beteiligungen, insbesondere in den neuen Bundesländern.

Manche Radiomärkte in Deutschland sind durch einen sehr hohen publizistischen Wettbewerb geprägt, so z. B. besonders stark in Berlin.

Im Gegensatz dazu steht die Ausschaltung des Wettbewerbs durch Monopolbildungen. In nicht wenigen Fällen haben Zeitungsverlage im lokalen oder regionalen Raum ein Monopol im Pressebereich, da nur es nur eine Zeitung gibt, und gleichzeitig sind sie Betreiber des einzigen Lokalradios am Ort. Dieses Phänomen bezeichnet man als „Doppelmonopol".

	Landesweite Sender	Regionalsender	Subregionale und lokale Sender
Baden-Württemberg	keiner	4	30
Bayern	Antenne Bayern	3	47
Berlin und Brandenburg	3	14	Berlin entfällt, Brandenburg: 0
Bremen	4	analog	analog
Hamburg	5	analog	analog
Hessen	2	0	7
Mecklenbg.-Vorpommern	2	0	1
Niedersachsen	2	1	13
Nordrhein-Westfalen	1	0	kommerziell: 46; nicht kommerziell: 8
Rheinland-Pfalz	3	0	1
Saarland	2	1	0
Sachsen	5	1	7
Sachsen-Anhalt	3	0	3
Schleswig-Holstein	3	0	2
Thüringen	2	0	6

Kommerzielle und nicht kommerzielle Privatradios in Deutschland (Stand: Ende 2000)

❶ Journalistische Formen im Radio:
- Nachrichten
- Bericht
- Kommentar
- Interview
- Diskussion
- Feature
- Presseschau
- Programm mit Hörerbeteiligung
- Jingles und Trailer
- Moderation

❷ Wichtige Formen von Werbespots in Radio und Fernsehen:
- Problemlöser-Spot
- Präsentation durch Sprecher
- Interview-Technik
- Produkt-Demonstration
- Testimonial
- Slice-of-Life
- Musik-Jingle

Programmformen

Die Programmformen nennt man auch *Formate*. Es hat sich gezeigt, dass die Akzeptanz der massenattraktiven Hörfunkprogramme vorrangig über die *Musikfarbe* bestimmt wird. Die folgenden Formate werden unterschieden:

- Format 1: Internationale Popmusik, englischsprachig, melodiös, wenig rhythmusbetont. Service und aktuelle Information sind in knapper Form integriert. Zielpublikum: 25 bis 49 Jahre.
- Format 2: Deutsch-orientiert, melodiös („DOM"), aktuelle Schlager, Schlager-Klassiker, volkstümliche Musik, gemächlicher Programmfluss ohne Hektik, liebenswerte, verständnisvolle Ansprache. Zielpublikum: vor allem ältere Zielgruppen.
- Format 3: Aktuelle Hits aller Gattungen („Contemporary Hit Radio") von Pop, Rock, Techno, Rap bis House. Wenige Titel aus dem letzten Jahrzehnt, sehr schnelle, moderne Anmutung mit jugendlicher Ansprache, Hörer werden meist geduzt, äußerst knapp gehaltene Nachrichten und Informationen. Zielpublikum: Jugendliche Zielgruppen.
- Format 4: Klassische Musik von Evergreens bis zu weniger eingängigen Werken, auch Weltmusik und Folklore, seriöse Ansprache, Kulturinformationen, Hörspiele. Zielpublikum: Klassik- und Kulturinteressierte aller Altersschichten.
- Format 5: Überwiegender Wortanteil, weitgehendes Fehlen von Musik, Schwerpunkt liegt auf ausführlicher Information aus allen Bereichen, Hintergrundinformationen, Features, Gesprächssendungen. Zielpublikum: Alle an umfassender Information Interessierten, die das Radio nicht wegen der Musik einschalten.

Neben diesen Programmformen sind für die Definition der Inhalte auch die *journalistischen Formen* ❶ sowie die *Werbeformen* ❷ von Bedeutung.

Nutzung

Radio wird überdurchschnittlich stark am Morgen zwischen 6:00 und 8:00 Uhr genutzt, auch dort schon – wie den ganzen Tag über – eher als *Nebenbeimedium* genutzt. Über den Tag hinweg fällt die Nutzungskurve ab, unterbrochen durch ein starkes „Hoch" am Mittag und um 16:00 Uhr. Die Radionutzung flacht am Abend stark ab und tritt gegenüber dem Fernsehen völlig in den Hintergrund.

Der Marktanteil der öffentlich-rechtlichen Rundfunkanstalten ist gegenüber den Privatradios deutlich höher. Insofern unterscheidet sich die Situation auf dem Radiomarkt von der des Fernsehmarktes. Eine Ausnahme bildet allerdings Berlin, wo in einem heiß umkämpften Markt die privaten Programme dominieren.

Im Hörfunk herrscht zwischen den Sendern eine starke Konkurrenzsituation. Dies resultiert aus der Tatsache, dass sich die Sendegebiete nicht selten stark überlappen, aber auch aus der Einspeisung in Kabel- und Satellitensysteme.

1.3.7 Fernsehen

Fakten

Das *Fernsehen* nimmt in der Medienlandschaft eine Schlüsselrolle ein: Es ist aus dem Alltag der Menschen nicht wegzudenken, und es ist ihm ein *besonderer Stellenwert* im Hinblick auf seine publizistischen und gesellschaftlichen Wirkungen zuzuschreiben. Kein anderes technisches Gerät (außer vielleicht dem Auto) prägt unser Leben so nachhaltig wie „der Fernseher". Fernsehen ist ein Phänomen, das in alle Bereiche der Gesellschaft einwirkt. Seine *ökonomische Bedeutung* ist in Deutschland mit etwa 7 bis 8 Mrd. Euro trotz hoher Wachstumsraten in den vergangenen Jahren aber immer noch deutlich geringer als die des Printbereichs. Der deutsche Fernsehmarkt ist im Übrigen der Größte in Europa.

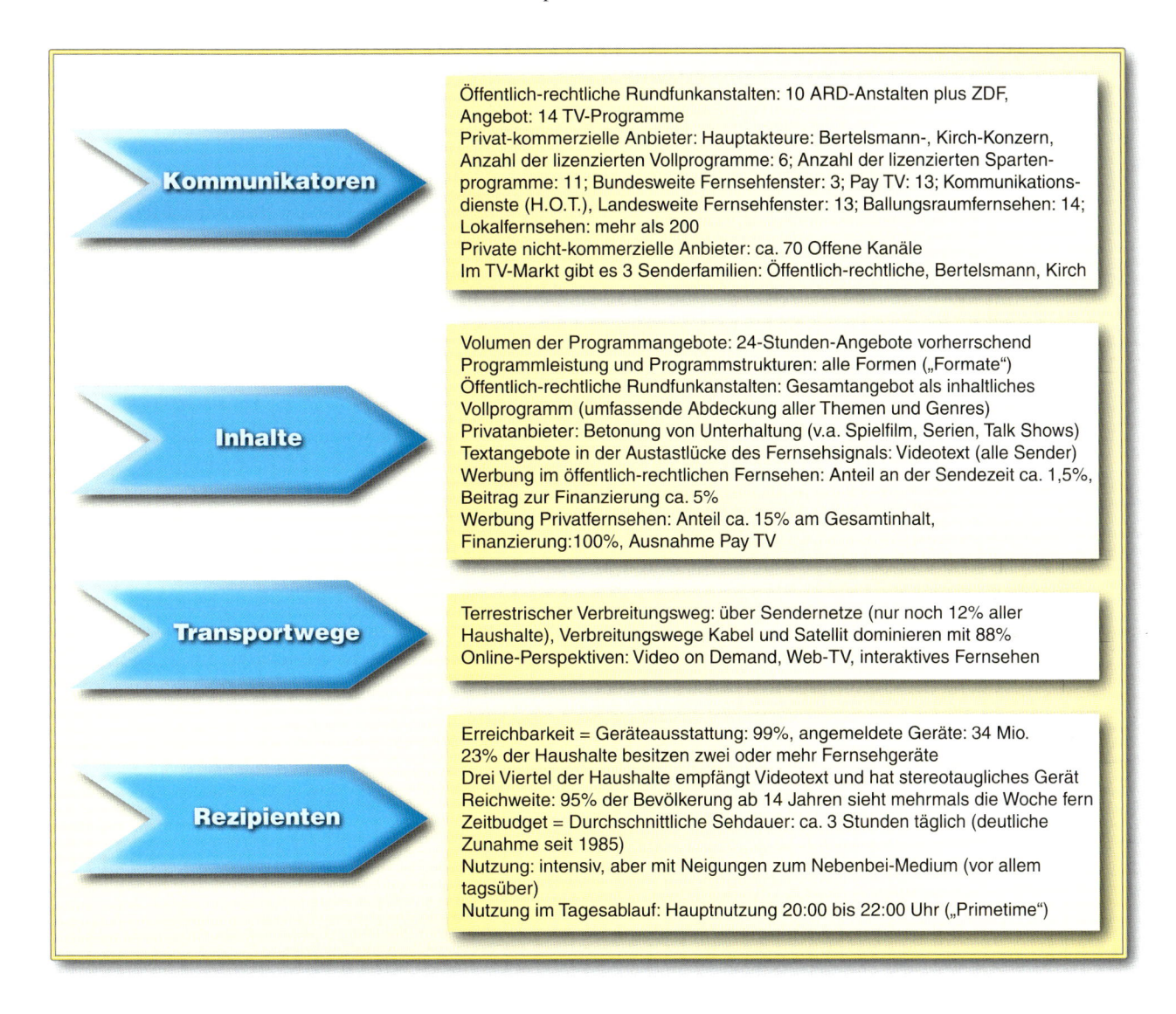

Kommunikatoren
Öffentlich-rechtliche Rundfunkanstalten: 10 ARD-Anstalten plus ZDF, Angebot: 14 TV-Programme
Privat-kommerzielle Anbieter: Hauptakteure: Bertelsmann-, Kirch-Konzern, Anzahl der lizenzierten Vollprogramme: 6; Anzahl der lizenzierten Spartenprogramme: 11; Bundesweite Fernsehfenster: 3; Pay TV: 13; Kommunikationsdienste (H.O.T.), Landesweite Fernsehfenster: 13; Ballungsraumfernsehen: 14; Lokalfernsehen: mehr als 200
Private nicht-kommerzielle Anbieter: ca. 70 Offene Kanäle
Im TV-Markt gibt es 3 Senderfamilien: Öffentlich-rechtliche, Bertelsmann, Kirch

Inhalte
Volumen der Programmangebote: 24-Stunden-Angebote vorherrschend
Programmleistung und Programmstrukturen: alle Formen („Formate")
Öffentlich-rechtliche Rundfunkanstalten: Gesamtangebot als inhaltliches Vollprogramm (umfassende Abdeckung aller Themen und Genres)
Privatanbieter: Betonung von Unterhaltung (v.a. Spielfilm, Serien, Talk Shows)
Textangebote in der Austastlücke des Fernsehsignals: Videotext (alle Sender)
Werbung im öffentlich-rechtlichen Fernsehen: Anteil an der Sendezeit ca. 1,5%, Beitrag zur Finanzierung ca. 5%
Werbung Privatfernsehen: Anteil ca. 15% am Gesamtinhalt, Finanzierung:100%, Ausnahme Pay TV

Transportwege
Terrestrischer Verbreitungsweg: über Sendernetze (nur noch 12% aller Haushalte), Verbreitungswege Kabel und Satellit dominieren mit 88%
Online-Perspektiven: Video on Demand, Web-TV, interaktives Fernsehen

Rezipienten
Erreichbarkeit = Geräteausstattung: 99%, angemeldete Geräte: 34 Mio.
23% der Haushalte besitzen zwei oder mehr Fernsehgeräte
Drei Viertel der Haushalte empfängt Videotext und hat stereotaugliches Gerät
Reichweite: 95% der Bevölkerung ab 14 Jahren sieht mehrmals die Woche fern
Zeitbudget = Durchschnittliche Sehdauer: ca. 3 Stunden täglich (deutliche Zunahme seit 1985)
Nutzung: intensiv, aber mit Neigungen zum Nebenbei-Medium (vor allem tagsüber)
Nutzung im Tagesablauf: Hauptnutzung 20:00 bis 22:00 Uhr („Primetime")

Rolle und Bedeutung

Das *Medium Fernsehen* hat gegenüber dem Radio und den Printprodukten eine Reihe von *Vorzügen*, die z. B. auch für die Werbung interessant sind:

- Die Botschaften werden nicht nur akustisch, sondern auch bildlich geliefert. Fernsehen ist ein audiovisuelles Medium.
- Dabei sind die Bilder nicht wie bei Printprodukten statisch, sondern bewegt. Fernsehen ist ein dynamisches Medium, allerdings ein lineares, da die Sendungen nur abgespielt werden und keine Interaktion stattfindet.
- Die Aktualität entspricht der des Hörfunks, ist aber deutlich höher als bei Print. Fernsehen ist ein aktuelles Medium.
- Die Reichweite liegt in der Primetime etwa so hoch wie bei den großen Zeitschriften. Fernsehen ist ein leistungsstarkes Medium.
- Die Technik ist weit fortgeschritten: gute Farbqualität, Stereofunktion, vielfältige Trickmöglichkeiten. Fernsehen ist ein technisch anspruchsvolles Medium.
- Schließlich ist Fernsehen ein lebendiges, emotionalisierendes Medium.

Wie der Hörfunk ist das Fernsehen in Deutschland als ein *duales System* organisiert, d. h. es gibt ein Nebeneinander von öffentlich-rechtlichen Rundfunkanstalten (ARD und ZDF) und privaten Fernsehanbietern. Erstere sind gemeinnützige Einrichtungen, die nach dem Kostendeckungsprinzip arbeiten und einen Programmauftrag zu erfüllen haben, letztere sind kommerzielle Unternehmen und müssen Gewinn erwirtschaften, um am Markt überleben zu können.

Die *Werbeumsätze im Fernsehen* wachsen seit der Zulassung des privaten Rundfunks im Jahr 1984 kontinuierlich und auf hohem Niveau ❶. Haupttriebfeder ist der Zuwachs an Werbeeinnahmen bei den privaten Sendern und auch die Beschränkung des Werbeanteils im öffentlich-rechtlichen Fernsehen auf 20 Minuten werktäglich im Vorabendprogramm. Der Anteil der Werbung am Gesamtprogramm ist bei den Privatsendern sehr hoch. Dies führt beim Zuschauer nicht selten zu Widerstand, da er sich durch zu viel Werbung in seinem Fernsehgenuss beeinträchtigt fühlt.

Aus Sicht der werbetreibenden Wirtschaft ist das Fernsehen ein Medium mit hohen Streuverlusten und gilt daher als teuer. Ein Streuverlust bedeutet, dass der geschaltete TV-Werbespot nur zu einem Teil die Zielgruppe erreicht, zu einem anderen Teil aber viele andere Gruppen, die man eigentlich gar nicht ansprechen wollte.

Mit der Digitalisierung ❷ hat auch in Deutschland das *Abonnement-Fernsehen* („Pay TV") einen Aufschwung bekommen. Allerdings ist die Nachfrage nach Bezahlprogrammen nicht so hoch, dass Raum für mehrere Anbieter bliebe. Im Moment gibt es nur einen Anbieter („Premiere").

❶ Wollte man alle Fernsehwerbespots anschauen, die innerhalb eines Jahres in Deutschland ausgestrahlt werden, säße man mehr als 10 Monate vor dem Fernsehschirm.

❷ Unter Digitalisierung versteht man den Trend zur Produktion, Speicherung und Verbreitung aller Medien auf einer gemeinsamen Computer-Plattform.

❶ Innerhalb der Kirch-Gruppe stellte die Kirch Media GmbH & Co KG am 8. April 2002 Insolvenzantrag. Am 8. Mai 2002 folgt die Pay-TV-Gesellschaft.

Der Fernsehmarkt wird in Deutschland von wenigen sog. *Senderfamilien* beherrscht. Neben der öffentlich-rechtlichen Senderfamilie (ARD/ ZDF) gibt es die Senderfamilien um Bertelsmann/RTL sowie die Kirch-Gruppe ❶ mit SAT1, PRO7, Kabel1 u. a. Damit ist festzustellen, dass der Markt in starkem Maße – wettbewerbspolitisch bedenklich – „vermachtet" ist.

Öffentlich-rechtlicher Rundfunk	Bertelsmann	Kirch ❶
ARD ZDF ergänzend zu sehen: SRG (Schweiz) ORF (Österreich)	RTL RTL2 Super RTL Vox Internationaler Bezug über CLT/Ufa Produktion Radiobeteiligungen	SAT 1 Pro7 DSF Kabel 1 N 24 H.O.T. Produktion Radiobeteiligungen

Programmformen

Die *Programmangebote der TV-Sender* kann man grob in die folgenden Bereiche einteilen:

- Informationssendungen: (1) Nachrichten, Wetter; (2) Magazine, Dokumentationen, Reportagen; (3) Regionalinformationen; (4) Service, Alltag, Lebensbewältigung; (5) Sport
- Unterhaltung: (1) Fiction: Serien, Spielfilme, Fernsehspiele, Cartoons; (2) Moderierte Showprogramme: Talkshows, Unterhaltungsshows, Gameshows, Kindershows, Musikshows
- Kultur, Bildung: (1) Kultur; (2) Wissenschaft, Technik; (3) Schauspiel, Konzert, Kleinkunst
- Werbung

Öffentlich-rechtliche Rundfunkanstalten sind verpflichtet, mit ihrem Gesamtangebot sämtliche Programmformen und Themen abzudecken und damit ein umfassendes Grundangebot zu bieten („volles Programm"). Man nennt dies die Verpflichtung zur *Grundversorgung*.

Die *privaten Veranstalter* hingegen können es sich erlauben, ihr Angebot thematisch enger zu gestalten, bis hin zum Angebot sog. *Spartenprogramme*. Dies sind Angebote, die z. B. auf Sport (DSF) oder Nachrichten (n-tv) ausgerichtet sind. Die Hauptprogramme der Privaten (RTL, SAT1, PRO7) sind meist in einer bestimmten Richtung ausgelegt, z. B. PRO7 auf aktuelle Kino-Action-Filme.

Nutzung

Fernsehen wird überdurchschnittlich stark *am Abend* genutzt, und dort intensiv. Während des Tages gerät das Fernsehen allerdings – ähnlich wie das Radio – zunehmend in die Rolle eines Hintergrund- oder Begleitmediums. Vor allem während der Werbezeiten beschäftigen sich inzwischen vier Fünftel aller Zuschauer neben dem Fernsehen auch mit anderen Dingen. Der Effekt wird durch das *Zapping* (Hin- und Herspringen von Kanal zu Kanal) verstärkt.

❶ Reichweite vs. Marktanteil: Unter Reichweite versteht man die Anzahl von Personen, die innerhalb eines Zeitraums von einem Medium erreicht wird. Marktanteil ist der Anteil der einzelnen TV-Sender an der gesamten Einschaltzeit der Zuschauer.

Im Hinblick auf den *Marktanteil* halten sich die öffentlich-rechtlichen und die privaten Anbieter in etwa die Waage. Beide kommen mit allen Programmen zusammen genommen auf etwa 50 %. Die Marktführerschaft wechselt immer wieder zwischen ARD, ZDF und RTL, die jeweils in der Gegend zwischen 15 und 20 % Marktanteil erzielen ❶.

Funktionen der Massenmedien

Das *Medium Fernsehen* kann in seiner Bedeutung kaum überschätzt werden. Es ist geradezu als ein „Jahrhundertmedium" zu bezeichnen (Burkart), das im Bewusstsein der Bevölkerung größte Beachtung genießt. So kann es nicht verwundern, dass das Fernsehen immer im Gespräch ist, wenn es in unserer Gesellschaft positive oder negative Erscheinungen wie Bildung, Demokratie, Gewaltanwendung oder Kulturverfall zu verhandeln gilt. Die Diagnosen reichen von euphorischer Begeisterung („Fernsehen ist toll") bis zu kulturpessimistischen Angstparolen („Das Fernsehen zerstört die Familien").

Nüchtern und wissenschaftlich betrachtet sind dem Fernsehen (und den Massenmedien insgesamt) eine Reihe von *Funktionen* beizumessen, die es optimalerweise erfüllen sollte. Es sind dies die folgenden Funktionen:

Individuelle Funktion

- Persönlichkeitsentwicklung: Die Medien tragen zur Entwicklung der Persönlichkeit beim einzelnen Menschen bei, insbesondere bei Kindern und Jugendlichen.

Gesellschaftliche Funktionen

- Sozialisation: Medien erziehen zu kulturellem und gedeihlichem Zusammenleben, prägen Leitbilder und beeinflussen den sozialen Wandel.
- Orientierung: Medien sind wie Leitsterne, die dazu da sind, Orientierung zu geben und Angebote zur Beantwortung der Frage nach dem Sinn des Lebens zu machen.
- Rekreation (= Erholung): Medien decken den Bedarf nach Zerstreuung, Ablenkung und Unterhaltung.
- Integration: Medien leisten einen Beitrag dazu, die Gesellschaft zusammen zu halten, die immer komplexer wird und in Gruppen und Grüppchen auseinander zu fallen droht.

Politische Funktionen

- Herstellen von Öffentlichkeit: Die Medien stellen einen „Raum" bzw. ein Forum zur Verfügung, in dem alle Beteiligten ihre Programme, Absichten, Ziele und Forderungen öffentlich darstellen können.
- Artikulationsfunktion: Die Medien helfen den Menschen, ihre Interessen offen äußern zu können.
- Politische Bildungsfunktion: Die Medien bringen Licht in das Dunkel der politischen Rollen und Strukturen. Sie tragen dazu bei, dass der einzelne Bürger zu einem politisch denkenden und verantwortlich handelnden Staatsbürger heranwächst.
- Kritik- und Kontrollfunktion: Die Medien bieten die Möglichkeit, Kritik an den politischen Machtträgern zu üben und diese zu kontrollieren.

Wirtschaftliche Funktion

- Förderung von Wachstum: Die Medien dienen als Wachstumsmotor.
- Fairer Wettbewerb: Die Medien tragen dazu bei, dass ein offener und fairer Wettbewerb in der Wirtschaft stattfindet.

Dem Fernsehen als einem der wichtigsten Medien kommt nach dieser Liste also eine *wichtige Funktion für unsere Gesellschaft* zu. Man könnte auch sagen: Fernsehen hält uns zusammen und hilft uns, das Leben besser zu meistern!

➡ **Fernsehen ist ein wichtiges Glied für das Funktionieren des Gemeinwesens.**

Kritik am Fernsehen

Die Medien werden nicht jeder der genannten Funktionen voll gerecht. Es sind auch Mängel zu beklagen, die den hohen Anspruch unterlaufen. Insbesondere das Fernsehen wird gerne auf die „Anklagebank" gesetzt. Nachfolgend soll eine kurze Übersicht über die typischen „Anklagepunkte" aufgelistet werden. *Dem Fernsehen wird vorgeworfen*:

- Das Fernsehen verwandelt unsere ganze Kultur in eine riesige Arena für das Show-Business. Fernsehen ist nichts als „Show-Biz". Es macht alles zur Unterhaltung. Dadurch nimmt die Urteilsfähigkeit des einzelnen Menschen ab. Der Vertreter dieser kulturpessimistischen These ist Neil Postman, der mit seinem Werk „Wir amüsieren uns zu Tode" größte Beachtung erfahren hat.
- Das Fernsehen vermittelt eine Scheinwelt, in der die Menschen immer wieder Tatsache und Fiktion vermischen oder gar verwechseln. Manche Fernsehsendung wird als Tatsache gewertet, obwohl sie eine reine Fiktion darstellt. Die Fähigkeit der Zuschauer, zwischen den Wirklichkeiten zu unterscheiden, z. B. zwischen Dokumentation, Fiktion und Werbung, wird vom Fernsehen auf eine extrem harte Probe gestellt ❶.

❶ Fernsehen und Scheinwelt: Das mit scheinbar echten Reportageelementen durchsetzte Hörspiel "Krieg der Welten" von Orson Welles versetzte im Jahr 1938 Tausende Amerikaner in Panik.

- Das Fernsehen vermittelt Erfahrungen, die wir nicht unmittelbar aus eigener Anschauung gemacht haben. Man nennt dies das Vorherrschen der Sekundärerfahrung. Wird dem Fernsehen eine hohe Bedeutung in unserem Leben zugemessen, nimmt automatisch die Gefahr des „Lebens aus zweiter Hand" zu. Das Fernsehen hindert uns dann daran, die Realität unmittelbar und direkt zu erleben und zu erfahren.
- Das Fernsehen vermittelt ein einseitig negatives Bild von der Welt und trägt dazu bei, die Welt Angst erregender zu empfinden, als sie in Wirklichkeit ist. Dieses als „Kultivierungsthese" bezeichnete Phänomen beruht auf der These, dass negative Ereignisse (z. B. Unfälle, Katastrophen, Kriminalität) im Fernsehen deutlich stärker zur Darstellung kommen als positive Aspekte. 
- Das Fernsehen trägt dazu bei, dass sich die Ungleichheit zwischen den Teilen der Bevölkerung mit einem hohen Wissens- und Bildungsstand und den Teilen mit wenig Wissen und Bildung verstärkt. Diese „These von der wachsenden Wissenskluft" ist insofern überraschend, da man in Zeiten der Informationsflut eigentlich eher die Einebnung des Bildungsgefälles annehmen würde.
- Das Fernsehen fördert die Gewaltbereitschaft, insbesondere von Kindern und Jugendlichen. Dabei wird angenommen, dass Gewaltdarstellungen im Fernsehen die Aggressionsbereitschaft und das konkrete aggressive Verhalten der Zuschauer anstacheln (Stimulationsthese).
- Das Fernsehen greift negativ in das Familienleben ein. Das familiäre Gespräch, das gemeinsame Spiel und die gemeinsame Lebensgestaltung werden verhindert. Die einzelnen Familienmitglieder kapseln sich ab, so dass es zur „Einpuppung" (Cocooning) kommt. Das Fernsehen bedroht demnach die Familie.
- Das Fernsehen lässt die öffentliche Auseinandersetzung verkümmern. Auch die Politik verflacht und verkommt zur reinen Unterhaltung. 
- Das Fernsehen macht die Menschen passiv. Es gefährdet die persönliche Kommunikation und behindert die Persönlichkeitsentwicklung.

Maletzke hat u. a. deutlich gemacht, dass es zu einfach ist, das Fernsehen pauschal als einen „Sündenbock" abzustempeln. Seine Argumente nehmen das Fernsehen zwar nicht in jeder Hinsicht in Schutz, aber er verlangt, das schwierige Thema der Fernsehwirkungen differenziert zu behandeln. Mit Recht weist er auf die folgenden *Punkte* hin ❶:

- Oft herrscht ein viel *zu einfaches Denken* vor. Viele stellen sich die Fernsehwirkungen im üblichen Wenn-Dann-Schema vor. Das führt zu einseitigen Behauptungen, die sich nicht aufrecht erhalten lassen.
- Der Untersuchungsgegenstand Fernsehen ist äußerst *komplex*. Einfache Aussagen führen meist in die Irre.
- Die *Medien werden* in ihrer Wirkungskraft oft *überschätzt*. Meistens wird unterstellt, die Medien, insbesondere das Fernsehen hätten eine äußerst starke Wirkung auf unser Leben, ohne zu erkennen, dass die Wirkkraft der Medien auch ihre Grenze hat.
- Die Ergebnisse der wissenschaftlichen Kommunikationsforschung zu den Medienwirkungen sind *sehr uneinheitlich*, was ein Indiz dafür ist, dass sich einfache „Stammtisch-Erklärungen" verbieten.

❶ Quelle: Maletzke, Gerhard: Kulturverfall durch Fernsehen? Berlin 1988

❶ Quelle: Maletzke, Gerhard: Kulturverfall durch Fernsehen? Berlin 1988, S. 116

Entscheidend bei allem ist jedoch, so Maletzke, „dass wir heute den Menschen nicht mehr als passiv den Medien ausgeliefertes, schutzloses Wesen betrachten, das man beliebig beeinflussen kann, wenn man nur die Medien richtig einzusetzen weiß, sondern dass wir den Menschen in seiner ganzen psychischen und sozialen Fülle verstehen als aktiv in die Welt und das Geschehen eingreifend, auch in der zunächst einseitig verlaufenden Massenkommunikation" ❶. Die Kulturkritik würde es sich zu einfach machen und immer noch von einem „simplen mechanistischen Menschenbild" ausgehen, von der Vorstellung also, „der Mensch reagiere schematisch nach dem Muster von Reiz und Reaktion".

❷ Die Zahl der Studien zur Fernsehgewalt wird heute auf weit über 5.000 geschätzt, die sich in vielerlei Hinsicht unterscheiden.

Wie schwierig es ist, plausible Aussagen zu treffen, zeigt z. B. die Frage der *Gewaltdarstellungen im Fernsehen* ❷. Hier gibt es eine breite Palette von Erklärungsansätzen; unter den Fachleuten besteht keine Einigkeit. Immerhin hat sich die Erkenntnis durchgesetzt, dass von einer völligen Wirkungslosigkeit nicht ausgegangen werden darf und dass Gewaltdarstellungen kurzfristig durchaus emotionale Erregungen hervorrufen können. Auch gibt es kaum jemanden, der noch ernsthaft die Katharsisthese vertritt, nach der über das Anschauen von Gewaltszenen das Aggressionspotential beim einzelnen Zuschauer abgebaut wird.

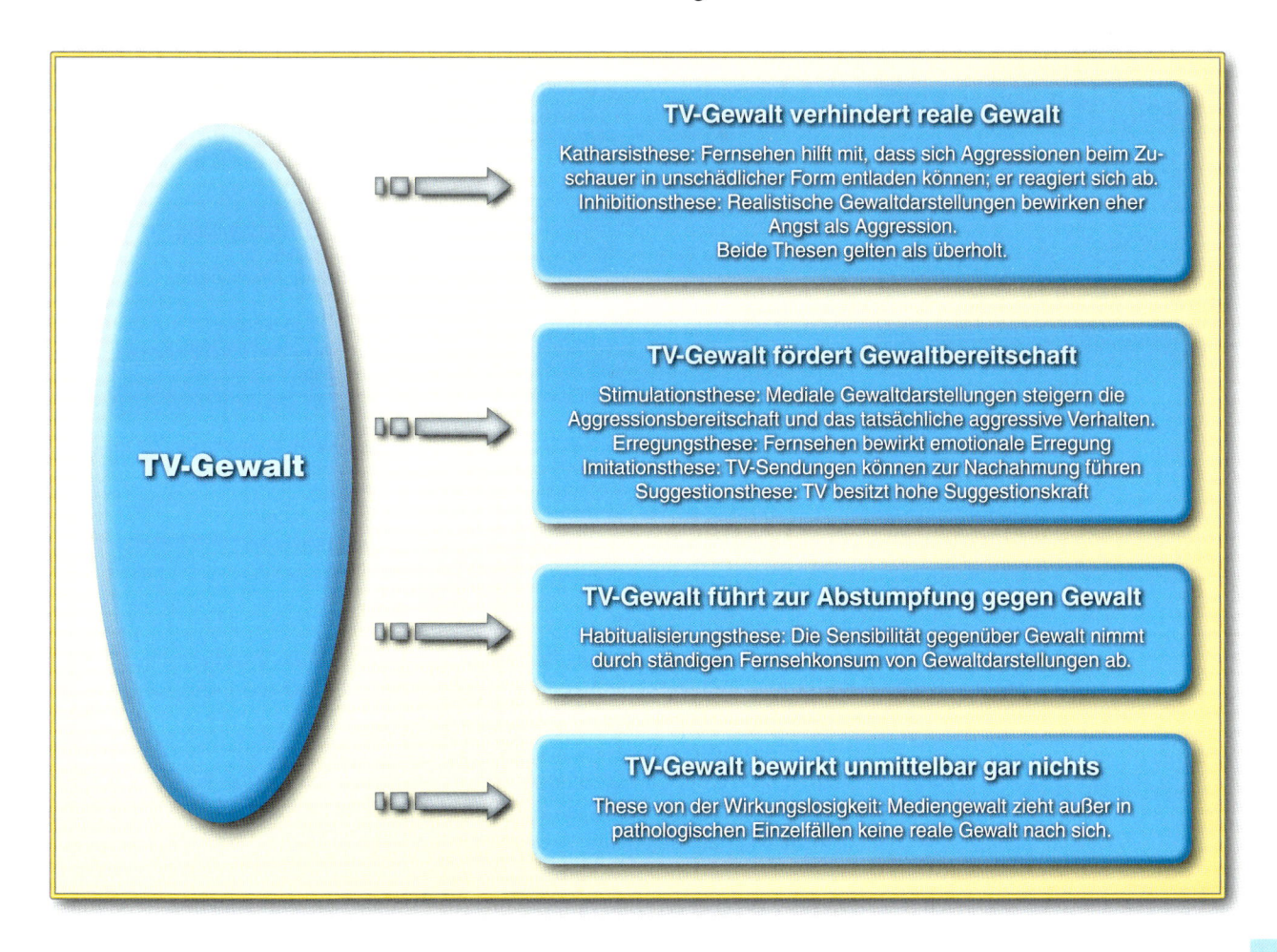

TV-Gewalt

→ **TV-Gewalt verhindert reale Gewalt**
Katharsisthese: Fernsehen hilft mit, dass sich Aggressionen beim Zuschauer in unschädlicher Form entladen können; er reagiert sich ab.
Inhibitionsthese: Realistische Gewaltdarstellungen bewirken eher Angst als Aggression.
Beide Thesen gelten als überholt.

→ **TV-Gewalt fördert Gewaltbereitschaft**
Stimulationsthese: Mediale Gewaltdarstellungen steigern die Aggressionsbereitschaft und das tatsächliche aggressive Verhalten.
Erregungsthese: Fernsehen bewirkt emotionale Erregung
Imitationsthese: TV-Sendungen können zur Nachahmung führen
Suggestionsthese: TV besitzt hohe Suggestionskraft

→ **TV-Gewalt führt zur Abstumpfung gegen Gewalt**
Habitualisierungsthese: Die Sensibilität gegenüber Gewalt nimmt durch ständigen Fernsehkonsum von Gewaltdarstellungen ab.

→ **TV-Gewalt bewirkt unmittelbar gar nichts**
These von der Wirkungslosigkeit: Mediengewalt zieht außer in pathologischen Einzelfällen keine reale Gewalt nach sich.

1.3.8 Kino

Fakten

Das Kino hat sich von einem Massenmedium in den 50er Jahren zu einem ausgeprägten Zielgruppenmedium für die Jugend entwickelt. Hat es früher einen breiten Bevölkerungsquerschnitt angesprochen, sank die Bedeutung mit der Einführung des Fernsehens. Die publizistische Bedeutung des Kinos ist daher als eingeschränkt zu bezeichnen. Die ökonomische Bedeutung ist mit einem Marktvolumen von ca. 700 Mio. Euro in Deutschland eher nachrangig.

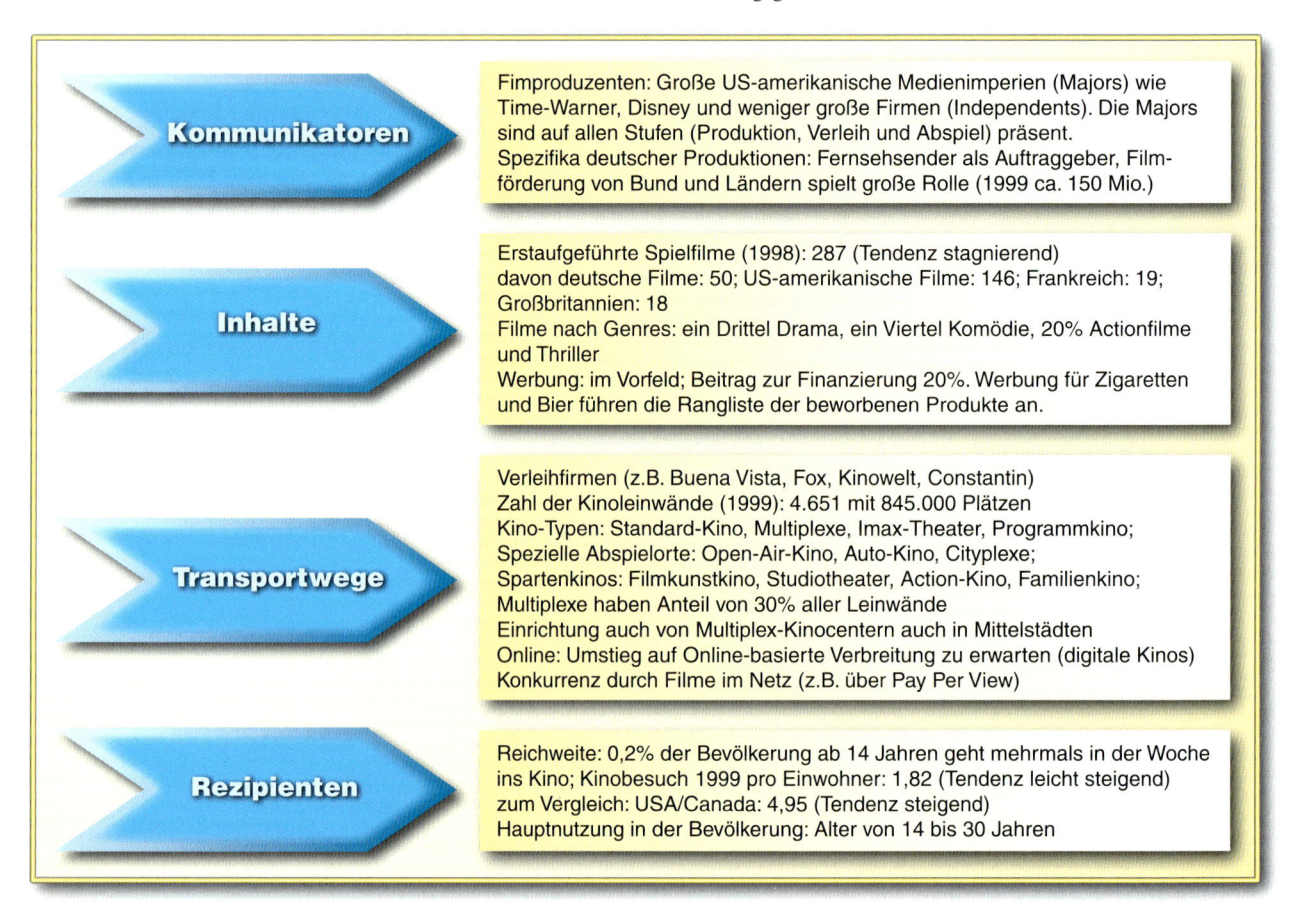

Kommunikatoren:
Fimproduzenten: Große US-amerikanische Medienimperien (Majors) wie Time-Warner, Disney und weniger große Firmen (Independents). Die Majors sind auf allen Stufen (Produktion, Verleih und Abspiel) präsent.
Spezifika deutscher Produktionen: Fernsehsender als Auftraggeber, Filmförderung von Bund und Ländern spielt große Rolle (1999 ca. 150 Mio.)

Inhalte:
Erstaufgeführte Spielfilme (1998): 287 (Tendenz stagnierend)
davon deutsche Filme: 50; US-amerikanische Filme: 146; Frankreich: 19; Großbritannien: 18
Filme nach Genres: ein Drittel Drama, ein Viertel Komödie, 20% Actionfilme und Thriller
Werbung: im Vorfeld; Beitrag zur Finanzierung 20%. Werbung für Zigaretten und Bier führen die Rangliste der beworbenen Produkte an.

Transportwege:
Verleihfirmen (z.B. Buena Vista, Fox, Kinowelt, Constantin)
Zahl der Kinoleinwände (1999): 4.651 mit 845.000 Plätzen
Kino-Typen: Standard-Kino, Multiplexe, Imax-Theater, Programmkino;
Spezielle Abspielorte: Open-Air-Kino, Auto-Kino, Cityplexe;
Spartenkinos: Filmkunstkino, Studiotheater, Action-Kino, Familienkino;
Multiplexe haben Anteil von 30% aller Leinwände
Einrichtung auch von Multiplex-Kinocentern auch in Mittelstädten
Online: Umstieg auf Online-basierte Verbreitung zu erwarten (digitale Kinos)
Konkurrenz durch Filme im Netz (z.B. über Pay Per View)

Rezipienten:
Reichweite: 0,2% der Bevölkerung ab 14 Jahren geht mehrmals in der Woche ins Kino; Kinobesuch 1999 pro Einwohner: 1,82 (Tendenz leicht steigend)
zum Vergleich: USA/Canada: 4,95 (Tendenz steigend)
Hauptnutzung in der Bevölkerung: Alter von 14 bis 30 Jahren

Rolle und Bedeutung

Das *Kino* ist im Gegensatz zum Fernsehen *kein Basismedium*. Das Fernsehen erreicht einen großen Teil der Bevölkerung (große Reichweite) und wird sehr häufig eingeschaltet (hohe Kontaktfrequenz in der Bevölkerung). Demgegenüber spricht das Kino vor allem die Bevölkerungsgruppe der 14- bis 30-Jährigen an und ist daher auf eine begrenzte Zielgruppe ausgerichtet. Das macht das Kino für die Werbung aber zu einem ausgesprochen interessanten Medium. Der *Werbeträger Kino* hat gegenüber dem Fernsehen die folgenden *Vorzüge*:

- Die Qualität des Bildes und die Tontechnik sind überlegen.
- Die Bildgröße ist überlebensgroß. Daher ist das Medium viel eindrucksvoller als das Fernsehen.
- Ein beachtlicher Teil des Fernsehpublikums steht der Werbung ablehnend gegenüber, während im Kino ein voll aufnahmebereites Publikum im abgedunkelten Raum sitzt, das auch Werbefilme aufmerksam betrachtet.
- Der Gang ins Kino ist mit einer positiven Erwartungshaltung verbunden. Kinogänger suchen Entspannung und Unterhaltung und gehen häufig zu zweit oder in der Gruppe ins Kino.
- Das Kino kann vom Werbetreibenden im Gegensatz zum Fernsehen gezielt eingesetzt werden, sowohl lokal also auch regional und national.
- Kinowerbung kann kurzfristig geschaltet werden.

❶ Die Verwertungskette von Spielfilmen im Wasserfallmodell:
Stufe 1: Kino
Stufe 2: Videocassette, DVD
Stufe 3: Pay TV (Abo-Kanal oder Pay Per View)
Stufe 4: Freie Ausstrahlung bei öffentlich-rechtliche Rundfunkanstalten oder bei den Privatsendern
Stufe 5: Merchandising

Das Medium Kino ist in einem größeren Zusammenhang zu sehen. Der Kinomarkt ist eine Art „Aufbereitungsanlage für das Fernsehen": Die großen Spielfilme werden vor ihrer Fernsehausstrahlung zuerst im Kino gezeigt. Sie stehen am Anfang der sog. *Verwertungskette von Spielfilmen* ❶. Das Anliegen der Filmindustrie ist es, die Ware Kinofilm wirtschaftlich möglichst optimal „auszuschlachten". Danach wird ein Spielfilm im Sinne eines „Wasserfall-Modells" zunächst exklusiv im Kino gezeigt. Kein anderes Medium kommt in dieser ersten Phase der Verwertungskette zum Zuge. Nach einer Schutzfrist von ca. 1,5 Jahren erfolgt dann die Videoverwertung mit dem Verkauf und Verleih des Films auf Videocassetten oder DVD. Im Anschluss daran wird der Film im Pay-TV gezeigt und schließlich erst einer breiten Öffentlichkeit zugänglich gemacht, sei es im Free-TV bei den Privaten oder im öffentlich-rechtlichen Fernsehen. Eine nicht zu unterschätzende Rolle spielt das Merchandising, d. h. die Verwertung von Fan-Artikeln, der Betrieb von Studio-Stores (z. B. Universal) bis hin zur Einrichtung von Themenparks (z. B. Disneyland oder ZDF Medienpark). So ist eine maximale wirtschaftliche Ausbeute des produzierten Spielfilms gewährleistet.

❷ Die Budgets großer US-amerikanischer Spielfilme liegen mittlerweile deutlich über 100 Mio. Dollar, so z. B.
Jurassic Park (1993),
Independence Day (1996),
Titanic (1998)

Spielfilmproduktionen sind wirtschaftlich gesehen riskante Angelegenheiten: Einem hohen Aufwand steht ein im voraus nicht abschätzbarer Erfolg beim Publikum gegenüber. Manche Filme sind ein Flop, andere die großen Renner. Das Geheimnis des Erfolgs großer US-Produktionen liegt neben *der professionellen Produktion* in der systematischen, mit großem Mitteleinsatz betriebenen *Vermarktung*, die stets einen großen Anteil am Gesamtbudget ausmacht. So hat der Film „Batman" einschließlich der Vermarktungskosten 85 Mio. Dollar gekostet. Er spielte bis heute nahezu eine Milliarde Dollar ein ❷.

Der Kinofilm ist untrennbar mit dem Namen *Hollywood* verbunden, der stellvertretend für die erfolgreiche amerikanische Filmproduktion steht. Bis heute beherrschen die US-Filmfirmen den Markt sowohl auf der Produktions- als auch auf der Vermarktungsseite. Im Zentrum stehen die sog. *Majors*, das sind die großen „Spieler" (Big Players) am Filmmarkt wie Time-Warner oder Disney. Daneben gibt es kleinere Firmen, die sog. *Independants*, die im deutschen Film eine Rolle spielen. Die Majors dominieren Produktion und Vertrieb und sind auch an den Kinoketten beteiligt.

1.3.9 Trägermedien

Fakten

Als die traditionell bedeutendsten Trägermedien sind die Printprodukte wie Zeitung, Zeitschrift oder Buch zu nennen. Träger ist dabei das Papier. Diese Trägermedien werden an anderer Stelle ausführlich behandelt, so dass hier die elektronischen Trägermedien im Vordergrund stehen. Die folgenden *Typen elektronischer Trägermedien* sind zu unterscheiden:

- Text: Elektronisches Buch
- Ton: Schallplatte, Toncassetten, Audio-CD
- Bild: Foto, Dia, Photo-CD
- Audiovision: Tonfilm, Videocassetten, DVD
- Multimedia: CD-ROM

Die Bedeutung des Marktes für Trägermedien ist groß und nimmt ständig zu. So hat allein der Tonträgermarkt in Deutschland eine wirtschaftliche Bedeutung von 2,5 Mrd. Euro.

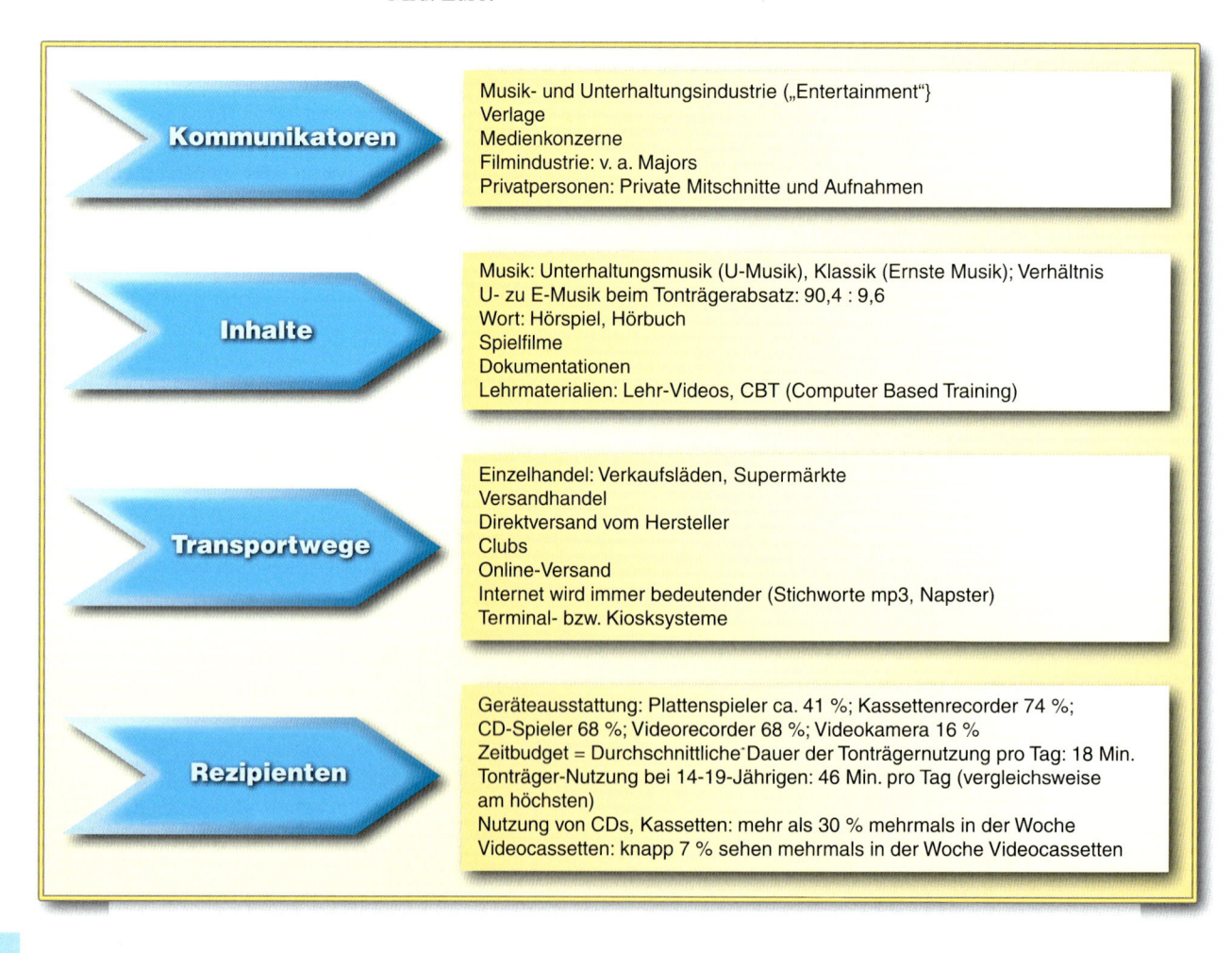

Kommunikatoren
- Musik- und Unterhaltungsindustrie („Entertainment")
- Verlage
- Medienkonzerne
- Filmindustrie: v. a. Majors
- Privatpersonen: Private Mitschnitte und Aufnahmen

Inhalte
- Musik: Unterhaltungsmusik (U-Musik), Klassik (Ernste Musik); Verhältnis U- zu E-Musik beim Tonträgerabsatz: 90,4 : 9,6
- Wort: Hörspiel, Hörbuch
- Spielfilme
- Dokumentationen
- Lehrmaterialien: Lehr-Videos, CBT (Computer Based Training)

Transportwege
- Einzelhandel: Verkaufsläden, Supermärkte
- Versandhandel
- Direktversand vom Hersteller
- Clubs
- Online-Versand
- Internet wird immer bedeutender (Stichworte mp3, Napster)
- Terminal- bzw. Kiosksysteme

Rezipienten
- Geräteausstattung: Plattenspieler ca. 41 %; Kassettenrecorder 74 %; CD-Spieler 68 %; Videorecorder 68 %; Videokamera 16 %
- Zeitbudget = Durchschnittliche Dauer der Tonträgernutzung pro Tag: 18 Min.
- Tonträger-Nutzung bei 14-19-Jährigen: 46 Min. pro Tag (vergleichsweise am höchsten)
- Nutzung von CDs, Kassetten: mehr als 30 % mehrmals in der Woche
- Videocassetten: knapp 7 % sehen mehrmals in der Woche Videocassetten

Rolle und Bedeutung

Die elektronischen Trägermedien sind eine Ergänzung der „flüchtigen" Medien wie Radio, Fernsehen und Kino und machen die *Konservierung von Programminhalten* möglich. Die Nutzer erreichen dadurch einen höheren Grad an Unabhängigkeit und Individualität von den vorgefertigten Programmangeboten. Der Konsument ist nicht mehr ein Wesen, das zu einem bestimmten Zeitpunkt zur Rezeption einer Sendung antreten muss, sondern er kann sich selbst sein eigenes Programm zusammenstellen. Man spricht in diesem Zusammenhang auch vom „Konsumenten als Programmdirektor". Der Siegeszug des Videorecorders ist u.a. als Folge dieses Strebens nach Individualisierung zu erklären.

Eine besondere Rolle bei diesem *Vorgang der Individualisierung der Massenkommunikation* spielt der Bereich der Tonträger. Stürmisch entwickeln sich hier die Online-Medien zur Transport- und Vermarktungsschiene – mit der Folge, dass sich die Nutzer künftig das Trägermedium am heimischen Computer selbst herstellen und damit den Einzelhandel umgehen. Dies führt zu tiefgreifenden Veränderungen in den Marktprozessen. Möglich geworden ist diese Entwicklung erst durch die Markteinführung der beschreibbaren Compact Disk (CD-R), mit der jedermann seine eigene CD brennen kann.

Angesichts dieser Entwicklung stellt sich vor allem die Frage, in welcher Form Musik-CDs und Spielfilm-Trägermedien als kommerzielle Marktprodukte erhalten bleiben. Der Trend zur Online-Distribution wird anhalten und sich verstärken. Zu erwarten ist jedoch, dass es auch künftig einen Markt für vorgefertigte Ton- und Videoproduktionen geben wird, da der einzelne Nutzer vor Zeitengpässen steht und Bequemlichkeit sucht. Dabei spielt die Zahlungsbereitschaft für das jeweilige Produkt, z. B. einen Spielfilm auf DVD, eine Rolle. Soweit die Spielfilmvermarktung angesprochen ist, muss das Thema im Übrigen im Zusammenhang mit der Verwertungskette Kino – Video – Fernsehen gesehen werden. Die großen Unterhaltungskonzerne unternehmen große Anstrengungen in der professionellen Vermarktung auf allen Stufen.

Eine ähnliche Entwicklung zeichnet sich im Bereich der CD-ROM-Produkte ab. Derzeit ist noch nicht daran zu denken, dass z. B. eine komplexe Multimedia-CD-ROM im Internet zum Abruf bereitgestellt werden kann. Die Übertragungskapazitäten reichen nicht aus. In einer mittelfristigen Perspektive kann man sich jedoch vorstellen, dass sämtliche Medienprodukte über das digitale Netz transportierbar sein werden. Derzeit ist die CD-ROM auf *drei Ebenen* ein wichtiges Trägermedium ❶:

- Reaktive, unterhaltungsbezogene Anwendungen: z. B. Computerspiele
- Interaktive, informationsbezogene Anwendungen: z. B. Kataloge, Unternehmenspräsentationen
- Dialogische, serviceorientierte Anwendungen: Produktbezogene Datenbanken, Gewinnspiele

Die große Stärke der CD-ROM ist ihre hohe Modalität, d. h. ihre Fähigkeit, alle Medienbausteine (Text, Bild, Grafik, Video, Animation und Audio) in einer Produktion zu vereinigen.

❶ Quelle: Bruhn, Manfred: Kommunikationspolitik, München 1997, S. 831

1.3.10 Internet

Fakten

❶ *Internet:* Ein weltumspannendes Netzwerk, das eine Vielzahl von institutionellen und privaten Informationsanbietern und Informationsnachfragern auf digitaler Basis miteinander verbindet.

Das *Medium Internet* ❶ hat eine enorme Entwicklung genommen und ist zum globalen Informationssystem geworden. Es ist heute im geschäftlichen Bereich („Business-to-Business") nicht mehr wegzudenken, aber auch im Konsumentenbereich („Business-to-Consumer", „Consumer-to-Consumer") spielt das Internet eine große Rolle. Das Internet ist ein leistungsfähiges Medium, das eine Reihe von Diensten ermöglicht, die von der Individualkommunikation (E-Mail) bis zur Massenkommunikation reicht (Informationsangebote im World Wide Web). Seine ökonomische Bedeutung ist heute kaum hoch genug einzuschätzen.

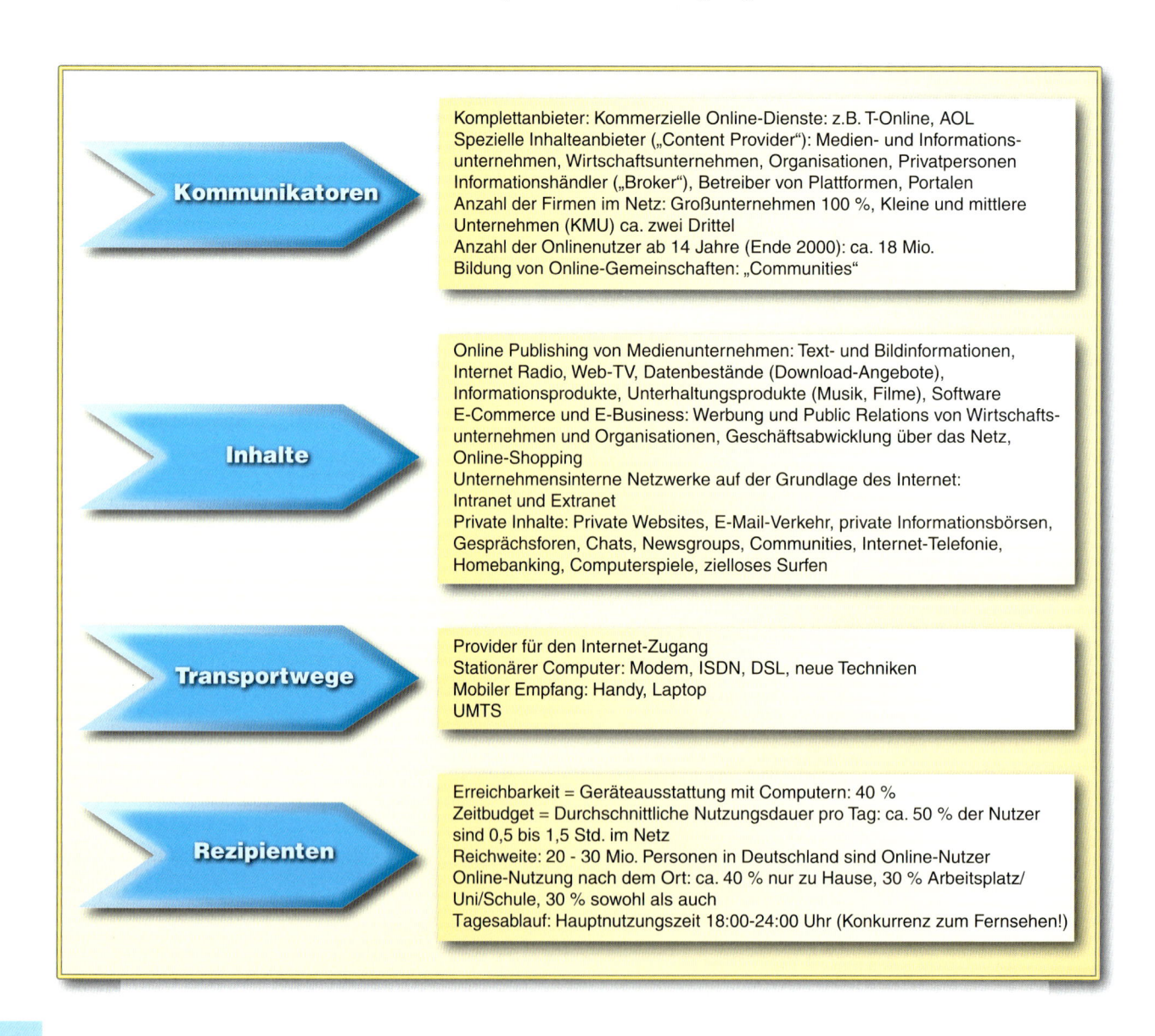

Kommunikatoren
Komplettanbieter: Kommerzielle Online-Dienste: z.B. T-Online, AOL
Spezielle Inhalteanbieter („Content Provider"): Medien- und Informationsunternehmen, Wirtschaftsunternehmen, Organisationen, Privatpersonen
Informationshändler („Broker"), Betreiber von Plattformen, Portalen
Anzahl der Firmen im Netz: Großunternehmen 100 %, Kleine und mittlere Unternehmen (KMU) ca. zwei Drittel
Anzahl der Onlinenutzer ab 14 Jahre (Ende 2000): ca. 18 Mio.
Bildung von Online-Gemeinschaften: „Communities"

Inhalte
Online Publishing von Medienunternehmen: Text- und Bildinformationen, Internet Radio, Web-TV, Datenbestände (Download-Angebote), Informationsprodukte, Unterhaltungsprodukte (Musik, Filme), Software
E-Commerce und E-Business: Werbung und Public Relations von Wirtschaftsunternehmen und Organisationen, Geschäftsabwicklung über das Netz, Online-Shopping
Unternehmensinterne Netzwerke auf der Grundlage des Internet: Intranet und Extranet
Private Inhalte: Private Websites, E-Mail-Verkehr, private Informationsbörsen, Gesprächsforen, Chats, Newsgroups, Communities, Internet-Telefonie, Homebanking, Computerspiele, zielloses Surfen

Transportwege
Provider für den Internet-Zugang
Stationärer Computer: Modem, ISDN, DSL, neue Techniken
Mobiler Empfang: Handy, Laptop
UMTS

Rezipienten
Erreichbarkeit = Geräteausstattung mit Computern: 40 %
Zeitbudget = Durchschnittliche Nutzungsdauer pro Tag: ca. 50 % der Nutzer sind 0,5 bis 1,5 Std. im Netz
Reichweite: 20 - 30 Mio. Personen in Deutschland sind Online-Nutzer
Online-Nutzung nach dem Ort: ca. 40 % nur zu Hause, 30 % Arbeitsplatz/Uni/Schule, 30 % sowohl als auch
Tagesablauf: Hauptnutzungszeit 18:00-24:00 Uhr (Konkurrenz zum Fernsehen!)

Rolle und Bedeutung

Das Medium Internet hat sich auf breiter Linie durchgesetzt, wobei die Internetfunktionen *E-Mail* und *World Wide Web* im Vordergrund stehen ❶. Der Siegeszug der neuen Online-Medien beruht auf einer Reihe von *Leistungsmerkmalen* ❷:

- Hohe Konnektivität: Mit der Anbindung an das Netz erreicht der Kommunikator ein extrem hohes Ausmaß an Verbindung („Konnektion") zu anderen Unternehmen oder Personen.
- Hoher Direct Response: Online-Systeme können dem Benutzer die Möglichkeit zu Rückmeldungen bieten.
- Aktualität: Netzbasierte Anwendungen können vom Anbieter schnell aktualisiert werden.
- Transaktionsfähigkeit: Online-Systeme bieten die Möglichkeit, Servicefunktionen wie z. B. Beratung, Bestellung, Beschwerdenbearbeitung in den Dialog mit dem Kunden zu integrieren. Zahlreiche Informationsprodukte können über das Netz heute sogar schon ausgeliefert werden (z. B. Software, Informationsdienste, Musikstücke).
- Geringer Distributionsaufwand: Die Verbreitung der Online-Informationen ist zu extrem niedrigen Kosten möglich.
- Hohe Internationalität: Online-Anwendungen können ohne großen Aufwand einem weltweiten Publikum angeboten werden.

Allerdings weisen die Internet-Medien derzeit noch eine Reihe von *Schwächen* auf. Die wichtigsten sind:

- Geringe Modalität: Derzeit gibt es auf Grund einer zu geringen Datenübertragungskapazität noch Einschränkungen bei der Art der Medien. Es dominiert Text und Bild. Videosequenzen, Animation und auch Sound benötigen größere Bandbreiten, um befriedigend transportiert werden zu können.
- Akzeptanz: Trotz großer Fortschritte in der Nutzung von Online ist die Akzeptanz des Mediums noch nicht groß. Hauptgrund ist die noch zu komplizierte Computertechnik, die viele „Normalbürger" von einer Nutzung abhält.
- Zielgruppenerreichbarkeit: Für die Unternehmen gibt es immer bessere Möglichkeiten, Zielgruppen über das Internet zu erreichen. Allerdings ist die Online-Nutzung noch weit davon entfernt, von allen Bevölkerungskreisen angenommen zu sein.

Das Internet steht im Grunde *erst am Anfang der Entwicklung*. Gerade die Modalität wird sich von der momentan eher statischen Darstellung der Inhalte (Text, Bild) in Richtung Bewegtbild und 3-D-Welten entwickeln. Damit wird das Internet dann so multimedial sein, wie es heute schon bei einer CD-ROM möglich ist.

Die Entwicklung des Mediums Internet zu einem starken Massenmedium steht im Zusammenhang mit dem Zusammenwachsen der Informationswirtschaft. Man nennt dies die *Konvergenz der TIME-Branchen* ❸. Gemeint ist, dass auf der Grundlage der Digitalisierung diejenigen Branchen, die mit Informationen zu tun haben, eng zusammenrücken. So entsteht ein Bereich, bei dem die beteiligten Unternehmen eng verbunden sind.

---

❶ Eine kleine Übersicht über mögliche Online-Nutzungen: Versenden und Empfangen von E-Mails; Zielloses Surfen im Internet; Downloaden von Dateien; Reiseinfos, Zug-/Flugpläne; Infos über PCs und Software; Aktuelle Infos aus der Region; Newsletter von Organisationen; Gesprächsforen, Newsgroups, Chatten; Wetterinformationen; Homebanking; Computerspiele; Kleinanzeigen; Online-Shopping; Radio; Fernsehen; Buchbestellungen; Sex- und Erotikangebote; Multiuser-Spiele; Telefonieren; Web-Cam (als Vorstufe zum Bildtelefon über das Netz)

❷ Quelle: Bruhn, Manfred: Kommunikationspolitik, München 1997, S. 829ff.

❸ *TIME* =
Telekommunikation
Informationstechnik (= Computertechnik)
Medien
Entertainment (= Unterhaltung, Unterhaltungselektronik)

Üben und anwenden

Aufgabe 1: *Beobachten Sie Ihr Medienverhalten, indem Sie eine Woche lang über Ihren Medienkonsum Buch führen. Machen Sie dieses in der Form, dass Sie am Ende des Tages aufzeichnen, wie lange Sie welche Medien genutzt haben. Fertigen Sie eine Übersicht an.*

Aufgabe 2: *Sammeln Sie Fallbeispiele aus Zeitungen und Zeitschriften, in denen Kommunikatoren eine Rolle spielen. Stellen Sie dar, wie die betreffenden Kommunikatoren ihre Aussagen präsentiert haben und geben Sie Erklärungen, warum sie das genau in dieser Form getan haben.*

Aufgabe 3: *Sammeln Sie zehn Beispiele zur Lasswell-Formel und fertigen Sie eine Übersicht an.*

Aufgabe 4: *Analysieren Sie einen Kinofilm oder Fernsehfilm, den Sie gerade gesehen haben, und zwar darauf hin, aus welcher Perspektive das dort Gezeigte dargestellt wurde.*

Aufgabe 5: *Nehmen Sie Stellung zum Thema „Entwicklung des Buches im digitalen Zeitalter".*

Aufgabe 6: *Nehmen Sie Stellung zum Thema „Die Funktionen des öffentlich-rechtlichen Rundfunks".*

2 Medienproduktion

Dieses Kapitel befasst sich mit den Herstellern und den einzelnen Arbeitsschritten einer Medienproduktion. Beispielhaft werden die Projektphasen bei Multimedia-Produktionen von der Konzeption über die Realisierung bis hin zur Einführung eines Medienproduktes vorgestellt.

Medien sind Produkte, die von einer spezifischen Personengruppe hergestellt werden. Diese Personen sind Spezialisten auf den verschiedenen Wissensgebieten wie Projektmanagement, Redaktion, Mediendesign, Konzeption und Programmierung.

Medien herzustellen erfordert ein hohes Maß an gestalterischen Fähigkeiten. Dazu zählt zunächst die inhaltliche Gestaltung des Medienproduktes, das heißt zum einen die Gliederung und den Aufbau der Inhalte (mediale Didaktik), und zum anderen die Dramaturgie auf Basis der klassischen Dramaturgie, aus Film und Theater. Ebenso von Bedeutung ist die visuelle Gestaltung, das heißt die Auswahl von Typografie, Farben, Formen und Layout, und zuletzt die auditive Gestaltung in Form von Sprache und Texten, der Auswahl der Musik und dem Einsatz der Geräusche.

Hierbei wird deutlich, dass zur Herstellung eines medialen Produktes viel grundlegendes Wissen und viele erlernte und eingeübte Fertigkeiten notwendig sind.

Im Folgenden wird gezeigt, wie aus Spezialisten ein Team entsteht und wie dieses Team eine Medienproduktion durchführt.

2.1 Projektbeteiligte

Bevor in diesem Kapitel der Ablauf einer Medienproduktion behandelt wird, sollen die Mitarbeiter vorgestellt werden, welche die Medienproduktion durchführen. Am Beispiel von einer Multimedia-Medienproduktion, welche die meisten Tätigkeiten, die in der Medienbranche anfallen, abdeckt, soll ein Produktionsteam vorgestellt werden. Die Tätigkeitsbereiche dieses Teams sind eine Weiterentwicklung aus dem Umfeld von audiovisuellen Medien; im Unterschied zu den klassischen Medien wie zum Beispiel Fernsehen und Film. Sie sind heute in den *Multimedia-Agenturen* ❶ und in speziellen *Medien-Fachabteilungen* ❷, die sich mit der Erstellung von digitalen Medien beschäftigen, tätig.

❶ Multimedia-Agenturen bieten unterschiedlichsten Kunden ihre Fähigkeiten und ihr Know-how als Dienstleistung an.

❷ Medien-Fachabteilungen von größeren Firmen unterstützen die Marketing-, Public Relations- und Schulungsaktivitäten der eigenen Firma.

2.1.1 Berufsbilder

Die Aufgabenbereiche des Produktionsteams werden zur Zeit von keinem klaren Berufsbild definiert. Ein eindeutiger Berufsstand hat bis vor kurzem in Deutschland gar nicht existiert. Erst jetzt werden von Fachhochschulen spezifische Studiengänge im Bereich „Neue Medien" angeboten und Ausbildungsberufe speziell auf die Medienbranche ausgerichtet.

Im Bereich der Umschulung und der beruflichen Weiterbildung haben sich mehrere Berufsakademien mit zertifizierten Ausbildungsgängen für die Medienbranche etabliert. Auch für berufliche Quereinsteiger bieten diese Multimedia-Akademien interessante Möglichkeiten, die jedoch auf Grund der Qualitätsunterschiede und des teilweise vorhandenen Angebotswildwuchses mit Vorsicht zu genießen sind.

❸ Beispiele von Tätigkeitsbezeichnungen aus Stellenangebote in der Fachzeitschrift Screen Business Online:

Projektleiter, Interface Artist, New Media Kontakter, CBT-Autor, Multimedia Assistent, Mediengestalter, WebProfessional, Key-Account-Manager, Producer, Online-Redakteur, Medienberater, Senior Art Director, Konzepter, Screendesigner, Web-Developer, Content-Redakteur, Media Developer, New Media Designer, Coder, Programmierer Softcore, Texter, Content Integration Specialist, Technical Project Manager, Technical Consultant, Film- und Videodesigner, Web Based Application Developer, Shopdesigner, Junior Application Developer, Producer Foto & Multimedia, E-Commerce Manager, Flash-Entwickler, Director Marketing & Communications Projekt-Ingenieur, Unit-Director, Release Engineer, Lingo-Programmierer, Design new media, Softwarearchitekt, Systemintegrator Senior, Multimedia Developer. E-Consultant, Grafik-Designer, Portal-Manager, Senior Technologists, Information Architects, HTML-Spezialist, Creativ-Director ...

Die gesamte Branche unterliegt so vielfältigen Funktionsabläufen und Aufgaben, dass eine klare Abgrenzung einzelner spezifischer Berufsgruppen und Tätigkeitsbereiche nur sehr schwierig möglich ist. Auch die sehr unterschiedlichen *Berufsbezeichnungen* ❸, die in ihrer Kreativität erstaunlich sind, führen nicht zu einer Transparenz der Berufsbilder in der Medienbranche.

Im Allgemeinen hängt es von der Größe der Agentur ab, wie breit das Aufgabenspektrum eines Mitarbeiters ist. In kleinen Agenturen sind Generalisten gefragt, die nahezu alle Aufgabenbereiche übernehmen. In größeren Unternehmen werden die anfallenden Tätigkeiten von Spezialisten übernommen. Je größer das Unternehmen, umso mehr bilden sich innerhalb der einzelnen Arbeitsgebiete Hierarchien heraus. Dort delegieren Chef-Designer, Teamleiter oder Redaktionsleiter die Aufgaben an entsprechende Spezialisten.

Generell ist jedoch festzustellen, dass viele der Aufgabenfelder der Multimediaproduktion mit denen einer audiovisuellen Medienproduktion oder der klassischen Film- und Fernsehproduktion zu vergleichen sind. Sie wurden lediglich ergänzt durch die mittlerweile sich rasant enwickelnden neuen technischen Möglichkeiten, die für die Branche spezifisch sind.

2.1.2 Produzent

In der Medienproduktion steht der Produzent an erster Stelle. Der Produzent sichert die finanzielle Basis für die Produktion und ermöglicht somit erst deren Realisierung. Erfolgt eine Medienproduktion als Dienstleistung, so ist üblicherweise der Auftraggeber der Produzent. Werden Medienprodukte hergestellt, die frei vermarktet werden, so tritt der Produzent als Verleger des Produktes auf. Das heißt, der Produzent kann sein:

- eine einzelne Person,
- eine Gruppe von Personen,
- ein Unternehmen oder ein Institut,
- eine Medienagentur oder ein Videostudio
- eine Rundfunkanstalt,
- ein Verlag.

2.1.3 Produktionsteam

Der Produzent gilt allgemein als der „Hersteller" der Medien. Die eigentliche Umsetzung der Inhalte, das heißt das Konzipieren und Realisieren der Produktion, wird jedoch von einem ganzen Produktionsteam erarbeitet. Das Produktionsteam besteht aus Mitarbeitern verschiedenster Medienberufe. Je nach Größe der Produktion und je nach Produktionsart sind die Mitarbeiter unterschiedlich stark auf ein Tätigkeitsfeld spezialisiert.

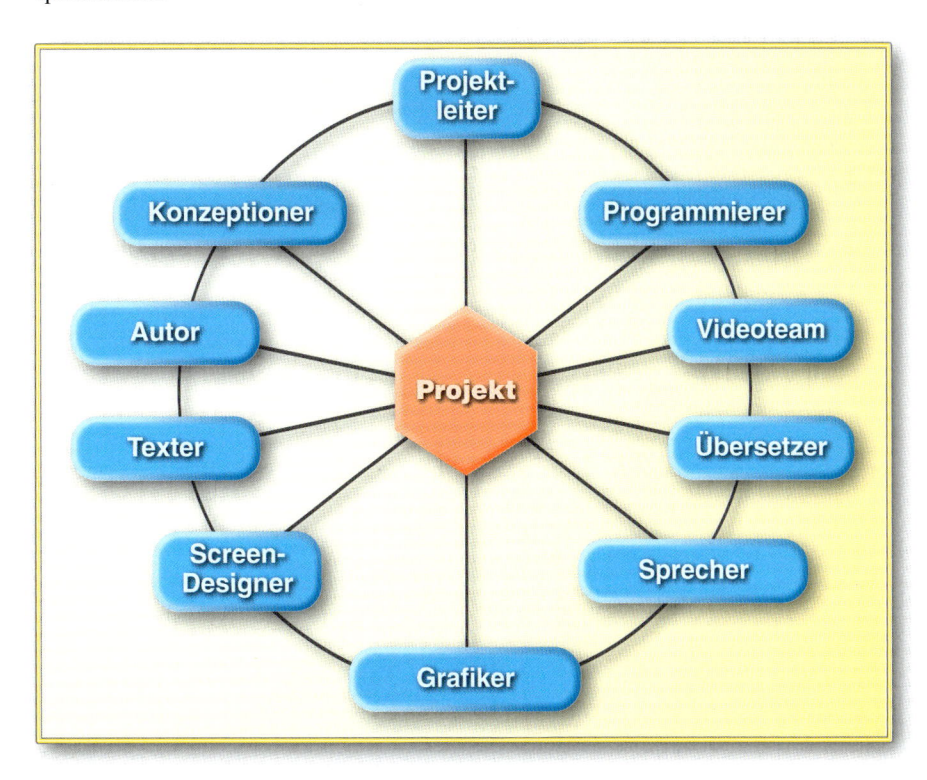

Wer macht was?

Interdisziplinär = mehrere Fachgebiete umfassend; die Zusammenarbeit mehrerer Fachgebiete betreffend.

Die Mitarbeiter bei einer Multimedia-Produktion verstehen sich als ein *interdisziplinäres* Team von Spezialisten.

➡ **Die Zusammensetzung des Produktionsteams hängt von der Art des Medien-Produktes und dessen Arbeitsanforderungen ab.**

Schon im Vorfeld der Produktion stellt der Produktionsleiter das für die Produktion notwendige Team zusammen. Jedes Teammitglied erfüllt als Spezialist die ihm zugeteilte Aufgabe mehr oder weniger in Eigenverantwortung.

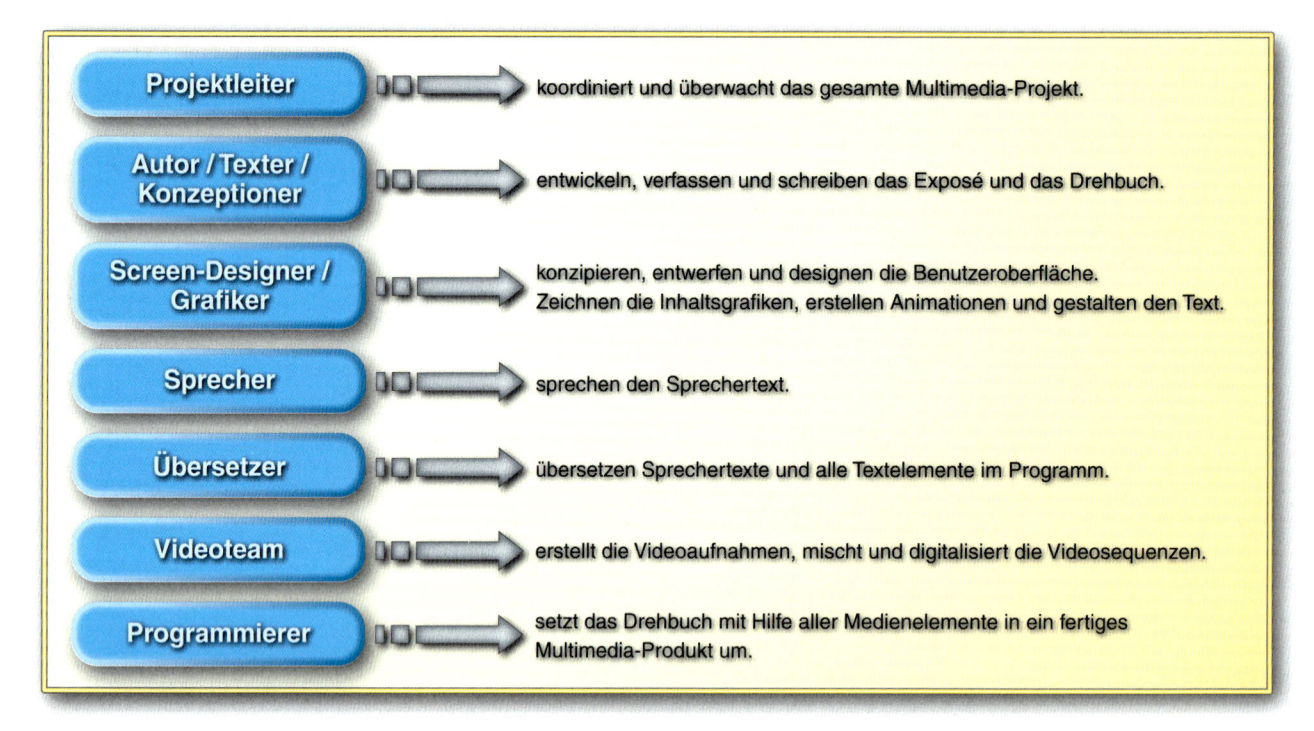

Projektleiter	koordiniert und überwacht das gesamte Multimedia-Projekt.
Autor / Texter / Konzeptioner	entwickeln, verfassen und schreiben das Exposé und das Drehbuch.
Screen-Designer / Grafiker	konzipieren, entwerfen und designen die Benutzeroberfläche. Zeichnen die Inhaltsgrafiken, erstellen Animationen und gestalten den Text.
Sprecher	sprechen den Sprechertext.
Übersetzer	übersetzen Sprechertexte und alle Textelemente im Programm.
Videoteam	erstellt die Videoaufnahmen, mischt und digitalisiert die Videosequenzen.
Programmierer	setzt das Drehbuch mit Hilfe aller Medienelemente in ein fertiges Multimedia-Produkt um.

Medienproduktionen, die zum Beispiel Videosequenzen, 3D-Animationen, Sprecheraufnahmen etc. benötigen, können oft nicht komplett von einer Agentur in Eigenregie hergestellt werden. Dazu werden externe Dienstleister herangezogen, die sich auf diese Anforderungen spezialisiert haben. Dies kann sich zum Beispiel folgendermaßen aufteilen:

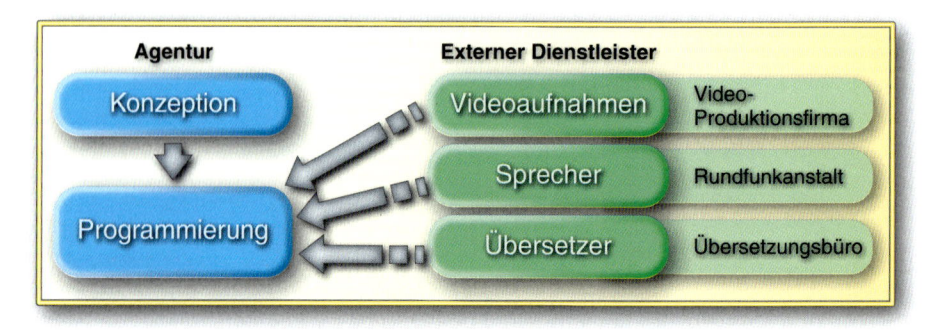

Agentur	Externer Dienstleister	
Konzeption ↓ Programmierung	Videoaufnahmen	Video-Produktionsfirma
	Sprecher	Rundfunkanstalt
	Übersetzer	Übersetzungsbüro

Projektleiter

Die Umsetzung des gesamten Projektes muss von einer Person gesteuert und überwacht werden. Das Tätigkeitsgebiet umfasst

- das Planen, Steuern und Überwachen der Produktion,
- das Bereitstellen qualifizierter Mitarbeiter und der erforderlichen Hardware- und Software-Ausrüstung,
- das Überwachen und Einhalten des finanziellen Rahmens und des Zeitplanes der gesamten Produktion.

Die Bezeichnung dieser Aufgabe variiert von „Projektleiter" über „Projektmanager" bis hin zu „Produktionsleiter", wobei letzterer sich mehr um die Realisierung und weniger um die Kosten der Produktion kümmert.

Gleichzeitig übernimmt der Projektleiter die Betreuung und Beratung des Auftraggebers während der gesamten Produktionsphase. Aber auch schon während der Akquisitionsphase, das heißt bevor der Auftrag zustande gekommen ist, bringt der Projektleiter sein Fachwissen im Rahmen von Vertriebsgesprächen mit ein.

Eine zusätzliche wichtige Aufgabe des Projektleiters ist die Betreuung des Produktionsteams, denn er ist gleichzeitig der Motivator des Teams. Motivation ist sehr wichtig, denn Projektarbeit unter Zeitdruck, lange Arbeitszeiten und ständige Wochenendarbeit belastet ein Projektteam außergewöhnlich. Nur ein hochmotiviertes Team kann solchen Belastungen über längere Zeit standhalten.

Der Projektleiter benötigt sehr gute Kenntnisse und Fähigkeiten
- im Produktionsmanagement,
- in der Medienproduktion,
- im kosten- und qualitätsbewusstem Denken,
- in der Personalführung und im Konfliktmanagement.

Konzeptionist / Autor

Den Entwurf einer Medienproduktion übernimmt der Konzeptionist. Dabei kann es sich um einen kreativen Mitarbeiter handeln, der Kundenanforderungen zielgruppen- und mediengerecht in ein Konzept umsetzen kann.

Diese Tätigkeiten werden in der Praxis von Mitarbeitern ausgeführt, die Berufsbezeichnungen, wie „Konzeptionist", „Multimedia-Autor" oder „Storyboarder" führen. Das Spektrum des Tätigkeitsbereichs kann stark variieren und folgende Aufgaben umfassen:

- Erster Kundenkontakt und konzeptionelle Beratung des Kunden,
- Betreuung und Durchführung des Briefing-Workshops mit dem Kunden,
- Zielgruppenspezifisches Aufbereiten der Inhalte,
- Erarbeiten aller Ergebnisse und Produktionsunterlagen innerhalb der Konzeptionsphase, wie Exposé, Treatment, Flowchart und Drehbuch.

Dabei muss der Mitarbeiter über fundierte medientechnische, gestalterische und analytische Fähigkeiten verfügen. Da das Konzept maßgeblich über Erfolg und Misserfolg der Produktion entscheidet, kommt dem Konzeptionisten eine sehr zentrale Rolle innerhalb der gesamten Medienproduktion zu. Seine Ideen zur Umsetzung der Inhalte und der visuellen Gestaltung muss er dem Auftraggeber näher bringen; er muss ihn vom Konzept überzeugen und ihm ein Bild des möglichen Medienproduktes vermitteln.

Der Konzeptionist benötigt sehr gute Kenntnisse und Fähigkeiten
- im visuellen Gestalten,
- in der Medienproduktion,
- im Analysieren von Zusammenhänge,
- im kreativen Umsetzen von Ideen,
- Präsentationstechnik.

Mediendesigner

Mediendesigner setzen die Ideen des Konzeptionisten in ein visuelles und auditives Erscheinungsbild um. Sie sind verantwortlich für die äußere Gestaltung des Mediums. Dazu gehören

- die visuelle Gestaltung der Bildschirmoberfläche und der Navigationselemente,
- die visuelle Gestaltung der Inhalte in Form von Grafiken, Bildern, Animationen und Videosequenzen,
- die auditive Gestaltung der Geräusche, der Sprechertexte und der Musik.

Die Tätigkeiten des Mediendesigners werden in der Praxis von Mitarbeitern ausgeführt, die Berufsbezeichnungen, wie „Mediendesigner", „Screendesigner", „3D-Grafiker" oder „Soundeditor" führen. Dabei muss der Mitarbeiter über fundierte Kenntnisse im professionellen Umgang mit Form, Farbe, Typografie und Layout verfügen und ausreichend Erfahrung im Umgang mit funktionalen Screendesign und der Software-Ergonomie gesammelt haben. Selbstverständlich müssen die aktuellen Bildbearbeitungswerkzeuge, wie zum Beispiel „Photoshop", beherrscht werden. Mediendesigner, wie 3D-Grafiker, müssen zusätzlich umfangreiche 3D-Grafikerstellungs- und Animationswerkzeuge, wie zum Beispiel 3D Studio Max von Autodesk, beherrschen.

Der Mediendesigner benötigt sehr gute Kenntnisse und Fähigkeiten
- im grafischen Gestalten,
- der eingesetzten Grafiktools,
- der Softwareergonomie.

Video- und Tonteam

Zum Erstellen der Filmsequenzen und der Tonelemente für eine multimediale Produktion werden ebenfalls Spezialisten hinzugezogen. Regisseur, Kameramann, Kameraassistent, Beleuchter und Cutter sind typische Berufe von Mitarbeitern einer Videoproduktionsfirma. Diese stellt, meist als externe Produktionsfirma, die für die Multimedia-Produktion notwendigen Filmteile her. Auch die Erzeugung von Tonelementen, wie Geräusche, Musik und Sprechertexte übernehmen Spezialisten aus dem Videoteam bzw. Tonfachleute eines Tonstudios.

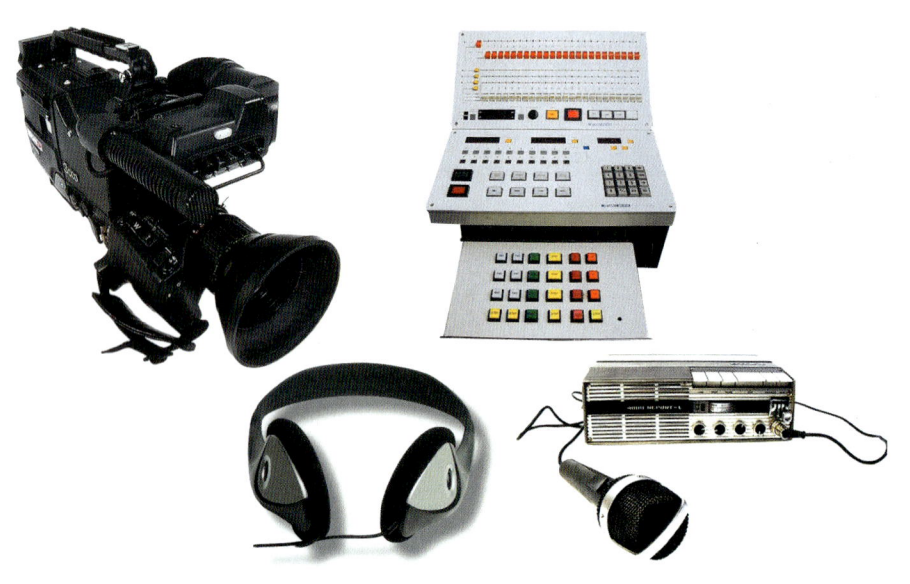

Der Video- und Ton-Spezialist benötigt sehr gute Kenntnisse und Fähigkeiten
- in der Bildgestaltung,
- in der Medienproduktion,
- in der Kamera- und Schnitttechnik,
- in der Tonaufnahme und der Nachbearbeitung.

Programmierer

Der Programmierer ist zuständig für die technische Realisierung des Gesamtproduktes auf der Grundlage der Produktionsunterlagen Drehbuch und Flowchart. Er erstellt mit Hilfe eines Autorenwerkzeuges oder einer Programmiersprache die Struktur und Funktionalität des Programms. Dabei integriert er die Grafikelemente des Mediendesigners bzw. Screendesigners zu einem funktionierenden Screendesign und bindet die produzierten Inhaltselemente, wie Texte, Grafiken, Bilder, Videosequenzen, Animationen und Sound-Elemente in das Programm ein.

Der Programmierer muss entsprechend den Produktionsanforderungen die notwendigen Autorenwerkzeuge und Software-Produkte einsetzen, um

- gemäß dem Drehbuch die Funktionalität und Inhalte des Programms umzusetzen,
- etwaige Kundenvorgaben bezüglich Erstellungswerkzeuge zu entsprechen,
- um effizient und schnell zum gewünschten Ergebnis zu kommen.

Unterschiedliche Produktions-Anforderungen bedingen auch unterschiedliche Arbeitsweisen und die Verwendung von unterschiedlichen Autorensystemen und Programmiersprachen. Klassische Multimedia-Anwendungen auf CD-ROM wird der Programmierer üblicherweise mit Autorensystemen, wie *Macromedia Director* und *Authorware* oder *Toolbook* von Click2Learn u. a. herstellen. Bei Anwendungen für das Internet, muss er teils noch sehr unterschiedliche Werkzeuge benutzen. Dies können Web-Editoren und Programmiersprachen, wie JavaScript oder Java von Sun Microsystem sein.

Das Realisieren von Datenbankanbindungen, komplexe Simulationen und Animationen gehören genauso zu den programmiertechnischen Herausforderungen des Programmierers, wie das Entwickeln ganzer Redaktionssysteme für Autoren.

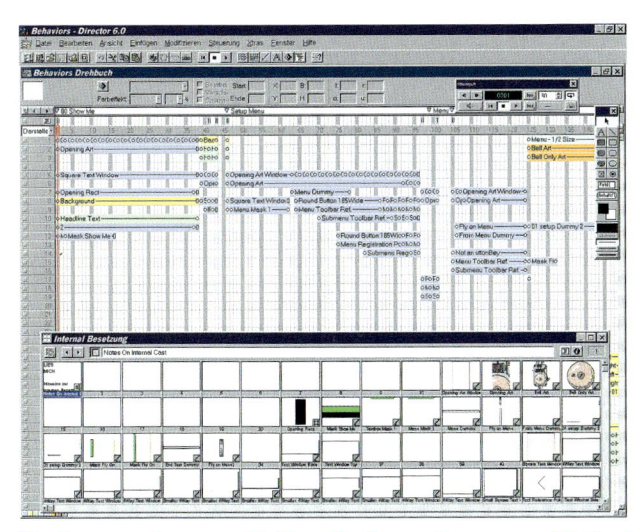

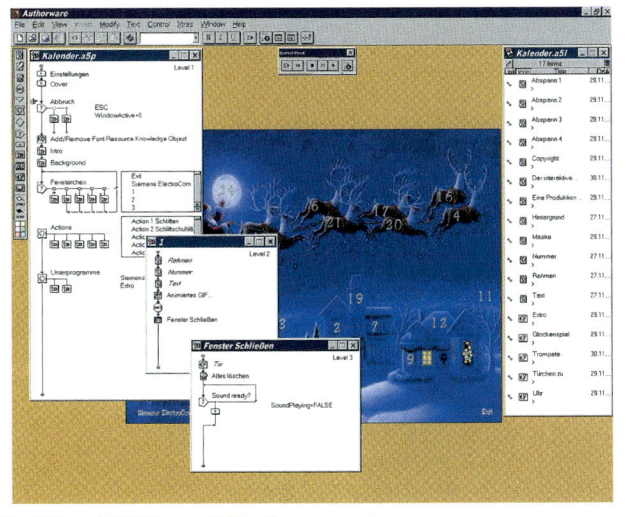

Der Programmierer benötigt sehr gute Kenntnisse
- der Autorenwerkzeuge,
- von regulären Programmiersprachen, wie z.B. C++,
- der Produktionstechnik,
- der Betriebssystemplattformen,
- der WEB-Technologie.

Der Programmierer von Multimedia-Anwendungen entwickelt sein Produkt mit Hilfe spezieller Autorensysteme

2.2 Projektphasen

❶ Die drei primären Phasen einer Medienproduktion:
- Die Konzeptionsphase
- Die Realisierungsphase
- Die Einführungsphase

Im letzten Abschnitt wurden die Mitarbeiter eines Produktionsteams vorgestellt. Im Folgenden werden die einzelnen Phasen zur Erstellung einer Medienproduktion beschrieben. Zwar hat jede Produktion ihren individuellen Charakter, jedoch im Laufe der Jahre hat sich ein spezifischer Produktionsablauf bewährt und wird nun am häufigsten angewendet. Die Produktion wird hierbei in drei Phasen ❶ eingeteilt: die *Konzeptionsphase*, die *Realisierungsphase* und die *Einführungsphase*.

2.2.1 Konzeption

Die Idee und Intention zur Herstellung eines medialen Produktes kann aus unterschiedlichen Aspekten erfolgen, wie zum Beispiel als Teil einer Marketing-Aktion, eines Schulungsbedarfs, als kommerzielles Produkt oder als neuer Informationskanal zwischen Informationsanbieter und Interessent. Um die Idee zu präzisieren, setzen sich Auftraggeber und Auftragnehmer zu einem Briefing, dem ersten Informationsaustausch, zusammen.

Innerhalb des Briefings werden Themen diskutiert, wie

- die Ziele des Auftraggebers, die er mit dem Medienprodukt erreichen möchte;
- die Zielgruppe, für die das Medienprodukt gedacht ist;
- die Inhalte, die das Medienprodukt der Zielgruppe anbieten soll;
- die Informationsbasis, die der Auftraggeber dem Auftragnehmer für die Medienproduktion zur Verfügung stellt;
- der Qualitätsanspruch, den der Auftraggeber dem Medienprodukt entgegenstellt;
- der zeitliche Rahmen, in dem die Medienproduktion erfolgen soll;
- die technischen Rahmenbedingungen, die für die Anwendung des Medienprodukts beachtet werden müssen;
- die firmenweiten Gestaltungsrichtlinien (Corporate Design), die bei dem Medienprodukt beachtet werden sollen;
- der Investitionsrahmen, der dem Auftraggeber für das Medienprodukt zur Verfügung steht.

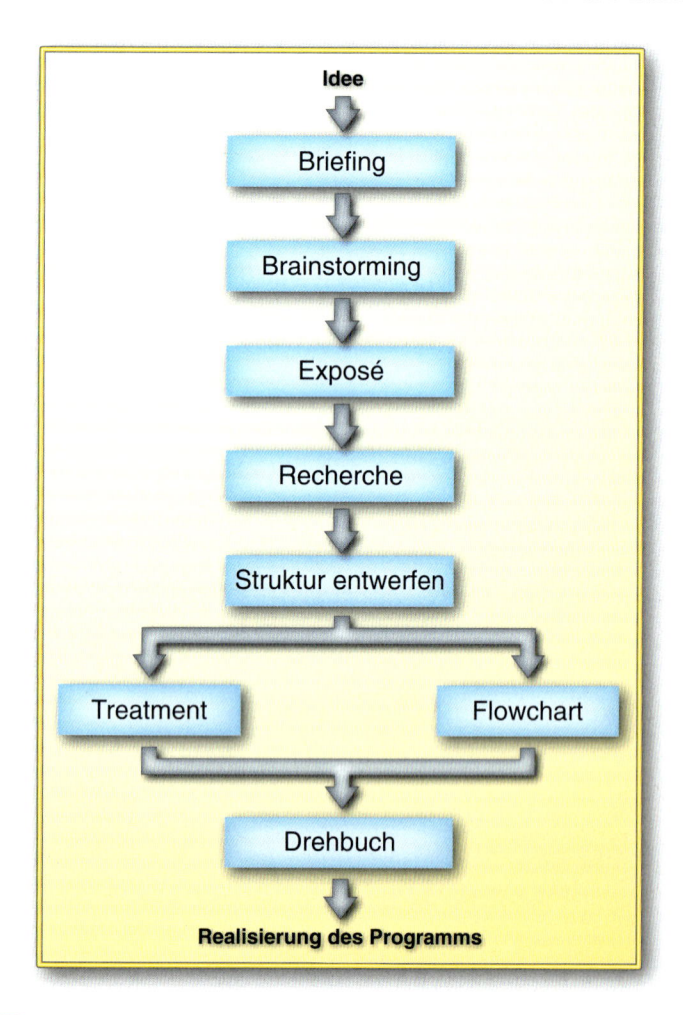

❶ Unter Briefing versteht man den direkten Informationsaustausch zwischen dem Kunden und dem Konzeptionisten im Rahmen einer Besprechung. Der Kunde vermittelt dem Konzeptionisten möglichst alle Ziele und Rahmenbedingungen des zu konzipierenden Mediums.

Das *Briefing* ❶ wird üblicherweise auf der Auftragnehmerseite zusammen vom Konzeptionisten und dem Projektleiter vertreten. Ist das Briefing erfolgreich durchgeführt worden, so erfolgen im Rahmen der Konzeptionsphase die nächsten Schritte:

- In einem *Brainstorming* erfolgt die Ideenfindung und deren Bewertung.
- Der Konzeptionist formuliert in Form eines *Exposés* (Kurzdarstellung des Inhaltes) seine Ideen und stellt diese dem Auftraggeber vor.
- Auf der Basis des Exposé-Feedbacks wird bei Bedarf ein *Treatment* (ausführlichere Darstellung des Inhaltes mit technischen Angaben) entwickelt und mit dem Auftraggeber durchgesprochen.
- Als detaillierte Produktionsunterlage erstellt der Konzeptionist bzw. Autor das *Drehbuch*, aus dem neben der inhaltlichen Darstellung auch erläutert wird, wie das Umsetzen der Inhalte vorgesehen ist. Dramaturgische und didaktische Angaben vervollständigen die Konzeption.

Brainstorming

Sind das Thema und die grundlegenden Anforderungen des Kunden beim ersten Briefinggespräch definiert worden, so folgt jetzt der erste kreative Part der Konzeption – das Brainstorming. Entweder der Konzeptionist allein oder ein Kreativteam, üblicherweise bestehend aus: Projektleiter, Konzeptionisten, Screendesigner, Autor und eventuell einem Programmierer, setzt sich zu einem intensiven und kreativen Gedankenaustausch zusammen. Damit das Brainstorming möglichst effektiv verläuft, sollten alle Beteiligten etwa den gleichen Informationsstand haben. Das heißt, dass im Vorfeld die zur Verfügung stehenden Materialien des Kunden entsprechend analysiert worden sind. Wichtig ist auch, dass alle Beteiligten sich ein Bild von äquivalenten Produktionen gemacht haben. Will ein Kunde zum Beispiel eine interaktive Firmenpräsentation haben, so sollten im Vorfeld mehrere vergleichbare Firmenpräsentationen angeschaut werden. Dabei besteht das Ziel nicht darin, Gesehenes später einfach zu reproduzieren, sondern einen gemeinsamen „Denkraum" abzustecken und eine konkrete Vorstellung vom Endprodukt zu entwickeln.

Beim Brainstorming werden alle zum Thema passenden Vorschläge diskutiert und die realisierbaren Ideen schriftlich fixiert. Zuerst werden alle Ideen gesammelt, egal ob sie im Bereich des Machbaren sind oder nicht, denn das kreative Potential sollte nicht von Anfang an durch den Filter der Realisierbarkeit eingeschränkt werden. Auch die Wünsche des Kunden können eventuell übergangen werden, wenn zum Beispiel eine Idee so gut ist, dass es sinnvoll erscheint, den Kunden von dieser Idee zu überzeugen. Das Spiel mit der Phantasie sollte in dieser Phase meist nur durch den vom Projektleiter festgelegten Zeitrahmen reglementiert werden.

Hinsichtlich der nächsten Konzeptstufe, dem Exposé, müssen die Ideen aus dem Brainstorming in ein fachlich fundiertes Grobkonzept eingebracht werden. Entscheidend ist hierbei, welche Informationen der Kunde dem Autor bzw. Konzeptionist zur Verfügung stellen kann. Stehen keine tiefergehenden Informationen, insbesondere redaktionelle Materialien, zur Verfügung, so muss die Agentur den Bedarf an Informationen als Anforderung an den Kunden definieren. Hierzu erstellt er einen Anforderungskatalog. Dieser kann dann zusammen mit dem Fachberater, z. B. einem Produktingenieur des Kunden, durchgesprochen werden.

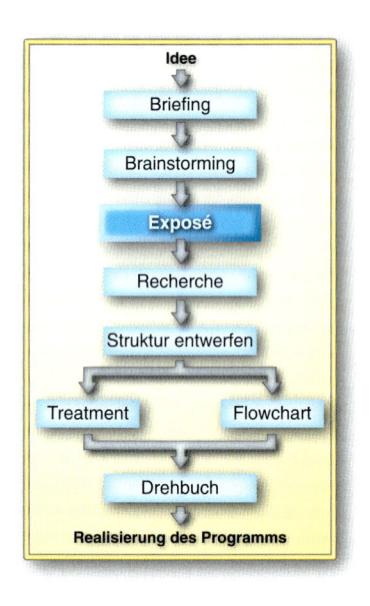

Exposé

Das Exposé sollte ausreichend Informationen über das eingesetzte System, über Form und Inhalt der Multimedia-Produktion und den Nutzen für Anwender und Auftraggeber beinhalten.

➡ **Unter dem Exposé versteht man eine detaillierte Ausarbeitung der inhaltlichen und formalen Ideen des Konzeptes.**

Produktdefinition
Sie stellt eine Aussage über den Produkttyp, z.B. Computer Based Training, POI/POS, dar.

Programmaufbau mit Grundstruktur (Flowcharts)
Er soll dem Kunden einen Überblick über die Informationsvernetzung im Programm geben. Hierbei werden visuell die Navigationsmöglichkeiten zwischen den einzelnen Informationsblöcken aufgezeigt.

Methodik (Didaktisches Konzept)
Sie beschreibt die Art und Weise der Informationsvermittlung, ob die Information eher spielerisch oder streng informativ dargeboten wird. Hier spielt die anzusprechende Zielgruppe eine große Rolle.

Benutzerführung
Sie gibt Aufschluss über das „User Interface".

- Wie kann die Benutzeroberfläche aussehen?
- Wie wird der Benutzer auf die Interaktionsmöglichkeiten aufmerksam gemacht?
- Kann dem Benutzer Unterstützung angeboten werden, z.B. in Form einer ‚lebendigen Informationszeile'?
- Welche Orientierungshilfen sind vorgesehen? Wie erkennt der Benutzer die Informationsebene, auf der er sich befindet?

Je nach Kunde und Produktion können auch mehrere Exposés vorbereitet werden, um so den Entscheidungsprozess des Kunden auf den Exposé-Präsentationstermin zu konzentrieren. Ein mehrmaliger sequenzieller Änderungsdurchlauf bis zur endgültigen Entscheidung kostet viel Zeit und Geld. Die nächsten Schritte der Konzeptionsphase behandeln die inhaltliche Recherche, das Erstellen der Programm-Struktur und, wenn notwendig, die Erstellung eines Treatments. Den Abschluss der Konzeptionsphase bildet das Drehbuch. Die Prozesse „Treatment", „Flowchart" und „Drehbuch" gehören zu der Phase, bei der das Konzept im Detail Gestalt annimmt.

Beispiel einer Exposé-Seite für ein Computer Based Training (Lernprogramm)

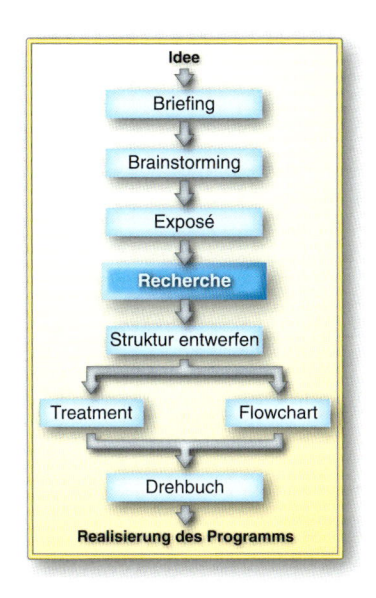

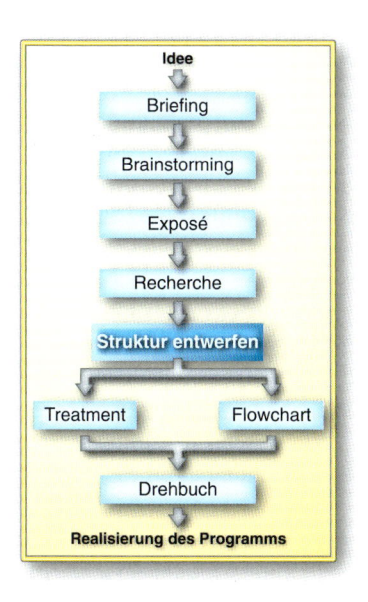

Recherche

Um die Ideen zu konkretisieren, bedarf es der intensiven Aufarbeitung des Themas. Je nach herzustellendem Produkt variiert die Informationstiefe. Im Bereich von Public Relations (PR) wird man andere Maßstäbe an die Informationstiefe der Produkte ansetzen, als bei einem Informationssystem oder Lernprogramm für ein Servicepersonal.

Wichtig ist auch, dass sich das Kreativteam über die betreffende Thematik hinweg mit der Branche im Allgemeinen beschäftigt. Nur so ist ein sogenanntes „Aufnorden" möglich, d.h. das Verwenden eines Präsentations- und Sprachstiles, der üblicherweise von der Zielgruppe (meist auch Branche) praktiziert und verstanden wird. Konkurrenzprodukte geben häufig Denkanstöße und machen deutlich, was sich am besten verkauft. Der Produzent (Agentur) sollte dann in der Lage sein, eine an die Zielgruppe orientierte, fachlich überzeugende Aussage in ein multimediales Produkt umzusetzen.

➲ **Für das Konzept muss sich der Autor intensiv mit der betreffenden Materie und deren Branche befassen.**

Im Bereich von Computer Based Training kann der Wissenstransfer zwischen Fachberatern des Kunden und dem CBT-Autor auf Grund der Informationstiefe auch größere Ausmaße annehmen. Steht dem Autor kein Fachberater zur Verfügung, so muss der Autor die erforderliche Informationsrecherche selbst in die Hand nehmen. Das kann z. B. bei komplexen technischen Zusammenhängen bedeuten, dass die Konzeptionsphase einen überproportionalen Anteil an der Gesamtproduktion einnimmt, was die Produktionskosten natürlich in die Höhe treibt.

Entwurf der Struktur

Bevor mit der eigentlichen Produktion begonnen werden kann, muss sich das Team über den eigentlichen Aufbau, der Struktur des Multimedia-Programms, klar werden.

Die Art des Multimedia-Programms gibt meist schon die prinzipielle Grundstruktur vor. So ergibt sich bei einem Informationssystem mit Hypertext-Funktionalität ein extrem verflochtenes Netzwerk der Verknüpfungen. Ein tutorielles Lernprogramm hingegen beinhaltet primär lineare Strukturen, da der Lernende „step by step" durch die Thematik geführt werden soll und hier das zu lernende Wissen oft aufeinander aufbaut.

In die Vorüberlegungen beim Entwerfen der Struktur muss unbedingt die betreffende Zielgruppe einbezogen werden.

- Ist die Zielgruppe mit derartigen Medien vertraut?
- In wie vielen verschachtelten Ebenen findet sich die Zielgruppe noch zurecht?
- Welche Einführungsphase ist für die Zielgruppe vorgesehen?
- Die Struktur sollte immer zielgruppenspezifisch konzipiert werden.

Unterschiedliche Anwendungen erfordern auch unterschiedlichste Programm-Strukturen.

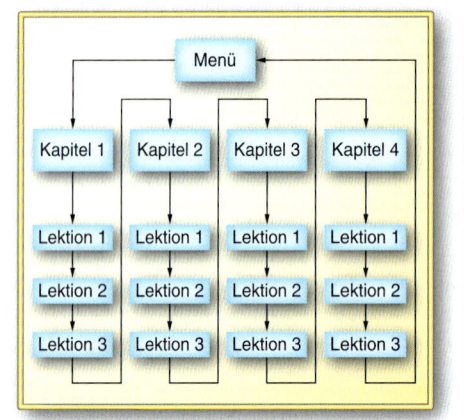

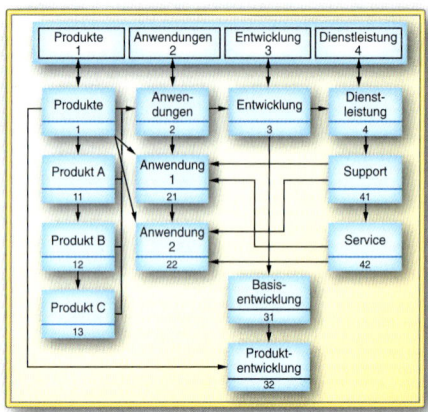

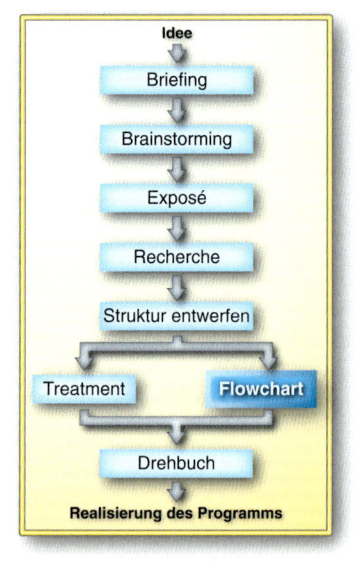

Flowchart

Der nichtlineare Ablauf von interaktiven Anwendungen erfordert vom Entwickler viel Vorstellungsvermögen. Die Gefahr einer unbeabsichtigten Sackgasse im Programm, d.h. eine Verzweigung ins Nichts, wird um so größer, je unübersichtlicher die Struktur des Programms ist. Um diese Gefahr zu vermeiden, wird das gesamte Netz der Informationseinheiten in visueller Form dargestellt. Das Produktionsteam erhält damit einen Übersichtsplan, auch „Flowchart" genannt. In diesem Plan werden die Informationseinheiten bzw. Bildschirmeinheiten in Kästchen mit eindeutigen Bezeichnungen dargestellt. Zur Verknüpfung untereinander können Pfeile gezogen werden.

➡ **Mit einem „Flowchart" kann die Struktur der interaktiven Anwendung visualisiert werden. Neben dem Begriff Flowchart werden in der Praxis auch die Begriffe „Interaktionsdiagramm" oder „Struktogramm" verwendet.**

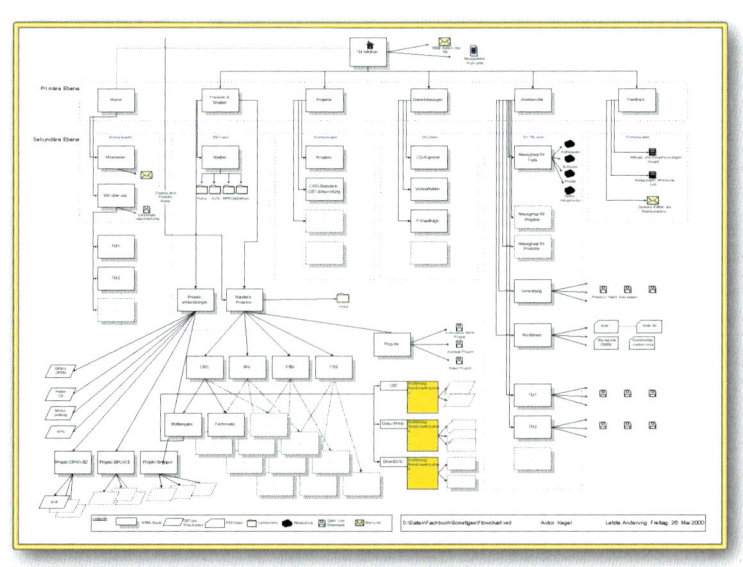

Ist die Struktur einmal festgelegt, so dient sie für das ganze Team zur allgemeinen Transparenz der Produktion und kann als Grundlage zur Informationsrecherche, zur Materialbeschaffung und zur Medienproduktion dienen. Der Programmierer hat mit dem „Flowchart" einen visuellen Ablaufplan des Programms. Die Grafiker und das Videoteam sehen, wie viel, wann und wo Grafiken, Bilder und Videos verwendet werden sollen. Sie können damit die Bildschirmelemente besser aufeinander abstimmen. Natürlich ist ein Strukturplan ein veränderbares Medium, da auf Grund von späteren Kundenwünschen oder wegen eingeplantem Material, das nicht beschafft werden konnte, immer wieder Änderungen an der Tagesordnung sind.

Beispiel eines Flowcharts für einen Intranet-Web-Auftritt

Treatment

❶ Das Treatment (engl. „Abhandlung") gibt genaue Auskunft über den inhaltlichen Zuschnitt des Themas.

Das *Treatment* ❶ legt den visuellen Stil fest und entwickelt bereits die Geschichte, bzw. den „roten Faden" der Produktion. Ein Treatment erläutert die Hauptsequenzen einer Produktion und gibt an, was bei der Entwicklung des Themas zu sehen und zu hören ist. Es gibt also schon wesentliche Einblicke in die Gestaltung des Mediums und lässt seine zukünftige Form bereits erahnen. Es ist gewissermaßen ein „Rohdrehbuch".

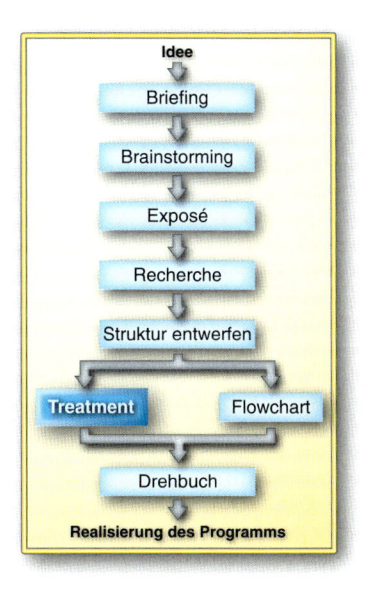

Bei einem ausführlichen Exposé ist meist kein Treatment gefordert. Da der Detaillierungsgrad eines Treatments so hoch ist, sollte die Auftragsvergabe vorher erfolgen (auf Basis des Exposés), oder das Treatment wird gesondert in Rechnung gestellt. Es bleibt mit all seinen Ideen zur gestalterischen Umsetzung geistiges Eigentum des Autoren.

Aus folgenden pragmatischen Gründen macht die Illustration eines Treatments Sinn:

- Nicht jeder Auftraggeber verfügt über genügend Erfahrung mit dem Multimedia-Produktionsprozess und über ausreichend Vorstellungskraft, um sich auf Basis des Exposés den Ablauf und die Wirkung des gestalterischen Konzeptes in Form einer möglichen Produktion vorzustellen.
- Viele Entscheidungsträger verfügen nicht über die Zeit, sich in ein Konzept einzuarbeiten. Oftmals wird aber in wenigen Minuten über das Projekt entschieden, an dessen Vorbereitung und Konzeption das Team vielleicht Wochen oder Monate gearbeitet hat.

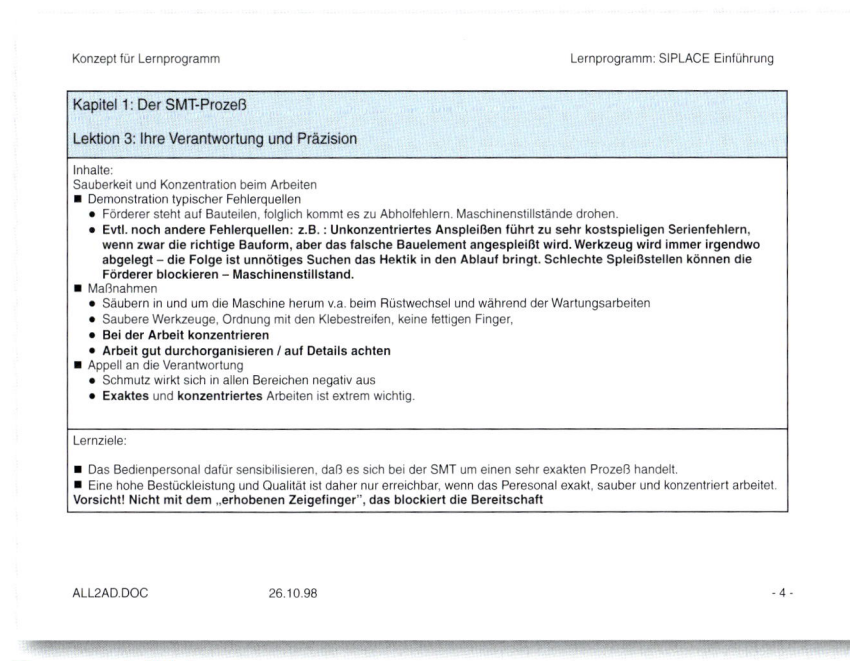

Ein möglichst guter Abgleich der Ergebnisvorstellungen zwischen Auftraggeber und Produktionsteam ist unbedingt notwendig. Grundlegende Änderungen im Drehbuch, oder noch extremer, im Prototyp bzw. in der ersten in Programmcode umgesetzten Fassung, sind verhältnismäßig zeitintensiv und dadurch teuer.

Mit Hilfe eines Treatments können sich alle an der Produktion Beteiligten bis zum Produzenten die Multimedia-Produktion besser vergegenwärtigen.

Treatment als Feinkonzept

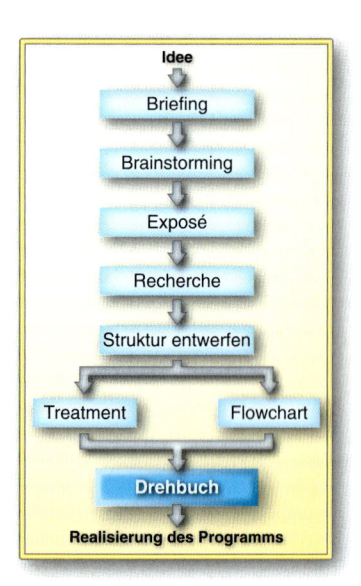

Drehbuch

Aufbauend auf das Exposé wird das Drehbuch entwickelt. Das Drehbuch orientiert sich an den durch das Grobkonzept definierten Richtlinien.

Es beinhaltet, je nach Art der Produktion:

- die Gestaltung der einzelnen Bildschirmseiten,
- die Gestaltung der Aufgaben, Quiz, Hilfen, Feedbacks,
- die Gestaltung der Medien,
- den konkreter Programmablaufplan,
- das Video-Drehbuch,
- das Ton-Drehbuch.

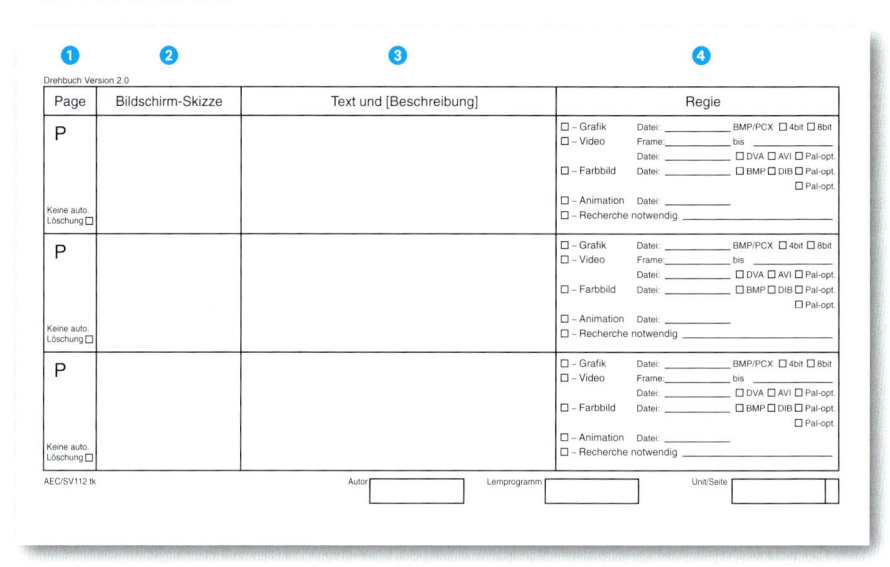

Beispiel eines Drehbuchseiten-Formblattes.

Tabellarisches Layout mit:

❶ Seitenzähler der Bildschirmseite,
❷ Bildschirmskizze mit prinzipieller Darstellung und räumlicher Aufteilung der Bildelemente,
❸ Text, Sprechertext und Beschreibung eventueller Animationen und Interaktionen,
❹ Regieanweisungen.

Das Drehbuch ist nach Abnahme durch den Kunden die direkte Programmiergrundlage für das Programm. Die Gestaltung des Drehbuchs kann, je nach Produktion und Arbeitsweise des Teams, unterschiedlich vorgenommen werden.

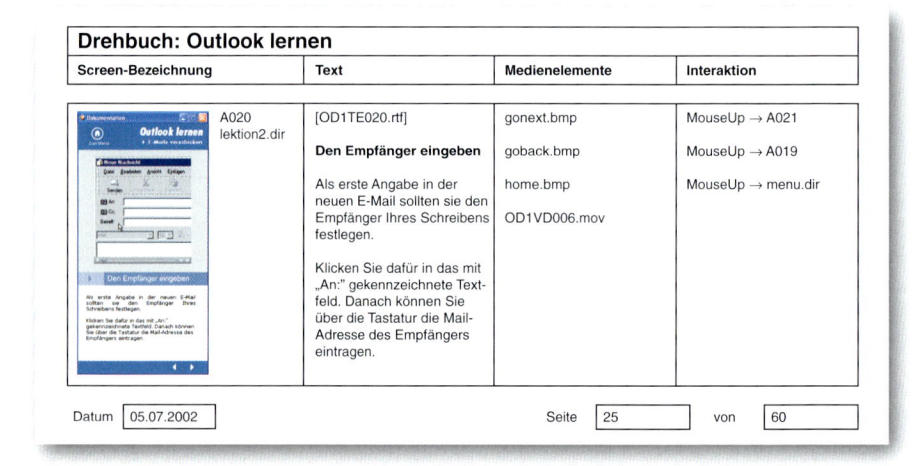

Vereinfachte Gestaltung einer Drehbuchseite am Beispiel der multimedialen Dokumentation „Outlook lernen".

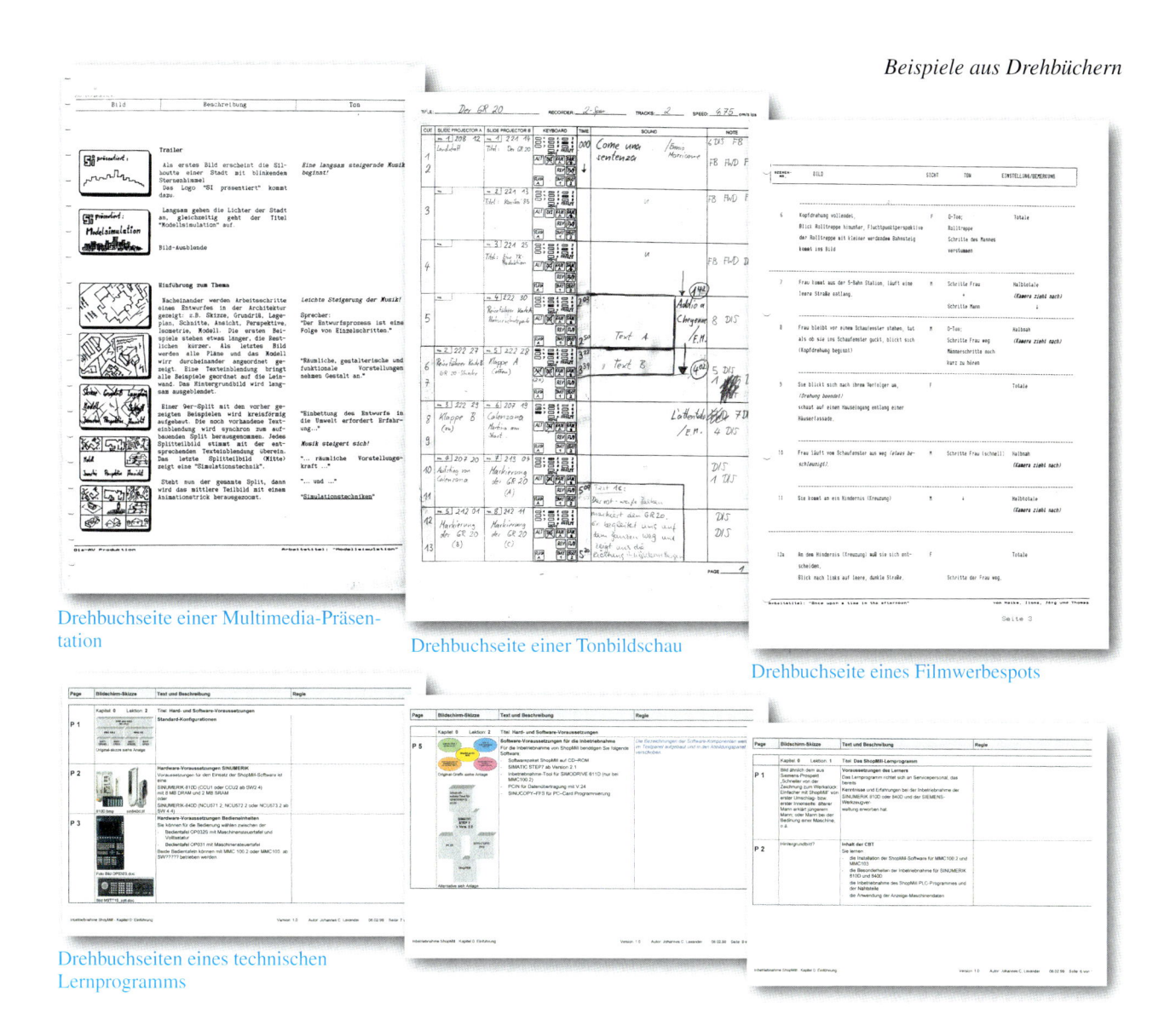

Beispiele aus Drehbüchern

Drehbuchseite einer Multimedia-Präsentation

Drehbuchseite einer Tonbildschau

Drehbuchseite eines Filmwerbespots

Drehbuchseiten eines technischen Lernprogramms

2.2.2 Realisierung

Ist das Drehbuch fertiggestellt, so kann mit der Umsetzung der Konzeption in die Multimedia-Produktion begonnen werden.

Medienproduktion

Zuerst müssen die erforderlichen Medien, die im Programm verwendet werden sollen, hergestellt werden. Dazu werden aus dem Drehbuch das Video-Drehbuch und das Ton-Drehbuch, bzw. der aufzunehmende Sprechertext extrahiert. Auf Basis des Video-Drehbuches werden die Videoaufnahmen hergestellt. Wenn die erforderlichen Ressourcen, wie Personal und Video-Equipment, nicht direkt von der Agentur aufgebracht werden können, muss ein externes Videoteam beauftragt werden.

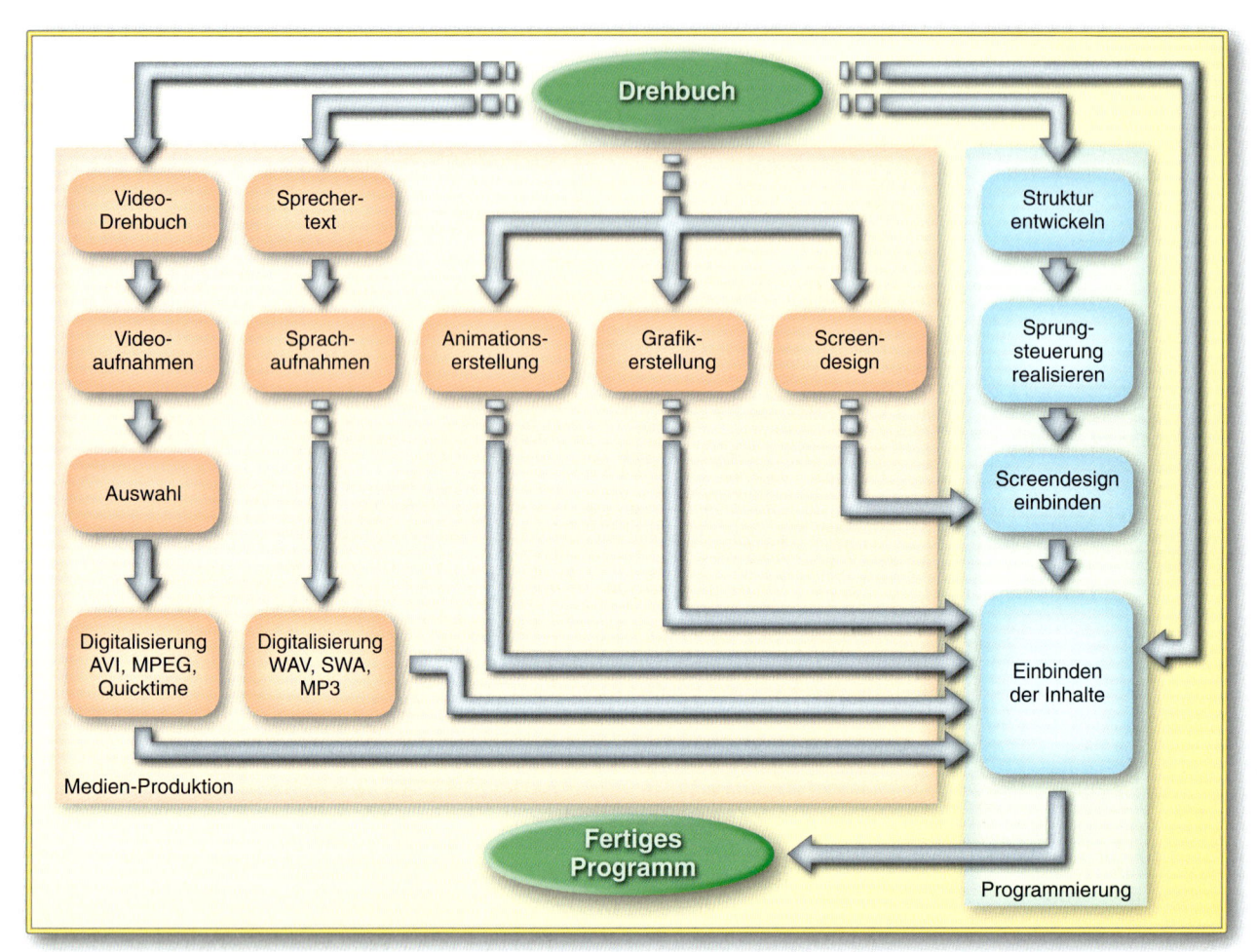

Prinzipieller Workflow vom Drehbuch bis zur Programmierung. Ausgehend vom Drehbuch werden die einzelnen Medien (Assets) hergestellt. Parallel dazu wird das Programmgerüst vom Programmierer aufgebaut. Mit den Screendesign-Elementen der Grafiker baut er die funktionierende Bedienungsoberfläche auf. Sobald die Assets produziert sind, können sie entsprechend der Drehbuch-Vorgaben in das Programm eingebaut werden.

❶ Unter Originalton (O-Ton) versteht man Bild-Tonsynchrone, ursprüngliche Tonaufzeichnungen, die während den Dreharbeiten entstehen.

Tonaufnahmen spalten sich üblicherweise in reine Sprecheraufnahmen, die auf Basis des aus dem Drehbuch extrahierten Sprechertextes entstehen, dem *O-Ton* ❶ und einer eventuellen Musikuntermalung. Der Sprechertext wird in einem speziellen Sprachaufnahme-Studio hergestellt. Ein professioneller Sprecher, z. B. vom Rundfunk, spricht die vorbereiteten Texte auf Band. O-Ton kann entweder während der Videoaufnahmen mitgeschnitten werden oder separat im Nachhinein aufgenommen werden. Hintergrund-Musik oder auch Trailer-Sounds werden entweder aus der Konserve, d. h. aus bestehenden Audio-CDs, oder individuell für diesen Anwendungszweck komponiert und produziert. Hierbei müssen selbstverständlich die üblichen GEMA-Bedingungen beachtet werden.

Die Arbeit der Screendesigner und Grafiker wird aufgeteilt in die Erstellung der Grafikelemente für das Screendesign und die Inhalts-Grafiken bzw. der Animationen.

Ist der Screendesigner bzw. Grafiker während der Konzeptionsphase nicht in die Produktion involviert worden, so ist zur Grafik- und Animationsherstellung mit dem Konzeptionisten das beschlossene Grafikkonzept durchzusprechen.

Dies ist deshalb von Bedeutung, da die Grafiken und Animationen nicht für sich allein betrachtet werden sollten, sondern immer in das visuelle Gesamtbild der Multimedia-Produktion einbezogen werden.

Programmieren

Der Programmierprozess kann entweder nach Fertigstellung der einzelnen Medien (Grafiken, Videos, Ton etc.) erfolgen, oder, wie es in der Praxis üblich ist, zeitgleich mit der Medienproduktion.

Zuerst wird die entwickelte Struktur mit dem Autorensystem umgesetzt. Dabei wird die Sprungsteuerung mit allen Verknüpfungen vorangelegt.

Stehen die Buttons und Grafiken für die Benutzerführung noch nicht zur Verfügung, so können sie durch sogenannte „Dummies" ersetzt werden. Für die Dummies werden als grafische Elemente vorwiegend System-Standards des Autorensystems verwendet. Dies können einfache Standard-Buttons, simple Blockgrafiken und System-Schriften sein. Während der Programmierphase ist es immer wieder wichtig, die eigentlichen Programmteile ausführlich zu testen.

➲ **Wichtig ist, dass zuerst das gesamte Programmgerüst funktionsfähig ist und ausführlich getestet wurde.**

❶ Unter Evaluation versteht man die sachgerechte Bewertung des Medienprodukts hinsichtlich der Akzeptanz und der Wirkung beim Benutzer.

❷ Digitale Assets sind im allgemeinen Texte, Grafiken und andere Medienelemente, die den Inhalt (Content) der Medienproduktion darstellen.

Nach dieser sehr wichtigen Phase der *Evaluation* ❶ wird das Screen-Layout in das fertige Gerüst implementiert. Jetzt sollte das Programm in einem größerem Kreis hinsichtlich der Benutzerführung und der Akzeptanz des Kunden getestet werden.

Ist diese Phase erfolgreich bestanden, so kann mit dem Implementieren der Programminhalte begonnen werden. Hierzu werden sequentiell, auf Basis des Drehbuches, mit dem verwendeten Autorensystem die *Assets* ❷ (Medienelemente) in die vorgefertigte Struktur einprogrammiert und mit Animation und Interaktion so verknüpft, dass daraus ein multimediales, interaktives Programm entsteht.

Prototyp-Erstellung

Während des Programmierens ist es immer wieder wichtig, die einzelnen Phasen ausführlich zu testen. Zuerst wird intern für die Programmierung ein Prototyp für das Programmgerüst und die Sprungsteuerung erstellt. An ihm wird das Sprungverhalten, die Verknüpfungssicherheit und das Zeitverhalten der Navigation getestet.

Dem Testen der Benutzerführung (Usability-Test) kommt eine besondere Bedeutung zu. Ist nämlich die Benutzerführung des Programms zielgruppengerecht aufgebaut und einfach nachvollziehbar, hat man bereits die erste Stufe der Akzeptanz des Benutzers für das Programm gesichert.

Als Testperson sollte nie der Programmierer fungieren, denn er ist von seinem Produkt zu befangen, um es neutral zu testen. Geeignet sind Personen, die zwar mit Multimedia-Produktionen vertraut sind, aber das spezielle Programm nicht kennen.

❶ Nach der Norm ISO 9241 versteht man unter Usability die einfache Erlernbarkeit (intuitive Verständlichkeit) eines Systems, die Berücksichtigung von Vorwissen (Erwartungskonformität und die Fehlerrobustheit (Fehlertoleranz).

❷ „Usability Labs" bieten simulierte Nutzungsumgebungen zum Testen von Programmen in möglichst realitätsnahen Bedingungen.

Als nächster Schritt sollte das Design überprüft werden. Hierzu werden die ersten Versionen der Buttons und aller sonstigen Navigationselemente in den ersten Prototyp implementiert und möglichst einer programmierneutralen Zielgruppe – im Idealfall einzelne Repräsentanten der späteren Programm-Nutzer – zum Testen vorgeführt. Dieser Prozess wird „*Usability-Test*" ❶ genannt. Dabei unterscheidet man die subjektive von objektiver Usability. Unter subjektiver Usability versteht man den persönlichen Eindruck der Testperson vom Programm. Objektive Usability hingegen ist der Eindruck, wie die Testperson das Programm gemäß den Erwartungen des Herstellers bedient. Je nach Projekt kann das in speziellen „*Usability Labs*" ❷ erfolgen, in denen Testpersonen unter realen Bedingungen den Prototyp bedienen:

- Es werden Aufgabenszenarien vorgegeben
- Während der Nutzungsphase werden die Testpersonen beobachtet und die verschiedenen Parameter der Nutzung (Fehlversuche, spontane Äußerungen) protokolliert
- Im Anschluss werden die Testpersonen schriftlich befragt.

Danach wird der Prototyp entsprechend den Ergebnissen modifiziert und wenn möglich, in einem weiteren Testlauf evaluiert. Damit sollen Nutzungsbarrieren identifiziert und Optimierungspotenziale aufgedeckt werden, denn:

⊃ **Die Technik soll sich am Menschen orientieren und nicht umgekehrt!**

Jetzt sollte das Programm mit aussagekräftigem Inhalt gefüllt werden. Das sollten Medienelemente wie Texte, Videos, Grafiken etc. sein, die für eine überschaubare Menge sachlich und fachlich dem Endprodukt entsprechen sollten. Die Prototyp-Prozedur, bei der der Kunde mit einbezogen sein soll, hängt individuell vom Kunden und dessen Anforderungen ab.

Bei größeren Medienproduktionen kann auch ein komplettes Thema als Prototyp zur Evaluation hergestellt werden. Dabei verfolgt der Auftraggeber das Ziel, die Akzeptanz des Medienprodukts bei der Zielgruppe sicherzustellen.

Vor der entgültigen Fertigstellung des Programms kann auch noch über eine Beta-Version, die an ausgewählte Kunden geliefert wird, eine letzte Qualitätssicherung erfolgen. Hierbei ist die Logistik und Gewichtung der Feedbacks unbedingt vorher zu planen und der Test-Zielgruppe entsprechend mitzuteilen.

Je früher mögliche Änderungen in den Produktionsprozess einfließen, desto kosteneffizienter können sie umgesetzt werden.

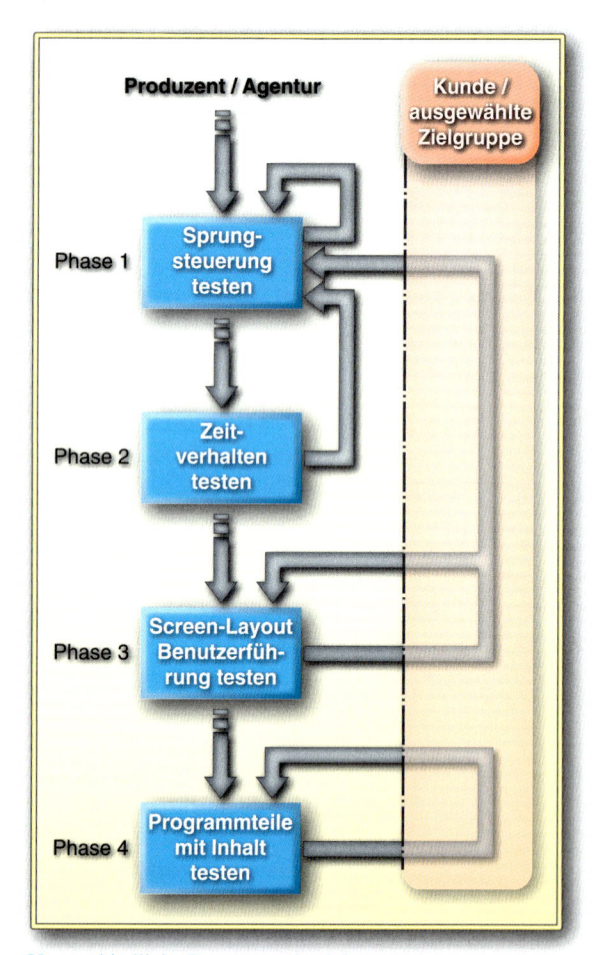

Unterschiedliche Prototypen begleiten den gesamten Produktionsprozess einer Multimedia-Anwendung. Beispiel einer mehrstufigen Überprüfung der Produktion, teils mit Einbeziehen des Kunden und auserwählten Zielgruppen.

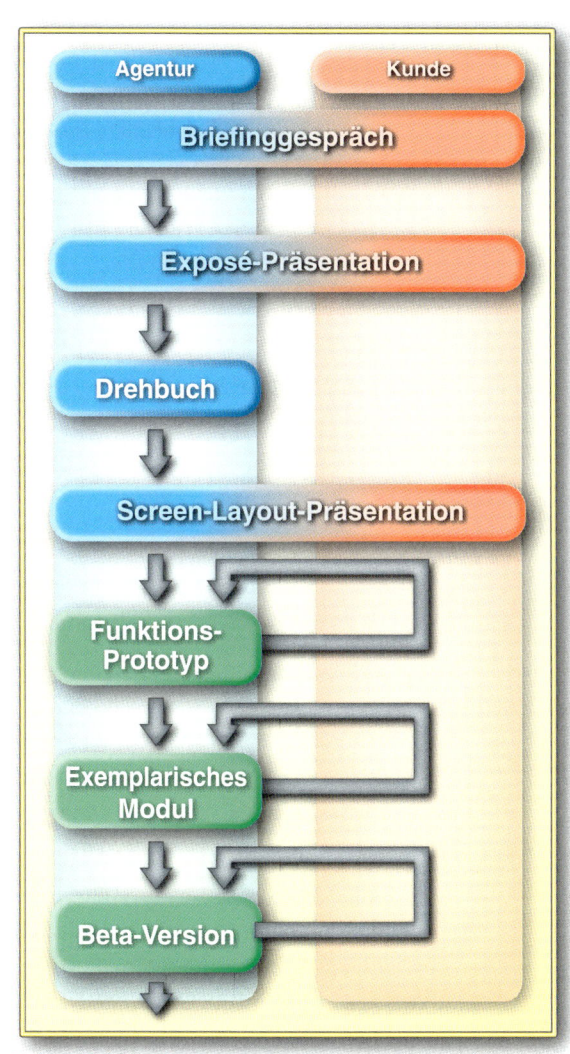

Präsentationen und Abnahmen

Wenn die Multimedia-Produktion fertig gestellt und ausreichend getestet worden ist, muss die endgültige Version dem Kunden vorgeführt werden.

Es gilt, nicht nur die endgültige Version zu präsentieren, sondern auch alle aussagefähigen Zwischenschritte. Damit wird dem Kunden das Gefühl gegeben, jederzeit über den Stand der Produktion Bescheid zu wissen. Gleichzeitig kann der Dienstleister schon frühzeitig die Akzeptanz des Kunden abfragen, um auf Richtungsänderungen dynamisch reagieren zu können. Meist wird der Kunde nicht nur von einer einzigen Person verkörpert, sondern es sprechen mehrere Mitarbeiter mit, teils sogar aus unterschiedlichen Tätigkeitsfeldern, sei es der PR-Beauftragte, die eigene Werbeabteilung oder die Fachberater, die für die Inhalte zuständig sind. Präsentationen von Arbeitsergebnissen können je nach Projekt und Kunde sehr unterschiedlich sein.

⇒ **Wichtig ist, dass die Präsentations- und Abnahmeprozedur im Vorfeld genau festgelegt wird.**

Grundlegende Änderungen in einem späterem Stadium der Produktion können den Aufwand überproportional in die Höhe treiben. Die Änderungsdurchläufe bei den Abnahmeprozeduren sollten durch Projektvereinbarungen definiert werden, da sonst der Änderungsaufwand nicht kalkulierbar ist. Diese Projektvereinbarungen sollten genau definierte Abnahmen der Teilergebnisse vorsehen. Diese Abnahmen erfordern aber auch vom Kunden ein besonderes Maß an Vorstellungsvermögen für die entstehende Produktion. Durch anschauliche Präsentationen der Teilergebnisse kann das Produktionsteam diesen Informationstransfer sicherstellen.

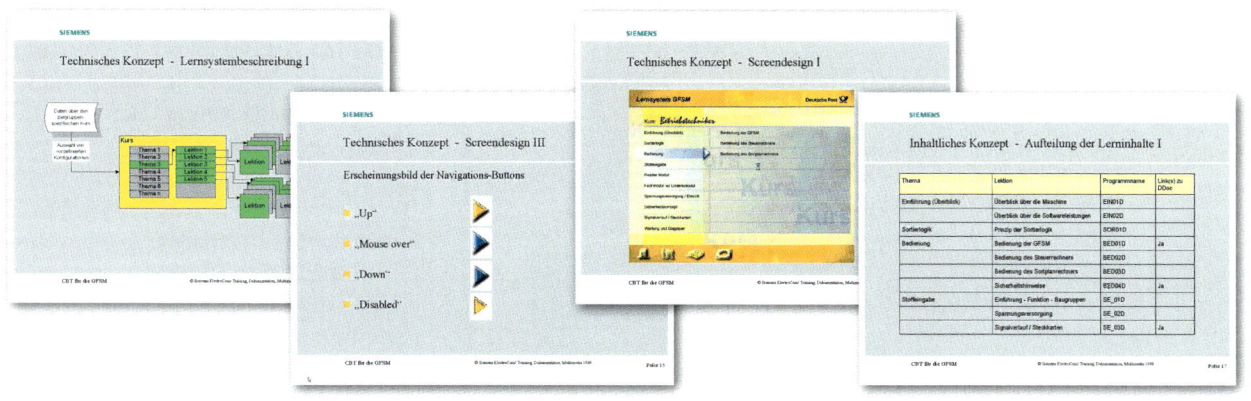

Beispiel einer Abnahme-Prozedur

Auszüge aus einer umfangreichen Exposé-Präsentation zur Abnahme beim Kunden

2.2.3 Einführung

Das Finishing

Ist das Programm fertiggestellt, abgenommen und getestet worden, so erfolgt der letzte Schritt der Produktion: Die Herstellung der Form und Prozedur, wie das Produkt den Kunden erreichen soll. Hierzu gehört z. B.:

- die Wahl des Datenträgers
- die Installation des Programms
- die Verpackung des Produktes

Der Datenträger

Welcher Datenträger gewählt werden soll, hängt von mehreren Kriterien ab:

- Wie umfangreich ist das Programm?
- Wie hoch ist die Auflage (Stückzahl)?
- Welche Datenträger kann die Zielgruppe lesen?

Zur Auswahl stehen für den Offline-Bereich heutzutage primär $3^1/_2$"-*Disketten* ❶, *CD-ROMs* ❷ und *DVDs* ❸. Bei Multimedia-Produktionen mit Video und Ton wird man beim Datenträger „Diskette" relativ schnell an die Kapazitätsgrenzen stoßen. Deshalb wird man wohl nur in Ausnahmefällen diesen Datenträger verwenden, z.B., wenn die Zielgruppe nur diesen Datenträger lesen kann. Im Online-Bereich kann das Programm entweder über das Internet angeschaut werden (z. B. als „*Web Based Training*" ❹), oder es wird über das Internet kopiert (Download-Vorgang) und dann lokal gestartet.

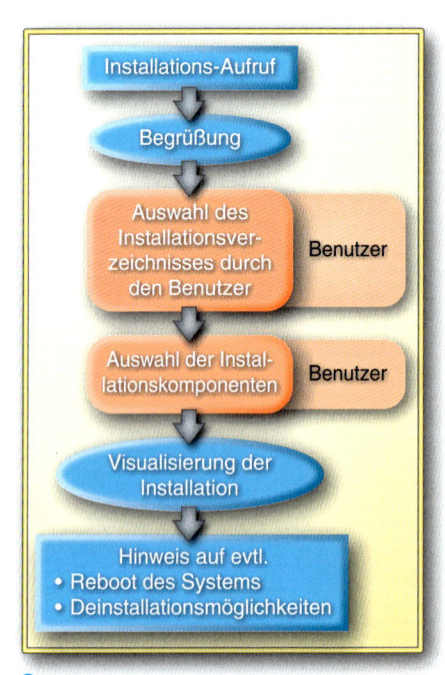

❶ Datenträger „Diskette"

❷ Datenträger „CD-ROM"

❸ DVDs (Digital Versatile Disc) können zwischen 4,7 GB und 17 GB Daten aufnehmen.

❹ Web Based Training (WBT) ist die Online-Form von Computer Based Training (CBT).

Die Installation

Um das Multimedia-Programm beim Kunden lauffähig zu machen, bedarf es üblicherweise einer *Installations-Routine* ❺, die je nach Installations-Konzept

- das Programm in die Benutzeroberfläche einbindet,
- zum Ablauf notwendige Runtime-Programme auf die lokale Festplatte installiert,
- das gesamte Programm auf die lokale Festplatte installiert.

Dem Endanwender (Zielgruppe) werden innerhalb dieser Prozedur gewisse Einflussmöglichkeiten angeboten. Dies erhöht die Transparenz der Installationsprozedur und sorgt für eine bessere Akzeptanz beim Benutzer.

❺ Prinzip einer Installations-Routine

Jewelcase mit Booklet

Hardcover

Sonderformat

Verpackungsbeispiel „Digipak"
(Beispiel: Deutsche Post AG)

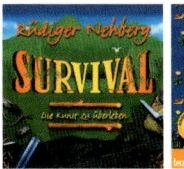

Booklet-Titelseiten (Beispiel: SURVIVAL - Rüdiger Nehberg und Löwenzahn – Terzio Verlag)

Beispiel: CD-ROM-Label eines Lernprogramms (Beispiel: Siemens AG)

Originelle Verpackungsart: CD-ROM, integriert in ein Mouse-Pad (Beispiel: Siemens ElectroCom)

Die Verpackung

Nun gilt es den Datenträger, auf dem das Multimedia-Programm gespeichert ist, zu verpacken. Der Datenträger kann auf die unterschiedlichsten Arten verpackt werden:

- Integriert im Begleitmaterial (Buch)
- Jewelcase mit Booklet
- Hardcover
- Buchähnliche Sonderformate z. B. „discArt" oder „Digipak"

Die Evaluation

Zusätzlich zu den Evaluationsstufen, die während einer Multimedia-Produktion durchgeführt werden können, wie Testing, Prototyping etc., kann eine nach Fertigstellung der Produktion folgende Evaluierung der Akzeptanz und des Produkterfolges stattfinden. Maßgeblich entscheidend an der Art und Weise dieser Evaluation sind zum einen die Produktart, z. B. CBT oder Informationssystem, und zum anderen die Rahmenbedingungen des Produkteinsatzes.

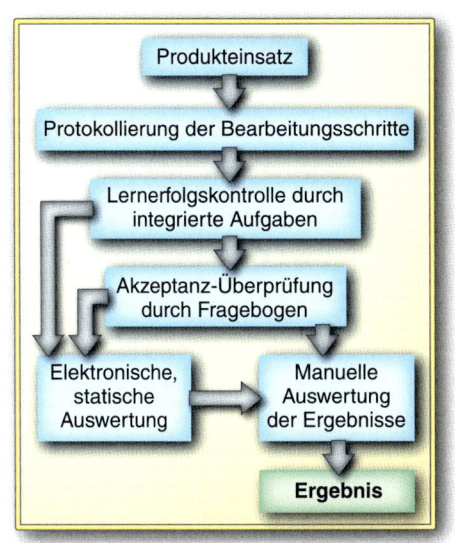

Beispiel von Evaluationsstufen bei CBT.

Die Evaluationsstufen können auf unterschiedliche Weise durchgeführt werden:

- Elektronische Navigations- und Bearbeitungsprotokollierung
- Elektronische Erfolgskontrolle durch Testaufgaben
- Elektronisches Quiz
- Elektronischer Fragebogen
- Schriftliche Auswertung über Fragebogenaktion

Wie diese Ergebnisse vom Benutzer des Systems zum Hersteller zurückgeleitet werden, hängt vom Einsatzumfeld des Produktes ab.
Beispiele für Rücklauf-Kanäle:

- Schriftliches Feedback über den Postweg
- Elektronisches Feedback über Diskette und Postweg
- Elektronisches Feedback über Online-Verbindung
- Lokales Feedback-Speichern und Selbstabholung durch den Hersteller

Akzeptanzüberprüfungen erfordern ein gewisses Maß an Aktivität und Bereitschaft vom Benutzer. Um dies zu fördern und zu unterstützen, gibt es die unterschiedlichsten Methoden der Anreizsteigerung, zum Beispiel:

- Preisausschreiben, bzw. Quiz
- Verlosungen
- Frei-Briefumschläge
- Werbegeschenke

Üben und anwenden

Aufgabe 1: Exposé

Sie planen eine Multimedia-Produktion für eine Selbstdarstellung. Verfassen Sie ein kleines Exposé.

Aufgabe 2: Drehbuch

Entwerfen Sie beispielhaft für einige Bildschirmseiten ein Drehbuch Ihrer Produktion.

Aufgabe 3: Produktionsprozess

Skizzieren Sie den notwendigen Produktionsprozess Ihrer Multimedia-Anwendung.

Aufgabe 4: Produktionsteam

Bilden Sie für Ihre Produktion das notwendige Produktionsteam. Beschreiben Sie, welche Funktion und Aufgaben jedes Teammitglied hat.

Aufgabe 5: Produktionsteam

Ordnen Sie die Verantwortlichkeit ihrer Teammitglieder den einzelnen Produktionsprozess-Schritten zu.
Nehmen Sie dazu die Skizze aus Aufgabe 3.

Aufgabe 6: Finishing

Ihr Programm ist fertig. Beschreiben Sie jetzt, wie das Programm zum Benutzer gelangt und wie es verpackt und „designt" werden soll.

3 Typografie

> *Der Mensch beginnt seinen schulischen Werdegang damit, dass er das Alphabet lernt, Großbuchstaben von Kleinbuchstaben unterscheidet und in seinem ersten Heft Wörter und Sätze nach den Gesetzmäßigkeiten der Typografie niederschreibt.*

Wir lernen schon frühzeitig die Grundbegriffe wie Schriftgrundlinie, Versalhöhe, Schriftgrad, Linie halten u. a. kennen. Sicherlich nicht bewusst arbeiten wir daran Informationen zu gestalten und zu visualisieren. Wir tun dies, damit unsere Informationen beim Leser Wirkung zeigen, sie sollen ankommen und Emotionen wecken. Dazu bedienen wir uns unterschiedlicher Schrifstile, Schriftfamilien, Schriftgrößen u. a.

Schreiben ist nicht Selbstzweck, sondern dient der Kommunikation wie das Gespräch. Die Worte, die der Mensch spricht sind jedoch nicht alles in der Vermittlung, denn Sprache, Dialekt, Tonfall und Auftreten spielen bei der Informationsübertragung eine große Rolle und entscheiden darüber, ob Informationen ankommen oder nicht. Wer schreibt, kann nicht selbst auftreten und sprechen. Die Sprache ist der Satzbau, der Tonfall die Formulierung und das Auftreten ist die Gestaltung der Seite.

Wenn wir über Typografie in diesem Kapitel reden, dann betrachten wir den „Auftritt", der mit dem Buchstaben beginnt und bei Gestaltung einer Seite mit Texten endet.

Um das Zusammenspiel von Text, Bild und Grafik in einem Dokument zu erfahren, bedarf es weiterer Kenntnisse. In diesem Zusammenhang möchten wir auf die Kapitel Design, Grafik, Bild und Drucktechnik verweisen, die mit ihren Informationen zur Gestaltung von Seiten beitragen.

3.1 Geschichte und Merkmale

3.1.1 Geschichte

Die Entwicklung der Schrift steht in engem Zusammenhang mit den architektonischen Strömungen der Jahrhunderte. So basieren die griechischen Schriften um 450 v. Chr. auf den geometrischen Grundformen Rechteck, Kreis und Dreieck. Die Römer verliehen den streng geometrischen Formen der griechischen Schrift, durch Hinzufügen von Querstrichen, ein Aussehen, das den heutigen Serifen sehr nahe kommt. Man nimmt an, dass bei der Entwicklung der Großbuchstabenschrift *Kapitalis Quadrata* die Portalformen römischer Gebäude Pate gestanden haben.

Mit der *Karolingischen Minuskel* ❶ um 800 n. Chr., wurde eine Kleinbuchstabenschrift entwickelt, die erste Züge von geschriebener Schrift enthält. Erst in der Romanik um 950 bis 1250 n. Chr. wurden Klein- und Großbuchstaben in der Schreibweise gemischt. In dieser Zeit entstanden aus dem Lateinischen die Romanischen Sprachen, wie beispielsweise Rätoromanisch, Italienisch, Französisch und Spanisch. In der Epoche der Gotik, schuf Johannes Gutenberg um 1450 mit der 42-zeiligen Bibel das erste Zeugnis des Buchdrucks mit beweglichen Metalllettern. Der spitzbogige *Duktus* ❷ der gotischen *Minuskel*, der auch an Kirchen dieser Zeit zu erkennen ist, ist das Merkmal der Prunkschrift *Textura* des 14. und 15. Jh.

❶ *Minuskel* = Kleinbuchstabe, Gemeine
Majuskel = Großbuchstabe, Versalie

❷ *Duktus* = Schriftzug, Pinselstrich

Kanzel von Hegenauer, Pfarrkirche Kißlegg

Ulmer Münster

Die Schrift entwickelte sich fortan weiter mit den architektonischen und gesellschaftlichen Strömungen. Mit der Renaissance, der „Wiedergeburt des Menschen", die von Italien ausging, stellte sich das Schriftbild als eine Mischung aus und Großbuchstaben der römischen Kapitalis dar. Das Barockzeitalter ist gekennzeichnet durch eine mystische Entrückung ins Jenseits, durch die Darstellung von Unendlichkeit und Tod. Der Mensch lebt in der Spannung zwischen der Gegenwärtigkeit des Todes und der Stärkung des eigenen Lebensgefühls, was sich in glanzvollen Festen niederschlägt. Die Schrift des 17. und beginnenden 18. Jh. zeigt sich ganz in dieser spielerischen, unendlichen und schwungvollen Leichtigkeit. Im Rokoko entwickelte sich die Schrift durch Zierschwünge zu Kursiv- und Schreibschriften.

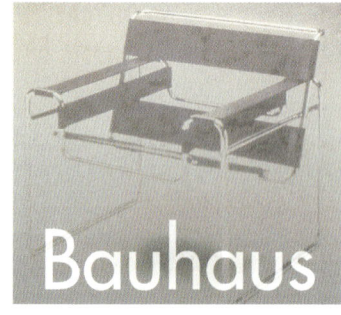

Beginnend mit dem Klassizismus um 1800 enstand eine Drucktype, die bis in das Zeitalter der „neuen Sachlichkeit" (1930) zum Einsatz kam. Grundlage dieser sachlichen auf Funktionalität ausgerichteten Sichtweise war die Bauhaus-Bewegung. Daraus entstand eine moderne Architektur, ein funktionales Industriedesign und dazu passende gerade, schnörkellose Schriften.

3.1.2 Klassifikation von Druckschriften

❶ DIN 16518: Klassifikation der Schriften
- Gruppe I Venezianische Renaissance-Antiqua
- Gruppe II Französische Renaissance-Antiqua
- Gruppe III Barock-Antiqua
- Gruppe IV Klassizistische Antiqua
- Gruppe V Serifenbetonte Linear-Antiqua
- Gruppe VI Serifenlose Linear-Antiqua
- Gruppe VII Antiqua Varianten
- Gruppe VIII Schreibschriften
- Gruppe IX Handschriftliche Antiqua
- Gruppe X Gebrochene Schriften
  a Gotisch
  b Rundgotisch
  c Schwabacher
  d Fraktur
  e Fraktur-Varianten
- Gruppe XI Fremde Schriften, Bilderschriften, griechische und kyrillische Schriften sowie außereuropäische Alphabetschriften, wie hebräische und arabische.

Die wachsende Zahl an Schriftstilen zwang die Typografen zu einer „Klassifikation von Druckschriften". In der DIN 16518 ❶ sind elf Schriftstile für den deutschsprachigen Bereich festgelegt, von denen international betrachtet 8 Schriftstile zur Anwendung kommen.

Renaissance-Antiqua:	Palatino
Barock-Antiqua:	Baskerville
Klassizistische Antiqua:	Bodoni
Serifenbetonte Antiqua:	**Clarendon**
Serifenlose Antiqua:	Frutiger
Antiqua-Varianten:	Arnold Böcklin
Schreibschriften:	Airfoil Script
Gebrochene Schriften:	Gothig

In der Klassifikation sind runde Schriften, die Antiqua-Schriften sowie die gebrochenen Schriften, die sogenannten Frakturschriften, enthalten. Fast alle Antiqua-Schriften weisen waagrechte Querstriche, die „Serifen" ❷, an den Senkrechten auf. Einzige Ausnahme bildet die serifenlose Antiqua, auch „Grotesk-Schrift" ❸ genannt.

Die Schreibschriften dagegen zeichnen sich dadurch aus, dass bei ihnen die Buchstaben aneinanderschließen. Hiermit soll der Eindruck von „Handgeschriebenem" vermittelt werden.

Die Bezeichnung Fraktur (Bruch) oder gebrochene Schrift ❹ wird abgeleitet von der Form der Buchstaben. Die Rundungen der Antiqua-Schriften wurden dabei zum Teil vollständig gebrochen.

Bei allen Schriftstilen gibt es Varianten mit unterschiedlich ausgeprägten Merkmalen, wie sie vorher beschrieben wurden.

❷ Serifen

❸ Grotesk

❹ Fraktur

3.2 Grundbegriffe

3.2.1 Schriftfamilie und Schriftauswahl

❶ *Schriftschnitt:* Das Schriftbild aller Buchstaben einer Druckschrift wurden in Stahl geschnitten und durch Ausguss „vervielfältigt".

Schriften werden in Schriftfamilien zusammengefasst, wie die Univers, Frutiger oder Times New Roman u.a. In ihr sind alle Varianten einer Schrift, die sogenannten *Schriftschnitte* ❶, enthalten. Für die verschiedenen Schnitte einer Schrift werden in der Praxis englische und deutsche Begriffe sowie Zahlen, z. B. Frutiger 45 (light), verwendet.

Bezeichnungen für Schnitte:
light (mager)
normal (normal)
medium (halbfett)
bold (fett)
italic (kursiv)
condensed (schmal)
extended (breit)

Frutiger 45	leicht
Frutiger 46	*leicht kursiv*
Frutiger 55	normal
Frutiger 56	*normal kursiv*
Frutiger 65	**halbfett**
Frutiger 66	*halbfett kursiv*
Frutiger 75	**fett**
Frutiger 76	*fett kursiv*
Frutiger 95	**extrafett**

Die richtige Schriftfamilie und den passenden Schriftschnitt zu wählen, erscheint in der Praxis nicht immer einfach. Viel persönliche Vorstellungen und Assoziationen spielen bei der Wahl eine Rolle.

Zimmerei   KOSMETIK STUDIO   Antiquariat

❷ **Fondübersicht**
Alle Fonds haben eine Gemeinsamkeit: Je länger Sie Ihr Geld anlegen, desto geringer wird die Schwankungsbreite der durchschnittlichen jährlichen Wertentwicklung. Je länger Sie investieren, desto stetiger können Ihre Erträge werden...

Jede Schrift vermittelt dem Betrachter einen speziellen Eindruck und er stellt dabei fest, ob die gewählte Schrift mit dem Objekt, der Person oder der Handlung in Zusammenhang steht und den gewünschten Effekt erzielt.

Nachfolgend soll an Beispielen gezeigt werden, wie die vier Schriftarten Renaissance-, Barock-, klassizistische und die serifenlose Antiqua eingesetzt werden können.

Renaissance-Antiqua ❷:
- Literatur
- religiöse Schriften, Gebetsbücher
- Geschäftsberichte

❶
Die Räuber von Friedrich Schiller

Das erste Drama Schillers zeigt ihn gleich als Meister des dramatischen Aufbaues, des theatergerechten Wortes, der bühnenwirksamen Gruppierung von Personen, Auftritten und Vorgängen.

❷
Meisterwerke der Malerei
Van Dyck

Der Ruhm des Anthonius van Dyck, des größten Vertreters der flämischen Malerei neben Rubens, hat seit dem Beginn des 17. Jahrhunderts bis in die Neuzeit hinein nichts von seinem Glanze eingebüßt.

❸
Goldilocks
UND
DIE DREI BÄREN
Bilder von
Bernadette

❹
Maschinen- und Anlagenteile, an denen Inspektions-, Wartungs- und Reparaturarbeiten durchgeführt werden, müssen spannungsfrei geschaltet werden. Die freigeschalteten Teile zuerst auf Spannungsfreiheit überprüfen.

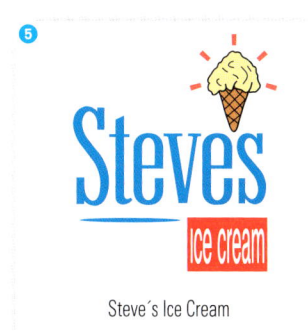

❺ Steve's Ice Cream

❻ DAL

Barock-Antiqua ❶:
- Zeitung, Zeitschrift
- Klassische Literatur
- Lexikon

Klassizistische Antiqua ❷:
- Jubiläen, Urkunde
- Kunstbücher
- Kataloge Antiquariat, Schmuck
- Buchtitel

Serifenbetonte Antiqua ❸:
- Präsentationsfolien
- Beschriftung für Verpackungen
- Vordrucke für Schriftstücke
- Plakat, Preisschilder
- Bücher, u.a. Kinderbücher

Serifenlose Antiqua ❹:
- Formulare, Vordrucke
- Plakate, Prospekte
- Technische Dokumentationen
- Statistiken

Das Leseverhalten des Menschen und die inhaltliche Fülle sind neben dem Einsatzzweck wichtige Kriterien für die Auswahl der Schrift. So wird der Mensch entspannt einen Roman lesen und konzentriert eine Bedienungsanleitung. Daneben spielt die Raumaufteilung und das Mischungsverhältnis von Text und Bild auf der Seite eine Rolle. Grundsätzlich eignen sich serifenlose Schriften, wie die Frutiger, für mittlere Textmengen bzw. kleine Abschnitte.

In Drucksachen wie Zeitungen, Zeitschriften oder Büchern mit großen Textmengen kommen Schriften der Stile Barock- bzw. Renaissance-Antiqua zum Einsatz.

Abhängig vom Format und dem Inhalt, unterstützt der Schriftschnitt die Wirkung nach außen. Bei der Gestaltung von Werbeanzeigen oder Visitenkarten trifft man unter anderem die Schriftschnitte schmal ❺ und breit ❻ an. Schmale Schnitte sind dann sinnvoll, wenn das Format schmal ist, in Tabellen mit geringer Spaltenbreite oder um bei den Buchstaben die Höhe zu betonen. Mit einem breiten Schnitt wird vor allem die Wirkung des Inhalts verstärkt.

3.2.2 Buchstabe und Wort

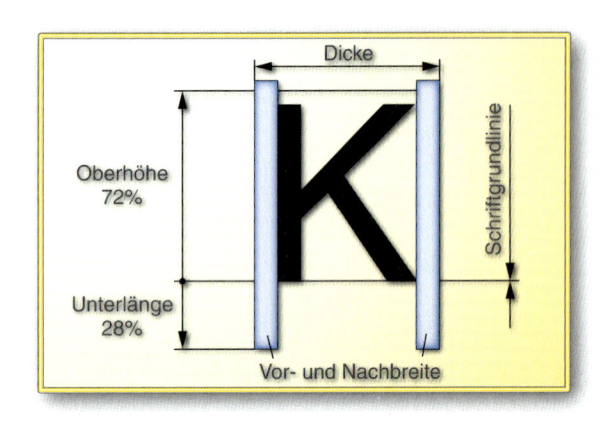

Betrachtet man sich die Schriftbilder verschiedener Schriftfamilien, so wirken diese in den meisten Fällen sehr unterschiedlich auf den Betrachter. Trotz der individuellen Ausprägungender Buchstaben gibt es für alle Schriften einige grundlegende Merkmale:

- *Schriftgrundlinie* oder *Schriftlinie*
- *Oberhöhe* (OH)
- *Unterlänge* (UL)
- Verhältnis Oberhöhe : Unterlänge = 72 : 28
- *Vor-* und *Nachbreite*

Schriftlinie

Die *Schriftlinie* ist das wesentlichste Merkmal aller Schriften. Sie ist die Basis dafür, dass alle Schriften auf einer Schriftlinie stehen. Dadurch ist es möglich verschiedene Schriften miteinander zu mischen, wodurch die Auszeichnung einer Schrift Linie hält.

Dicke

Die *Dicke* oder *Dickte* eines Buchstaben ergibt sich aus der Buchstabenbreite sowie der Vor- und Nachbreite. Je nach Buchstabe kann die Vor- und Nachbreite positiv ❶, negativ ❷ oder gleich Null ❸ sein. Mit den Vor- und Nachbreiten werden die Abstände zwischen den Buchstaben ausgeglichen und das Schriftbild vereinheitlicht.

Das Erscheinungsbild einer Schrift ändert sich jedoch weiterhin mit der Strichstärke, auch *Duktus* genannt, die je nach Schriftfamilie unterschiedlich ausfällt.

Buchstabenbegriffe

Der Buchstabe lässt sich in drei Abschnitte unterteilen, die *Ober-, Mittel-* und *Unterlänge*.

Zeilenabstände ergeben sich je nach Groß- oder Kleinschreibweise unterschiedlich. So wirkt der Abstand zwischen zwei in Großbuchstaben geschriebenen Worten kleiner als bei Kleinbuchstaben. Bei Großbuchstaben addieren sich *Oberlänge* und *Mittellänge* zur *Versalhöhe*, wohingegen bei Kleinbuchstaben die Mittellänge das Ausgangsmaß für den Abstand ist.

Ergänzend sei noch erwähnt, dass runde Großbuchstaben höher sind als gerade Großbuchstaben und Kleinbuchstaben mit Oberlänge größer sein können als Großbuchstaben.

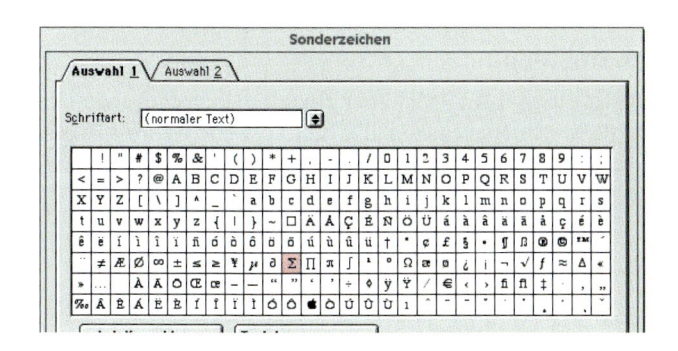

Zeichenumfang

Ein *Font*, der Zeichenvorrat einer Schrift, verfügt über 26 Klein- und Großbuchstaben. Dazu gehören Sonderzeichen, Akzentzeichen und Ziffern.

Die *Ligaturen*, sogenannte zusammengesetzte Buchstaben wie ch, ck, ff, fl, u.a. spielen heute keine Rolle mehr. Sie wurden früher zu einem Letternblock gegossen und hatten eher gestalterische Funktion.

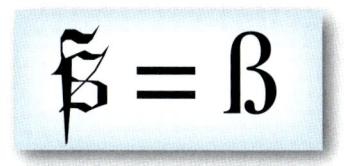

Einzig das „scharfe s" (ß) ist als Ligatur übriggeblieben. In gebrochenen Schriften kannte man zwei Möglichkeiten das „s" zu schreiben. Das „scharfe s" wurde als Buchstabenkombination durch ineinanderschieben des „Lang-s" s und des „Rund-s" s hergestellt. Daraus ist das „ß" unserer Zeit geworden, das wir fälschlicher Weise als Kombination aus s und z verstehen.

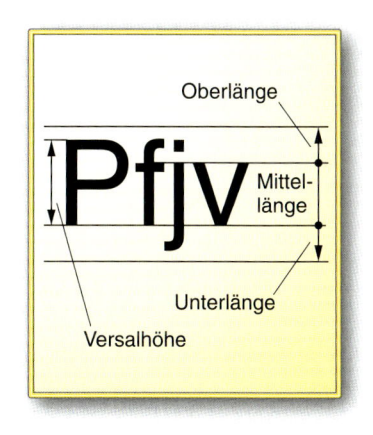

Schriftgröße

Die *Schriftgröße* oder der *Schriftgrad* ergibt sich, wenn man Ober-, Mittel- und Unterlänge addiert. Die Schriftgröße ist mit einem Typomaß messbar, wenn die Schrift Oberlängen und Unterlängen aufweist.
Die Maßeinheiten für Schriftgrößen sind Millimeter, typografischer Punkt und Pica-Point, wobei durch eine europäische Vereinbarung das metrische Maßsystem einzusetzen ist.

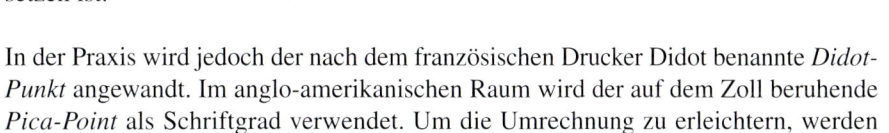

In der Praxis wird jedoch der nach dem französischen Drucker Didot benannte *Didot-Punkt* angewandt. Im anglo-amerikanischen Raum wird der auf dem Zoll beruhende *Pica-Point* als Schriftgrad verwendet. Um die Umrechnung zu erleichtern, werden nachfolgend die gängigsten Schriftgrade, die *Brotschriftgrade*, in allen drei Einheiten dargestellt.

1 Didot-Punkt = 0,375 mm
1 Pica-Point = 0,351 mm

	Didot-Punkt	Pica-Point	Millimeter
6 - Punkt	6	6,42	2,25
7 - Punkt	7	7,49	2,75
8 - Punkt	8	8,56	3,00
9 - Punkt	9	9,63	3,50
10 - Punkt	10	10,70	3,75
12 - Punkt	12	12,84	4,50
14 - Punkt	14	14,98	5,25
16 - Punkt	16	17,12	6,00
18 - Punkt	18	19,26	7,00
20 - Punkt	20	21,40	7,50

3.2.3 Vom Buchstaben zur Schrift

Laufweite und Unterschneiden

Die *Laufweite* einer Schrift ist durch den Aufbau der Buchstaben vorgegeben und hängt grundsätzlich von der *Dicke* der Buchstaben ab. Die Laufweite ist der Abstand der Buchstaben im Wort. Mit der Wahl der Schriftart und Schriftgröße wird die Laufweite der Buchstaben verändert.

Beim proportionalen Vergrößern wird neben der Buchstabengröße auch die Vor- und Nachbreite vergrößert.

Dickte od. Dicke = Buchstabenbreite + Vorbreite + Nachbreite

Die Laufweite einer 10 pt - Schrift

Die Laufweite einer 14 pt - Schrift

Die Laufweite einer 18 pt - Schrift
Die Laufweite einer 24 pt - Schrift

Vergrößert sich der Schriftgrad, kann der Betrachter das Gefühl haben, dass der Satz optisch auseinanderbricht. Die Zwischenräume der Buchstaben vergrößern sich durch die Vergrößerung der Vor- und Nachbreite des Buchstaben. Bei Schriftgraden ab 18 pt, macht sich dieser Effekt dann stärker bemerkbar.

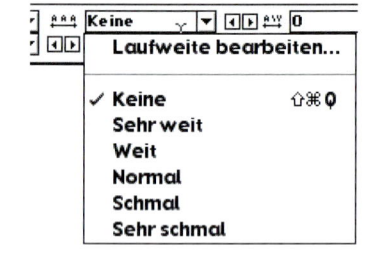

Brotschriften 6 pt bis 14 pt müssen nicht unterschnitten werden. Die Veränderung von Vor- und Nachbreite macht sich hier kaum bemerkbar.

Die Laufweite lässt sich in solchen Fällen verändern, indem die einzelnen Buchstaben stärker ineinandergeschoben werden, so dass die Harmonie im Satzbild wieder hergestellt wird.

Dieser Vorgang wird *Unterschneiden* genannt und lässt sich in Grafik- und DTP-Programmen durchführen. Dazu wird der betreffende Satz markiert und ein negativer Unterschneidungswert oder Begriffe, wie schmal oder sehr schmal, eingegeben.

➜ **Buchstaben dürfen sich nicht berühren!**

24 pt ohne Unterschneidung (0)
24 pt mit Unterschneidung (- 4)
24 pt mit Unterschneidung (- 15)

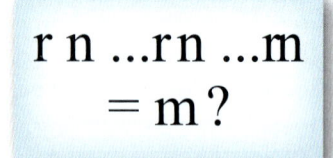

Mit einem Unterschneidungswert -4 wirkt das Schriftbild kompakt und ruhig. Mit dem Wert -15 berühren sich die Buchstaben, wie pt, rs und ch. Wird zu stark unterschnitten, dann wird die Lesbarkeit negativ beeinflusst. Die Buchstaben „r" und „n" können dann plötzlich zu einem „m" werden. Die Beispiele zeigen, dass zum richtigen Unterschneiden sehr viel Erfahrung gehört und der Anwender sich auch darüber im Klaren sein muss, dass die Unterschneidung bei jedem Schriftstil eine unterschiedliche Auswirkung hat.

Füllt man das zur Verfügung stehende Seitenlayout komplett mit Text, dann wirkt das auf den Leser überladen und erdrückend. Diese Marginalie soll dafür ein negatives Beispiel sein.

Grundschriftgröße

Bevor der Gestalter die *Schriftgröße* festlegen kann, muss er einen *Schriftstil* wählen und dann eine *Schriftfamilie*. Für den laufenden Text auf der Seite wird die *Grundschriftgröße* so gewählt, dass genügend Weißraum vorhanden ist, um ruhige Flächen auf der Seite zu schaffen und sollte natürlich auch nicht zu groß gewählt werden, damit die Seite nicht überfüllt wirkt und schwer lesbar wird.

In der Praxis wird die Grundschriftgröße zwischen 9 und 12 Punkt gewählt. Die Wahl einer geeigneten Größe ist abhängig vom Schriftstil. Serifenlose Antiqua-Schriften wirken i.d.R. größer als beispielsweise die serifenbetonte Barock-Antiqua. Damit kann eine Arial ruhig kleiner gewählt werden als eine Times.

Ist die Grundschriftgröße für den Fließtext festgelegt so ergibt sich daraus auch die Größe für die Überschrift (max. + 2 Schriftgrade), sowie der Schriftgrad für die Marginalie, Kopf- und Fußnote (ca. - 2 Schriftgrade). Der Gestalter sollte bei der Wahl der Schriftgrade darauf achten, dass die Proportionen des Schriftbildes unter Berücksichtigung der Seitengröße erhalten bleiben. Das heißt, dass für das Format DIN A5 die Schriftgrade 8 bis 11 Punkt, für das Format DIN A4 die Größen 9 bis 13 Punkt gewählt werden sollten.

Darüber hinaus spielt der Adressatenkreis bei der Wahl der Grundschriftgröße eine entscheidende Rolle. Kinderbücher und Literatur speziell für ältere Menschen werden bevorzugt mit größeren Schriftgraden gesetzt. Im Kinderbücherbereich kann die Schriftgröße bis 24 Punkt sein. Klassische Literatur und Romane werden i.d.R. mit 9 bis 12 Punkt geschrieben, um der inhaltlichen Umfang noch vertretbar im Buch unterzubringen und die Lesefreundlichkeit zu erhalten. Für Prospekte und Werbedrucksachen werden meist Grundschriftgrößen über 14 Punkt verwendet, da die Werbebotschaft eher stichwortartig oder in kurzen Sätzen ins „Auge stechen" soll.

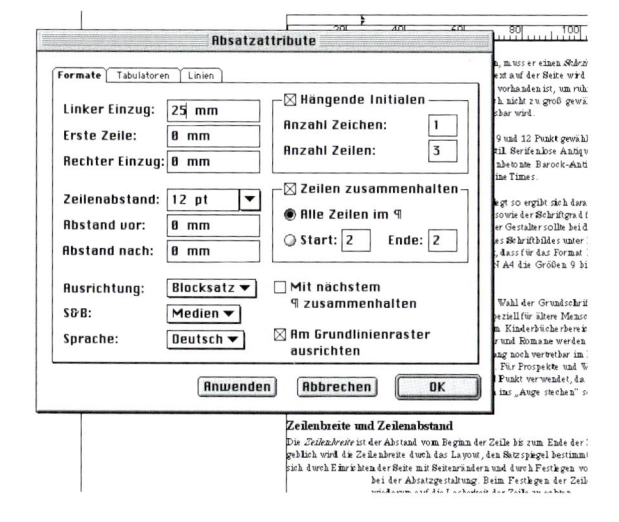

Zeilenbreite und Zeilenabstand

Die *Zeilenbreite* ist der Abstand vom Beginn der Zeile bis zum Ende der Zeile. Maßgeblich wird die Zeilenbreite durch das Layout, den Satzspiegel bestimmt. Sie ergibt sich durch Einrichten der Seite mit Seitenrändern und durch Festlegen von Einzügen bei der Absatzgestaltung. Beim Festlegen der Zeilenbreite ist wiederum auf die Lesbarkeit der Zeile zu achten.

➡ **Die Zeilenbreite kann vergrößert werden, wenn ein größerer Schriftgrad gewählt wird.**

Nachfolgend wollen wir einige Beipiele zur Wirkung von Textabschnitten mit verschiedenen Zeilenbreiten und unterschiedlichen Schriftgraden aufzeigen.

❶ Anekdote in einer Antiqua mit zu großer Zeilenbreite für die zwei Sätze. „Ich weiche ..." muss auf die nächste Zeile.

Ein reicher Mann trat dem Diogenes in den Weg: „Ich weiche keinem Schurken aus." Der Philosoph umschritt ihn: „Aber ich." ❶

❷ Technische Information in Groteskschrift mit zu schmaler Zeilenbreite und zu vielen Worttrennungen. Häufig auftretendes Problem in mehrspaltigen Bedienungsanleitungen mit mehreren Sprachen.

Kräftiger Magnet-
fuß mit ein- und ausschalt-
barem Dauermagnet ho-
her Haftkraft. Fuß-
unterseite mit
Prisma zum Aufset-
zen auf zylindrische
Teile und Plan-
flächen zum Aufset-
zen auf ebene Flä-
chen ❷

❸ Auszug aus einem Geschichtsbuch in einer Frakturschrift mit übergroßer Zeilenbreite.

Das Zeitalter Friedrichs des Großen
Der Kronprinz
In dem hochzeremoniösen Zeichen der Hofes Friedrichs I. ist die größte Persönlichkeit unter den Hohenzollern geboren und getauft worden. ❸

❹ Ankündigung einer Konzertreihe in einer Antiqua mit normaler Zeilenbreite.

Herbert von Karajan Pfingstfestspiele

Vom Liedgesang bis zum Opernabend, vom Klaviertrio bis zum Orchesterkonzert ❹

Wie die Beispiele zeigen ist eine zu große Zeilenbreite aber auch eine zu kleine Zeilenbreite für den Leser schlecht zu erfassen. Im dritten Fall kann das Auge die gesamte Zeile nicht auf einmal erfassen, sondern muss beim Lesen einen längeren Weg zur Erfassung der Zeile zurücklegen. Im zweiten Fall hemmen zu viele Worttrennungen den Lesefluss.

Das Problem häufiger Worttrennungen tritt vor allem dann auf, wenn der Zeileninhalt ca. 30 Zeichen unterschreitet. Diesen Fall trifft man vornehmlich im mehrspaltigen Satz an, wie in Zeitungen und Zeitschriften. Es sollte wie im nebenstehenden Beispiel gezeigt darauf geachtet werden, dass die Zeichenzahl zwischen 35 und 60 liegt. Wenn der Zeicheninhalt kleiner als 30 Zeichen sein muss, dann sollte statt dem *Blocksatz* der *Flattersatz* verwendet werden.

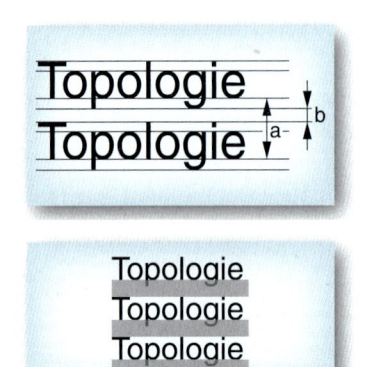

Der *Durchschuss* b ergibt sich, wenn das Satzprogramm den *Zeilenabstand* a, auch *Zeilenvorschub* genannt, berechnet. Der Zeilenvorschub a ist der Abstand zweier Schriftgrundlinien. Einen Zeilenvorschub erhält man rechnerisch, wenn Mittel-, Unter- und Oberlänge sowie der Zeilenabstand addiert werden. Im vorliegenden Schriftbild wurde eine Schriftgröße von 10 Punkt gewählt. Der Zeilenvorschub beträgt 12 Punkt. Für den Zeilenabstand ergibt sich ein Maß von 2 Punkt. Der Zeilenabstand wird vom Satzprogramm automatisch angepasst, kann aber auch manuell verändert werden. Der Abstand sollte größer gewählt werden, wenn die Zeilenbreite größer wird. Als Anhaltspunkt gilt eine Zeilenbreite von 45 Zeichen, bei der ein Zeilenabstand von der Größe der Mittellänge der Grundschrift eingestellt werden sollte. Die Einstellung des Zeilenabstands ist auch abhängig vom *Grauwert*, das ist die Helligkeit des Schriftbildes, welche Auswirkungen auf die Lesbarkeit des Textes hat.

3.3 Typografisches Gestalten

3.3.1 Satzarten

Zusammenhängende Texte können linksbündig, rechtsbündig, zur Mitte zentriert oder wie im vorliegenden Fachbuch über die gesamte Zeilenbreite angeordnet sein. Man spricht dann von Ausschließen. Besondere Bedeutung erhält das *Ausschließen*, wenn der Text auf die volle Zeilenbreite ausgeschlossen wird. Abhängig davon, ob bei einem Zeilenüberlauf ein Wort getrennt oder nicht getrennt werden kann, wird der Wortzwischenraum in einem Toleranzbereich gewählt.

Wie im Beispiel ❶ zu sehen, werden nicht nur Wortzwischenräume erweitert, sondern auch die Abstände der Buchstaben. Das unterschiedliche Schriftbild mit großen und kleinen Abständen, lässt sich in der Praxis nur durch die Veränderung der Zeilenbreite bzw. durch die Wahl der Satzart verhindern. Statt einem Satz über die gesamte Zeilenbreite sollte ein linksbündiger Satz gewählt werden.

Blocksatz

Wird ein Text über die gesamte Zeilenbreite ausgeschlossen, dann bezeichnet man ihn als *Blocksatz*. Der Wortzwischenraum im Blocksatz ist, wie oben beschrieben nicht konstant. Aus diesem Grund ist auf eine ausreichende Zeilenbreite zu achten, damit diese Eigenschaft im gesamten Schriftbild nicht ins Gewicht fällt.

Der Blocksatz strahlt durch sein einheitliches und gleichmäßiges Erscheinungsbild Ruhe und Geschlossenheit aus und steigert die Lesbarkeit. Durch Herausstellen von Punkt, Komma und Trennstrich außerhalb der rechten Seitenbegrenzung, wird ein registerhaltiger Blocksatz mit Randausgleich erzeugt. In Gutenbergs Bibel und alten Geschichtsbüchern wurde diese doch aufwendige Satzart angewandt. Aus wirtschaftlichen Gründen lässt sich der Blocksatz mit Randausgleich nicht immer verwirklichen.

➡ **Der durchschnittliche Wortzwischenraum im Blocksatz sollte der Breite des „ i" entsprechen.**

Eignung: Mengentexte wie in Büchern und Zeitungen.

Flattersatz

Der dynamische Vertreter der Satzarten ist der *Flattersatz*. In Fließtexten wird der linksbündige Flattersatz angewandt. Damit das rechte Zeilenende einen günstigen Zeilenfall erhält, muss in der Regel manuell umgebrochen werden. In diesem Fall sind meist 3 bis 4 Zeilen betroffen, die nachfolgend kürzer werden. Dieser Eingriff eignet sich nur bei kleinen Textmengen. Mit der Einrichtung einer *Flatterzone* wird auch die Silbentrennung beeinflusst. Dabei kann es zu unerwünschten Trennungen wie „Tex-te" kommen. Solche zweibuchstabigen Trennungen müssen wiederum von Hand nachgebessert werden.

Eignung: Aufzählungen und Texte mit Zeileninhalten kleiner 35 Zeichen.

Der Wortzwischenraum wird, abhängig von den Trennvorgaben, vom Satzprogramm eingestellt.
Der Wortzwischenraum wird, abhängig von den Trennvorgaben, vom Satzprogramm eingestellt.

❶

Die Breite des Wortzwischenraums im Blocksatz entspricht dem „i".

Ungünstiger Flattersatz: Treppenförmige Abfolge der Zeilen, mit wiederkehrendem, eher eintönigem Verlauf.

Mittelachsensatz

Im *Mittelachsensatz* werden die Textzeilen zur Mitte zentriert ausgeschlossen.
Die Definition der Mitte bezieht sich wie im vorliegenden Fall auf die eingestellten Einzüge.

Positive Auswirkung auf die Lesbarkeit des Textes
hat auch im Mittelachsensatz der *dynamische Zeilenfall*
von oben nach unten.

Der Mittelachsensatz muss unbedingt einen dynamischen Zeilenfall besitzen, schon um sich vom Blocksatz abzuheben. Der mangelhafte Umbruch in diesem Absatz erzeugt wenig Spannung und ist dem Blocksatz sehr ähnlich. Die axiale Anordnung des Textes soll natürlich durch den Satzumbruch einen Leserhythmus erzwingen und auch Satzteile, beispielsweise in Gedichten besonders hervorheben.

Den Mittelachsensatz trifft man häufig in Titelblättern und Drucksachen für Anlässe an, wobei hier die Raumaufteilung und die Wahl der Schriftgröße eine große Rolle spielen. Dynamik erhält das Schriftbild dann durch Verstärken und Abschwächen der Schriftgröße und eine ungleichmäßige Aufteilung der Seite.

In jedem Fall soll der Mittelachsensatz für größere Textmengen vermieden werden, wie es doch leider zu häufig in Werbebroschüren zu sehen ist.

Eignung: Familiendrucksachen, Werbeanzeigen, Titelblätter, Urkunden.

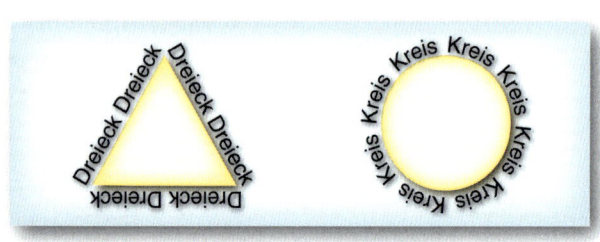

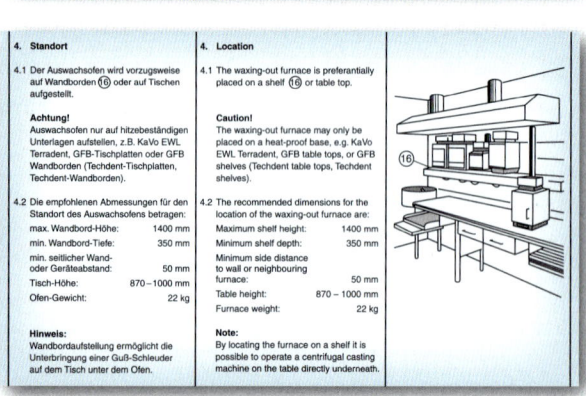

Varianten

Vor allem im Bereich der Werbung erleben wir den *Konturensatz*. Dieser kann als *Figurensatz*, indem Text in die Kontur eines Gegenstands eingefügt wird, als *Formensatz*, wobei Text quadratisch, dreieckig oder treppenförmig angeordnet wird oder als *Rund- bzw. Bogensatz*, indem der Text entlang eines Kreises oder eines Kreisbogens läuft, auftreten. Die Inhalte sollen durch die entsprechende Kontur verstärkt und gleichzeitig visualisiert werden. Der Leser erhält damit schon vor dem Erfassen des Textes einen Eindruck über die zu vermittelnde Botschaft.

Werden Texte wie in mehrsprachigen Dokumenten spaltenweise gesetzt, um die Absätze in verschiedenen Sprachen parallel zu führen, dann spricht man von *synoptischem Satz*. Anwendungen dazu finden sich in Technischen Dokumentationen und Bedienungsanleitungen.

3.3.2 Gestaltungsmittel im Text

Auszeichnung

Versalien [lat.], im Druckwesen Bezeichnung für die Großbuchstaben.

Sperren oder Spationieren: Einfügen von Leerräumen zwischen den einzelnen Buchstaben eines Worts.

Quelle: Siemoneit, Manfred: Typografisches Gestalten, Frankfurt 1989

Worte und Textpassagen, die für den Leser besonders herausgestellt werden sollen, sind *kursiv*, als VERSALIE oder mit KAPITÄLCHEN geschrieben. Die Verwendung von **fetter Schrift** sollte sparsam erfolgen. Nicht geeignete Auszeichnungen sind das Sperren oder Spationieren durch Einfügen von Leerzeichen in die Textstelle und das Unterstreichen.

Im vorliegenden Fachbuch wurden Begriffe für das Schlagwortverzeichnis kursiv gesetzt, Zitate kursiv in Anführungszeichen und Hinweise auf Buchtitel fett.

Einzüge

  Der *Erstzeileneinzug* ist eine gängige Möglichkeit, Absatzanfänge kenntlich zu machen. Diese Art der Absatzmarkierung sollte nicht angewandt werden, wenn im Blocksatz viele kleine Absätze vorkommen oder Texte im Flattersatz gesetzt sind.

Die Lesbarkeit des Textes nimmt in beiden Fällen stark ab und erzeugt Unruhe im Schriftbild.

Bei Satzprogrammen, die nicht über eine Aufzählfunktion verfügen und für den Fließsatz verwendet man einen *hängenden Einzug*. Dabei ist die erste Zeile linksbündig und alle Folgezeilen werden eingerückt.

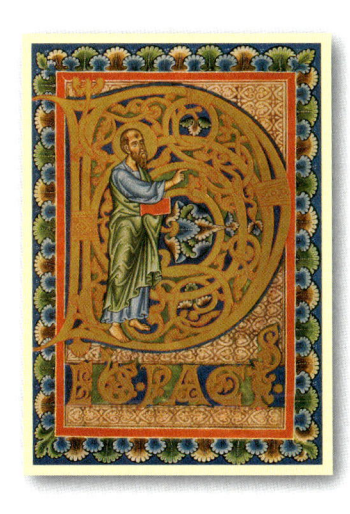

Initiale

In Handschriften und alten Büchern wurde das Initial an den Kapitelanfang gestellt und ist ein Buchstabe, größer als die Grundschrift, mit Dekor und oft sehr kunstvoll farbig gestaltet. Dabei werden neben der Grundschrift auch Buchstaben anderer Schriftfamilien, in unserem Beispiel einer gebrochenen Schrift verwendet. Der Abstand zwischen Initiale und dem nachfolgendem Buchstaben sollte so groß gewählt werden, dass die Verbindung und damit das Wort nicht auseinanderbricht.

➡ **Das Initial soll mit der Schriftgrundlinie einer Zeile abschließen und sich an der linken Zeilenbegrenzung orientieren.**

Viele Beispiele der Vergangenheit zeigen, welche künstlerische Freiheit hinter der Gestaltung und Ausführung der Initialen stecken. Die Initiale war in den einzelnen Epochen der Jahrhunderte auch Ausdruck von Reichtum, Lebensfreude und geistiger Haltung. Bei allem gestalterischen Wirken ist jedoch zu beachten, dass Initial und Text eine visuelle Einheit bilden sollen und das Initial nicht zu dominant ist .

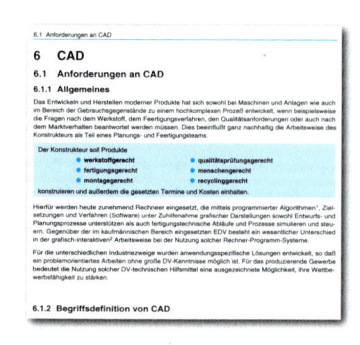

Überschriften

Die Überschrift soll das Interesse des Lesers für den nachfolgenden Text wecken und den Inhalt gegenüber nachfolgenden oder vorhergehenden Inhalten optisch abgrenzen. Dabei können folgende Kombinationen von Überschrift und Fließtext zustande kommen:

- **Überschrift**
  und Fließtext sind aus der gleichen Schriftfamilie mit dem selben Schriftschnitt

- **Überschrift**
  und Fließtext aus unterschiedlicher Schriftfamilie

- **Überschrift**
  hat einen anderen Schriftschnitt der selben Schriftfamilie

Überschriften sind in der Schriftgröße nach Ebenen gestuft. Im Fachbuch sieht diese Überschriftenhierarchie wie folgt aus:

Kapitel 3 Typografie
Lektion 3.3 Grundbegriffe
Abschnitt 3.3.2 Buchstabe und Wort
Fragment Maßsystem

Der inhaltliche Bezug hat auch bei der Überschrift Auswirkung auf die Wahl der Schriftfamilie und den Schriftschnitt. Wichtig ist das Gefühl, das mit der Überschrift geweckt werden soll:

Musik des 19. Jahrhunderts

Grundbegriffe der Trainingslehre

Bei der Festlegung der Schriftgröße für drei Ebenen von Überschriften wurde für dieses Buch folgendes Verhältnis gewählt:
Lektion : Abschnitt : Fragment : Text = 20 : 16 : 12 : 10
Dieses Verhältnis kann jedoch nach individuellen Gestaltungswünschen verändert werden. Der Anwender sollte darauf achten, dass die Überschrift und der Text harmonisch miteinander verbunden werden und ein Schriftbild ergeben, indem die Überschrift nicht überragt oder der laufende Text die Überschrift schluckt. In diesem Zusammenhang muss eventuell der mit dem Schriftgrad zusammenhängende Zeilenabstand noch manuell geändert werden.

➜ **Überschriften können linksbündig oder zentriert gesetzt werden. Sie schließen nie mit einem Punkt ab!**

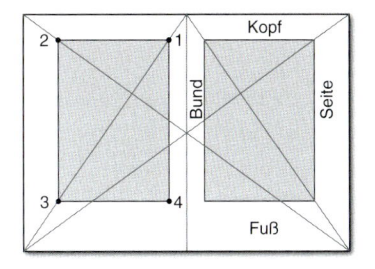

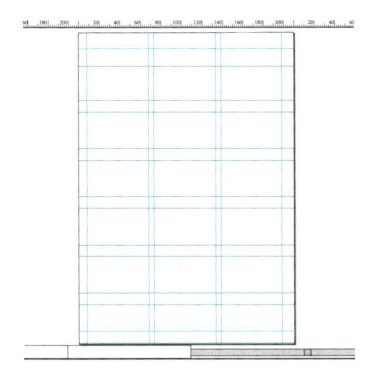

3.4 Seitengestaltung

3.4.1 Satzspiegel

Als *Satzspiegel* wird die Fläche auf einem Papier bezeichnet, die mit Bildern und Texten bestückt werden kann. Die *Seitenränder* Kopf, Bund, Fuß und Seite begrenzen die nutzbare Fläche.

Mit der Diagonalkonstruktion wird die Fläche des Satzspiegels definiert. Die Methode lässt sich im Buchlayout zur Unterteilung der Doppelseite anwenden. Der Satzspiegel ist grundsätzlich frei wählbar und wird erst dann festgelegt, wenn die Diagonalkonstruktion nach dem goldenen Schnitt durchgeführt wird. Das bedeutet, dass der Satzspiegel in Breite und Höhe ein Verhältnis von 1:1,618 erhält. Um die Diagonalkonstruktion durchzuführen, zeichnet man zunächst zwei Diagonalen durch den Papierbogen sowie zwei Diagonalen durch die einzelne Seite und legt den Punkt 1 fest. Liegt die Länge der Strecke 1-2 fest, dann ergibt sich die Strecke 3-4 über das Verhältnis nach dem goldenen Schnitt von 1:1,618 oder 5:8. Durch Einzeichnen der Parallelen zu den Seitenrändern erhält man die Schnittpunkte 1-2-3-4.

Die so voreingestellte Seite lässt sich nun mit Hilfe eines *Seitenrasters* weiter einteilen. Dabei werden die Spalten und Zeilen in Segmente zerlegt. Dadurch lassen sich Bildformate, Textrahmen, Positionen von Überschriften, Marginalien, Kopf- und Fußzeilen exakt in der Größe über das gesamte Dokument festlegen.

Breitenverhältnis DIN-Formate:
Breite:Kopf:Seite:Fuß = 2:3:4:6

3.4.2 Bildhaftes Gestalten

Eine besondere Form der Typografie lässt sich mit Schrifteffekten und durch Mischen von Schriftfamilien innerhalb eines Wortes erzielen. Die Effekte werden in allen grafischen Programmen angeboten und geben den Schriften Schatten, Rahmen oder lassen diese entlang einer geometrischen Form verlaufen. Dadurch können Inhalte bildhaft dargestellt und Aussagen durch Schrift verstärkt werden.
Angewandt sieht man diese typografischen Veränderungen in Werbeanzeigen oder auch als Überschriften von Romanserien in Zeitschriften.

3.4.3 Hurenkind und Schusterjunge

Die Begriffe *Hurenkind* ❷ und *Schusterjunge* ❶ sind alte drucktechnische Fachbegriffe. Befindet sich die letzte Zeile eines Absatzes am Anfang einer neuen Spalte im mehrspaltigen Satz oder auf einer neuen Seite, dann spricht man von einem *Hurenkind*. Das Hurenkind ist in jedem Fall zu vermeiden.

Ist die erste Zeile eines Absatzes am Ende einer Seite oder im mehrspaltigen Satz am Ende einer Spalte platziert, dann bezeichnet man dies als *Schusterjungen*. Besonders störend wirkt sich der Schusterjunge bei Einzügen am Absatzanfang aus. Er sollte vor allem dann vermieden werden.

3.4.4 Fußnoten und Marginalien

Fußnoten und *Marginalien* sind Anmerkungen, in denen auf markierte Textstellen Bezug genommen wird. In Fußnoten werden hauptsächlich Literaturhinweise, zum Teil auch Begriffserklärungen gegeben. Die Fußnote als auch die Marginalie stehen immer auf der Seite, auf der im Text darauf verwiesen wird. Die Verbindung zwischen der entsprechenden Textstelle und der Fußnote geschieht über eine hochgestellte Zahl, in um zwei Schriftgrade verminderter Grundschrift. Der Fußnotentext kann mit einer Linie vom Fließtext getrennt werden.

Die Marginalie steht im Gegensatz zur Fußnote am Seitenrand. Im vorliegenden Fachbuch wurde dafür eine Drittelaufteilung des Satzspiegels vorgenommen. Die Marginalie kann direkt neben der Textstelle platziert werden. Die erste Zeile ❶ der Anmerkung wird dabei auf die Schriftgrundlinie der betreffenden Textstelle gesetzt. Die Marginalie ist im linksbündigen Flattersatz gesetzt, wenn sie Anmerkungen beinhaltet, und rechtsbündig, wenn sie als Bildtitel auftritt.

❶ Schriftgrad der Marginalie ist hier 9 Punkt.

3.5 Anwendungen

3.5.1 Logo und Werbung

Mit Beispielen aus der Praxis soll hier gezeigt werden, wie Schrift in Erscheinung tritt, einen Wiedererkennungseffekt besitzt und Stimmungen vermittelt. Die Beispiele stammen aus den Bereichen Firmenlogo, Werbung und Werbebroschüre, Veröffentlichung und Bildschirmtypografie.

Typografisches Logo:

Das Firmenlogo besitzt bei vielen Firmen eine unverwechselbare Typografie mit hohem Wiedererkennungswert. Daraus entstanden vermehrt Hausschriften, vor allem in den großen Konzernen, die auch als eigenständige Schriftfamilie existieren.

Werbung:

In der Printwerbung findet man eine breite Palette von Schriftfamilien. Dabei soll der Betrachter durch die eingesetzte Schrift Verbindungen zum Produkttyp herstellen können. Mit der Wahl einer gefühlsbetonten Antiqua wird beispielsweise die Verbindung zu Parfum hergestellt, die sachliche Groteskschrift passt zum Wasserrohrsystem und die fernöstlich anmutende Handschrift stellt Assoziationen zur Dienstleistung der Firma für asiatische Körperkunst her.

Veröffentlichung:

Der Umweltbericht einer Brauerei ist nicht nur eine Ökobilanz, sondern gleichzeitig eine Firmenpräsentation. Die beauftragte Agentur entschied sich für die typografischen Elemente als Unterscheidungsmerkmal der zwei Bereiche. Die Firmenvorstellung erscheint freundlich und beschwingt mit Initialen, klassischer Antiqua mit kursiven Anteilen. Die konsequente Darstellung der sachlichen Bilanzen und Informationen zum Ökoaudit, zeigt sich in der dreispaltigen Aufteilung mit einer serifenlosen Schrift und klarer, geordneter Seitenaufteilung.

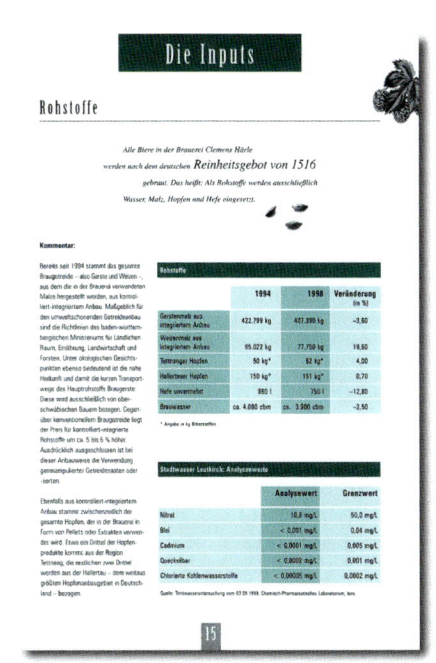

3.5.2 Interaktive Anwendungen

Interaktive Anwendungen:

Die Bildschirmtypografie ist stark gekennzeichnet von der Verfügbarkeit der eingesetzen Schriftarten auf fremden Rechnern. Deshalb kommen zunächst einmal Schriften wie Arial und Times zur Anwendung.

Am Bildschirm treten vor allem Probleme mit der Lesbarkeit von Schriften auf. Dies betrifft nicht nur die ausgewählte Schriftart, sondern in besonderem Maße den Schriftgrad, der mindestens 14 pt betragen sollte.

In den meisten Internetauftritten wird der Schriftgrad in der Regel sogar häufig unterschritten, wodurch die Lese- und Benutzerfreundlichkeit stark abnimmt. Werden kleinere Schriftgrade verwendet, so sollte auf ausreichenden Durchschuss und kleine Textblöcke geachtet werden.

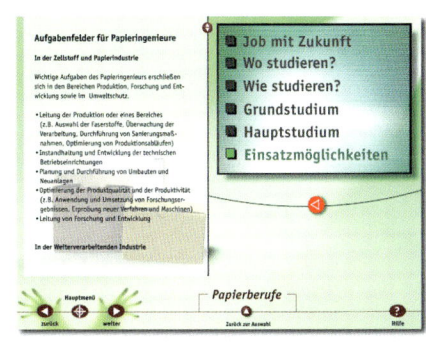

Üben und anwenden

Aufgabe 1: Suchen Sie aus Zeitschriften und Zeitungen Beispiele für richtige und falsche Wahl einer Schriftfamilie in Bezug auf den zu vermittelnden Inhalt.

Aufgabe 2: Stellen Sie Begriffe wie Hochhaus, Tiefbau, Weitwinkel, Fokus, Neonlicht, Schatten, Lichtkegel u.a. typografisch dar.

Aufgabe 3: Drucken Sie ein Wort in unterschiedlichen Laufweiten einer serifenlosen Schrift und einer Serifenschrift und wählen Sie die optimale Laufweite aus.

Aufgabe 4: Wählen Sie drei serifenlose Schriften und setzen Sie einen Text in gleicher Schriftgröße. Vergleichen Sie die auftretende Zeilenbreite und die Zeilenabstände der Schriften.

Aufgabe 5: Schreiben Sie einen Textabschnitt mit Überschrift und verwenden unterschiedliche Schriftfamilien, -größen und -schnitte. Stellen Sie die Wirkung der verschiedenen Schriftfamilien im Zusammenspiel mit anderen fest.

Aufgabe 6: Vergleichen Sie die Typografie eines Buches, einer Werbebroschüre und einer CBT und erarbeiten Sie die Unterschiede für die drei Anwendungen.

Aufgabe 7: Entwerfen Sie mit typografischen Gestaltungsmitteln Ihr persönliches Logo.

Aufgabe 8: Entwerfen Sie für sich Visitenkarten und Briefpapier. Verbinden Sie Schrift mit Linie, Fläche und Farbe.

Aufgabe 9: Stellen Sie die Begriffe „rot", „gelb", „blau", „grün" und „schwarz" typografisch dar.

4 Audio

Dieses Kapitel soll einen Einblick in die Welt der Töne geben, Möglichkeiten der Gestaltung mit Tönen in Neuen Medien aufzeigen und Grundlagen der dabei erforderlichen Tontechnik vermitteln.

Fast jeder kennt die herausragenden Kino Filme „2001- Odyssee im Weltraum", „E.T.", „Jurassic Park" und „Titanic". Es sind nur einige wenige Beispiele hervorragender Vertreter ihres Genres. Wie wirkungsvoll verwoben das bewegte Bild, Sprache, Musik und Geräusch sind, lässt sich erahnen, wenn wir diese Filme ohne Ton betrachten.

Auch in den interaktiven Anwendungen, wie zum Beispiel „SimCity 3000" oder „Catan", wird der Ton vorteilhaft in das Programm integriert. Musik und Geräusche ertönen und sogleich glaubt der Betrachter die Handlung nicht mehr nur auf einem flachen Bildschirm zu erleben, sondern in einem Raum, der sich von der Mattscheibe zu lösen scheint. Sprecher führen den Nutzer durch die Anwendung, stellen Aufgaben oder geben Hinweise. Der Ton wird ein Teil des Dialogs zwischen Mensch und Maschine. Diese Produkte stehen am Ende einer intensiven und spannenden Arbeit am Ton.

Oft bleiben dem Hörer die Vorarbeiten zur Tonaufnahme verborgen. So müssen Tonquellen für eine Nachvertonung ausfindig gemacht und daraufhin möglicherweise Verwertungsrechte an Tonmaterialien geklärt werden.

Spätestens seit es interaktive Anwendungen gibt, spielt der Programmierer eine wichtige Rolle im Produktionsteam. Mit ihm werden die Möglichkeiten der programmiertechnischen Einbindung von Ton in die interaktive Anwendung erörtert und gegebenenfalls Standards für das Produkt definiert. In der Arbeit am Ton finden wir sowohl Musiker, wie Komponist, Sounddesigner und Geräuschemacher, Sprecher und Synchronsprecher, Multimedia-Autor, -Produzent und Regisseur, Mischtonmeister und Sound Editor.

4.1 Töne

Auf dem Bahnhof, im Cafe, auf dem Flughafen, in der Sporthalle beim Basketballspiel, im Schwimmbad, auf der Straße sind unsere Ohren stets offen, für das, was auf sie einströmt; es sei denn, wir halten uns die Ohren zu. Da dies jedoch selten der Fall ist, müssen wir davon ausgehen, dass unsere Ohren ständig für alles auf Empfang stehen, was uns umgibt, sogar im Schlaf.

Im alltäglichen Leben steht der visuelle Sinn stark im Vordergrund der Wahrnehmung. Man denke an die vielen Schilder, die im Straßenverkehr zu beachten sind. Oder gar an das Informationsleitsystem auf einem Flughafen, das in überwiegendem Maße auf den visuellen Sinn ausgerichtet ist.

Im Gegensatz zur visuellen Wahrnehmung über die Augen verrät uns das Gehör zusätzlich etwas über den Raum der außerhalb unseres Gesichtsfeldes liegt. Dabei muss etwas an die Ohren dringen, was sie in ihrer Funktion als Empfänger aufnehmen können, der Schall. Er ist begrifflich der Physik zuzuordnen und geht von Schallerzeugern aus, von Menschen, Musikinstrumenten oder anderen Gegenständen. Sprechen, Singen, Schreien, Musizieren, Knallen. Auditive Ereignisse werden in drei Kategorien unterteilt. Sprache, Musik und Geräusch. Was sind Sprache, Musik und Geräusch? Spätestens seit der Musique concrète des Franzosen Pierre Schaeffer verschwimmt beispielsweise die Definition von Musik und Geräusch. In seiner Musik hat er Straßenlärm, Maschinengeräusche und vieles mehr verarbeitet. Er wäre sicherlich hoch erfreut gewesen, hätte er Ende der Vierziger Jahre die Sample-Maschinen der Techno-Musiker als Werkzeuge für seine Musik einsetzen können. Hiermit sei lediglich angedeutet, dass es uns nicht um musikwissenschaftlich eindeutige Definitionen oder gar um das Verwerfen der drei Kategorien Sprache, Musik und Geräusch geht. Wir verwenden sie im alltäglichen Sinn.

Schallereignis, Hörereignis

Es ist heiß. Das Fenster steht offen, um ein wenig frische Luft hereinzulassen. Draußen lärmt der Straßenverkehr. Die Tür geht auf. Jemand tritt ein und beginnt ein Gespräch. Im ersten Moment ist kaum etwas zu verstehen. Das Fenster wird besser wieder geschlossen.

Schallereignis = objektiv
Hörereignis = subjektiv

Sprache hat sich mit Hilfe von Schallwellen ausbreiten können. Ob jedoch die Sprache ins Bewusstsein des Zuhörers dringen kann, ist eine andere Sache. Deshalb wird zwischen dem objektiven *Schallereignis* und dem subjektiven *Hörereignis* unterschieden. Dabei ist das Schallereignis der messbare, physikalische Vorgang und das Hörereignis das, was der Wahrnehmungsvorgang daraus macht.

Schallereignis

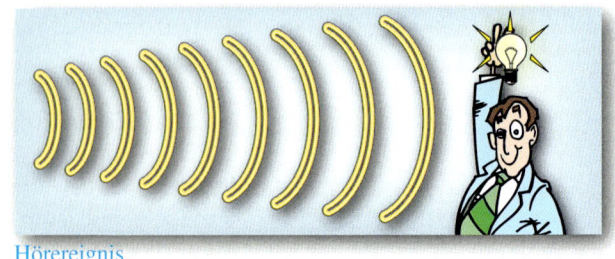

Hörereignis

4.1.1 Physik der Töne

Ton oder Ton?

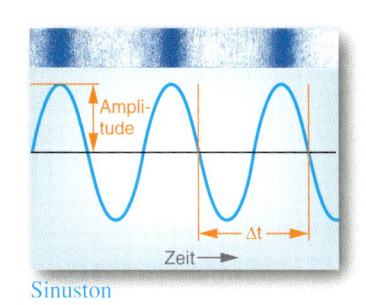

Was ist allen Schallereignissen gemeinsam? Hierfür müssen wir die Physik bemühen. Für den Physiker ist das kleinste Element des Schalls der Ton. Er wird beschrieben von einer sinusförmigen Druckschwankung der Luft an einem festen Ort, z.B. dem Trommelfell oder einer Mikrofonmembran. Diese sinusförmige Druckschwankung hat eine Frequenz und eine Amplitude.

Spricht jedoch der (klassische) Musiker von einem Ton, so meint er im Sinne der Physik bereits einen Klang oder ein Tongemisch, denn natürliche Schallquellen geben nur annähernd reine Sinustöne ab.

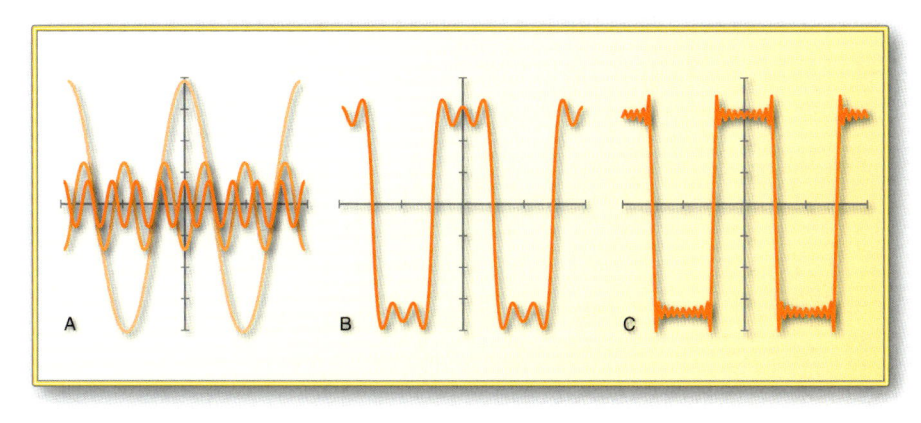

Sinuston

A: Darstellung dreier Schwingungen. Das Verhältnis der Frequenzen der hohen Töne zum tiefsten Ton (Grundton) ist ungeradzahlig.

B: Zeigt das Ergebnis ihrer Überlagerung, wenn sie gleichzeitig ertönen.

C: Überlagerung von mehr als drei Schwingungen mit ungeradzahligem Verhältnis der Frequenzen zur Frequenz des tiefsten Tones (Grundton).

Klangverlauf

Der Klang einer natürlichen Schallquelle durchläuft die Einschwing-, die quasistationäre und die Ausschwingphase.

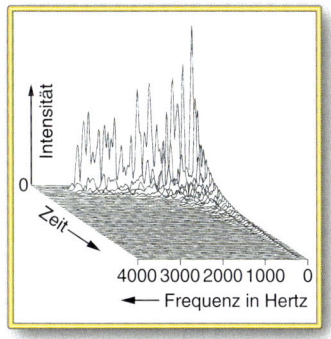

Einschwingphase

In der Einschwingphase formieren sich sozusagen die spektralen Bestandteile des Klanges. Neben Grundton und harmonischen Obertönen bilden auch nichtharmonische Bestandteile den Klang. Sie sind abhängig von der Art der Schallquelle. Bei einem Instrument, wie z. B. dem Vibraphon überwiegen in der Einschwingphase zunächst die nichtharmonischen spektralen Bestandteile. Sie verleihen dem Klang seine metallische Färbung. Einschwingvorgänge haben bei Schlaginstrumenten eine Dauer von einigen Millisekunden, bei großen Orgelpfeifen und Bassinstrumenten bis zu einer halben Sekunde. Im anschließenden Ausschwingvorgang des Vibraphons bestimmen die harmonischen Obertöne die Klangfarbe, der Ton klingt im Verlauf zunehmend weicher. Bei diesem Instrument ebenso wie bei allen anderen Schlag- und Zupfinstrumenten setzt der Ausschwingvorgang bereits nach dem Einschwingvorgang ein.

Quelle: J.R. Pierce, Klang. Mit den Ohren der Physik, 1999, S. 44

Quasistationäre Phase

Anders ist dies bei Schallquellen, die für ihre Tonbildung eine permanente Anregung erfordern. Das ist bei allen Blasinstrumenten, einer Orgel, einer Sirene oder beim Singen der Fall. Hier sorgt der Luftstrom für eine permanente Anregung. Bei ihnen schließt sich nach der Einschwingphase deshalb eine quasistationären Phase des

Klangverlauf: Veränderung des Tonfrequenzspektrums eines Instrumentes über der Zeit t

Wenn sich reine Töne mit geringfügig unterschiedlicher Frequenz überlagern, dann entsteht ein Klang mit langsam periodisch schwankender Amplitude, der Schwebung.

Vibrato = periodische Schwankung der Tonhöhe
Tremolo = periodische Schwankung der Lautstärke

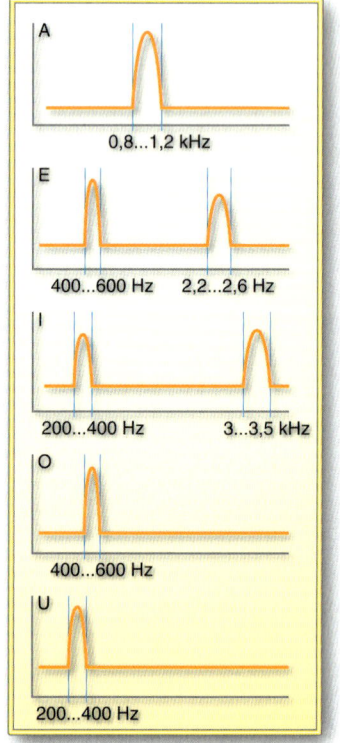

Formantbereiche der deutschen Sprache

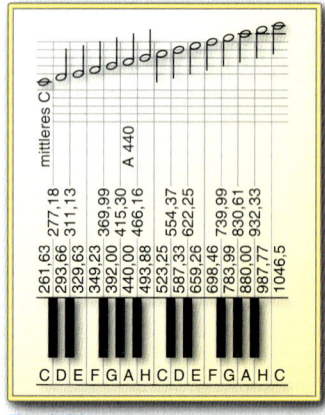

Zwei Oktaven

Klangverlaufes an. Quasistationär, weil sich der Klang auch in dieser Phase noch ändert, also nicht exakt stationär ist, messtechnisch jedoch als stationär betrachtet werden kann. So ist diese Phase durch dauernde leichte Veränderungen von Frequenz und Amplitude der Teiltöne gekennzeichnet, was zu Schwebungen, *Vibrato* und *Tremolo* führen kann. In dieser Phase bestimmen der Grundton und seine Obertöne das Klanggeschehen. Deren Frequenzen stehen im Mittel in einem ganzzahligen Verhältnis zur Frequenz des Grundtons. Das ist nicht so bei Schallquellen, die einen Starken Anteil an Rauschhaftem im Klang haben, wie zum Beispiel dem Becken.

Teile von Schallquellen schwingen um für sie typische Mittenfrequenzen herum besonders gut. Beispielsweise der Boden, die Decke und das eingeschlossene Luftvolumen einer Geige werden in Resonanz versetzt. Sie wirken dabei wie Klangfilter. Sie filtern das Frequenzspektrum der schwingenden Saite. Die Frequenzbereiche, die auf diese Weise durch Resonanz entstehen, werden Formanten genannt. Auch bei sich ändernder Tonhöhe der Saitenschwingung bleiben sie unverändert. Sie stehen für die Schallquelle fest, denn die Größe der resonierenden Teile oder Hohlräume sind unveränderlich. Deshalb prägen sie einen Teil des charakteristischen Klangbildes.

Die Mundhöhle lässt sich jedoch in ihrer Größe variieren. Das Ergebnis sind unterschiedliche Formantbereiche, die Grundlage der Vokale. Ohne diese wäre unsere menschliche Sprache undenkbar.

Weiterhin ist auch in der quasistationären Phase ebenso wie in der Einschwingphase Rauschhaftes im Klang vertreten, was z.B. bei Blasinstrumenten vom Anblasen oder bei Streichinstrumenten vom Streichen der Saite mit dem Bogen herrührt.

Ausschwingphase

Die Ausschwingphase beendet den Klangverlauf. Sie setzt ein, sobald die Anregung des Instrumentes beendet ist. Nimmt z.B. ein Geiger in der Bewegung den Bogen von der Saite, so ist in dem Resonanzsystem der Geige noch Energie gespeichert. Sie wird großenteils im Ausschwingvorgang über die Schallwellen abgegeben.

4.1.2 Empfindung von Tönen

Tonhöhe

Die Empfindung der Tonhöhe eines musikalischen Tones wird durch die Frequenz seines Grundtones bestimmt. Je höher seine Frequenz, desto höher wird der Ton empfunden. Das Tonhöhenempfinden ändert sich mit dem Logarithmus der Frequenz. Das Intervall einer Oktave beispielsweise besteht aus zwei Tönen deren Frequenzen im Verhältnis 1:2 stehen.

Beispiel: 20 Hz zu 40 Hz; 500 Hz zu 1000 Hz; 8000 Hz zu 16000 Hz. Der Tonfrequenzbereich des menschlichen Gehörs umfasst etwa 10 Oktaven.

Lautstärke

Empfindung der Lautstärke eines musikalischen Tones ist dagegen komplexer. Vom Gebrauch der Stereoanlage ist uns das hinlänglich bekannt. Hören wir beispielsweise Musik leise im Hintergrund, so entsteht der Eindruck, die Musikaufnahme klänge flach, habe keine Bässe und keine Höhen. Eine Korrektur des Klangbildes mit dem Loudness-Schalter verstärkt die spektralen Bestandteile der tiefen und hohen Frequenzen. Drehen wir den Lautstärkeregler danach jedoch wieder auf, beginnt es zu dröhnen und das Klangbild wird aufdringlich höhenreich und spitz. Das legt die Vermutung nahe, dass die Empfindung der Lautstärke eines Tones auch von seiner Frequenz, und bei Klängen von ihrer spektralen Zusammensetzung abhängig ist.

Dies belegen Untersuchungen, die mit vielen Testhörern durchgeführt worden sind. Als Ergebnis ergaben sich die Kurven gleicher Lautstärkepegel von Fletcher und Munson.

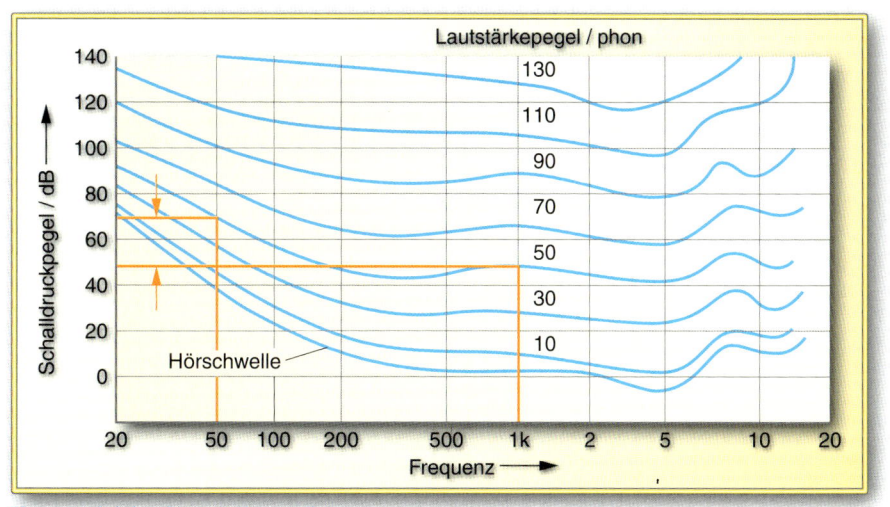

Lautstärkevergleich in dB	
startender Düsenjet (Schmerzschwelle)	140
startendes Propellerflugzeug	120
U-Bahn-Express	100
laute Radiomusik/ lauter Straßenlärm	80
normales Gespräch	60
ruhiges Wohngebiet	40
Blätterrascheln	20
kaum hörbares Geräusch (Schwelle)	0

Kurven gleicher Lautstärkepegel

Die obigen Kurven gleicher Lautstärkepegel sind entstanden durch den Vergleich von Tönen mit einer Frequenz von 1000 Hz und benachbarten Tönen höherer oder tiefer Frequenz. Dabei hat sich gezeigt, dass Töne unterschiedlicher Frequenz mit dem selben Schalldruckpegel unterschiedlich laut empfunden werden. Wie groß der Schalldruckpegel eines Tones im Vergleich zu einem Ton von 1000 Hz sein muss, um gleich laut empfunden zu werden, zeigen die Kurven. Ein Ton mit 1000 Hz und einen Lautstärkepegel von 50 Phon wird gleich laut empfunden, wie ein tiefer Ton mit der Frequenz von 50 Hz mit einem Schalldruckpegel von 70 dB. Der tiefe Ton muss demnach einen Schalldruckpegel haben, der um 20 dB höher ist als der Ton mit 1000 Hz, um gleich laut empfunden zu werden. Lautstärkepegel und Schalldruckpegel haben für einen Ton mit der Frequenz von 1000 Hz den gleichen Betrag.

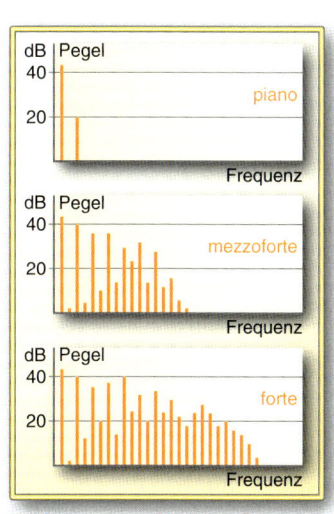

Spektrum verschiedener Dynamikstufen

Das Gehör scheint im Bereich mittlerer Frequenzen am empfindlichsten zu sein. Menschliche Rufe oder Schreie sind deshalb besonders gut auch über große Entfernung wahrzunehmen. Vermutlich eine überlebensbegünstigende Entwicklung der menschlichen Evolution.

Der Grundton ist der Ton mit der niedrigsten Frequenz im Spektrum eines Klanges.
Obertöne sind weitere reine Töne (Sinusschwingungen) höherer Frequenzen im Klang.
Die Beziehung von Oberton zu Grundton heißt harmonisch, wenn deren Frequenzen in einem ganzzahligen Verhältnis stehen.

Tipp: In der Filmvertonung müssen auch im nachhinein Klänge an das Geschehen angepasst werden. Das erfordert auch die nachträgliche Veränderung der Lautstärke von Tönen. Durch eine elektroakustische Verstärkung eines Tones lässt sich nur bedingt der Eindruck erwecken, er sei auch laut erzeugt worden! Das Wesentliche ist in diesem Zusammenhang die Beschaffenheit seines Spektrums. Soll also ein Ton laut klingen, so muss das Ereignis bereits entsprechend eingespielt worden sein, oder die betreffenden Obertöne müssen mit geeigneten Mitteln entsprechend verstärkt werden. Jedoch führt dies häufig nur zu einem begrenzten Erfolg!

Klangfarbe

Im musikalischen Ton liegt wie bereits beschrieben nicht nur die Amplitude eines einzelnen „physikalischen" (reinen) Tones vor, sondern die Amplituden der Teiltöne, des Grundtones und seiner Obertöne. Die Klangfarbe eines musikalischen Tones wird von der Zusammensetzung genau dieser Teiltöne charakterisiert. Wird ein Ton laut gespielt, so treten seine Obertöne gegenüber dem Grundton deutlich stärker hervor, als wenn er leise ertönt. Deshalb wird hier anschaulich klar, dass die Empfindung der Lautstärke eines musikalischen Tones davon abhängt, wie stark die einzelnen Obertöne gegenüber dem Grundton vertreten sind und wie sich der musikalische Ton aus eben diesen Teiltönen zusammensetzt. Es wirkt sich also auf die Empfindung der Lautstärke aus. Flüstern wird nicht zum Schreien, nur weil es elektrisch verstärkt wird! Obenstehende Grafik des Spektrums für verschiedene Dynamikstufen zeigt dies deutlich.

Werden die Amplituden der Teiltöne mit dem Grundton gleichmäßig in gewissen Grenzen erhöht, so empfinden wir dies selbstverständlich auch als Erhöhung der Lautstärke.

Dauer

Eine Fotografie ist eine Momentaufnahme eines Ereignisses in einem Vorgang, fängt ein Portrait oder ein Stilleben ein. Es ist ein kurzer Moment, den der Fotograf mit dem Foto als Zeitscheibe aus einem Vorgang herauslöst. Der Faktor Dauer spielt hierbei keine Rolle. Nicht so im Ton.

Ein auditives Ereignis ist ohne den Faktor Zeit bei Aufnahme und Wiedergabe nicht vorstellbar.

Richtung und Entfernung

Neben Tonhöhe, Klangfarbe und Dauer wird auch die Richtung und Entfernung als Teil eines Hörereignisses empfunden.

Dabei ist es besonders wirkungsvoll, die Ereignisse im Raum so zu platzieren, dass sie dem Geschehen auf der visuellen Ebene entsprechen. Besonders eindrucksvoll wird der Ton mit Surround-Sound-Systemen wiedergegeben. Sie arbeiten mit mehr als nur zwei Lautsprechern und lassen den Ton gezielt aus mehreren Richtungen im Raum auf den Zuschauer einströmen. Auch in Hörspielen entstehen neue Welten durch die auditive Abbildung virtueller Räume. Um diese technischen Möglichkeiten nutzen zu können, brauchen wir ein Grundverständnis für die Wahrnehmung von Richtung und Entfernung.

Richtung

Zunächst teilen wir den uns umgebenden Raum in eine horizontale und eine vertikale Ebene.

Horizontalebene

Die Empfindung der Richtung auf der horizontalen Ebene beruht auf der Auswertung der Unterschiede des Schalls zwischen linkem und rechtem Ohr.

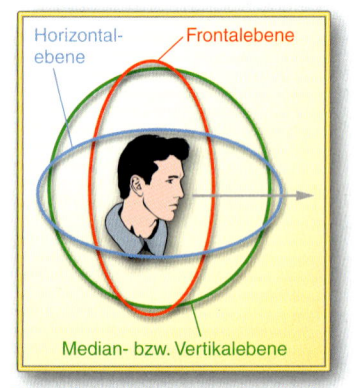

Koordinatensystem zur Beschreibung der Richtungswahrnehmung

Intensität und Klangfarbe

Der Kopf schattet den Schall bei seitlicher Schalleinfallsrichtung ab. Der Schall ist deshalb auf einem Ohr leiser als auf dem anderen. Dieser Effekt ist jedoch erst wirksam oberhalb von etwa 500Hz und nimmt mit steigender Frequenz zu. Bei breitbandigem Schall verändert sich dadurch sein Frequenzspektrum auf dem Ohr der abgewandten Seite des Kopfes. Unterhalb von etwa 500Hz wird der Schall um den Kopf gebeugt.

Laufzeit

Bei seitlichen Einfallsrichtungen braucht der Schall zum abgewandten Ohr eine geringfügig längere Zeit als zum zugewandten. Die Differenzen liegen deutlich unter 1ms. Auch aus dieser Differenz leitet unser auditives Wahrnehmungssystem die Richtung ab.

Hinweis: Richtungsinformationen in der Tonproduktion sind am einfachsten mit Intensitätsstereofonie realisierbar. Am Mischpult finden wir den Regler Panorama. Mit ihm weisen wir dem linken und rechten Kanal einen entsprechenden Pegel der gleichen Tonquelle zu. Und platzieren somit die Tonquelle auf der Verbindungslinie zwischen den beiden vorderen Lautsprechern.

Beide Abbildungen zeigen die Abhängigkeit der Laufzeitdifferenz Δt von dem Schalleinfallswinkel ψ

- $0° =$ Einfallsrichtung aus der Mitte von vorne
- $90° =$ Einfallsrichtung von links, hier erreicht die Laufzeit ihr Maximum
- $180° =$ Einfallsrichtung aus der Mitte von hinten

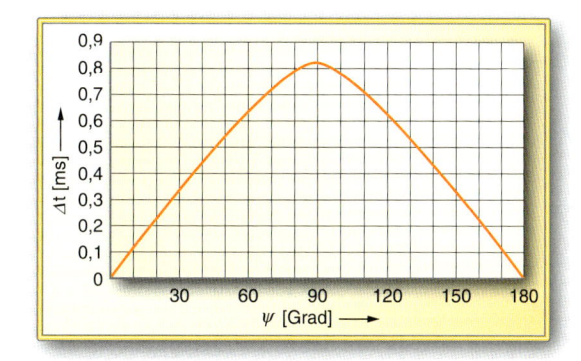

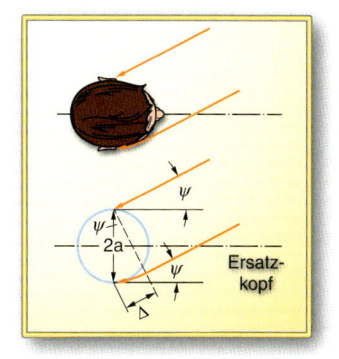

Hinweis: Wie aus den beiden obenstehenden Grafiken ersichtlich ist, sind die Laufzeiten für vorn und hinten gleich. Hier wird bereits deutlich, dass die Richtung des einfallenden Schalls in der auditiven Wahrnehmung aus mehreren zusammenspielenden Verfahren ermittelt wird.

Vertikalebene

Aber was ist mit der Richtung auf der vertikalen Ebene? Der Schall, der auf beide Ohren trifft, ist in diesem Fall gleich! Form und Beschaffenheit von Kopf und Ohrmuscheln wirken wie ein akustisches Filter in Abhängigkeit von der Schalleinfallsrichtung. Bei unterschiedlichen Schalleinfallswinkeln auf der Vertikalebene werden entsprechende richtungbestimmende Frequenzbänder angehoben. Diese Beziehung zwischen Schalleinfallsrichtung und Klangfarbe wird für die Empfindung der Richtung ausgewertet.

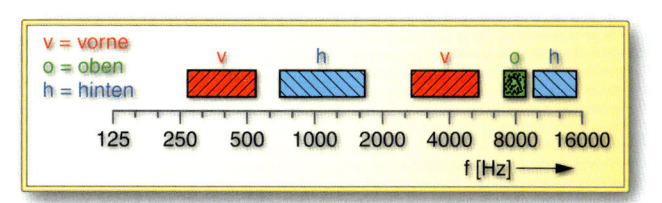

Frequenzbänder für die Ortung des Schalls auf der Vertikalebene

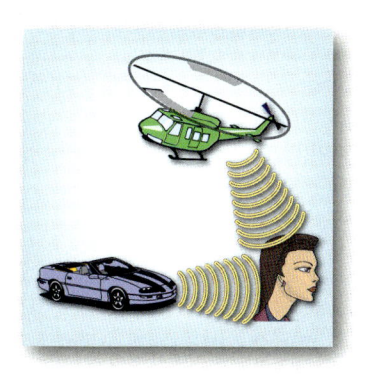

Fliegt ein Hubschrauber über uns hinweg, so trifft der Schall von oben auf den Kopf. Der Frequenzbereich um 8000 Hz im Schall des Flugzeuges wird angehoben. Werden wir von einem hinter uns fahrenden PKW angehupt, so wird das Frequenzband von etwa 700-1800 Hz und das von etwa 10-15 kHz im Schall der Hupe angehoben.

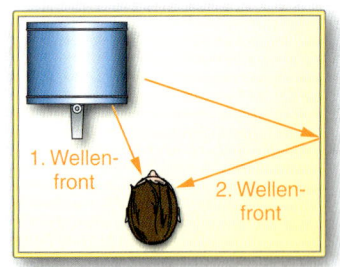

Haas-Effekt

Hinweis: Vergleich mit Off-Stimmen in der Werbung und im Rundfunk. Durch die Betonung der tiefen Frequenzen wird Nähe in jeglicher Beziehung erzeugt.

Tipp: Um den Eindruck der Entfernung zu unterstützen hilft es, die Tiefen im Klangspektrum (des direkten Schalls) der Tonquelle mit dem Klangfilter am Mischpult oder der Tonbearbeitungssoftware zu dämpfen.

Raumakustik und Richtungswahrnehmung

Wie wir im Kapitel Raumakustik ebenfalls erfahren, trifft in geschlossenen Räumen der Schall einer punktförmig gedachten Schallquelle nach dessen Reflexionen an den Begrenzungsflächen des Raumes von allen Seiten beim Hörer ein. Die zuerst beim Hörer eintreffende Wellenfront bestimmt dabei die Richtung des Hörereignisses. Bedingung ist, dass die 2.Wellenfront mindestens etwa 1 ms später eintreffen muss. Dies nennt man das Gesetz der ersten Wellenfront (Haas- oder Präzedenzeffekt). Treffen die Wellenfronten mit einem Zeitversatz von mehr als etwa 60ms ein, so wird die 2.Wellenfront als Echo wahrgenommen. Der Einfachheit halber nehmen wir an, der Schall von erster und folgender Wellenfront habe den gleichen Pegel.

Entfernung

Warum können wir mit geschlossenen Augen feststellen, ob jemand aus nächster Nähe mit uns spricht, oder uns aus großer Entfernung zuruft?

Wenn ein Schallereignis in der Mitte vor mir stattfindet, so besteht kein Unterschied zwischen dem Schall an linkem und rechtem Ohr. Das legt die Vermutung nahe, dass sich die Entfernung auch mit lediglich einem Ohr wahrnehmen lässt. Sobald jedoch der visuelle Eindruck fehlt, ist dies nur noch eingeschränkt möglich. Die Entfernung des Hörereignisses stimmt nicht exakt mit der wirklichen überein, wird jedoch mit kleiner werdendem Abstand zwischen Schallquelle und Hörer genauer abgeschätzt.

Ein Park. Eine Wiese. Eine Person spricht unverändert und nähert sich Ihnen. Der Klang ihrer Stimme ändert sich. Auch ihre Lautstärke nimmt zu. Je näher sie kommt, desto voller klingt die Stimme. Die Lautstärke der tiefen Frequenzen im Frequenzspektrum der Stimme nimmt in größerem Maße zu.

Sowohl die Klangfarbe als auch die Lautheit des Hörereignisses ändern sich also mit der Entfernung des Hörers zur Schallquelle. Wodurch kommt das? Wir beschränken uns auf die Betrachtung eines Schallereignisses in einem (annähernd) freien Schallfeld, eben z.B. eine Wiese. Aus der Wellenlehre ist bekannt, dass sich tieffrequenter Schall (halb-) kugelförmig von der Schallquelle ausbreitet. Voraussetzung ist jedoch, dass deren Wellenlänge groß gegenüber den Dimensionen der Schallquelle ist. Unterschreitet die Wellenlänge die Größe der Abmessung der Quelle, so werden sie zunehmend gebündelt abgestrahlt. Die abgegebene Energie konzentriert sich sozusagen auf den Strahl, während sie sich im Falle der kugelförmigen Ausbreitung auf den gesamten umliegenden Raum verteilt. Aus der Anschauung wird somit klar, dass die Tiefen im Frequenzspektrum mit größer werdender Entfernung mit einem geringeren Pegel vertreten sind als die Höhen. Das Hörereignis verliert deshalb an „Fülle". Trotz gebündelter Abstrahlung wird die Energie der hochfrequenten Schallanteile mit steigender Entfernung auf einen größer werdenden Raum verteilt. Deshalb verändert sich selbstverständlich die empfundene Lautstärke auch insgesamt.

Hierbei wirkt sich zusätzlich die Frequenzabhängigkeit der Empfindung der Lautstärke aus, die mit den Kurven gleicher Lautstärke beschrieben wird (vgl. Abschnitt Lautstärke). Bei größer werdender Entfernung nimmt die Lautstärke ab, wobei wir die Abnahme der Lautstärke der tiefen Frequenzen als größer empfinden als die der mittleren und hohen Frequenzen.

Tipp: Raumsimulationsprogramme (oder auch Hallprogramme) sind in externen Geräten, als Teil von Multieffektgeräten und als Softwarebestandteile/Plug-Ins von Tonbearbeitungsprogrammen erhältlich (siehe unten). Das Mischungsverhältnis aus dem originalen und bearbeiteten Ton bestimmt dabei den Eindruck der Entfernung der Tonquelle im künstlich erzeugten akustischen Raum (synthetisches Schallfeld) zum Hörer.

Wie klingen Schallquellen aus nächster Nähe und welcher Abstand ist welchem Klang zuzuordnen? Hierfür ist natürliche, alltägliche Hörerfahrung notwendig.

Raumakustik und Entfernungswahrnehmung

Finden Schallereignisse in einem geschlossenen Raum statt, so hören wir keinesfalls nur das, was direkt von der Schallquelle stammt, sondern auch das, was der umgebende Raum daraus macht. Das wird Hall genannt (vgl. Abschnitt Raumakustik). Eine Sporthalle. Der Basketball schlägt vor Ihnen auf. Der Anteil des Schalls, der direkt von der Schallquelle kommt, ist hoch im Gegensatz zum diffusen Schall (Hall) der Sporthalle. Der Basketball schlägt weit entfernt unter dem gegnerischen Korb auf. Der Anteil des direkten Schalls ist niedrig im Gegensatz zum diffusen Schall der Sporthalle. Ein Vergleich von direktem zu indirektem Schall ist eine zusätzliche Informationsquelle für die Wahrnehmung von Entfernung. Auch für diesen Vergleich ist eine gewisse Hörerfahrung notwendig, denn es müssen Kenntnisse beim Hörer darüber vorliegen, wie Räume unterschiedlicher Größe und Beschaffenheit klingen und welchen Abständen von Hörer zu Schallquelle welchen Verhältnissen von direktem zu indirektem Schall zuzuordnen sind.

Mit Hörerfahrung ist jedoch nicht diejenige von Audio-Profis gemeint, sondern das Ergebnis eines Prozesses, der bereits nach der Geburt beginnt. Ein Prozess des ständigen Zuordnens der Empfindung von Klängen und Lautstärken von Stimmen, Instrumenten, Geräuschen zu deren Positionen in ihrerseits „klingenden" Räumen.

Für das Erkennen von Richtung und Entfernung setzt unser auditives Wahrnehmungssystem alle angesprochenen Verfahren gleichzeitig ein. Mit unterschiedlichem Erfolg. Denn die Qualität der Beiträge an der Wahrnehmung durch die verschiedenen Verfahren, einzeln und in ihrer Gesamtheit, hängt nicht nur von der Leistungsfähigkeit unseres Wahrnehmungssystems ab, sondern auch von der Beschaffenheit des Schallereignisses! Beispielsweise lassen sich Töne tiefer Frequenz nur sehr schlecht bis gar nicht oder Dauertöne schlechter als impulshafter Schall (ähnlich der Sprache) orten.

Tonaufnahmen, die mit einem Kunstkopf gemacht werden, enthalten all die für unsere auditive Wahrnehmung wichtigen Informationen. Leider sind diese Aufnahmen an die Wiedergabe mittels eines Kopfhörers gebunden. Da diese Aufnahmen jedoch bereits Rauminformationen enthalten, wären sie z.B. in der Vertonungsarbeit nicht für alle Situationen einsetzbar. Deshalb werden Schallereignisse zu diesem Zweck häufig so aufgezeichnet, das sie möglichst universell einsetzbar sind. Das eröffnet die Möglichkeit, dass Rauminformationen nachträglich künstlich entsprechend der im bewegten Bild sichtbaren Räume mit Hall- (Raumsimulatoren) und Verzögerungsgeräten erzeugt und dem Original zugemischt werden (vgl. Abschnitt Raumakustik) können.

Die Empfindung der Schallereignisse unterscheiden sich also in ihrer Tonhöhe, Lautstärke, Dauer, Klangfarbe und der Richtung, aus der sie einfallen. Diese elementaren Eigenschaften finden sich deshalb in allen drei auditiven Kategorien Sprache, Musik und Geräusch wieder. Sie werden uns deshalb in der Gestaltung mit Tönen ständig begegnen.

Externes Effektgerät
Quelle: Lexicon, Inc., Bedford USA

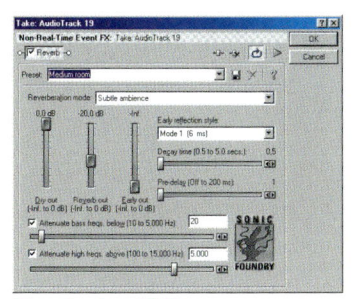

Plug-In eines Hallgerätes

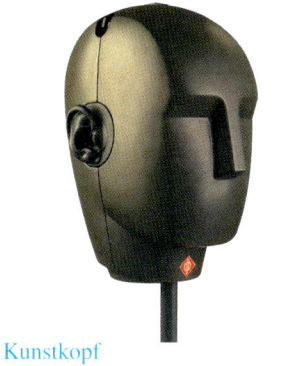

Kunstkopf
Quelle: Georg Neumann GmbH, Berlin

4.1.3 Raumakustik

Im Film wie auch in interaktiven Anwendung werden Umgebungen innerhalb und außerhalb geschlossener Räume visuell abgebildet. In der Regel soll der Ton diesem Eindruck folgen. Beim Filmton machen manchmal unerwünschte Umgebungsgeräusche während der Dreharbeiten, zum Beispiel von den Generatoren für die Stromversorgung, eine Nachvertonung unumgänglich. Aber auch Computeranimationen für Filme oder multimediale Anwendungen erhalten ihren Ton häufig erst nach ihrer Fertigstellung. Dann müssen Tonaufnahmen nachträglich in Räumen ähnlich der abgebildeten erstellt oder Tonaufnahmen mit einem künstlich erzeugten Raumanteil versehen werden.

In der Filmtonmischung wird schon seit geraumer Zeit für die mehrkanalige Wiedergabe auf Surround-Sound-Systemen gemischt. Mit interaktiven Anwendungen und Filmen auf DVD hält der Mehrkanalton auch Einzug in die Wohnzimmer. Deshalb ist es für die Tonproduktion von Nutzen, den Einfluss des Raumes auf den Schall und auf das Hörereignis zu kennen (vgl. Abschnitt Richtung und Entfernung).

- Wie verhält sich ein Raum?
- Wie baut sich sein Schallfeld auf?
- Welchen Einfluss nimmt ein Raum auf ein Schallereignis?
- Was verändert er am Schall, der von einer Quelle in den Raum abgestrahlt wird?

Wenn Aufnahmen mit dem Mikrofon in geschlossenen Räumen statt finden, tritt auch die Akustik des Raumes in Erscheinung. Gleichgültig, ob es sich um Sprachaufnahmen in einer kleinen Kabine oder eine Choraufnahme in einer Kirche handelt. Das Mikrofon nimmt immer sowohl den direkten Schall, wie auch den Schall auf, der an den Begrenzungsflächen des Raumes oder an Gegenständen reflektiert, gebeugt, gebündelt oder zerstreut wird.

Quelle: Camgaroo AG, München camgaroo - digitale video-produktion, Heft 02/2001, S. 36

Zu sehen sind die Arbeitsgegenstände und die Projektionsleinwand im Tonstudio Meloton des Geräuschemachers Mel Kutbay. Wenn nötig, so werden die hier entstehenden Geräusche mit einem Hall versehen, spätestens aber vom Mischtonmeister mit einem Raumsimulator in den auf der Leinwand sichtbaren Raum akustisch eingebettet. Deshalb müssen sich solche Aufnahmeräume „klangneutral" verhalten.

Bevor ein Raum nachzuhallen beginnen kann, muss er sich erst einmal mit Schallenergie „voll saugen". Nach dem Eintreffen von direktem Schall und den ersten Reflexionen von Decke, Boden und Wänden beim Hörer, vermehren sich die Reflexionen und verdichten sich rasch zu dem, was Hall genannt wird (vgl. Abschnitt Geometrische Raumakustik).

Der Hall hat ebenso wie der Direktschall charakteristische Klangeigenschaften. Seine Zusammensetzung hängt davon ab, wie die Oberflächen von Decke, Fußboden und Wänden beschaffen sind, welche Geometrie der Raum besitzt, ob der Raum bestuhlt ist und welche übrigen Gegenstände an welchem Ort im Raum versammelt sind usw. Direkter und indirekter (diffuser) Schall sind also verschieden.

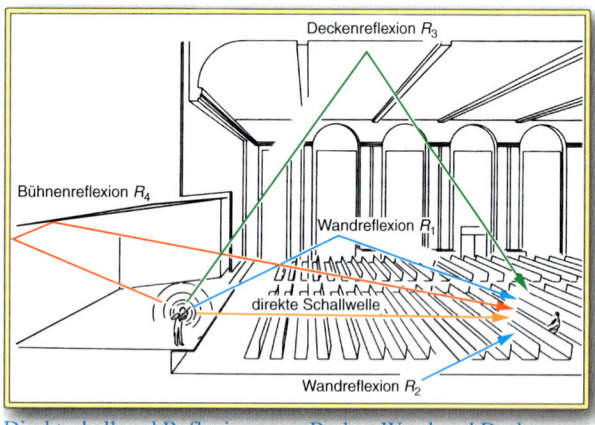

Direktschall und Reflexionen an Boden, Wand und Decke

Hinzu kommt, dass das Abstrahlverhalten von Schallquellen sehr komplex ist. Nicht alle Töne unterschiedlicher Frequenz werden kugelförmig oder in gleicher Richtung von der Schallquelle abgestrahlt. So übernimmt der Hall sozusagen den Transport der Schallanteile unterschiedlicher spektraler Zusammensetzung, die nicht auf direktem

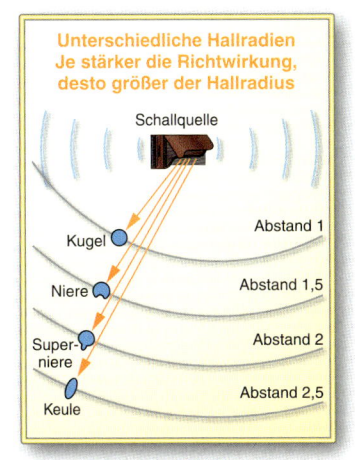

Unterschiedliche Hallradien
Je stärker die Richtwirkung, desto größer der Hallradius

Richtwirkung und Hallradius

Kutsche in Milos Formans Film Amadeus

Wege zum Hörer gelangen. Er färbt sie dabei ein. Beim Hörer verschmelzen direkter und indirekter Schall zu einem einzigen Hörereignis! Somit bestimmen immer die Schallquelle und ihre Umgebung den Gesamteindruck. Das entspricht unserer Hörerfahrung und Erwartung.

Beispiel: Direkter und indirekter Schallanteil werden bei einer Tonaufnahme dadurch voneinander (näherungsweise) getrennt, indem das Mikrofon weit innerhalb des Hallradius in sehr geringem Abstand zum Instrument aufgestellt wird. Damit werden die ersten Reflexionen und der Nachhall des Raumes sozusagen nahezu ausgeblendet. Das kann dazu führen, dass das Instrument seinen natürlichen Klangcharakter einbüßt, da der resultierende Klang des Instruments bei der Wiedergabe nicht der Erwartung des Instrumentenklanges aufgrund der Hörerfahrung entspricht. Dieser setzt sich zusammen aus dem Gesamteindruck von direktem und diffusem Schall am Ort des Hörers.

Aufnahmen im Freien finden selbstverständlich auch in der Nähe von Gegenständen oder Begrenzungsflächen statt. Eine Filmszene: Eine Kutsche fährt auf altem Kopfsteinpflaster in einer Gasse. Häuserwände reflektieren den Schall der schlagenden Pferdehufe. Es kommt zu typischen Klangverfärbungen und Echos. Bedingungen, die für Musikaufnahmen oder gar Sprachübertragungen unvorteilhaft wären, führen hier zu einem authentischen Gesamteindruck von auditiver und visueller Ebene.

Selbst ein Wald hat akustische Eigenschaften, denn auch dieser würde z.B. den Schall der Kutsche an seinen Baumstämmen reflektieren (streuen) und beugen.

Die geometrische Raumakustik betrachtet ähnlich der Strahlenoptik u.a. die Richtung und die Veränderung der Richtung des Schalls. Dies hat jedoch seine Grenzen genau dann, wenn sich die Reflexionen der Schallwellen bereits so stark vermehrt und „durchmischt" haben, dass sie nur noch als diffuser Schall ohne Richtungsinformation betrachtet werden können. Dies ist das Gebiet der statistischen Raumakustik.

Geometrische Raumakustik

Es hat sich gezeigt, dass ein Raum besonders angenehm klingt, wenn er möglichst homogen mit Schall „durchmischt" ist. Die Schallausbreitungsrichtungen der Reflexionen verlaufen dann nicht parallel und der Schall wird an Begrenzungsflächen gestreut.

Die Abbildungen zeigen, wie sich der Schall ausbreitet.

Links: Nicht parallel laufende Strahlen der Ausbreitungsrichtungen von Schallreflexionen

Rechts: Der Schall wird an einem Gegenstand gestreut.

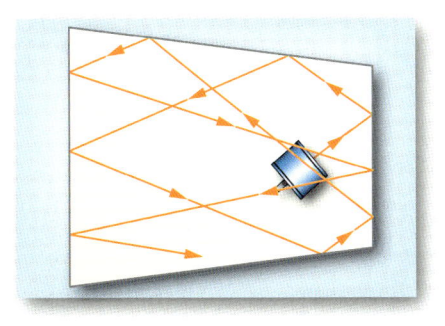

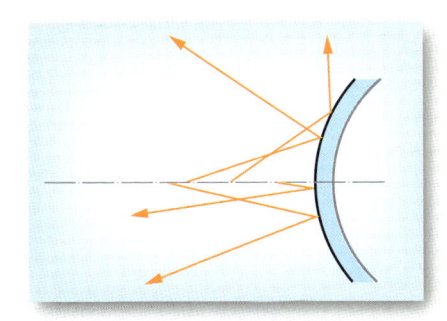

Zwischen planparallel angeordneten Wänden kommt es mit größer werdendem Abstand der Wände zueinander erst zu einem Schnarren und dann zu Flatterechos. Bei letzteren müssen die Verzögerungen der Wellenfronten der einzelnen Reflexionen zueinander mit mehr als etwa 30 ms am Ohr des Hörers eintreffen. Das tritt bei einer Wegdifferenz ab etwa 10 m ein und ist bereits in leerstehenden Räumen normaler Wohnungen zu beobachten.

Die Abbildung zeigt von links nach rechts die verschieden Phasen der Schallausbreitung in einem Raum mit planparallelen Begrenzungsflächen. Die Linien zeigen die Wellenfronten der Reflexionen an den Begrenzungsflächen des Raumes. Im Punkt befindet sich die Schallquelle. Von ihr geht ein impulsartiger Schall (Knall) aus. Die Phasen zeigen auch, wie sich die Reflexionen zu einem Hall verdichten.

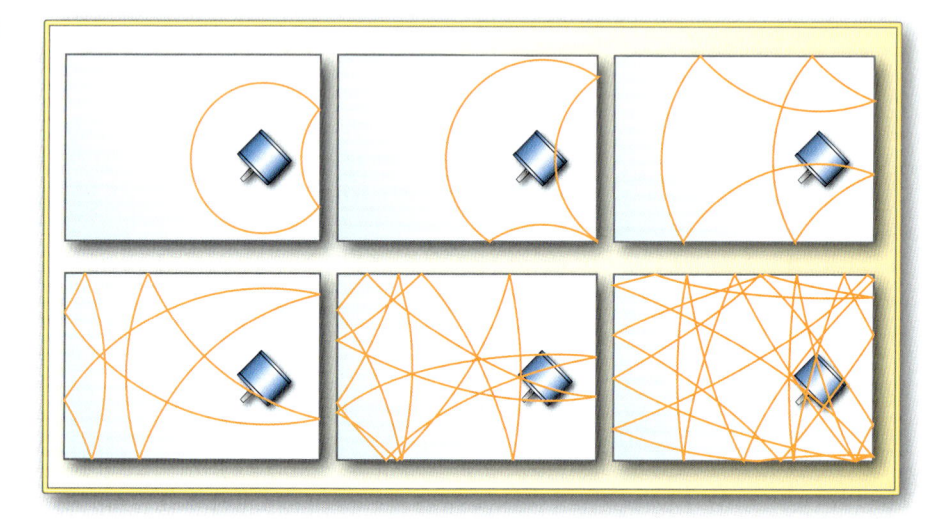

Statistische Raumakustik

Sie gibt uns Aufschluss darüber, wie groß die Dauer des Nachhalls eines Raumes ist. Die Nachhallzeit ist definiert als die Zeit, in der der Schalldruckpegel nach Abschalten der Schallquelle um 60dB sinkt. Anzumerken ist dabei, dass die Nachhallzeit frequenzabhängig ist und auf diese Weise den Klangeindruck eines Hörereignisse entscheidend prägt. Das Frequenzverhalten des Halls wird beeinflusst durch die Materialien der Begrenzungsflächen und der Gegenstände im Raum und durch seine Geometrie. Am angenehmsten wird ein Hall empfunden, wenn er in seinem Spektrum gleichmäßig abnimmt.

Die Abbildung zeigt die zeitliche Abfolge von Direktschall, ersten Reflexionen und Nachhall am Ort eines Hörers.

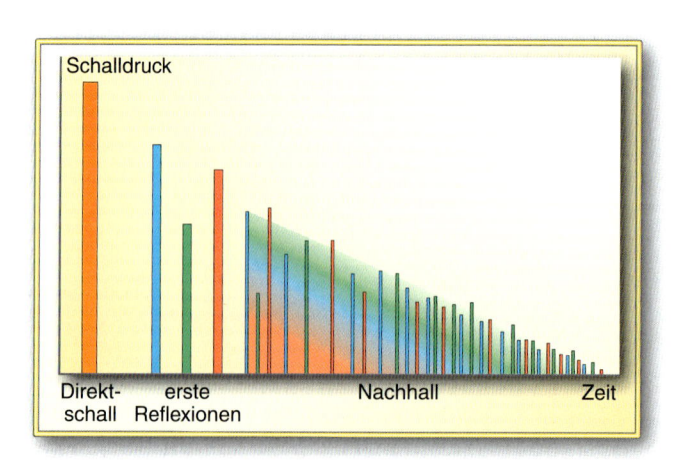

4.2 Funktion von Tönen

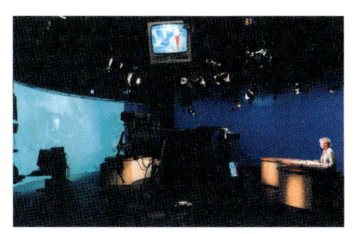

Bis hierher haben wir erfahren, welche elementaren Eigenschaften allen Tönen zu eigen sind und wie wir Töne empfinden. Im weiteren soll es darum gehen, welche Funktionen Sprechtext, Musik und Geräusch einnehmen können. Gestalteter Ton findet sich in vielen Bereichen: Rundfunk, Theater und Konzert, Film und Video und natürlich interaktive Anwendungen im Multimedia-Bereich. Wir beschränken uns auf die Betrachtung des Tons im Zusammenspiel mit dem (bewegten) Bild, wobei ein Fokus besonders auf interaktive Anwendungen gelenkt wird.

Interaktive Anwendungen unterscheiden sich untereinander zum Teil sehr stark. Sie reichen von „Blättermaschinen" bis zu Expertensystemen, sind zum Teil mit Simulationen, Animationen und digitalen Videos versehen oder auch nur mit geschriebenem Text und Standbildern ausgestattet. Entsprechend unterschiedlich ist der Einsatz von Ton. Es folgt eine Zusammenfassung der vielfältigen funktionalen Verwendungsmöglichkeiten von Ton zu bewegtem Bild. Sie erhebt keinen Anspruch auf Vollständigkeit, sondern will in erster Linie die Spannbreite zeigen, mit der Musik, Sprache und Geräusch genutzt werden können. Und sie soll motivieren, mit Ton zu Bild im Unterricht zu experimentieren.

4.2.1 Sprechtext

Im Gegensatz zu Musik und Geräusch ist Sprechtext besonders gut geeignet, um Informationen möglichst eindeutig zu transportieren und Sinnzusammenhänge herzustellen. Beispiel: Gesprochener Text im Lehrfilm oder im CBT. Deshalb ist es besonders wichtig, darauf zu achten, dass genau diese Eigenschaft des gesprochenen Textes zum Tragen kommt. Gesprochener Text muss verständlich sein. Es ist zu bedenken, dass der Ton immer in der Zeit abläuft und sich im Gegensatz zum geschriebenen Text schlecht rekapitulieren lässt. Besonders schwierig wird es, wenn es sich um einen Reproduktionsvorgang handelt, der sich für den Anwender nicht anhalten und zurückstellen lässt. Als Beispiel lassen sich hier Rundfunk, Kino und Theater nennen (siehe auch Abschnitt 9.1.4 Umsetzung). Für die Verständlichkeit des gesprochenen Textes ist wichtig, dass

- der Wortschatz der Zielgruppe bekannt ist. Fremdwörter sind zu vermeiden ❶.
- kurze Sätze (keine Schachtel- oder Kettensätze) gebildet werden ❷.
- nach Möglichkeit die Hauptaussage am Anfang des Satzes steht ❸.
- Substantivierungen vermieden werden ❹.
- sich der Text auf das gezeigte Bild direkt bezieht (Bild-Text-Schere) ❺.
- die Sprechgeschwindigkeit angemessen ist (nicht zu schnell) ❻.
- der Sprecher den Inhalt des Textes verstanden hat und den Text beim Lesen in Sinnzusammenhänge gliedern kann ❼.

⇨ **Merke: Insbesondere für kommentierende Texte wird ein mediengerechter, gepflegter umgangssprachlicher Stil gewählt. Der Anwender muss die Möglichkeit haben, die angebotene Information gedanklich nachvollziehen zu können! Deshalb erfolgen Beschreibungen in kurzen Sätzen. Die Häufigkeit und Dauer von Pausen sind angemessen und orientieren sich am Rhythmus der Folge von Szenen. Szenen und Sprechtext sollten sich inhaltlich und in ihrer Dauer entsprechen und ergänzen.**

ARD Tagesschau

Das Procedere dieses Probanden darf generalisiert werden.
Besser:
Die Vorgehensweise der Testperson darf verallgemeinert werden.
❶

Die Spannvorrichtung, die... sitzt, an dem... zu beachten ist, wenn...
Besser:
Die Spannvorrichtung sitzt... . Wenn..., dann ist... zu beachten.
❷

Da das Risiko..., sollten Sie sich vor Sonnenstrahlen schützen.
Besser:
Sie sollten sich vor Sonnenstrahlen schützen, da das Risiko ... .
❸

Ich führte eine Reparatur an meinem Mountain-Bike aus.
Besser:
Ich reparierte mein Mountain-Bike.
❹

4.2.2 Musik

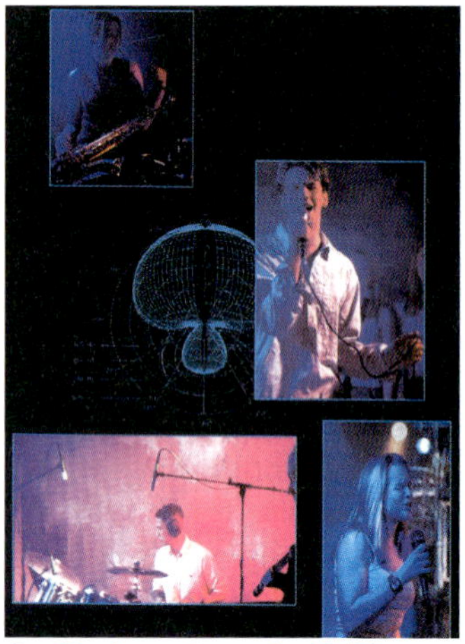

Musik wird der emotionalen Ebene zugeordnet. Sie „färbt" die übrigen Informationen emotional ein und kann somit die Bedeutung der Informationen ändern.

Musik zu Vorspann und Abspann

Es entsteht eine Erwartungshaltung durch den Einsatz von Musik oder Geräusch im Vorspann. Da Musik bei den meisten Menschen hauptsächlich die Emotionen anspricht, ist es hier möglich, den Nutzer auf die interaktive Anwendung einzustimmen. Hilfreich sind die musikalische Verarbeitung einfacher Klänge und musikalischer Motive, die in der Anwendung wiederzufinden sind. Auch komplette Musikstücke/Songs eignen sich dazu, sofern sie einen Bezug zu den Inhalten des Programms widerspiegeln. Im Abspann kann auf Tonmaterial zurückgegriffen werden, dass dem Anwender bereits aus der Anwendung bekannt ist. Es kann somit gelingen, den Gesamteindruck der Anwendung im Nutzer nachklingen zu lassen.

Dramaturgische Funktionen von Filmmusik

Musik kann sich sehr stark an dem orientieren, was parallel auf der visuellen Ebene geschieht. Ein Beispiel ist das Mickey-Mousing. Hier werden die Vorgänge mit Musik auf extreme Weise illustriert. Auch ohne Bilder glaubt man das Geschehen nur durch das Hören der Musik nachvollziehen zu können.
Sie kann aber auch kommentieren und interpretieren, sozusagen eine eigene Auffassung von dem mitteilen, was gerade auf der Leinwand oder dem Bildschirm zu sehen ist. Dem Betrachter wird somit eine Interpretationshilfe über die Musik angeboten für das, was Bilder zeigen. Zwischen diesen beiden Polen bewegt sich die Funktion der Musik zum bewegten Bild.

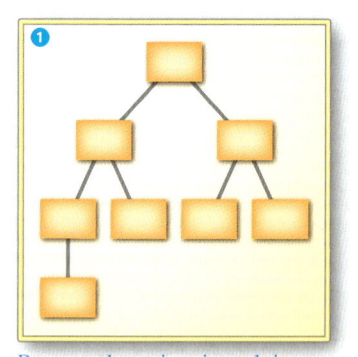

So ist es möglich, Klänge mit unterschiedlichen Bedeutungen zu schichten. Dabei entsteht eine komplexe Atmosphäre mit vielen Gefühlsebenen. Eine Polyphonie musikalischer Schichten.

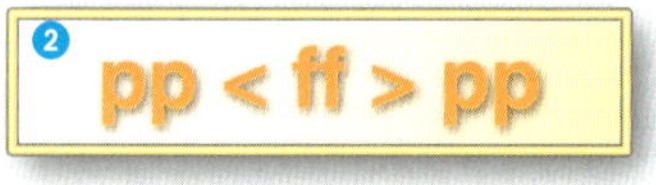

Wie bereits erwähnt, kann Musik strukturbildend ❶ wirken. Insbesondere kann sie in interaktiven Anwendungen z.B. Kapitel, Themenbereiche, Übergänge, Vor- und Abspann markieren. In Filmen wird sie zusätzlich an „Plot-Points" und an dramaturgischen Höhepunkten eingesetzt und lässt somit die Großform des Filmes erkennen. Ähnlich wie mit Geräuschen lassen sich Abschnitte im Geschehen mit Musik unterstreichen. Das wirkt dann wie das Ausrufezeichen ❷ am Ende eines Satzes.

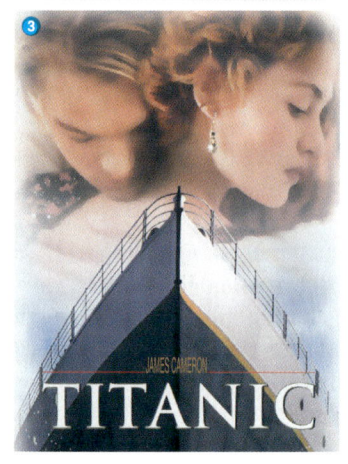

In interaktiven Anwendungen wird unter Umständen Bild- oder Filmmaterial unterschiedlicher Herkunft verwendet und in einer Anwendung integriert. Mit der Unterlegung einer Musik lassen sich so die qualitativen und stilistischen Unterschiede teilweise ausgleichen.

Musik kann das Befinden der Handelnden vermitteln ❸. Sie gewährt damit einen Einblick in ihr Gefühlsleben, ihre Wahrnehmung und Erinnerung. Aber nicht nur das Befinden kann vermittelt werden, sondern auch die Handlung selbst kann Musik interpretieren. Ein klassisches Beispiel sind die tiefen Töne der Kontrabässe, die in uns die Erwartung eines nahenden Unglücks schüren und damit Ereignisse in Teilen vorwegnehmen können.

Quelle: beyerdynamic, Heilbronn

Baumstruktur einer interaktiven Anwendung

Geht es um eine Dokumentation eines gesellschaftlichen Problems aus der Zeitgeschichte, bietet es sich an, die Musik der damaligen Zeit und insbesondere der betroffenen Bevölkerungsgruppen zu recherchieren und zu verwenden. Auf diese Weise lassen sich gesellschaftliche und historische Zusammenhänge unterstreichen.

Wenn wir unsere Musik hören, dann fühlen wir uns Wohl und sind dazu bereit, Dinge wohlwollend zu betrachten, die mit dieser Musik in Beziehung gebracht werden. Es gibt Menschen, mit denen wir die Vorliebe zu dieser Musik teilen. Das erzeugt ein angenehmes Gruppengefühl. Wird diese Musik im Film oder einer interaktiven Anwendung eingesetzt, so sind zumindest wir als Zielgruppe positiv auf die Aussagen des Filmes eingestimmt.

Eine Familie ist im Gleichschritt auf dem Weg zum Strandbad. Durch die Überzeichnung mit unterlegter Marschmusik lässt sich ihr Aufenthalt im Strandbad als stabsmäßig geplantes Ausflugsvorhaben karikieren.

Spezifische Musiken können Handelnden zugeordnet werden. Durch die entsprechende Wahl von Musik können sie in ihrer Größe ❶ oder generell in ihrer Wirkung beeinflusst werden. Die „Größe" der Musik sollte mit der „Größe" der Handelnden übereinstimmen. Damit ist nicht nur ihre physische Größe gemeint. In Stanley Kubricks Film „2001- Odyssee im Weltraum" wird Musik aus „Also sprach Zarathustra" von Richard Strauss, einer Szene mit dem Zerstörungsrausch eines Affenmenschen an der Schwelle zum Aufbruch der Menschheit unterlegt.

Atmo = Atmosphäre
Die Atmo ist ein gleichförmiges Hintergrundgeräusch z.B. der Wellenschlag am Strand, das Rauschen der Blätter im Park, der Straßenlärm einer Großstadt.

Mit einer *Atmo* oder dem Eigenklang eines Raumes lässt sich relativ genau seine Beschaffenheit oder eine räumliche Umgebung akustisch darstellen. Mit Musik gelingt das nicht so präzise. Es gibt einen Tonraum mit hohen und tiefen Tönen, die in einem physikalischen Raum mit oben und unten eine Entsprechung findet. Doch gibt es auch hier in gewissen Grenzen eine Entsprechung. Ertönt beispielsweise beim Anblick eines Sees in einem Park eine sinfonische Musik, so erscheint die Umgebung groß. Musik beeinflusst die Wahrnehmung von Räumen ❷.

4.2.3 Geräusch

Für eine wirklichkeitsnahe Gestaltung braucht es für die visuellen Eindrücke eine Bestätigung durch begleitende auditive Ereignisse. Eine zufallende Tür verursacht einen Knall, ein Luftstrom verursacht ein Windgeräusch, ein Automotor verursacht im Betrieb ein Brummen.

Das Bild auf dem Computerschirm oder auf der Kino-Leinwand ist zweidimensional. Eine Zunahme der Wirkung des Bildes in der dritten Dimension lässt sich neben der Gestaltung der visuellen auch mit der auditiven Ebene erreichen. So zum Beispiel ist eine Tiefenstaffelung mit einer deutlichen Aufteilung in Vordergrund und Hintergrund mit Lautstärke und Klangfarbe von Tönen sehr wirkungsvoll. Große Lautstärke für Vordergrund, kleinere Lautstärke für Hintergrund. Dabei ist diese Wirkung um so größer, je größer die Dynamik des Mediums ist. Im Kino ist die Dynamik größer als im Fernsehen.

Lektion 4.2 Funktion von Tönen   Kapitel 4 Audio

Die Filmsprache bedient sich vieler hintereinandergeschnittener Einstellungen ❶. Handeln sie an einem Ort, so können sie insbesondere durch Atmos räumlich verschmolzen werden. Dies fördert die Kontinuität der Bild- oder Einstellungsfolgen.

➡ **Merke: Der Realitätseindruck kann verstärkt werden, indem visualisierte Vorgänge akustisch bestätigt werden, die Dreidimensionalität des Bildes gesteigert wird und die Kontinuität über Bild- bzw. Einstellungswechsel hinweg gewahrt bleibt.**

Insbesondere Atmos vermitteln einen guten Eindruck von der Umgebung. Zumeist werden Atmos aus Geräuscharchiven entnommen oder „Nur-Ton"-Aufnahmen am Drehort erstellt und in der Postproduction zum Film angelegt.

Weiterhin sind Orientierungslaute sehr nützlich. Dies sind typische Laute ❷ eines Ortes (wie die Figur zum Grund). Jeder Raum verfügt über einen typischen Eigenklang, auch dann, wenn in ihm völlige Stille zu herrschen scheint. Wenn mit O-Ton gearbeitet wird und Dialogpausen im Film eintreten, ist nur noch das Ruhegeräusch des Raumes zu hören.

Tipp: Es ist sinnvoll das Ruhegeräusch eines Raumes aufzunehmen, damit es kopiert und in Dialogpausen eingesetzt werden kann.

Nicht nur der Ort, sondern auch die Zeit lässt sich mit dem Ton festlegen. Zum Beispiel steht das Geräusch einer schlagenden Uhr für die entsprechende Uhrzeit.

So wie es Geräusche gibt, die einem Ort zuzuordnen sind, gibt es auch Geräusche, die typisch für eine Epoche oder eine Zeitspanne sind. Die Laute von Dinosauriern ❸ sind dieser Zeit eindeutig zugeordnet, weil die Tiere heute ausgestorben sind, selbst, wenn sie aus der Soundmaschine von Sounddesignern stammen. Das Fahrtgeräusch einer Dampflokomotive ist der Vergangenheit zuzuordnen.

Dinosauriern in Steven Spielbergs Film Jurassic Park

➡ **Merke: Geräusche können Ort und Zeitpunkt einer Handlung festlegen.**

Die Vergrößerung der Lautstärke und die Änderung der Klangfarbe bis hin zur Verfremdung lässt den Ton in den Vordergrund treten mit der Absicht eine größere Anteilnahme vom Zuschauer zu erlangen.

Damit lässt sich Aufmerksamkeit erzeugen und lenken. Insbesondere in der Werbung werden diese Maßnahmen dazu verwendet, um die Zuschauer und Hörer wieder in ihrer Aufmerksamkeit zurückzuholen. Aus der Menge an visuellen Objekten, die im Bild angeboten werden, wird auf diese Weise die Aufmerksamkeit auf bestimmte Objekte gelenkt.

Tönende Flugobjekte in George Lucas Krieg der Sterne

Es gibt viele Vorgänge die sehr leise, oder sogar unhörbar verlaufen. Wird Unhörbares hörbar gemacht, so nimmt die Intensität des audiovisuellen Gesamterlebnisses zu. Beispiel: Es werden Fluggeräusche zu Bewegungen von Raumgleitern angelegt, obwohl sich bekanntlich im luftleeren Raum kein Schall entwickeln kann ❹. Zeichentrickfiguren, die bis über einen Abgrund laufen, kurze Zeit in der Luft auf der Stelle verharren, dabei wild mit Armen und Beinen kreisen und schließlich abstürzen. Auf dem Bild ist es Asterix, der Gallier, kurz nachdem er einen Schluck Zaubertrank zu sich genommen hat ❺.

Die Wirkung des Zaubertrankes an Asterix von Goscinny und Uderzo

120

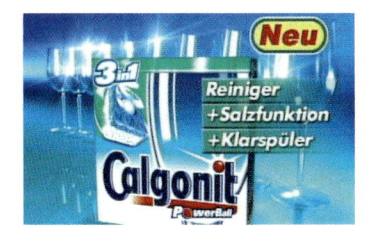

In der Werbung tragen diese Effekte zur Imagebildung bei. Beispiel: Die Reflexionen an strahlend sauberem Geschirr, die mit einem „Glöckchen-Klang" unterlegt sind.

➲ **Merke: Geräusche können visuelle Eindrücke verstärken.**

„Innere" Bilder dienen dem Zuhörer als Bildersatz für einen Vorgang oder ein Objekt. Beispiel: Auf einer Bühne wird ein Instrumental-Solist beklatscht. Der Zuschauer hört jedoch nur den Applaus und zu sehen ist nur das Gesicht des Solisten, die Klatschenden jedoch nicht. Der Zuschauer macht sich sein eigenes Bild vom applaudierenden Publikum.

➲ **Merke: Geräusche können Bilder ersetzen, indem sie „innere" Bilder beim Hörer erzeugen.**

4.2.4 Töne in interaktiven Anwendungen

Erinnern wir uns an die Definition von Multimedia: Integration von mehreren Medien, nämlich Bild, Ton, bewegtes Bild, Text. Sie müssen unabhängig voneinander abrufbar sein. Die Anwendung läuft auf einem Computer und ist interaktiv. Das eröffnet der Anwendung von Ton neue Dimensionen, stellt jedoch auch höhere Anforderungen an die Konzeption.

Im Gegensatz zu linear zu nutzenden Medien, wie Film und Video, lebt die interaktive Anwendung von der Dateneingabe und Beteiligung des Anwenders.

Software-Ergonomie und Interaktion

Viele haben schon einmal eine „leidige" Erfahrung gemacht, als sie einem Videorekorder „beibringen" wollten, eine bestimmte Sendung aufzuzeichnen. Die Ergebnisse bei den Programmierversuchen sind äußerst unterschiedlich. Am besten kommen wir mit solchen Benutzerführungen zurecht, die Fehler beim Bedienen sofort anzeigen.

Gute Benutzerführungen leiten den Anwender mit intelligenten Rückmeldungen und einsehbaren Anweisungen von einem Programmschritt zum nächsten.

Ein Videorekorder lässt sich anschauen, anfassen und beim Drücken einer Taste oder beim Einlegen einer Kassette gibt er Geräusche von sich. Das sind unmittelbare Rückmeldungen der Maschine, die uns über das Gehör signalisieren, wie die Maschine auf unsere Eingaben reagiert. Der Computer lässt sich zwar anfassen, die Anwendung selbst jedoch nicht. Den Eingabegeräten (Maus, Tastatur usw.) und Ausgabegeräten (Bildschirm, Drucker usw.) muss eine Schnittstelle (Interface) übergeordnet werden, die zwischen Anwendung und Anwender gestaltet wird. Dies umfasst die grafische Oberfläche und die Tonebene. Beim Screen- und Sounddesign müssen Inhalte und Corporate Design didaktisch angemessen umgesetzt werden. Navigation und Benutzerführung müssen intuitiv zugänglich gestaltet werden. Alles zusammen ist die Vorraussetzung für eine erfolgreiche Nutzung des Programms durch die Anwender. Die Beachtung ergonomischer Gesichtspunkte spielt eine entscheidende Rolle für die Akzeptanz einer multimedialen Anwendung.

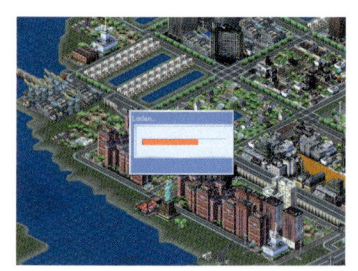

Musikunterlegter Fortschrittsanzeiger beim Laden einer neuen simulierten Stadt

Tipp: Es ist nützlich, Tonereignisse in Schleifen (loops) laufen zu lassen. So werden die Audio-Dateien möglichst klein gehalten und beanspruchen daher relativ wenig Speicherplatz. Die Gefahr besteht jedoch, dass Tonschleifen den Zuhörer nach kurzer Zeit wegen ihrer Eintönigkeit stören. Deswegen muss bei der Auswahl des Tonmaterials und der Erstellung größte Sorgfalt verwendet werden.

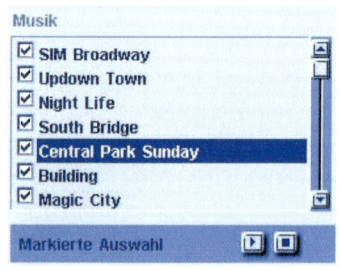

Musikauswahl in SimCity 3000

Beispiel: Der Nutzer eines Spieles wird vom Programm aufgefordert, mit dem Mauszeiger eine Taste auf dem Bildschirm zu drücken. Als Rückmeldung an den Nutzer verändert sich die Taste. Sie erscheint hineingedrückt. Gleichzeitig ertönt ein Klick-Geräusch, und signalisiert, dass die Taste mit dem Mauszeiger getroffen wurde. Im Anschluss daran springt das Programm an eine andere Stelle. Das wiederum braucht Zeit, denn es müssen Bilder und Texte in den Arbeitsspeicher geladen werden. Gleichzeitig ertönt bereits eine Musik, ein Flächensound oder eine (Geräusch-) Atmo. Der Ton leitet zum neuen Thema des Spieles über und signalisiert zusammen mit einem grafischen Fortschrittsanzeiger, dass das Programm mit einem Ladevorgang „beschäftigt" und keineswegs „abgestürzt" ist.

Strukturieren einer Anwendung

Ein Nutzer soll sich möglichst einfach und intuitiv in der Anwendung orientieren können. Lesen wir in einem Nachschlagewerk, so sind wir dankbar, wenn uns eine Farbkodierung verrät, in welchem Kapitel wir uns befinden. Die hinzugetretene auditive Ebene lässt sich für die Orientierung in interaktiven Anwendungen sehr gut nutzen. So ist es denkbar, (Geräusch-) Atmos, themenbezogene Musik oder Flächensounds den verschiedenen inhaltlichen Abschnitten (Kapitel, Umgebung, Menü, schriftlicher Dialog etc.) zuzuordnen. Wichtig dabei ist, dass entsprechend der Gestaltungsrichtlinien der interaktiven Anwendung die Zuordnung des Tones zu den Abschnitten stets eindeutig ist.

Freie Auswahl durch den Anwender

Manche Menschen mögen es, während einer Beschäftigung nebenbei das Radio laufen zu lassen oder eigene CDs abzuspielen. Interaktive Anwendungen geben die Möglichkeit, eine Auswahl an Musikstücken anzubieten. Diese können vom Anwender zusammengestellt und in eine entsprechende Reihenfolge gesetzt werden. Diese laufen dann im Hintergrund der Anwendung ab. Die Lautstärke kann vom Anwender eingeben werden. Wenn neben der Musik noch andere Tonquellen zu hören sind, ist häufig dem Anwender die Möglichkeit gegeben, das Mischungsverhältnis zwischen den Quellen selbst zu regeln.

Zusammenstellen per Zufall

Um die Aufmerksamkeit zu halten, kann es von Vorteil sein, die Musik in Abhängigkeit der Aktivitäten des Nutzers vom Zufall auswählen zulassen. In diesem Fall sollte die gesamte Anwendung jedoch einen spielerischen Charakter haben, vom Reiz des Unbekannten oder des Unerwarteten geprägt sein und eine vom Anwender durchschaubare Struktur und Navigation aufweisen.

Veränderung in Abhängigkeit der Nutzeraktivitäten

Besonders interessant wird die Möglichkeit, insbesondere Musik in Abhängigkeit der Nutzereingaben zu steuern.

Beispiel: Ein Anwender kämpft sich durch den Fragendschungel eines interaktiven Quiz-Spieles. Je mehr Fragen er beantwortet, desto mehr Zeit verstreicht. Die Spannung steigt. Bei jeder weiteren Schwierigkeitsstufe wird die Tonart der Musik einen halben Ton höher gerückt.

4.3 Tonaufnahme

Im vorangegangenen Kapitel haben wir Funktionen von Musik, Sprache und Geräusch kennen gelernt. Musik- und Geräuschaufnahmen können häufig aus Archiven entnommen werden, Sprachaufnahmen müssen jedoch individuell hergestellt werden. Deswegen soll anhand einer Sprachaufnahme gezeigt werden, wie prinzipiell eine Tonaufnahme stattfindet, welche Hard- und Software grundsätzlich erforderlich sind und was insbesondere für die Verwendung in interaktiven Anwendungen dabei zu berücksichtigen ist. Wie kommt der Ton in den Computer? Was für Möglichkeiten der Bearbeitung sind gegeben? Welche Bearbeitungen sind für interaktive Anwendungen notwendig? Zunächst soll es aber um konzeptionelle Vorüberlegungen zur Tonproduktion gehen.

Sprachaufnahmen in der Synchronisation:
Andreas von der Meden leiht David Hasselhoff seine Stimme.
Quelle: Studio Hamburg GmbH

4.3.1 Konzeptionelle Vorüberlegungen

Soll der Ton optimal auf die interaktive Anwendung abgestimmt sein, dann muss er in der Regel eigens dafür produziert werden. Am Anfang der Überlegungen zum Ton einer interaktiven Anwendung steht deshalb die Frage nach dem Budget. Danach entscheidet sich, welcher Aufwand in der Vertonung getrieben werden kann. Während die Produktion von Filmmusik mit Orchester in der Regel der Filmindustrie im Stile Hollywoods vorbehalten bleibt, so ist doch die Vergabe eines Auftrages für die Produktion von Musik mithilfe von MIDI-Instrumenten denkbar. Wenn neben der Musik auch Geräusche eigens für die Anwendung produziert werden sollen, so gibt es dabei verschiedene Möglichkeiten. So wäre es denkbar, zunächst Sounds von geeigneten Geräusch-CDs zu nehmen, zu verändern und miteinander zu mischen. Sollte das nicht zum gewünschten Erfolg führen, so bietet es sich an, mit einem DAT-Recorder, Mikrofonen und einem Kopfhörer geeignete Geräusche bei Außenaufnahmen einzufangen.

So ist beispielsweise der grauenhafte Schrei eines angreifenden Raptoren in Jurassic Park eine Mischung aus dem hohen Unterwasser-Schrei eines Delphins und dem tiefen Brüllen eines Walrosses. Ein anderes Beispiel sind die Laserhandfeuerwaffen in George Lucas „Krieg der Sterne". Ihr Sound ist entstanden, indem der Toningenieur gegen die Kabelstränge einer Funkstation schlug. Science-Fiction Geschichten sind ein dankbares Genre für eifrige Sounddesigner und Geräuschemacher. Selbst wenn die Geräusche nicht ganz den Lauten der Tiere der Vergangenheit oder der Gegenstände der Zukunft entsprechen, so unterstützen sie das bewegte Bild und lassen es realistischer und eindrucksvoller erscheinen. Und da wären wir bereits mitten im Tätigkeitsbereich der Sounddesigner.

Raptoren in Steven Spielbergs Film Jurassic Park

Peitschende Geräusche der Laserwaffen in George Lucas Star Wars (Krieg der Sterne)

Zunehmend wird die Gestaltung der gesamten Tonebene (Musik, Geräusch, Sprechtext) einer interaktiven Anwendung als Teil eines ganzheitlichen Prozesses in Abstimmung mit der Gestaltung der visuellen, didaktischen und ergonomischen Ebene als Sounddesign bezeichnet. Auf den Begriff Sounddesign stößt man nicht nur im audiovisuellen Bereich oder in der Filmproduktion. Zum Beispiel überlassen es Automobilhersteller nicht immer dem Zufall, wie die Türen ihrer Autos klingen, wenn sie ins Schloss fallen. Auch das ist das Ergebnis von Sounddesign.

Musik- und Geräuscharchiv

Musikarchive bieten häufig eine Alternative, wenn Musik nicht in Auftrag gegeben oder selbst produziert werden soll. Sie bieten Musik aus jeder Stilrichtung passend zu jedem Genre. Musikarchive erleichtern den Umgang mit Urheber- und Verwertungsrechten, um die Musik juristisch einwandfrei nutzen zu können. Denn grundsätzlich muss sich ein Nutzer um mehrere Rechte kümmern, um die von ihm gewünschte Musik verwerten zu dürfen. Dazu gehören das Vervielfältigungs- und Verbreitungsrecht, das Recht zur Nutzung eines Musikwerkes bzw. Werkteiles und das Recht der öffentlichen Wiedergabe. Will ein Nutzer also Musik von einem GEMA-Mitglied (Urheber und Verlag) verwerten, so übernimmt die GEMA das Inkasso und wacht darüber, dass die Musikstücke ordnungsgemäß vom Nutzer angemeldet werden.

Nur Nichtmitglieder dürfen ihre Musik ohne die GEMA frei zur Verwertung anbieten. Das ist die sogenannte GEMA-freie Musik. Diese Musik wird also von Komponisten hergestellt, die sich durch keine Verwertungsgesellschaft vertreten lassen. Die Musik wird auf eigenes Risiko produziert und an die Kunden in Lizenz zur Verwertung freigegeben. Dieser darf die Musik, wie jeder Andere nutzen. Der Kunde kann sich das Recht der Verwertung der Musik jedoch auch exklusiv sichern. D. h. die Musik darf dann nur von ihm für einen vereinbarten Zeitraum oder zeitlich unbegrenzt genutzt werden. Tantiemen sind also nur an den Anbieter der Musik abzuführen. Sie decken in der Regel nicht nur die Nutzung der „Noten" ab sondern auch der Musikaufnahme auf Tonträger.

Eine andere Kategorie bilden Musikverlage, die Musik auf Tonträger anbieten, für deren Nutzung GEMA-Gebühren für die Urheber anfallen. Das Recht der Verwertung der Tonaufnahmen auf vom Verlag überlassenem Tonträger wird mit einer Lizenz erworben und die verwendete Musik bei der GEMA angemeldet. Diese verlangt dann ebenfalls einen Obolus für die Urheber der Kompositionen, Bearbeitungen und Texte. Die Rechte an den Tonaufnahmen selbst liegen jedoch im Allgemeinen nicht zwangsläufig beim Komponisten, sondern möglicherweise beim Produzenten, dem Tonträgerhersteller, dem Verlag und den Interpreten. Diese Musikverlage haben sich jedoch die Rechte an den Musikaufnahmen bei den Beteiligten bereits gesichert, so dass für den Nutzer keinerlei juristische Probleme zu erwarten sind.

Bei Musik, deren zugehörige Verwertungsrechte ausschließlich von der GEMA wahrgenommen werden, muss direkt dort angefragt werden, ob eine Komposition zur Verwertung freigegeben werden kann. Die GEMA wird ihrerseits dem Nutzer dabei behilflich sein, die Erlaubnis bei den Urhebern einzuholen, um die Musik in dem zu erwartenden Rahmen und zu dem gewünschten Zweck verwenden zu dürfen. Liegt die Musik bereits auf Tonträger vor, so sind die Rechte an den Tonaufnahmen darüber hinaus zusätzlich zu klären.

Geräusche werden meistens aus einem Geräuscharchiv auf CD oder CD-ROM entnommen. Gedruckte Schlagwortkataloge oder Datenbanken erleichtern den Zugriff auf die gesuchten Geräusche. Mit den Ton- oder Datenträgern wird in der Regel auch das Recht der Nutzung der Geräusche erworben. CD-ROMs sind besonders für die computergestützte Tonproduktion geeignet.

Musik- und Geräusch-Archive

www.sonoton.com
www.sound-ideas.com
www.hollywoodedge.com
www.sfxsearch.com
www.gefen.com
www.bestservice.com
www.masterbits.com

Interessante Links zum Thema Filmmusik (Film Scores) und Geräusche (Sound FX, Foley)

www.thx.com/skywalker/skywalker.html
www.marblehead.net/foley
www.filmsound.org/starwars
www.scorereviews.com/horner.shtml
www.johnwilliams.org

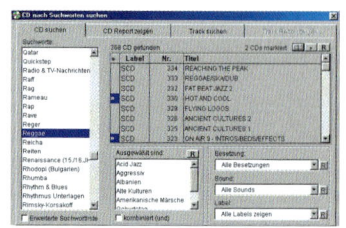

Bedienoberfläche einer Musikdatenbank
Quelle: Sonoton Music GmbH & Co. KG, München

Audio-Grabbing: Bei diesem Vorgang werden die tonrelevanten Daten einer Audio-CD digital kopiert und aus dem Format des Red Book-Standards in ein PC übliches Format konvertiert. (Vgl. Abschnitt Überspielung von Ton einer Audio-CD).

Tipp: Die Sprecherkabine und der Regieraum sind akustisch voneinander getrennt. Der Sprecher kann deshalb nicht hören, was im Regieraum geschieht. Deshalb kann der Sprecher unbeabsichtigt vom Geschehen abgeschnitten werden. Um dies unbedingt zu vermeiden, sollte der Sprecher mittels Gegensprechanlage darüber informiert werden, was sich im Regieraum zuträgt.

Tipp: Erst nach dem alle Vorbereitungen technischer Art getroffen wurden, darf die Aufnahmesitzung beginnen.

Aus diesem Grund lassen sich damit insbesondere für interaktive Anwendungen bereits fertig „konfektionierte" Geräusch- oder Musik-„Schnipsel" nutzen. Sie liegen als Audio-Datei häufig in einem WAVE- oder AIFF-Dateiformat vor. Das hat den Vorteil, dass sie ohne Formatumwandlung verwendet werden können. Eine Alternative der digitalen verlustfreien Übertragung ist natürlich auch das Audio-Grabbing von Geräuschen einer käuflich erworbenen Audio-CD.

Sprechtext

Sprechtext nimmt in der Regel den größten Teil des Tones in interaktiven Anwendungen ein. Hier übernimmt er Funktionen, die vom Filmton bekannt sind und zusätzlich Aufgaben der Benutzerführung und der Navigation. Sprachaufnahmen müssen also neu und individuell für die Anwendung erstellt werden.

Aus der konzeptionellen Arbeit geht hervor, welche „Sorten" von Text es geben wird. Damit ist klar, welche Texte z. B. emotional oder eher sachlich gesprochen werden sollen. Der Text wird auf weibliche und männliche Stimmen verteilt.

Dann erfolgt die Auswahl von geeigneten Sprechern. Tonstudios oder Agenturen verfügen häufig über Sprecherkarteien mit entsprechenden Sprechproben / Demonstrationsmaterial professioneller Sprecher. Soll mit eigenen Mitteln (in der Schule, Fachhochschule, Universität, etc. mangels Budget) und eigenen Tonstudiogeräten gearbeitet werden, so kann in jedem Fall die eigene Stimme erprobt werden. Jedoch sollte eine „unabhängige" geschulte Person die Aufnahmen bewerten. Im Normalfall ist wenigstens darauf zu achten, dass die Stimme akzentfrei ist. Die Wirkung der Stimme und ihre Auswirkung auf die Glaubwürdigkeit des gesamten multimedialen Produktes ist nicht zu unterschätzen! Sie ist hier ebenso tragend, wie die Off-Stimme in einem Dokumentarfilm oder einer Werbung im Rundfunk. Im Zweifelsfall sollte für professionelle Produkte immer ein Budget für einen medienerfahrenen Sprecher eingeplant werden. In einem ständigen Dialog zwischen Regie und Sprecher wird während der Aufnahmesitzung die Interpretation des Textes erarbeitet.

Abschließend folgen zwei Beispiele für die Einbindung von Ton in interaktiven Anwendungen und eine Checkliste.

Einstellungsmöglichkeiten der auditiven Ebene in der interaktiven Anwendung „Catan". In dem Menu Sound und Musik wird angeboten,

- Soundqualität,
- Musik,
- Effekte,
- Sprache,

mittels abgebildeter beschrifteter Tasten (Buttons) und Schiebereglern den Wünschen des Anwenders anzupassen.

Das Mischungsverhältnis der drei Tonebenen zueinander kann mit den Schiebereglern auf der rechten Seite des Sound und Musik-Menus eingestellt werden.

Einstellungsmöglichkeiten der auditiven Ebene in der interaktiven Anwendung „SimCity 3000".

Auf der rechten Seite des Menus Einstellungen wird angeboten,

- Musik,
- Hintergrundgeräusche,
- Soundeffekte,

mittels kleiner Check-Boxen ein oder auszuschalten und in ihrer Lautstärke zueinander festzulegen. Hierzu dienen die rechts oben abgebildeten Schieberegler (Fader). Die Musik lässt sich aus einem Angebot von vielen Stücken zusammen stellen. Auch hierzu dienen wieder Check-Boxen. Um die Auswahl zu erleichtern, lassen sich die Stücke zuvor markieren und abspielen.

Hier sind einige weitere Fragen, die zu Beginn der Produktion einer interaktiven Anwendung geklärt werden sollten:

Checkliste:

Diese Checkliste dient der konzeptionellen Planung des Tones für interaktive Anwendungen. Hiermit lässt sich im Vorfeld prüfen, welche technischen Voraussetzungen beim Produzenten und Anwender vorhanden und welche gestalterischen Anforderungen an die Planung und Umsetzung gestellt werden.

- Welchen Stellenwert besitzt der Ton?
- Wie viel Speicherplatz steht zur Verfügung?
- Wie hoch ist die Datentransferrate?
- Müssen Systemvoraussetzungen eigens für die Wiedergabe des Tones definiert werden?
- Welche Tonqualität muss/darf der Ton haben?
- Soll es Atmos und Feedback-Geräusche geben?
- Sollen mehrere Geräuschebenen im Sinne einer Tiefenstaffelung (vorne, Mitte, hinten) mit Atmos und Geräuschen (auch für Feedback) erzeugt werden?
- Können alle Geräusche aus einem Archiv entnommen oder müssen einige eigens für die Anwendung erzeugt werden (Sounddesign)?
- Muss Musik eigens für die Anwendung komponiert und produziert werden?
- Sollen Ton-Kanäle für Musik, Geräusch und Sprache einzeln abschaltbar und/oder in ihrer Lautstärke regelbar sein?
- Können einzelne Audio-Dateien im Autorensystem (Programmierwerkzeug) bei der Wiedergabe mit individueller Lautstärke versehen werden?
- Lassen sich mit dem Autorensystem (Programmierwerkzeug) Töne ein-, aus- und überblenden?
- Wie viele Ton-Kanäle lassen sich mit einem Autorensystem (Programmierwerkzeug), Betriebssystem und Hardware realisieren?
- Welche Dateiformate werden benötigt?
- Ist die Anwendung für CD-ROM oder/und Internet geplant?
- Ist Datenkompression erforderlich?
- Lassen sich komprimierte Dateien mit dem Programmierwerkzeug (Autorensystem) verwenden und beim Anwender wiedergeben?

4.3.2 Technik

In der Kette von Aufnahme, Speicherung, Bearbeitung und Wiedergabe von Ton steht zunächst ganz vorn das Mikrofon. Über einen Mikrofonvorverstärker oder ein Mischpult gelangt das Tonsignal an die Soundkarte mit ihren AD- und DA-Wandlern. Ist der Ton erst einmal mit ihrer Hilfe in eine digitale Form gebracht, so lässt er sich im RAM oder auf Festplatte speichern und mit geeigneter Software im Computer bearbeiten. Schließlich folgt am Schluss der Übertragungskette eine Monitoranlage im Studio, eine Hifi-Anlage oder kleine PC-Lautsprecher neben dem Bildschirm für die Wiedergabe des Tones.

Tonstudios sind für die unterschiedlichsten Zwecke eingerichtet. So unterscheidet sich z. B. die Arbeitsweise und die Ausstattung an Hard- und Software für den Filmton gravierend von denen bei der Produktion von klassischer Musik.

Sprecherkabine mit Schaumstoff ausgekleidet. Mikrofonhalterung mit Spinne und Mikrofon. (Nicht zu sehen: Lautsprecher der Gegensprechanlage). Die Spinne ist eine elastische Aufhängung für das Mikrofon. Sie dämpft jeglichen Körperschall, der über das Mikrofonstativ an das Mikrofon gelangt. Andernfalls würde Trittschall oder Bewegungen am Tisch zu Rumpeln in der Tonaufnahme führen. Aufgrund der Abmessungen der Sprecherkabine musste ein Kompromiss für die Position des Mikrofons gefunden werden.

Tonstudio: Sprecherkabine, Lautsprechermonitore, PC mit Aufnahme- und Bearbeitungssoftware, Gegensprechanlage, analoges Mischpult, Peripheriegeräte im 19"- und 9,5"-Einbaumaß, MIDI-Masterkeyboard

Deshalb beschränken wir uns auf die Betrachtung einer Sprachaufnahme für interaktive Anwendungen und hierbei nur auf die wesentlichen Schritte. In interaktiven Anwendungen werden häufig Stimmen aus dem Off eingesetzt. Sie geben z. B. Hilfen zur Navigation und führen den Anwender durch das Programm. Der Ort der Stimmen aus dem Off entspricht keinem abgebildeten Raum oder einer abgebildeten Umgebung. Deshalb sollten sie in einer reflexionsarmen Raumakustik aufgenommen werden. Es sei denn, es wird bewusst ein Raumeindruck zu erwecken versucht, der dem visuellen Eindruck auf dem Bildschirm entspricht. Selbst in diesem Fall ist es jedoch ratsam, die Aufnahme möglichst „trocken" zu halten. Auf diese Weise sind die Nachbearbeitungsmöglichkeiten flexibler zu handhaben.

Lektion 4.3 Tonaufnahme Kapitel 4 Audio

Beispiel: Sprachaufnahmen sollen nachträglich mit dem künstlichen Hall einer Betonröhre versehen werden, der einem auf dem Screen abgebildeten Raum entspricht. Dabei würde sich der Hall, der bereits zusammen mit der Sprache aufgenommen worden ist, mit dem künstlichen überlagern und möglicherweise stören.

Um Tonaufnahmen durchführen, bearbeiten und verteilen zu können werden allerlei Geräte benötigt. Hard- und Software eines kleinen Tonstudios ist auf den Abbildungen zu sehen.

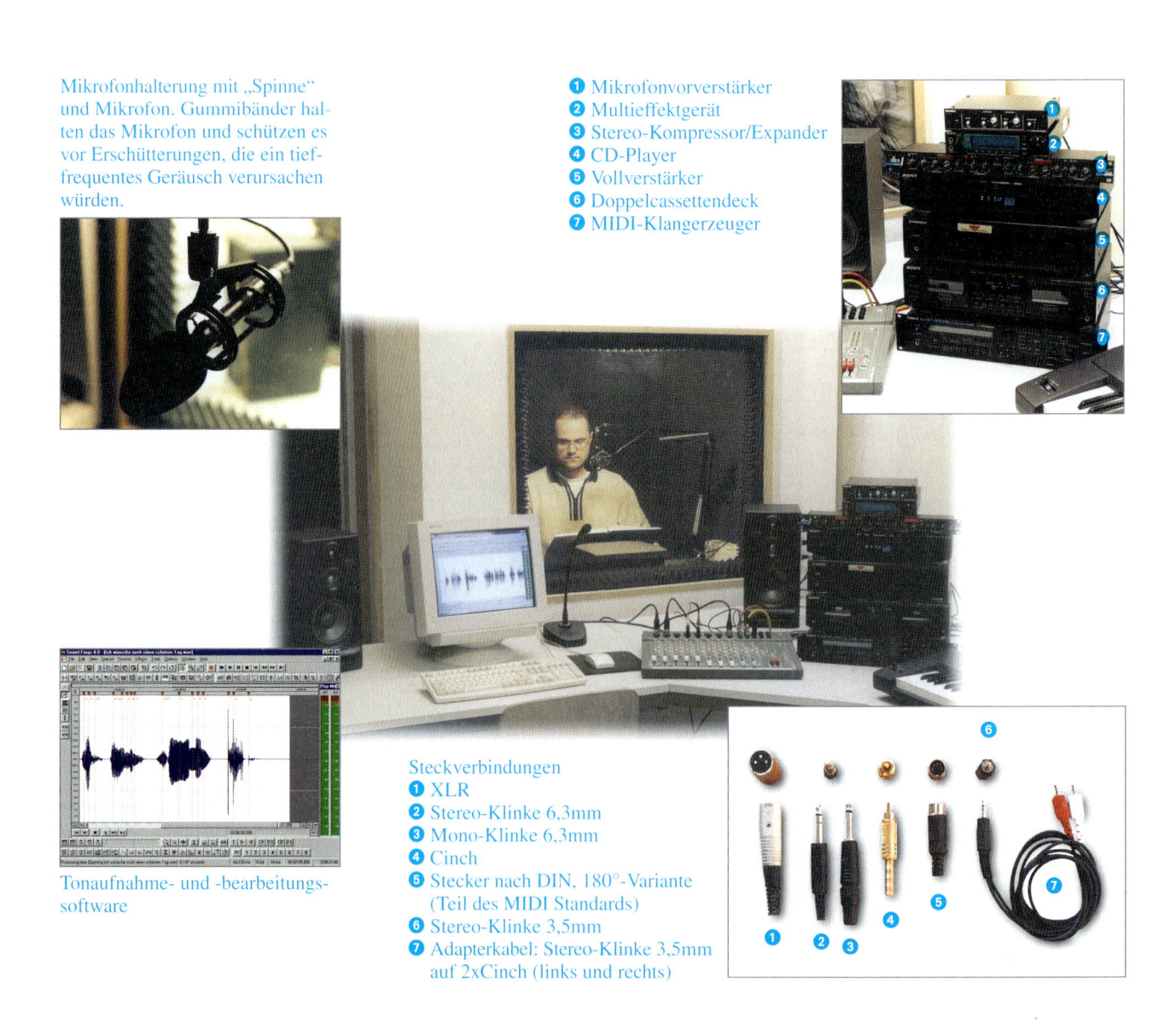

Mikrofonhalterung mit „Spinne" und Mikrofon. Gummibänder halten das Mikrofon und schützen es vor Erschütterungen, die ein tieffrequentes Geräusch verursachen würden.

❶ Mikrofonvorverstärker
❷ Multieffektgerät
❸ Stereo-Kompressor/Expander
❹ CD-Player
❺ Vollverstärker
❻ Doppelcassettendeck
❼ MIDI-Klangerzeuger

Tonaufnahme- und -bearbeitungssoftware

Steckverbindungen
❶ XLR
❷ Stereo-Klinke 6,3mm
❸ Mono-Klinke 6,3mm
❹ Cinch
❺ Stecker nach DIN, 180°-Variante (Teil des MIDI Standards)
❻ Stereo-Klinke 3,5mm
❼ Adapterkabel: Stereo-Klinke 3,5mm auf 2xCinch (links und rechts)

Kapitel 4 Audio Lektion 4.3 Tonaufnahme

Plan eines einfachen Tonstudios mit PC

Mischpult, Verstärker, Lautsprecher, Soundkarte, Ausschnitt der Rückansicht eines PCs und internes CD-ROM-Laufwerk

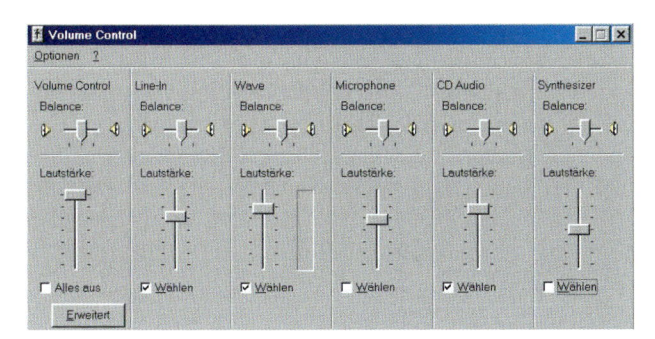

Software betriebenes Mischpult für die *Tonwiedergabe* (Volume Control) unter Windows. Es wird nach einem Doppelklick auf das Lautsprechersymbol in der Symbolleiste sichtbar. Hier können die Quellen ausgewählt (oder stummgeschaltet) werden, die der Anwender hören möchte. Auch das Mischungsverhältnis lässt sich mit den Schiebereglern einstellen.

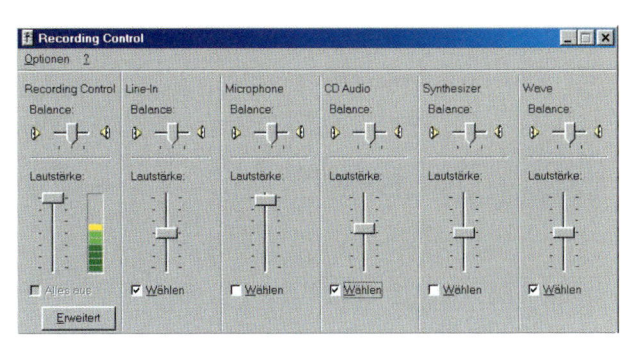

Software betriebenes Mischpult für die Tonaufnahme (Recording Control) unter Windows. Unter *Optionen* > *Eigenschaften* > *Aufnahme* des Mischpultes für die *Tonwiedergabe* lässt es sich aufrufen. Auch hier lassen sich die Ton-Quellen auswählen und in ihrem Mischungsverhältnis für die Aufnahme mit der Soundkarte vorbereiten.
Tipp: Vor der Aufnahme alle nicht benötigten Quellen, insbesondere den Mikrofoneingang, ausschalten. Dadurch wird unnötiges Rauschen vermieden!

Verkabelung

Im Tonstudio werden viele verschiedene Geräte miteinander verbunden. Dabei werden im wesentlichen bei der Übertragung von Tonsignalen unterschieden in analoge und digitale Signale.

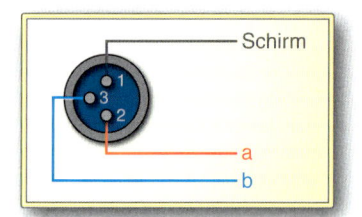

Analog

Mikrofone geben Signale mit kleinem Spannungspegel ab. Sie werden über eine Mikrofonleitung zum Mischpult oder Vorverstärker übertragen. Die übrigen Geräte werden mit Leitungen verbunden, die einen höheren Pegel übertragen müssen.

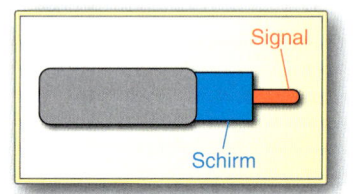

Die niedrigen Ausgangspegel von Mikrofonen müssen mit einem externen Mikrofonvorverstärker oder einem in das Mischpult integrierten Vorverstärker verstärkt werden. Der Verstärkungsfaktor liegt häufig zwischen 50 und 1000. Wegen der kleinen Ausgangsspannung der Mikrofone und der hohen Verstärkung wirken sich deshalb selbst kleinste Störungen auf extreme Weise aus, denn diese werden ebenfalls um diesen Faktor angehoben. Deshalb brauchen ihre Signale einen besonderen Schutz. Das wird durch die Verwendung *symmetrischer Leitungen* erreicht. Im Allgemeinen verbinden sie Geräte, die mit Trennübertragern und/oder Symmetrierstufen an Eingang oder Ausgang bestückt sind.

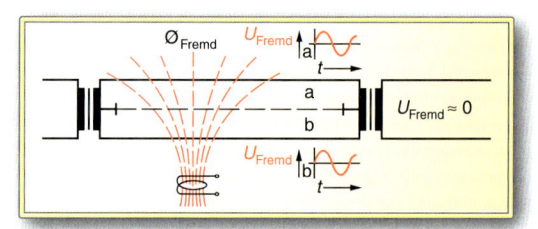

Elektromagnetische Wechselfelder streuen in das Kabel und induzieren eine schwache Spannung. Da diese induzierte Störspannung jedoch in der oberen Ader, wie in der unteren gleich groß ist, heben sich beide in ihrer Summe zu null auf. In der Regel tragen die Kabel der symmetrischen Leitungen an ihren Enden XLR-Stecker. Für rechten und linken Kanal (L, R) wird jeweils eine Leitung gebraucht.

Zwischen Geräten mit hochpegeligen Ein- und Ausgängen genügen in Studios mit kurzen Signalwegen ebenso wie bei der Verkabelung von Heim-Video/HiFi-Anlagen *asymmetrische Leitungen*. Dies reduziert zudem den Kostenaufwand erheblich. Der hohe Pegel wird auch Line-Level oder Line-Pegel genannt. Auf diese Weise werden niederpreisige Soundkarten und Effektgeräte, Mischpulte mit Line-Ein- und Ausgängen und CD-Player, DAT-Rekorder und Mini Disk-Rekorder mit analogen Ein- und/oder Ausgängen verbunden. Die Kabel tragen häufig Cinch-Stecker oder 6,3mm Mono-Klinkenstecker. Auch hier benötigt man pro Kanal (L, R) eine Leitung. Soundkarten tragen häufig kleine 3,5 mm Stereo-Klinken Buchsen für den Line-Ein- und Ausgang. Hier werden für den rechten und linken Kanal (L, R) zwei asymmetrische Leitungen auf drei Adern geführt.

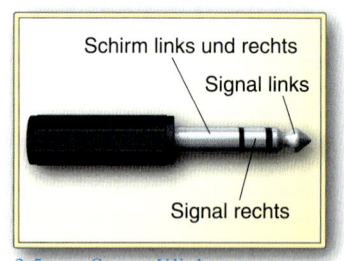

Digital

Digitale stereofone Tonsignale werden jedoch bei S/P-DIF und AES/EBU pro Leitung mit zwei Känalen (L, R) übertragen! Bei geeigneter Hardware können mit der Consumer-Schnittstelle S/P-DIF auch Geräte mit Lichtwellenleiterkabeln (Toslink) verbunden werden. Ansonsten wird ein koaxiales Kabel mit einem Wellenwiderstand von 75 Ohm und einer maximalen Länge von 10m mit Cinch-Steckern genutzt. Die Verbindungen nach dem professionellen AES/EBU-Standard verwendet symmetrische Leitungen und Kabel mit XLR-Steckern.

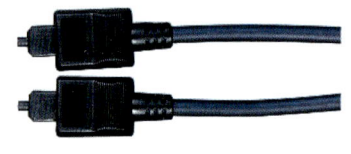

Belegung der Stifte eines XLR Steckers für symmetrische Leitungen

Belegung der Stifte eines Cinch-Steckers für asymmetrische Leitungen

Wirkungsprinzip bei der Übertragung eines Tonsignals auf einer symmetrischen Leitung

3,5 mm Stereo Klinke
Zwei asymmetrische Leitungen auf drei Adern

Lichtwellenleiter

Raumakustik und Sprachaufnahmen

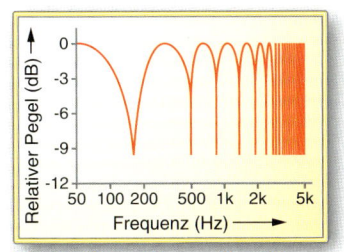

Wie bei Aufnahmen im allgemeinen, so ist auch bei Sprachaufnahmen besonders darauf zu achten, dass keine störenden Reflexionen an das Mikrofon dringen können. Das ist besonders der Fall bei Laufzeitunterschieden zwischen direktem und indirektem Schall bis etwa 10 ms. Hierbei treten Kammfiltereffekte mit unangenehmen Klangfärbungen auf. Aus diesem Grund wird nach der Modellvorstellung der geometrischen Raumakustik versucht, den Schall so zu lenken, dass sich dessen direkter und indirekter Anteil nicht zu früh am Ort des Mikrofons überlagert.

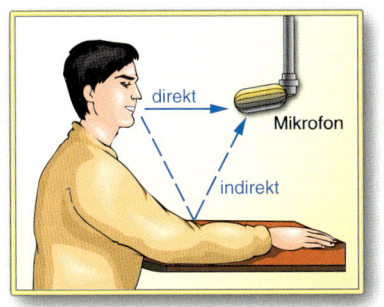

Quelle: Shure Europe GmbH, Heilbronn

Der Kammfiltereffekt tritt auf, wenn sich Originalklang und sein zeitverzögertes Signal (an einem Ort) überlagern. Das zeitverzögerte ist gegenüber dem Original phasenverschoben. Dadurch werden im Spektrum des Klanges in regelmäßigen Abständen auf der Frequenzskala Frequenzen verstärkt und andere bis zur Auslöschung abgeschwächt. Der Originalklang wird demzufolge klanglich verändert. Die entsprechende Filterkurve sieht aus wie ein Kamm.

Klangfärbung durch Überlagerung von direktem Schall und Reflexionen beim Mikrofon

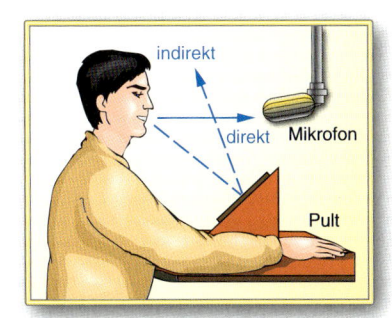

Vermeidung von Klangfärbungen

Mikrofone

Das Mikrofon wandelt mechanische in elektrische Energie. Besonders relevant für die Praxis im Tonstudio oder bei Außenaufnahmen sind deshalb die Unterscheidungsmerkmale im Wandlungsprinzip und zusätzlich in der Richtcharakteristik. Dies schlägt sich in der Bauart nieder und zieht viele weitere Eigenschaften der unterschiedlichen Mikrofone nach sich.

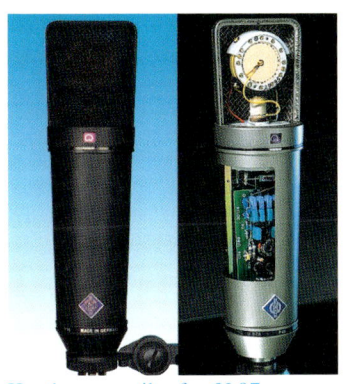

Wandlungsprinzip

Von besonderer Bedeutung für die Aufnahmepraxis sind das *elektrostatische* und das *elektrodynamische* Wandlungsprinzip.

Kondensatormikrofon U 87
Quelle: Georg Neumann GmbH, Berlin

Elektrostatisch

Verändert sich der Abstand der Platten eines Plattenkondensators, so verändert sich dessen Kapazität. Ist eine Spannungsquelle am Kondensator angeschlossen, so findet dann ein Ladungsausgleich statt und es fließt ein kleiner elektrischer Strom.

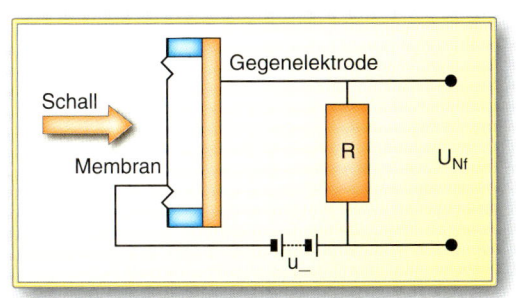

Im Kondensatormikrofon stehen sich sozusagen auch zwei „Platten" gegenüber. Eine „Platte" ist eine etwa 1-10μm dünne den elektrischen Strom leitende schwingungsfähige Membran. Sie ist planparallel gegenüber einer feststehenden Gegenelektrode eingespannt. Der Abstand beträgt etwa 5-10μm. Die zweite „Platte" des Plattenkondensators ist die Gegenelektrode. Trifft Schall auf die schwingungsfähige Membran, so verändert sich die Kapazität dieser Anordnung mit der Frequenz der Schallschwingung am Ort der Mikrofonmembran. Es pulsiert ein schwacher Strom im Rhythmus dieser Frequenz.

Prinzip eines Kondensatormikrofons

Kondensatormikrofon mit Verstärkerteil (unten) und auswechselbaren Mikrofonkapselaufsätzen für unterschiedliche Richtcharakteristiken (links Kugel, Mitte Keule), rechts ein Popp-/ Windschutz. Sie lassen sich mit einem Gewinde verschrauben.

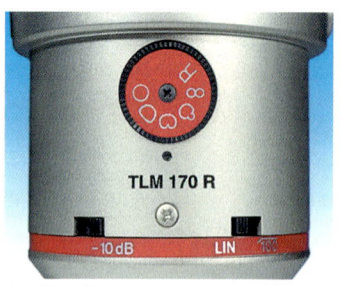

Quelle: Georg Neumann GmbH, Berlin

Das elektrostatische Wandlungsprinzip erlaubt auch die technische Umsetzung einer veränderbaren Richtcharakteristik (vgl. Abschnitt Richtcharakteristik) ohne die Kapseln zu tauschen. So ist es möglich, mit einem Handgriff die Richtcharakteristik des Mikrofons an veränderte Aufnahmebedingungen anzupassen. Auch das ferngesteuerte Umschalten der Charakteristik aus dem Regieraum ist bei einigen Mikrofonen möglich. Auf diese Weise lässt sich während des Hörens der Einfluss des Raumes auf die Aufnahme variieren.

Das Kondensatormikrofon ist der Hauptvertreter für das *elektrostatische* Wandlungsprinzip. Es kann sehr hohe Tonqualität mit sehr gutem Frequenzgang bieten, benötigt aber eine zusätzliche Betriebsspannung. Kondensatormikrofonkapseln lassen sich mit sehr kleinen Abmessungen herstellen. Deshalb sind sie gut geeignet überall dort, wo Mikrofone unauffällig zum Einsatz kommen sollen.

Elektrodynamisch
Bewegt sich ein elektrischen Leiter senkrecht zur Richtung eines magnetischen Feldes, so wird in ihm eine elektrische Spannung induziert. Auf ähnliche Weise funktioniert auch ein Dynamo am Fahrrad. Für den Bau eines Mikrofons lässt sich dieses Prinzip ebenfalls nutzen. Beispiel: Eine Membran ist schwingungsfähig mit einer Spule verbunden. Trifft eine Schallwelle auf die Membran, so bewegt sie die mit ihr verbundene Spule im Rhythmus der Schallschwingung im Luftspalt eines Topfmagneten. Dabei wird in der Spule eine Spannung mit der Frequenz der Schwingung induziert.

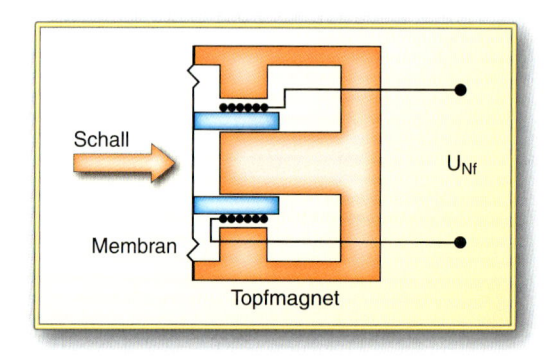

Unauffälliger Einsatz von Kondensatormikrofonen in der Tagesschau

Prinzip eines Tauchspulenmikrofons

Das Tauchspulenmikrofon ist der Hauptvertreter des *elektrodynamischen* Wandlungsprinzips. Es ist sehr robust, benötigt keine Speisespannung (Phantomspeisung) und arbeitet auch noch bei hohen Lautstärken einwandfrei. Jedoch ist sein Frequenzgang im Vergleich zum Kondensatormikrofon unregelmäßiger. Es färbt den Originalklang stärker als ein vergleichbares Kondensatormikrofon.

Ganz rechts das dynamische Mikrofon SM58
Quelle: Shure Europe GmbH, Heilbronn

Frequenzgang

Der Frequenzgang gibt an, wie sich das Übertragungsmaß in Abhängigkeit von der Frequenz verhält. Häufig wird dabei nur eine Schalleinfallsrichtung berücksichtigt. Sie zeigt dabei von vorn senkrecht auf die Mikrofonmembran. Ist die Linie linealglatt, so deutet dies darauf hin, dass das Mikrofon dem Originalklang der Schallquelle weder etwas hinzufügt noch wegnimmt. Das Mikrofon verhält sich klangneutral. Ist die Linie jedoch wellig, so beeinflusst das Mikrofon den Klang. Wobei dies jedoch erwünscht sein kann. Mikrofone werden dann gezielt zu diesem Zweck eingesetzt. Messtechnisch ist dies ein Makel, gestalterisch jedoch beabsichtigt.

Frequenzgang eines Elektret-Kondensatormikrofons mit Kugelcharakteristik. Gestrichelte Linie: Schalleinfallsrichtung von 90°. Da die gestrichelte Linie von der durchgezogenen abweicht lässt sich vermuten, dass Mikrofone ihre Richtcharakteristik nur näherungsweise einhalten!

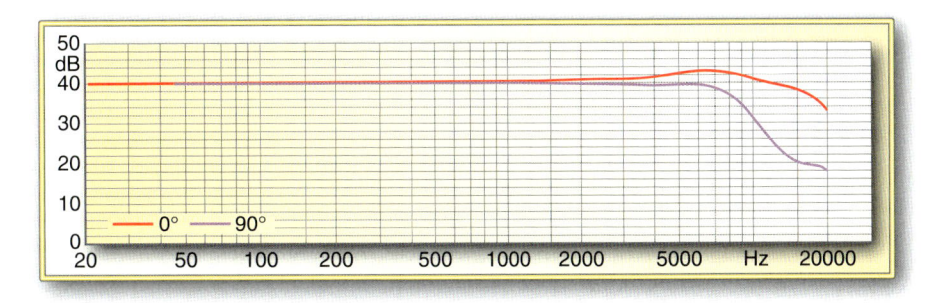

Linealglatte Frequenzgänge wie hier zwischen 40 und 1000Hz sind nur von Kondensatormikrofonen oder ihrer Varianten zu erwarten.

Richtcharakteristik

Die Richtcharakteristik gibt an, wie sich das Richtungsmaß in Abhängigkeit von der Schalleinfallsrichtung und der Frequenz verhält. Welche Bedeutung hat das für die Praxis? Um den Einfluss der Umgebung bei der Aufnahme zu reduzieren, werden Mikrofone mit Richtwirkung benutzt. Die Richtwirkung ist umso größer, je „unempfindlicher" das Mikrofon gegenüber dem Schall von den Seiten oder von hinten ist. Verglichen wird dabei mit dem Schall, dessen Richtung senkrecht auf der Mikrofonmembran steht und deshalb aus der Mitte von vorn auf das Mikrofon trifft. Um dies für den Anwender zu verdeutlichen, wird eine Darstellung in einem Polardiagramm gewählt.

Um die Frequenzabhängigkeit der Richtwirkung bei möglichst vielen Frequenzen darstellen zu können, werden die Diagramme in eine linke und eine rechte Hälfte unterteilt. Das ist deshalb möglich, weil die Richtcharakteristik eines Mikrofons rotationssymmetrisch ist.

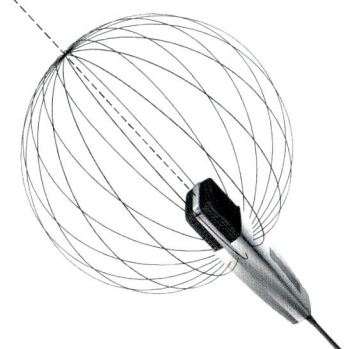

Quelle: Sennheiser electronic GmbH & Co.KG, Wedemark
Räumliche Darstellung der Richtcharakteristik eines Mikrofons. Hier ist es eine Niere.

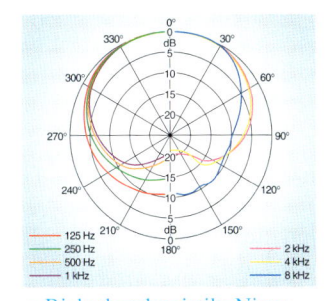

a: Richtcharakteristik: Niere, Schwache Richtwirkung

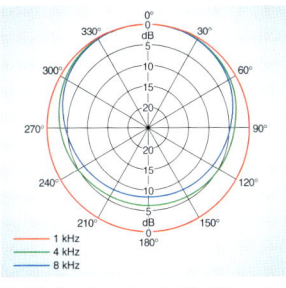

b: Richtcharakteristik: Kugel, Im Idealfall keine Richtwirkung

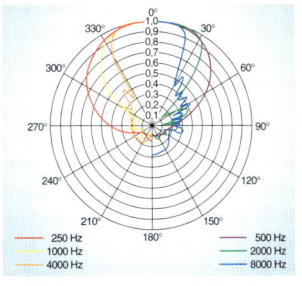

c: Richtcharakteristik: Keule, Starke Richtwirkung

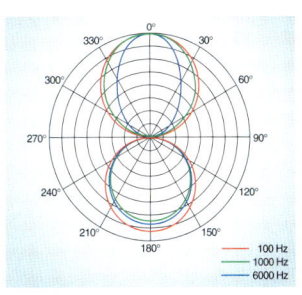

d: Richtcharakteristik: Acht, Richtwirkung von vorn und hinten

„Angeln" von Ton
Quelle: The Making Of Jurassic Park, Universal City Studios

Nach dem Grad der Richtwirkung abgestuft gibt es folgende Charakteristiken: Kugel, Niere, Superniere, Hyperniere und Keule. Die Acht nimmt eine Sonderstellung ein, weil sie den Schall von vorne wie von hinten gleichermaßen aufnimmt und von der Seite im Idealfall nicht.

Niere und Superniere sind Standardcharakteristiken. Atmos (typische Umgebungsgeräusche) lassen sich mit einer Kugelcharakteristik gut einfangen. Ein Mikrofon mit Kugelcharakteristik erfordert jedoch im Einsatz bei Instrumental-, Gesangs- und Sprachaufnahmen eine gute Raumakustik und eine störungsfreie Umgebung. Deshalb werden bei Reportageeinsätzen mit ungünstigen störenden Umgebungsgeräuschen oder beim „Angeln" von O(riginal)-Ton beim Film gerne Mikrofone mit Hypernieren- oder Keulencharakteristik verwendet.

Analog-Digital-Wandlung

Die Luftschwingungen werden am Ort der Mikrofon-Membran in elektrische Schwingungen gewandelt. Diese werden elektrisch verstärkt und einem Analog-Digital-Wandler zugeführt. Dort wird zum zweiten mal gewandelt. Aus einem analogen Signal entsteht ein digitales. Dieser Vorgang wird Digitalisieren oder auch Quantisieren genannt. Bedingung für diesen Wandlungsvorgang ist, dass sich das ursprüngliche analoge Signal möglichst exakt reproduzieren lassen soll.

Zu diesem Zweck werden am analogen elektrischen Signal in regelmäßigen zeitlichen Abständen (Spannungs-) Proben, engl. Samples, abgelesen.

Diese Proben von Spannungswerten werden mit Werten aus einem Wertevorrat verglichen. Er ist über die Digitalisierungshard- und -software vorgegeben. Die Größe des Vorrates entspricht der zur Verfügung gestellten Wortbreite in bit.

Beispiel: 2^8 = 256 verschiedene Werte: entspricht 8 Bit
2^{16} = 65536 verschiedene Werte: entspricht 16 Bit
2^{20} = 1048576 verschiedene Werte: entspricht 20 Bit

Hinweis: Musiker verstehen unter Samples digitalisierte Klänge, die z. B. per MIDI-Befehle mit einem Sampler (Musikinstrument) oder mit einem Harddisk-Recorder wiedergegeben werden (auch Kombinationen möglich). Nicht verwechseln mit Samples beim Digitalisierungsvorgang!

Diese Werte bilden ein Spannungsraster, welches eine zu digitalisierende Spannung maximal überstreichen kann. Der Wert, der der Spannungsprobe am nächsten kommt, wird genommen und vom Wandler ausgegeben. Je mehr Werte zur Verfügung stehen, desto feiner ist das Raster und desto genauer kann ein Wert aus dem Wertevorrat eine abgelesene Spannungsprobe repräsentieren. Diese Genauigkeit steht in einem direkten Verhältnis zum Rauschen, das dem ursprünglichen analogen Signal über den Wandlungsvorgang hinzugefügt wird. Je feiner das Raster, desto geringer das Rauschen. D. h.: Je größer die zur Verfügung gestellte Wortbreite in bit, desto geringer das Rauschen.

Die Rasterung der Zeit (Abtastfrequenz)

Nicht nur die Spannung wird gerastert, sondern auch die Zeit. Um Spannungsproben (Samples) ablesen zu können, muss das elektrische Tonsignal im Analog-Digital-Wandler abgetastet werden. Die Häufigkeit, mit der dies pro Sekunde geschehen soll, wird mit der Abtastfrequenz festgelegt. Wie häufig muss ein Tonsignal abgetastet werden? Auch in diesem Fall ist das menschliche Gehör wieder das Maß der Dinge. Es hat einen Frequenzumfang von maximal 16 Hz-20 kHz. Der höchste zu reproduzierende

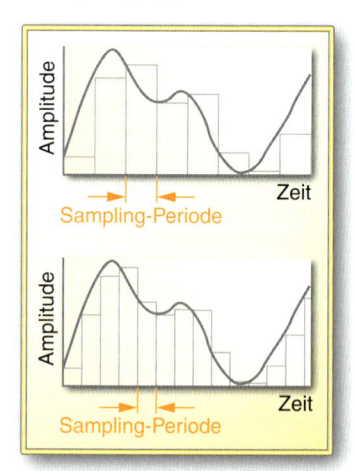

Sampling mit verschiedenen Abtastfrequenzen

physikalische Ton hat also eine Frequenz von 20 kHz. Um diesen Ton exakt reproduzieren zu können, muss er mindestens mit dem doppelten seiner Frequenz abgetastet werden. Das entspricht nach dem Abtasttheorem von Shannon in diesem Fall einer Abtastfrequenz von 40 kHz.

Diese Betrachtungen sind idealisiert. In der Praxis würde unser Ton entsprechend einer technischen Festlegung mit 44.1 kHz oder 48 kHz abgetastet werden. Geringere Abtastfrequenzen vermindern die Tonqualität gegenüber dem Original. Insbesondere leidet der Anteil der Höhen im Frequenzspektrum darunter.

Datenmenge

Anhand eines Beispiels rechnen wir aus, wie groß die Datenrate, die dabei anfallende Datenmenge pro Zeiteinheit, ist. Pro Abtastung fällt ein Wert in Form eines digitalen Wortes mit einer Wortbreite in Bit an. Die Wortbreite sei 8 Bit. Die Abtastfrequenz sei 44.100 Hz. Das bedeutet, dass pro Sekunde die analoge Spannungskurve 44.100 mal abgetastet wird. Demnach fallen in einer Sekunde 44.100 digitale Worte mit einer Wortbreite von 8 Bit an.

Die Datenrate: *Abtastfrequenz [Hz]* x *Wortbreite [Bit]*
besser: *Abtastfrequenz [1/sec]* x *Wortbreite [Bit]*
44.100 [1/sec] x 8 [Bit] = 352.800 [Bit/sec]

Da 8 Bit zu einem 1 Byte zusammengefasst werden, vereinfacht sich die Sache zu:
44.100 [1/sec] x 1 [Byte] = 44.100 [Byte/sec]

Als nächstes wollen wir untersuchen, wie groß die Datenrate einer Tonaufnahme ist, die der Qualität einer Audio-CD entspricht. Wobei lediglich die Daten gemeint sind, die für unser Beispiel relevant sind. Keine zusätzlichen Kodierungsdaten!
Die Wortbreite der digitalisierten Tondaten einer Audio-CD beträgt 16 Bit, entsprechend 2 Byte. Also:
44.100 [1/sec] x 2 [Byte] = 88.200 [Byte/sec]

Berücksichtigen wir noch, dass zwei Kanäle, links und rechts, vorliegen, dann ergibt sich für die Datenrate:
Abtastfrequenz [1/sec] x *Wortbreite [Byte]* x *Anzahl d. Kanäle*
44.100 [1/sec] x 2 [Byte] x 2
= 176.400 [Byte/sec]

In der Minute sind dies also:
176.400 [Byte/sec] x 60 [sec] = 10.584.000 [Byte/min]

⊃ **Merke: Eine Datei, die für eine Minute unkomprimierten „Ton in CD-Qualität" enthält, ist ca. 10 MByte groß!**

Hier deutet sich bereits an, dass sich durch geeignete Maßnahmen die Datenmenge reduzieren lässt. Zu Beginn eines Projektes einer interaktiven Anwendung werden Standards für die zu erstellenden medialen Bestandteile festgelegt. Die gewünschte Qualität ist hier das Maß dafür, wieweit die Reduzierung der Datenmenge gehen darf. Um hier zum gewünschten Erfolg zu kommen, ist ein Vergleich mit dem Original unumgänglich.

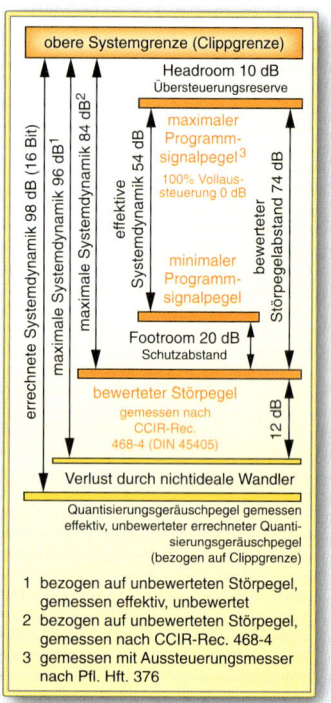

Quelle: H. Zander, MPEG Audiopraxis, 2000, S. 215

Tipp: Um Übersteuerungen zu vermeiden, ist eine Aussteuerungsreserve einzuplanen.

Quelle: Radio-Technische Werkstätten GmbH & Co.KG, Köln
RTW 1019 Analog
Spitzenwert-, Lautheits- und Phasenkorrelationsanzeige

Tipp: Tonaufnahmen sollten zunächst maximal ausgesteuert werden, unabhängig davon, in welchem Lautstärkeverhältnis zueinander sie später in der interaktiven Anwendung wiedergegeben werden sollen.

Tipp: Werden (Pop-) Musik und Sprache gemeinsam in einer Anwendung verwendet, so ist bei der Empfindung gleicher Lautstärke die Musik tendenziell mit niedrigerem Pegel wiederzugeben als die Sprache! Bei „klassischer" Musik ist dies eher umgekehrt. Ausprobieren!

Aussteuerung

Im Übertragungsweg der elektrischen Signale befinden sich elektrische Bauteile. Sie enthalten Widerstände, Kondensatoren, Halbleiterelemente oder auch Elektronenröhren. Die thermische Bewegung der Atome und Moleküle verursacht Spannungsschwankungen. Sie sind statistisch gleichmäßig über der Zeit verteilt und ergeben deshalb eine Rauschspannung. Wie wir bereits erfahren haben, entsteht auch Rauschen durch den Wandlungsvorgang digitaler Wandler.

Die Schaltungen aus Halbleiter oder Elektronenröhren (in Mikrofonvorverstärkern sehr beliebt) arbeiten nur in gewissen Spannungs- (oder Strom-) Grenzen annähernd verzerrungsfrei. Werden diese Grenzen deutlich überschritten, so kommt es zu hörbaren Verzerrungen des Nutzsignals.

Werden Signale quantisiert, d.h. von der analogen Signalform in eine digitale überführt, so treten genau dann starke Verzerrungen auf, wenn die größtmögliche Spannung, die der Analog-Digital-Wandler digitalisieren kann, überschritten wird. Dann reicht der Wertevorrat zu größeren Werten hin nicht mehr aus, um den überschreitenden Spannungswert zu repräsentieren. Der Analog-Digital-Wandler wird übersteuert. Das Tonsignal, welches die Information trägt, das Nutzsignal, darf diesen Wert nicht überschreiten. Andererseits soll es aber auch nicht in die Nähe der Größe der Rauschspannung kommen, damit das Rauschen das Nutzsignal nicht zu stark beeinträchtigt. Der Abstand zwischen Nutzsignalspannung und Rauschspannung soll also möglichst groß sein, ohne dass jedoch das Nutzsignal verzerrt wird. Den dafür notwendigen Regelvorgang nennt man Aussteuern.

Bei der Betrachtung dieses Vorgangs ist jedoch zu berücksichtigen, dass ein grundsätzlicher Unterschied zwischen analogen und digitalen Systemen besteht. Analoge Systeme fügen dem Nutzsignal bei größer werdender Signalspannung eine größer werdende Verzerrung zu. Bei digitalen Systemen ist die Verzerrung knapp unterhalb der Übersteuerungsgrenze am geringsten, oberhalb nimmt sie jedoch sprunghaft zu.

Um Übersteuerungen zu vermeiden, werden Aussteuerungsmessinstrumente eingesetzt. Sie tragen eine dB-Skala und sind geeignet, um Spannungsspitzen oder/und „durchschnittliche" Spannungswerte anzuzeigen.

Spitzenspannungsmessinstrumente (auch Peak-Meter genannt) sind geeignet, um Spannungsimpulse anzuzeigen, die insbesondere bei digitalen Systemen bei Übersteuerung zu hörbaren Verzerrungen führen können. Bei gleicher Amplitude werden kurze Impulse leiser empfunden als Dauertöne. Peak-Meter zeigen kurze Impulse jedoch deutlich an. Deshalb sind sie nur bedingt geeignet, um Lautheit zu kontrollieren. Generell ist es in der Tontechnik ein Problem, geeignete Instrumente für die Beurteilung der Lautstärke zu finden. VU-Meter (Volume Unit) sind der Empfindung der Lautstärke angenähert. Deshalb soll ein VU-Meter tendenziell besser für die Beurteilung von Lautstärke/Lautheit geeignet sein als ein Peak-Meter. Über die Anwendbarkeit gibt es jedoch unter Praktikern unterschiedliche Auffassungen. Heute werden in der Tonstudiopraxis auch Messinstrumente eingesetzt, die eine Kombination der Eigenschaften beider Aussteuerungsmessinstrumente in sich vereinen. Letztendlich entscheidet jedoch das Gehör!

Aussteuern ist nicht nur ein technischer, sondern auch ein gestalterischer Vorgang. Geht es darum, dass Tonereignisse z. B. Sprachbeiträge und Musik von der Lautstärke her gleich groß sein sollen, dann ist dies nur bedingt am Aussteuerungsinstrument ablesbar. Die Empfindung der Lautstärke ist nicht identisch mit der Arbeitsweise eines Aussteuerungsmessinstrumentes. Hier hilft nur die Beurteilung mit dem Gehör.

In der Tonmischung ist ein guter Kompromiss zu suchen zwischen einem im Sinne der Messtechnik maximal möglichen und einem gestalterisch sinnvollen Aussteuerungspegel.

Überspielung von Ton einer Audio-CD

Ob Musik oder Geräusch, häufig liegt der Ton bereits digitalisiert auf CD vor. Wie kommt der Ton von der CD in den PC? Am besten über das eingebaute CD-ROM-Laufwerk. Denn dann gibt es mehrere Möglichkeiten der Übertragung.

Übertragung auf dem analogen Weg

Das CD-ROM-Laufwerk muss zu diesem Zweck mit seinem analogen Ausgang mit der eingebauten Soundkarte verbunden sein. Das geschieht zumeist mit einem kurzen Kabel im Inneren des PCs. Jetzt ist nur noch das Softwaremischpult des Soundkartenherstellers für die Tonaufnahme oder das mitgelieferte Mischpult (Aufnahmeweg!) des Betriebssystems und die Tonaufnahmesoftware aufzurufen. Die Aufnahme kann hiermit ausgesteuert werden.

Übertragung mit der digitalen Audio-Schnittstelle

Der Vorgang ähnelt der analogen Übertragung. Der Ton verlässt jedoch nicht die digitale Ebene und die Aufnahme muss nicht noch einmal ausgesteuert werden. Erforderlich ist ein CD-ROM- oder DVD-Laufwerk mit einer digitalen Consumer-Audio-Schnittstelle namens S/P-DIF (Sony/ Philips Digital Interface oder auch Interconnect Format). Auch hier findet sich ein kurzes Kabel im Inneren des PCs zwischen Laufwerk und Soundkarte.

Übertragung mit dem Datenbus

Ton-Dateien auf CD-ROM (z.B. Yellow-Book-Standard) liegen im Normalfall im WAVE-, AIFF- oder MP3-Format vor. Sie können ohne große Anstrengung auf Festplatte kopiert und mit einem Autorensystem in eine Anwendung integriert werden.

Etwas aufwendiger ist der digitale Kopiervorgang von Ton-Daten einer normalen Audio-CD (CD-DA). Hier liegt der Ton in einer Form vor, die ihrem Red Book-Standard entspricht. Sie werden von speziellen Programmen ausgelesen (Audio-Grabbing) und in das entsprechende Format, zumeist WAVE, AIFF oder MP3, konvertiert.

Red Book bezeichnet einen in einem roten Buch veröffentlichten Standard für die von Philips und Sony Ende der 70er Jahre entwikkelte Audio-CD. Er gibt die Garantie, dass CDs aller Hersteller auf jedem CD-Player abgespielt werden können.

Hinweis: Bei stark verkratzten Audio-CDs und durch Jitter verursachten fehlerhaften Bitstrom besteht die Gefahr, die Daten nicht vollständig auslesen zu können. Das führt zu Knacksern und Aussetzern in den konvertierten Ton-Dateien.

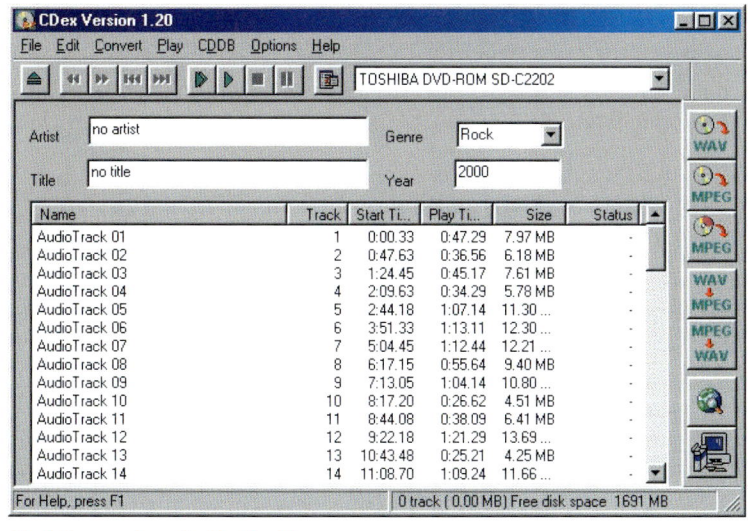

Funktionen eines Audio-Grabbers

4.3.3 Soundkarte

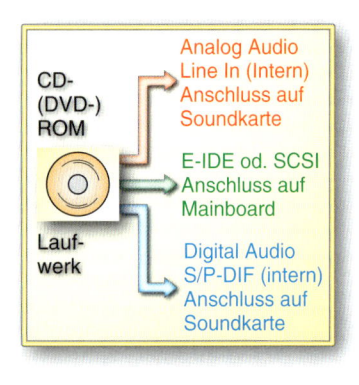

Um Ton mit dem Computer aufnehmen, speichern, bearbeiten und wiedergeben zu können, muss der Computer mit geeigneten Anschlüssen und Schnittstellen ausgestattet sein. Diese Funktion übernimmt in der Regel eine Soundkarte. Die Tondateien werden von CD-ROM oder Festplatte gelesen und über den PC-Bus an die Soundkarte übergeben. Für die Wiedergabe von Ton ist also eine Soundkarte erforderlich, die das digitale Tonsignal wieder in eine analoge Spannung zurückwandeln. Diese wird dann außerhalb oder mit einem Verstärker auf der Karte verstärkt und Lautsprechern oder einem Kopfhörer zugeführt. Viele Computerlautsprecher enthalten einen Verstärker, so dass der Ton unabhängig von einer Hifi-Anlage ohne viel Aufwand direkt am Computer abgehört werden kann.

CD-(DVD-)ROM Laufwerk:
- Analog Audio Line In (Intern) Anschluss auf Soundkarte
- E-IDE od. SCSI Anschluss auf Mainboard
- Digital Audio S/P-DIF (intern) Anschluss auf Soundkarte

MIC In ❶
LINE In ❷
LINE OUT FRONT ❸
LINE OUT REAR ❹
S/PDIF OUT ❺
MIDI / JOYSTICK INTERFACE ❻
WAVETABLE EXTENSION ❻

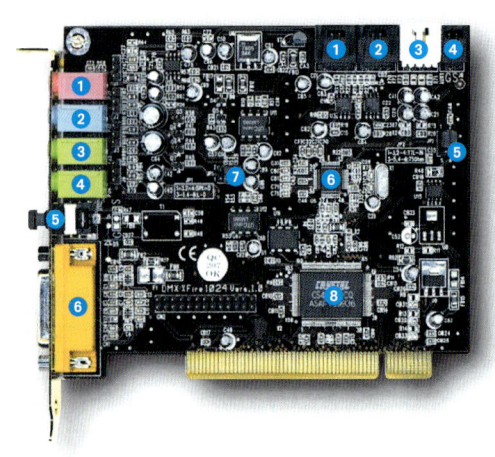

❶ CD1 In (intern)
❷ CD2 In (intern)
❸ AUX In (intern)
❹ S/PDIF In (intern)
❺ Jumper2: TTL (CD-IN) S/PDIF OUT
❻ CS4294 FOUR CHANNEL AC97 AUDIO CODEC
❼ Jumper1: LINE OUT / HEADPHONE
❽ CS4624 PCI AUDIO CONTROLLER

Quelle: TerraTec Electronic GmbH, Nettetal

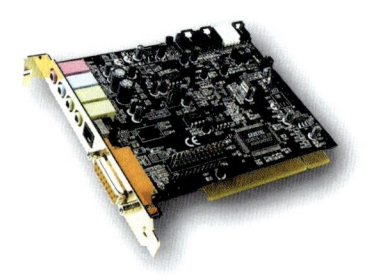

Quelle: TerraTec Electronic GmbH, Nettetal

Je nach Verwendungszweck ist die Bestückung einer Soundkarte recht unterschiedlich. Was auf einer Soundkarte im Wesentlichen untergebracht sein kann ist hier kurz dargestellt:

Anschlüsse und Audio-Schnittstellen

Der Mikrofoneingang ist für kleine Pegel im Bereich von einigen Millivolt vorgesehen. Da einige Hersteller Mikrofone mit einer eigenen speziellen Beschaltung der Anschlussstecker versehen, um hauseigene Mikrofone daran betreiben und mit einer Speisespannung versorgen zu können, ist hier bei der Nutzung mit anderen Mikrofonen oder Quellen Vorsicht geboten. Der Line-Eingang ist für hochpegelige Eingangsspannungen gedacht. Hier können die analogen Ausgänge von CD-Playern, externen Mikrofon-Vorverstärkern, Mischpulten und u.ä. angeschlossen werden. S/P-DIF oder AES/EBU bezeichnen digitale Audioschnittstellen. S/P-DIF bezeichnet eine Schnittstelle von Sony und Philips für den Consumer-Bereich, während die Schnittstelle für professionelle Ansprüche kurz mit AES/EBU bezeichnet wird.

Tipp: Die Lautsprecher sollten geschirmt sein, damit sie auch in unmittelbarer Nähe des Computermonitors aufgestellt werden können, ohne die Bildwiedergabe zu beeinträchtigen.

Tipp: Zum Abhören in der Ton-Produktion sollten gute Studio-Monitore, deren Klangverhalten Sie kennen und durchschnittliche, kleine Computerlautsprecher zum Einsatz kommen. Schalten Sie regelmäßig zur Kontrolle von einem Lautsprecherpaar zum anderen.

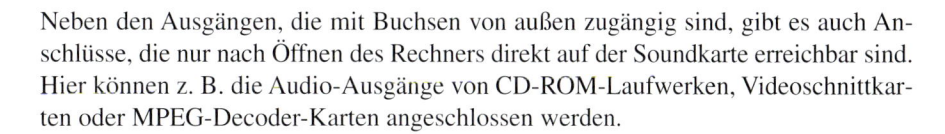

Neben den Ausgängen, die mit Buchsen von außen zugängig sind, gibt es auch Anschlüsse, die nur nach Öffnen des Rechners direkt auf der Soundkarte erreichbar sind. Hier können z. B. die Audio-Ausgänge von CD-ROM-Laufwerken, Videoschnittkarten oder MPEG-Decoder-Karten angeschlossen werden.

Der Ausgang für Lautsprecher ist ebenso wie der Line-Eingang hochpegelig. Lautsprecher sind im Klang sehr unterschiedlich. Sie sind in der Übertragungskette das Glied, welches den Originalklang am stärksten beeinträchtigt. Deshalb hört der Tontoningenieur insbesondere beim Mischen mit unterschiedlichen Lautsprechern ab, um sich dabei einem Klangideal zu nähern, das sowohl auf durchschnittlichen wie auch hochwertigen Lautsprechern angemessen gut klingt.

Wandler

Der Analog-Digital-Wandler übernimmt die Quantisierung der analogen Eingangsspannung (vgl. Abschnitt Analog-Digital-Wandlung). In der Regel werden die Signale, die am Line-Eingang oder am Mikrofon-Eingang anliegen, zuvor mit einem Verstärker an den Wandler angepasst. Der Digital-Analog-Wandler führt den digitalen Datenstrom zurück in ein analoges Signal.

MIDI-Schnittstelle

MIDI ist ein Standard und bedeutet Musical Instrument Digital Interface. Hier können MIDI-Masterkeyboards, MIDI-Musik-Instrumente oder generell alles, was sich mit MIDI steuern lässt angeschlossen werden.

Soundchip

In den Soundchips liegen digitalisierte Musikinstrumentenklänge auf Abruf bereit. Nach dem General-MIDI-Standard muss dies eine festgelegte Auswahl von mindestens 128 Klängen sein. Sie sind nach diesem Standard nummeriert. Per MIDI-Befehl können die Klänge dann eindeutig aufgerufen und über einen DA-Wandler ausgegeben werden. Mittels FM-Synthese können ebenfalls Klänge erzeugt werden. Diese Art der Tonerzeugung spielt jedoch zunehmend eine untergeordnete Rolle.

Quelle: TerraTec Electronic GmbH, Nettetal
Soundsystem DMX mit blaumarkiertem Soundchip von ESS

Schnittstellen am DVD-Laufwerk

Ein IDE-DVD-Laufwerk wird in der Regel mit einem Flachbandkabel direkt auf dem Mainboard angeschlossen. SCSI-DVD-Laufwerke benötigen in der Regel eine eigene Schnittstellenkarte im Rechner. DVD-Laufwerke verfügen über einen eigenen Digital-Analog-Wandler, so dass beim Einlegen einer Audio-CD (CD-DA) der Ton mittels einer analogen Signalspannung zur Soundkarte geführt werden kann. Häufig lässt sich ein Kopfhörer auf der Vorderseite des DVD-Laufwerks anschließen. Mit geeigneten Programmen und Laufwerken lassen sich die Audio-Daten auch in digitaler Form von der Audio-CD auslesen (Audio-Grabbing) und z.B. in den Formaten WAVE, AIFF oder auch MP3 speichern.

❶ S/P-DIF Digitaler Audioausgang
❷ Analoger Audioausgang
❸ EIDE Anschlusskabel

4.3.4 Harddisk-Recording

Was unterscheidet einen Harddisk-Recorder von einer Soundkarte mit Software? Der Begriff Harddisk-Recorder stammt aus einer Zeit, in der der Personal Computer den Anforderungen an Zuverlässigkeit und Technik für die Tonaufzeichnung auf Festplatte nicht gerecht werden konnte. Aus diesem Grunde basierten die Harddisk-Recorder auf eigenen Betriebssystemen und ihre Hard- und Software wurde auf die vom Anwender erwarteten Leistungen abgestimmt. Aufgrund der hohen Kosten waren diese Systeme ausschließlich professionellen Anwendern vorbehalten.

Workstation - All-In-One

Wie bereits erwähnt, ist es von Vorteil, wenn der Ton digitalisiert vorliegt. Alle Bearbeitungsschritte lassen sich dann an einer Arbeitsstation abwickeln. Zu den Bearbeitungsschritten zählt auch das Mischen der Töne. Das ist häufig das Konzept von Harddisk-Recordern. Dann werden sie deshalb treffender Arbeitsstationen oder Workstations genannt und lassen genaugenommen einen Vergleich mit den analogen und digitalen bandgestützten Aufzeichnungsgeräten nicht mehr zu.

Eine normale Soundkarte mit geeigneter Tonbearbeitungssoftware nutzt die gesamte „Infrastruktur" des Personal Computers. Die damit zu erzielende Arbeitsgeschwindigkeit hängt deshalb ganz entscheidend von der Leistungsfähigkeit der einzelnen Komponenten, deren Zusammenspiel und der Software ab. Um diese Abhängigkeit zu reduzieren bieten Hersteller PC-Steckkarten an, die einige der Funktionen eines PCs übernehmen, jedoch speziell auf die erforderlichen Zwecke abgestimmt sind und die CPU des PCs entlasten. Der Übergang von der einfachen Soundkarte zum professionellen High-End-System ist fließend.

Nach einer Analog-Digital-Wandlung speichern Harddisk-Recording-Systeme den Ton auf Festplatte oder einem geeigneten Wechselmedium. Im Gegensatz zu beispielsweise den DAT-Recordern, die ihre digitalen Tondaten linear auf Magnetband ablegen, bieten Harddisk-Recorder die Möglichkeit des wahlfreien Zugriffs und der exakten Reproduzierbarkeit von zusätzlichen Ton- und Bearbeitungsdaten. Was bedeutet das für die Praxis? Beim Tonschnitt lassen sich ähnlich wie in einem Textverarbeitungsprogramm Bestandteile ausschneiden und nach Belieben verschieben oder kopieren. Dabei wird zunächst nichts an den Originaldaten manipuliert, sondern lediglich zusätzliche Daten angelegt, aus denen hervorgeht, in welcher Reihenfolge die Tonbestandteile erklingen sollen. Auf diese Weise lassen sich die Bearbeitungsschritte beliebig oft ungeschehen machen und wiederholen. Dies gilt auch für alle anderen Bearbeitungsmöglichkeiten, von denen einige in Abschnitt Tonbearbeitung aufgeführt sind. Dies nennt man „Non-destructive Editing". Für die Verwendung in interaktiven Anwendungen sind die auf diese Weise entstandenen Dateien unbrauchbar. Deshalb werden am Schluss der Bearbeitungskette Tondateien erzeugt, die die Wirkungen, aller Bearbeitungsschritte hineingerechnet, enthalten. Einige Harddisk-Recorder tun dies bereits von sich aus nach jedem Bearbeitungsvorgang.

Liegt der Ton nach einer Analog-Digital-Wandlung erst einmal in Form von digitalen Signalen vor, so lassen sich nicht nur Bearbeitungen des Tons durchführen, sondern auch Analysen: Beispielsweise kann nach einer Stunde unbeaufsichtigter Tondigi-

Aus den Anfängen des Soundsampling und Harddiskrecording: Synclavier von New England Digital (Direct-To-Disk im Bild nicht zu sehen)

Professionelle Tonbearbeitung mit Soundstation von Digital Audio Research

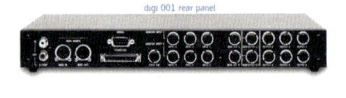

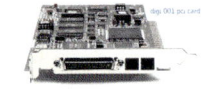

Homerecording mit Digi 001 von Digidesign

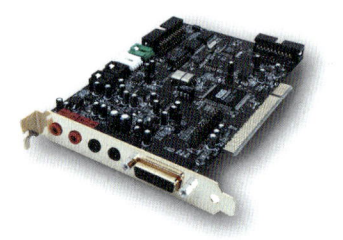

Soundsystem DMX von TerraTec

Kapitel 4 Audio   Lektion 4.3 Tonaufnahme

DSP = Digital Signal Processor Hochspezialisierte Bausteine zur kontinuierlichen, extrem schnellen und rechenintensiven Bearbeitung einer eng begrenzten Menge von Eingangssignalen. Dabei sind die Befehlssätze des DSPs für die Aufgaben optimiert.

talisierung überprüft werden, ob, wann und wie oft eine Übersteuerung vorgelegen hat. Selbstverständlich erscheint uns mittlerweile die grafische Darstellung des Tones auf dem Bildschirm und die durch Transformation gewonnene Visualisierung des Frequenzspektrums.

Für die Archivierung lassen sich den digitalen Toninformationen zusätzliche Daten hinzufügen. Über ein Netzwerk können die Daten aus einem Archiv von einem Server abgerufen oder von Arbeitsstation zu Arbeitsstation übertragen werden.

Echtzeitfähigkeit

Hinweis: Echtzeitfähigkeit wirkt sich direkt auf die Kosten eines digitalen Audio-Systems aus. Sowohl bei den Investitionen, wie auch bei den damit ausgeführten Dienstleistungen.

Hinweis: Die Wirtschaftlichkeit und Brauchbarkeit hängt sehr stark von den Arbeitsabläufen und dem Einsatzgebiet ab.

Wird an der Hifi-Anlage ein Regler gedreht, so erwarten wir das Ergebnis sogleich hören zu können. Im Gegensatz zu analogen Geräten ist das bei digitalen nicht selbstverständlich. Veränderungen an digitalisierten Tondaten erfordern immer eine Rechenzeit, auch wenn sie noch so klein ist. Nehmen wir diese Rechenzeit während der Bearbeitung nicht mehr wahr, so laufen die Bearbeitungsprozesse in Echtzeit. Je mehr Prozesse simultan laufen, desto mehr sind DSP und CPU gefordert. Je größer die Performance des Gesamtsystems, desto mehr Prozesse lassen sich pro Zeiteinheit durchführen.

4.3.5 Software für Ton und Bild

Professionelle Systeme verfügen über umfangreiche Synchronisationsmöglichkeiten. So ist es möglich Videorecorder zu steuern und den Ton mit dem Bild zu verkoppeln. Die Spulzeiten der Videorecorder jedoch hemmen den Arbeitsablauf. Es liegt also nahe, eine Software zu entwickeln, die sowohl den Ton, wie das dazugehörige Bild verarbeiten können.

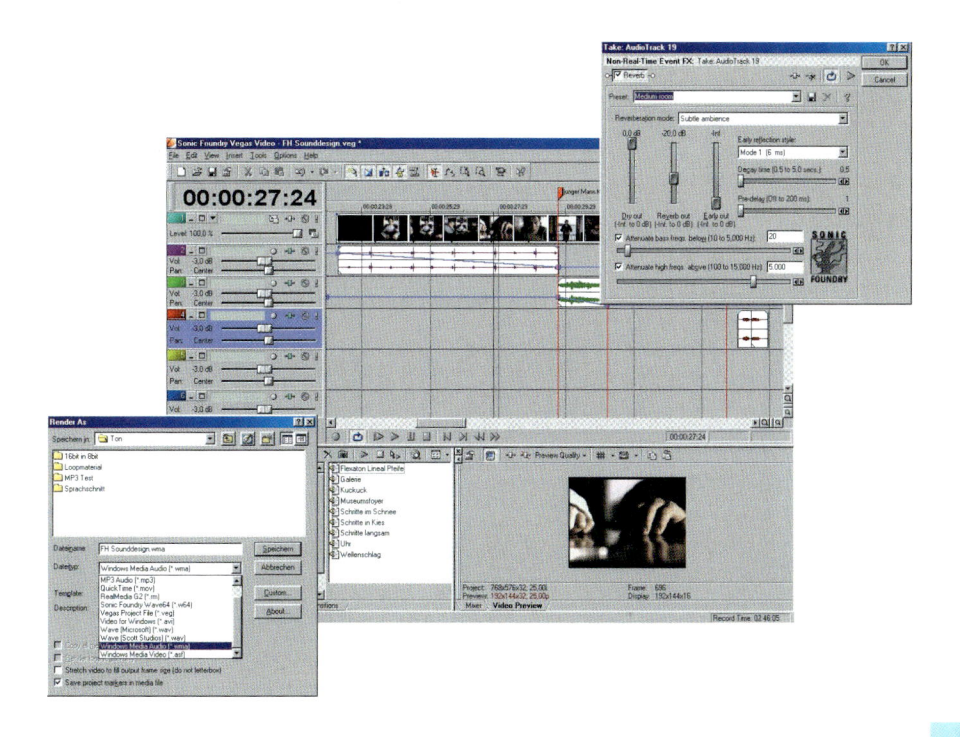

Beschreibung der Hauptseite von Vegas Video von Sonic Foundry:

- Bild-/Videospur
- Audiospuren
- Tonbearbeitungsfunktionen
- Besonderheiten für das Anlegen des Tones an das Bild
- Import und Export Formate

4.4 Tonbearbeitung

Mit geeigneter Tonbearbeitungssoftware und -hardware lassen sich auf dem Computer die aufgenommen Töne nicht nur abhören, sondern auch anschauen.

Das erleichtert das Auffinden geeigneter Stellen für die Tonbearbeitung, z. B. den Tonschnitt erheblich. Anhand der abgebildeten Wellenform lassen sich sogar Schlüsse auf das Tonmaterial ableiten. Dabei ist die Wellenform nichts anderes, als die Darstellung des Tonsignals über der Zeit.

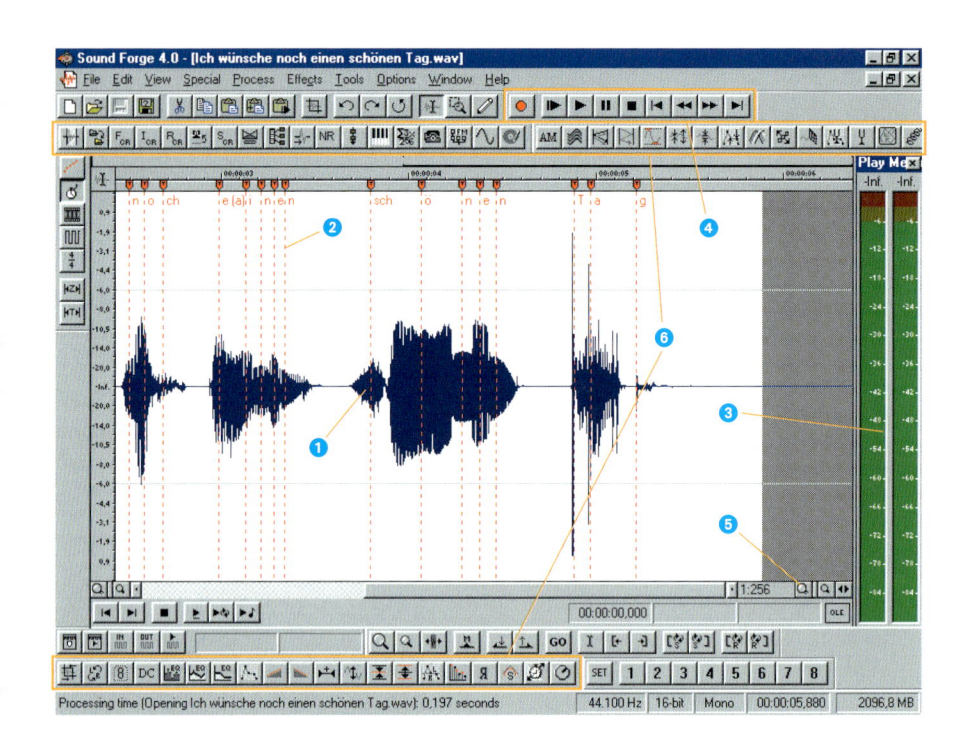

❶ Die Wellenformgrafik beschreibt den Verlauf der Spannung über der Zeit. Schön zu sehen sind die Sprechpausen. An diesen Stellen ist die Spannung nahezu Null bzw. -Inf. und die Grafik zeigt einen horizontalen Strich.

❷ In der Wellenformgrafik können Markierungen gesetzt werden. Diese lassen sich benennen und jederzeit leicht auffinden. Auf diese Weise können auch umfangreiche Aufnahmen strukturiert werden. Sie können bereits während der Aufnahme gesetzt werden und helfen dadurch fehlerhafte Stellen (Versprecher, schlechte Interpretationen) zu kennzeichnen. Somit ist bereits während der Aufnahme eine Vorauswahl möglich. Markierungen werden im WAVE-Format zusätzlich zu den Audiodaten gespeichert.

❸ Aussteuerungsmessinstrument

❹ Mit der Transport-Steuerung lässt sich der Ton aufnehmen, wiedergeben, anhalten an den Anfang springen, usw.

❺ Um eine Stelle im Ton genau finden zu können, wird die Darstellung der Wellenform verfeinert. Wie mit einer Lupe wird ein Ausschnitt der Grafik vergrößert. Für den Überblick wird die Darstellung vergröbert, so als würde man sich ein wenig von der Grafik entfernen.

❻ Hinter diesen Schaltflächen verbergen sich die Bearbeitungsfunktionen des Tonbearbeitungsprogramms.

Sollte ein verlustfreier Bearbeitungsschritt einmal misslingen, so lässt er sich mit entsprechender Software beliebig oft und wiederholen.

Ein Teil der aufgeführten Bearbeitungsfunktionen können von Geräten vorgenommen werden, die eigens für diesen Zweck meist in 19"- Einschubtechnik hergestellt worden sind. Häufig liegen sie aber auch als feste Bestandteile von oder als Plug-Ins für Tonbearbeitungs-Software vor. Siehe Abschnitt „All-In-One".

4.4.1 Bearbeitungsschritte

In diesem Abschnitt sind einige typische Schritte für die Bearbeitung von Sprache für interaktive Anwendungen auf dem Computer aufgeführt. Dazu dient nach einem Mundgeräusch und einmaligem Einatmen der Satz „*Ich wünsche noch einen schönen Tag.*"

DC-Offset - Tonsignal symmetrieren

Ein Gleichspannungsanteil kann einem Nutzsignal überlagert sein. Ursache hierfür können Ungenauigkeiten des Wandlers sein. Oder die Überlagerung ist bereits auf der Übertragung zum Wandler geschehen.

In diesem Screenshot ist die Achse der Wellenformgrafik nach oben verschoben. Das deutet auf einen positiven Gleichspannungsanteil hin.

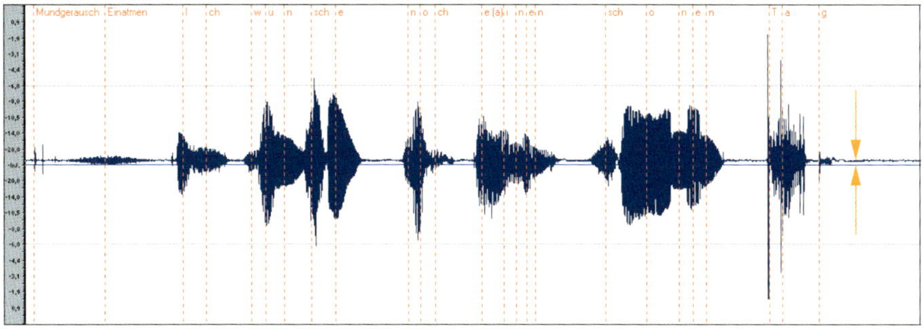

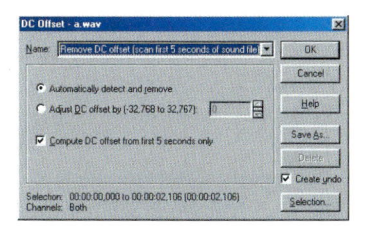

Beim Symmetrieren wird der Gleichspannungsanteil wieder aus dem Signal herausgerechnet.

Die beiden Achsen liegen wieder übereinander.

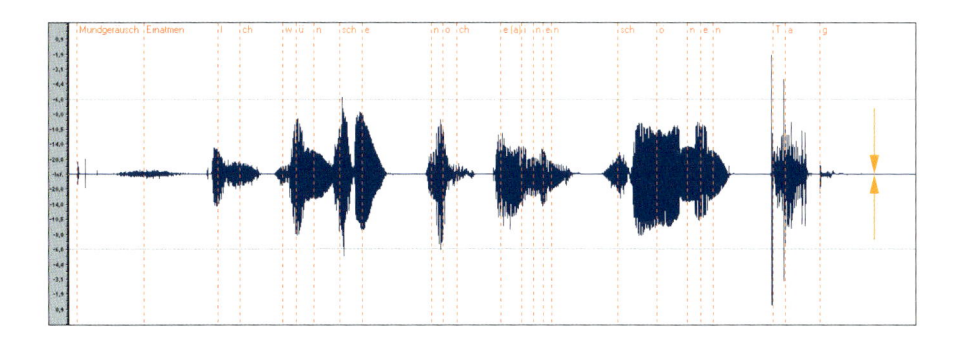

De-Esser - Zischlaute reduzieren

Um einer Stimme die nötige Brillanz zu verleihen, werden Mikrofone mit entsprechender Klangcharakteristik verwendet oder die Stimme mit Klangregelung oder Exciter bearbeitet. Dabei nimmt der Pegel hoher Frequenzbestandteile der Sprechstimmen zu. Ein Übriges bewirkt ein kleiner Abstand von Sprecher zum Mikrofon. Die genannten Verfahren verleihen einer Stimme einen runden sonoren Klang. Die Folge ist jedoch häufig, dass die Zisch- und Explosivlaute danach zu stark im Klangspektrum vertreten sind. Wie stark diese Laute bei Sprechern vertreten sind, ist von Natur aus unterschiedlich. Um jedoch ein ausgewogenes Klangbild der Stimme zu erreichen, ist es deshalb nötig, diese Zisch- und Explosivlaute abzuschwächen. Der De-Esser leistet dabei gute Dienste. Er komprimiert den Pegel frequenzabhängig.

Ein Exciter fügt einem Klang Obertöne hinzu und verhilft ihm dadurch zu mehr Lebendigkeit. Die Sprachverständlichkeit steigt. Durch weitere Verfahren lässt sich das gesamte Frequenzspektrum erweitern.

An dieser Stelle ist der Laut „T" vom Wort Tag in seinem Pegel reduziert worden. Das ist durch einen Vergleich mit der vorangehenden obigen Wellenformgrafik deutlich sichtbar.

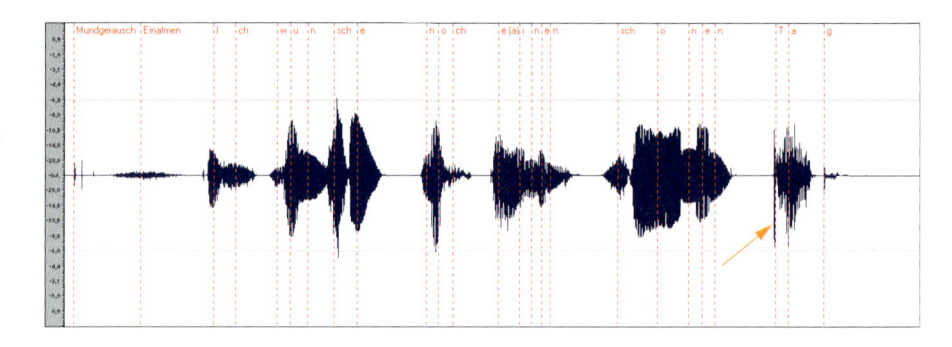

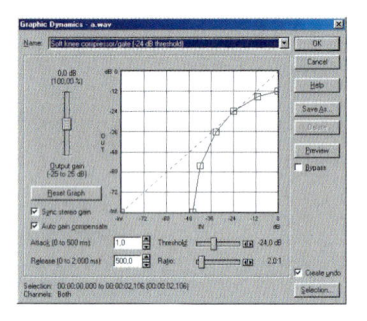

Tipp: Komprimieren und Normalisieren sollten unbedingt vor einer Konvertierung von 16 auf 8 Bit durchgeführt werden, um die verbleibende Dynamik des Audio-Systems voll auszuschöpfen.

Tipp: Beim Normalisieren den Pegel nicht zu hoch anheben, weil Soundkarten bei der Wiedergabe eventuell verzerren. Eine Sicherheitsreserve von 1dB bis zum Aussteuerungsmaximum ist deshalb sinnvoll!

Die Wellenformgrafik ist gegenüber der vorangegangene obigen entlang der Pegel-Achse gespreizt. Der Spannungspegel hat sich also deutlich erhöht.

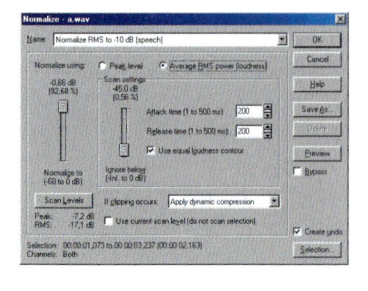

Kompressor - Aufnahme komprimieren

Der Kompressor hat die Aufgabe, das Verhältnis zwischen Laut und Leise zu verkleinern. Die Dynamik einer Aufnahme wird damit verringert. D. h. Laute und leise Stellen rücken in ihrer Lautstärke dichter zusammen. Auf diese Weise werden die Auswirkungen von Schwankungen des Abstandes von Sprecher zum Mikrofon ausgeglichen, soweit dies unter klanglichen Aspekten vertretbar ist. Die Aufnahme kann dann insgesamt in ihrem Pegel angehoben werden. Das erhöht die durchschnittliche Lautstärke der Sprachaufnahme. Dieser Effekt stellt sich auch bei gleichbleibendem Abstand des Sprechers zum Mikrofon ein. Das Klangbild verdichtet sich. Die Folge ist eine Erhöhung der Durchsetzungskraft der Stimme. Auch die Systemdynamik wird dabei besser genutzt. Damit ist sowohl einem gestalterischen, als auch dem technischen Anspruch an eine gelungene Aufnahme Genüge getan.

Normalize - Systemdynamik nutzen

In Tonbearbeitungssoftware lässt häufig die Bearbeitungsfunktion „Normalize" finden. Mit dieser Funktion wird die Aufnahme auf einen maximalen Spannungspegel gebracht. Auch dabei lässt sich bei einigen Programmen mit einer Variante der Normalize-Funktion auch zusätzlich der durchschnittliche Pegel erhöhen und damit ähnliche Wirkungen wie die eines Kompressors erzielen.

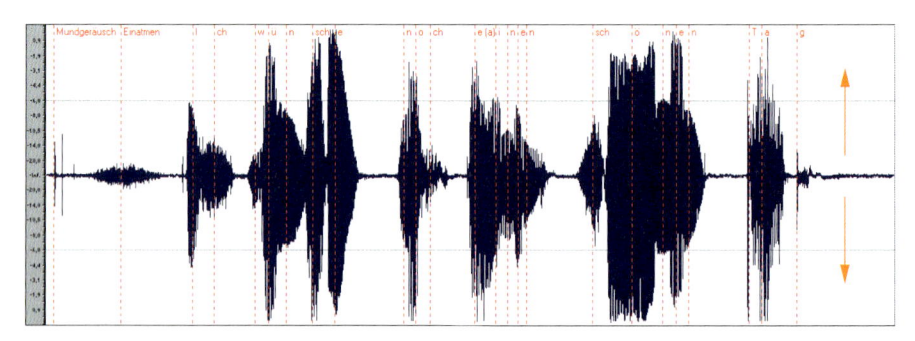

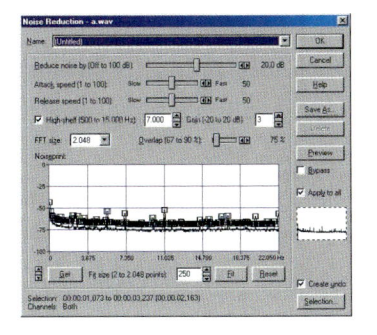

De-Noiser – Aufnahmen entrauschen

Liegen Tonaufnahmen in digitalisierter Form vor, so lassen sich ihre Daten durch entsprechende Algorithmen manipulieren. Beispielsweise wird bei einigen Programmen ein Noiseprint ähnlich eines Fingerprint (Fingerabdrucks) von einer Stelle abgenommen, die lediglich das für die Aufnahme typische Rauschen enthält. Dies wird analysiert. Das Ergebnis dient als Grundlage für den Vorgang des Entrauschens. Das Rauschen wird aus der gesamten Aufnahme heraus gerechnet.

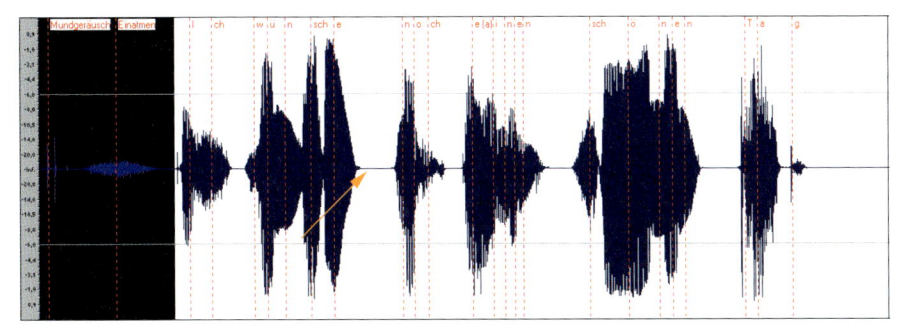

Gegenüber der vorangegangen Wellenformgrafik fehlen hier die rauschhaften Anteile. Das Rauschen wurde vermindert. Ganz besonders gut zu sehen in den Sprechpausen. Der schwarz markierte Teil der Grafik enthält unerwünschte Atem- und Mundgeräusche. Er wird im nächsten Schritt herausgeschnitten.

Cut, Copy, Paste – Sprechtext durch Schneiden für die Anwendung vorbereiten

Geräusche, die durch Mundbewegungen und Luftholen entstehen und die besonders laut aufgenommen werden, wenn der Sprecher nahe am Mikrofon spricht, werden in ihrem Pegel verringert oder gar herausgeschnitten. Ebenso verschwinden unnötige Pausen am Anfang und Ende von Textpassagen.

Gesprochene Texte werden in interaktiven Anwendungen zum Teil interaktiv abgerufen. Deshalb müssen die gesprochenen Texte in Abschnitte zerlegt und als voneinander getrennte Ton-Dateien vorliegen. Auch dies lässt sich mit den Funktionen Cut, Copy und Paste unterstützt von der Wellenformgrafik hervorragend meistern. Dabei lassen sich in der Regel Shortcuts und Cursorsteuerungen nutzen, die aus dem Bereich der Textbearbeitungssoftware bekannt sind.

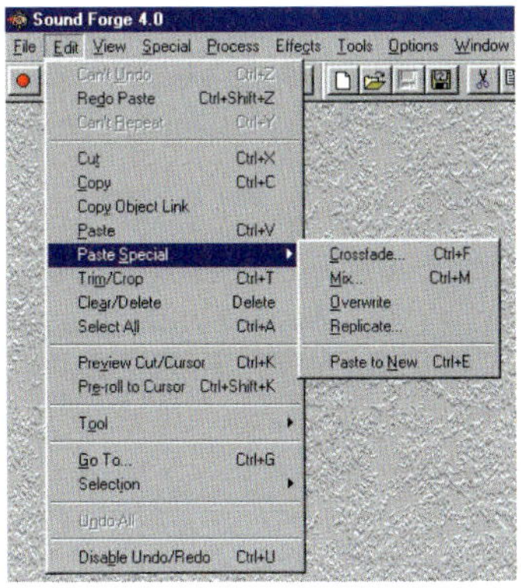

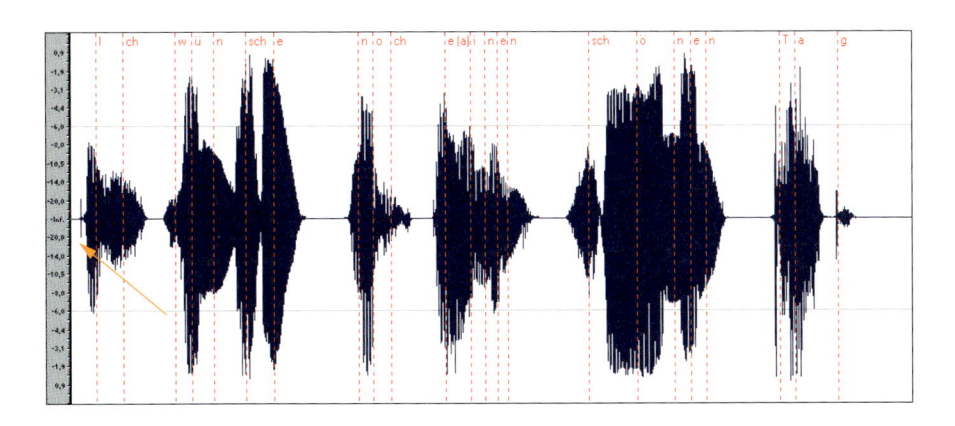

Das in der vorangegangen Wellenformgrafik schwarz markierte Abschnitt fehlt hier, ist also aus der Aufnahme herausgeschnitten worden. Im Normalfall bleibt das entfernte Daten-Stück bei vielen Tonbearbeitungsprogrammen physikalisch im Speicher (z.B. Festplatte) erhalten, um den Vorgang rückgängig machen zu können (Nondestructive Editing).

Fade in/out – Ein- und Ausblenden

Um sicher zu gehen, dass die Aufnahme nicht mit „knacksenden" Spannungssprüngen beginnt und endet, können kurze Blenden im Bereich von Millisekunden am Anfang und Ende in die Aufnahme gerechnet werden.

Schließlich werden die einzelnen Sprechtextbestandteile als Audio-Dateien in einem Format gespeichert, das für die Programmierung der Anwendung erforderlich ist. Die gängigsten Formate sind das WAVE-Format mit der Datei-Endung WAV und AIFF (Audio Interchange File Format) mit der Datei-Endung AIF. Die Eigenschaften dieser Formate sind recht ähnlich. So lassen sie sich auch an das Maximum für interaktive Anwendungen auf CD-ROM von 44.1 kHz und 16 Bit anpassen. Das entspricht der Abtastfrequenz und Auflösung und damit der Tonqualität einer Audio-CD.

Am Ende dieser Bearbeitungsvorgänge liegen oft sehr viele Audio-Dateien vor. Um auch noch in diesem Bearbeitungsstadium an allen Dateien die gleichen Veränderungen mit einem vertretbaren Arbeitsaufwand vornehmen zu können, werden Batch-(Converter)-Programme (Stapelverarbeitungsprogramme) eingesetzt. Beispiel: Die Audio-Dateien einer Anwendung auf CD-ROM sollen zukünftig auch im Internet verfügbar sein. Alle Dateien müssen vom WAVE-Format in das MP3-Format konvertiert werden.

4.4.2 Datenreduktion

Ganz allgemein ist Datenreduktion von Nutzen bei der Datenarchivierung oder Speicherung, der Verkürzung von Übertragungszeiten und Verringerung von Datenmengen bei begrenzter Übertragungskanalkapazität.

Im Speziellen gibt die Speicherkapazität von CD-ROMs und die Datenübertragungsrate von CD-ROM-Laufwerken Anlass, bereits bei der Konzeption zu überlegen, wie viel Speicher dem Ton in etwa zur Verfügung zu stellen ist. Abhängig von der Menge des Sprechtextes, der notwendigen Musik und der Geräusche muss dann überlegt werden, wie viele Daten pro Zeiteinheit der Ton haben darf. Davon abhängig ist jedoch die Tonqualität.

Läuft die Anwendung im Internet, so entscheidet ganz besonders die Datenübertragungsrate, in welcher Tonqualität die Übertragung stattfindet.
Falls nötig, gibt es mehrere Möglichkeiten, die Menge an Daten zu reduzieren.

Beispiel: Eine Minute Ton in CD-Qualität (44.1 kHz und 16 Bit) braucht ca. *10 MByte*. Die Datenmenge soll schrittweise reduziert werden, um die Tonqualität zu testen:

Dann kann hintereinander konvertiert werden von
1.Stufe: Stereo nach Mono   ca.*5,00 MByte*   *1/2 vom Original*
2.Stufe: 44.1 kHz nach 22.05 kHz   ca.*2,50 MByte*   *1/4 vom Original*
3.Stufe: 16 Bit nach 8 Bit   ca.*1,25 MByte*   *1/8 vom Original*

Wie leicht zu erkennen ist, verringert sich der Speicherbedarf von Stufe zu Stufe um den Faktor 0,5 (Vgl. Abschnitt Datenmenge).

Tipp: Möglichst keine Zwischengrößen bei der Abtastfrequenz, wie z. B. 32 kHz nehmen, weil einige Soundkarten diese nicht unterstützen und es deshalb zu Klangeinbußen bei der Umrechnung in ein entsprechendes Format kommen kann (Microsoft Soundmapper mit Audio Compression Manager).

Tipp: Die Sprachaufnahmen sollten zunächst in möglichst guter Qualität mit hoher Auflösung erstellt werden. Es ist Voraussetzung dafür, dass an dieser Stelle der Bearbeitungskette die Aufnahmen in die unterschiedlichsten Formate mit hoher oder niedriger Tonqualität konvertiert werden können. Die unterschiedlichsten Auflösungen und Formate in den unterschiedlichsten Qualitätsstufen stehen hierfür zur Verfügung. Datenreduzierende Formate nach dem ADPCM-Verfahren zählen ebenso dazu, wie das durch Internetanwendungen bekannt gewordene MP3-Format.

Tipp: Für Sprache lässt sich eine Verminderung der Qualität auf 22.05 kHz und 16 Bit gegenüber den 44.1 kHz und 16 Bit einer Audio-CD zugunsten einer geringeren Datenmenge gut vertreten. Bei gleicher Reduzierung der Datenmenge ist das Ergebnis besser als mit 44.1 kHz und 8 Bit!

Das WAVE-Format hat einige Varianten. Die bekannteste ist ADPCM. (Adaptive Delta Puls Code Modulation). Bei dem zugrunde liegenden Verfahren werden im Prinzip nur die Differenzen von Abtastwert zu Abtastwert kodiert. Das reduziert die Menge an Daten auf ein Viertel. Die Tonqualität bleibt erstaunlich nahe am Original. ADPCM ist Bestandteil des Standards für die CD-ROM/XA.

MP3 - Redundanz- und Irrelevanzreduktion

Redundanzreduktion liegt vor, wenn nach einer Datendekompression exakt die gleichen Daten vorliegen wie vor der Datenkompression. Damit bleibt der Informationsgehalt in jedem Fall unverändert. Die Datenkompression ist in diesem Fall verlustfrei. Das ist bekannt von der Datenreduktion bei Text- oder Tabellenkalkulationsdateien.

In Schallwellen sind weitaus mehr Informationen enthalten, als mithilfe des Gehörs in unsere Wahrnehmung gelangen. Nach der Digitalisierung von analogen Tonsignalen lassen sich mit geeigneten Algorithmen Daten herausfiltern, deren Informationsgehalt scheinbar von den meisten Menschen nicht wahrgenommen werden. Die also im Wahrnehmungsprozess von Tönen eines „Durchschnittshörers" irrelevant sind. Der Algorithmus nutzt somit Eigenschaften der Wahrnehmung (Perceptual Coding). Deshalb heißt diese Art der Datenreduktion Irrelevanzreduktion. Sie ist verlustbehaftet, da beim Reduktionsvorgang Daten unwiederbringlich verloren gehen.

Für die Erzeugung von Dateien im MPEG-Format wird sowohl die Irrelevanz- wie die Redundanzreduktion genutzt. Beim Konvertieren einer WAVE-Datei (16 Bit linear quantisiert und 44.1 kHz Abtastfrequenz) in ein MP3-Format (mit 128 KBit/sec) wird die Datenmenge auf etwa den 11ten Teil reduziert. Der Qualitätsunterschied von Original zu MP3-Datei ist dann häufig nur im A/B-Vergleich hörbar. Im Normalfall ist mit MP3 das Format einer Datei gemeint, die mit einem Kodierungsverfahren nach einem Standard der *M(oving) P(icture) E(xperts) G(roup)* MPEG-1 Layer 3 entstanden ist. Dieser Standard lässt auch andere Bitraten als 128 KBit/sec für das MP3-Format zu. Bei kleiner werdender Bitrate sinkt jedoch zunehmend die Ton-Qualität und reicht dann nicht mehr an die einer Audio-CD heran.

Perceptual Coding bezeichnet ein Kodierungsverfahren, dass die menschlichen Wahrnehmungseigenschaften berücksichtigt. Ziel ist eine möglichst geringe Datenübertragungsrate bei möglichst hoher Übertragungsqualität.

MPEG ist der Name eines 1988 gegründeten Normungsgremiums der ISO und der IEC
http://
www.mpeg.telecomitalialab.com

ISO seit 1946 = International Organisation For Standardization, Unterorganisation der UNESCO
http://www.iso.ch

Hinweis: Das Deutsche Institut für Normung e.V. DIN ist Mitglied der ISO.

IEC seit 1906 = International Electrotechnical Commission, später der ISO angegliedert

Streaming = Daten werden kontinuierlich zum Empfänger transportiert und dort sofort dekodiert, um z. B. Bilder und Töne in (nahezu) Echtzeit zu präsentieren.

Zu sehen sind die unterschiedlichen Kompressionsraten und deren Auswirkung auf die Audioqualität (subjektiv). Bezug genommen wird dabei auf die Audioqualität und die Bitrate einer Audio-CD nach dem Red Book - Standard.

ISDN = Integrated Services Digital Network

LAN = Local Area Network

MODEM = Gerät wandelt digitale Signale in analoge, um sie über eine Telefonleitung zu übertragen

Bitrate (kBits/s)	Kompressionsrate	Streaming Anwendung	Subjektive Audioqualität
128	11:1	Intranet	Fast CD-Qualität
64, 80	22:1, 17:1	128 kBit/s ISDN, High-Speed LAN	Fast FM-Qualität
32, 48, 56	44:1, 29:1, 25:1	64 kBit/s ISDN, High-Speed LAN	Besser als AM
24	58:1	33,6 kBit/s MODEMs	Besser als AM
20	70:1	28,8 kBit/s MODEMs	Besser als AM
16, 18	88:1, 78:1	28,8 kBit/s MODEMs	AM-Qualität

4.5 Integration und Wiedergabe

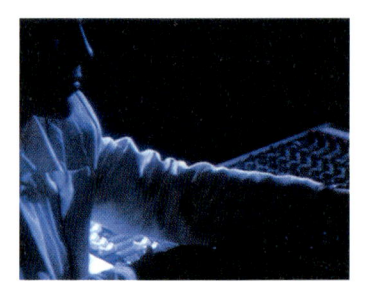

Das Mischen von Tönen ist ein kreativer Prozess, bei dem über das Zusammenfügen der einzelnen Tonereignisse etwas Neues entsteht. So entsteht der charakteristische Sound einer Band im Extremfall erst am Mischpult. Dabei kommen eine Vielzahl von Bearbeitungsgeräten zum Einsatz, die die Tonaufnahmen wie mit einem Zuckerguss überziehen.

Die grundlegenden Aufgaben sind jedoch folgende. Beim Mischen von Tönen wird das Verhältnis der Töne zueinander über Lautstärke und Klangfarbe festgelegt. Die Richtung und Entfernung, aus der ein Ereignis tönen soll, wird eingestellt und die akustische Beschaffenheit des Raumes in dem es stehen soll.

4.5.1 Tonmischung

Hinweis: Die Anzahl der voneinander unabhängig real nutzbaren Tonkanäle und deren Kontrolle ist von den Programmierwerkzeugen (z. B. Autorensystemen), der Wahl des Betriebssystems und der Prozessorleistung abhängig. Deshalb ist es notwendig, sich bereits zu Beginn der Konzeptionsphase mit den Randbedingungen am Einsatzort vertraut zu machen und entsprechende Systemvoraussetzungen zu definieren!

Ein wesentlicher Aspekt der Definition von Multimedia ist die Unabhängigkeit der einzelnen integrierten Medien. Das trifft im Falle des Tones sogar auf dessen Ebenen für Geräusch (Atmo, Feedback für Aktionen), Musik und Sprache zu. Welche Zusammensetzung von Tonereignissen stattfindet, hängt davon ab, welche Aktion der Anwender in der Anwendung auslöst.

Beispiel: Ein interaktiver Reiseführer. Eine Musik untermalt die sich im Wind wiegenden Palmen an einem Strand mit weißem Sand. Jetzt beginnt sich der zukünftige Urlauber auch für das nahegelegene Hotel zu interessieren und klickt mit dem Mauszeiger auf eine einladende Taste, die eine entsprechende Auskunft erwarten lässt. Es macht „klick". Die Musik wird jedoch nicht unterbrochen, da sie auch zum kommenden Themenbereich „Hotel Südsee" fortgesetzt zu hören sein soll. Musik und Geräusch erklingen also gleichzeitig zu einem Zeitpunkt, den nur der Anwender mit seiner Aktion vorgibt.

In interaktiven Anwendungen liegen die einzelnen Tonbestandteile ohne zeitlichen Bezug unabhängig voneinander vor. Die einzelnen Spuren sind sozusagen zerschnitten in Sprechtextabschnitte, Musik und einzelne Geräusche. Sie liegen auf dem Datenträger der interaktiven Anwendung. Die interaktive Anwendung greift auf sie bei Bedarf zu. Die Tonmischung entsteht also während der Anwender das Programm nutzt. Das erfordert besondere Voraussetzungen. Das Autorensystem und die Hardware oder generell die Programmierung müssen es beispielsweise ermöglichen, dass mehrere Tonkanäle zur Verfügung stehen, um Töne gleichzeitig und voneinander unabhängig wiedergeben zu können.

Tipp: Sollten nicht genügend Kanäle zur Verfügung stehen, so muss ein Kompromiss gefunden werden. Eventuell lassen sich Tonereignisse zusammenmischen.

Das Zusammenwirken der einzelnen Sprach-, Musik- und Geräusch-Elemente kann erprobt werden, indem sie in einem Harddisk-Recorder zeitgleich angeordnet werden. Die Balance der einzelnen Tonebenen zueinander wird festgelegt. Auch die Richtung und Entfernung, aus der ein Ereignis erklingen soll, spielt dabei eine Rolle. Schließlich wird die akustische Beschaffenheit der virtuellen Räume eingestellt und die Tonaufnahmen werden mit den nötigen Effekten versehen.

➡ **Merke:** Alle Änderungen am Ton in Form von Effekten, wie Raumsimulation, Tonhöhenverschiebung usw., und Klangfilter müssen im Normalfall in die Tondateien hineingerechnet werden! Sie stehen in Autorensystemen als Echtzeit-Effekte bei der Wiedergabe in der Regel nicht zur Verfügung!

4.5.2 Anwenderbezug

Hinweis: Autorensysteme und PC-Hardware sind meist nur in der Lage, mehrere Tondateien der selben Abtastfrequenz gleichzeitig wiederzugeben! Andernfalls ist bei einem Teil der Dateien eine unfreiwillige Verschiebung der Tonhöhe die Folge.

Im Autorensystem Macromedia Director (ab Version 8) können beispielsweise im PC

- bis zu 8 Tonkanäle für Stereoton gleichzeitig voneinander unabhängig genutzt,
- Lautstärken für die Tonkanäle eingestellt,
- Ein- und Ausblendungen (Fade in/out) auf allen Kanälen vorgenommen,
- die Richtung der Töne mit dem Panorama festgelegt,
- komprimierte Tondateien auf allen Kanälen abgespielt werden.

Die aufgelisteten Features sind auch von der Hardware und deren Konfiguration beim Anwender abhängig!

Hinweis: Wie bereits angedeutet muss der Hersteller der interaktiven Anwendung sich vergewissern, was die Zielgruppe an Hard- und Software zur Verfügung hat, um die Anwendung nutzen zu können.

Um einen zeitlichen Bezug zu Aktionen auf der visuellen Ebene herstellen zu können, werden den Tondateien Markierungen mit Tonbearbeitungsprogrammen zugefügt. Mit Hilfe dieser Markierungen können dann Ereignisse, z. B. Seiten- oder Bildwechsel, gesteuert werden. In der Regel werden Töne als Folge von Aktionen und Ereignissen ausgelöst.

An dieser Stelle wird deutlich, dass die programmiertechnischen und anwenderseitigen Voraussetzungen an Hard- und Software bei der Konzeptionierung des Einsatzes von Ton in einer interaktiven Anwendung eine entscheidende Rolle spielen.

Vergleich zwischen Filmtonproduktion und Ton in interaktiven Anwendungen. In beiden Fällen liegen die Tondateien auf einem Datenträger mit wahlfreiem Zugriff. Nachdem der Ton im Film zum Bild angelegt worden ist, hat er immer einen festen Bezug zur Zeitachse. Im Gegensatz dazu ist in interaktiven Anwendung sein Einsatz von den Aktionen des Anwenders abhängig.

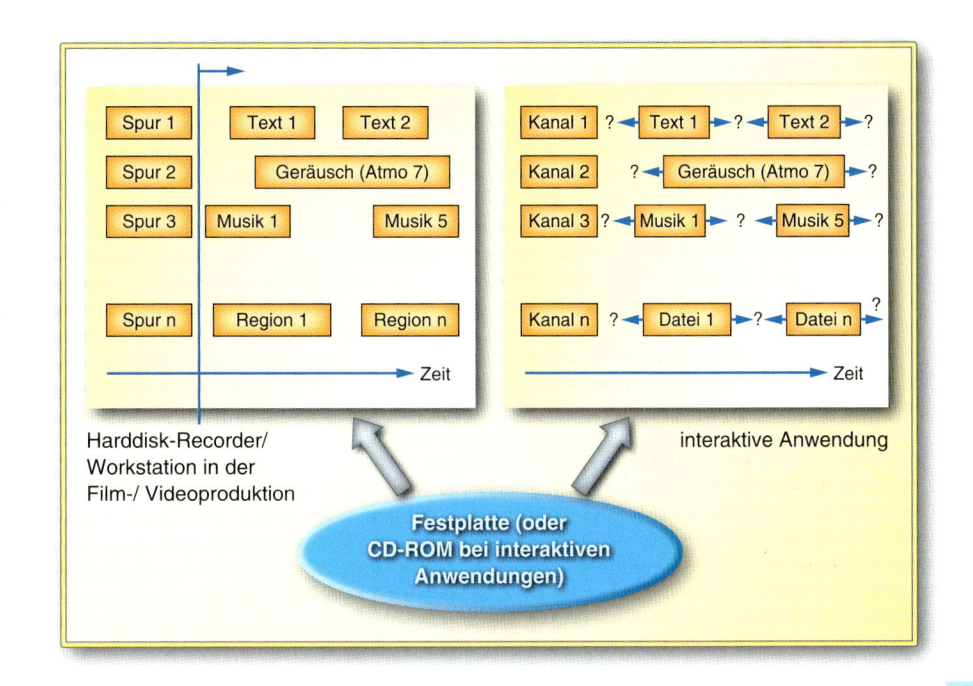

4.6 Ton und Internet

Alles, was bis hierher im Kapitel Ton behandelt worden ist, behält auch im Abschnitt Ton und Internet seine Gültigkeit, jedoch ist das Internet im wesentlichen an die Technologie des Telefonnetzes gebunden und stellt deshalb dem Anwender im Vergleich zum Kabelfernsehnetz eine relativ begrenzte Datenübertragungsrate für die Nutzung des Internets zur Verfügung. Deshalb nimmt auch heute noch der technische Aspekt bei der Konzeptionierung von Internet-Seiten in Bezug auf den Ton einen besonderen Stellenwert ein. Hervorzuheben ist dabei wie in jedem Netzwerk die Kombination von Client-/Server-Software, Dateiformat und Übertragungsprotokoll.

Download und Streaming

Beim Download wird eine Datei zunächst in voller Größe auf einen Rechner übertragen. Erst nachdem die Datei restlos übertragen worden ist, kann mit der Wiedergabe begonnen werden. Im Gegensatz dazu kann die Wiedergabe beim Streaming einer Datei bereits beginnen, nachdem die ersten Daten in einem Puffer zwischengespeichert worden sind.

Herunterladen (Download) und anschließende Wiedergabe einer Datei

Streaming einer Datei

Die uns bekannten WAVE-, AIFF- und MP3-Dateien können mittels Standard HTTP-Server mit einem Download übertragen werden. Von den dreien eignet sich jedoch nur das MP3-Format für das Streaming im Internet.

Player

Mit den Browsern (Clients) Internet Explorer von Microsoft und dem Communicator von Netscape können die gängigsten Formate für Ton und Bewegtbild wiedergegeben werden, sei es, dass die Funktionalität bereits fester Bestandteil der Browser ist, oder beim Installationsvorgang der Browser entsprechende Plug-Ins zusätzlich installiert werden. Um sicherzustellen, dass Videos und Ton mit den Internetbrowsern wiedergeben werden können, lassen sich auch geeignete Player von Third-Party-Herstellern als Plug-Ins installieren. Die gebräuchlichsten Player sind der RealPlayer von RealNetworks, der Windows Media Player von Microsoft und der QuickTime Player von Apple. Sind bewegte Bilder, Grafiken, Ton und interaktive Elemente mit Flash oder Shockwave von Macromedia erstellt worden, so benötigen wir das entsprechende Plug-In für Flash oder Shockwave zusätzlich zu unserem Browser. Werden streamingfähige Dateien durch den Browser von einem Server angefordert, so öffnet sich derjenige installierte Player, der dem eingetroffenen Dateiformat durch den Browser zugeordnet ist. Mit dem Player stehen typische (Laufwerks-) Funktionen, wie Stop, Wiedergabe, Pause, Vor- und Zurückspulen zur Verfügung.

Das Erscheinungsbild eines Players kann durch die Wahl aus verschiedenen Skins, vorgegebene und frei wählbare grafische Benutzeroberflächen, den eigenen Wünschen angepasst werden.

Infos zum Thema Streaming Media:

www.streamingmedia.com
www.streamingmediaworld.com
www.streamingmagazine.com
www.streaming-business.com
www.smad.tv
www.streamingsearch.com

Quicktime von Apple:
http://www.apple.com/quicktime/download/
RealPlayer von RealNetworks:
http://www.real.com/player/index.html
Shockwave- und Flash-Player von Macromedia:
http://www.macromedia.com/downloads
Media Player von Microsoft:
http://www.microsoft.com/germany/ms/windowsmedia

Quicktime 5 Player von Apple, Voreinstellung für Anbieter von Internet-TV

Windows Media Player von Microsoft

Anhand des RealPlayers und des RealServers von RealNetworks soll gezeigt werden, wie eine Ton-Datei von einem Anwender abgerufen und mit einem Player im Streaming wiedergegeben wird:

	Dateiformat
Audiodateien	.au, .wav, .aif
Grafik-Dateien	.gif, .png, .jpg
RealMedia-Dateien	.ra, .rm, .rmj .rms
RAM Meta-Dateien	.ram, .rmm
SMIL-Dateien	.smi, .smil
MPEG-Dateien	.mpeg, .mpg, .mpa, .mp1, .mp2, .mp3
MP3 Playlist-Dateien	.m3u, .pls, .xpl
Macromedia Flash 4	.swf
RealText Dateien	.rt
RealPix-Dateien	.rp
RealJukebox Secure Video Clip	.rmx
MP3-Dateien	.mp3, .dat
AVI-Videodaten	.avi
Active Stream-Format	.asf
Mediendateien	.ram, .rmm, .ra, .rm

Vom RealPlayer 8 Basic unterstützte Dateiformate

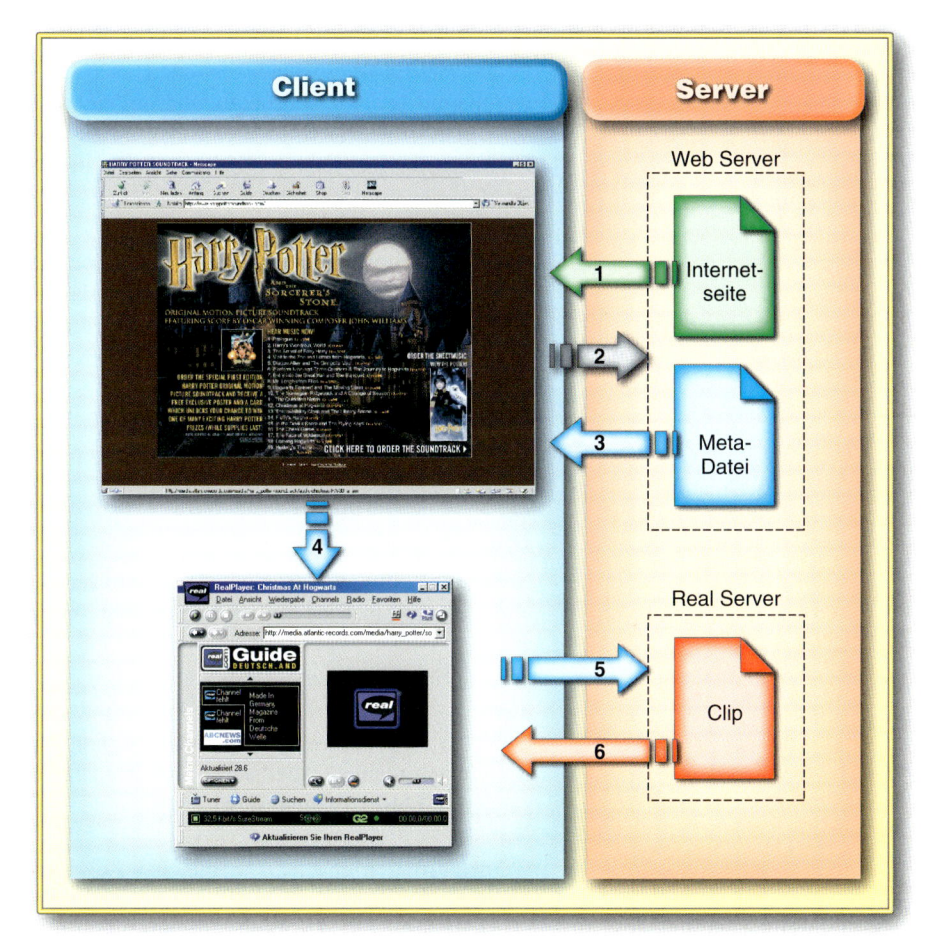

MIME = Multipurpose Internet Mail Extension

1. Der Browser zeigt eine Internetseite. Sie enthält einen Link zu einer RealAudio-Meta-Datei.
2. Der Anwender klickt auf den Link. Der Browser fordert die Meta-Datei vom Webserver an.
3. Der Webserver übergibt die RealAudio-Meta-Datei an den Browser. Für Dateien mit der Datei-Erweiterung .ram setzt der Webserver den MIME-Typ der Datei auf audio/x-pn-realaudio. Für Dateien mit der Erweiterung .rpm (RealPlayer Plug-In) setzt der Webserver den MIME-Typ der Datei auf audio/x-pn-realaudio-plugin.
4. Der Browser erkennt den MIME-Typ der RealAudio-Meta-Datei. In Abhängigkeit des MIME-Typs startet der Browser z. B. den RealPlayer als Anwendung und stellt eine Verbindung zur Meta-Datei her.
5. Der RealPlayer liest die erste URL der Meta-Datei und fordert den RealAudio-Clip vom RealServer an.
6. Der RealServer beginnt den angeforderten RealAudio-Clip zum RealPlayer zu streamen.

HTTP =
HyperText Transfer Protocol

TCP =
Transmission Control Protocol
Es ist ein verbindungsorientiertes Transportprotokoll. Im Vergleich zu UDP gilt TCP als langsam aber zuverlässig. Deshalb wird TCP dort verwendet, wo viele Daten sicher übertragen werden müssen.

IP = Internet Protocol

RTP = Real Time Protocol

RTSP =
Real Time Streaming Protocol

UDP = User Datagram Protocol

Hinweis: Flash und Director Shockwave von Macromedia, Beatnik mit Rich Music Format (RMF) von Headspace, QuickTime von Apple und MIDI sind Formate, die auch ohne die Unterstützung der Protokolle UDP und RTSP bzw. RTP für die Übertragungen auskommen. Sie lassen sich auch von einem Standard HTTP Webserver mit Funktionseinschränkungen streamen (Pseudo-Streaming). Jedoch besteht hier die Gefahr, dass die Übertragung von „Aussetzern" begleitet wird.

Hinweis: Mit RealFlash von RealNetworks lassen sich Flash-Anwendungen mit dem RealServer streamen.

Protokolle

In den Anfängen des Internets ging es darum, Textdokumente über das Internet zugängig zu machen. Hierfür leistete das HTTP und das TCP/IP gute Dienste. Kommt es im Internet zu Engpässen oder gar zum Verlust von Daten, so stellt das TCP sicher, dass alle Datenpakete fehlerfrei, vollständig und in der richtigen Reihenfolge beim Anwender eintreffen. Hierfür ist es jedoch notwendig, dass Daten wiederholt beim Server angefordert werden müssen. Es ist deshalb langsam und nicht für das Streaming geeignet.

Hier schaffen das RTP und das UDP Abhilfe. Das UDP ist schnell, weil es auf Fehlererkennung und -korrektur verzichtet. Diese Funktionen müssen aber von den darauf aufsetzenden Protokollen wie RTP oder RTSP und den folgenden Anwendungen mit Ihren entsprechenden Dateiformaten übernommen werden! Hier liegt die Priorität bei Kapazitätsengpässen im Internet darauf, dass ein kontinuierlicher Datenstrom mit höchstmöglicher Ton- und Bewegtbildqualität beim Anwender erhalten bleibt, anstatt Dateien bitgenau zu übermitteln. So lassen sich Daten mit geeigneten Servern, die die entsprechenden Protokolle nutzen, live im Internet übertragen. Im Unterschied dazu wird eine Datei On Demand (Auf Verlangen) abgerufen, wenn sich die Datei zunächst auf einem streamingfähigen Server befindet und schließlich zum Anwender gestreamt wird.

Dateiformate

Neben Quicktime von Apple und dem Advanced oder Active Streaming Format (ASF) von Microsoft werden in der Praxis weitere streamingfähige Dateiformate eingesetzt.

So sind Shockwave und Flash von Macromedia besonders gut geeignet, um Interaktionen zwischen Anwender und Anwendung zu unterstützen. Hier sind als Anwendungen Spiele, Präsentationen und eLearning-Module zu nennen. Diese Dateiformate eignen sich nicht für niedrigste Datentransferraten im Internet. MP3-codierte Töne können in Flash-Anwendungen eingebunden werden.

Werden größte Mengen an zeitgleichen Zugriffen erwartet, etwa auf die Filmmusiken von weltweit angekündigten Kinofilmen, so werden besonders hohe Anforderungen an die Technologie der Server gestellt.
Datenströme können von einem zum anderen Server weitergeleitet werden (Splitting). Zudem können Server sozusagen verkoppelt werden (Clustering) und arbeiten wie eine Multiprozessor-Maschine. Um besonders bei Live-Übertragungen (z. B. Internet Radio) die Zugriffe auf einen einzigen Server zu verringern, werden die Daten innerhalb des Internet-Netzwerkes live auf andere Server verteilt. Von dort können sich die Nutzer dann den aus einer Live-Datenquelle entstehenden Datenstrom streamen (IP Multicasting). Dies alles wird mit dem RealServer und dem Dateiformat RealAudio von RealNetworks unterstützt.

Die Einstellung der Datenübertragungsrate eines Players wird vom Server abgefragt und es kann möglicherweise dynamisch auf Veränderungen der Datenübertragungsraten im Internet mit einer Änderung der Qualitätsstufe der zu streamenden Datei reagiert werden (Bandwith Negotiation). Je niedriger die Datentransferrate ist, um so geringer fällt die Qualität des zu übertragenden Tones aus. Wie hoch die Tonqualität nach subjektiver Einschätzung ist, zeigt die Tabelle in Abschnitt 4.4.2 Datenreduktion.

Datenübertragungsraten des Übertragungskanals	Datenübertragungsraten für das Streaming
14,4-Kbps-Modem	10 Kbps
28,8-Kbps-Modem	20 Kbps
56-Kbps-Modem	34 Kbps
64 Kbps ISDN	45 Kbps
112 Kbps Dual ISDN	80 Kbps
Corporate LAN	150 Kbps
256 Kbps DSL/Cable Modem	225 Kbps
384 Kbps DSL/Cable Modem	350 Kbps
512 Kbps DSL/Cable Modem	450 Kbps

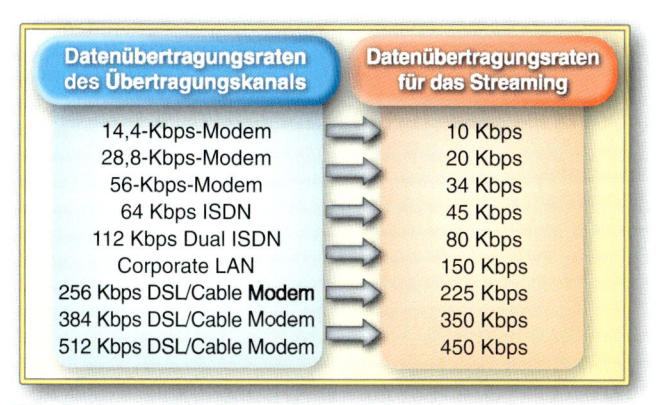

Maximal erreichbare Datenübertragungsraten für das Streaming von Dateien im Internet

Vor der Produktion von Internetauftritten brauchen wir einen Anhaltspunkt für die zu erwartende maximale Datenübertragungsrate für die zu streamenden Dateien.

In der Tabelle ist zu sehen, dass sie etwa 60% - 90% der Datenübertragungsrate des Übertragungskanals (z. B. das Telefonnetz mit Modem) entspricht. Das Verhältnis verbessert sich zunehmens, je größer die Raten sind (z. B. xDSL). Zu beachten ist, dass hier jeweils die maximalen Größen angegeben sind. Im Internet sind die Datenübertragungsraten jedoch nicht immer stabil. Um auch noch eine Übertragung bei geringeren Raten zu gewährleisten, kann mit entsprechenden Dateiformaten, wie oben beschrieben, auf eine niedrigere Tonqualitätsstufe umgeschaltet werden. Die für die Tonübertragung im Internet gebräuchlichen Dateiformate und Protokolle unterliegen einer raschen Entwicklung. Für eingehende Betrachtungen sei deshalb auf die entsprechende Fachliteratur verwiesen.

Als Hilfestellung sind hier jedoch einige grundlegende Fragen für die Konzeptionierung eines Internetprojektes zusammengestellt, mit denen man auf die Suche nach geeigneten Dateiformaten und Übertragungsprotokollen für den Ton gehen kann:

- Hat die Internet-Anwendung einen hohen Grad an Interaktivität?
- Gibt es Vorgaben für die Qualität des Tones beim Anwender?
- Wie hoch ist der Verbreitungsgrad der erforderlichen Plug-Ins für die Browser. Hat die Zielgruppe das Know How und ist sie gewillt, sich bei Bedarf ein für die Wiedergabe des Tones erforderliches Plug-In selbst herunterzuladen und zu installieren?
- Wie störungsfrei soll die Übertragung selbst bei erheblich schwankenden und niedrigsten Datenübertragungsraten sein?
- Soll lediglich Sprache oder auch Musik (größeres Tonfrequenzspektrum) übertragen werden?
- Wie viele Teilnehmer sollen gleichzeitig auf die Tondateien zugreifen können?
- Soll es eine Beschränkung der Zugriffsrechte geben?
- Soll der Server Daten für eine Statistik aus den Zugriffen auf die Tondateien generieren können?
- Ist die Nutzung der Tondateien entgeltlich? Wird es ein Server gestütztes Abrechnungssystem geben müssen?
- Ist es erforderlich, dass der Tondatei aus Gründen des Urheber- und Verwertungsrechtes ein digitales Wasserzeichen mitgegeben werden muss?
- Genügt es, dem Anwender einen Download anzubieten, oder muss der Ton möglichst sofort hörbar sein?
- Sind die Mittel für das Einrichten eines weiteren Servers für das Streaming von Tondateien vorhanden?

Codec = Kunstwort aus dem Englischen. Setzt sich zusammen aus den Wörtern **C**oder und **Dec**oder. Bezeichnet die aufeinander abgestimmten Funktionen für das Kodieren und das Dekodieren von Signalen.

⊃ **Merke: Ausreichende Zugriffskapazitäten und Datenübertragungsraten, geeignete Übertragungsprotokolle und effiziente Codecs für die Datenkompression sind Voraussetzungen für technisch sinnvolle Anwendungen von Streaming Media!**

Üben und anwenden

Eine interaktive Anwendung soll entwickelt und hergestellt werden. Das kann eine Anwendung für einen Messestand, eine verkaufsunterstützende Produktpräsentation für den Außendienstmitarbeiter oder eine Anwendung nach Ihren Vorstellungen sein.

Aufgabe 1: Bestimmen Sie Zielgruppe und Einsatzzweck der interaktiven Anwendung.

Aufgabe 2: Bringen Sie in Erfahrung, in wieweit die programmiertechnischen Eigenschaften des zu verwendenden Autorensystems Ihre gestalterischen Wünsche unterstützt.

Aufgabe 3: Finden Sie heraus, welche typischen Funktionen von Musik und Geräusch Sie für Ihren Ton nutzen können.

Aufgabe 4: Legen Sie fest, in welchem Umfang Sie Sprechtext, Musik und Geräusch benötigen.

Aufgabe 5: Überlegen Sie sich, auf wie vielen Ebenen der Ton abgebildet werden soll/kann.

Aufgabe 6: Finden Sie heraus, welche Räume es mit dem Ton nachzubilden gilt.

Aufgabe 7: Legen Sie eine Liste der zu erstellenden Tondateien an und achten Sie dabei auf eine eindeutige nachvollziehbare Benennung der Dateien für eine reibungslose Programmierung.

Aufgabe 8: Recherchieren Sie die Quellen für Ihre Musik und Sounds und achten Sie dabei auf Verwertungsrechte.

5 Grafik

Dieses Kapitel soll die Kombinationen aus grafischen Elementen, ihre Eigenschaften und ihre Wirkungen auf uns aufzeigen. Als Mittler kommt dabei unserer Wahrnehmung eine bedeutende Rolle zu.

Zu unserem Alltag gehören Formen, Farben und Zeichen. Denken wir nur an den stetig wachsenden Schilderwald auf unseren Straßen. Die Bilderwelt der Werbung ist in den Massenmedien allgegenwärtig. In der Bahnhofsbuchhandlung erhalten wir fast beiläufig den Eindruck einer schier unerschöpflichen Vielfalt an Gestaltungsmöglichkeiten von bedrucktem Papier.

Grafische Darstellungen lassen sich reduzieren auf den Punkt, die Linie, die Fläche. Sie selbst und die durch ihre Kombinationen entstehenden Formen stehen in Beziehung zueinander und zum (Hinter-) Grund. Sie unterscheiden sich durch ihre Farbe, Helligkeit, Größe und Oberflächenstruktur. Sind sie zueinander angeordnet, so lassen sich Richtungsinformationen, scheinbare Bewegungen und räumliche Tiefenwirkung erzeugen.

Welche Farbe und Gestalt wir letztlich der Kombination der Gestaltungselemente zuordnen hängt jedoch von unseren Wahrnehmungseigenschaften ab. So lassen wir uns leicht täuschen. Ein bekanntes, sogenanntes „Kippbild" lässt beispielsweise sowohl zwei Gesichtsprofile als auch die Gestalt einer Vase erkennen. Welche Bedeutungen Verkehrsschilder tragen, lernen wir in der Fahrschule. Am leichtesten werden wir lernen, wenn wir den Grafiken der Verkehrsschilder ihre Bedeutungen intuitiv zuordnen können. Solche Beziehungen spielen auch bei der Entwicklung von Logos und Piktogrammen eine zentrale Rolle. Dabei ist der Computer zum nützlichen Hilfsmittel bei der Gestaltung von Grafiken und der Bearbeitung von Bildern geworden.

5.1 Grafische Elemente

5.1.1 Punkt

Mathematisch betrachtet ist ein Punkt als Schnitt zweier Geraden definiert. Er hat keine Ausdehnung. Im grafischen Sinne ist er sozusagen das Atom jeglichen bildhaften Ausdruckes. So ist er in der Linie und in der Fläche enthalten. Wird der Punkt vergrößert, so ändert er seine Wirkung. Er wird zur kreisrunden Fläche, einer elementaren richtungslosen blickfixierenden Form.

Beispiele:

❶ Punkte in statischem Zustand:
Beeren einer Weinrebe.
❷ Punkte in der Bewegung:
Schneeflocken mit Berglandschaft.
❸ Punkte im Ungleichgewicht,
die Größe verändernd.
❹ Punkt in der Bewegung:
Nach dem Aufprall auf dem Boden steigt er wieder nach oben.

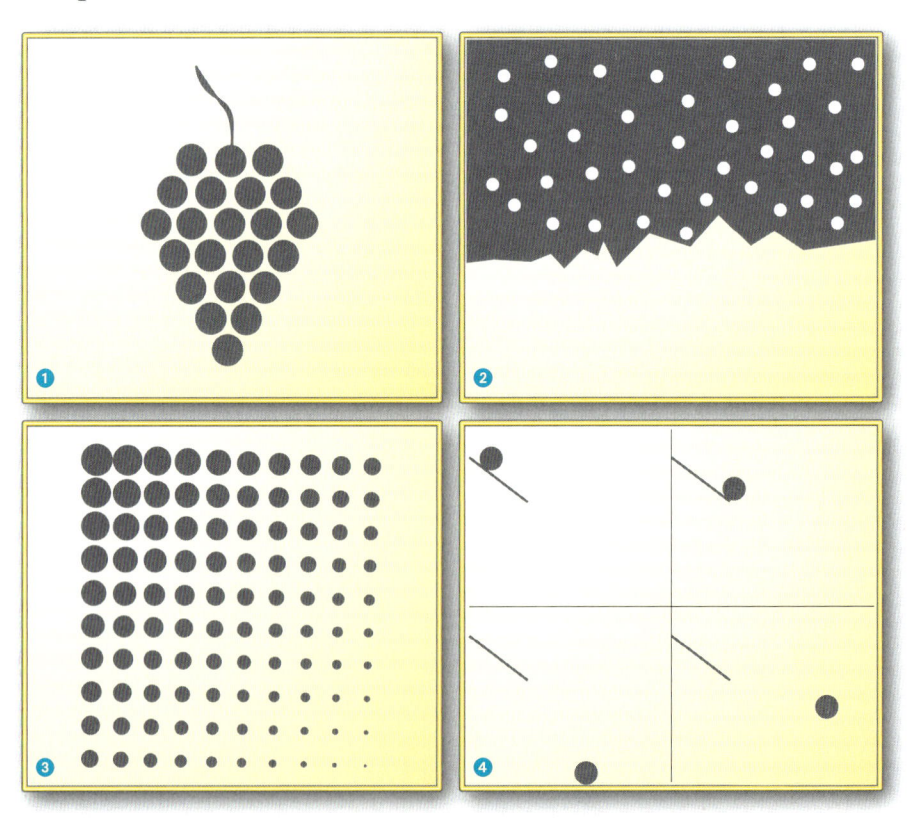

5.1.2 Linie

Sie lässt sich denken als Spur eines sich bewegenden Punktes. Sie ist ein blickführendes und formbildendes Gestaltungselement. Sie ist gerichtet und kann sogar Bewegungstendenzen suggerieren. Ebenso wie der Punkt, so wird auch sie in der Grafik durch Ausdehnung zur rechteckigen Fläche.

Strich- bzw. Linienarten Bewegungstendenzen

stützend, emporhebend, fallend, hängend	ruhend, lagernd
aufstrebend, steigend, optimistisch	herablassend, depressiv
gerichtet, aufstrebend, nach oben drängend	gerichtet, abfallend, nach unten drängend
stützend	lastend
stabil, widerstandsfähig, elastisch	labil, beschwingt, leicht

Punkte werden durch eine reale oder auch gedachte Linie miteinander verbunden.

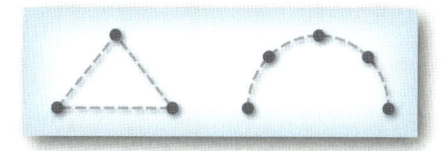

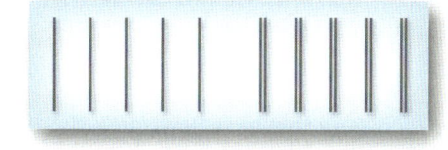

Die Richtungswirkung wird durch parallele Linien verstärkt. Hier kommt das Gestaltgesetz der Nähe zum Ausdruck.

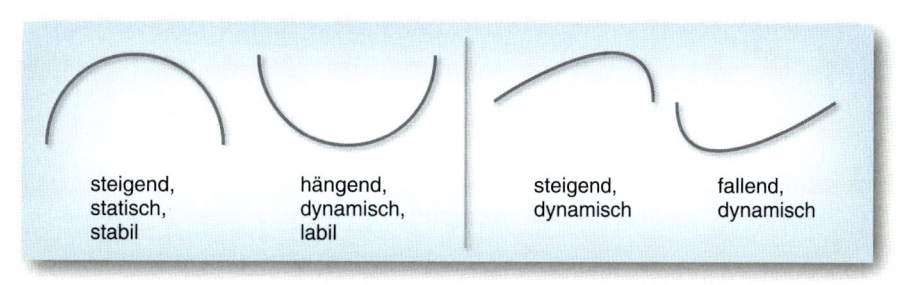

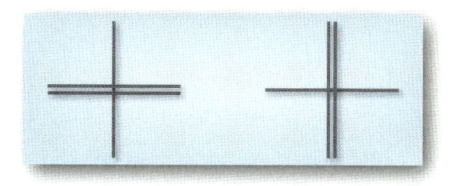

steigend, statisch, stabil — hängend, dynamisch, labil — steigend, dynamisch — fallend, dynamisch

Die Richtungswirkung wird durch rechtwinkelige gekreuzte Linien abgeschwächt.

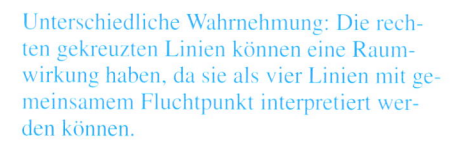

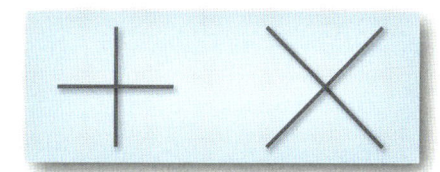

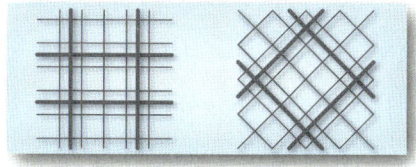

Unterschiedliche Wahrnehmung: Die rechten gekreuzten Linien können eine Raumwirkung haben, da sie als vier Linien mit gemeinsamem Fluchtpunkt interpretiert werden können.

Viele gekreuzte Linien bilden ein Gitter.

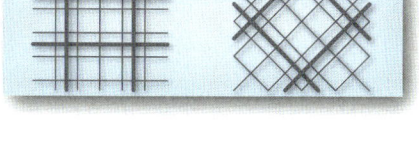

Die Linie bildet als Kontur eine Fläche und löst sie als Form aus dem Umfeld heraus. (Figur-Grund-Beziehung)

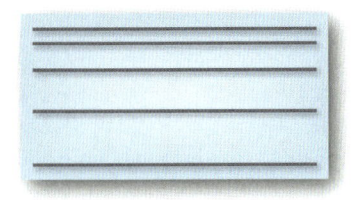

Lektion 5.1 Grafische Elemente　　　　　　　　　　　　　　　　　　　　　　　　Kapitel 5 Grafik

Horizontale Linien

Waagerechte Linien vermitteln den Eindruck von Ruhe, Gleichgewicht und Stabilität. Eine räumliche Tiefenwirkung lässt sich durch mehrere übereinanderliegende Linien erreichen. Ein Hochformat wird dadurch automatisch in mehrere kleinere gestreckte Querformate zerlegt.

Vertikale Linien

Senkrechte Linien vermitteln zwar den Eindruck von Stabilität, jedoch liegt in ihnen eine Spannung, da sie sich in Balance zu halten scheinen.
Während die Waagerechten den Blick in die räumliche Tiefe freigeben, ja sogar fördern, ist es für einen Betrachter schwer, an einer senkrechte Linie vorbeizuschauen, ohne immer wieder seine Aufmerksamkeit auf den Vordergrund zu lenken. Sie stoppt sozusagen den schweifenden Blick.

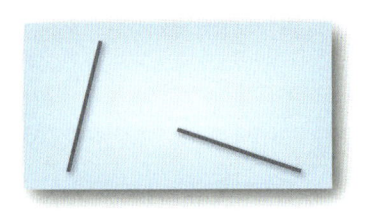

Diagonale Linie

In der diagonalen Linie liegt Bewegung. Sie bringt Dynamik und Lebendigkeit ins Bild. Eine von links unten nach rechts oben verlaufende wird als aufsteigend und somit positiv empfunden. Hingegen vermittelt eine von links oben nach rechts unten absteigende einen negativen Eindruck. Zugrundegelegt wird der für unseren Kulturkreis typische Blickverlauf von links nach rechts. Ist die Linie aus der Senkrechten leicht herausgedreht, so droht sie zu fallen. Nähert sie sich jedoch der Horizontalen an, so entsteht der Eindruck, sie würde gehoben.

Beispiele:

❶ Senkrechte und waagerechte Linien in Ruhe, statisch:
Teich mit Schilf
❷ Senkrechte und wellenförmige Linien in Bewegung:
Regen über einem See
❸ Aufstrebende Linie von links unten nach rechts oben:
Logo Deutsche Bank AG
❹ Linien im Verbund, parallel angeordnet, dem Buchstaben „E" des Firmennamens nachempfunden; aufstrebend nach rechts oben ausgerichtet.
Logo Fa. Eberspächer GmbH

Bildschirmdarstellung von Linien:
- Bei einer Bildschirmauflösung von 72 ppi treten Treppenstufen an Linien auf.
- Durch Glätten werden die Treppenabsätze mit Pixeln von Grautönen gefüllt und so eine Kante erzeugt.
- Um den kleinsten Kreis abzubilden, werden 8x8 Pixel, für ein Quadrat 3x3 Pixel benötigt.

5.1.3 Fläche

Flächen sind zweidimensionale Formen. Mehrere einfache geometrische Formen ergeben in ihrer Kombination Objekte, die in der Ebene sowohl zwei- als auch dreidimensional abgebildet sein können. Sie wird durch eine Kontur gekennzeichnet oder hebt sich durch einen Kontrast vom Hintergrund ab. Im Gegensatz zu Linien lassen Flächen den Blick ruhen.

Kreis

Er gilt als Zeichen für Geschlossenheit, Vollkommenheit, Stabilität und Ruhe. Mit einer gewissen Größe steht er im Kontrast zum Bildformat, dass in der Regel Rechteckig ist.

Dreieck

Durch seine Spitzen ist es in der Lage, eine Richtung zu weisen. Der spitzeste Winkel gibt die Richtung vor. Ist es ein gleichseitiges, so hängt seine Richtung von seiner Lage im Bild ab. Verläuft eine seiner Seiten parallel zur Bildkante, so weist es in die Bildmitte.

Rechteck

Das Rechteck ist die häufigste Form. Wir finden es im Fensterrahmen, im Buch, der Tischplatte, dem Bilderrahmen usw.

Quadrat

Durch seine symmetrische Form wirkt es neutral und ruhig, neigt aber zur Monotonie. Deshalb bieten quadratische Formen ruhige Zufluchtspunkte im Bild.

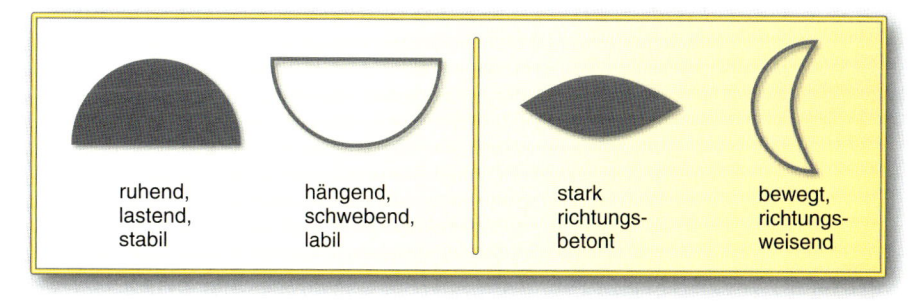

Beispiele:

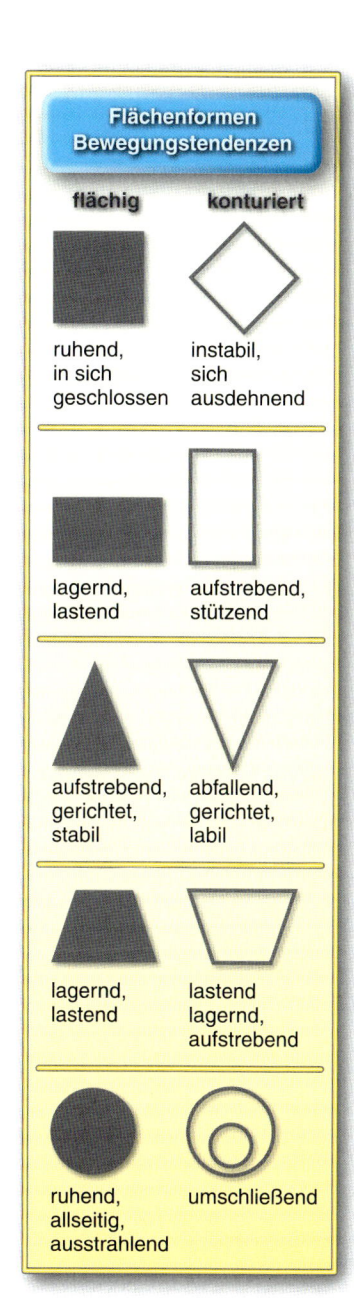

❶ Gleichseitige Dreiecke streben nach oben: Tannenwald mit Heißluftballon.
❷ Instabile Quadrate, die im nächsten Moment nach einer Seite kippen.

❶ Kreis geometrisch und farblich gleich aufgeteilt, symbolisiert Gleichgewicht, Wechselwirkung und Harmonie:
Logo BMW AG
❷ Rechtecke aufstrebend und lastend, Zeichnung eines Vierjährigen.

5.2 Kontraste

Ohne die Unterschiede in Farbe, Größe, Helligkeit, Struktur usw. gäbe es nur einförmige, homogene Flächen. Grundsätzlich erhöhen Kontraste die Spannung im Bild. Wie intensiv Kontraste eines Bildes sein dürfen, hängt von seiner Aussage ab. Sie können scharf und provokativ oder mild und zurückhaltend sein. Kontraste erhöhen unsere Aufmerksamkeit und laden uns zum Hinschauen ein. Zu viele starke unterschiedliche Kontraste stören sich jedoch gegenseitig in ihrer Wirkung.

5.2.1 Hell-Dunkel-Kontrast ❶

Mit dem Kontrast zwischen hell und dunkel lässt sich der Blick des Betrachters steuern. Der Blick verweilt auf hellen Bildteilen des Hintergrundes länger als auf dunklen. Dunkle Bestandteile am unteren Rand verleihen einem Bild Standhaftigkeit. Im Gegensatz dazu wirken sie im oberen Bereich eher schwer und drücken nach unten. Wenn sie ein Bild säumen, so fokussieren sie den Blick in die Mitte des Bildes.

5.2.2 Formen- und Flächenkontrast ❷

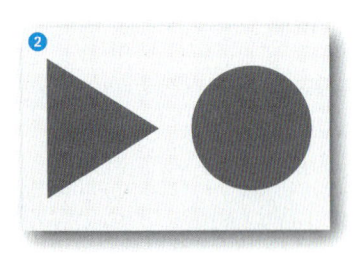

Er entsteht durch die Gegenüberstellung von runden und eckigen Formen, Linien und Flächen, symmetrischen und unsymmetrischen, regelmäßigen und unregelmäßigen usw. Interessant wird die „Interaktion" zwischen Formen. Beispielsweise hat eine Kreisfläche in einem rechteckigen Format (siehe oben) eine andere Wirkung als ein Dreieck. Durch die gleichzeitige Nutzung unterschiedlicher Formen entsteht eine belebende Spannung. Im Gegensatz dazu vermitteln gleichartige Formen Ruhe, tendieren aber zur Spannungslosigkeit.

5.2.3 Größenkontrast ❸

Werden gleiche Formen in verschiedenen Größen hintereinander angeordnet, so entsteht der Eindruck einer räumlichen Tiefe. Die kleinere Form erscheint weiter entfernt. Unwirkliche spannungsgeladene Perspektiven entstehen, wenn die Positionen beider vertauscht werden. Kleinere Formen erscheinen dann im Vordergrund.

Mehrere Formen gleicher Größe wirken statisch. Die „Wichtigkeit" eines Objektes steigt mit seiner Größe.

5.2.4 Strukturkontrast ❹

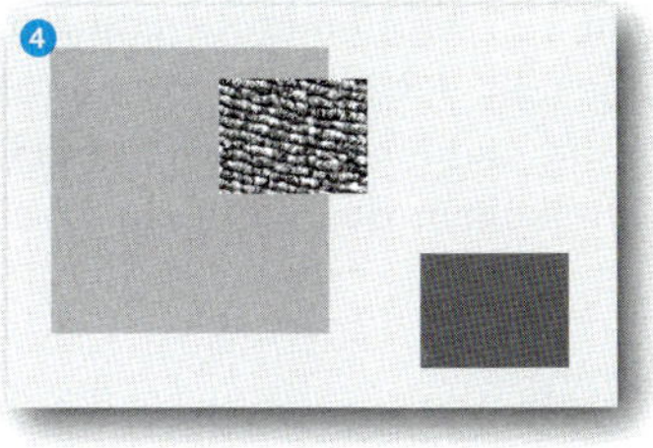

Oberflächen lassen sich mit Strukturen versehen. Glatte Oberflächen kontrastieren mit rauhen. Sie wirkt dadurch noch strahlender. Eine rauhe wirkt matter, wenn ihr eine glatte Fläche unterlegt wird. Auch dies ist ein Mittel, um Spannungen aufzubauen.

5.2.5 Richtungskontrast ❺

Den Grundelementen Linie und Dreieck lassen sich Richtungseigenschaften zuordnen. Durch die Ausrichtung der Elemente ergibt sich eine kontrastierende Wirkung. Die Interpretation des Bildes würde danach folgendes ergeben: Das Dreieckweist auf die schräg aufsteigende Linie hin.

5.2.6 Mengenkontrast ❻

Durch die asymmetrische Verteilung von beispielsweise drei Objekten auf einem rechteckigen Format erhalten wir folgende Anordnung: Eine Kreisfläche links und zwei Kreisflächen rechts. Hier wird ein Mengenkontrast von zwei zu eins abgebildet. Im Gegensatz zu zwei symmetrisch angeordneten Kreisflächen entsteht auch hier wieder eine belebende Spannung.

Beispiele:

Paul Klee:
Legende vom Nil, 1937;
69 x 61 cm
Pastell auf Baumwolle auf Jute mit Kleisterfarbe auf Keilrahmen.
Kunstmuseum Bern, Hermann und Margrit Rupf-Stiftung
© VG Bild-Kunst, Bonn 2002

Rote und weiße Kuppeln, 1914;
14,6 x 13,7 cm
Aquarell und Gouache auf Papier auf Karton.
Kunstsammlung Nordrhein-Westfalen, Düsseldorf
© VG Bild-Kunst, Bonn 2002

Paul Klee, Legende vom Nil   Paul Klee, Rote und weiße Kuppeln

5.3 Farben

5.3.1 Farbwahrnehmung

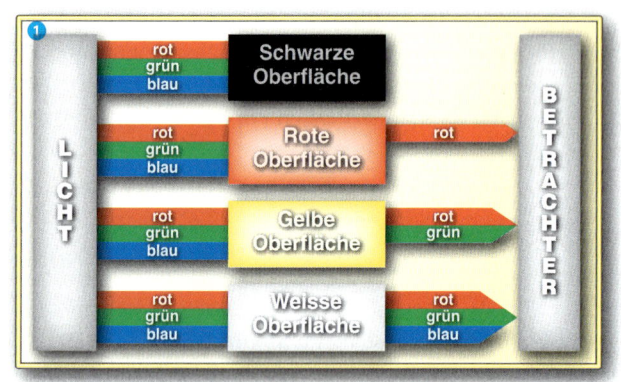

Die Linse im Auge projiziert ein Bild auf die Netzhaut. Dort befinden sich insgesamt 125 Millionen Rezeptoren. Sie werden in vier Arten eingeteilt. Jeweils ein Zapfen für die Farben Blau, Rot und Grün und ein extrem lichtempfindliches „farbenblindes" Stäbchen, das das Sehen bei wenig Licht gestattet.

Licht- und Körperfarben

Lichtfarben entstehen, wenn Körper aus sich selbst heraus leuchten. Dies kann die Sonne, der Faden einer Glühbirne oder können phosphoreszierende Pixel eines Computer Monitors sein.

Licht fällt auf eine Oberfläche. Ist sie mit einer Substanz belegt, die alle Bestandteile des Lichtes absorbiert, dann erscheint dem Betrachter die Fläche schwarz.

Absorbiert sie die Farben Grün und Blau, so erscheint sie rot.
Absorbiert sie Blau, so erscheint sie gelb.
Absorbiert sie kein Licht, so erscheint sie weiß.

Trägt ein Körper eine Farbsubstanz, so wird ein Teil des einfallenden Lichtes von dieser Substanz absorbiert. Es wird sozusagen vom einfallenden Licht subtrahiert. Die Zusammensetzung des reflektierten „Restlichtes" bestimmt den Farbeindruck, den das Licht der reflektierenden Fläche auf der Netzhaut hinterlässt. Hierbei handelt es sich um die Wirkung von Körperfarben ❶.

5.3.2 Farbmischung

Lichtfarben und RGB

Fällt verschieden farbiges Licht gleichzeitig auf die Netzhaut, so enthält das resultierende Licht alle Bestandteile der einzelnen farbigen Lichtquellen. Lichtfarben entstehen also durch additive Farbmischung. Wir wissen, dass das Sonnenlicht weiß ist. Es enthält ein kontinuierliches Farbspektrum. In Analogie dazu entsteht weiß, wenn die Grundfarben Rot, Grün und Blau (RGB) zu gleichen Teilen gemischt werden. Dies beruht darauf, dass die Netzhaut für genau diese Grundfarben entsprechende Rezeptoren verfügt. Werden diese zu gleichen Teilen und mit voller Intensität gereizt, so entsteht die Empfindung Weiß. Die Fernsehtechnik und die elektronische Bildverarbeitung verwenden die additiven Grundfarben zur Farbreproduktion. In die Lochmaske des Bildschirms sind rot, grün und blau aufleuchtende Phosphore eingebettet, aus denen das Farbbild zusammengesetzt wird. Bei einem Punktdurchmesser kleiner als 0,3mm nimmt das Auge nicht mehr den einzelnen Punkt wahr, sondern einen Mix aus drei nebeneinanderliegenden, aufleuchtenden Phosphorpunkten. Diese erzeugen die Farbempfindung additiv. Mit digitaler Technik lassen sich in 24 Bit Auflösung (8bit für jede Farbe) 16,7 Millionen Farbnuancen darstellen.

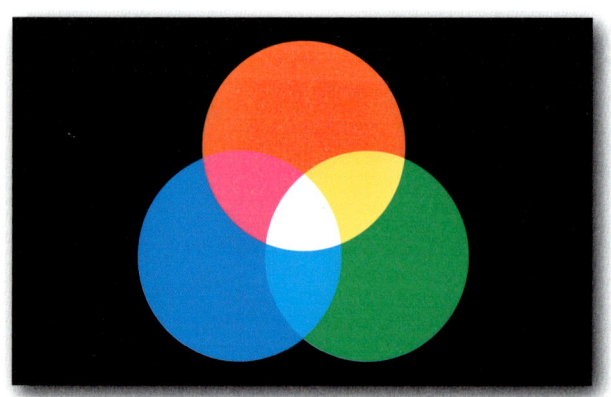

Dort wo sich die Farbflecke überlappen entsteht eine Mischung der Farben. Die Helligkeit der Mischfarben nimmt bei der additiven Mischung zu!
Die Helligkeit der Mischfarben nimmt bei der subtraktiven Mischung ab!

Körperfarben und CMYK

In den meisten Fällen jedoch fällt Licht auf die Oberfläche eines Körpers und wird von dort in Richtung unserer Augen reflektiert. Die Zusammensetzung der farbgebenden Substanz bestimmt die farbliche Wirkung der Oberfläche.

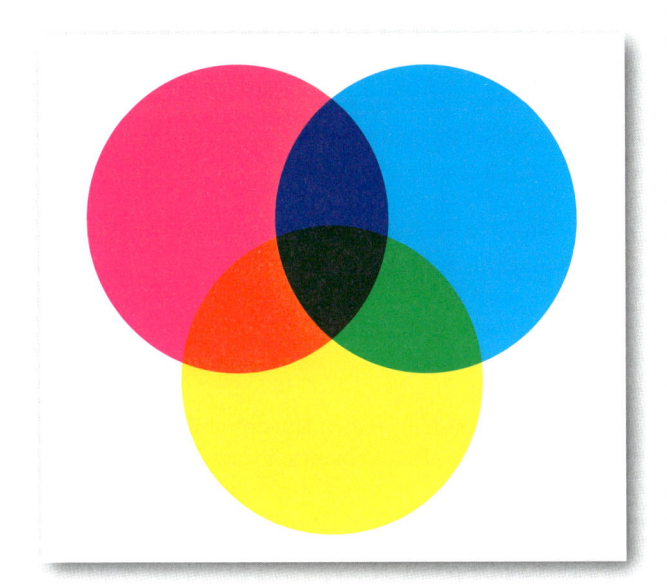

Beispiel: Eine Raufaser-Tapete soll gestrichen werden. Als Grundlage dient ein Eimer weißer Wandfarbe. Dann wird sie mit verschiedenen Abtönfarben durch kräftiges Rühren gemischt. Das Mischen beispielsweise der Farben Cyan und Gelb ergibt ein dunkleres Grün.

Körperfarben lassen sich anfassen. Ihre Eigenschaften entstehen durch subtraktive Farbmischungen. Die primären Körperfarben sind Cyan, Magenta und Yellow (CMY). Werden sie zu gleichen Teilen gemischt so entsteht im Gegensatz zu den Lichtfarben Schwarz. Das auf diese Weise erzeugte Schwarz ist jedoch im Druck nicht rein genug. Deshalb wird hier noch ein vierter Bestandteil Black (B) hinzugefügt (oder auch K für Key). Es verleiht dem Druck mehr scheinbare Tiefe.

5.3.3 Farbsechseck

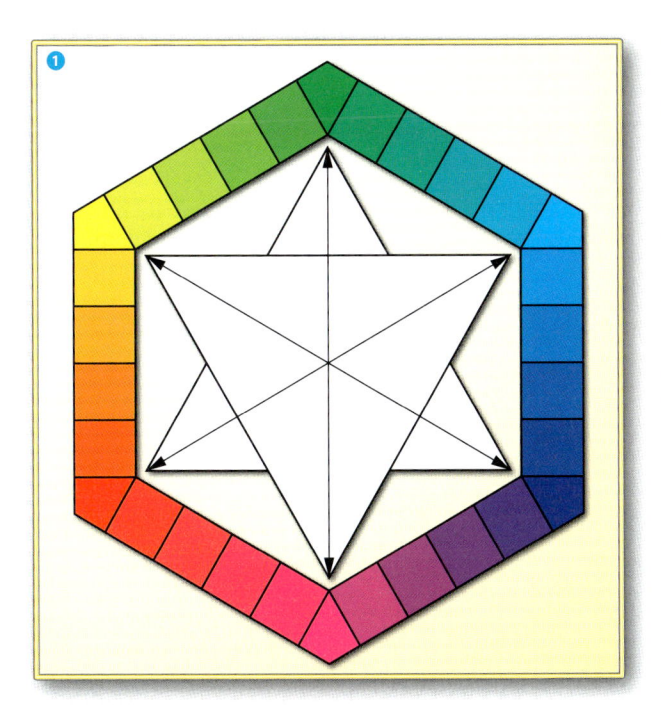

Das Farbsechseck ❶ besteht aus zwei Dreiecken: Dem Dreieck der Farben Rot, Grün und Blau und dem Dreieck der Farben Magenta, Gelb und Cyan. Die sechs Farben sind in den sechs Ecken angeordnet. So sind jeweils die drei elementaren Licht- und Körperfarben auf einem Sechseck zusammengefasst. Damit stehen sich jeweils zwei Farbtöne gegenüber, die sich bei subtraktiver Farbmischung zu Schwarz und bei additiver zu Weiß ergänzen. Auf den Schenkeln zwischen ihnen liegen die Mischfarbtöne benachbarter Farben.

Steht das Farbsechseck auf der Spitze, in der sich der Farbton Magenta befindet, so lässt es sich in eine linke Seite mit warmen Tönen und eine rechte Seite mit kalten einteilen. Die Grenze zwischen warmen und kalten Farben ist jedoch fließend. Neutral wirken die Farben Grün und Magenta und ihre Umgebungen auf dem Farbsechseck.

Als harmonisch gelten u. a. die Kombinationen von kalten Farben unter sich und warme unter sich (Weiteres unter dem Abschnitt „Harmonische Farbzusammenstellungen").

5.3.4 Farbkontraste

Die Wirkung einer Farbe verändert sich durch den Einfluss der Farben ihrer Umgebung. So ändert sich der Eindruck ihrer Helligkeit oder Reinheit. Zwei bedeutende Kontrastarten seien hier vorgestellt.

Simultankontrast

Der Simultankontrast ❶ zeigt sich in der Helligkeit. Beide kleinen Farbquadrate sind identisch, erscheinen jedoch vor rechtem und linkem großem Quadrat unterschiedlich hell.

Unbunt/Unbunt: Auf weißem Hintergrund wirkt eine graue Fläche dunkler als auf schwarzem Hintergrund.

Unbunt/Bunt: Auf gelbem Hintergrund wirkt eine graue Fläche dunkler als auf einem blauen Hintergrund.

Bunt/Unbunt: Auf einem weißen Hintergrund wirkt eine farbige Fläche dunkler als auf einem schwarzen Hintergrund.

Bunt/Bunt: Auf gelbem Hintergrund wirkt eine orangene Fläche dunkler als auf blauem Hintergrund.

Hinweis: Die Farben ändern ihre physikalischen Eigenschaften selbstverständlich nicht! Die Veränderungen treten lediglich in unserer Wahrnehmung auf!

Hinweis: Da sich Farben durch ihre Nähe zueinander gegenseitig in unserer Wahrnehmung beeinflussen, sollten immer die Wirkungen von Farbkombinationen, nie einzelner Farben erprobt und geprüft werden!

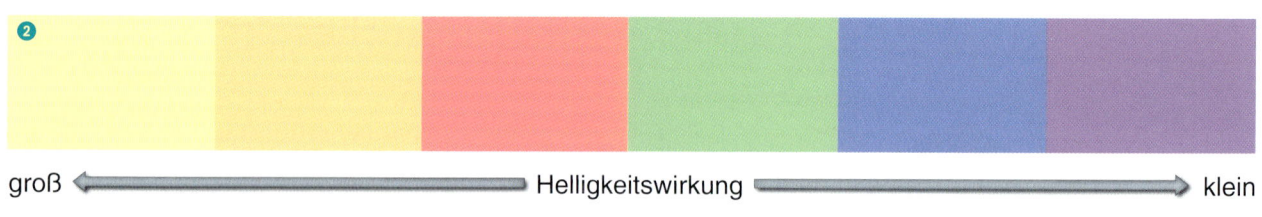

❷ Farbgewichte nach Goethe

Mengenkontrast
Farben werden unterschiedliche Helligkeiten zugeordnet.

Die Empfindung der Helligkeit einer Farbe ist auch abhängig von ihrer flächenmäßigen Ausdehnung. Um die Helligkeitswirkung zweier Farben in Balance zu bringen, ist es deshalb möglich die Farben geringerer Helligkeitswirkung mit einer größeren Fläche zu versehen.

❸ Die Abbildung zeigt, wie der Helligkeitsunterschied von Farben durch die sie repräsentierenden Flächengrößen ausgeglichen werden kann.

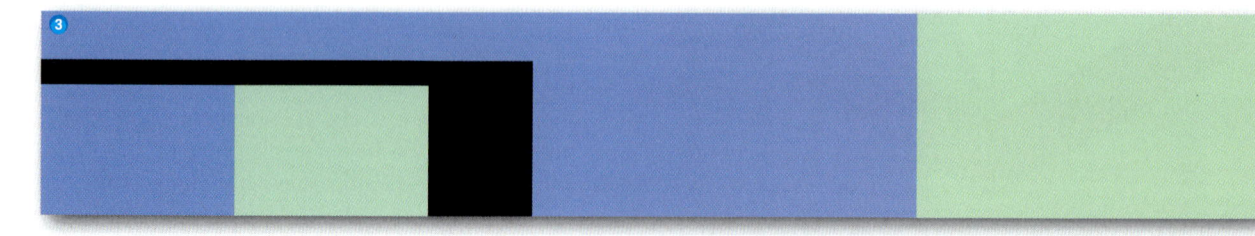

5.3.5 Wirkung von Farben

Je nach Kulturkreis, Sozialisation und Wirkungszusammenhang wirken Farben auf Menschen unterschiedlich. Deshalb ist eine eindeutige Zuordnung von Farbe und Wirkung nahezu unmöglich. Deshalb soll es hier bei Tendenziellem bleiben:

Temperatur

Die linke Seite des Farbsechsecks (siehe oben) wirkt wärmer als die rechte. Im Gegensatz zur rechten Grafik verleiht der rote Kreis der linken Grafik einen warmen Ausdruck. Bemerkenswert ist, dass sich der Farbton des Kreises der rechten Grafik im neutralen Bereich des Sechsecks befindet. Dennoch wirkt die rechte Grafik deutlich kälter als die linke. Auf einfache Weise lassen sich somit grafischen Objekten Wärme oder auch Kälte „einhauchen".

Gewicht

Helle Farben wirken leichter als dunkle. Allein durch die Wahl der Farbe ist damit eine gewisse Leichtigkeit oder eine drückende Schwere erzielbar. So kann man in der nebenstehenden Grafik den Eindruck gewinnen, dass es sich um zwei Ballone handelt. Der eine wird von einer schwer lastenden Decke an seiner Aufwärtsbewegung gehindert. Der andere schwebt über einem massiven Boden.

Raum

Warme Farben wirken näher als kalte. Insbesondere Blau zieht den Blick des Betrachters in die Ferne. Auf diese Weise lässt sich Aufmerksamkeit mit entsprechender Farbgebung in den Vordergrund oder den Hintergrund lenken. In nebenstehender Grafik wird die Darstellung von Entfernung neben perspektivischen Elementen durch den Einsatz entsprechender Farbgebung unterstützt.

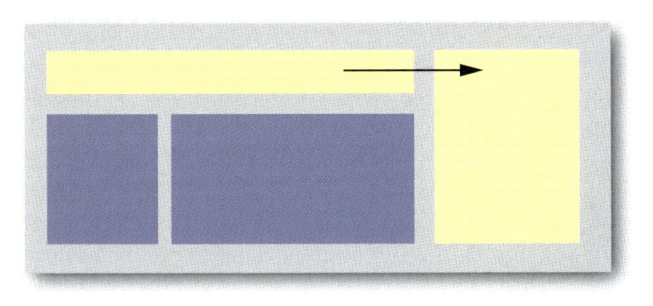

Blick lenken

Objekte mit hellen oder hochgesättigten Farben werden bevorzugt betrachtet. Dunkle und schwach gesättigte Farben treten zurück. Helle Farben werden zuerst beachtet. So kann die Richtung des Blickes eines Lesers einer Zeitschrift ebenso wie einer Internetsite durch die geschickte Verzahnung von Layout und Farbgebung auf die zunächst wichtigsten Informationen gelenkt werden.

Paul Klee:
Alter Klang, 1925;
38,1 x 37,8 cm
Ölfarbe auf Karton auf Rahmen genagelt; Rahmen mit Papierstreifen abgedeckt.
Öffentliche Kunstsammlung Basel, Kunstmuseum
© VG Bild-Kunst, Bonn 2002

Piet Mondrian:
Gray it brown
© Mondrian/Holzmann Trust, c/o Beeldrecht; VG Bild-Kunst, Bonn 2002

Paul Klee, Alter Klang

Mondrian, Gray it brown

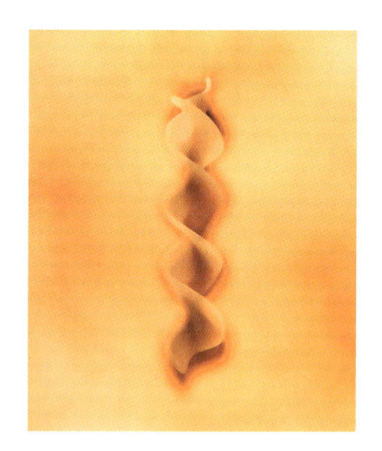

Exemplarisch seien für einige Farben die traditionelle Farbsymbolik unseres Kulturkreises angegeben:

- *Gelb*: Reife, Wärme, Optimismus, Vorwärtsstreben, Heiterkeit, Freundlichkeit, Veränderung, extrovertiert
- *Rot*: Aktivität, Dynamik, Gefahr, Temperament, Zorn, Wärme, Leidenschaft, Eroberungswille, Tatendrang, exzentrisch
- *Blau*: Harmonie, Zufriedenheit, Ruhe, Passivität, Unendlichkeit, Sauberkeit
- *Grün*: Durchsetzungsvermögen, Frische, Beharrlichkeit, Entspannung, Hoffnung, Ruhe, lebensfroh, naturverbunden
- *Grau*: Neutralität, Trostlosigkeit, Nüchternheit, Elend, Nachdenklichkeit, Sachlichkeit, Funktionalität, Schlichtheit, unbeteiligt

5.3.6 Harmonische Farbzusammenstellungen

So wenig verschiedene Farbtöne, wie möglich verwenden.

Nach *Harald Küppers* gibt es unbunte und bunte Farben. Unbunte sind Schwarz, Weiß und ihre Graustufen, bunte dagegen alle übrigen Farben.

HSB-Farbmodell

„Mischen" Sie alle Farben selbst. Dann trägt die Farbzusammenstellung Ihre Handschrift und ist optimal auf die Aussageabsicht des Produktes abgestimmt.

HSB steht für Hue (H) = Farbton, Saturation (S) = Sättigung und Brightness (B) = Helligkeit. Farben können also mit ihren Eigenschaften Farbton, Sättigung und Helligkeit vollständig beschrieben werden (s. Abschnitt 6.3.2 Bildoptimierung, S. 188 ff.). Zwischen Farben ist das Hauptunterscheidungsmerkmal der Farbton. So sind Rot, Grün und Blau deutlich voneinander zu unterscheiden. Die Farbsättigung legt den „Reinheitsgrad" einer Farbe fest. Sie ist ein Maß für den Grauanteil einer Farbe. Je niedriger die Sättigung, desto größer die „Verunreinigung" mit Grau. Es entsteht der Eindruck einer trüben, verunreinigten Farbe. Bei minimaler Sättigung erhält man Grau, bei maximaler den reinen Farbton. Der Begriff Helligkeit spricht für sich selbst. Bei niedriger Helligkeit tendiert die Farbe zu Schwarz, bei hoher zu Weiß.

Das HSB-System eignet sich insbesondere für Einsteiger, um harmonische Farbzusammenstellungen auszuprobieren. So kann z. B. der Farbton festgehalten werden und die Sättigung variiert werden. Auf diese Weise lassen sich verschiedene aber verwandte Farben erzeugen.

Im Bildbearbeitungsprogramm Photoshop lassen sich unterschiedliche Modi für die Bearbeitung der Farbe einstellen. Links sind die RGB-Regler und rechts die HSB-Regler abgebildet.

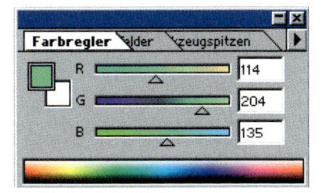

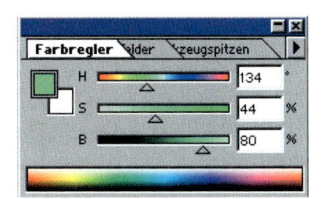

Tragen Farben gemeinsame Eigenschaften, so lassen sie sich auf harmonische Weise kombinieren.

Farben mit gleicher Helligkeit

Unterschiedliche Helligkeiten sind weniger kritisch.

Harmonierende Farbtöne (siehe „Mehrere Farbtöne") passen mit gleicher Helligkeit sehr gut zusammen. Im Gegensatz zu unterschiedlicher Sättigung harmonieren Farben jedoch auch mit unterschiedlicher Helligkeit.

Farben mit gleicher Sättigung

Harmonierende Farbtöne (siehe „Mehrere Farbtöne") passen mit unterschiedlicher Sättigung nur selten zusammen. Die Farbkompositionen wirken in der Regel unausgeglichen. Deshalb sollten die Farben unbedingt in ihrer Sättigung in Übereinstimmung gebracht werden.

Mehrere Farbtöne

Werden auf dem Farbensechseck Farbtöne durch ein gleichseitiges Dreieck mit einander verbunden, so stehen diese in einem harmonischen Verhältnis zueinander. Ähnliches lässt sich erreichen, wenn vier Töne mit einem Rechteck oder sechs mit einem Sechseck verbunden werden. Entscheidend ist, dass alle Abstände gleich groß sind. Dann ist gewährleistet, dass die Farbtöne zueinander passen.

Drei-aus-zwei

Mit entsprechender Software lässt sich dies im Computer durch die Bildung des Mittelwertes erreichen.

Harmonieren zwei Farben miteinander, so lässt sich durch Mischung aus den beiden eine dritte finden, die zu ihnen passt.

Annäherung der Farbtöne

Passen zwei Farben nicht zueinander, so besteht die Möglichkeit durch Hinzugabe einer Grundfarbe zu beiden Farben eine Annäherung herbeizuführen. Das Verhältnis der beiden „modifizierten" Farben wird dadurch harmonischer. Die Harmonisierung fällt umso stärker aus, je stärker der „Schuss" Grundfarbe ist.

Verwandte Farbtöne

Es gibt jedoch auch Ausnahmen! Prüfen!

Farbtöne, die sehr dicht beieinander auf dem Farbsechseck liegen, können harmonisch zueinander wirken. Sie werden dann als Variation einer Ausgangsfarbe empfunden. Die Kombinationen wirken sehr ruhig und ausgeglichen.

Bunt und Unbunt

Der Kontrast zwischen einer bunten Farbe und einem Grauton wirkt in der Regel Spannungsreich aber nicht übertrieben. Der Kontrast kann gemindert werden, indem der unbunten Farbe ein „Schuss" der bunten Farbe hinzugegeben wird. Ist im umgekehrten Fall jedoch der Kontrast noch nicht stark genug, dann kann er durch die Mischung der Komplementärfarbe der bunten Farbe mit dem Grau verstärkt werden.

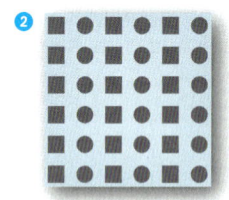

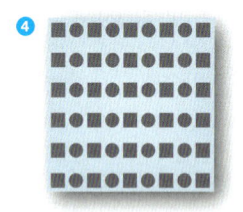

5.4 Gestaltgesetze

Sind Linien und Flächen auf einem Grund zu sehen, so versucht unsere Wahrnehmung die Dinge so zu strukturieren, dass eine Gestalt darin zu entdecken ist. Für den Grafiker ist nun von Interesse, nach welchen Gesetzen dies funktioniert. Die Gestaltgesetze der Wahrnehmung geben darüber Aufschluss.

Gesetz der guten Gestalt oder der Einfachheit ❶

Jedes Reizmuster wird so gesehen, dass die resultierende Struktur so einfach wie möglich ist. Die meisten Menschen sehen auf der nebenstehenden Grafik ein Dreieck, dass sich mit einem Quadrat überlagert und keine komplexere elfseitige Figur.

Gesetz der Ähnlichkeit ❷

Sind Dinge ähnlich, scheinen Gruppen der Zusammengehörigkeit gebildet zu werden. Dies kann z. B. über die Form, den Farbton, die Helligkeit, die Orientierung oder die Größe geschehen. So werden alle Kreise als zusammengehörig interpretiert und somit zu einer Reihe geschlossen.

Gesetz der fortgesetzt durchgehenden Linie ❸

Linien werden tendenziell so gesehen, als ob sie dem einfachsten Weg folgten. Kreuzen sich beispielsweise zwei Linien, so gehen wir zunächst nicht davon aus, dass der Verlauf der Linie einen Haken nimmt.

Gesetz der Nähe ❹

Dinge erscheinen als zusammengehörig, wenn sie sich nahe beieinander befinden. Es wirkt stärker als das Gesetz der Ähnlichkeit. So gruppieren wir Kreise und Quadrate der nebenstehenden Grafik nicht nach ihrer Form, sondern nach ihrer örtlichen Nähe.

Gesetz des gemeinsamen Schicksals ❺

Dinge, die sich in die gleiche Richtung bewegen, erscheinen als zusammengehörig. Mit dem gemeinsamen Schicksal ist der gemeinsam beschrittene Weg gemeint, den unsere Wahrnehmung den Objekten zuordnet.

Gesetz der Vertrautheit ❻

Dinge bilden mit größerer Wahrscheinlichkeit Gruppen, wenn die Gruppen vertraut erscheinen oder etwas bedeuten. Steine, die ursprünglich getrennt wahrgenommen wurden, gehören plötzlich zu einem Gesicht. Hat man eine Gruppe von Steinen erst einmal als Gesicht erkannt, so fällt es schwer, diese Steine wieder unabhängig voneinander zu betrachten.

Der Wald hat Augen von Bev Dolittle (1985)

5.5 Vektor- und Pixelgrafik

Am Bildschirm werden alle Bilder mit Pixeln (picture elements) angezeigt. Die Art der Beschreibung der Darstellungen kann jedoch unterschiedlich sein. Um zum Beispiel ein Dreieck am Bildschirm reproduzieren zu können, gibt es zwei verschiedene Möglichkeiten:

5.5.1 Vektorgrafik

In einer Vektorgrafik werden nur wenige Daten über Eigenschaften benötigt um eine Grafik eindeutig reproduzieren zu können. Zum Beispiel die Koordinaten der Ecken, die Breite und Farbe der Umrisslinie und die Füllfarbe des Dreiecks oder des Kreises.

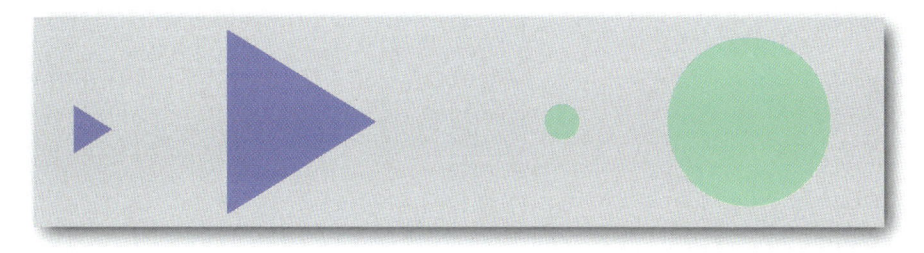

Standard am Bildschirm sind 72 points per inch (ppi). 1 Zoll setzt sich also aus 72 Punkten zusammen. Die Maßeinheit dots per inch (dpi) gilt in Zusammenhang mit Druckern, wird aber häufig gleichgesetzt.

Die Grafik zeigt die Veränderung beim Skalieren einer Vektorgrafik.

Vektorgrafiken sind geeignet, um mit grafischen Elementen zu gestalten. Der besondere Vorteil liegt darin, dass die erstellten Grafiken ohne Qualitätsverlust skalierbar sind. Das bedeutet, dass sie in ihrer Größe verändert werden können, ohne dass dabei störende Effekte wie „Treppenstufen" auftreten. Die Linienkonturen bleiben glatt.

5.5.2 Pixelgrafik

Das Dreieck besteht aus vielen einzelnen Pixeln. Jedes Pixel trägt seine eigenen Eigenschaften seiner Koordinate und seiner Farbe. Werden die Eigenschaften aller Pixel gesammelt und in einer Datei gespeichert, so kann das Dreieck ebenfalls eindeutig reproduziert werden.

Alle Bilder, die von Scannern, Digital- oder Videokameras erfasst werden sind zunächst Pixelgrafiken.

Vektorgrafiken werden häufig in Pixelgrafiken umgewandelt, um im Produktionsprozess weiterverwendet werden zu können. Sie sollten aber in jedem Fall archiviert und erst am Schluss der Produktionskette in eine Pixelgrafik umgewandelt werden.

Aus der Anschauung wird bereits hier klar, dass die anfallende Datenmenge um ein Vielfaches größer ist, als durch die Darstellung über Vektoren.

Mit geeigneter Software lässt sich eine Pixelgrafik in eine Vektorgrafik umwandeln. Bei Fotos macht dies in der Regel keinen Sinn, wohl aber bei Strichzeichnungen.

Die Grafik zeigt die Veränderung beim Skalieren einer Pixelgrafik.

Üben und anwenden

Aufgabe 1: *Erstellen Sie Grafiken zu Punkt, Linie und Fläche. Experimentieren Sie mit unterschiedlichen Kombinationsmöglichkeiten.*

Aufgabe 2: *Beschreiben Sie den Unterschied zwischen Größen- und Mengenkontrast.*

Aufgabe 3: *Gestalten Sie die Fläche eines DIN A4-Blattes. Nehmen Sie hierfür nur unbunte Linien und Flächen. Die Wirkung soll optimistisch-positiv ausfallen.*

Aufgabe 4: *Beschreiben Sie den Unterschied zwischen additiver und subtraktiver Farbmischung.*

Aufgabe 5: *Stellen Sie eine harmonische Kombination dreier Farben zusammen. Nutzen Sie dabei das HSB-Farbmodell.*

Aufgabe 6: *Erforschen Sie den Simultankontrast. Nehmen Sie sich hierfür eine graue Fläche und halten Sie sie vor eine Reihe verschiedenfarbiger Hintergrundflächen. Beschreiben Sie die Wirkung der grauen Fläche.*

Aufgabe 7: *Erstellen Sie sich einfache Formen und ordnen Sie sie nach den Gestaltgesetzen an. Lassen Sie die Ergebnisse auf sich wirken.*

Aufgabe 8: *Analysieren Sie die Benutzeroberflächen von interaktiven Anwendungen im Hinblick auf die Aussagen der Gestaltgesetze.*

Aufgabe 9: *Legen Sie eine Grafik in einem Vektor und einem Pixel-Format an. Skalieren Sie jetzt die Grafiken. Beobachten Sie die Unterschiede.*

Aufgabe 10: *Experimentieren Sie beim Konvertieren von Pixel- in Vektorgrafiken.*

6 Bild

> *Dieses Kapitel gibt einen Einblick in die gestalterischen Möglichkeiten beim visuellen, statischen Medium – dem Bild. Dabei steht nicht nur die Gestaltung im Mittelpunkt, sondern auch die dazu benötigte Technik und deren Werkzeuge.*

Visuell Gestaltetes soll optisch ansprechen, auffallen, „ins Auge springen", provozieren, eine Harmonie für die visuellen Sinne bieten, Gefühle wecken, Assoziationen hervorrufen oder einfach nur gefallen - keine leichte Aufgabe für den Gestalter, der dies erreichen soll.

Die Wirkung der Gestaltung ist subjektiv, emotional und dem Zeitgeist unterworfen. Trotzdem ist es möglich, Regeln aufzustellen, die das Gestalten begleiten und unterstützen. Diese Regeln basieren auf optischen Gesetzen und den Eigenschaften der Medien.

Gestalten nach Regeln – kann das kreativ sein? Warum nicht, denn Gestalten erfüllt selten nur einen Selbstzweck. Der Betrachter soll schließlich animiert, provoziert, fasziniert sein! Um dies zu erreichen, muss der Gestalter sein Handwerk verstehen. Er muss wissen, wie und wann er seine Medien einsetzt, und welche Gestaltungstechniken er benutzen kann. Außerdem sollte er über Kenntnisse der Medieneigenschaften verfügen. Ebenso sollte er für den Gestaltungsprozess die Möglichkeiten seiner Werkzeuge kennen.

In diesem Kapitel geht es um statische Bilder, die in moderne Medien integriert werden. Dies kann zum Beispiel bei einer Tonbildschau, einem Videofilm oder einer multimedialen Produktion der Fall sein.

6.1 Fotografie

6.1.1 Fotografischer Prozess

Zeit und Blende

Bei der Fotografie spricht man von ‚Belichten von Bildern', ob auf Filmmaterial oder auf einen elektronischen Chip. Voraussetzung für eine korrekte Belichtung ist, dass die richtige Menge Licht auf den Bildträger (Filmmaterial oder Chip) fällt.

Dies wird durch ein Zusammenspiel aus Zeit und Blende erreicht. Die beiden Faktoren bestimmen, in welcher Zeit (= Belichtungszeit) welche Lichtmenge (bestimmt durch die Größe der Blendenöffnung) durch das Objektiv auf den Bildträger fällt.

Wie hoch die richtige Menge Licht für den Bildträger ist, hängt von dessen Lichtempfindlichkeit ab.

Wie kann sichergestellt werden, dass für jede Aufnahmesituation mit der richtigen Lichtmenge belichtet wird? Dies kann erreicht werden durch das Steuern der Belichtungsdauer und /oder Steuern der Blendenöffnung in Abhängigkeit mit Empfindlichkeitswerten des Bildträgers.

Die Belichtungsdauer wird über den Verschluss verändert.

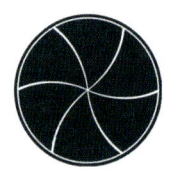

❶ Belichtungsvorgang bei einem Zentralverschluss.

Es wird prinzipiell zwischen dem *Zentralverschluss* und dem *Schlitzverschluss* unterschieden. Beim Zentralverschluss ❶ wird die Lichtöffnung durch mehrere dünne Lamellen aus Stahlfolie abgedeckt, die beim Auslösen des Verschlusses um einen festen Drehpunkt geschwenkt werden. Damit geben sie, von der Mitte her beginnend, kurzzeitig die Lichtöffnung zur Belichtung frei.

❷ Belichtungsvorgang bei einem Schlitzverschluss.

Beim Schlitzverschluss ❷, der horizontal wie auch vertikal angeordnet sein kann, laufen während des Belichtungsvorganges zwei Rollos, die aus Folie oder Metallstreifen bestehen können, über die Lichtöffnung hinweg. Während der Belichtung gibt das erste Rollo die Lichtöffnung frei und das zweite deckt es nachfolgend wieder ab. Dabei wird die Belichtungszeit nicht durch die Ablaufgeschwindigkeit der beiden Rollos bestimmt, sondern durch den zeitlichen Abstand, mit dem das zweite Rollo auf das erste folgt.

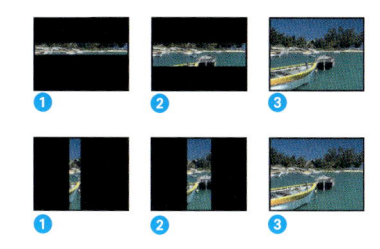

Bildreihe oben: Horizontal verlaufender Schlitzverschluss.
Bildreihe unten: Vertikal verlaufender Schlitzverschluss.
❶ Kurze Belichtungszeit
❷ Mittlere Belichtungszeit
❸ Lange Belichtungszeit, bei der der zweite Rollo erst startet, wenn der erste komplett abgelaufen ist.

❹ Irisblende als regulierbarer Lichtbegrenzer.

❺ Der Blendenwert ist das mathematische Verhältnis der Eintrittslinse eines Objektives zu seiner Brennweite. Sie ist umgekehrt proportional zu der Lichtmenge, die in die Kamera fällt.

❻ Die Brennweite eines Objektives entspricht dreimal dem Durchmesser der größten Objektivöffnung und wird in Millimetern angegeben.

Die Dauer der Belichtung, auch *Verschlusszeit* genannt, wird in Sekunden oder Bruchteilen von Sekunden angegeben:

1 1/2 1/4 1/8 1/15 1/30 1/60 1/125 1/250 ...

➡ **Der Wechsel von einer Verschlusszeit zur nächst kürzeren hat zur Folge, dass die Belichtungszeit halbiert und damit die Lichtmenge, die auf den Bildträger fällt, halbiert wird.**

➡ **Der Wechsel von einer Verschlusszeit zur nächst höheren hat zur Folge, dass die Belichtungszeit verdoppelt und damit die Lichtmenge, die auf den Bildträger fällt, verdoppelt wird.**

Der zweite Faktor, der die Lichtmenge auf dem Bildträger beeinflusst, ist die Blende. Dieser mechanische Lichtbegrenzer, realisiert über verstellbare sogenannte Irisblenden ❹, regelt durch Veränderung der Lichtdurchtrittsöffnung die Lichtmenge und beeinflusst damit (zusammen mit dem Verschluss) die Belichtung des Bildträgers.

Die Größe der Blendenöffnung wird in Blendenwerten ❺ angegeben:

1,4 2,8 4 5,6 8 11 16 22

➡ **Der Wechsel von einem Blendenwert zum nächsten Blendenwert ist immer mit einer Halbierung bzw. Verdopplung der durch das Objektiv fallenden Lichtmenge verbunden.**

Die Größe der Lichtdurchtrittsöffnung hat, zusätzlich zur Steuerung der Lichtmenge auf den Bildträger, auch einen direkten Einfluss auf die *Schärfentiefe*, die den gesamten Entfernungsbereich vor und hinter einer eingestellten Entfernung definiert, in dem die fotografierten Objekte scharf abgebildet werden.

Die Größe dieses Entfernungsbereichs (Schärfentiefe) ist variabel und hängt
- von der Aufnahmeentfernung,
- von der Blendenöffnung und
- von der Brennweite ❻ des Objektives ab.

Der Zusammenhang zwischen *Blendenwert* und *Verschlusszeit* ist in folgender Tabelle dargestellt:

Weniger Bewegungsunschärfe ➡

1/15	1/30	1/60	1/125	**1/250**	1/500	1/1000	1/2000
22	16	11	8	**5,6**	4	2,8	1,4

⬅ Größere Schärfentiefe

Die Blenden- und Verschlusszeitkombinationen können bewusst für die Gestaltung verwendet werden.

Lektion 6.1 Fotografie

Kapitel 6 Bild

Suchersysteme

In der Fotografie wird zwischen Durchsichtsuchern, Aufsichtsuchern und Spiegelreflexsystemen unterschieden. Bei den Durchsichtsuchern wird zum Anvisieren des zu fotografierenden Objektes eine separate Linse mit einem Okular verwendet. Durch die leichte Abweichung ❶, der Sehachse des Suchers von der Sehachse des Objektives muss der Markierungsrahmen des Bildes im Sucher einen Parallaxenausgleich aufweisen.

❶ Das Parallaxen-Problem bei einer Sucherkamera entsteht durch die unterschiedlichen optischen Achsen von Objektiv und Sucher. Spezielle Markierungsrahmen im Sucher für Aufnahmen von fernen Objekten und Aufnahmen von nahen Objekten sollen diese Ausschnittsverfälschung korrigieren (Parallaxenausgleich).

Dieses Problem gibt es beim Aufsichtsucher nicht. Beim Aufsichtsucher wird das durch das Objektiv fallende Bild direkt auf eine Mattscheibe projiziert. Ist der zu fotografierende Ausschnitt eingestellt, so wechselt der Fotograf die Mattscheibe gegen die Filmkassette aus. Dieses System eignet sich nur für Aufnahmen mit Stativ und wird primär bei Großbildkameras verwendet. Weiterer Nachteil: Das Sucherbild wird seitenverkehrt auf die Mattscheibe projiziert.

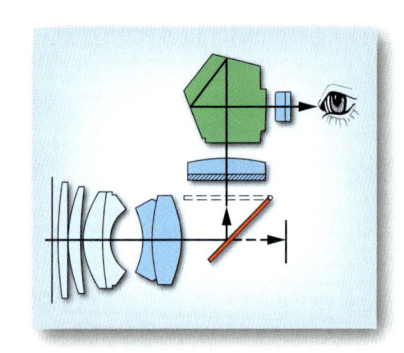

Bei *Spiegelreflex*-Systemen wird über ein Spiegelsystem das durch das Objektiv fallende Licht auf eine Mattscheibe geworfen. Über ein Pentaprisma, welches das Bild der Mattscheibe seitenrichtig und aufrecht dem Sucherokular weiterführt, hat der Fotograf ein Sucherbild, welches nahezu identisch mit dem Aufnahmebild ist. Zur Aufnahme wird der Spiegel automatisch hochgeklappt und das Licht kann direkt auf den Bildträger fallen.

Objektive

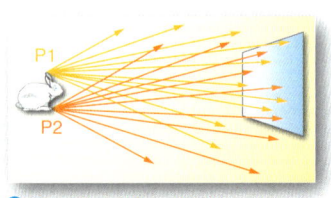

Um ein Bild auf die Mattscheibe und damit auch auf den Bildträger zu bekommen, muss man eine Lichtlenkungs-Einrichtung benutzen – etwas, das die Lichtstrahlen sammelt und so bündelt, dass sie als scharfes Bild auf den Film gelangen. Sonst würden die unregelmäßigen Lichtstrahlen nur ein gleichmäßig belichtetes Stück Film erzeugen. Beispiel: Das reflektierende Licht von den Gegenstands-Punkten P1 und P2 treffen auf alle Flächenpunkte des Bildträgers ❷.

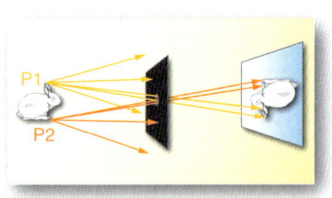

❷ Ungebündeltes Licht

❸ Camera Obscura

Wie kann man nun Lichtstrahlen bündeln? Nimmt man eine Lochblende mit einer sehr kleinen Öffnung, so werden nur ganz wenige Lichtstrahlen eines Gegenstandspunktes auf den Bildträger geworfen. Es entsteht ein auf dem Kopf stehendes, seitenverkehrtes Abbild. Da aber nur eine relativ kleine Öffnung benutzt werden kann, sonst wird das Abbild wieder unscharf, muss eine sehr lange Belichtungszeit verwendet werden. Mit diesem Verfahren, bekannt als ‚Camera Obscura' ❸, begann die Fotografie.

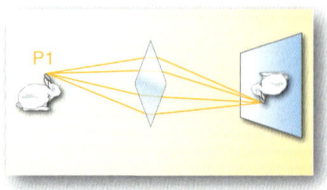

Eine effektive Bündelung des Lichts erreicht man mit einer Linse. Mit einer Konvexlinse ❹, auch auf Grund ihrer Eigenschaft als Sammellinse bezeichnet, werden viele Strahlen, die von einem einzelnen Punkt reflektiert werden, gesammelt und auf der Bildebene zu einem einzigen Punkt vereinigt. So entsteht ein scharfes, lichtstarkes Abbild des Gegenstandes. Aber wie kann eine Linse das Licht lenken?

❹ Konvexlinse

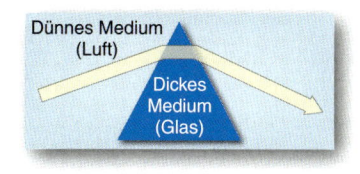

Trifft ein Lichtstrahl aus einem dünnen Medium (Luft) in einem schrägem Winkel auf ein dichtes Medium (Linse), so ändert sich die Fortbewegungsrichtung des Lichts. Verursacht wird dieser Effekt durch die vom Medium abhängige Fortbewegungsgeschwindigkeit. Tritt der Lichtstrahl wieder aus dem dichten Medium in das dünne Medium aus, so erfolgt auch an dieser Schnittstelle wieder eine Änderung der Fortbewegungsrichtung.

⇒ **Durch Strahlenbrechung regeln und lenken Linsen das Licht.**

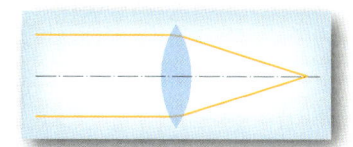

Eine Linse in der einfachsten Form ist die bikonvexe Sammellinse, die man von der Lupe her kennt. Linsen mit konvexer Form ❶ sammeln das Licht (Sammellinse) und Linsen mit konkaver Form ❷ zerstreuen das Licht. Für die Verwendung einer Linse als Objektiv würde zwar prinzipiell eine Sammellinse genügen, da sich aber nicht alle Lichtstrahlen gleich verhalten, treten Abbildungsfehler und Unschärfen auf. Diese Fehler werden korrigiert, indem man Linsen verschiedener Glassorten und Krümmung zu einem Objektiv aneinanderreiht.

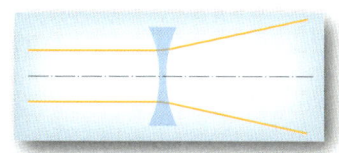

Die sechs wichtigsten Linsenformen sind:

1 Bikonvex
2 Plankonvex
3 Konkavkonvex
4 Bikonkav
5 Plankonkav
6 Konvexkonkav

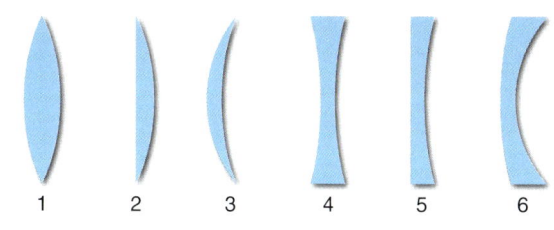

Da ein Objektiv nur auf eine Distanz scharf eingestellt werden kann, muss es über eine Fokussierung verfügen. Einer bestimmten *Objektweite* ❹ entspricht auch immer eine bestimmte *Bildweite* ❺. Liegt das Objekt „unendlich" weit entfernt, so gilt Bildweite = Brennweite ❻.

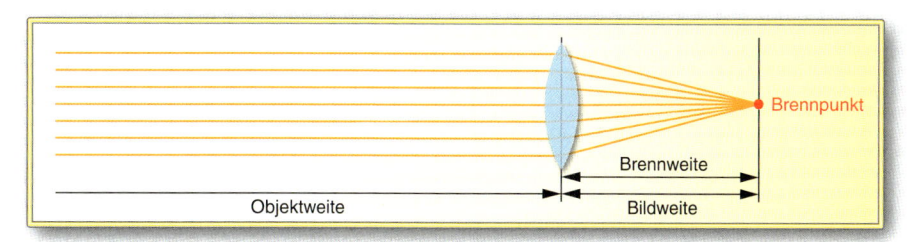

Die Bildweite wird größer, je näher das Objekt an das Objektiv heranrückt.

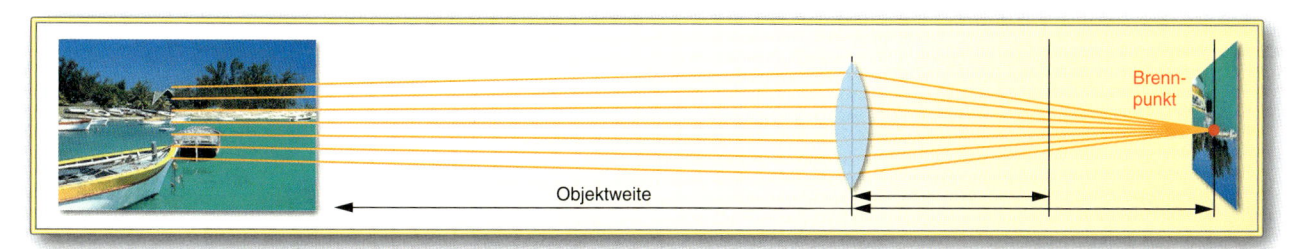

Dünnes Medium (Luft) / Dickes Medium (Glas)

❶ Sammellinse (positive Linse). Parallele Strahlen werden von einer konvexen Linse so abgelenkt, dass sie sich in einem Punkt sammeln.

❷ Zerstreuungslinse (negative Linse). Parallele Strahlen werden von einer konkaven Linse so abgelenkt, dass sie sich nicht in einem Punkt sammeln.

❹ Die Objektweite ist die Distanz vom abzubildenden Objekt zum Objektiv.

❺ Die Bildweite ist bei einem „unendlich" weit entfernten Objekt gleich der Brennweite.

❻ Die Brennweite bestimmt die Größe des Bildes auf dem Bildträger. Sie ist der Abstand zwischen der Hauptebene des Objektives (Linse) bis zum Brennpunkt auf dem Bildträger bei einem „unendlich" weit entfernten Objekt.

Lektion 6.1 Fotografie

Wird das Objekt im Verhältnis 1:1 aufgenommen, so ist Bildweite = Objektweite. Damit ist die das abgebildete Objekt auf dem Bildträger gleich dem realen Objekt (Abbildungsgröße 1:1).

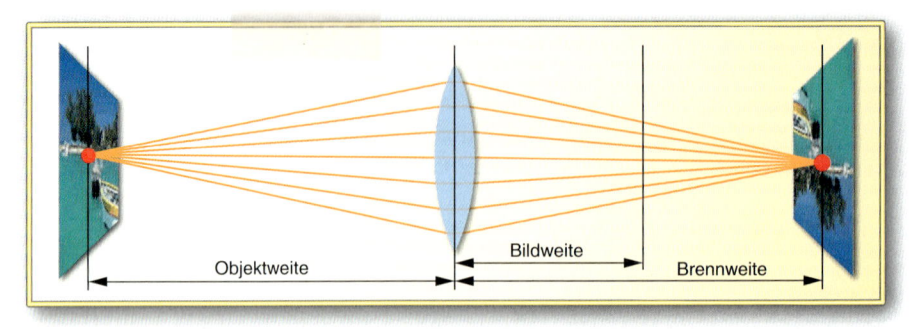

Mit **Weitwinkelobjektiven** können Objekte in einem großem Bildwinkel eingefangen werden. Die Abbildung enspricht jedoch einem kleinerem Maßstab.

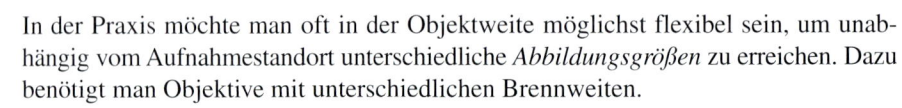

Ein **Normalobjektiv** verfügt über einen Bildwinkel von 45° und einer Brennweite von 50 mm bei einem Bildträgerformat von 24 x 36 mm. Es kommt dem menschlichen Augeneindruck am nächsten.

Mit dem **Teleobjektiv** können von einem entfernten Standort aus Objekte in größerer Abbildung eingefangen werden. Wegen der Verwacklungsgefahr möglichst kurze Belichtungszeit oder Stativ verwenden.

In der Praxis möchte man oft in der Objektweite möglichst flexibel sein, um unabhängig vom Aufnahmestandort unterschiedliche *Abbildungsgrößen* zu erreichen. Dazu benötigt man Objektive mit unterschiedlichen Brennweiten.

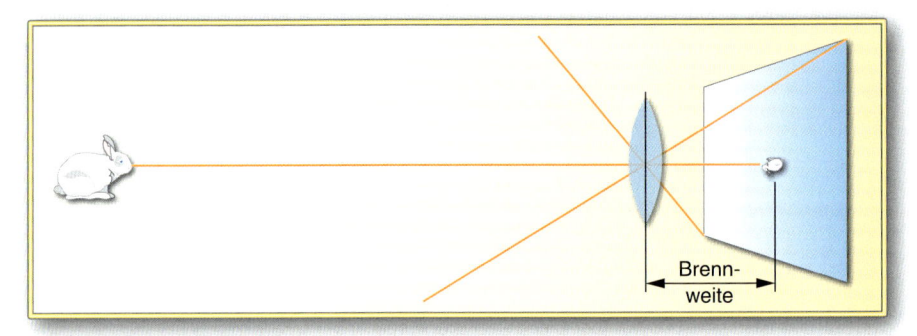

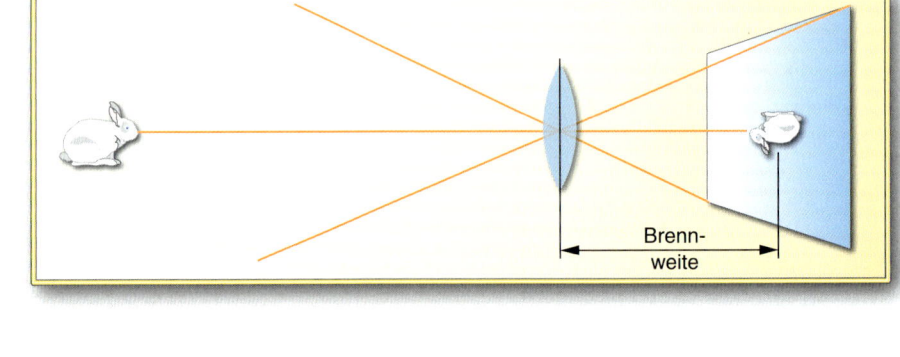

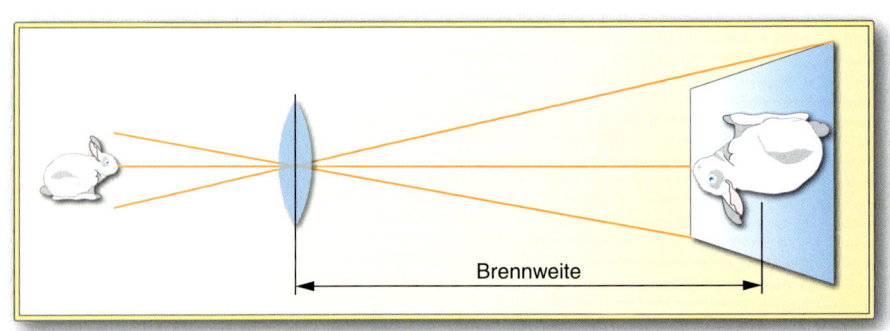

Objekte mit veränderlicher Brennweite, sogenannte *Vario-Objektive* oder Zoom-Objektive, bieten bei meist geringen Qualitätsverlusten dem Fotografen den Vorteil, von einem Standpunkt aus verschiedene Bildausschnitte und Abbildungsgrößen des Objektes wählen zu können.

Mit Makroobjektiven kann der Fotograf Aufnahmen im Nahbereich vornehmen. Dabei sind Abbildungsmaßstäbe bis 1:1 realisierbar.

❶ Unter *Schärfentiefe* versteht man den Entfernungsbereich, innerhalb dem die abgebildeten Objekte scharf erscheinen.

Teleobjektive und Makroobjektive verfügen bei offener Blende über eine sehr geringe *Schärfentiefe* ❶. Nur durch abblenden (Wahl einer kleineren Blendenöffnung) kann die Schärfentiefe vergrößert werden.

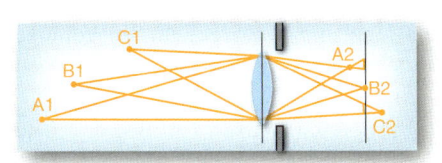

Geringe Schärfentiefe bei offener Blende. Punkt A und C werden sehr unscharf auf dem Bildträger abgebildet.

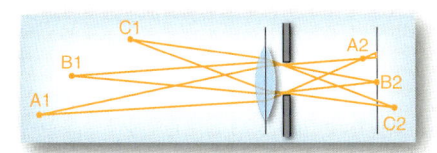

Größere Schärfentiefe bei kleiner Blendenöffnung. Punkt A und C werden nun schärfer auf dem Bildträger abgebildet.

❷ Beispiel:
Linsen ⌀ 35 mm
Brennweite 50 mm

Lichtstärke = 1 : 1,4

Ein weiteres Kriterium bei Objektiven ist die *Lichtstärke*. Sie ist ein Maß für die Lichtmenge, die auf den Bildträger gelangen kann. Man bezeichnet sie auch als „relative Öffnung". Sie wird als Verhältnis ❷ von Durchmesser der Frontlinse des Objektivs zu Brennweite des Objektivs angegeben.

Filter

Durch Verwenden eines Filters kann der Fotograf in die Wirkung der Aufnahmeoptik eingreifen. Dabei können Filter zur Korrektur verwendet werden oder zum Erzielen eines speziellen Trickeffektes.

❸ Die Farbtemperatur des Lichts beschreibt die spektrale Leistungsverteilung (Farbverteilung) einer Lichtquelle. Die Farbtemperatur wird in Kelvin (K) ausgedrückt. Um in der Fotografie farbechte Ergebnisse zu bekommen, muss die Filmemulsion an die Farbverteilung des Lichts angepasst werden. Farbemulsionen gibt es für Kunstlicht und Tageslicht.
Unter Kunstlicht versteht man künstliche Lichtquellen (Glühlampen, Scheinwerfer etc.), die eine Farbtemperatur von ca. 2000 K bis 5000 K aufweisen. Tageslicht bezeichnet vorwiegend natürliches Licht (Sonnenlicht) mit einer Farbtemperatur von etwa 6500 K.

Mit Hilfe von *Korrekturfiltern* können die Farbtemperatur ❸ der Lichtquelle mit der Sensibilisierung des Bildträgers in Übereinstimmung gebracht werden.

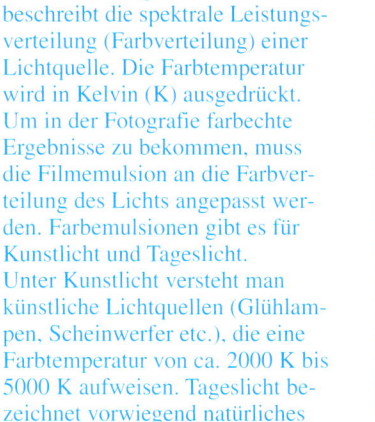

Beispiel: Aufnahme mit einem Tageslichtfilm bei Kunstlicht.

Beispiel: Aufnahme mit einem Tageslichtfilm bei Kunstlicht mit Korrekturfilter.

Kontrastfilter werden in der Schwarzweiß-Fotografie verwendet, um bewusst Kontraste zu erhöhen oder zu verändern. Dabei werden Farbkontraste in Hell-Dunkel-Kontraste umgesetzt.

Mit *UV-Filtern* werden ultraviolette Strahlen zurückgehalten. Eine hohe Konzentration von UV-Strahlen, wie sie oft im Hochgebirge anzutreffen sind, erzeugen eine Bildunschärfe auf dem Bildträger.

Spezialfilter, wie ein *Infrarotfilter*, lassen nur ein ganz spezifisches Lichtspektrum durch. Bei einem Infrarotfilter wird das sichtbare Licht (bis ca. 700nm) gesperrt. Wird als Bildträger ein Infrarotfilmmaterial verwendet, so kann der Fotograf zum Beispiel die faszinierende Stimmung einer Landschaft, gesehen mit Infrarot-Augen, aufnehmen.

Polarisationsfilter dienen zum Einen zur Kontraststeigerung in der Farbfotografie - zum Beispiel um die Wirkung des blauen Himmels bei Landschaftsaufnahmen zu verstärken - und zum Anderen, um Spiegelungen auf nichtmetallischen Oberflächen ganz oder teilweise zu beseitigen.

Beispiel: Landschaftsaufnahme ohne Pol-Filter   Beispiel: Landschaftsaufnahme mit Pol-Filter

Spezielle *Trickfilter* kommen in der Effektfotografie zum Einsatz. Dies können Weichzeichner, Sternfilter, Prismenfilter oder ähnliche Vorsätze sein.

Beispiel: Objektfoto ohne Trickfilter   Beispiel: Objektfoto mit Sternfilter

Zubehör

Zusätzlich zu unterschiedlichen Objektiven und Filtern kommen in der Fotografie Zusatzgeräte und spezielles Kamerazubehör zum Einsatz.

Ein zusätzlicher *Belichtungsmesser*, der außerhalb der Kameramesseinrichtung das richtige Verhältnis von Blendenöffnung zu Belichtungszeit ermittelt, kann zur Objektmessung oder Lichtmessung eingesetzt werden.

Augenmuscheln dienen als Anlagefläche für das Auge des Fotografen und halten beim Blick durch das Okular das störende Fremdlicht fern.

❶ Beispiel bei Verwendung einer falschen Gegenlichtblende. Die Bildränder werden abgeschnitten.

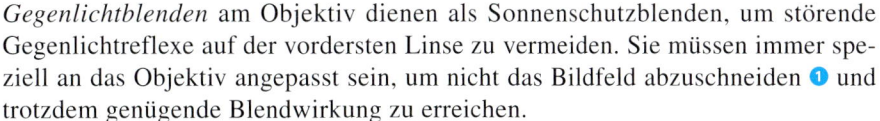

Gegenlichtblenden am Objektiv dienen als Sonnenschutzblenden, um störende Gegenlichtreflexe auf der vordersten Linse zu vermeiden. Sie müssen immer speziell an das Objektiv angepasst sein, um nicht das Bildfeld abzuschneiden ❶ und trotzdem genügende Blendwirkung zu erreichen.

Mit einem *Stativ* kann der Fotograf trotz langer Belichtungszeiten, zum Beispiel bei Teleobjektiven, verwacklungsfreie Aufnahmen realisieren.

Für Langzeitbelichtungen auf einem Stativ, muss die Belichtung der Kamera erschütterungsfrei ausgelöst werden. Dies kann entweder mit einem eingebautem *Selbstauslöser* oder externen Auslöser in Form eines *Drahtauslösers*, bzw. eines elektrischen Auslösers erfolgen.

Bei ungenügenden Lichtverhältnissen kommt das *Blitzgerät* zum Einsatz. Tragbare Blitzgeräte gehören zum unentbehrlichen Handwerkszeug eines Fotografen – nicht nur als Lichtergänzung, sondern auch zur Beleuchtung schattiger Motive oder als Hintergrundbeleuchtung. Die einfachsten Blitzgeräte ❷ erzeugen einen Blitz unveränderlicher Intensität, zu dem die Blendeneinstellung entsprechend der Filmempfindlichkeit und Motiventfernung berechnet werden muss. Bei Computer-Blitzgeräten ❸ misst das interne Messsystem des Blitzgerätes durch einen eingebauten Sensor die erforderliche Blitzleuchtdauer und regelt dann den Blitz. Eine noch etwas elegantere Methode ist die TTL-Belichtungsmessung (TTL = Through The Lens) ❹. Dabei wird die Blitzdauer über den kameraeigenen Belichtungsmesser gesteuert.

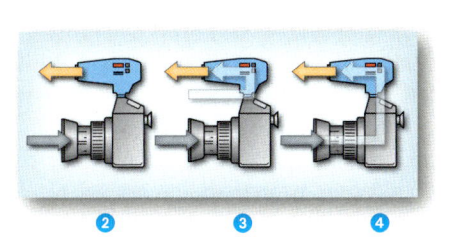

❸ Computer-Blitzgerät

Kameras, die keinen integrierten motorischen Filmtransport besitzen, können durch einen zusätzlichen Motor erweitert werden. Der *Motor* ❺ sorgt für den automatischen Filmtransport und für die Verschlussspannung.

Bei Kamerasystemen mit Mattscheiben können, je nach Typ, die *Einstellscheiben* ausgewechselt werden. Spezielle Einstellscheiben für spezifische Anwendungen, wie der Architekturfotografie, der Mikro- und Makrofotografie, verfügen über besondere Einstellhilfen für die Fokussierung und für die Auswahl des Bildausschnittes.

❺ Kamera mit externem Motor.

Speziell für die Mikro- und Makrofotografie kommen *Balgengeräte* und/oder *Zwischenringe* zum Einsatz, die es dem Fotografen erlauben, die Bildweite zu verlängern und damit die für die Nahfotografie notwendigen Abbildungsmaßstäbe zu erreichen.

6.1.2 Analoge Fotografie

Unter analoger Fotografie versteht man das Fotografieren mit Filmmaterial. Dabei muss das Filmmaterial nach der Belichtung mit Hilfe von chemischen Prozessen entwickelt werden.

Kameras

Kameras für die analoge Fotografie können generell in Kleinbildkameras, Mittelformatkameras, Großformatkameras und Spezialkameras eingeteilt werden.

❶ Beispiel einer Kleinbild-Spiegelreflexkamera

❷ Beispiel einer Kleinbild-Sucherkamera

Die *Kleinbildkameras* arbeiten mit einem Bildfeld von 24 x 36mm. Sie sind die verbreitetsten Kameras der Welt und werden vom Hobby-Fotografen wie vom professionellen Fotografen eingesetzt. Das verwendete 35mm Kleinbildformat liefert Farbdias für anspruchsvolle Projektionen und Negative, die Vergrößerungen im begrenzten Umfang zulassen. Kleinbildkameras als Spiegelreflexkameras ❶ überzeugen als Systemkameras durch ihre Flexibilität und dem großem Systemzubehör. Kleinbildkameras als Sucherkameras ❷ eignen sich durch ihre Kompaktheit besonders für den mobilen Einsatz, zum Beispiel für Schnappschussaufnahmen.

Mittelformatkameras sind üblicherweise für Rollfilme im Format 6 x 4,5 cm, 6 x 6 cm oder 6 x 9 cm ausgelegt. Durch das größere Filmformat sind Vergrößerungen bis zum Posterformat und Detailausschnitte problemlos machbar. Sie sind als einäugige Spiegelreflexkameras ❸ und als zweiäugige Sucherkameras ❹ verbreitet. Mittelformatkameras finden ihre Verwendung in der professionellen Fotografie, zum Beispiel für Produkt- und Modeaufnahmen. Auf Grund der Vorteile des SLR-Prinzips kommen heute nur noch Spiegelreflexkameras zum Einsatz. Das Standardobjektiv einer Mittelformatkamera hat eine Brennweite von etwa 80 mm, was einem 50 mm-Objektiv in einer Kleinbildkamera entspricht.

❹ Beispiel einer zweiäugigen Mittelformatkamera. Sie verfügt über ein Aufnahmeobjektiv und einem Sucherobjektiv.

❸ Beispiel einer Mittelformat-Spiegelreflexkamera

Spezialkamera stellt gleichzeitig vier Passbildern her.

Bei *Großformatkameras* ❶ sind die Formate 9 x 12cm, 13 x 18cm und 18 x 24cm am weitesten verbreitet. Großformatkameras zeichnen sich durch die komplette Verstellbarkeit der optischen Achse von Objektiv zur Filmebene aus. Das kann nur mit unabhängigen Halterungen für Objektiv und Film erreicht werden, die beide über einen lichtundurchlässigen Balgen miteinander verbunden sind. Auf Grund der Komplexität in der Handhabung, aber auch auf Grund der Möglichkeiten in der Bildbeeinflussung, eignen sich Großformatkameras besonders als Studiokameras oder für Landschaftsaufnahmen, wenn hohe Bildauflösungen gebraucht werden. Diese Ergebnisse lassen sich mit guter Qualität zum Plakat und Poster vergrößern.

❶ Beispiel einer Großformatkamera

Besondere Anwendungen erfordern zusätzlich Spezialkameras, wie zum Beispiel Sofortbildkameras, Kleinstbildkameras, Hochgeschwindigkeitskameras, Panorama- oder Stereokameras.

Sofortbildkameras ❷ nach dem Polaroidverfahren erlauben dem Fotografen, das Ergebnis seiner Fotografie nach wenigen Minuten zu betrachten. Dieser zeitliche Vorteil führte zur Entwicklung von einfachen Sofortbildkameras für die Schnappschuss-Fotografie oder für dokumentarische Anwendungen. Auch als Kamerarückteil für viele Groß- und Mittelformatkameras bringt das Polaroidverfahren große Vorteile. Es erlaubt eine sofortige „Probe" der Beleuchtung und der Bildeinstellung.

❷ Beispiel einer einfachen Sofortbildkamera

Kleinstbildkameras, wie die berühmte Minox, mit speziell kleinen Filmformaten, finden auch in der Schnappschuss- oder dokumentarischen Fotografie ihren Einsatz.

❸ Panoramakameras basieren auf einem Schwenkmechanismus, bei dem das Objektiv über das Bildfeld geschwenkt wird, während synchron dazu der Film langsam vortransportiert wird.

Zum fotografischen Festhalten und Analysieren von schnell bewegten Objekten werden spezielle *Hochgeschwindigkeitskameras* eingesetzt. Sie zeichnen sich durch besonders kurze Verschlusszeiten und filmkameraähnlichen Mechanismen für den Filmtransport aus.

In der Landschaftsfotografie können spezielle *Panorama- und Weitwinkelkameras* ❸ eingesetzt werden, wenn es um Aufnahmen mit möglichst großem Bildwinkel geht und wenn möglichst keine optischen Verzerrungen vorkommen sollen.

Auch zum Herstellen von Stereobildern sind Spezialkameras notwendig. Mit speziellen *Stereokameras* wird durch das gleichzeitige Belichten von zwei durch den Augenabstand getrennten Objektiven ein Stereobild erreicht.

❶ Filmemulsionen können für Tages- oder Kunstlicht sensibilisiert sein. Tageslichtfilme sind auf eine Farbtemperatur von 5500 Grad Kelvin geeicht, Kunstlichtfilme auf 3200 Grad Kelvin.

Filmmaterial

In der analogen Fotografie unterscheidet man grundsätzlich zwischen Schwarzweiß- und Farb- Filmmaterial und zwischen positiven und negativen Filmmaterialien. Die Filmmaterialien gibt es mit Filmemulsionen ❶ für verschiedene Farbtemperaturen.

Farbumkehrfilme sind positive Filmmaterialien. Nach dem Entwicklungsprozess erhält man sogenannte Farbdiapositive. Diese Farbdias können dann unmittelbar betrachtet ❷ und mit einem Diaprojektor ❸ auf eine große Leinwand projiziert werden.

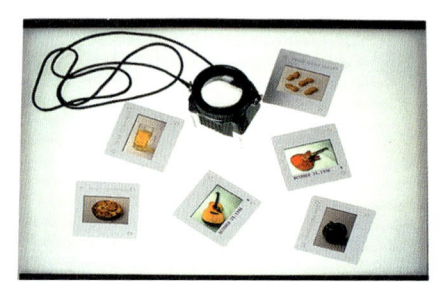

❷ Leuchtpult zum Betrachten, Auswählen und Sortieren von Dias.

❸ Der Diaprojektor projiziert Dias auf eine große Leinwand.

Bei Farbdias werden die subtraktiven Farben, die das endgültige Bild bestimmen, während des Vergrößerungsprozesses selbst gebildet, so dass es hier keine Gelegenheit zu Bildgestaltung gibt. Diapositive haben ihre Stärken beim Kopieren, für Projektionen und als Druckvorlage.

Farbnegativfilme ergeben bei der Entwicklung ein Negativbild des Motivs in Komplementärfarben, von dem dann Positive (Papierbilder) hergestellt werden können. Beim Herstellen im Vergrößerer bietet dieser Prozess die Gelegenheit zur Korrektur von Unter- und Überbelichtungen und zur Farbabstimmung, also eine letzte Möglichkeit der direkten Bildgestaltung. Die Negative werden üblicherweise als Filmstreifen in transparenten Filmtaschen ❹ aufbewahrt.

❹ Transparente Filmtaschen für die Archivierung von Negativen.

Filmmaterialien gibt es mit unterschiedlichen Filmempfindlichkeiten. Angegeben wird die Filmempfindlichkeit in DIN (Deutsches Institut für Normung e. V.)- oder ASA (American Standard Association)- Werten.

Vergleichstabelle:

DIN	10	11	12	13	14	15	16	17	18	19	20	21	22
ASA	8	10	12	16	20	25	32	40	50	64	80	100	125

DIN	23	24	25	26	27	28	29	30	31	32	33	34	35
ASA	160	200	250	320	400	500	650	800	1000	1250	1600	2000	2500

Entwicklung und Verarbeitung

Das Entstehen eines Bildes beruht auf chemischen Prozessen. Der prinzipielle chemische Entwicklungsprozess ist bei der Film- und Papierentwicklung gleich.

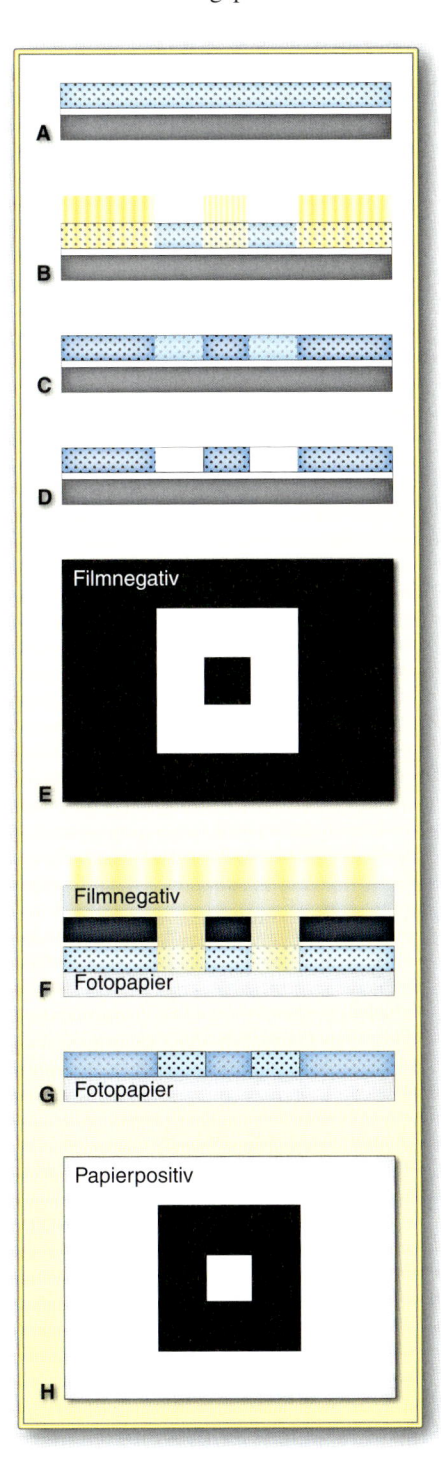

Ein Film (A) besteht aus einem Trägermaterial, auf dem die Filmemulsion aufgebracht ist. Die Emulsion besteht aus lichtempfindlichen Kristallen, sogenannten Silberhalogenidsalzen.

Während der Belichtung (B) fällt Licht auf die Emulsion, die Silberhalogenidsalze zersetzen sich, und reines, metallisches Silber lagert sich in der Schicht ab.

Diese Silberpartikel dienen als Entwicklungskeime für den anschließenden Entwicklungsprozess (C), bei dem mit Hilfe von Chemikalien die Silberhalogenide zu reinem Silber reduziert werden. Dabei schwärzen sich die belichteten Stellen schneller als die unbelichteten. Der Entwicklungsprozess wird mit Hilfe eines Stoppbades abgeschlossen, sonst würden sich allmählich alle Stellen verschwärzen.

Im Fixierungsprozess (D) werden durch Chemikalien alle restlichen Silberhalogenide aus der Schicht entfernt und der Film haltbar gemacht.

Eine anschließende Wässerung entfernt die verschiedenen Chemikalienlösungen aus dem fotografischen Material. Nach dem Trocknungsprozess kann das fertige Filmnegativ ❶ (E) verwendet werden.

Zur Herstellung eines positiven Papierbildes wird mit Hilfe eines Vergrößerungsapparates oder eines Kontaktkopierers das Filmnegativ auf Fotopapier belichtet (F). Anschließend wird das Fotopapier entwickelt (G), fixiert, gewässert und getrocknet, damit man ein haltbares Papierpositiv ❷ (H) erhält.

❶ Beispiel eines Filmnegativs

❷ Beispiel eines Papierpositivs

6.1.3 Digitale Fotografie

Wird zur Weiterverarbeitung der Fotografie das Bild in digitaler Form benötigt, so bietet es sich an, gleich die Aufnahme schon digital herzustellen. Dadurch wird der Prozess der Digitalisierung nicht notwendig, der meist Verluste mit sich bringen kann. Im Gegensatz zur analogen Fotografie, bei der auf Filmmaterial aufgezeichnet wird, benutzt die digitale Fotografie zur Aufzeichnung ein elektronisches Medium. Dieses Medium besteht aus einem *CCD-Chip* (Charge Coupled Device). Bei Lichteinfall laden sich die Pixel auf dem Chip elektronisch auf. Diese Ladungen werden mit Hilfe eines Mikroprozessors und einer speziellen Software ausgewertet, umgerechnet und an ein in der Kamera befindliches Speichermedium weitergegeben.

Kameras

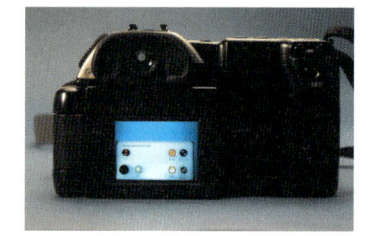

Wie bei den analogen Kameras gibt es innerhalb der digitalen Fotografie Sucherkameras und Spiegelreflexkameras. Da digitale Kameras preislich noch höher angesiedelt sind als analoge Kameras, überwiegen momentan noch die Sucherkameras auf dem Markt. Sie sind in größeren Stückzahlen für den potentiellen Massenmarkt gedacht. Spiegelreflexkameras gibt es mit fest eingebautem Zoomobjektiv und mit Wechselobjektiven. Letztere stellen für den professionellen Fotografen das flexibelste digitale Aufnahmewerkzeug dar.

❶ LCD-Displays zeigen bei Sucher-kameras immer das effektive Bild. Über das LCD-Display können die Aufnahmen nachträglich betrachtet werden.

❷ Bedienelemente einer Digitalkamera.

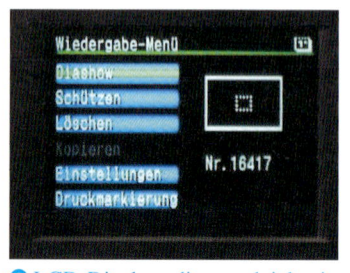

❸ LCD-Displays dienen gleichzeitig zur Steuerung der Bildverwaltung.

Beispiele von Digitalkameras

Digitale Kameras zeichnen sich vorwiegend durch ihre Auflösung aus. Je höher die maximale Bildauflösung der Kamera ist, um so besser lassen sich deren Aufnahmen weiterverarbeiten.

Digitalkameras verfügen teils über optische Sucher und teils zusätzlich über LCD-Displays ❶. Die Funktionen der Digitalkameras können über normale Bedienelemente ❷, wie Tasten, Rändelräder etc. auf der Kamera und über ein Menü ❸ auf dem LCD-Display gesteuert werden. Umfangreiche Funktionen für das nachträgliche Betrachten der Aufnahmen, das Löschen einzelner Bilder bis hin zu Diashow-Funktionen, werden über das integrierte Menü auf dem LCD-Display aufgerufen.

Beispiel einer Digitalkamera mit Zoomobjektiv und synchron gezoomtem Sucher-Okular

Kapitel 6 Bild   Lektion 6.1 Fotografie

❶ *PCMCIA* = Personal Computer Memory Card International Association. Standard für scheckkartengroße Einsteckkarten für portable Computer. Nicht nur als Speicherkarte, sondern auch als Modem, Netzwerkkarte, Mobilfunkkarte usw. werden PCMCIA-Karten hergestellt.

Speichermedien

Für den Fotografen kommen nur Kameras mit wechselbaren Speichermedien für den praktischen Einsatz in Frage. In der Praxis sind die folgenden Kamera-Speichermedien erhältlich:

- PC-Card oder PCMCIA-Card,
- CompactFlash-Card,
- SmartMedia Disk,
- Memory Stick.

Teils sind auch Kameramodelle mit 3,5 Zoll-Disketten im Handel erhältlich. Auf Grund der geringen Speicherkapazität und den großen Abmessungen der Diskette ist dieses System praxisuntauglich.

PC-Cards oder *PCMCIA-Cards* zeichnen sich durch hohe Speicherkapazität aus. Auf Grund des PCMCIA-Standards ❶ können Notebooks diese Karten direkt lesen und PCs über Lesegeräte ❹ auf dieses Speichermedium direkt zugreifen.

CompactFlash-Cards ❷ oder auch *Picture Cards* genannt, bieten ebenfalls eine hohe Speicherkapazität. Sie sind in der Bauform kleiner und konnten sich entsprechend verbreiten. Mit speziellen Lesegeräten werden die Daten zum PC transferiert. Mittels PCMCIA-Adaptern ❸ können sie auf die Baugröße von PCMCIA-Karten gebracht werden und sind deshalb universell verwendbar.

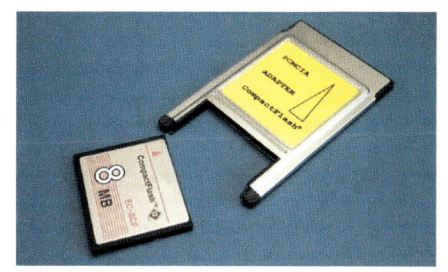

❷ CompactFlash-Card

❸ PCMCIA-Adapter für Compact-Flash-Cards

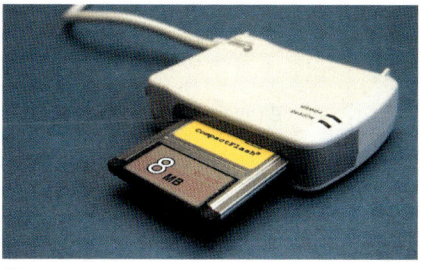

❹ Lesegerät für PCMCIA-Karten

❺ SmartMedia Disk

Die *SmartMedia Disks* ❺ sind sehr leichte Speicherkarten, die noch in unterschiedlichen, untereinander nicht kompatiblen Bauweisen auf dem Markt sind. Die SmartMedia Disks können ebenfalls über einen PCMCIA-Adapter an einen PCMCIA-Slot des Computers angeschlossen werden. Alternativ gibt es sogenannte FlashPath-Adapter, die genau die Form einer 3,5-Zoll Diskette aufweisen. Mit diesen Adaptern können die Daten über ein herkömmliches 3,5-Zoll Diskettenlaufwerk in den Computer geladen werden.

Die *Memory Sticks* ❻ sind ein momentan nur für SONY-Kameras erhältliches Speichersystem. Auch für die Memory Sticks gibt es für die Datenübertragung spezielle PCMCIA-Adapter.

❻ Memory-Stick

Bildtransfer

Damit die aufgenommenen Bilder auf dem Speichermedium zur Weiterverarbeitung in den Computer übertragen werden können, bedarf es einer Datenübertragung ❶. Die meisten Kameras verfügen über ein serielles Datenübertragungskabel. Die serielle Datenübertragung ❷ ist jedoch langsam und erfordert immer einen expliziten Datentransfer, der sehr zeitintensiv sein kann.

❶ Zur Datenübertragung gibt es verschiedene Verfahren, die unterschiedliche Daten-Geschwindigkeiten erreichen:

• Serielle Datenübertragung
Die einfache Datenübertragung über den COM-Port lässt bis zu 115 kBit/s zu.

• Parallele Datenübertragung
Die Datenübertragung über den Druckerport (LPT) erreicht bis zu max. 2 MBit/s.

• Datenübertragung über USB
Mit der modernen "Universal Seriell Bus"-Schnittstelle können bis zu 12 MBit/s erreicht werden.

• Datenübertragung über SCSI
Mit dem "Small Computer System Interface" erreicht man Datenübertragungsraten von 40 bis 160 MBit/s.

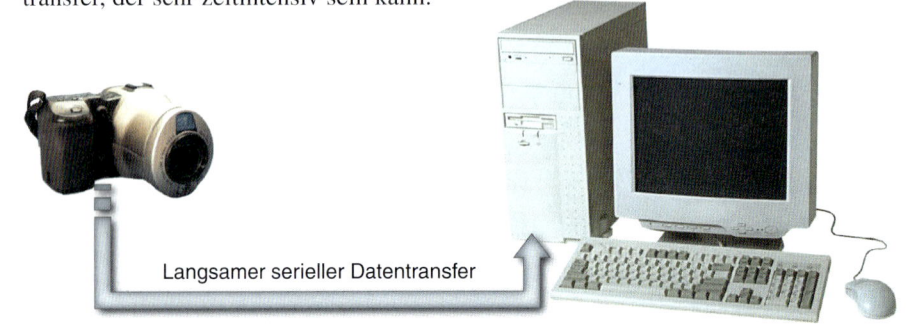

❷ Bildtransfer über ein serielles Datenübertragungskabel.

Ein interaktiver Zugriff auf das Speichermedium, bei dem direkt der Inhalt betrachtet werden kann, ohne schon ein Datentransfer vornehmen zu müssen, ist nur über spezielle Adapter und Lesegeräte für das Speichermedium möglich.

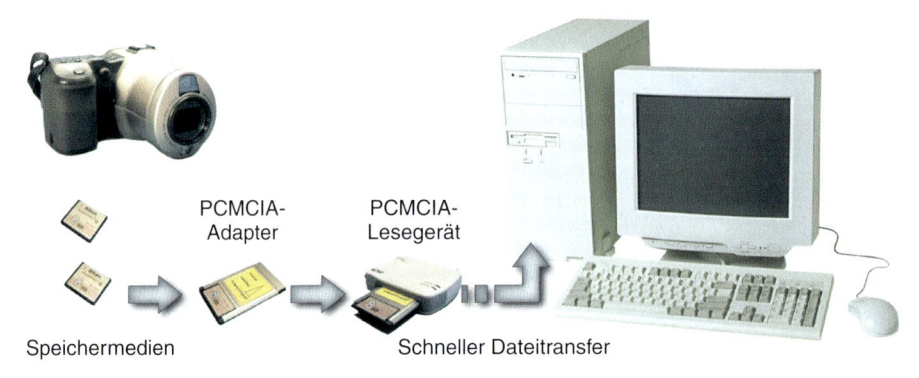

❸ Bildtransfer über spezielles Lesegerät für das Speichermedium.

Diese speziellen Adapter, meist PCMCIA-Adapter, gibt es für die verschiedensten Speichermedien. Über ein Lesegerät ❹ können sie vom Computer gelesen werden. Angeschlossen werden sie als SCSI-Gerät, über USB oder direkt an den Parallelport (Druckerschnittstelle). Das eingesteckte Speichermedium erscheint dann im Computer wie eine eigene Festplatte, auf der Daten gelesen und geschrieben werden können ❸.

❹ Lesegerät für PCMCIA-Karten in Parallelport-Ausführung.

Drucken

Für digitale Medien, wie Multimedia, Internet, E-Mail etc., kann das digitale Bild direkt weiterverwendet werden. Möchte man das Bild jedoch in den Händen halten können, ist hier ein Mediensprung notwendig – das Bild muss auf Papier ausgedruckt werden. Um Farbausdrucke zu realisieren, haben sich vier verschiedene Druckmethoden durchgesetzt. Neben den preiswerten Tintenstrahldruckern gibt es Farblaser, Thermotransferdrucker und Thermosublimationsdrucker.

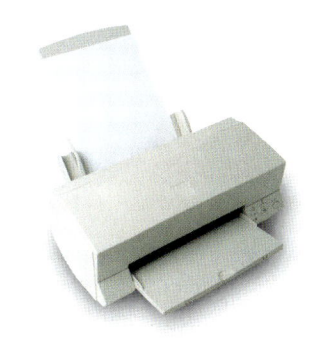

❶ Tintenstrahldrucker

❷ Farblaserdrucker

❸ Thermosublimationsdrucker

❹ Digitalfotoprinter

Tintenstrahldrucker ❶ gehören heute zu den am häufigsten verwendeten Systemen. Das Dot-Matrix-Prinzip des Nadeldruckers ist hierbei extrem perfektioniert worden. Statt Nadeln spritzen kleine Düsen Tintentröpfchen auf das Papier. Heutige Tintenstrahldrucker verfügen über eine große Anzahl von sehr eng gruppierten Düsen. Auflösungen von 1000 dpi (Dots per Inch) sind keine Seltenheit. Ebenso ist Farbdruck in photoähnlicher Qualität möglich. Die Farben werden hierbei meist aus den drei Grundfarben Cyan (hellblau), Magenta (helles violett) und Yellow (gelb) zusammen gemischt, indem sie übereinander gedruckt werden. Der Druck ist sehr leise und von sehr hoher Qualität.

Farblaserdrucker ❷ sind sehr aufwendige Druckgeräte und gegenüber Tintenstrahl-Druckern sehr viel teurere Anlagen. Ein Laserdrucker sammelt die gesamten Daten einer Druckseite in seinem Arbeitsspeicher (RAM), dann projiziert er mittels eines Lasers das Bild auf eine umlaufende Trommel aus Selen oder Silizium. Die Trommel wird hierbei elektrisch aufgeladen. Diese aufgeladene Trommel (Belichtereinheit) bewegt sich an einem Tonerspender vorbei und zieht an den elektrisch aufgeladenen Stellen diesen an und bringt ihn im weiteren Verlauf auf das Druckpapier. Dieser Vorgang wird für die drei Grundfarben durchlaufen. Danach läuft das Druckpapier über eine Heizwalze (Fixiereinheit), wo der Toner fest auf das Papier gebrannt wird. Diese Drucktechnik zeichnet sich durch höchste Qualität aus, ist jedoch mit höherem Aufwand für die Gerätewartung und auch Umweltproblemen verbunden. Toner als solcher ist giftig, sollte man ihn einatmen. Ältere Laserdrucker erzeugen hohe Mengen von Ozon, welches ein Nervengift ist. Bei heutigen Geräten wird diese Emission meist gut gefiltert und ist deshalb unbedenklich.

Thermotransferdrucker sind Farbdrucker, welche das Druckbild aus den Grundfarben Cyan, Magenta und Gelb zusammenstellen. Jede Farbe liegt in Form einer Folie vor. Soll eine Farbe gedruckt werden, wird diese mittels Wärme auf das darunter liegende Papier übertragen. Diese einfach erscheinende Technik bietet eine sehr gute Farbwiedergabe (satte, kontrastreiche Farben), ist leise und die gedruckten Werke sind von sehr guter Haltbarkeit. Der Nachteil: Teure Druckfolien heben den Preis pro Seite erheblich. Da bei vielen Systemen pro gedruckte Seite jeweils eine Farbfolie pro Farbe verbraucht wird, sind Probe- und Fehldrucke sehr teuer.

Thermosublimationsdrucker ❸ bieten höchstmögliche Farbqualität. Bei dem aufwändigen Druckprozess werden aus einer Trägerfolie Farbpartikel verdampft, die dann als Gas in das Druckpapier eindringen. Es entsteht ein Farbbild mit einer rasterlosen Farbschicht mit kontinuierlicher Intensität. Da die Farben beim Thermosublimationsdruck nicht gerastert werden, sondern in das Spezialpapier eindringen, bleiben – trotz der teils geringen Detailauflösung – keine störenden Strukturen zurück. Mit speziellen *Digitalfotoprintern* ❹ , die auf Basis des Thermosublimationsverfahrens arbeiten, kann ohne den Umweg über den Computer direkt von CompactFlash-Karten oder PCMCIA-Karten der Fotoabzug ausgedruckt werden. Als Standardausgabe ist das Postkartenformat 10 x 14 cm und das Format 10 x 24,5 cm möglich. Darüber hinaus können Indexbilder mit bis zu 25 Verkleinerungen auf einem Einzelabzug untergebracht werden.

6.2 Gestalten von Bildern

6.2.1 Funktion des Standbildes

Die Dokumentarische Beschreibung

Soll ein Gegenstand bildlich so beschrieben werden, dass der Betrachter eine klare Vorstellung von ihm bekommt, dann spricht man von einer dokumentarischen Beschreibung. Dabei können Bildelemente, wie Fotos, Grafiken oder Illustrationen, verwendet werden. Ziel ist dabei immer, den Gegenstand möglichst klar zu beschreiben.

Die Situationsbeschreibung

Steht nicht nur ein Gegenstand im Vordergrund, sondern eine bestimmte Situation von Gegenständen und deren Konstellationen, spricht man von einer *Situationsbeschreibung*. Ist dem Betrachter diese Situation aus dem Alltag bekannt, so erreicht das Bild eine bestimmte emotionale Wirkung. Ob und wie stark diese Wirkung erzielt wird, hängt von den persönlichen Erfahrungen des Betrachters ab.

Die Funktionsbeschreibung

Soll der Ablauf eines Vorganges beschrieben werden, damit der Betrachter die funktionalen Zusammenhänge des Prozesses versteht, spricht man von einer *Funktionsbeschreibung*. Dabei können auch sehr abstrakte Zusammenhänge visualisiert werden.

Da das Standbild in diesem Verwendungsbereich sehr rasch an die Grenze der Visualisierungsfähigkeit stößt, setzt man das Standbild gern im Verbund mit anderen Medien, wie Ton, Animationen und Video, ein.

Für jede Anwendung und für jede Zielgruppe muss die Bildsprache entsprechend angepasst werden. Bilder zur Unterhaltung verfügen über eine andere Bildsprache als Bilder zum Lernen, Dokumentieren oder Werben.

Kinder reagieren auf bildliche Beschreibungen anders als Erwachsene, Fachleute erkennen die Bildinhalte anders als Laien. Der Anspruch für den Gestalter ist hoch, wenn er sichergehen möchte, dass er mit seinem Bild die gewünschte Reaktion beim Betrachter erreicht. Eine Zielgruppenanalyse und ein gutes Einfühlvermögen sind dabei wichtige Voraussetzungen für eine wirkungsorientierte Gestaltung.

Welche *Gestaltungsformen* sollte der Gestalter für seinen Bildaufbau beachten?

Dazu gehören die *Einstellung*, die *Perspektive*, die *Raumtiefe*, die *Farbgestaltung*, die Gestaltung von *Strukturen*, das Gestalten mit *Licht* und das Gestalten mit *Schärfe und Unschärfe*.

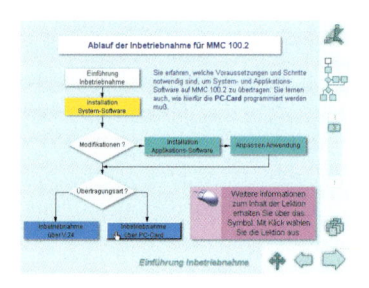

6.2.2 Einstellungen

Die Einstellung, beschrieben durch die *Einstellgröße*, ist die klassische Einheit für die Bildgestaltung. Sie definiert die Distanz zum abzubildenden Objekt. In der Fotografie, wie auch in der Filmkameratechnik, werden die möglichen Bildausschnitte in acht Einstellgrößen unterteilt, die von der Größe des menschlichen Körpers abgeleitet sind.

Einstellung: Detail

Die Detaileinstellung ❶ ist die extreme Großeinstellung. Sie zeigt z.B. nur Körperteile, wie Hände, Augen, Mund etc. Objekte, so im Detail dargestellt, wirken offen und enthüllend und deshalb äußerst emotional in ihrer Bildwirkung.

Einstellung: Groß

Die Großaufnahme ❷ zeigt einen kleinen Ausschnitt des Ganzen. Dieser Bildausschnitt verdichtet auf Einzelheiten des Objektes, die sonst nicht stark wahrgenommen werden würden. Bei der Darstellung von Personen zeigt die Großaufnahme beispielsweise bildfüllend den Kopf.

Einstellung: Nah

Die Naheinstellung ❸ zeigt bei Personen etwa ein Drittel seiner Körpergröße. Diese Einstellung ist stark subjektiv und wählt bewusst einen Teil des Objektes aus. Auch diese Einstellung hat noch emotionalen Charakter in der Bildwirkung.

Einstellung: Amerikanisch

Die amerikanische Einstellung ❹, bekannt aus amerikanischen Western-Filme zeigt Personen im Mittelpunkt vom Scheitel bis zum Knie. Das besondere Augenmerk ist dabei die mögliche Darstellung eines Revolvers als Machtmittel. Sie liegt etwa zwischen den Einstellgrößen Nah und Halbnah.

❶ Detail
❷ Groß
❸ Nah
❹ Amerikanisch

Einstellung: Nah
Distanz ca. 60 cm*

Einstellung: Groß
Distanz ca. 50 cm*

Einstellung: Detail
Distanz ca. 30 cm*

Einstellung: Amerikanisch
Distanz ca. 120 cm*

* Distanz zwischen Objekt und Kamera, bei einer Kleinbildkamera mit einem Objektiv von 50 mm Brennweite.

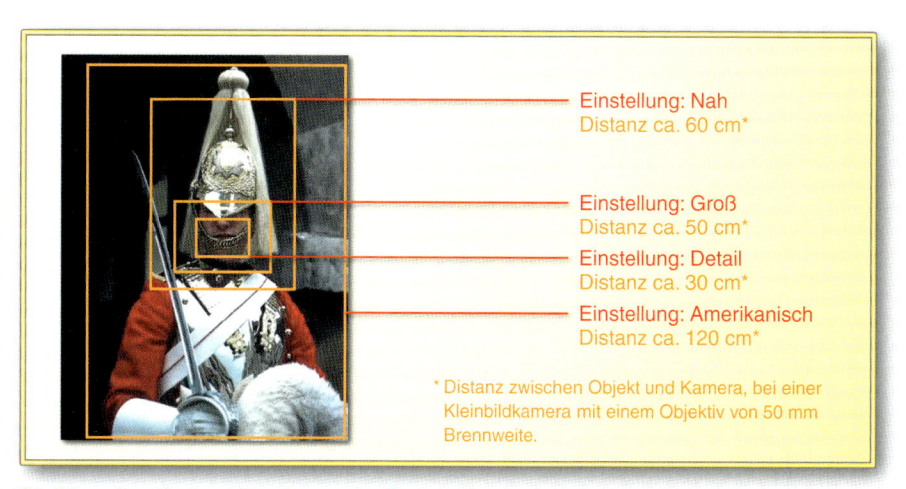

Die Einstellgröße ist abhängig von der Brennweite des verwendeten Objektivs und des Bildaufnahmeformats.

Lektion 6.2 Gestalten von Bildern   Kapitel 6 Bild

Einstellung: Halbnah

Bei der Einstellgröße Halbnah ❶ handelt es sich um einen Teilausschnitt, bei dem noch die unmittelbare Umgebung zu erkennen ist. Bei Personen oder Personengruppen sind dabei etwa zweidrittel ihrer Körpergröße zu erkennen. Diese Betrachtungsweise lässt schon eine objektivere Bildwirkung zu.

Einstellung: Halbtotale

Bei der Halbtotalen ❷ sind die Objekte ganz zu erkennen und füllen den Bildausschnitt aus. Dabei ist das Blickfeld noch etwas eingeschränkt und lässt nicht so viel von der Umgebung erkennen. Die Bildwirkung ist vorwiegend objektiv und weniger emotional.

Einstellung: Totale

Die Totale ❸ erlaubt einen Überblick über das gesamte Geschehen. Diese Einstellung übernimmt die Funktion des distanzierten Beobachters mit objektiver Bildwirkung. Da die Totale eine Fülle von Einzelobjekten enthalten kann, benötigt der Betrachter mehr Zeit um einen klaren Eindruck des Bildausschnittes zu bekommen.

Einstellung: Weite

Die Einstellung „Weite" ❹ bietet gegenüber der Totalen einen noch größeren Raum, bei dem mögliche Personen eine völlig untergeordnete Rolle als Detail darstellen. Diese Einstellgröße vermittelt „Weite" und wird daher gern bei Landschaftsdarstellungen verwendet.

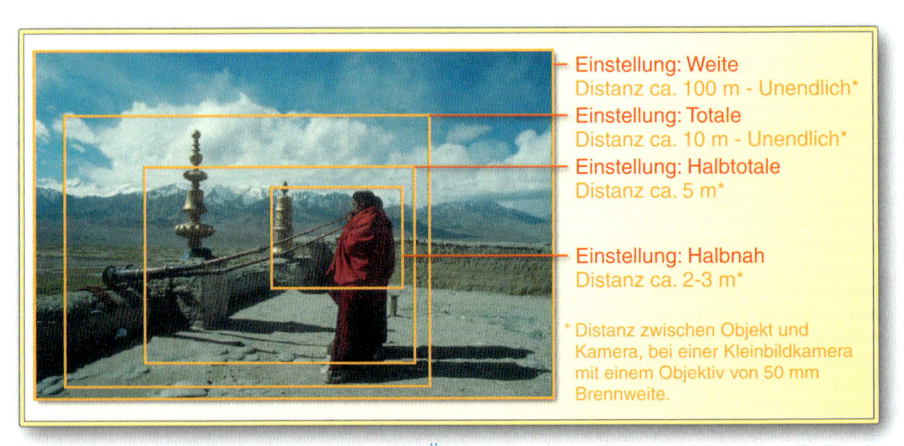

❶ Halbnah
❷ Halbtotale
❸ Totale
❹ Weite

Einstellung: Weite
Distanz ca. 100 m - Unendlich*
Einstellung: Totale
Distanz ca. 10 m - Unendlich*
Einstellung: Halbtotale
Distanz ca. 5 m*
Einstellung: Halbnah
Distanz ca. 2-3 m*

* Distanz zwischen Objekt und Kamera, bei einer Kleinbildkamera mit einem Objektiv von 50 mm Brennweite.

Die Einstellgrößen, die dem Betrachter den Überblick verschaffen, sind die Weite, die Totale, die Halbtotale und Halbnah.

➜ **Die Einstellgröße definiert den relativen Abstand des Betrachters zum Objekt. Sie ist gleichzeitig die erste Vorselektion in Bezug auf „Was soll der Betrachter sehen und was nicht".**

6.2.3 Perspektive

Neben den unterschiedlichen Einstellgrößen beeinflusst die Wahl der *Perspektive* maßgeblich die Wirkung des Bildausschnittes. Unter Perspektive versteht man den Standpunkt des Betrachters, wie „normal", „oben", „unten" oder „schräg". Zusammen mit der Blickrichtung, wie „von vorn", „von hinten", „seitlich", und der variablen Einstellgröße, formt die Perspektive die innere Beziehung zwischen dem Betrachter und dem Objekt. Das macht die Faszination der Medien aus, dass je nach Standpunkt des Betrachters und dessen Bildausschnitt die Bildwirkung sehr unterschiedlich sein kann. Durch Verzerrung der gewohnten Betrachtungsweise von ganz normalen Objekten können völlig neue und ungewohnte Eindrücke entstehen. Objekte können dabei bewusst übertrieben, verzeichnet oder entstellt dargestellt werden.

⊃ **Rein fotografisch verleiht die Perspektive den visuellen Medien eine dritte Dimension – die Raumtiefe.**

Die Perspektive lässt sich auf Grund der vier Standpunkte primär in die „*Normalperspektive*", die „*Froschperspektive*", die „*Vogelperspektive*" und die Perspektive auf Basis eines „*schrägen Standpunktes*" einteilen.

Die Normalperspektive

Darunter versteht man die Normalansicht aus der gewohnten Augenhöhe des Betrachters. Diese Perspektive lässt Gegenstände und Personen bewusst vertraut erscheinen.

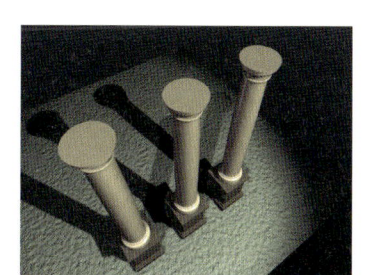

Die Froschperspektive

Nimmt man einen Standpunkt ein, der den Blick von unten nach oben ermöglicht, so erscheinen alle dargestellten Gegenstände, Objekte und Personen selbstbewusst, erhaben, überlegen oder sogar unheimlich. Durch gezielten Einsatz dieses Standpunktes kann bewusst eine visuelle Faszination erreicht werden.

Die Vogelperspektive

Von oben betrachtete Gegenstände und Personen wirken eher erniedrigt, einsam oder unterwürfig.

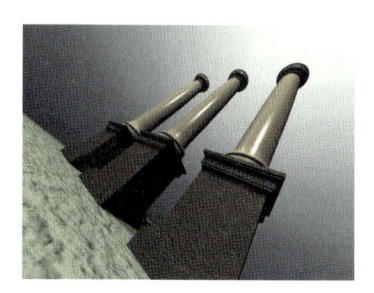

Der schräge Standpunkt

Wird zusätzlich zu einem Oben- oder Unten-Standpunkt die optische Achse gedreht, so erreicht man stark irreale Eindrücke. Bewusst eingesetzt kann damit eine stark dramaturgische Bildwirkung erzielt werden.

6.2.4 Raumtiefe

Die Illusion von Tiefe auf zweidimensionalen *Bildkompositionen* ist eine traditionelle Herausforderung an den Gestalter.

Raumtiefe entsteht durch den Größenunterschied zwischen den Objekten im Vordergrund und denen im Hintergrund. Dabei kann die lineare Perspektive mit Hilfe von geometrischen Regeln auf die richtigen Proportionen der Objekte hinweisen, die mit wachsendem Abstand kleiner werden. In der Natur vorkommende parallele Geraden lässt sie zusammenlaufen, um damit Tiefe zu vermitteln.

6.2.5 Denken in Schwarzweiß

Formen, Linien und Muster von Objekten lassen sich mit reinen *Schwarzweiß*-Bildkompositionen auf das Wesentliche konzentrieren. Durch das Fehlen der *Farbkomponente* führt man das Auge des Betrachters unwillkürlich auf die elementaren Eigenschaften von *Form*, *Tonwert* und *Licht*.

In der Fotografie ist der Blick durch den Sucher farbig. Der Gestalter muss deshalb das Ausblenden der *Farbkomponente* im Kopf üben, damit das Ergebnis seiner Erwartung entspricht.

6.2.6 Denken in Farbe

Farbe ist in der *Bildkomposition* ein sehr starkes Element. Farbe spricht die Gefühle des Betrachters sehr direkt an. Manche Farbkompositionen wirken freundlich und harmonisch, andere lebendig, dramatisch oder sogar störend. Farben, die im Farbkreis einander gegenüberliegen, wie Rot und Blaugrün, oder Gelb und Blau, werden *Komplementärfarben* genannt.

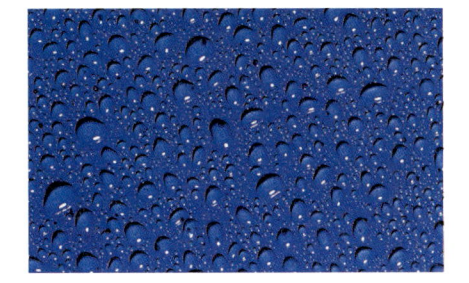

In eine *Bildkomposition* umgesetzt, erreichen sie starke und lebendige Kontraste. Nebeneinanderliegende Farben, wie Rot, Orange und Gelb harmonieren in einer Bildkomposition und bewirken eine ausgewogene Stimmung. Farben unterscheiden sich auch in ihrer Helligkeit. So wirkt Gelb heller als Blau. Auch wird die Wirkung einer Farbe durch die Nachbarfarbe beeinflusst. Eine für sich allein stehende Farbe auf neutralem Hintergrund wirkt besonders lebhaft. Steht sie hingegen zusammen mit vielen anderen Farben in einer Komposition, so wird sie abgeschwächt.

6.2.7 Kontur und Umriss

Hat der Gestalter das Ziel, ein Objekt in seiner *Form und Gestalt* klar herauszustellen, und sollen dabei andere Eigenschaften des Objektes ausgeblendet werden, so stellt er nur die Kontur bzw. den Umriss des Objektes dar. Der *Umriss* ist das sparsamste Gestaltungselement.

Umrisse lassen sich besonders gut im *Gegenlicht* darstellen. Dabei wird das Objekt als Silhouette im Gegenlicht aufgenommen. Es lässt sich sehr einfach durch Verwendung von Filmmaterial mit geringem Tonwertumfang, z. B. Diafilm, erzielen.

6.2.8 Muster und Struktur

Muster tragen zur Harmonie einer *Bildkomposition* bei. Muster entwickeln sich aus der Wiederholung eines Grundmusters. Jede erkennbare Form lässt sich zu einem Muster verwandeln. Ein charakteristisches Merkmal für Muster in der Fotografie ist, dass solche Bildkompositionen immer flach wirken und keine Raumtiefe besitzen.

❶ Atmosphäre mit Licht

6.2.9 Licht und Schatten

Durch Licht ❶ und Schatten entsteht Räumlichkeit. Durch Setzen von Licht erreicht man verschiedenartige Ausleuchtungen und damit verschiedene Bildwirkungen beim Betrachter. Damit der Gestalter die Möglichkeiten von Licht und Schatten einsetzen kann, muss ihm bewusst sein, dass Licht verschiedenartige Qualität haben kann. Es kann hart oder weich, diffus oder gebündelt sein. Es kann variieren in seiner Stärke, der Entfernung zum Objekt und in der Farbzusammensetzung. Durch Gegenlicht oder starkes Seitenlicht hebt man die plastische Wirkung von Objekten an. Durch direktes Licht wirken Objekte flacher.

Das Licht erzeugt Schatten durch die angestrahlten Objekte. Die Qualität der Schatten hängt von der Lichtquelle und deren Abstand zum Objekt ab. Schräg einfallendes Licht erzeugt lange Schatten und direktes Licht von oben erzeugt weniger Schatten.

6.2.10 Schärfe und Unschärfe

Durch bewussten Einsatz von *Schärfe* und *Unschärfe* ❷ lassen sich Elemente eines Gesamtbildes voneinander trennen. Bildwichtige Teile können hervorgehoben und unwichtige Teile verdrängt werden. Da diese Technik durch Wahl geeigneter Objektive und Blendeneinstellungen erreicht wird, kann sie auch nur bei der fotografischen Aufnahme durch besondere Handhabung der Kamera eingesetzt werden.

❷ Bewusstes Spiel mit der Schärfe und Unschärfe von Objekten.

6.3 Bildkommunikation

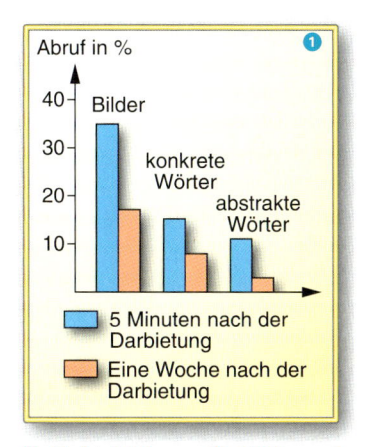

Im menschlichen Kommunikationsprozess spielen Bilder eine wichtige Rolle bei der Übertragung von Informationen. Die Imageryforschung beschäftigt sich mit der Wirkung von Bildern auf den Menschen. Dabei unterscheidet man das Bild das von außen auf den Betrachter einwirkt und das Bild, das daraufhin als „inneres" Bild erzeugt wird und zu Verhaltensänderungen führen kann, wie es durch Werbemaßnahmen geschieht. Das Bild von außen ist häufig die Abbildung eines real existierenden Gegenstandes, das „innere" Bild eine subjektivierte Vorstellung desselben. Fragen wir beispielsweise einen Menschen danach, welche Gegenstände sich bei ihm auf dem Schreibtisch befinden, dann versucht er sich eine bildhafte Vorstellung von dem gesamten Schreibtisch und den darauf befindlichen Dingen zu machen. Der Mensch erstellt sich von dem Sachverhalt ein „inneres" Bild, um mit seinen „inneren" Augen den Schreibtisch zu betrachten und ihn im Anschluss beschreiben zu können. Dabei kann es durchaus vorkommen, dass die Beschreibung des „inneren" Bildes mit der momentanen Wirklichkeit, dem realen Abbild, nicht übereinstimmt.

Bildinformationen können im Gehirn sprachlich verschlüsselt (Schlüsselbegriffe) werden, in der gleichen Weise, wie Sprachinformationen bildlich verschlüsselt werden. Betrachtet man komplexe Zusammenhänge, so lässt sich feststellen, dass das Bild vielschichtiger und tiefer abrufbar ist als das Wort. Man spricht auch von der Bildüberlegenheitswirkung ❶. Dabei verarbeitet das Gedächtnis das Bild ganzheitlich-analog (rechte Gehirnhälfte), den Text hingegen in sequentieller Folge logisch-analytisch (linke Gehirnhälfte) ❷.

Bildsemiotik

Um die Wirkungsweise von Bildern zu erforschen, werden in der Semiotik drei Teilgebiete die Syntaktik, die Semantik und die Pragmatik untersucht. Beispielsweise wird das Produkt Armbanduhr nicht zufällig gekauft, sondern ist auf der einen Seite ein Schmuckstück und auf der gleichzeitig ein Objekt mit kommunikativer Wirkung. Für die Armbanduhr kann eine semiotische Analyse folgendermaßen aussehen:

Syntaktik: Unter syntaktischen Gesichtspunkten werden die Merkmal und Gemeinsamkeiten unter den verschiedenen Armbanduhren betrachtet. Dabei geht es beispielsweise um das Zusammenwirken von Werkstoff, Farbe und Gestaltung des Gehäuses und die Frage nach der Rolle, die diese Eigenschaft im Kommunikationsprozess besitzt.

Semantik: Welche Bedeutung hat eine bestimmte Arbanduhr in der Gesellschaft? Wie stellt sich der Mensch dar, der diese Armbanduhr trägt? Wie wird das Erscheinungsbild des Uhrenträgers von der Umwelt aufgenommen?

Pragmatik: Die Armbanduhr hat auf Sender (Uhrenträger) und Rezipient (Beobachter) unterschiedliche Verhaltenswirkungen. Wird der Mensch aufgrund seiner Uhr anerkannt oder abgelehnt? Stärkt das Tragen dieser Art von Schmuckstück seine berufliche Position? Welche Personenkreise fühlen sich zu diesem Typus hingezogen?

Gedächtnisleistung für Bilder und Wörter, nach einem klassischen Experiment von Paivio, 1971

❷ Beispiel: Das Bild einer Anzeige zeigt einen jeansgekleideten, dynamischen jungen Mann neben einem Geländewagen stehen, einen Fuß auf dem Kotflügel. Auto und Mann bilden eine Einheit und das Objekt Auto wirkt kraftvoll, aber auch jugendlich und erfolgreich. Die durch das Bild erzeugte Assoziation wäre durch eine sprachliche Umschreibung nicht zu erzielen, wie „ein Mann steht neben einem Geländewagen und hat einen Fuß auf dem Kotflügel".

Semiotik: Wissenschaft von den Zeichen, hier von den bildhaften Zeichen.
Syntaktik: beschäftigt sich mit den Eigenschaften und formalen Beziehungen der Zeichen.
Semantik: beschäftigt sich mit dem Inhalt und der Bedeutung von Zeichen.
Pragmatik: beschäftigt sich mit den Wirkungen der Zeichen auf Sender und Empfänger.

H.- J. Flebbe Filmtheater;
Jung von Matt

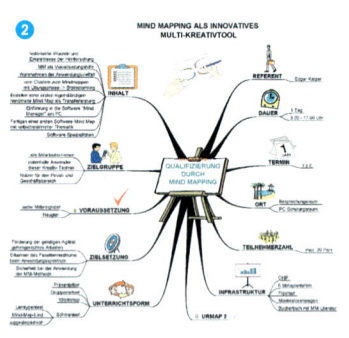

edgar.katzer@t-online.de

6.3.1 Bild als Abbildung der Wirklichkeit

Das Bild ist die Aufzeichnung eines realen oder fiktiven ❶ Gegenstandes. Bilder sind Fotografien, Gemälde, Zeichnungen, animierte und gefilmte Szenen. Die Abbildungen können einen konkreten Sachverhalt wiedergeben oder abstrakte Darstellungen sein, die eine Beziehung zu einem Produkt oder einer Firma aufbauen sollen.

Reale wie auch fiktive Sachverhalte werden durch das Gedächtnis in ein inneres Bild verwandelt. Die dabei entstehende fiktive Wirklichkeit kann zu Veränderungen der Bildinterpretation führen. Emotionale Aspekte führen beim Übergang von der Objektebene auf die Abbildungsebene zu Veränderungen der Informationen und der Gefühle. Ein Schwein, das in einer Darstellung ein Kleeblatt im Maul hält, wird als Glücksbringer betrachtet, dasselbe Schwein im Schlamm liegend abgebildet, wird zum schmutzigen und hässlichen Tier. Durch textuelle Ergänzungen kann die Übertragung zusätzliche Veränderung bzw. Intensivierung erfahren.

In unserem Gedächtnis entsteht im Augenblick der Betrachtung eines Objektes ein Wahrnehmungsbild. Haben wir das Objekt nicht vor Augen oder denken wir sehr viel später über das Auftreten und Aussehen eines Gegenstandes nach, so versuchen wir ein Gedächtnisbild vom Objekt aufzubauen bzw. abzurufen. Gedächtnisbilder (memory images) beeinflussen unser Verhalten in starkem Maße und werden zum Aufbau von Marketingstrategien genutzt. Diese inneren Bilder haben eine kognitive und eine emotionale Wirkung auf das Verhalten des Menschen.

Bei der kognitiven Wirkung geht es speziell um sachliche und räumliche Zusammenhänge und dem damit verbundenen Wissen. Beipielsweise erzeugt die raketenähnliche Form einer Motorenölflasche auf der sachlichen Ebene beim Menschen die Vorstellung von Dynamik, Kraft und Beschleunigung, welche das Motorenöl im Fahrzeug verbessert. Das räumliche Wissen bezieht sich beispielsweise auf das Wiederfinden von Produktbereichen beim Einkaufen in einem Supermarkt oder das Einordnen und Aneignen umfangreicher Lerngebiete mit Hilfe von Mindmaps ❷. Mit einer Mindmap skizziert man ein räumliches Gebilde von den zu lernenden Inhalten und erzeugt dadurch wesentlich nachhaltiger ein inneres Bild (cognitive map) von der Abbildung im Gedächtnis.

Die emotionale Wirkung und die bildliche Vorstellung sind schon durch die Verarbeitung in der rechten Gehirnhälfte eng miteinander verbunden. Die Ausprägung der inneren Bilder, ihre „Gestaltung" im Gedächtnis, sind Ausdruck von Gefühlen. Diese Gefühle können aus visuellen, akustischen, geruchsintensiven oder auch haptischen Eindrücken entstehen.

Damit das Gedächtnis ein inneres Bild aufbauen kann, das eine entsprechende kognitive und emotionale Wirkung beim Rezipienten hervorruft, werden Bilder benötigt. Neben der klassischen konkreten Visualisierung von Gegenständen, Landschaften, Lebewesen und der Darstellung abstrakter Dinge, werden in der Werbung auch akustische Bilder, Geruchsbilder und haptische Bilder eingesetzt.

Akustische Bilder

In der Werbung und im Spielfilm spielen akustische Bilder eine wichtige Rolle. Sie treten in Form von Geräuschen, Melodien und in Sprechdialogen auf. Natürliche Geräusche, wie das Meeresrauschen, wird durch den Werbeeinsatz zu einem Geräusch mit Bedeutung und vermittelt die Vorstellung von einem Produkt. Vor allem die Radiowerbung bedient sich gerade solcher Geräusche, Dialogen zwischen Kind (helle Stimme) und Erwachsenem (tiefe Stimme) sowie immer wiederkehrenden Melodiefolgen.

"Meister Propper" (Markensignal)

Haptische Bilder

Speziell gefertigte Oberfläche an Produkten, Verpackungsmaterial und Papier stellen vor der Nutzung eine erste Verbindung zum Benutzer her. Haptische Bilder trifft man häufig bei Getränkeverpackungen an, wie beipsielsweise die weltweit bekannte Papierverpackung von Underberg oder das Bastgeflecht und den Sack für andere Spirituosen.

Geruchsbilder

Diese Art von Bild ist durch Radio und Fernsehen nicht zu übertragen. Wir treffen das Duftbild in microverkapselter Form an, wenn für Kosmetika in Zeitungen geworben wird und eine Kapselprobe durch Rubbeln geöffnet und der Duftstoff freigesetzt oder durch Öffnen der Probetüte entnommen werden kann.

Apfelduft wird freigesetzt, wenn der Apfel gerubbelt wird.
Medienzentrum Aichelberg

6.3.2 Bild und Text

Betrachten wir den Kommunikationsprozess über viele Jahrtausende zurück, dann gestaltet er sich anfänglich durch eine unterschiedliche Symbolwirkung von Bildern. Die Bilder hatten zeichenhaften Charakter und gaben die visuell greifbare Wirklichkeit wieder. Erst in der Neuzeit, mit der Entwicklung von Sprache und Schrift, wurden auch diese Bilder gedeutet und interpretiert.

Heute ist Kommunikation zunächst einmal Sprache und der Text gibt dieser Sprache eine Gestalt. Die Erscheinungsform des Textes ist die Schrift und ihre typografische Gestaltung. Der Vorgang der visuellen Gestaltung geht darüberhinaus und vermischt Bild und Text, um Aussagen zu verstärken, aber auch um dem Bild die "Spitze" zu nehmen. Die Bilder, die wir in Rundfunk, Fernsehen, Zeitung, Zeitschrift, Plakat u. a. erhalten, ist immer eine Ansammlung von bildhaft verschlüsselten Sprachzeichen. Der Betrachter dieser Bilder konvertiert sie wieder zurück, er entschlüsselt sie sprachlich. Das Bild ist gewissermaßen der Ersatz für die sprachliche Betrachtung und Beschreibung des dargestellten Sachverhaltes.

Lektion 6.3 Bildkommunikation · Kapitel 6 Bild

Bilder sind konkret, sind erfahrbar, natürlich und sichtbar. Texte sind abstrakt, sie müssen Buchstabe für Buchstabe und Wort für Wort erlernt werden.

Der Betrachter erfasst die bildhafte Komposition, bestehend aus Bild und Text unterschiedlich. Wie schon erwähnt, wirkt das Bild ganzheitlich, wobei der Betrachter sich zunächst einmal einen allgemeinen Eindruck vom Bild verschafft und im Anschluss die Einzelheiten des Bildes näher betrachtet. Der Text wird schrittweise aufgenommen, wobei sich die Aussage einer Werbebotschaft bei nicht vollständiger Erfassung verändern kann. Erst am Ende eines Textes wird eine vollständige Interpretation möglich sein.

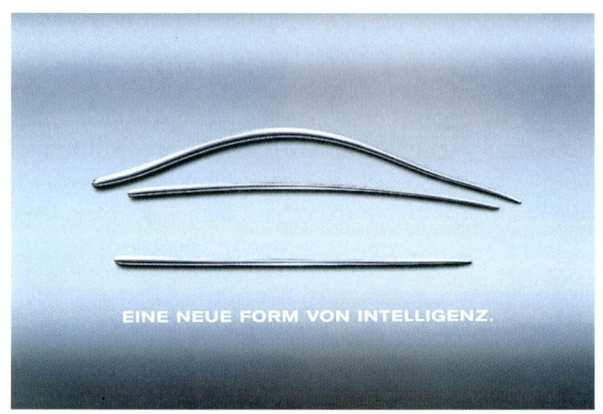

Was können Bild und Text beim Betrachter auslösen?

Das Bild ...

- wirkt offen und unendlich.
- lädt zu Assoziationen ein und kann gefühlt werden.
- ist häufig unlogisch und nicht argumentativ.
- ist fantasiebildend.
- kann doppeldeutige Aussagen eindeutig visualisieren.

Werbung für ein Kraftfahrzeug

Der Text ...

- kann Gedanken festhalten und ordnen.
- Denkschritte strukturieren.
- Aussagefolgen didaktisch darstellen und argumentativ aufbereiten.
- ist immer endlich, präzise und verbindlich.
- kann den Interpretationsspielraum des Bildes einschränken.
- kann die Bilddeutung verändern.
- kann das Bildverständnis und die Erinnerung erleichtern und verstärken.
- soll die Mehrdeutigkeit des Bildes einschränken.

Quellenverzeichnis

Text und Bild können ...

- sich gegenseitig verstärken.
- Schwächen und Lücken des anderen Mediums abdecken.
- sich gegenseitig helfen, wenn es beispielsweise darum geht, textliche Härte durch moderate Abbildungen zu mildern.
- einen Sachverhalt schrittweise aufbauen und diesen, durch den Wechsel von Text und Bild, in einzelne Sinnabschnitte zergliedern, wie beispielsweise in Dokumentationen und Bedienungsanleitungen.

Gruner & Jahr Verlag; KNSK Werbeagentur

6.3.3 Bildwirkung durch Wahrnehmung

❶ vgl.: Kroeber-Riel, Werner: Bildkommunikation, 1996; S.55 f

Der Mensch ist in der Lage innerhalb 1/100 Sekunde das Thema eines Bildes wahrzunehmen. Möchte man darüberhinaus die Inhalte eines Bildes aufnehmen, so werden schon ein bis zwei Sekunden für ein Bild mittlerer Komplexität benötigt. Diese Zeit ist notwendig, um die Inhalte des Bildes so zu speichern, so dass sie später wieder erinnert werden. In der gleichen Zeit, wie das Bild wahrgenommen wird, können jedoch nur fünf bis zehn Wörter eines leicht strukturierten Textes wahrgenommen werden. Das ist nur ein Bruchteil des Informationsgehaltes eines Bildes.

Damit die Wahrnehmung so schnell ablaufen kann, sind Schemata notwendig, nach denen die Informationen aufgenommen und verarbeitet werden. Jeder Mensch bildet unterschiedliche Wahrnehmungsstrukturen aus, die nach entsprechender Verfestigung automatisch ablaufen. Die visuellen Eigenschaften des wahrgenommenen Bildes werden mit den Attributen des gespeicherten Schemas verglichen. Entspricht das Bild weitgehend dem Schema, so wird es schneller erkannt und abgespeichert.

❷

Fiona Bennett; Scholz & Friends

Mit einer Aufnahme des Blickverlaufs lassen sich Bereiche eines Bildes und die einzelnen Elementen festhalten und zeitlich einordnen, die von den Augen des Betrachters erfasst werden. Punkte, auf den der Blick verharrt, werden als Fixationen bezeichnet, Sprünge im Blickverlauf als Saccaden ❶. Für einen ersten Überblick und um das Thema zu erfassen, benötigt der Betrachter eine oder zwei kurze Fixationen. Mit den längeren Fixationen, im Durchschnitt 0,2 s, werden die Inhalte selektiv erfasst, so dass in einer Sekunde ca. 3 - 5 Informationseinheiten gespeichert werden können. Nach Durchwandern des Bildes kann man feststellen, das nicht alle Elemente erfasst wurden, manche jedoch durchaus mehrmals. Die Mehrfachfixationen werden dabei verstärkt gespeichert. Die einzelnen erfassten Elemente genügen häufig, um im Gedächtnis durch gedankliche Ergänzung ein komplexes Bild entstehen zu lassen. Der Blickverlauf gibt Auskunft über die wahrgenommenen Bilder und einzelner Elemente und dient in der Werbung als Mittel zur Feststellung der Wirkung einzelner Bildteile.

❸

Prinz Myshkin, Vegetarisches Restaurant; Xynias, Wetzel, von Büren

Damit der Blick ein Bildelement erfasst und dieses auch gegenüber unterschiedlichen Einflüssen dauerhaft abspeichert, müssen inhaltliche oder visuelle Ereignisse geschaffen werden. Dies kann durch das Bildmotiv, die inhaltliche oder formale Gestaltung geschehen. Der gezielte Einsatz von Farbe, Kontrast, Konturen, von Interaktion und Bewegung können zu einem nachhaltigen, visuellen Auftritt beitragen. Schafft es der Bildgestalter einen oder mehrere aktivierende Reize zu setzen, wird die Aufmerksamkeit verstärkt auf das Bild gezogen. Eine Aktivierungkann durch physische, emotionale oder spontane, überraschende Reize geschehen.

Physische Reize ❷: Große und farbige Bildelemente erzeugen physische Reaktionen, mit Farben, die als wohltuend oder belastend empfunden werden.
Emotionale Reize: Personenabbildungen, sowie Detailaufnahmen von Gesichtern, Augen, Beinen und Händen besitzen meist eine emotionale Wirkung.
Überraschende Reize ❸: Verstößt das Bild gegen die Erwartungen der Wahrnehmung, dann veranlasst dieser aktivierende Reiz den Betrachter mehrmals hinzuschauen, um den unbekannten Sachverhalt, der vom Schema im Gedächtnis abweicht, aufzunehmen.

6.3.4 Bild als Transportmittel

Bild und Text sind die Träger von Informationen. In der Werbung versucht man mit diesen Medien Produkteigenschaften, Produktwirkungen, das Produkt selbst, die Gestaltung eines Fahrzeuges und die Funktion, Reiseziele u. a. benutzerorientiert darzustellen. Das Bild zeigt diese konkreten Gegenstände direkt. Abstrakte Begriffe, wie Gesundheit, Geldanlage, „entspannt reisen" oder die Leistungen, die ein Dienstleister anbietet, können ohne das Bild als Brücke nicht aussagekräftig umgesetzt werden. Was wird beispielsweise unter „entspannt reisen" verstanden? Ist es das Fliegen im geräumigen Flugzeug, wobei die Füße des Fluggastes nicht bis zur nächsten Sitzreihe reichen, oder ist es der im Liegestuhl liegende Mensch auf oder neben dem Zug. Mit beiden Beschreibungen wird der Leser sicher kein entspanntes Reisegefühl bekommen. Werden die Beschreibungen in einem Bild umgesetzt, kann dem Betrachter das Gefühl vom „entspannten Reisen" durchaus bewusst werden.

Es lassen sich nun zwei Wege zur Visualisierung einschlagen: Für konkrete, auch greifbare Gegenstände und Sachverhalte, kann das Bild direkt eine Vorstellung bewirken. Für die abstrakten Attribute müssen indirekte Wege mit Bild und Text durch Auslösen einer Bildvorstellung gewählt werden.

Direkte Bildumsetzung

Der konkrete Sachverhalt bzw. Gegenstand wird durch eine wahrheitsgetreue Abbildung direkt dargestellt. Mit gestalterischer Kreativität werden Spannungen im Bild erzeugt, die es von Bildern konkurrierender Produkte abheben. Durch textliche Ergänzungen wird das Bildverständnis zusätzlich gelenkt und verstärkt.

Indirekte Bildumsetzung

Freie Bildassoziation
Beinhaltet eine Werbeanzeige für ein Produkt oder eine Dienstleistung ein Bild ohne direkte Beziehung zum beworbenen Sachverhalt, dann wird zur Informationsvermittlung eine freie Vorstellung vom Sachverhalt, eine freie Bildassoziation, vermittelt. Durch entsprechende räumliche Anordnung können dabei unabhängige Bilder zu neuen Sinneinheiten verbunden werden. Beispiel ❶: In diesem Paket bekommt der Kunde „gut geschnürte" Wirtschaftsinformationen.

Bildanalogien
In der Werbung findet man oft Bilder, in denen ein Gegenstand, ein Tier, ein Mensch u. a. die Eigenschaften eines Produkts oder einer Dienstleistung besitzen und beide Darstellungen räumlich eng zusammenrücken. Beispiel ❷: Das Auto ist so stark und kräftig wie der Bärenpapa und brummt leise.

Bildmetapher
Die Metapher hat ähnlich wie in der Literatur symbolische Bedeutung und soll die Eigenschaften eines Produktes durch Vergleich stärker hervorheben. Dabei werden direkte Aussagen auch direkt im Bild umgesetzt. Beispiel ❸: Die Karosserie des Autos wird mit dem menschlichen Kopf verglichen.

Bürgel Wirtschaftsinformationen; Claus Peter Dudek

„Groß, stark und brummt leise. Der ML270 CDI"
Daimler Chrysler AG; Springer & Jacobi;
Foto: F. A. Cesar / Hamburg
Stand 2000, CI nicht mehr aktuell

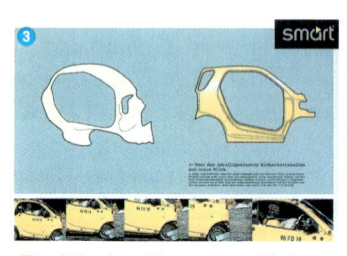

„Zwei der intelligentesten Sicherheitszellen auf einen Blick"
Daimler Chrysler AG; Springer & Jacobi; Illustration: Tina Berning / Berlin, Stand 2000, CI nicht mehr aktuell

6.4 Bearbeiten von Bildern

Ist die fotografische Aufnahme gemacht, so muss der kreative Gestaltungsprozess noch lange nicht abgeschlossen sein. Das nachträgliche Bearbeiten der Bilder eröffnet dem Gestalter ein fast unerschöpfliches Betätigungsfeld, wenn es um das Überarbeiten oder Verfremden der Aufnahmen geht. Im Prozess der analogen Fotografie gibt es zwei grundsätzlich unterschiedliche Bearbeitungsmöglichkeiten.

- Das Beeinflussen der Aufnahme im fotografischen und chemischen Vergrößerungsprozess. Dabei können Vergrößerungen, Verkleinerungen, Ausschnitte, Farb- und Tonwertkorrekturen vorgenommen werden. Alle weiteren Veränderungen sind nur sehr mühevoll realisierbar. Auch kann der aktuelle Veränderungsprozess des Bildes nicht direkt kontrolliert werden. Das Ergebnis zeigt sich immer erst nach dem chemischen Entwicklungsprozess.

- Die analoge Aufnahme wird zur Bildbearbeitung mit leistungsfähigen Digitalscannern digitalisiert und kann dann komplett digital nachbearbeitet werden ❶.

Auf Grund der Tatsache, dass die Möglichkeiten und der Komfort der digitalen Bildbearbeitung die der analogen Bearbeitung um Faktoren übersteigt, wird im weiteren die digitale Bildbearbeitung beschrieben. Sind die Aufnahmen schon digital erzeugt worden, so können sie auch direkt digital weiterverarbeitet werden ❷.

6.4.1 Digitalisieren

Zum Digitalisieren von Standbildern gibt es verschiedene Hardware-Geräte, sogenannte Scanner, am Markt. Prinzipiell arbeiten alle Scanner mit einer CCD *(Charged Coupled Device)*. Diese erzeugen getreu des einfallenden Lichtes eine analog dazu reagierende Spannung, die – abgetastet und digitalisiert – als Bilddatei zur Verfügung steht. Die CCD-Zeile, das zentrale elektronische Element, ist farbenblind. So erfassen billige Geräte die drei Grundfarben Rot, Grün und Blau in drei Durchgängen, wobei entweder die Belichtungsfarbe wechselt oder ein kleiner Motor den passenden Farbfilter vor die Scanoptik schiebt. Dieses Dreischrittverfahren kostet Zeit und zudem besteht bei diesen Three-Pass-Scannern die Gefahr, dass sich bei höheren Auflösungen die drei Teilbilder nicht zu einem scharfen Gesamtbild zusammenfügen, das Bild erscheint unscharf. Die Single-Pass-Ausführung, bei der drei CCD-Zeilen im Schlitten jeweils mit einem eigenen Farbfilter kombiniert sind, benötigen einen Durchgang, um die Vorlage vollständig einzulesen. So wird deutlich weniger Zeit für den Scan-Vorgang benötigt, zudem sind die Ergebnisse schärfer und kontrastreicher als bei den billigeren Three-Pass-Modellen. Die Scanner werden in verschiedenen Bauformen angeboten.

Film- und Diascanner

Der qualitativ beste Weg ist die Digitalisierung über spezielle *Film- und Diascanner*. Die hohen optischen Auflösungen reiner Diascanner ❸ erlauben die Vergrößerung kleiner Vorlagen auf Ganzseiten- oder Posterformaten.

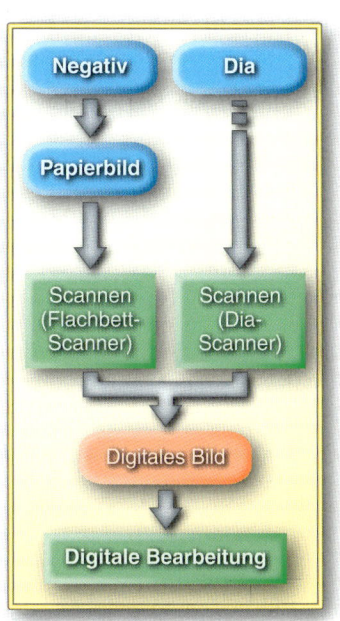

❶ Prinzipieller Prozess zur digitalen Bearbeitung von analogem Filmmaterial.

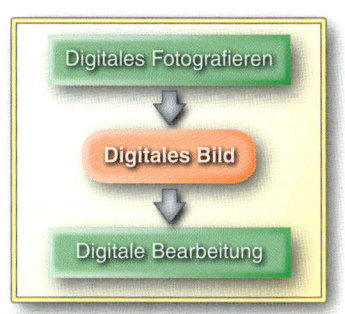

❷ Direktes Weiterverarbeiten des digitalen Bildes bei der digitalen Fotografie.

❸ Film- und Diascanner

Flachbettscanner

Flachbettscanner ❶ sind sehr beliebt, weil sie mechanisch einfach zu bedienen sind: Deckel heben, Vorlage auf das Glas (oder Plexiglas) legen und Deckel schließen – fertig! Den Rest erledigen der Scanner und die Scansoftware allein. Flachbettscanner aller Preisklassen folgen diesem ergonomischen Prinzip, dennoch gibt es Unterschiede, die vor allem die Bildqualität und Verarbeitungsgeschwindigkeit betreffen. Die Flachbettscanner verfügen optional auch über einen Dia-Aufsatz. Dieser ist notwendig, um durchsichtige Vorlagen einlesen zu können. Anstelle des Vorlagendeckels wird der Dia-Aufsatz auf dem Scanner angebracht. Dann bewegt sich synchron zum Scanschlitten eine weitere Lampe und leuchtet quasi von oben durch die aufgelegten Dias oder Negativfilme. Die Scanqualität bei Dia- oder Negativfilmen kommt aber nicht an die speziellen Film- und Diascanner heran.

❶ Flachbettscanner

Trommelscanner

In der Druckbranche haben bisher *Trommelscanner* den Standard für Spitzenqualität gesetzt. Früher sorgten die in sich geschlossenen Systeme nicht nur aufgrund ihres enormen Platzbedarfs und der aufwendigen Bedienung, sondern vor allem wegen der hohen Anschaffungskosten (von 600.000 DM an aufwärts) dafür, dass nur Betriebe mit großem Investitionsvolumen sich Trommelscanner leisten konnten.

3D-Scanner

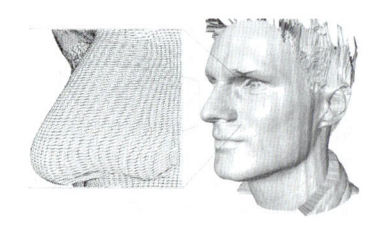

Nicht nur für flache Bilder, sondern auch für dreidimensionale Objekte existieren spezielle *3D-Scanner* ❷. Sie vermessen mittels eines aufgefächerten Laserstrahls eine vertikale Reihe von Punkten auf dem Objekt. Das Objekt rotiert auf einem Drehteller, oder der Scanner kreist um das Objekt, so dass man eine Abtastung von allen Seiten erhält. Verwendet werden die Scanner zum Beispiel in der Filmindustrie. So wurden die Gesichter der Hauptdarsteller für die Spezialeffekte in Terminator II digitalisiert. Weitere bekannte Beispiele sind The Abyss, Star Trek IV und Jurassic Park.

Auch wissenschaftliche und industrielle Anwendungen benutzen 3D-Scanner. Operationsplanungssysteme digitalisieren das Gesicht eines Patienten, um das Aussehen nach der Operation zu simulieren. Ein anderer Scanner-Typ vermisst Zahnhohlräume, um ein exakt passendes Inlay zu fertigen. Unzählige weitere Anwendungen sind denkbar, wenn die 3D-Scanner den fünf- bis sechsstelligen Preisbereich verlassen.

6.4.2 Bildoptimierung

Eine Aufnahme kann aus den verschiedensten Gründen Mängel aufweisen. Vorausgesetzt, die Mängel sind nicht bewusst als gestalterisches Element eingesetzt worden, können über die Bildbearbeitung im elektronischen Fotolabor immer noch sehr brauchbare Ergebnisse erzielt werden. Die klassischen Methoden zum Optimieren und Verbessern eines digitalen Bildes sind:

❷ 3D-Scanner erfassen räumliche Abbildungen der Objekte.

- Scharfzeichnen und Weichzeichnen
- Helligkeit und Kontrast
- Tonwertkorrektur
- Ausschnittvergrößerung
- Farbkorrekturen
- Partielle Aufhellungen und Abdunkelungen

Scharfzeichnen

Ein etwas unscharfes Bild kann über die Funktion *Scharfzeichnen* nachträglich aufgebessert werden.

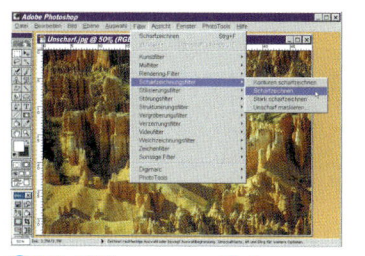

❶ Mit Hilfe von verschiedenen Scharfzeichnungsfiltern lassen sich in Bildbearbeitungsprogrammen geringe Unschärfen beseitigen.

Leicht unscharfe Aufnahme

Nachträglich scharfgezeichnetes Bild

In Bildbearbeitungsprogrammen ❶ sind Funktionen, wie Scharfzeichnen, unter einer Vielzahl von Filtern zu finden. Das Anheben der Bildschärfe ist aber nur begrenzt möglich, da es nicht mehr Details in das Bild bringen kann, sondern nur die Konturen und Übergänge in den Bildelementen verstärkt.

Weichzeichnen

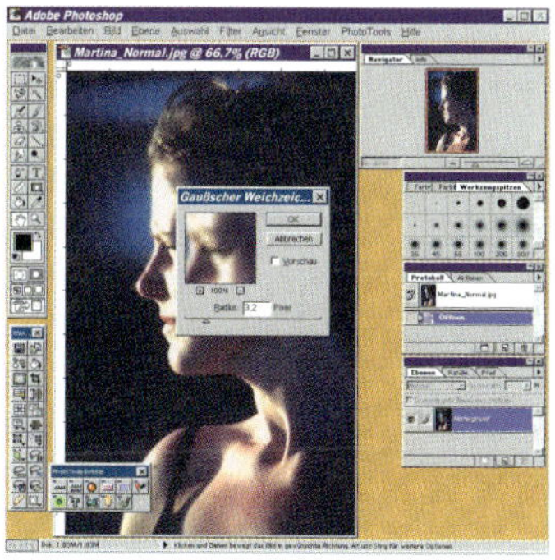

In bestimmten Situationen möchte man den genau umgekehrten Effekt erzielen. Das Bild soll bewusst weich erscheinen. Durch das *Weichzeichnen* ❷ kann eine sanfte oder auch romantische Stimmung hervorgerufen werden. Dieser Effekt wird fast ausschließlich in der Porträt- und Aktfotografie verwendet. Bei einem Porträt wirkt das Gesicht weicher und die Haut glatter.

❷ Die Bildbearbeitungsprogramme bieten umfangreiche Möglichkeiten zum Weichzeichnen von digitalen Bildern.

ohne Weichzeichner    mit Weichzeichner

Helligkeit und Kontrast

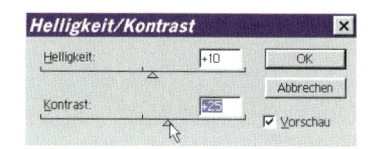

Die häufigsten Korrekturen werden in der Regel an der *Helligkeit* und am *Kontrast* vorgenommen. Damit können leicht unter- oder überbelichtete Aufnahmen nachträglich korrigiert werden.

Originalbild

Bild mit Helligkeits- und Kontrastverstärkung

Tonwertkorrektur

Bei der *Tonwertkorrektur* werden die hellsten und dunkelsten Pixel des Bildes als Weiß- und Schwarzwerte definiert und die dazwischenliegenden Pixel proportional verteilt.

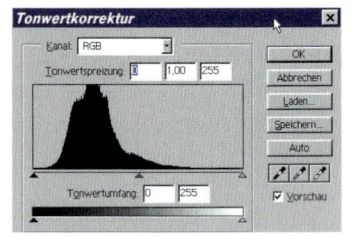

Tonwertkorrektureinstellung in einer Bildbearbeitungssoftware.

Originalbild

Bild mit Tonwertkorrektur

Farbkorrekturen

Farbkorrekturen sind immer dann notwendig, wenn die Aufnahme zu flau erscheint oder aber die Aufnahme bei ungünstigen Lichtverhältnissen die Farben verfälscht erscheinen, zum Beispiel bei Kunstlichtaufnahmen mit einem Tageslichtfilm.

❶ Einstellung der Farbbalance

Originalbild

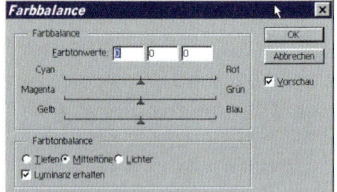

Bild mit Farbkorrektur

Zur Farbkorrektur kann zum Einen die *Farbbalance* ❶, das heißt das Verhältnis der Farben Cyan, Magenta und Gelb zueinander, verändert werden. Zum Anderen ist die Einstellung des *Farbtons und der Sättigung* ❷ maßgeblich am Farbeindruck des Bildes beteiligt.

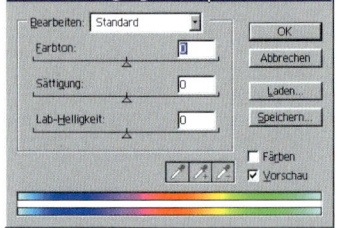

❷ Einstellung von Farbton und Sättigung.

Originalbild

Bild mit Farbkorrektur

Ausschnittvergrößerung

Die nachträgliche Bestimmung des Bildausschnittes und die Vergrößerung eines Bilddetails ist in der digitalen Bildverarbeitung ebenfalls möglich. Eine Ausschnittvergrößerung aus einem digitalen Bild reduziert jedoch gleichzeitig die Auflösung. Jedes digitale Bild verfügt über eine genau definierte Anzahl von Pixel. Nimmt man bei einer Ausschnittvergrößerung nur einen Teil des Bildes, so erhält man auch nur diesen Anteil der Pixel.

Originalbild

Großer Ausschnitt

kleiner Ausschnitt

Partielle Korrekturen

Nicht immer sind Unter- und Überbelichtungen oder Farbfehler auf die gesamte Aufnahme anzuwenden. Beispiel: Ein Motiv ist vor hellem Hintergrund, eventuell sogar noch bei Gegenlicht, aufgenommen worden. Das Resultat ist meist ein zu dunkles Motiv bei zu hellem Hintergrund. In solchen Fällen müssen Aufhellungen bzw. Abdunkelungen partiell, das heißt begrenzt auf die notwendigen Bildelemente, vorgenommen werden.

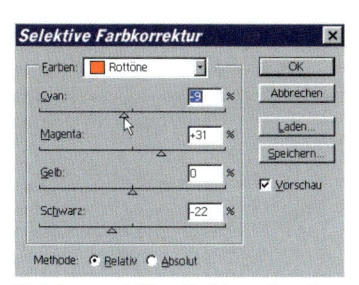

Bei der partiellen Farbkorrektur ist jeder Farbkanal individuell anpassbar.

Originalbild

Bild mit partiellen Aufhellungen

Originalbild

Bild mit partieller Farbkorrektur

205

6.4.3 Verfremdungen

Verschiedene Motive eignen sich auch zu besonderen Bildverfremdungen. Die folgenden Beispiele zeigen, jeweils im Vergleich zum Ausgangsbild, wie moderne Bildbearbeitungswerkzeuge durch Effektfilter interessante Bildverfremdungen produzieren können.

Kunst- und Malfilter-Effekte

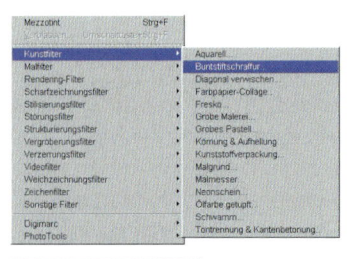

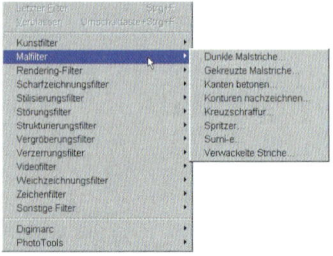

Die modernen Bildbearbeitungswerkzeuge verfügen über eine Vielzahl von Filtern, die zur Bildverfremdung eingesetzt werden können.

Originalbild  — Filter mit Ölfarbbild-Effekt

Originalbild  — Filter mit Buntstift-Effekt

Originalbild  — Filter mit Farbcollagen-Effekt

Originalbild  — Filter mit Kohlezeichnungs-Effekt

Struktureffekte

Originalbild  — Filter mit Kornstruktur-Effekt

Originalbild — Filter mit Glasstruktur-Effekt

Über das interaktive Verändern der Filterparameter kann der Gestalter den Effekt direkt am Bildschirm kontrollieren.

Verzerrungs- und Vergröberungseffekte

Originalbild  — Filter mit Strudel-Effekt

Originalbild — Filter mit Vergröberungs-Effekt

Filter und Zusatzfunktionen können als Plug-in direkt in das Bildbearbeitungsprogramm geladen werden und stehen dann dem Gestalter für seine Kreativität zur Verfügung.

Jede Menge Filter für Bildverfremdungen sind für professionelle Bildbearbeitungsprogramme im Handel erhältlich und können als Plug-in hinzugeladen werden.

6.5 Einsatz in Medienproduktionen

6.5.1 Datenmengen

Das Einbinden verschiedenster grafischer Medien setzt ein gewisses Grundverständnis bezüglich der auftretenden Datenmengen voraus.

Warum ist dieses Verständnis so wichtig? Auf Grund der Präsentations-Rahmenbedingungen, der begrenzten Datenübertragungswege und der verfügbaren Speicherkapazitäten für eine Multimedia-Produktion müssen Medien in ihrer Informationsmenge begrenzt und eventuell speziell komprimiert werden, damit sie den Empfänger erreichen können.

Gründe für eine Datenreduktion:
- Datendurchsatz der Abspiel-Plattform
- Begrenzte Datenübertragungswege
- Begrenzte Speicherkapazitäten

Um für die Zielgruppe der Multimedia-Produktion – trotz aller systembedingten Einschränkungen – eine gewohnte Medienqualität zu erreichen, müssen vom Produktionsteam einige Klimmzüge absolviert werden.

➔ **Zum einen muss die Abspiel-Hardware/Software optimal ausgenutzt werden und zum anderen die Informationsmedien auf das Wesentliche reduziert werden.**

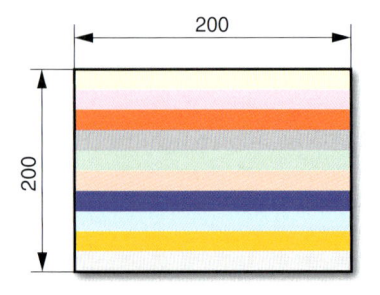

Bei der Darstellung einer Grafik mit 10 verwendeten Farben ist es eine Verschwendung, wenn die Grafik mit einer Farbtiefe von mehr als 4 Bit eingesetzt wird.
Als Fallbeispiel nehmen wir mal eine 200 x 300 Pixel große Grafik.

Abgespeichert in True Color (24 Bit): 200 x 300 x 24 / 8 = 180 kByte und abgespeichert in einer 16 Farbdarstellung (4 Bit): 200 x 300 x 4 / 8 = 30 kByte

Man kann also sagen:
Eine Unachtsamkeit kann hier eine 6-fach größere Datenmenge produzieren, die einer Abspiel-Hardware/Software natürlich mehr zu schaffen macht. Die Qualität bleibt hierbei die Gleiche.

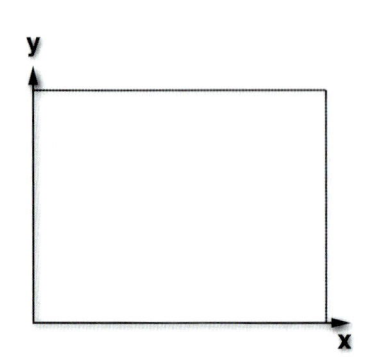

Auflösung

Die Pixelauflösung ist ein wichtiges Kriterium für alle visuellen Medien. Bei einer Standard-VGA-Bildgröße der Anwendung sind das 640 x 480 Pixel, somit also 307200 Bildpunkte auf der Bildschirmseite.

Vergleich von Speicherkapazitäten:

3,5"-Diskette............. 1,44 MB
ZIP-Diskette.............. 100 MB
JAZ-Wechselplatte.... 1 - 2 GB
CD-ROM................... 650-700 MB
DVD..........................3 bis 17 GB
MO-Disc................... 650 MB
Festplatte...................bis zu 80 GB
Streamer................... > 20 GB

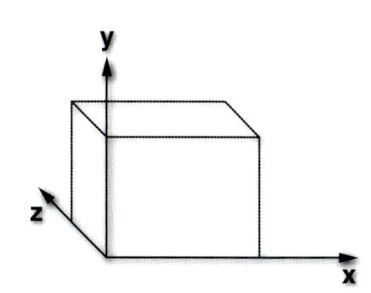

Farbtiefe

Kommt jedem darzustellendem Bildpunkt noch die Wertigkeit einer Farbe hinzu, so errechnet sich die Datenmenge im dreidimensionalen Raum.

In einem Schwarzweißbild werden nur zwei Werte gebraucht, das heißt, pro Pixel reicht ein Bit aus. Um dagegen True-Color darzustellen – immerhin beeindruckende 16,7 Millionen mögliche Farben – bedarf es einer 24 Bit-Grafik, bei der pro Bildpunkt 3 Bytes (24 Bit) benötigt werden.

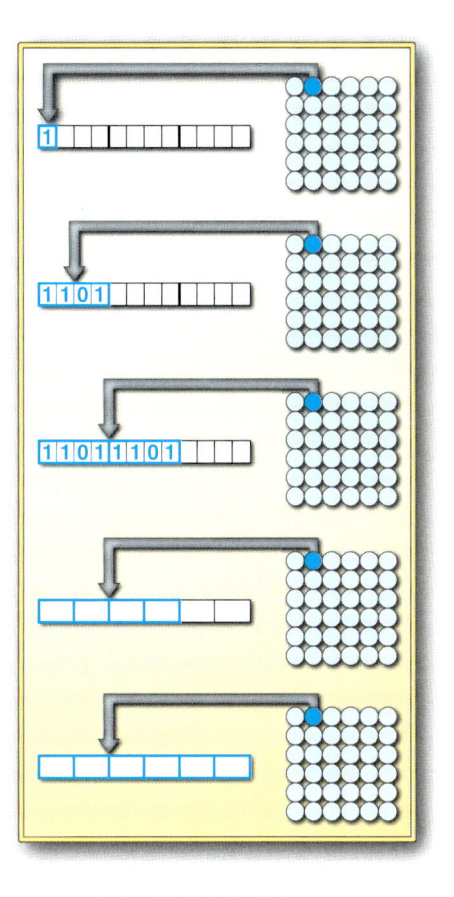

1 Bit ermöglicht eine **Schwarz-** oder **Weiß-**Darstellung eines Bildschirm-Bildpunktes.

4 Bit ermöglichen die Darstellung eines Bildpunktes in **16** möglichen Farben.

8 Bit ermöglichen die Darstellung eines Bildpunktes in **256** möglichen Farben.

16 Bit ermöglichen die Darstellung eines Bildpunktes in **65536** möglichen Farben.

24 Bit ermöglichen die Darstellung eines Bildpunktes in **16,8 Millionen** möglichen Farben.

Eine vollflächige Hintergrund-Grafik bei Standard-VGA in True-Color (24 Bit) kommt somit auf 921,6 kByte, also fast 1 MByte.

Soll die Grafik beim Ablauf der Multimedia-Produktion direkt von einer CD-ROM (Double Speed) geladen werden, so kann mit ca. 4 Sekunden Ladezeit gerechnet werden. Deshalb ist es ratsam, mit der Farbtiefe lieber etwas sparsam umzugehen und sich den Inhalt genauer anzuschauen.

➲ **Übrigens, der visuelle Eindruck eines 16 Bit-Bildes und eines 24 Bit-Bildes ist auf einem normalen Monitor kaum zu unterscheiden. Nur bei Farbverläufen ist die geringere Farbtiefe an den ausgeprägten Verlaufsstufen zu erkennen.**

Auch wenn die Abspiel-Plattform die Fähigkeit besitzt, Bilder in einer 24 Bit-Farbtiefe darzustellen, reicht oftmals sogar nur eine Farbtiefe von 8 Bit, um Realbilder in brauchbarer Qualität darzustellen. Die dabei verwendeten 256 Farben müssen allerdings die am meisten vorkommenden Farben im Gesamtbild repräsentieren.

Die Farbtiefe wird üblicherweise in Dual-Zahlen ausgedrückt. Dies sind Hochzahlen zur Basis 2:

2^0 = 1
2^1 = 2 = 1 Bit
2^2 = 4
2^3 = 8
2^4 = 16 = 4 Bit
2^5 = 32
2^6 = 64
2^7 = 128
2^8 = 256 = 8 Bit
2^9 = 512
2^{10} = 1024
2^{11} = 2048
2^{12} = 4096
2^{13} = 8192
2^{14} = 16384
2^{15} = 32768
2^{16} = 65536 = 16 Bit

Anzahl der Bildpunkte bei bestimmten Bildschirmauflösungen:

320 x 240 .... 76.800 .... 225 KB
640 x 480 .... 307.200 .... 900 KB
800 x 600 .... 480.000 .... 1,37 MB
1280 x 1024 .... 1.310.720 ...... 3,67 MB
1528 x 1146 .... 1.751.088 ...... 5,01 MB
1600 x 1200 .... 1.920.000 ...... 5,49 MB
2048 x 2048 .... 4.194.304 ... 12,28 MB
3060 x 2036 .... 6.230.160 ... 17,82 MB
6144 x 6144 .... 37.748.736 .... 110 MB

Farbpaletten

Bei 16 Bit und 24 Bit fähigen Abspiel-Plattformen sind Farbpaletten kein Thema – aber es soll ja noch Systeme geben, die sich mit 256 Farben begnügen müssen.

Schließlich soll die gesamte Zielgruppe in den Genuss der Bilder kommen. Legt man eine Produktion für eine minimale Hardware-Ausstattung mit 256 Farben aus, so bedeutet das, die möglichen 256 Farben so effizient wie nur möglich zu verwenden. Man kann sich ein solches Farbgrafiksystem vorstellen wie eine Palette mit 256 Farbtöpfen.

Welche Farben in den Farbtöpfen zu finden sind, liegt im Ermessen des Programmierers. Zur Auswahl stehen alle möglichen Farben aus dem Spektrum der 16,7 Millionen Farben (24 Bit).

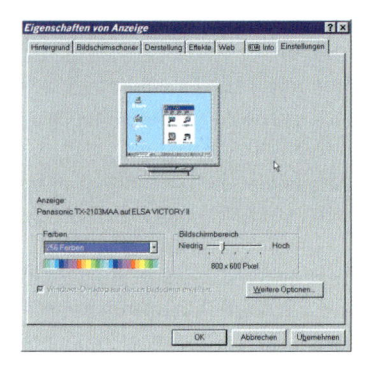

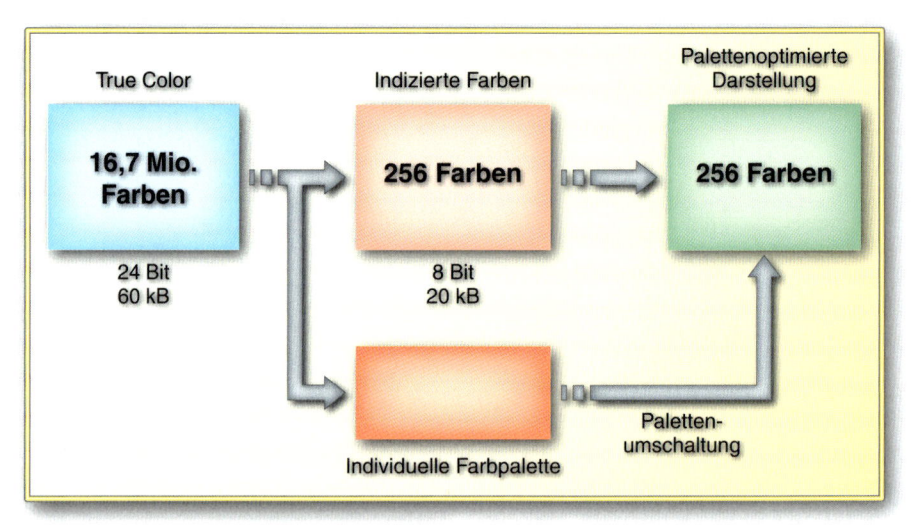

Der Einsatz von unterschiedlichen Farbtiefen ist besonders wichtig bei:

- Anwendungen für das WWW, da dort üblicherweise mit der standardisierten WEB-Palette von 216 Farben gearbeitet wird.

- Bei älteren Computern, die nur Grafikkarten mit geringer Farbtiefe besitzen.

- Für ältere Notebooks, bei denen das LCD-Display nur 256 Farben darstellen kann.

Die Farbpalette (Farbtöpfe) lässt sich über ein Autorensystem individuell verändern, indem eine neue Palette geladen wird. Hierzu wird eine individuelle Palette benötigt. In einem Grafikprogramm (z.B. Photoshop), oder als Minimallösung „Bitedit" von Microsoft, wird die Quell-Grafik (16 Bit oder 24 Bit) in eine 8 Bit Grafik mit indizierten Farben konvertiert. Die dabei entstehende optimierte Farbpalette kann gesondert abgespeichert werden und zur Darstellung der Grafik auf dem Zielsystem als aktuelle Farbpalette geladen werden. Leider hat eine Palettenumschaltung Auswirkung auf den gesamten Bildschirminhalt, das heißt, dass auch alle Bildschirmelemente, die nicht zu der betreffenden Grafik gehören, ihre Farben umschalten. Diese dabei entstehenden, sehr unschönen Effekte können durch verschiedene Maßnahmen unterdrückt werden:

- Beschränkung auf eine konstante Farbpalette

Diese Palette sollte dann der Extrakt aus allen in der Produktion vorkommenden Farbelementen sein. Es liegt auf der Hand, dass diese Methode bei Produktionen mit starken Farbwechseln in den Bildelementen nicht das Optimum sein kann.

Diese Methode sollte also nur bei Produktionen mit einer sehr homogenen Farbstimmung gewählt werden.

- Umschaltung der Farbpalette bei jedem neuen Farbbild

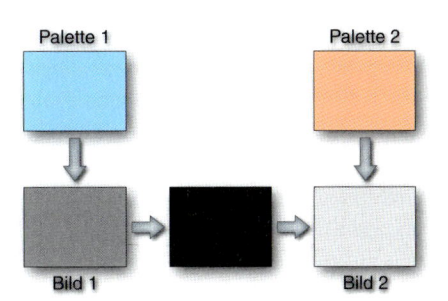

Bei jeder Palettenumschaltung den Bildschirm auf „Schwarz" blenden.
In allen Paletten die Farben der Hintergrund-Elemente (Hintergrund, Navigationselemente etc.) reservieren.

- Farbpaletten umschalten mit konstanten Systemfarben

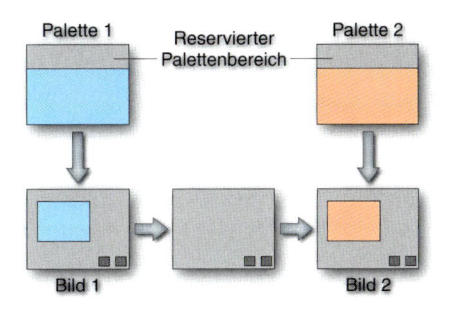

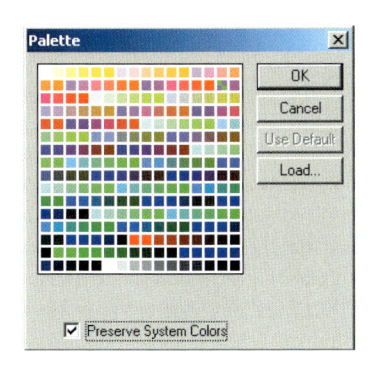

Manche Autorensysteme bieten die Auswahl „Systemfarben erhalten". Mit dieser Option werden die 20 Systemfarben von der Palettenumschaltung ausgespart.

Doch Vorsicht:
Bei dieser Methode werden die 20 Systemfarben aus dem Grafikchip reserviert – und diese Farben können, je nach Grafikkarte, unterschiedlich ausfallen. Ist dann die Entwicklungsumgebung ungleich der Abspiel-Hardware, so kann es vorkommen, dass die für die Hintergrundgestaltung definierten Farben auf dem Zielsystem im nicht reservierten Bereich liegen und somit der Palettenumschaltung unterliegen. Unschöne Farbeffekte sind die Folge.

- Farbpaletten umschalten mit reservierten Farben

Statt die Systemfarben zu reservieren, bietet es sich an eine bestimmte Anzahl von Farben als Corporate-Farben ❶ in der individuellen Farbpalette konstant zu halten.

❶ Unter Corporate-Farben versteht man die speziellen Farben einer Firma im Rahmen ihres visuellen Auftritts (Corporate Design) im Bereich Werbung, Marketing etc.

6.5.2 Layout

Die gestalterische Freiheit mit allen Gestaltungsformen ist in der Praxis meistens auf eine bestimmte Fläche begrenzt. Diese Fläche, rechteckig, und definiert durch Länge und Breite, wird als Bildformat bezeichnet.

Das Bildformat

In der Fotografie muss der Gestalter sich zwischen *Hochformat* und *Querformat* entscheiden. Normalerweise entscheidet der Fotograf auf Grund des zu fotografierenden Objektes bzw. Motivs.

Beispiel: Querformat

Beispiel: Hochformat

❶ *Punkt* = ein Maß für Schriftgröße in der Typografie.
Schriften in Printmedien werden meist zwischen 9 und 11 Punkt gesetzt. Bildschirmschriften hingegen werden erst ab 11 bis 15 Punkt gut lesbar.

DIN A4-Format: 210 x 297 mm

Praktikable Bildschirmauflösungen bei unterschiedlich großen Monitoren:
15"-Monitor -   800 x   600 Pixel
17"-Monitor - 1024 x   768 Pixel
21"-Monitor - 1280 x 1024 Pixel

Querformatige Bilder findet man oft bei Landschaften, Autos, breiten Objekten oder liegenden Personen. Auch Objekte der Stille und der Passivität verlangen nach einer querformatigen Darstellung. Das Querformat entspricht auch eher der natürlichen Sichtweise des Menschen, der die Welt auf Grund seiner zwei nebeneinander liegenden Augen quasi querformatig wahrnimmt.

Hochformatige Bilder eignen sich besonders für hohe und schmale Objekte, wie Türme und Kirchen. Aber auch für nahe Objekte, wie z. B. bei Portraits, oder für außergewöhnliche Darstellungen kommen hochformatige Bilder zum Einsatz.

Bei den modernen, elektronischen Medien kann das Format nur innerhalb des Gesamtlayouts variieren, da die zur Verfügung stehende Grundfläche in seiner Gestaltungsfreiheit auf den Bildschirm begrenzt ist. Während bei den gedruckten Medien (Printmedien) das Format relativ frei bestimmt werden kann, ist es bei der Gestaltung für den Bildschirm weitgehend vorgegeben.

➲ **Für den Bildschirm gestalten heißt im Querformat arbeiten.**

Bei Standardmonitoren mit einer geringen Bildschirmdiagonalen wird vorwiegend eine Auflösung von 640 x 480 Pixel verwendet. Dies entspricht einer um rund 40 Prozent kleineren Fläche als bei einer DIN A4-Seite im Querformat. Da auch noch zusätzlicher Platz für Navigationselemente vorgesehen werden muss, steht dem Gestalter bei bildschirmorientierten Medien weitaus weniger Platz für die darauf unterzubringenden Informationen zur Verfügung als bei den Printmedien.

Auch müssen die Schriftgrößen auf dem Bildschirm in der Regel 2 bis 3 *Punkt* ❶ größer gewählt werden. Möchte man dem entgegenwirken und vergrößert die Bildschirmauflösung, so müssen auch die Navigationselemente entsprechend vergrößert werden. Der Betrachter hält bei einer größeren Bildschirmauflösung auch gern einen größeren Betrachtungsabstand ein. Da der Bildschirm, im Gegensatz zum Buch, als Medium zum Textlesen nicht sehr geeignet ist, sollten Textmengen zusätzlich zur schon geringeren Grundfläche und der größer zu wählenden Schriftgröße in lesbare Textblöcke unterteilt werden.

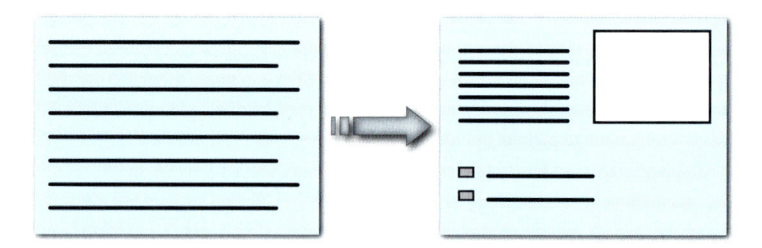

Mit geeigneten Visualisierungen lässt sich der Text entsprechend kürzen und sollte aus Gründen der Lesbarkeit nur noch maximal 5 – 10 Prozent einer DIN A4 – Buchseite betragen.

Print-Informationen auf dem Bildschirm gebracht, sollten nicht einer 1:1-Umsetzung gleichen. Es gilt, das Medium gemäß seiner Vorteile zu nutzen – nur so wird man auch die Akzeptanz bekommen.

Bildobjekte anordnen

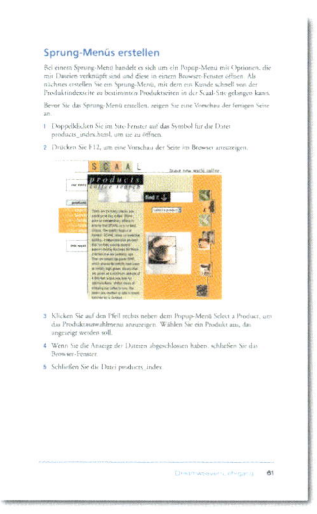

Ein Layout hat die Aufgabe, eine räumliche Organisation auf der zur Verfügung stehenden Fläche vorzunehmen. Das heißt: Alle Elemente, wie Texte, Grafiken und Bilder werden auf der Oberfläche in der richtigen Proportion angeordnet, damit ein harmonisches Verhältnis der Elemente zueinander entsteht. Ansprechende Kompositionen erzielt der Gestalter, wenn er die allgemeinen Regeln der Kompositions- und Proportionslehre beachtet. Ziel dabei ist, dass der Betrachter die Bildobjekte innerhalb des Layouts so wahrnimmt, wie der Gestalter es bezweckt hat.

Die Informationsmenge sollte nicht zu groß und die Darstellung nicht zu klein sein. Der sparsame Umgang mit Bildobjekten trägt dazu bei, dass jedes Bild bewusst aufgenommen wird.

➲ **Qualität und Aussagekraft sind besser als Quantität.**

Bei Printprodukten spricht man von einer Leseführung. Der Betrachter überfliegt mit den Augen die gesamte Bildkomposition. Dabei verleihen visuelle Reize zum näheren Betrachten oder zum Lesen. Bilder und Titel werden schneller aufgenommen als Text, weil sie aus den Grauflächen der Textblöcke herausstechen. Je kontrastreicher das Gesamtbild erscheint, desto einfacher und schneller kann es für den Betrachter sein, das gesamte Bild zu überblicken.

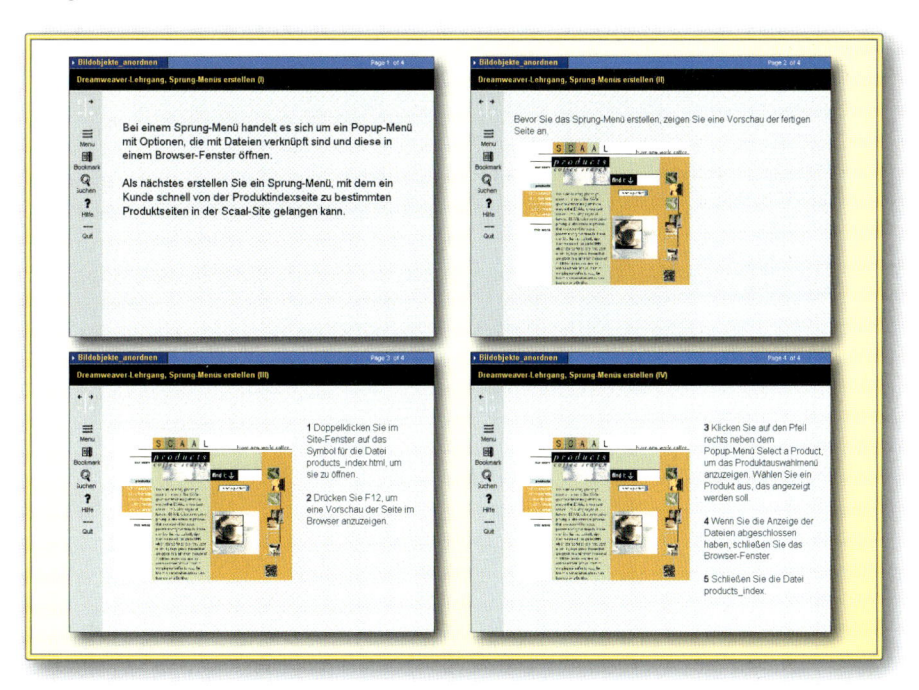

Beispiel: DinA4-Seite mit Lehrgangs-Inhalt

Beispiel: Gleicher Inhalt, aufgeteilt in vier Bildschirmseiten, für ein elektronisches Medium aufbereitet.

In elektronischen Medien wird diese Leseführung als Benutzerführung bezeichnet, welche auch die Navigation innerhalb der Benutzeroberfläche umfasst. Für den Überblick des Gesamtbildes ist dabei aber auch die Interaktionsfähigkeit von Bedeutung. Darunter versteht man zum Beispiel, welche visuellen neuen Eindrücke entstehen, wenn der Benutzer mit der Maus über die Objekte fährt.

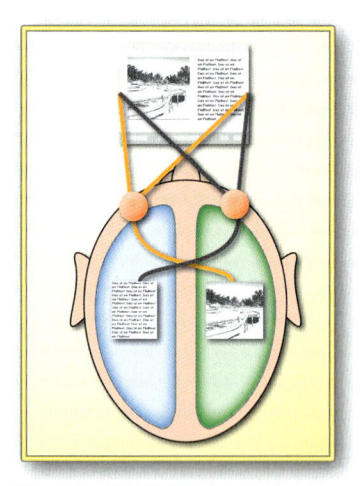

Die linke Hirnhälfte ist für das logische Denken und die Verarbeitung geschriebener Texte verantwortlich. Die rechte Hirnhälfte hingegen für das plastische Sehen und die Bildwahrnehmung.

Kompositionstyp A

Kompositionstyp B

Nach der Wahrnehmungs-Physiologie ist der *Kompositionstyp B* am vorteilhaftesten. Sollen Inhalte schnell erfasst werden, so bietet sich dieses Layout an. Der erste Augenmerk geht dabei auf das Bild, nimmt das Bild wahr und geht über den dazugehörigen Textblock zu den darunterliegenden Navigationselementen. Die Leseführung wird dabei zusätzlich durch die optische Achse zwischen Bild und linksbündigen, zum Bild ausgerichteten Textblock verstärkt. Diese Anordnung des Layouts entspricht auch der Leserichtung in unserem Kulturkreis.

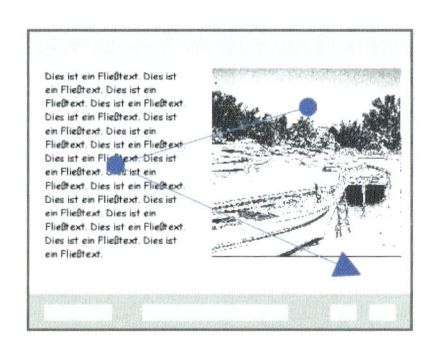

Lesefreundliche Bildkompositionen erreicht man durch:

- Zusammenfassen vieler einzelner Bildobjekte zu größeren Einheiten
- Gliedern der Inhalte und des zur Verfügung stehenden Raumes durch optische Achsen wie Bildkanten, Satzkanten und Absätze
- Schaffen von klar definierten, zusammenhängenden Weißräumen
- Schaffen von klaren Hierarchien
- Beruhigung des Layouts bei komplexen Informationsinhalten

Gestalten mit einem Rastersystem

Ist die zur Verfügung stehende Fläche konstant, so ist der Einsatz von Rastersystemen bei der Layoutentwicklung von großem Vorteil. Über ein Rastersystem kann die Position aller festen Gestaltungselemente, inklusive der Navigationselemente, definiert werden. Für alle variablen Bildelemente, wie Bilder, Textblöcke etc. dient das Rastersystem als Kompositions- und Positionierhilfe. Zusätzlich kann es als Layout-Richtlinie für ein „*Corporate Design*" ❶ verwendet werden.

❶ Unter „*Corporate Design*" versteht man das einheitliche gestaltete Erscheinungsbild einer Firma nach außen

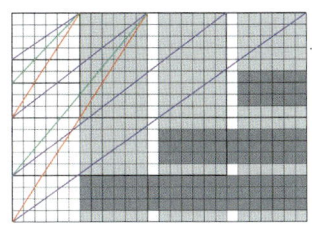

Kapitel 6 Bild — Lektion 6.5 Einsatz in Medienproduktionen

Mit einem Rastersystem kann ein Layout auch bei unterschiedlichen Anforderungen sehr flexibel gestaltet werden. Es können sowohl die Navigations- und Orientierungselemente (Steuerbuttons, Titel, Seitenzähler etc.) als auch die Inhalttragenden Elemente, wie Textblöcke, Grafiken, Videofilme etc. im Rastersystem hinsichtlich einer ansprechenden Raumaufteilung angeordnet werden.

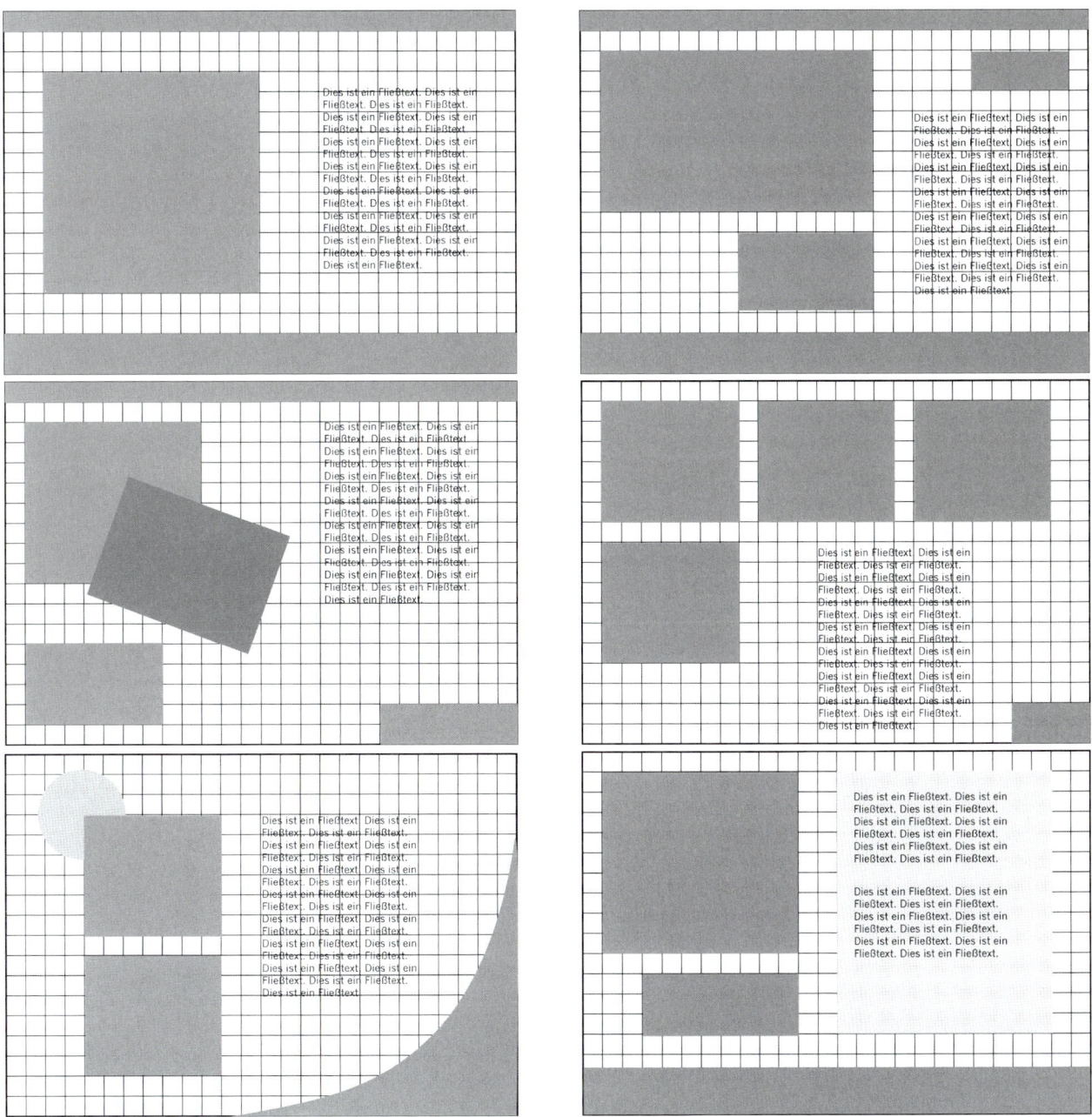

Beispiele für Raumaufteilungen für ein Screenlayout mit Hilfe des Rastersystems

Üben und anwenden

Aufgabe 1: *Suchen Sie einen Standpunkt, von dem Sie ein Fahrrad oder Motorrad in drei Ebenen (Vorder-, Mittel- und Hintergrund) sehen können. Machen Sie drei Fotos mit offener Blende – und fokussieren Sie jeweils eine andere Ebene an.*

Aufgabe 2: *Suchen Sie ein Objekt aus Beton oder Holz und fotografieren Sie es vom gleichen Standpunkt aus mit drei verschiedenen Brennweiten, im Weitwinkel-, Normalobjektiv- und dem Telebereich.*

Aufgabe 3: *Suchen Sie ein Möbelstück und fotografieren Sie es aus der Normalperspektive, der Froschperspektive und der Vogelperspektive.*

Aufgabe 4: *Suchen Sie vier Fotomotive, die sich besonders gut für Schwarzweiß-Fotografie eignen und begründen Sie warum.*

Aufgabe 5: *Stellen Sie eine Mustermappe mit Fotografien zusammen, in denen die Muster und Strukturen natürlicher Elemente, wie Gras, Holz etc. beinhaltet sind.*

Aufgabe 6: *Erstellen Sie an Hand einer Web-Site für einen Sportverein ein Rastersystem für die Layout-Raumaufteilung.*

Aufgabe 7: *Analysieren Sie unter den Gesichtspunkten der Syntaktik, Semantik und Pragmatik die Produkte Designermöbel, Kleidungsstücke, Autos.*

7 Video

In diesem Kapitel geht es um das bewegte Bild. Angefangen beim dynamischen Wechsel von Gesamtbild zu Gesamtbild (Überblendungen) bis hin zur Gestaltung von kompletten Filmsequenzen (Videos) werden die notwendigen Elemente und Techniken beschrieben, die der Gestalter für seine Arbeit kennen sollte.

Schon das Flimmern der ersten Stummfilme löste bei den Zuschauern eine enorme Faszination für die „bewegten Bilder" aus. Heutzutage ist das bewegte Bild ein selbstverständliches Element in vielen Medien, mit denen wir täglich konfrontiert werden. Zum Einen sind es die dynamischen Bildwechsel, die heute möglich sind, und zum Anderen die realitätsnahe Simulation von kontinuierlichen Bewegungsabläufen einzelner Objekte (oder deren Betrachtungsstandpunkte), die den bewegten Bildern quasi Leben einhauchen können.

Dynamische Bildwechsel entstehen zum Beispiel bei Diashows mit mehreren Projektoren durch gegenseitiges Auf- und Abblenden der Lampenhelligkeit, beim Überblenden von Filmszene zu Filmszene bei einer Film- bzw. Videoproduktion oder bei einer Multimedia-Anwendung beim Wechsel von einem Bildschirminhalt zum nächsten Bildschirminhalt. Man spricht dabei von einer *visuellen Blende*.

Bei dynamisch bewegten Bildern hingegen, wird die sich kontinuierlich verändernde Bewegungen von Objekten mit dem schnellen Ablauf einzelner Bilder einer Bewegungsphase simuliert. So entsteht Bewegung in den Bewegtbildmedien, wie der *Animation*, dem klassischen *Film* oder in der *Videotechnik*.

# 7.1 Dynamische Bildwechsel

7.1.1 Visuelle Blende

Wie kann ein statisches Bild in Bewegung gesetzt und zu einem dynamischen Bild werden?

Durch Mischen von statischen Bildern erreicht man auf einfache Weise neue Bildkompositionen, die ohne echte Bewegungsabläufe beeindruckende Bildeffekte hervorrufen können. Diese sogenannten Blenden erleben wir alle tagtäglich in den Medien, wie Film, Video oder Fernsehen. Angefangen bei einfachen Bildüberblendungen mit zwei Diaprojektoren bis hin zu komplexen digitalen Überblendungen bei Multimedia-Anwendungen, erreicht man mit visuellen Blenden einen zeitlich gedehnten Übergang von einer Bildkomposition zur nächsten Bildkomposition.

Beispiel von Überblendeffekten:

❶ Ausgangsbild
❷ Endbild
❸ Einfache Wischblende
❹ Irisblende
❺ Runde Irisblende
❻ Schachbrettblende
❼ Jalousieblende
❽ Kreuzblende

Moderne Schneidesoftware, z. B. Adobe Premiere, verfügt über eine Vielzahl von Überblendeffekten.

❶ Klappblende
❷ Würfelblende
❸ Weiche Überblendung
❹ Blätterblende

Die Frage ist nur, welche Blende nimmt man für welchen Zweck?

Entscheidend für die Beantwortung der Frage ist die angestrebte dramaturgische Wirkung beim Betrachter, die die Wahl der Effekte bestimmt.

7.1.2 Auf- und Abblenden

Mit diesem dramaturgischem Mittel lassen sich Themen optisch gut voneinander trennen. Dabei kann auf jede beliebige Farbe geblendet werden. Mit Schwarzblenden erreicht man Themenabgrenzungen. Dabei wird die vorherige Bildkomposition komplett auf Schwarz geblendet und erst danach die nächste Bildkomposition möglichst mit dem umgekehrten Effekt wieder eingeblendet.

Beispiel: Schwarzblende

7.1.3 Einblendungen

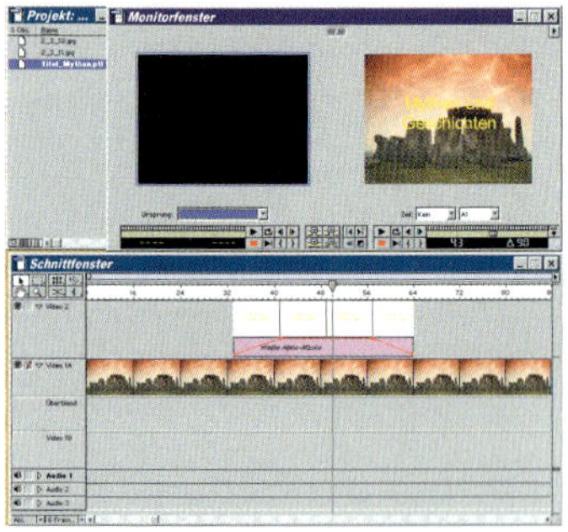

Um in ein bestehendes Bild weitere Bild-, Text- oder Grafikelemente zu integrieren, benutzt man sogenannte Einblendungen. Bei Titeleinblendungen wird eine Schrift zusätzlich in ein Gesamtbild eingeblendet. Die Lesbarkeit der Schriftinformation wird dabei sehr stark von den verwendeten Farben und der Kontraste beeinflusst.

Digitale Einblendung eines Titels über eine Maskenfunktion in einer Videoschnitt-Software.

Durch Einblendungen von ganzen Bildteilen, die aus Realbild oder Grafik bestehen, können ganz neue Bildkompositionen erzielt werden. Diese Technik erlaubt das Gestalten ganzer Bildcollagen.

❶ Je nach Geschwindigkeit des Ein-, Aus- bzw. Überblendens einzelner Bildelemente kann die Dramaturgie und die gewünschte Bildwirkung sehr stark variieren. Bei Überblendungen kann die Blendgeschwindigkeit und die resultierende Lichtintensität synchron erfolgen, das heißt beide Bilder ergeben zum gleichen Zeitpunkt immer die Lichtintensität von 100%, oder asynchron erfolgen, dass heißt, die gesamte Bildhelligkeit schwankt.

Bei allen Blenden fällt der Blendcharakteristik ❶ eine besondere Bedeutung zu. Ein klassisches Medium, bei dem die visuelle Blende sehr veranschaulichend und einfach umgesetzt wird, ist die Dia-AV (Dia-Audiovision). Mit einer geeigneten Steuersoftware ❷ und mehreren Dia-Projektoren lassen sich eindrucksvolle Bildübergänge mit Diapositiven programmieren. Dabei kann die Projektion auf ein Feld oder auch gleichzeitig auf mehrere Projektionsfelder erfolgen. Überblendungen können sich auf die gesamte Bildfläche beziehen, oder nur auf einzelne Bildelemente. Auf einzelne Bildteile angewandt, können Blenden durch geschickte Kombination regelrechte Bewegungsabläufe entstehen lassen.

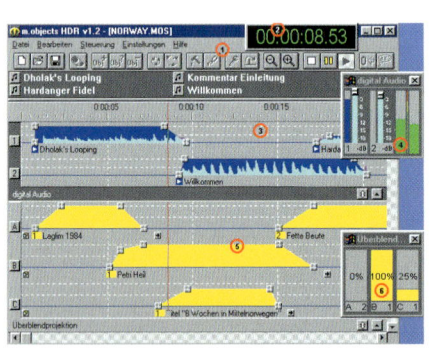

❷ Mit einer Steuersoftware für Dia-projektoren können Diashows mit mehreren Projektoren angesteuert werden. Die Effekte begrenzen sich auf einfache Überblendungen, Ein- und Ausblendungen.

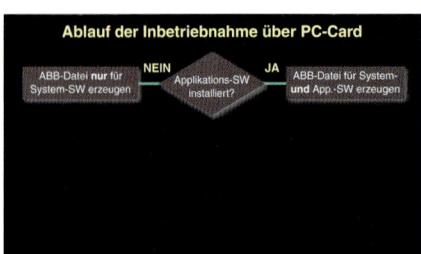

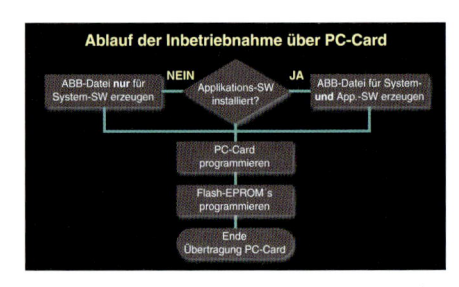

Beispiel: Prozessablauf mit dynamischem Aufbau eines Flussdiagramms durch additives Einblenden mehrerer Phasenteilbilder.

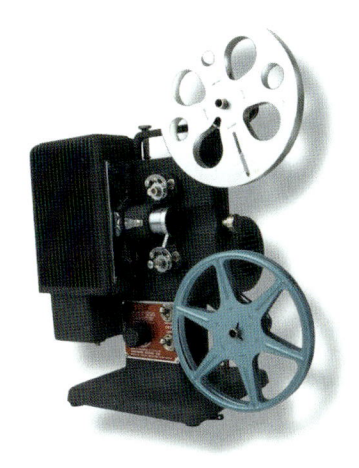

7.2 Film und Video

7.2.1 Vom Film zum Video

Bei Film- und Videoproduktionen dreht sich alles um das bewegte Bild. Gegenüber dem Standbild bietet eine Film- bzw. Videosequenz entscheidende Vorteile. Es können realistische Darstellungen von Handlungsabläufen, Verhaltensbeobachtungen und Geschichten aller Art visuell und auditiv erzählt werden.

Bei klassischen Filmherstellungen sind Kamera, Schneidetisch und Trickkamera die primären Hardware-Komponenten.

Mit der Filmkamera werden die Einzelbilder auf fotografischem Wege mit üblicherweise 24 Bildern pro Sekunde eingefangen. Bevor die Bilder verwertet werden, muss der Film in einer Entwicklungsanstalt nach fotochemischen Prozessen entwickelt werden. Nach der Entwicklung erfolgt der Filmschnitt auf mechanischen Schneidetischen, die ausschließlich einen Filmschnitt mit harten Blenden erlauben. Sobald Tricktechniken verwendet werden sollen, kommt die Trickkamera bzw. die Filmkopierung zum Einsatz, die mit relativ hohem handwerklichen Aufwand durch fotografische Prozesse Überblendungen und Einblendungen (von Titeln usw.) produziert.

Mit Beginn der Entwicklung der Videostandards, dem elektronischen Aufzeichnen von Bewegtbildern, begann eine neue Epoche in der Mediengeschichte, die eine Fülle von neuen Gestaltungsmöglichkeiten eröffnet. Auf Grund der einfachen und vielfältigen Bearbeitungsmöglichkeit wird in diesem Buch die Videotechnik zur Realisierung des Bewegtbildmediums beschrieben.

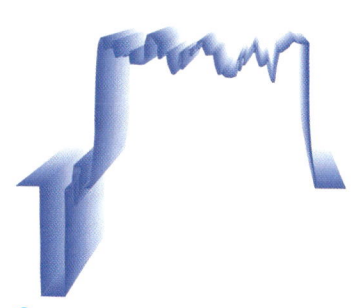

7.2.2 Analoges vs. digitales Video?

Das Videosignal, wie es seit Beginn des Fernsehzeitalters definiert wurde, ist ein analoges Signal, bei dem Spannungswerte ❶ direkte Helligkeitswerte auf dem Bildschirm zur Folge haben. Dabei wird das gesamte Videobild aus einzelnen kleinen Komponenten, den sogenannten Bildpunkten (Pixel), zusammengesetzt. Die Bildpunkte werden in Zeilen angeordnet und ergeben zusammen das Videobild.

Zur Aufzeichnung dieses Videosignals werden technische Geräte auf Basis des magnetischen Aufzeichnungsverfahrens verwendet. Qualitätsverluste können dabei durch vielfältige Störungen entstehen, die sich direkt auf die Spannungswerte auswirken. Beim digitalen Video hingegen wird jedem Spannungswert bzw. Helligkeitswert ein digitaler Code ❷ zugeordnet, der nur aus „0"- und „1"-Werten besteht. Wird dieser Code aufgezeichnet und wieder gelesen, so wirken sich Störungen in den Spannungswerten des Aufzeichnungsverfahrens nicht auf die Videoinformation aus.
Erst durch das digitale Video ist eine Multimedia-Anwendung mit Bewegtbildern auf handelsüblichen Computern für die weite Verbreitung auf alle Haushalte möglich geworden. Bei Multimedia-Anwendungen ist Video eine Komponente, die in eine Gesamtkomposition eingebettet ist.

❶ Die Amplitudenwerte des analogen Videosignals entsprechen den Helligkeitswerten auf dem Bildschirm

❷ Beim digitalen Video repräsentiert ein digitaler Code die Spannungswerte

Video innerhalb einer Gesamtkomposition bei einer Multimedia-Anwendung. Der Film läuft in einem separaten Fenster ab.

7.2.3 Analoge Videotechnik

Das Grundprinzip der analogen Videotechnik entspricht der momentan üblichen Fernsehtechnik, die den verbreiteten Fernseh-Standards zu Grunde liegt.

Zur Aufnahme wird das Originalbild von der Videokamera zeilenweise abgetastet und in Pixel zerlegt. Für jedes Pixel werden zur Datenübertragung oder Datenspeicherung die jeweiligen Informationen zur Helligkeit, Farbe und Lage im Gesamtbild übertragen. Zur Reproduktion des Originalbildes werden die Bildpunkte zeilenweise wieder zusammengesetzt. Damit der zeilenweise Bildaufbau nicht wahrgenommen wird, müssen die Zeilen für jedes Bild schnell aufgebaut werden und die Bildfolge der Einzelbilder sehr rasch aufeinander erfolgen. Das bei einer zu geringen Bildwiederholfrequenz entstehende Flimmern wird durch die Halbbildverdopplung verringert: Dabei werden nach dem Prinzip des Zeilensprungverfahrens ❶ die Zeilen nicht nacheinander, sondern im ersten Halbbild die 1., 3., 5., ... und im zweiten Halbbild die 2., 4., 6., ... Zeile übertragen. Das bewirkt, dass anstelle von Vollbildern die doppelte Menge von Halbbildern gesendet und damit die Bildwiederholfrequenz verdoppelt wurde.

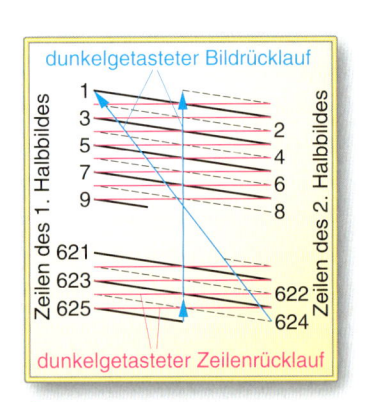

❶ Prinzip des Zeilensprungverfahrens zur Verdopplung der Bildwiederholfrequenz.

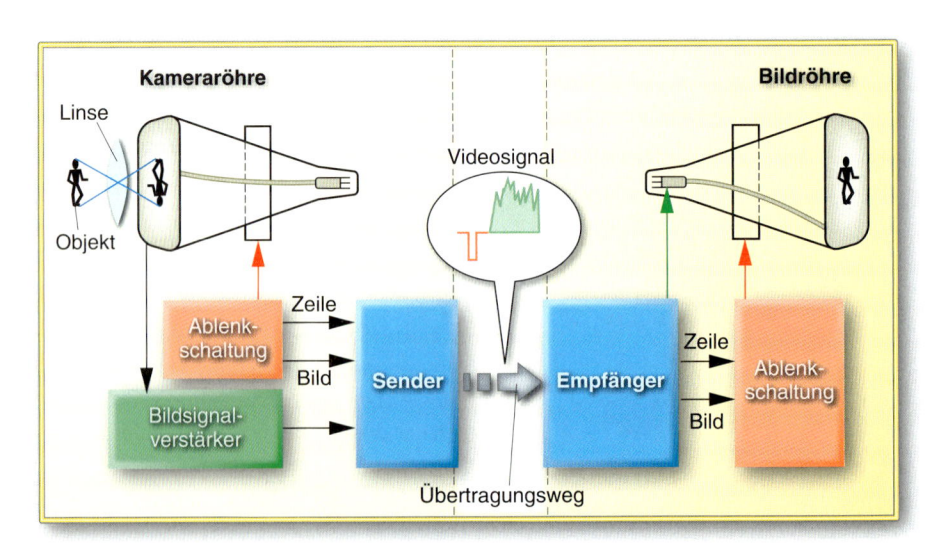

Prinzip der elektronischen Bildübertragung auf Basis der analogen Video- bzw. Fernsehtechnik. Als Aufnahmeeinheit dient eine Videokamera mit elektronischem Chip oder im Studiobereich die Videokamera mit Aufnahmeröhre. Über die Ablenkschaltung wird eine zeilenweise Bildabtastung auf der Senderseite vorgenommen. Der Sender verknüpft das Bildsignal mit den Bild- und Zeileninformationen zu einem Videosignal und überträgt es zum Empfänger, der diese Informationen wieder in ein Bildsignal und die Synchronsignale für die Ablenkschaltung trennt. In der Bildröhre wird aus diesen Signalen zeilenweise das Bild aufgebaut.

Fernseh-Standards

Für die analoge Video- und Fernsehtechnik haben sich weltweit mehrere Standards durchgesetzt:
- PAL (Phase Alternation Line),
  ein in Deutschland und anderen Europäischen Ländern verwendeter Standard mit einer Bildwiederholfrequenz von 50 Halbbildern pro Sekunde und 625 Zeilen, davon 576 sichtbare Zeilen. Die Auflösung beträgt 768 Bildpunkte × 576 Zeilen. Die Erweiterung PAL-Plus bietet zusätzlich das 16:9-Breitbildformat bei voller Kompatibilität zum Standard-PAL-Format.
- NTSC (National Television Systems Commitee),
  ein in der USA eingeführter Fernseh-Standard mit 60 Halbbildern pro Sekunde und 525 Zeilen, davon 480 sichtbare Zeilen. Die Auflösung beträgt 640 Bildpunkt × 480 Zeilen. Gegenüber dem PAL keine zuverlässige Farbübertragung.
- SECAM (Sequentiel Couleur à Mémoire),
  ein in Frankreich und Osteuropa verwendeter Fernseh-Standard. Unterscheidet sich gegenüber des PAL in seiner Farbübertragung.

Weitere Verfahren, wie HDTV (High Definition Television) mit verbesserter Farbwiedergabe und höherer Bildauflösung, haben sich noch nicht als verbreitete Standards etabliert.

Analoge Video-Formate

Für die Speicherung der Helligkeitsinformation (Luminanz; Y) und Farbinformation (Chrominanz; C) bei analogen Videosignalen wurden verschiedene Prinzipien entwickelt:

Composite-Video	FBAS (Farb-Bild-Austast-Synchronsignal)	Farb- und Helligkeitsinformationen werden in einem Signal geführt
Component-Video	S-Video oder Y/C-Video	Getrennte Übertragung der Farb- und Helligkeitsinformationen
Component-Video	YUV-Video	Getrennte Übertragung des Farbtons, der Farbsättigung und der Helligkeitsinformation
(Computertechnik)	RGB-Video (Rot, Grün, Blau)	Große Bandbreite notwendig, deshalb nicht als Video-Aufzeichnungsprinzip praktikabel

Die Speicherung analoger Videosignale erfolgt üblicherweise auf Magnetband. Im Laufe der Zeit haben sich mehrere Formate etabliert:
- VHS ❶, ein im Heimbereich, insbesondere im Austausch und Verkauf von Spielfilmen, weit verbreitetes Format. Es arbeitet mit dem FBAS-Signal. Als VHS-C in kleinerer Kassettenform auch im Camcorder-Bereich eingesetzt.
- Video-8, ähnlich dem VHS-Format, aber mit kleineren Kassetten
- S-VHS, die Weiterentwicklung von VHS, arbeitet mit dem Y/C-Video
- Hi-8 arbeitet mit dem Y/C-Video und wird auch im semiprofessionellen Bereich verwendet
- Betacam und Betacam SP kommen im professionellen Bereich zum Einsatz. Sie verwenden das hochwertige YUV-Videosignal.

Für das bildgenaue Bearbeiten der auf Magnetband gespeicherten analogen Videosignale muss jedes Bild mit einer Adresse – dem Timecode ❷ – versehen werden. Damit wird jedem Bild eine eindeutige Position zugewiesen und andere Audio- und Videoelemente können damit synchronisiert werden.

❶ Aufzeichnung von analogem Video nach dem VHS-Videoband-Format.

❷ Der verbreitetste Timecode ist der SMPTE-Timecode der Society of Motion Picture and Television Engineers.

Lektion 7.2 Film und Video   **Kapitel 7 Video**

7.2.4 Digitale Videotechnik

Analog-digital Wandlung

Jedes aufzunehmende Bild muss mit einem A/D-Wandler (Analog-digital-Wandler) digitalisiert werden. Dies geschieht entweder direkt im Aufnahmegerät (Digitalkamera) oder mit einer speziellen Digitalisierungskarte (Video Capture Card) im Computer.

Das Prinzip der Analog-digital-Wandlung:

1. Die Ausgangsbasis ist ein analoges Signal.
2. In festen Zeitabständen wird das analoge Signal abgetastet (Sampling).
3. Die abgetasteten Amplitudenwerte werden digitalen Werten zugeordnet (Quantisierung).
4. Die digitalen Abtastwerte werden binär kodiert.

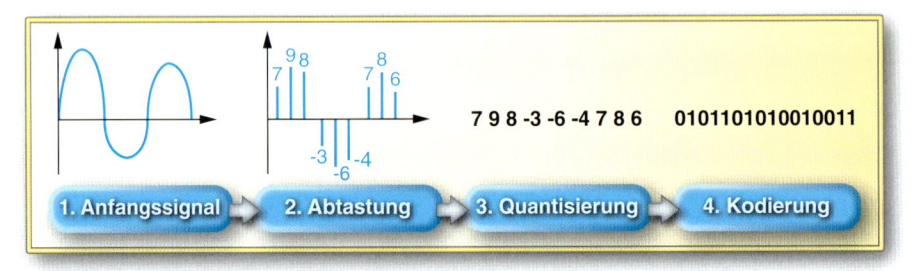

Das Endprodukt sind digitale Videodateien, gespeichert auf der Festplatte des Computers. Sollen die Dateien wieder auf analoge Bänder zurückgespielt werden, so ist dafür eine D/A-Wandlung notwendig. Ein maßgebliches Kriterium für den weiteren Gestaltungsprozess ist die Videoqualität nach dem Digitalisierungsprozess.

❶ Video in Broadcast-Qualität dient primär als analoges Ausgangsmaterial für die Digitalisierung.

❷ Die digitalisierten Datenmengen müssen oft begrenzt werden. Über eine eingeschränkte Farbpalette (die Bildpixel des Videos können nur eine begrenzte Anzahl von Farben annehmen) kann eine Datenreduzierung vorgenommen werden.

❸ Eine starke Reduzierung der Auflösung des Videos und eine nachträgliche Vergrößerung des Bildes hat immer Informationsverluste zur Folge.

❶ Video-Quelle    ❷ Reduzierte Farbpalette    ❸ Reduzierte Auflösung

Die Qualität des digitalisierten Videos hängt zum einen von der Hard- und Software der Digitalisierungsausrüstung ab, und zum anderen von dem gewünschten späteren Einsatzumfeld des Videofilms. Das Einsatzumfeld ist die Hard- und Softwareausrüstung der Zielgruppe zum Abspielen des Videofilmes. Diese Ausrüstung erfordert oft eine bewusste Reduzierung der Video-Datenmenge mit einer Begrenzung der Pixelauflösung, einer Begrenzung der Farbauflösung (Farbtiefe) und einer Begrenzung der Bilder pro Sekunde.

❹ Beim Mini-DV-Format wird das RGB-Signal (Rot, Grün, Blau) in ein YUV-Signal (Signal mit getrennter Übertragung des Farbtons, der Farbsättigung und der Helligkeit) umgewandelt, digitalisiert und komprimiert. Zum Einsatz kommen dabei spezielle DV-Kassetten.

❺ Firewire ist ein plattformübergreifendes Protokoll für Hochgeschwindigkeitsübertragungen.

Digitale Video-Formate

- D1, D2, D3 sind Videoformate für den professionellen Bereich mit sehr hohen Datenströmen und noch nicht für Desktop-Video geeignet
- Digital-Betacam, ein Component-Video-Format mit 4 digitalen Tonspuren
- Mini-DV ❹ wird bei digitalen Camcordern verwendet. Dabei hat sich die Firewire Schnittstelle ❺ für die Übertragung der Daten zum Schnittsystem durchgesetzt.

❶ Unter Broadcast-Qualität versteht man sendefähiges Videomaterial mit 25 Bildern pro Sekunde und einer Datenmenge von ungefähr 1 MB pro Einzelbild.

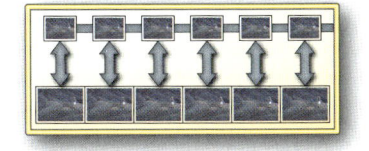

❷ M-JPEG, ein Hardware-abhängiges ompressionsverfahren, bei dem alle Bilder einer digitalen Videosequenz im JPEG-Verfahren komprimiert werden.

❸ MPEG (Motion Picture Experts Group), mittlerweile in drei Spezifikationen MPEG 1, MPEG 2 und MPEG 4 verbreitet, arbeitet nach der Interframe-Kodierung und nutzt die räumliche und zeitliche Ähnlichkeit der Bilder.

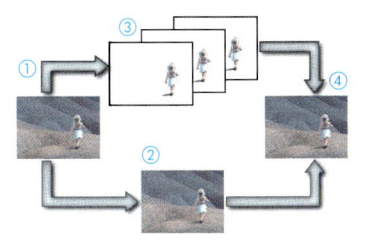

① Komplettes Video mit allen Daten jedes Einzelbildes.

② Gesamtbild (I-frame) – komplett mit statischen Daten. I-frames müssen nur wenige übertragen werden.

③ B-frames und P-frames, beinhalten nur die sich ändernden Bildinformationen, z. B. Bewegungen eines Objektes, in festgelegten Rasterblöcken (8x8 Pixel).

④ Das Ergebnis nach der Dekompression: I-frames, B-frames und P-frames wurden wieder zusammengeführt.

Videokompression

Setzt man eine normale CD-ROM als Datenträger für den digitalen Videofilm ein, so stünden bei *Broadcast-Qualität* ❶ ohne spezielle Datenkompression nur 20 Sekunden Spielzeit zur Verfügung. Aber auch die Datengeschwindigkeit zwischen den Computerkomponenten würde für diese enormen Datenmengen, die pro Sekunde auftreten, nicht ausreichen. Damit Video auf handelsüblichen Personalcomputern abgespielt werden kann, muss der Videofilm auf eine praktikable Größe komprimiert werden. Ziel ist dabei immer: möglichst hohe visuelle Qualität bei gleichzeitiger Sicherstellung, dass die zur Verfügung stehende Abspielhardware nicht überlastet wird.
Ein weitverbreitetes Verfahren zum Komprimieren von Standbildern ist das *JPEG* (Joint Photographics Experts Group). Darauf baut das *M-JPEG*-Verfahren ❷ für digitale Videosequenzen auf, welches jedoch zur Dekomprimierung spezielle Hardware benötigt.

Die am weitesten verbreiteten Kompressionsverfahren für die Hardware-unabhängige Wiedergabe digitaler Videofilme sind Microsoft's *Video für Windows*, Apple's *QuickTime* oder das *MPEG*-Verfahren ❸. Diese Verfahren arbeiten in Bezug auf Kompressions- und Dekompressionsverhältnis asynchron, das heißt, obwohl für die Kompression eine hohe Prozessorleistung benötigt wird, kommt man auf der Wiedergabeseite mit relativ geringer Leistung für die Dekompression aus. In den meisten Fällen kann eine solche Kompression bis zu 95% der analogen Originaldaten eines Videos entfernen, ohne die visuelle Bildqualität stark einzuschränken. Dazu werden komplexe mathematische Algorithmen benutzt, die das Video hinsichtlich redundanter Informationsinhalte untersucht und diese dann ausblendet.

Beim Gestalten von digitalen Videosequenzen, die komprimiert werden sollen, muss darauf geachtet werden, dass möglichst nicht die gesamte Bildfläche verändert wird, sondern nur begrenzte Bildteile. Sonst werden die durch die Kompression erzeugten B-frames und P-frames zu groß. Dies trifft insbesondere bei Schwenks und Zooms zu. Da die Kompressionsalgorithmen üblicherweise auf eine konstante Datentransferrate eingestellt sind, kompensieren die Systeme eine solche Erhöhung der Datenmenge durch eine Reduktion in der Pixelauflösung, die sich jedoch negativ auf die Bildqualität auswirkt.

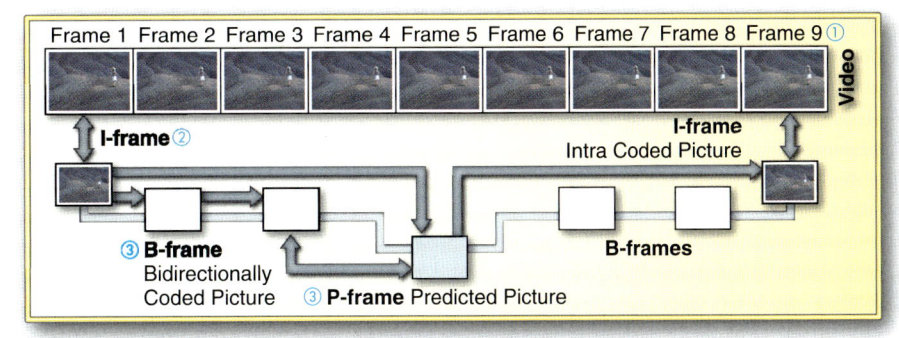

Prinzip des MPEG-Verfahrens: Aus den gesamten Videoeinzelbildern (Frames) werden wenige Bilder vollständig im JPEG-Verfahren als I-frame komprimiert. Zwischen den I-frames nehmen spezielle Zwischenbilder (P-frames) die Bildinformationen auf, die sich von einem I-frame zum nächsten I-frame ändern. Zusätzliche Zwischenbilder (B-frames), die immer die Bildinformationen beinhalten, die sich von Frame zu Frame ändern, komplettieren den Datenstrom.

7.3 Filmgestaltung

In der Filmgestaltung gelten auch die Grundsätze der Bildgestaltung, wie Einstellungen und Perspektive (siehe Kapitel 6).

7.3.1 Bewegung

Bewegung kann durch den Wechsel des Betrachtungsstandpunktes erreicht werden. Verändert der Gestalter den Bildausschnitt, in dem er die Kameraposition oder die Brennweite der Kamera verändert, so kommt Bewegung ins Bild. Dies kann durch verschiedene Bewegungsarten realisiert werden.

Bewegung von Ort zu Ort

Die Bewegung in Bewegtbildmedien beruht hauptsächlich auf der Eigenbewegung ❶ der dargestellten Objekte oder der Bewegung des Betrachtungsstandpunktes ❷.

❶ Unter Eigenbewegung der Objekte versteht man das örtliche Verändern der dargestellten Objekte, sowie die Veränderung der Objekte in ihrer Gestalt.

❷ Bei der Bewegung des Betrachtungsstandpunktes wird dynamisch die Einstellgröße des Bildausschnittes verändert. Die klassische Kamerafahrt ist ein typisches Beispiel für diese Gestaltungsform.

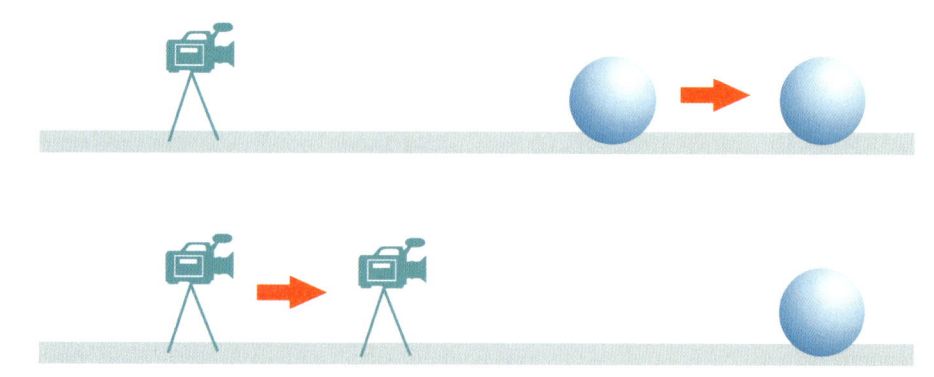

Zoom als Bewegung

Anders als bei der Bewegung des Betrachtungsstandpunktes (Kamera) wird bei einem Zoom ❶ lediglich die Brennweite des Objektivs verändert. Dadurch erfolgt zwar auch eine dynamische Änderung der Einstellgröße, aber mit dem Unterschied, dass gleichzeitig der Aufnahmewinkel im Sinne der Perspektive mitverändert wird. Das hat zur Folge, dass sich je nach Brennweite, die Beziehung zwischen dem Objekt im Vordergrund und seinem Bildhintergrund verändert.

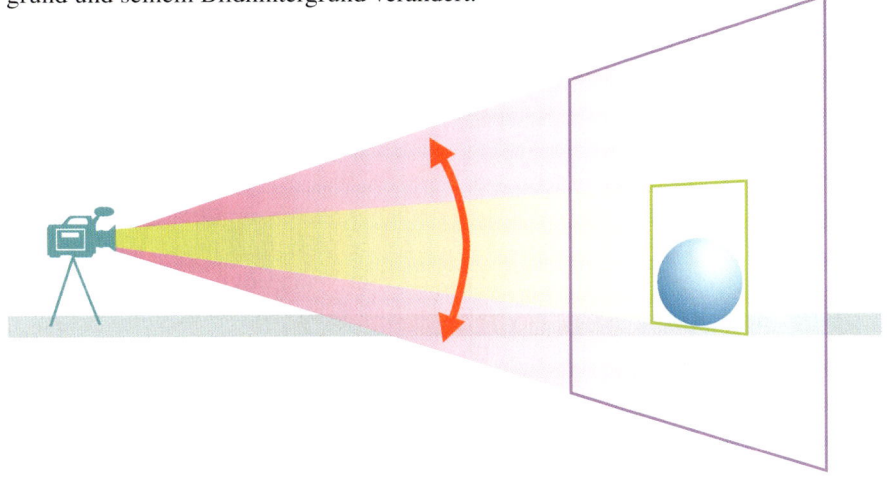

❶ Der Zoom im Bewegtbild wird gern als Pseudo-Ortsveränderung verwendet.

Einstellungen mit großer Brennweite verdichten den Vordergrund und Hintergrund. Einstellungen mit kleiner Brennweite vermitteln eher einen räumlichen Eindruck mit großer Distanz zwischen Vordergrund und Hintergrund.

Schwenk als Bewegung

Veränderungen des Bildausschnitts im Bewegtbild um seine Horizontal- und Vertikalachse bezeichnet man als Schwenk.

❷ Eine Szene besteht aus einer oder mehrerer Einstellungen, die durch den Ort oder die Handlung verbunden sind.

Je nach Geschwindigkeit und Richtung der Schwenkbewegung können mit dieser Gestaltungsform unterschiedliche Funktionen erreicht werden:
Sie verschaffen einen Überblick, oder können den Blick des Betrachters lenken.

❸ Tilts werden gerne für hohe Gebäude eingesetzt oder als dramaturgisches Mittel, wenn durch die Emporbewegung eine Spannung aufgebaut wird.

Ein Schwenk innerhalb einer Szene ❷ von einem Objekt zu einem anderen leitet von einer Einstellung in eine andere über.
Eine Veränderung um die vertikale Achse bezeichnet man als Tilt ❸.

Lektion 7.3 Filmgestaltung Kapitel 7 Video

7.3.2 Richtung

❶ Die „subjektive Kamera" nimmt die Position einer Figur ein und zeigt deren Sichtweise.

❷ Die „objektive Kamera" betrachtet Figuren und Handlung aus neutralen Standpunkten.

Grundsätzlich unterscheidet man zwischen einer „subjektiven" ❶ und einer „objektiven" ❷ Kameraführung.

Blickrichtung

Sollen Menschen in Einstellungsgrößen zwischen „Halbnah" und „Groß" dargestellt werden, so muss der Kameramann der Person in seiner Blickrichtung ausreichend Luft geben. Durch diese meist asymmetrische Bildaufteilung wird der Blick des Zuschauers mit dem Blick der Person gekoppelt und zieht mit einer Spannungshaltung über das gesamte Bild.

Achsensprung

Um Handlungsabläufe mit filmischen Mitteln zu beschreiben, muss die Kameraführung ein für den Zuschauer immer logisch und nachvollziehbaren visuellen Eindruck vermitteln. Bei Veränderung des Aufnahmestandpunktes ist dabei auf die „Achsensprung-Regel" ❸ zu achten.

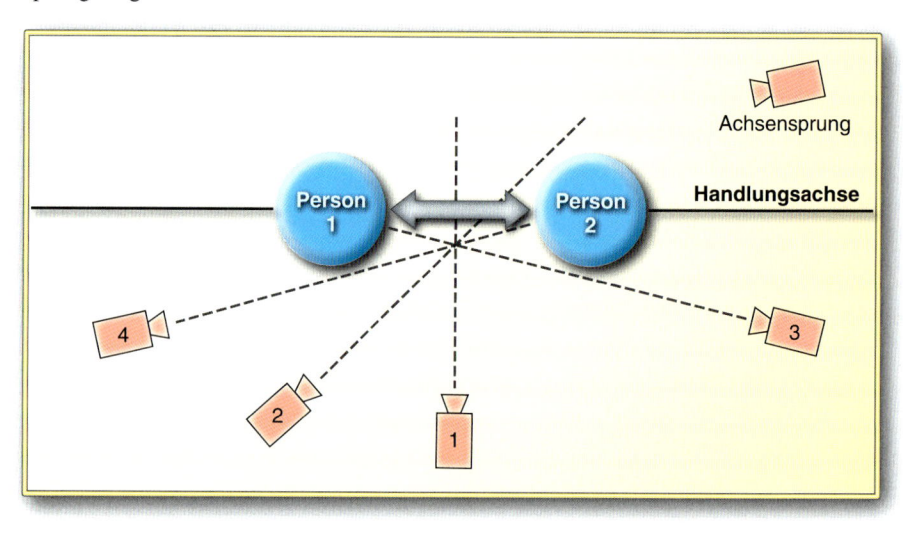

❸ Die Wahrnehmung und Interpretation einer Bewegung vor der Kamera orientiert sich an der Handlungsachse, einer gedachten Linie zwischen den handelnden Figuren bzw. Personen im Bild. Sie sorgt beim Zuschauer für die räumliche Orientierung und die Kontinuität der Bewegung von Einstellung zu Einstellung und den Bezug der Personen zueinander. Die Kamerapositionen (1-4) sind auf einer Seite der Handlungsachse. Überspringt die Kamera unvorbereitet diese Linie, so kann der Zuschauer die Szene nicht mehr logisch nachvollziehen.

Muss aus räumlichen, gestalterischen oder inhaltlichen Gründen ein Achsensprung vorgenommen werden, so kann dieser Sprung durch ein neutrales Zwischenbild kompensiert werden. Dieses Zwischenbild sollte aus der Blickrichtung der Handlungsachse aufgenommen werden.

Schuss und Gegenschuss

Soll die Unterhaltung von zwei Partnern filmisch umgesetzt werden, so bietet sich die abwechselnd veränderte Kameraposition und ihrer Richtung an. Dabei nehmen die Kameras im Wechsel eine fest entgegengesetzte Position ein.

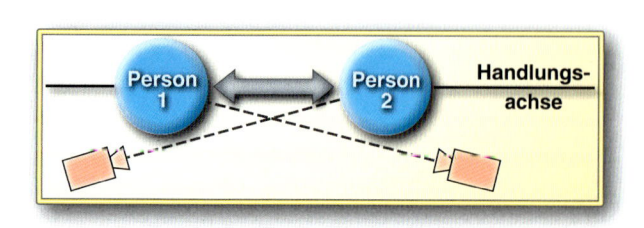

Obwohl die Personen jeweils getrennt aufgenommen werden, wirkt die Handlung nach dem Schnitt für den Zuschauer räumlich und zeitlich zusammengehörig.

7.3.3 Beleuchtung

Wie in der Bildgestaltung ist beim Gestalten einer Filmeinstellung das Aufnahmeobjekt, je nach gewünschter dramaturgischer Wirkung, richtig auszuleuchten. Dies ist nicht nur in lichtschwachen Innenräumen notwendig, sondern auch in freier Umgebung, bei der genügend Tages- oder Sonnenlicht vorhanden ist.

Bei Außenaufnahmen und strahlender Sonne ist der entstehende große Beleuchtungskontrast nicht immer erwünscht. Mit Aufhellschirmen, Aufhellspiegeln und Reflektoren können einzelne Bildbereiche bewusst aufgehellt werden.

Bei Dämmerung, Nachts oder in Mischlichtsituationen muss auch im Freien zusätzliches künstliches Licht eingesetzt werden.

In Innenräumen und in Filmstudios kommt die künstliche Beleuchtung im vollen Umfang zum Einsatz. Sie wird in folgende Arten eingeteilt:

- Hauptlicht ❶ leuchtet die Szene und all ihre Objekte fast ohne Schatten aus.
- Führungslicht ist ein starkes, auf das Objekt gerichtetes Licht.
- Füll-Licht als Aufhellung mindert Schatten und gleicht Kontraste durch eine weiche Ausleuchtung aus.
- Gegenlicht befindet sich hinter dem Objekt und schafft einen Lichtkranz um das Objekt. Es darf nicht in die Kamera fallen.
- Hintergrundlicht leuchtet nur den Hintergrund aus, unabhängig von der Hauptbeleuchtung.
- Kamera-Licht wird als kleine Lichtquelle auf die Kamera montiert, wirkt ähnlich einer „Grubenlampe".

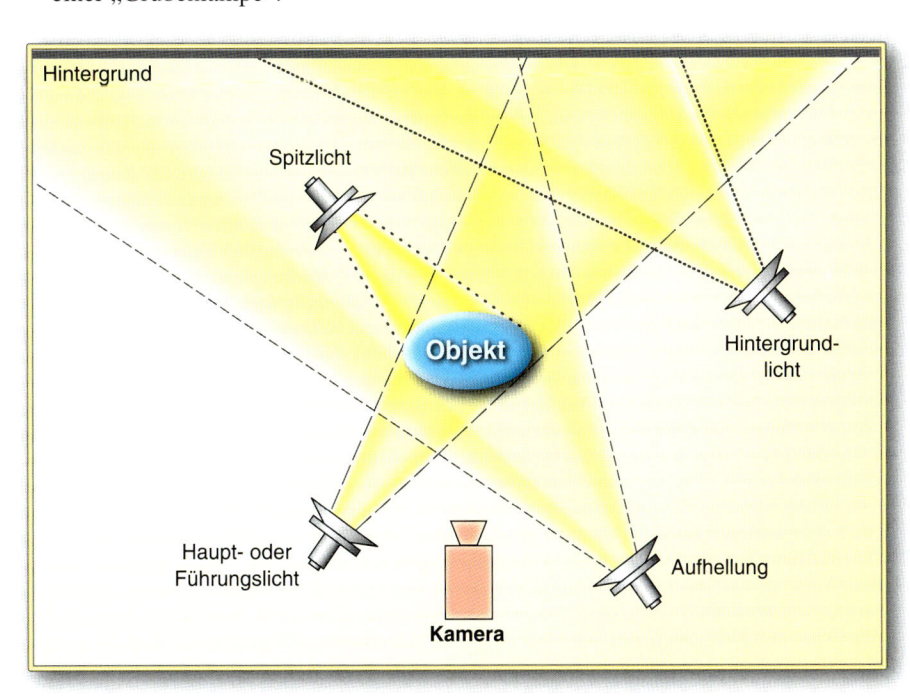

❶ Je nach Anordnung und Intensität des Hauptlichtes erreicht man unterschiedliche Lichteffekte:

Voll-Licht

Schlank-Licht

Teilungslicht

Prinzipielle Studiobeleuchtung mit Hauptlicht, Spitzlicht, Hintergrundbeleuchtung und einer Aufhellung.

7.3.4 Aufnahmetechniken

Die Gestaltungsmöglichkeiten während der Videoaufnahmen eröffnen zur Gestaltung des einzelnen Bildausschnittes auch zusätzliche Tricktechniken.

Dies kann sich zum Beispiel auf die Manipulation der Filmzeit beziehen. Filmzeit und Wirklichkeit stimmen innerhalb einer Einstellung im Allgemeinen überein. Es gibt jedoch immer wieder Situationen, in denen durch bewusste Veränderung dieser Übereinstimmung Handlungen und Objekte in einer ganz neuen Betrachtungsweise gesehen werden können.

Zeitlupe

Soll eine Zeitdehnung vorgenommen werden, so kann der Gestalter die *Zeitlupe* (*Slow Motion*) ❶ einsetzen. Dabei ist die Aufnahmefrequenz höher als die Wiedergabefrequenz. Bei der Wiedergabe mit normaler Bildfrequenz wird der Bewegungsablauf somit verlangsamt.

❶ Die *Zeitlupe* ermöglicht z. B. eine Zeitdehnung von Momentaufnahmen bei Sportereignissen.

Wie durch ein Vergrößerungsglas kann plötzlich mehr erkannt werden. Beispielsweise beim Start eines Schwimmwettkampfes zeigt Slow Motion den genauen Absprung der Schwimmer und lässt genaue zeitliche Einzelheiten erkennen. Wer zuerst abgesprungen ist, bleibt somit kein Geheimnis mehr.

Zeitraffer

Soll dagegen die Aufnahmezeit komprimiert werden, so kommt der *Zeitraffer* (*Quick Motion*) ❷ zum Einsatz. Beim Zeitraffer ist die Aufnahmefrequenz niedriger als die Wiedergabefrequenz. Somit werden Bewegungsvorgänge bei der Wiedergabe mit größerer Geschwindigkeit dargestellt.

Besonders interessante Effekte lassen sich mit Hilfe der Einzelbildschaltung erzielen. Dadurch besteht die Möglichkeit, zwischen die Belichtungen der Einzelbilder lange Wartepausen einzuschieben. Mit einer derartigen Aufnahmemethode lassen sich zum Beispiel das Auffalten von Blüten und andere normalerweise nicht als Bewegung erkennbare Wachstumsvorgänge darstellen.

❷ Der *Zeitraffer* komprimiert alle Bewegungen eines langen Zeitraumes zu einer kurzen Szene (Beispiel: Aufgehende Blume).

Blue Screen-Technik

Eine weitere sehr populäre Gestaltungstechnik bei der Videoaufnahme ist die sogenannte *Blue Screen-Technik* oder auch „Blue Box" genannt. Ein Projektionsverfahren, mit dem es möglich ist, einzelne Objekte separat aufzunehmen und direkt im Aufnahmestudio vor einen beliebigen Hintergrund einzublenden. Diese Technik erlaubt zum Beispiel das Agieren eines Schauspielers vor einem fiktivem Hintergrund.

Ein bekanntes Beispiel ist der Flug des Drachens Fuchur bei der Verfilmung von Michael Endes ‚Die unendliche Geschichte'. Aufgenommen mit der Blue Box Technik lässt der Regisseur den Drachen mit dem Darsteller Bastian für den Zuschauer über weite Landschaften fliegen. Aber auch aus den täglichen Nachrichten ❸ ist die Blue Box Technik bekannt. Themenbezogene Bilder werden in den Hintergrund des

❸ Blue Box Technik bei Nachrichtensendungen.

Nachrichtensprechers eingeblendet und unterstreichen damit bildlich die Meldungen, ohne den Sprecher auszublenden. Ein anderes Beispiel ist Rüdiger Nehberg als Survival-Führer ❶ oder Peter Lustig bei der Multimedia-Anwendung ‚Löwenzahn' ❷, bei der er als Darsteller auf einem grafischen Hintergrund durch die interaktive CD-ROM führt.

❶ Rüdiger Nehberg, einkopiert in eine fiktive Survival-Landschaft (Rüdiger Nehberg - SURVIVAL).

❷ Peter Lustig agiert in voller Größe auf dem Screen (Löwenzahn - Terzio-Verlag)

Wie funktioniert nun die Blue Screen Technik? Möchte man zum Beispiel das Küken mit dem Ei in eine Wüste versetzen ohne es wirklich an diesen heißen Ort zu bringen, so wird einfach das Küken vor einer einfarbigen (am Besten einer blauen) Leinwand aufgenommen.

Alle Teile der Vollfarbe Blau ❸ werden auf elektronische Weise aus den Aufnahmen ausgeblendet. Das so freigestellte Objekt kann auf einem beliebigen Hintergrundfilm eingestanzt werden.

❸ Die Farbe Blau als Hintergrundfarbe war der Namensgeber für die Stanztechnik „Blue Screen" bzw. „Blue Box".

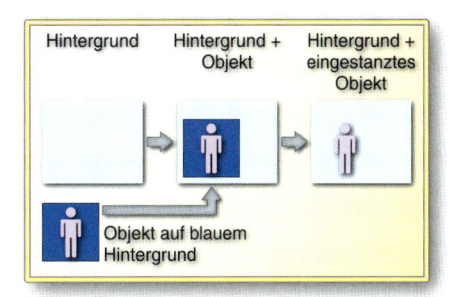

Um keine unschönen Nebeneffekte zu produzieren, muss darauf geachtet werden, dass das Vordergrundobjekt keine Stellen mit blauer Vollfarbe besitzt, sonst würden diese selbstverständlich auch entfernt. Alternativ zur Farbe blau können auch andere Vollfarben verwendet werden, die sich mit ausreichendem Kontrast vom Vordergrundobjekt abheben.

7.4 Video-Produktion

Produzieren von Videofilmen ist ein sehr umfangreicher Prozess. Er beginnt bei der Ideenfindung und geht bis hin zur Integration des Films in die Präsentationsumgebung. Schon bei den ersten konzeptionellen Schritten sollte der Gestalter von Filmsequenzen bei seiner Arbeit in kontinuierlichen Zeitabläufen denken, in der Aneinanderreihung von Filmszenen.

> Eine Szene gilt im Allgemeinen als kleinste Einheit einer Filmerzählung, die aus einer oder mehreren Einstellungen besteht, welche durch Ort oder Handlung miteinander verbunden sind.

Die Gestaltung des einzelnen Bildausschnittes reicht für die Gestaltung eines Filmes noch lange nicht aus.

7.4.1 Drehbuch

Konzeptionelle Ideen sollten schriftlich festgehalten werden, damit für die weitere Produktion eine Basis zur Verfügung steht. Dazu dient das Drehbuch.

Das Drehbuch – die Anleitung oder der Entwurf für einen Film – ist eine in Bildern erzählte Geschichte. Es geht um eine Person oder Personen, die an einem Ort, oder mehreren Orten, eine Handlung vollziehen. Und wie bei den meisten Geschichten gibt es einen eindeutigen Anfang, eine präzise Mitte und ein definiertes Ende.

Das klassische Drehbuch hat immer diese grundlegende, geradlinige Struktur. Ein solches Modell eines Drehbuches bezeichnet man als „Paradigma" (Grundmuster). Hierbei rechnet man mit einer Seite Drehbuch pro Minute, das sind bei einem 2 Stunden Film ca. 120 Seiten Drehbuch.

1. Akt Der Anfang: Exposition

Auf dem ersten Drittel des Drehbuches wird die Geschichte etabliert. Die Hauptfigur wird vorgestellt und der erste Eindruck über die Geschichte und die Situation vermittelt. Am Ende des ersten Aktes steht ein Plot Point ❶.

2. Akt Die Mitte: Konfrontation

Im zweiten Drittel des Drehbuches wird der Großteil der Geschichte abgehandelt. Der Konflikt beherrscht die dramatische Handlung. Es werden die Grundbedürfnisse der Hauptfigur und die Ziele, die sie erreichen soll, behandelt. Am Ende des zweiten Aktes führt wieder ein Plot Point zur Auflösung der Geschichte.

3. Akt Das Ende: Auflösung

Im letzten Drittel des Drehbuches wird die Geschichte aufgelöst. Was ist mit der Hauptfigur passiert? Überlebt oder stirbt sie? Gewinnt oder verliert sie? Ein starker Schluss löst die Geschichte auf und macht sie dadurch verständlich.

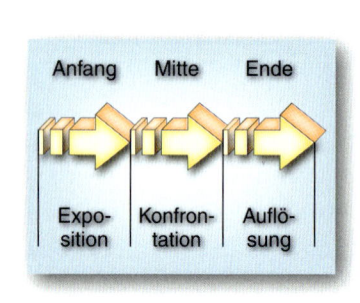

❶ Ein Plot Point ist ein Vorfall oder Ereignis, das in die Geschichte eingreift und sie in eine andere Richtung lenkt.

Die Form des klassischen Drehbuches:
❶ Ortsangabe
❷ Beschreibung der Szene
❸ Vorschlag für Kameraführung und Wechsel von außen nach innen
❹ Neueingeführte Person immer in Großbuchstaben
❺ Dialoge, eingerückt
❻ Geräusche und Musikeffekte immer in Großbuchstaben
❼ Person, die spricht in Großbuchstaben, zentriert, Regieanweisung für Schauspieler in Klammern
❽ Ende einer Szene mit SCHNITT oder BLENDE bezeichnen

❾ Beispiel einer Formularvorlage eines Drehbuches für detaillierte Regieanweisungen.

❿ Der Begriff „Postproduktion" umschreibt alle weiteren Bearbeitungsschritte im Videoerstellungsprozess, die nach den Aufnahmen erfolgen.

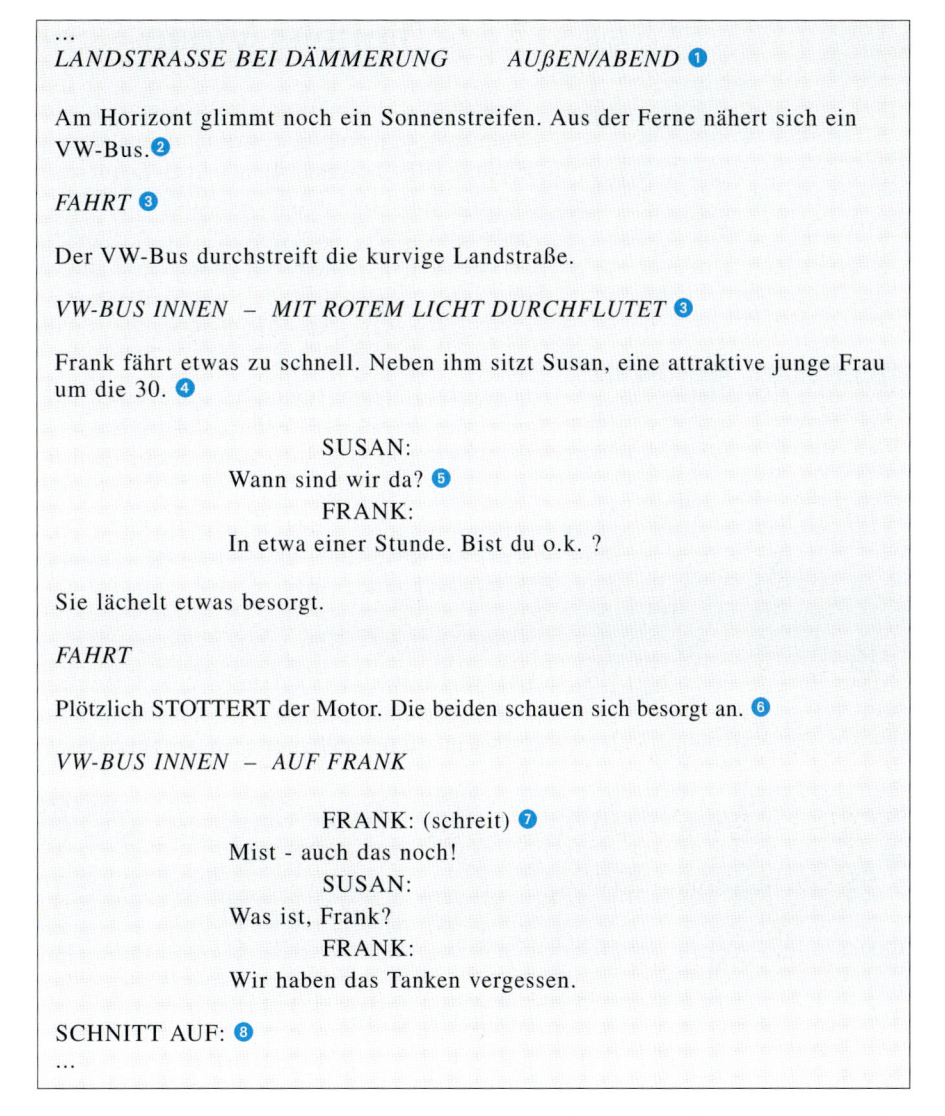

...
LANDSTRASSE BEI DÄMMERUNG   AUßEN/ABEND ❶

Am Horizont glimmt noch ein Sonnenstreifen. Aus der Ferne nähert sich ein VW-Bus.❷

FAHRT ❸

Der VW-Bus durchstreift die kurvige Landstraße.

VW-BUS INNEN – MIT ROTEM LICHT DURCHFLUTET ❸

Frank fährt etwas zu schnell. Neben ihm sitzt Susan, eine attraktive junge Frau um die 30. ❹

        SUSAN:
        Wann sind wir da? ❺
        FRANK:
        In etwa einer Stunde. Bist du o.k. ?

Sie lächelt etwas besorgt.

FAHRT

Plötzlich STOTTERT der Motor. Die beiden schauen sich besorgt an. ❻

VW-BUS INNEN – AUF FRANK

        FRANK: (schreit) ❼
        Mist - auch das noch!
        SUSAN:
        Was ist, Frank?
        FRANK:
        Wir haben das Tanken vergessen.

SCHNITT AUF: ❽
...

Abweichend vom klassischen Drehbuch sind bei Videoproduktionen auch Hinweise für Kamera-Einstellungen, von Totalen, Nahaufnahmen, Anweisungen für Zooms, Schwenks usw. üblich ❾. Damit erhält das Produktionsteam eine Basis für den gesamten Produktionsprozess.

Nach der aufnahmetechnischen Filmgestaltung eröffnet sich für den Gestalter bei der Postproduktion ❿ noch jede Menge kreativer Gestaltungsmöglichkeiten.

Manche Produzenten bevorzugen eine Schnittbearbeitung an einem analogen Schnittplatz, manche einen hochmodernen, rein digitalen Schnittplatz.

Für Multimediaanwendungen muss das Endprodukt sowieso in digitaler Form vorliegen. Deshalb bietet es sich an, entweder schon die Aufnahmen mit digitalen Videokameras vorzunehmen, oder vor dem Schnitt das gesamte Aufnahmematerial zu digitalisieren.

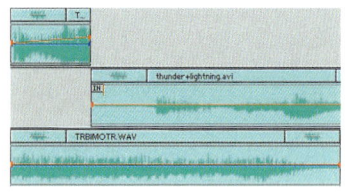

❶ Visualisierte Tonspuren

❷ Die Variationsvielfalt der Überblendeffekte ist fast unbegrenzt

❸ Beim Rendering-Prozess wird der Film mit allen digitalen Effekten, wie Titeleinblendungen, Überblendungen von Szene zu Szene etc., zum fertigen Videofilm produziert. Dabei muss jedes Einzelbild (Frame) vom Schnittsystem errechnet werden.

7.4.2 Digitaler Video-Schnitt

Der hauptsächliche Vorteil des digitalen Videoschnitts ist, dass dabei sehr einfach geschnitten und manipuliert werden kann. Dabei kann jedes Einzelbild per Mausklick kopiert, gelöscht, verschoben und zu Sequenzen zusammengestellt werden, die jederzeit abgespielt und in ihrer Wirkung betrachtet werden können. Dieser einfache Umgang mit dem Medium eröffnet dem Gestalter enorm viel Freiheit im kreativen Prozess des Videoschnittes. Auf Grund der digitalen Speicherung der Sequenzen als binärer Code können beliebig viele Schnittvarianten als Dateien erstellt werden, ohne das Originalmaterial zu beeinträchtigen. Genauso einfach kann auf verschiedene Videosequenzen zugegriffen werden.

Dies geschieht durch einfaches und schnelles Einladen der Videodateien, ohne lästiges Vor- oder Zurückspulen von Bändern. Ein weiterer Vorteil ist, dass beim Schneiden keine Qualitätsverluste entstehen. Beim traditionellen Analogschnitt hingegen erfolgt der Schnitt durch Kopieren von Band zu Band, wobei jedes Mal Qualitätsverluste entstehen. So einfach wie die Videosequenzen visuell am Bildschirm angelegt werden können, so einfach erfolgt auch das synchrone Anlegen des Tons, der ebenfalls visualisiert ❶ dargestellt wird.

Überblendeffekte

Digitale Überblendeffekte sind in allen nur erdenklichen Variationen ❷ möglich. Je nach Wirkung, die der Gestalter erreichen möchte, sind Überblendungen (Transitions) ideale gestalterische Verknüpfungen von Einstellung zu Einstellung, von Szene zu Szene.

Schnittsysteme

Im digitalen Videoschnitt besteht ein Schnittsystem aus einer Hardware-Komponente und einer Schnittsoftware. Die Spezial-Hardware übernimmt dabei die Analog-Digital-Umwandlung, stellt der Software ausreichend grafische Rechenleistung für Echtzeitwiedergabe und für den Rendering-Prozess ❸ zur Verfügung und ermöglicht, wenn erforderlich, auch die Digital-Analog-Umwandlung des Schnittergebnisses auf Videoband. Die Schnittsystemsoftware stellt dem Gestalter die gesamte Funktionalität des Schneidens zur Verfügung und zeichnet sich als intuitive Benutzerschnittstelle für die kreative Arbeit des Editors (Cutter) aus.

Die Bandbreite der Schnittsysteme reicht von Home-Systemen, über semi-professionelle Systeme, wie z.B. „Adobe Premiere", bis zu professionellen Schnittsystemen z. B. der „Avid Media Composer" oder „Fast Silver".

Der Schneideprozess geschieht einfach durch visuelles Zusammenstellen der Einzelsequenzen (Takes), dem Hinzufügen der Effekte und dem synchronen Anlegen der Tonspuren und das alles per ‚Drag and Drop' (Versetzen der Elemente mit der Maus)

❶ Im Gegensatz zu einem „linearen" Schnittsystem, bei dem die Takes linear auf einem Band gespeichert sind, stehen bei einem „non-linearen" Schnittsystem die einzelnen Takes immer direkt zur Verfügung.

mit der sofortigen Kontrolle des erreichten Ergebnisses. Dabei werden in einem Zeitkoordinatensystem (Schnittfenster) mit einer definierten Zeitskala die einzelnen Video- und Audio-Takes in Spuren eingesetzt. Zwischen den einzelnen Takes werden die Effekte für Überblendungen, Einblendungen etc. eingesetzt. Das Schneideergebnis kann dabei direkt im Vorschaufenster betrachtet werden. Für digitale Effekte, z. B. aufwändige Überblendungen, muss der Film zuerst gerendert werden, damit das Ergebnis kontrolliert werden kann.

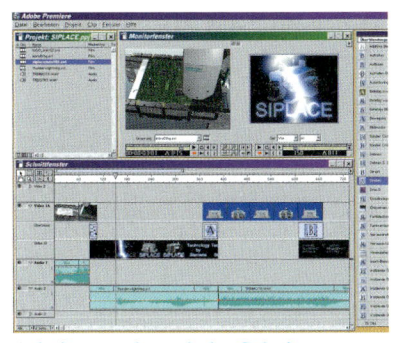

Arbeitsumgebung beim Schnittplatz Adobe Premiere

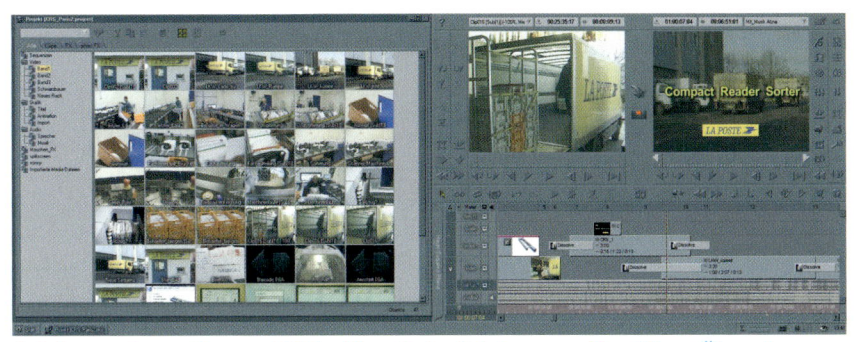

Arbeitsumgebung über zwei Bildschirme beim Schnittsystem Fast Silver. Über einen Bildschirm können z. B. die Takes oder Effekte ausgewählt werden und im anderen Bildschirm erfolgt der Schnitt und die Vorschau des Ergebnisses.

Die Speicherung sämtlicher Daten erfolgt dabei auf schnellen Festplatten. Man spricht dabei von einem „non-linearen" ❶ Schnittsystem.

Professionelle Schnittsysteme erlauben über eine elektronische Schnittliste, die EDL (Edit Decision List), einen systemübergreifenden Austausch der Schnittinformationen.

Ist der Schnitt abgeschlossen, so kann der fertige Videofilm in sein Zielformat, z. B. MPEG oder QuickTime exportiert oder über eine digital-analog-Wandlung auf ein Videoband ausgegeben werden.

7.4.3 Spezialeffekte

Vor der Zeit des digitalen Videos waren viele Spezialeffekte überhaupt nicht möglich, und wenn, dann war es ein sehr langwieriger Erstellungsprozess, der viel Zeit und Geld benötigte. Heute ist es möglich, mit Filtern, die aus Software-Algorithmen bestehen, in kürzester Zeit Spezialeffekte zu produzieren. Die Schnittsysteme beinhalten schon eine Fülle solcher Filter. Darüber hinaus gibt es Softwarehersteller, die sich auf die Produktion von „Special Effects"-Filtern konzentriert haben und diese als Programmerweiterung den Schnittsystemen zur Verfügung stellen.

➲ **Trotz der Vielzahl von Effektmöglichkeiten gilt für den Gestalter: Weniger ist oft mehr.**

Nur der didaktisch, dramaturgisch sinnvolle Einsatz dieser Effekte wird beim Betrachter das Ziel erreichen, welches der Gestalter von Bewegtbildkompositionen verfolgt.

Üben und anwenden

Aufgabe 1: Nehmen Sie Beispiele auf Video auf, die die Blue Screen Technik aus bekannten Film- und Fernsehproduktionen zeigen.

Aufgabe 2: Beschreiben Sie an Hand einer Nachrichtensendung verwendete Überblendeffekte mit der Einstellung davor und der Einstellung danach.

Aufgabe 3: Suchen Sie an Hand einer Multimedia-Anwendung mit Videofilmen die Filmszenen heraus, die die größten Bildsprünge (Ruckeleffekte) aufweisen und begründen Sie diesen Effekt.

Aufgabe 4: Suchen Sie in Film- und Fernsehen nach praktischen Beispielen von Zeitlupe und Zeitraffer und begründen Sie deren Verwendung.

Aufgabe 5: Vergleichen Sie digitale Videoclips hinsichtlich ihrer Dateigröße, ihrer Bildqualität und der evtl. Bildsprünge..

Aufgabe 6: Erstellen Sie kurze Videosequenzen ohne Schwenk, beispielsweise zu folgenden Themen:

Der Baum
Fließendes Wasser
Farben „rot" und „blau"

Aufgabe 7: Schreiben Sie ein Drehbuch im klassischen Stil für eine Kurzgeschichte.

8 Animation

Dieses Kapitel gewährt einen Einblick in die Welt der bewegten Grafik – der Animation. Die grundsätzlichen Prinzipien, nach denen Animationen aufgebaut sind, werden ebenso vorgestellt, wie der Aufbau komplexer Animationen mit 3D-Objekten, welche Werkzeuge dafür eingesetzt werden und wie über virtuelle Realität die Animation interaktiv wird.

Mit Überblendungen, Ein- und Ausblendungen, wie im letzten Kapitel vorgestellt, sind nur sehr begrenzte Effekte realisierbar. Um Objekte richtig in Bewegung zu setzen, sind Animationen notwendig. Eine Animation beschreibt hierbei alle Änderungen, die einen visuellen Effekt bedingen. Visuelle Effekte können dabei verschiedener Natur sein:

- Bewegungsdynamik, bei der die Position eines Objektes über einen Zeitraum hinweg verändert wird.
- Änderungsdynamik, bei der Form, Farbe, Transparenz, Struktur und Musterung eines Objektes über die Zeit verändert wird.
- Änderung der Beleuchtung, der Kameraposition und des Fokus über einen Zeitraum hinweg.

Diese Effekte können bei Präsentationen als Blickfang oder zur Veranschaulichung von komplexen Inhalten dienen. Werden Animationen sinnvoll eingesetzt, so können sie enorme Vorteile gegenüber statischen Bildern bringen. Animationen werden auf sehr unterschiedliche Art und Weise verwendet.

8.1 Prinzip und Formen der Animation

8.1.1 Prinzip der Animation

❶ Ab 18 Einzelbildern pro Sekunde werden die einzelnen Phasenbilder als kontinuierliche Bewegung wahrgenommen.

Animationen sind nur möglich auf Grund eines biologischen Phänomens, bekannt als 'Persistence of Vision'. Das Abbild eines durch das menschliche Auge gesehenen Objekts bleibt auch nach dem Abbilden auf der Netzhaut für einen kurzen Moment erhalten. Dadurch ist die visuelle Illusion einer Bewegung ❶ durch eine Serie von schnell aufeinander folgenden Bildern möglich.
Schon das allgemein bekannte Daumenkino basiert auf diesem Effekt.

Am Beispiel einer Uhr mit mehreren aufeinander folgenden Zeigerstellungen kann man diesen Effekt gut darstellen.

Wenn die Einzelbilder in schneller Abfolge gezeigt werden, so verwischen die statischen Zeigerstellungen zu einer kreisenden Bewegung der Uhrzeit. Führt man die Einzelbildserie bis zu 12 Stunden weiter, so wird ein kontinuierlicher Bewegungsprozess erreicht, der durch ständige Wiederholungen permanent dargestellt werden kann.

❷ Ab 72 Einzelbildern pro Sekunde ist das Flimmern für das menschliche Auge unsichtbar.

Beim Fernsehen wird mit 25 Einzelbildern pro Sekunde und beim Film mit 24 Einzelbildern gearbeitet. Durch die Verwendung von Halbbildern wird diese Bildfrequenz auf 50 Hz bzw. 48 Hz verdoppelt und sorgt dadurch für eine augenfreundliche Betrachtung ❷.

8.1.2 Phasenanimation

❸ Bei der Einzelphasenanimation, auch „Frame-by-frame-Technik" genannt, wird jedes Einzelbild gezeichnet.

Die meisten Animationen bauen auf einfache Zeichnungen von Einzelphasen ❸ auf, wie man sie aus dem klassischen Zeichentrickfilm kennt.

Eine kontinuierliche und fließende Bewegung einer grafischen Erdkugel ab 10 Phasenbildern.

Für einfache Bewegungsanimationen reichen oft auch schon wenige Phasenzeichnungen aus.

Die Visualisierung einer Schalterbewegung erfordert lediglich eine einzige Zwischenphase.

Bei schnellen Bewegungen in begrenzten Bildteilen zeichnen schon drei Einzelbilder eine fließende Bewegung aus.

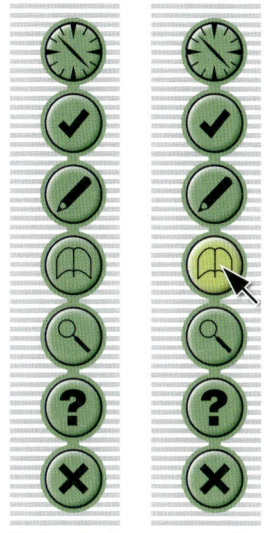

Die einfachste und am häufigsten eingesetzte Animationsform ist das Wechseln zwischen zwei Einzelbildern, die als Reaktion einer Benutzereingabe erfolgt. Dabei müssen die Einzelbilder standgenau positioniert werden.

Diesen Effekt trifft man sehr oft bei der Gestaltung von Benutzeroberflächen bei interaktiven Anwendungen an. Dabei können sich die Einzelbilder in Form, Farbe und Größe ändern.

Farbveränderungen von interaktiven Schaltflächen (Buttons)

Formveränderungen von interaktiven Schaltflächen (Buttons). Von links nach rechts:
❶ Aktiv,
❷ Mauscursor über dem Button,
❸ Klick auf Button,
❹ Deaktiv

Phasenanimation mit oszillierenden Bildveränderungen

Sollen gleichmäßig und linear verlaufende Bewegungen, wie Fließen, Strömen oder Pulsieren visualisiert werden, so kann diese besondere Art der Phasenanimation verwendet werden.

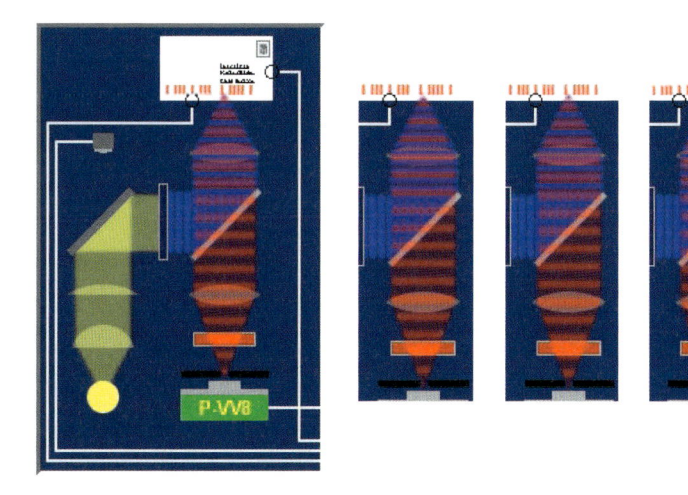

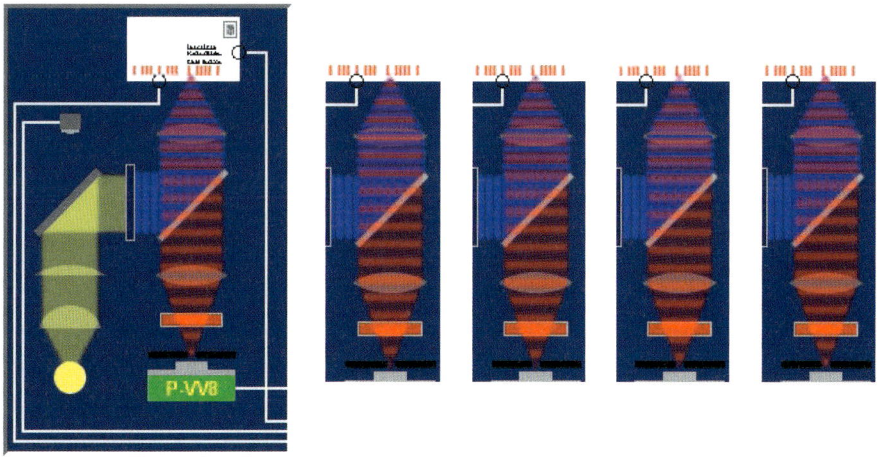

Animation auf Basis oszillierender Bildveränderungen zur Visualisierung von gebündelten Lichtstrahlen.

Der Effekt der kontinuierlichen Bewegung wird hierbei durch den sukzessiven Austausch von Teilbildern innerhalb einer Animationsschleife erreicht, bei denen die Phasenelemente leicht versetzt angeordnet werden.

Bild 1 ⇨ Bild 2 ⇨ Bild 3 ⇨ Bild 4 ⇨ Bild 5 ⇨ Bild 1 ⇨ Bild 2 ⇨ u.s.w.

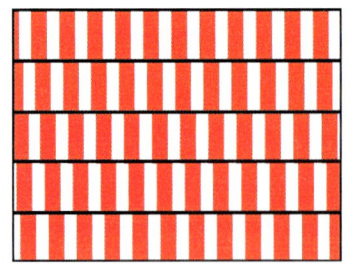

❶ Die Lücken in den Phasenteilbildern werden durch leichtes Überlappen geschlossen. Damit erreicht man einen flüssigen Bewegungsablauf.

Die Phasenbilder werden über Animationswerkzeuge in ein Autorenprogramm zum Bildschirmlayout hinzugefügt.

Um den Effekt der fließenden Bewegung zu verstärken, müssen alle Phasenbilder standgenau übereinander gelegt werden. Ein wirklich flüssiger Bewegungsablauf wird aber erst erreicht, wenn sich die Phasenelemente leicht überlappen ❶.

Die Qualität des Bewegungsablaufes kann durch möglichst viele Phasenbilder erhöht werden. Um eine Bewegungsrichtung zu erkennen, werden mindestens drei Phasenbilder benötigt. Ab vier zueinander versetzten Phasenbildern wird der Bewegungsablauf flüssig. Je höher die Bildfrequenz der Animationsschleife gewählt wird, umso flimmerfreier wirkt die Animation.

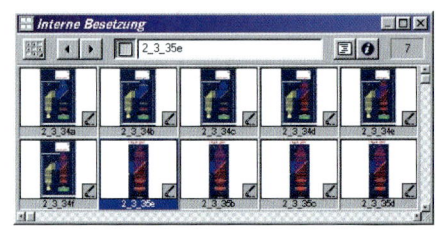

Für komplexe Bewegungsabläufe ist die reine Phasenanimation nicht besonders effizient. Bezieht sich die Bewegung auf die gesamte Bildschirmfläche, so muss bei der Phasenanimation für jedes Einzelphasenbild das gesamte Bildschirmbild benutzt werden. Um eine solche Animation möglichst ruckelfrei ablaufen zu lassen, wird eine hohe Bildfrequenz benötigt. Dies stößt aber unweigerlich an Performance-Grenzen der Systeme. Effizienter ist da die Kombination aus Phasenanimation und Pfadanimation.

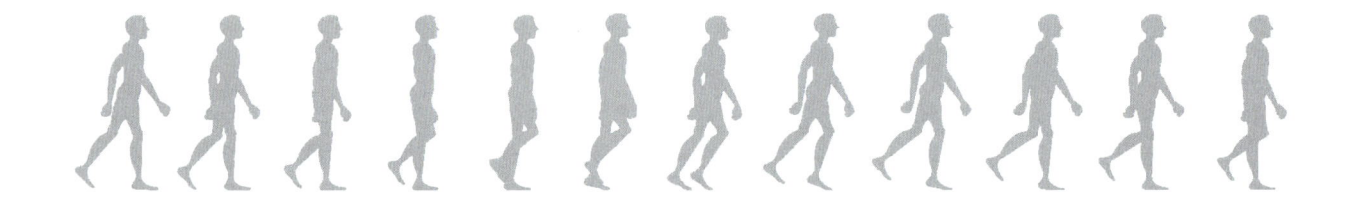

8.1.3 Pfadanimation

❷ *Cel-Animation*
(Cel = Cellophan) wurde nach der herkömmlichen Folientechnik benannt, bei der das zu bewegende Objekt auf einer Folie über den Hintergrund bewegt wird.

Bei diesem Animationstyp, auch *Cel-Animation* ❷ genannt, werden Vordergrundobjekte von den Hintergrundobjekten getrennt. Die Objekte im Vordergrund können beliebig über den Hintergrund bewegt werden. Damit erspart man sich die Einzelphasenbilder. Oft werden Animationstechniken gemischt. Phasenanimationen in der Frame-by-Frame-Technik werden zu einer kompakten Animationsschleife gebunden und wie ein einziges Grafikobjekt in der Cel-Technik über einen statischen Hintergrund bewegt.

Beispiel: Fliegende Taube über Wolkenhimmel.

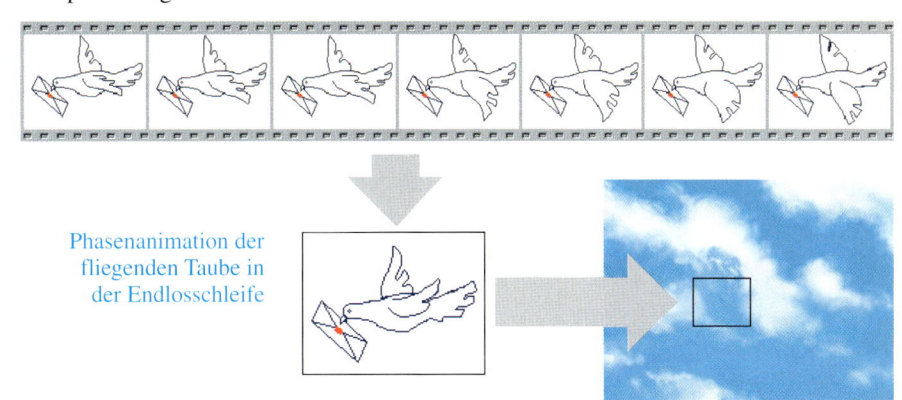

Phasenanimation der Taube in Frame-by-Frame-Technik.

Phasenanimation der fliegenden Taube in der Endlosschleife

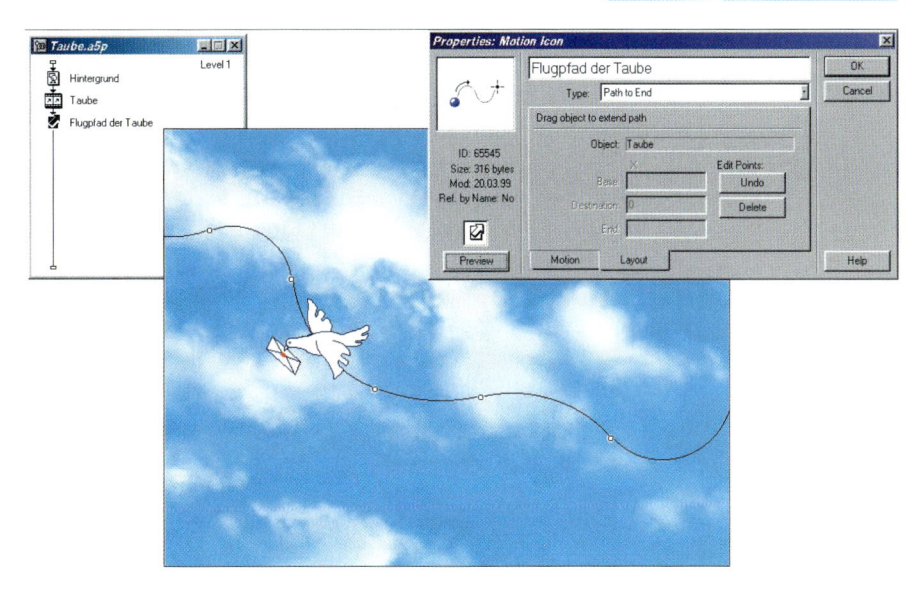

In einem Autorenprogramm wird der Pfad der Taube festgelegt.

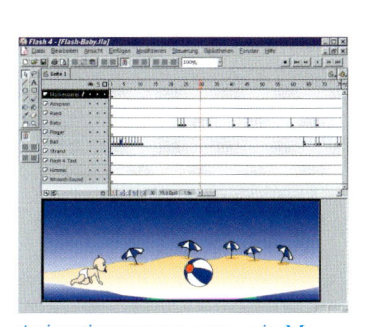

Animationsprogramme, wie Macromedia Flash, erlauben Animationen auch auf vektorieller Basis. Dadurch erreicht man speichersparende Animationen, die auch praktikabel über das Internet zu transportieren sind.

Im Zusammenspiel dieser Animationstechniken sind komplexe Animationen im zweidimensionalen Bereich möglich. Im Gegensatz zur reinen Phasenanimation ist hierbei auch das Datenaufkommen viel geringer.

8.1.4 3D-Animation

Animationen mit dreidimensionalen Darstellungen von Objekten eröffnen beim Visualisieren sehr beeindruckende und realitätsnahe Effekte. Mit den heutigen Werkzeugen zur 3D-Animationserstellung ist es nur noch eine Frage des Aufwandes, und damit von Zeit und Geld, wie mehr oder weniger realistisch wirkende virtuelle Gegenstände und virtuelle Welten dargestellt werden. Beispiele des aktuell Machbaren können wir meist auf der Kinoleinwand bei verschiedenen Filmproduktionen bewundern, da hier dank der kräftigen finanziellen Grundlage die heutigen Systeme zur 3D-Animationserstellung voll ausgespielt werden können. Komplexe realitätsnahe Animationen, wie zum Beispiel natürlich wirkende dreidimensionale Simulation menschlicher Bewegungsabläufe erfordern eine sehr teure Hard- und Softwareausstattung. Auch die Macher dieser Animationen müssen über ein entsprechendes Know-how verfügen, da diese Systeme in der Regel nicht sehr intuitiv zu bedienen sind. Setzt man jedoch als Maßstab nicht diese High-End-Produktionen an, so lassen sich einfache Objekte und Aktionen in einfacheren, leicht erlernbaren Programmen erstellen. Um dreidimensionale Animationen erstellen zu können, müssen zuerst die Objekte als 3D-Modell konstruiert werden.

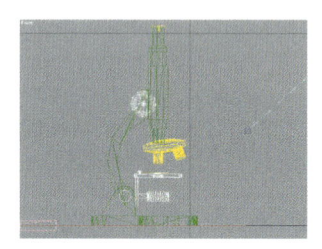

❶ *Modeling:*
Einfache Elemente, wie Quader, Kugeln etc. werden zu einem Drahtgittermodell zusammengesetzt.

❷ *Mapping:*
Das Drahtgittermodell wird mit Oberflächentexturen versehen.

❸ *Shading:*
Durch Setzen von Lichtquellen erzeugt man eine virtuelle Beleuchtungssituation, bei der das Objekt unter Berücksichtigung der Oberflächenstrukturen und deren Reflexionen sehr realistisch dargestellt werden kann.

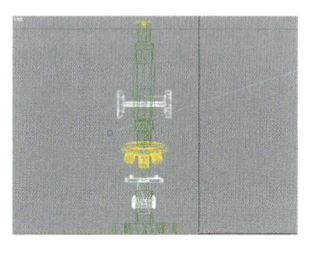

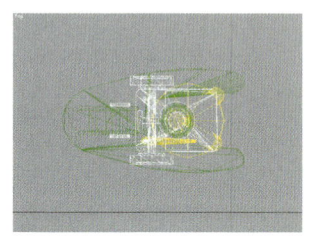

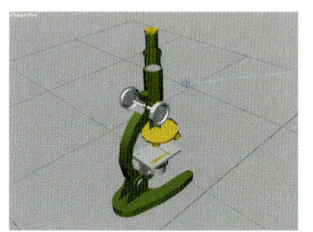

Dazu wird das Objekt als Drahtgittermodell ❶ gezeichnet. Jedes Teilelement muss dabei mit Länge, Breite und Höhe definiert werden. Dieses Modell kann dann mit verschiedenen Oberflächen versehen werden. Die 3D-Programme verfügen hierzu über Materialbibliotheken mit realistisch aussehenden Oberflächenstrukturen ❷. Sind die Oberflächen definiert, so kann das Modell mit Beleuchtungseffekten ❸ plastisch modelliert werden.

In modernen 3D-Animationsprogrammen lassen sich die Arbeitsphasen in variabel anzupassenden Ansichten des Objektes aufteilen. Trotzdem benötigt der Gestalter bei der Arbeit sehr viel technisches Verständnis und ein gutes dreidimensionales Vorstellungsvermögen.

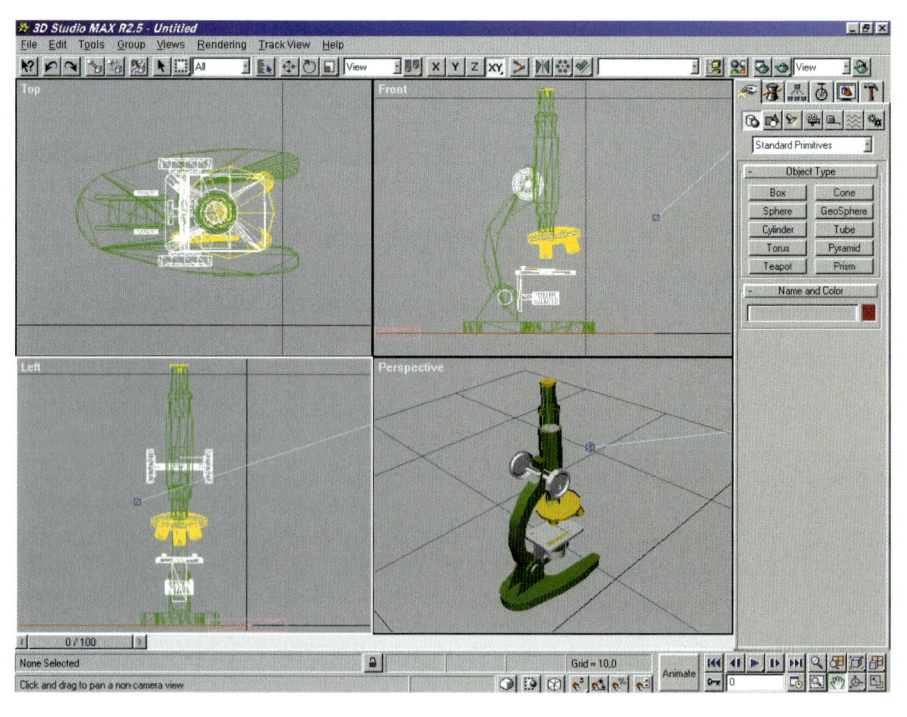

Beispiel: 3D Studio Max, Autodesk

Kapitel 8 Animation   Lektion 8.1 Prinzip und Formen der Animation

Ist das Objekt erst einmal konstruiert, so hat jetzt der Gestalter alle Möglichkeiten der Manipulation. Er kann das gesamte Objekt in jeder erdenklichen Größe, Ansicht, Perspektive und Lichtführung so verändern, wie er es möchte. Auch jedes Einzelteil des Gesamtobjektes lässt sich so verändern.

❶ *Rendering:*
Berechnung aller Einzelphasenbilder mit allen Veränderungen des Objektes, der Lichtführung und der Kamerafahrt.

So erzeugte Objekte können in einem 3D-Animationsprogramm in einem dreidimensionalen Raum frei gedreht und bewegt werden. Jedes Einzelbild der Animationsphase kann gespeichert werden, damit die Daten im Anschluss als Frame-by-Frame-Animation zu einem Animationsfilm kombiniert werden ❶.

Animationsphase mit Zoom und gleichzeitiger Kamerafahrt am Beispiel einer dreidimensionalen Ameise:

3D-Animationen finden mittlerweile in allen digitalen Medien ihre Verwendung. Über Werbespots und Filmproduktionen erreichen sie heutzutage fast jeden Haushalt und tragen zu einem automatischen Selbstverständnis des Machbaren bei.

Aber auch im Bereich der Technik, Architektur und Naturwissenschaft bieten sich interessante Möglichkeiten der realitätsnahen und anschaulichen Dokumentation. So sind z. B. Simulationen und Konstruktionen visualisierbar, die in der Realität noch nicht verfügbar sind. Der Zielgruppe gibt man somit eine neue Dimension der Vorstellungskraft in die Hand.

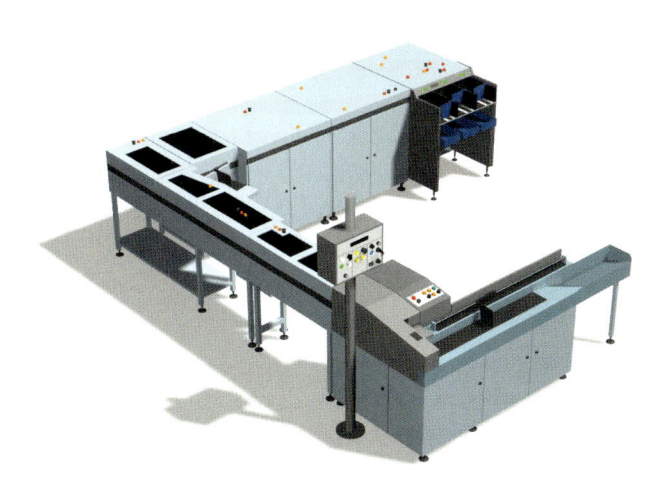

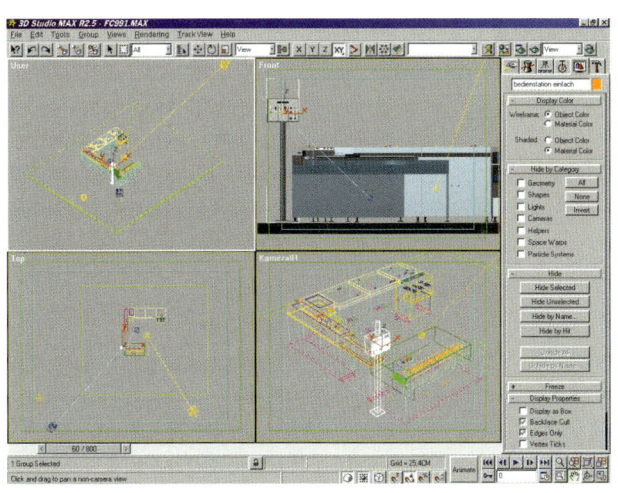

Komplexe technische Maschine aus der Automatisierungstechnik. Links als gerendertes Modell und rechts bei der Konstruktion im Animationsprogramm.

Sollen sich bewegende Figuren animiert werden, so kommen zusätzliche spezielle Techniken zum Einsatz, wie z. B. das *Motion Capturing* oder die *Inverse Kinematik*. Beim *Motion Capturing* werden menschliche Bewegungen eines Akteurs mit speziellen Sensoren an den Gelenken in Echtzeit auf virtuelle Figuren in einem High-End-Rechner übertragen. Dieses Verfahren ist noch sehr kostenintensiv.

8.1.5 Inverse Kinematik

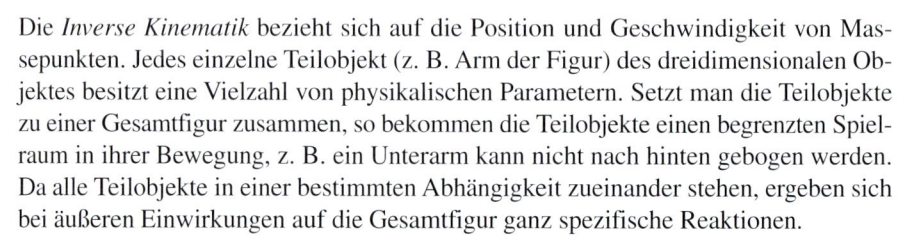

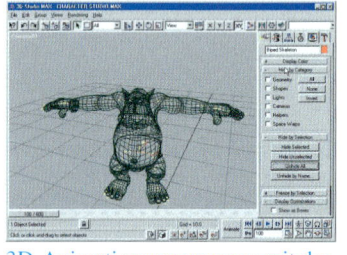

Die *Inverse Kinematik* bezieht sich auf die Position und Geschwindigkeit von Massepunkten. Jedes einzelne Teilobjekt (z. B. Arm der Figur) des dreidimensionalen Objektes besitzt eine Vielzahl von physikalischen Parametern. Setzt man die Teilobjekte zu einer Gesamtfigur zusammen, so bekommen die Teilobjekte einen begrenzten Spielraum in ihrer Bewegung, z. B. ein Unterarm kann nicht nach hinten gebogen werden. Da alle Teilobjekte in einer bestimmten Abhängigkeit zueinander stehen, ergeben sich bei äußeren Einwirkungen auf die Gesamtfigur ganz spezifische Reaktionen.

3D-Animationsprogramme mit der Möglichkeit der inversen Kinematik erlauben sehr realitätsnahe Bewegungsabläufe der Figuren. (Beispiel: 3D Studio Max mit Character Studio, Autodesk)

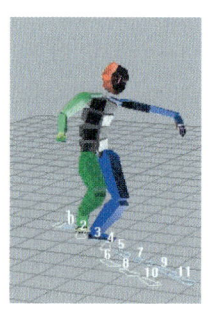

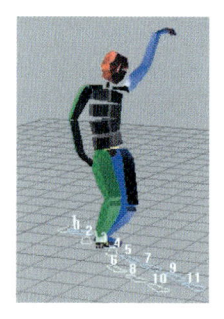

8.2 Virtual Reality

Virtual Reality (VR), die virtuelle Realität, ist heutzutage wohl die faszinierendste Bildkomponente bei Multimedia-Anwendungen. Im Wesentlichen ist es eine Technik, die dem Benutzer erlaubt, sich interaktiv in einer computergenerierten, oft dreidimensionalen, Umgebung zu bewegen. Das Besondere an VR-Komponenten ist die Interaktivität. Einfach per Mausklick ändert der Benutzer den Betrachtungsstandpunkt und bekommt ein neues Bild präsentiert. Man unterscheidet bei Virtual Reality-Systemen zweidimensionale (2D) und dreidimensionale (3D) Systeme.

8.2.1 2D-VR-Systeme

Zweidimensionale VR-Anwendungen bieten auf einem Computerbildschirm äußerst interessante Möglichkeiten. Speziell zusammengesetzte Raumbilder können durch einfaches Steuern mit der Maus verändert werden. Dabei kann der Betrachter die Blickrichtung um 360° drehen und mit Hilfe einer Zoomfunktion den Bildausschnitt verändern.

VR-Anwendung mit dem IPX-Viewer

VR-Anwendung mit Quicktime VR

❶ Interaktiv gesteuerte VR-Filme vermitteln dem Betrachter die Illusion, als ob er sich in dem dargestellten Raum befinden würde.

Der Benutzer kann sich in einem Koordinatensystem sein gewünschtes Bild aussuchen. Diese Technik eignet sich zum eigenen Erkunden innerhalb eines virtuellen Raumes, zum Beispiel im Innern eines Gebäudes. Aber auch als Benutzerschnittstelle kann VR dem Benutzer einen völlig neuen Zugang zu Informationen eröffnen. 2D-VR-Systeme ❶, wie *Apple QuickTime VR* oder *IPIX von IPIX-Software*, können sehr einfach in Multimedia-Anwendungen integriert werden.

Zuerst werden zwölf Teilbilder aus derselben Kameraposition fotografiert, wobei die Blickrichtung von Teilbild zu Teilbild immer um 30° weitergeschwenkt wird, bis insgesamt 360° abgedeckt sind.

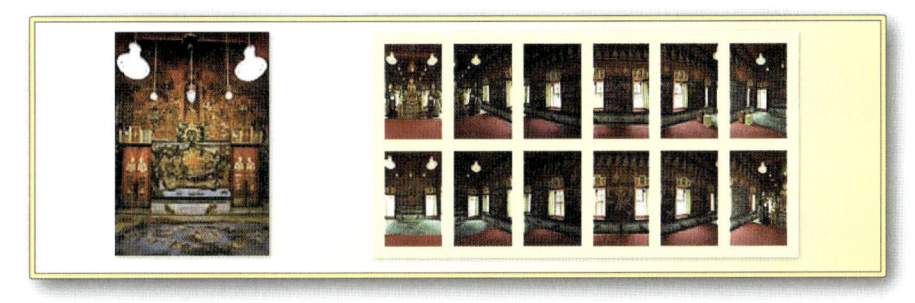

Diese zwölf Teilbilder werden dann gescannt und mit einer speziellen Software (Stiching-Software), z. B. QTVR-Tools von QuickTime, nahtlos zusammengefügt. Mit entsprechender VR-Wiedergabe-Software kann der VR-Film betrachtet und interaktiv gesteuert werden.

Funktionsweise von Szenen

VR Szenen können anhand von Fotografien, Video Standbildern oder Computergrafik erstellt werden.

Um eine VR Szene zu filmen, nimmt man mit einer 35mm Kamera mit 15mm Linse Bilderserien auf, indem die Kamera nach jedem Bild jeweils um 30° weitergedreht wird. Danach werden die Bilder digitalisiert (z. B. mittels Photo CD).

Wenn Sie schon einmal versucht haben, aus mehreren Bildern ein Panorama zusammenzusetzen, dann wissen Sie, dass die Bilder nicht ohne weiteres zusammenpassen. Sie gehen nicht übergangslos ineinander über.

Um dieses Problem zu lösen wendet QuickTime VR eine Technik mit dem Namen *Warping* an. Nach dem *Warping* der Bilder sind die überlappenden Bildteile ineinander übergegangen. *Warping* macht Übergänge möglich, erzeugt jedoch Verzerrungen. Gerade Linien werden teilweise zu Kurven, so dass alles etwas verzogen aussieht.

Beim Öffnen einer Szene korrigiert der QuickTime VR Player die Verzerrungen, indem der gerade sichtbare Teil „entwarpt" wird. Während man sich in der Szene bewegt, vollzieht die Software Ihre Bewegungen nach, und es wird in Echtzeit das aktuelle Blickfeld „entwarpt" und gezeigt.

Funktionsweise von Objekten

Im Gegensatz zu Szenen, bei denen Sie sich in einem einzigen Panorama Bild bewegen, sind Objekte aus einer größeren Anzahl von Bildern zusammengesetzt. Jedes Bild zeigt das Objekt von einem sich gering unterscheidenden Winkel. Wenn Sie das Objekt nach links oder rechts bzw. hoch oder herunter bewegen, wird die entsprechende Bildfolge als Movie abgespielt. Mit anderen Worten sind VR Objekte navigierbare Filme.

8.2.2 3D-VR-Systeme

Eine weitere Stufe zur virtuellen Realität ist die *Virtual Reality Modeling Language* (VRML), ein Format zur dreidimensionalen VR-Darstellung. Über VRML ist es möglich, nicht nur die Ansichten interaktiv zu bestimmen, sondern VRML erlaubt zusätzlich eine komplette 3D-Navigation in vom Computer erzeugten virtuellen Räumen. Im Gegensatz zu imageorientierten VR-Formaten, wie z. B. QTVR, ist VRML ein vektororientiertes Grafikformat. Alle Informationen des 3D-Raumes werden dabei erst bei Bedarf errechnet. Die eigentliche Informationsmenge ist dabei gegenüber reiner Image-Formate sehr gering. Damit eignet sich VRML auch für die Verteilung virtueller Welten über „World Wide Web" (Internet). Zur Wiedergabe benötigt der für die Anzeige im Internet verantwortliche Browser eine Programmerweiterung (Plugin), einen sogenannten VRML-Viewer. Für den Gestalter kommt bei VRML zusätzlich die Anforderung der Raumgestaltung hinzu.

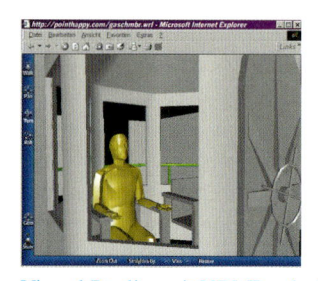

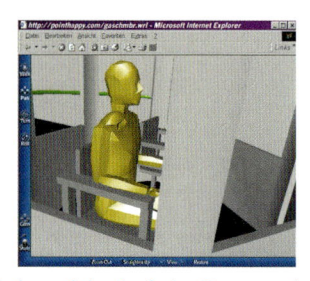

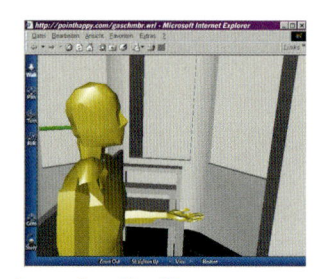

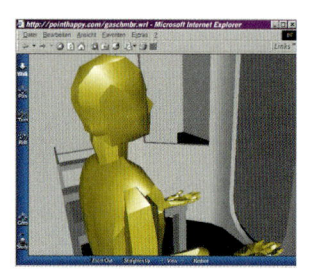

Virtual Reality mit VRML erlaubt interaktiv ein freies Bewegen in einem virtuellen Raum.

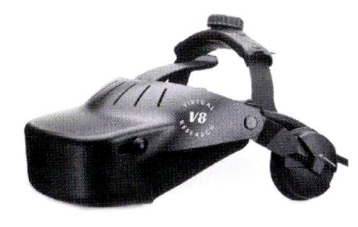

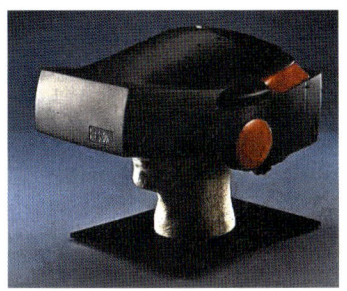

❶ Head-Mounted Displays (HMD) als Monitorbrille für VR-Anwendungen.

❸ Shutterbrillen blenden, synchron zur Bildwiederholfrequenz des zu betrachtenden Bildes, im Wechsel immer ein Auge zu und erlauben dadurch das Betrachten von virtuellen 3D-Bildern. (Bild: 3D Revelator von Elsa)

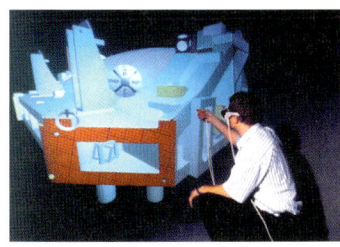

Virtual Reality Anwendung „Personal Immersion System" des Fraunhofer-Instituts.

❺ In der *Augmented Reality* wird anstelle eine künstliche Welt im Computer nachzubilden, Gegenstände der realen Welt mit Zusatzinformationen ergänzt.

Nicht nur das Bild an sich wird vom Gestalter geformt, sondern er stellt für den Anwender einen dreidimensionalen Raum zur Verfügung. Das individuelle Bild ruft der Anwender mit Hilfe der interaktiven Steuerung ab.

8.2.3 3D-VR-Simulatoren

Spezielle VR-Simulationseinrichtungen erlauben, mit Hilfe zusätzlicher Hardwarekomponenten verblüffend wirklichkeitsnah in computer-generierten 3D-Welten zu navigieren. Spezielle Monitorbrillen ❶, die beiden Augen leicht versetze Bilder vorspielen, lassen beim Anwender einen räumlichen Eindruck entstehen. Die interaktive Steuerung durch den Anwender kann durch den Datenhandschuh erfolgen, der die Handposition und Handgestik in Steuerungsbefehle umsetzt. Abhängig von der Steuerung des Anwenders wird mit Hilfe eines enormen Rechenaufwands in Echtzeit das jeweilige dreidimensionale Bild der virtuellen Umgebung errechnet. Über die Monitorbrille sieht der Anwender zu jeder Zeit dann genau das Bild, das der virtuellen Umgebung entspricht. Eine weitere Stufe der virtuellen Realität ist z. B. *Cyberstage*™ der GMD oder *CAVE*™ ❹. Beim System *CAVE*™ handelt es sich um einen zimmergroßen Raum, der von allen Seiten durch Rückprojektionen beleuchtet wird. Darin können mehrere Personen, ausgerüstet mit Shutterbrillen ❸ faszinierende virtuelle Welten erleben. Gebäude, die noch nicht existieren, werden begehbar, Ärzte können Operationen am genau nachgebildeten Computermodell eines Patienten durchführen, um sich auf schwierige Operationen vorzubereiten. Eine vielversprechende Technologie für die Zukunft.

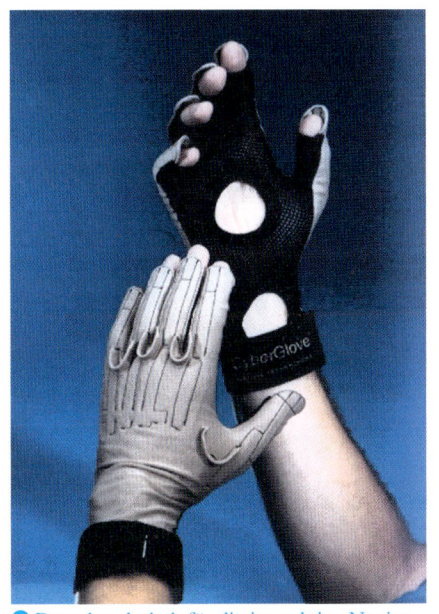

❷ Datenhandschuh für die interaktive Navigation in der virtuellen Welt.

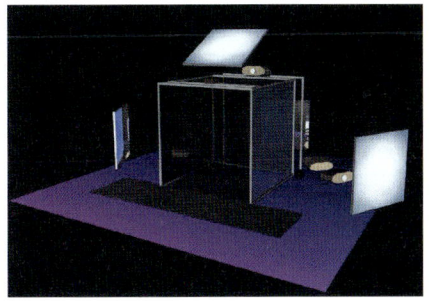

❹ CAVE – Cave Automatic Virtual Envirement (Electronic Visualization Laboratory, University of Illinois).

In der *Augmented Reality* ❺ hingegen wird nicht versucht die reale Welt im Computer komplett nachzubilden, sondern die Umgebung wird integriert. Der Anwender nutzt dabei einen tragbaren Computer mit Monitorbrille, der mit unterschiedlichen Sensoren ausgestattet. Er erkennt und analysiert die Umgebung, und liefert entsprechenden Informationen, indem er reale Umgebungsbilder sowie generierte Bilder und Daten direkt vor die Augen des Anwenders einblendet.

Üben und anwenden

Aufgabe 1: *Phasenanimation*

Zeichnen Sie ein kleines einfaches Zeichentrickobjekt in fünf Einzelphasenbildern, kopieren Sie diese Bilder mehrfach, schneiden Sie diese in gleicher Größe aus und ordnen Sie diese Bilder durch Übereinanderlegen zu einem ‚Daumenkino' an.

Aufgabe 2: *Button-Animationen*

Schauen Sie mehrere Multimedia-Anwendungen an und beschreiben Sie die Animationseffekte (Animationsart, Anzahl der Zustände etc.) bei Menüs und Buttons.

Aufgabe 3: *3D-Animation*

Sammeln Sie fünf Beispiele von echten 3D-Animationen bei Werbespots und beschreiben Sie sie.

Aufgabe 4: *2D-Virtual Reality*

Suchen Sie einen zentralen Standpunkt und fotografieren Sie 12 Teilbilder während Sie sich um 360° drehen. Lassen Sie Papierabzüge davon machen, kleben Sie die Bilder zu einem Ring zusammen und basteln Sie einen quadratischen Betrachtungsrahmen, den Sie auf den Ring legen. Schauen Sie durch den Betrachtungsrahmen auf die Papierabzüge und drehen Sie den Ring.

Aufgabe 5: *3D-Virtual Reality*

Schauen Sie sich im Internet VRML-Beispiele an und beschreiben Sie deren Navigationsmöglichkeiten.

9 Multimedia

In diesem Kapitel wird erläutert, wie multimediale Anwendungen aufgebaut sind. Dabei geht es um die Aufbereitung und Strukturierung der Inhalte, der möglichen Interaktionen für den Anwender und den Werkzeugen des Gestalters.

Die Integration verschiedenartiger audiovisueller Medien auf einem Verbreitungsmedium (CD-ROM, Netzwerk, Diashow) mit einem bestimmten Kommunikationsziel wird im Allgemeinen unter dem Begriff „Multimedia" geführt. Schon bei den klassischen audiovisuellen Medien, wie Film oder Dia-AV werden Ton und Bild miteinander verknüpft um eine gemeinsame Wirkung beim Betrachter zu erzielen.

Erst die Möglichkeit, die verknüpften Einzelmedien auf dem Bildschirm darzustellen und zusätzlich das Dargestellte durch eine „Interaktivität" vom Betrachter abhängig zu machen, ist die eigentliche Revolution in den Medien, die weit mehr Wirkung beim Betrachter erreichen kann als eine Gestaltung der Einzelmedien und deren Verknüpfung. Dem Gestalter steht dazu fast die gesamte Palette der audiovisuellen Medien zur Verfügung. Hierzu gehören Text, Fotografie, Grafik, Animation, Film, Sprache, Soundeffekte und Musik sowie deren unterschiedliche Kombinationsmöglichkeiten mit und ohne Interaktivität. Eine multimediale Kombination muss natürlich nicht alle diese Elemente enthalten. Die gewünschte Wirkung beim Betrachter, also das Kommunikationsziel steht im Vordergrund und sollte aus gestalterischen, didaktischen oder wirtschaftlichen Gründen die Kombination der Einzelmedien bestimmen.

Die Aufbereitung und Strukturierung der Informationen verfolgt das Ziel, dass der Anwender bzw. Betrachter (*Rezipient*) sich optimal dem Medium zuwendet und seine Inhalte aufnehmen kann. Dabei hat die „Gestaltung" die Funktion, Informationsinhalte und Ereignisse nach ganz bestimmten Regeln, Anforderungen und Bedingungen

- zu gliedern und zu ordnen (*didaktische Prinzipien*) und
- etwas lebhafter und aufregender darzustellen, als es in Wirklichkeit ist (*dramaturgische Prinzipien*).

Dadurch werden beim Betrachter während der Wahrnehmung (*Rezeption*)

- positive Gefühle (*affektive Wahrnehmung*) der Anmutung und
- positive Elemente der Informationsaufnahme (*kognitive Wahrnehmung*) im Sinne von „Lernen" oder „Denken" entstehen.

9.1 Didaktik und Dramaturgie

9.1.1 Didaktik

❶ Die Mediendidaktik umreißt den möglichst effektiven Einsatz audiovisueller Medien zur Erreichung optimaler Lehr- und Lernerfolge.

Die Aufgabe der Didaktik ist es, Lehr- und Lernprozesse optimal zu planen und zu organisieren. Mittlerweile hat sich aus dem Fachgebiet der Didaktik ein ganz neuer Forschungsbereich, die *Mediendidaktik* ❶, herausentwickelt.

Die Mediendidaktik findet überall dort ihre Anwendung, wo es um das Vermitteln von Wissen und die Weitergabe von Inhalten mit Hilfe von Medien geht.

Lehren	Informieren	Überzeugen
Fachwissen	Allgemeine Informationen	Beratung
Allgemeinwissen	Politische Informationen	Verkauf
Spezialwissen	Gesellschaftliche Informationen	Werbung
...	Sachinformationen	Propaganda
	Fachinformationen	Public Relation
	...	...

Erhebungen in der Medienbranche haben ergeben, dass dicht hinter den Unterhaltungsprodukten (z. B. Computerspiele) die Lernanwendungen an zweiter Stelle stehen. Auf Grund immer kürzerer Innovationszyklen und der steigenden Qualitätsanforderungen werden immer größere Anforderungen an Weiterbildungsprogramme gestellt. Computerbasierte Lernsysteme, die einen immer wichtigeren Stellenwert in der Bildungslandschaft einnehmen, sollen dieser notwendigen Flexibilität gerecht werden. Bei diesen Multimedia-Projekten aus dem Bereich „Computer Based Training" kommt der Mediendidaktik eine besondere Gewichtung zu.

In allen Fällen geht es darum, dass beim Adressaten ein Zuwachs an Wissen angestrebt wird, wobei die Wissensart und deren Vermittlungsart abhängig ist

- von den Intentionen und den Zielen des Vermittlers, sowie
- von den Bedürfnissen und den Erwartungen der Adressaten.

Am Beispiel von Multimedia-Projekten aus dem Bereich „Computer Based Training" lassen sich die didaktischen Gesichtspunkte besonders gut aufzeigen. Dazu zählen im Allgemeinen:

Aufbereiten des Lernstoffes
Welche Lerninhalte sind für das Multimedia-Projekt wichtig?
Welche Materialien können hierbei Verwendung finden?
Wie sieht die genaue Definition und Abgrenzung der Zielgruppe, die mit dem Multimedia-Projekt angesprochen werden soll, aus?

Definieren der Lernziele
Was soll der Lernende unter welchen Bedingungen können?

Festlegen von Lernvoraussetzungen
Welche Fähigkeiten und Vorkenntnisse sind erforderlich?

Festlegen der Lernstrategien
Welche Strategie soll verwendet werden?
- Beobachtungslernen
- Programmiertes Lernen
- Forschendes Lernen
- Erfahrungslernen

Wie sind die Inhalte mit anderen Lernmedien verzahnt?
- Sind begleitende Handbücher vorgesehen?
- Sind zu diesem Medium zusätzliche Präsenztrainings vorgesehen?
- Ist zusätzlich eine netzbasierte Kommunikation, z. B. Online-Tutor, vorgesehen?

Lernmotivation
Wie kann der Lernende animiert und motiviert werden, damit er das Lernziel erreicht?

Lernerfolgskontrollen
Wie kann das Wissen des Lernenden abgefragt bzw. überprüft und ausgewertet werden?

Bereitstellen von Lernhilfen
Welche Hilfsmöglichkeiten werden dem Lernenden geboten?

Instruktionsmethode

Mit der Instruktionsmethode kann der gesamte Lernprozess aufgegliedert werden. Sie ist abhängig vom Inhalt und vom jeweiligen Anwender.

Die Instruktionsmethode beschreibt den Schwerpunkt des Lernens. Das kann durch
- *selbstgesteuertes,*
- *angeleitetes und/oder*
- *unterhaltendes*

Lernen erreicht werden.

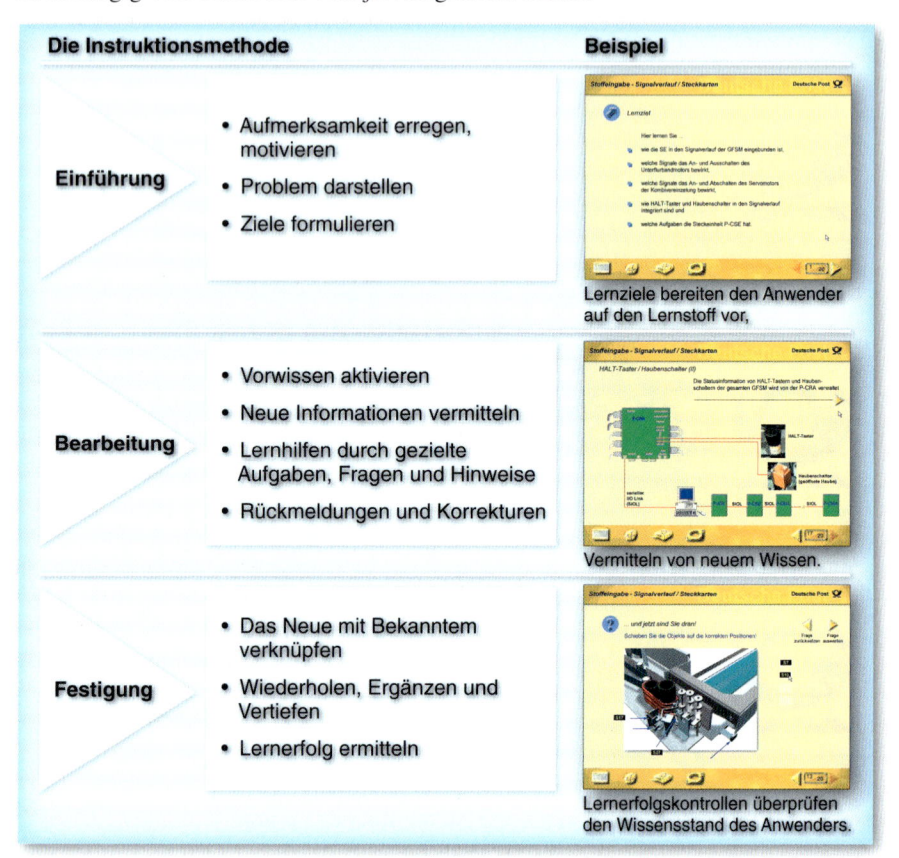

Die Instruktionsmethode		Beispiel
Einführung	• Aufmerksamkeit erregen, motivieren • Problem darstellen • Ziele formulieren	Lernziele bereiten den Anwender auf den Lernstoff vor.
Bearbeitung	• Vorwissen aktivieren • Neue Informationen vermitteln • Lernhilfen durch gezielte Aufgaben, Fragen und Hinweise • Rückmeldungen und Korrekturen	Vermitteln von neuem Wissen.
Festigung	• Das Neue mit Bekanntem verknüpfen • Wiederholen, Ergänzen und Vertiefen • Lernerfolg ermitteln	Lernerfolgskontrollen überprüfen den Wissensstand des Anwenders.

Betrachtet man den mediendidaktischen Entwicklungsprozess, so kann man mit einem Modell den Prozess in einzelne Arbeitsschritte der Didaktik untergliedern.

Modell des systematischen Instruktionsdesigns (aus L. I. Issing, 1990).

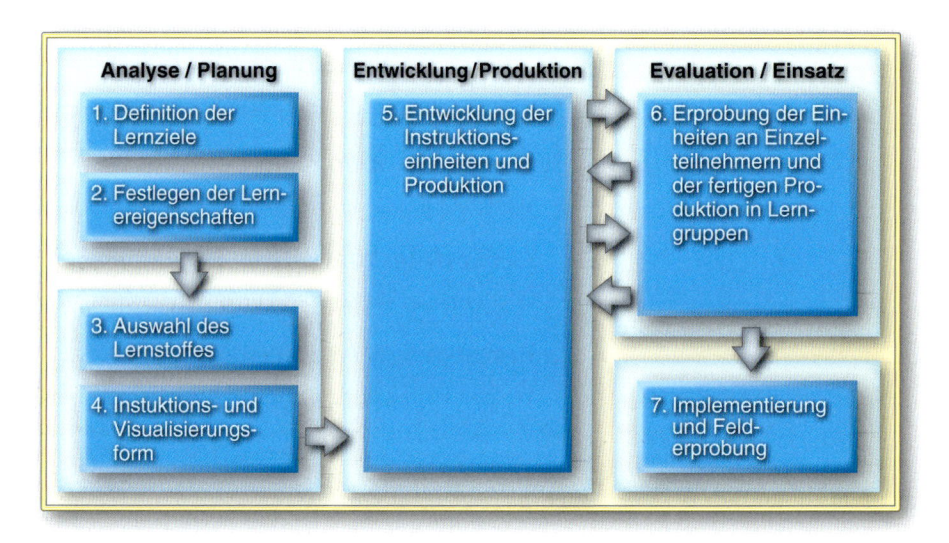

Analyse / Planung
1. Definition der Lernziele
2. Festlegen der Lerneigenschaften
3. Auswahl des Lernstoffes
4. Instuktions- und Visualisierungsform

Entwicklung / Produktion
5. Entwicklung der Instruktionseinheiten und Produktion

Evaluation / Einsatz
6. Erprobung der Einheiten an Einzelteilnehmern und der fertigen Produktion in Lerngruppen
7. Implementierung und Felderprobung

9.1.2 Dramaturgie

Die Dramaturgie bei multimedialen Kompositionen gewinnt immer mehr an Bedeutung. Viele Anwendungen weisen zwar einen klaren und strukturierten Aufbau auf, vernachlässigen aber noch zu oft, dass auf die eigentlichen Bedürfnissen des Anwenders eingegangen wird.

Eine für den Anwender übersichtliche Informationsdarstellung genügt nicht allein; sondern auch das Verhalten des Anwenders beim Kommunizieren mit der multimedialen Anwendung muss in das didaktische und dramaturgische Konzept einfließen.

Oft werden interaktive Oberflächen von multimedialen Anwendungen so gestaltet, dass sie Gegenstände aus der realen Umwelt als Metapher ❶ darstellen.

❶ Metaphern sind prinzipielle Abbildungen von realen Umgebungen in interaktiven Oberflächen und sollen dem Anwender den Informationszugang über gewohnte, dem Thema nahestehende Objekte, ermöglichen.

Die Handlungen und Bedürfnisse des Anwenders kann man noch besser durch optimale Orientierung und Benutzerführung in das Gesamtkonzept miteinbeziehen.

Sogenannte *Interface-Agenten* ❷ sind in der Lage, offene Situationen zu inszenieren, denn oft möchte der Anwender nicht alles selber herausfinden, sondern würde sich auch gerne führen und ansprechen lassen.

❷ Interface-Agenten sorgen für einen spielerischen Zugriff auf den Funktionsumfang der Anwendung. Sie agieren als digitale Mitspieler, verwenden Formen der direkten Ansprache und können einen hohen Anteil an Spannung, Emotionen und Anteilnahme erzeugen.

Die Metapher „Eingangshalle" als Informationszugang am Beispiel einer Firmen-Image-Präsentations-CD (Beispiel: Siemens ElectroCom GmbH).

Auch wenn der Dramaturgie bei einer interaktiven Multimedia-Produktion keine so große Gewichtung zukommt, wie es bei einem linearen Film ist, so sollte der Gestalter von multimedialen Kompositionen sich nicht auf die ausschließliche „Spannung" der Interaktivität dieses Mediums beschränken, denn auch jede Inhaltseinheit für sich kann spannend gestaltet werden.

Spannung kann erzeugt werden durch:

- Neugierde
- Überraschung
- Humor
- Erregung
- Kontraste

Dramaturgische Prozesse, wie Neugierde, Überraschung, Humor und Erregung kommen bei interaktiven Computerspielen besonders zur Geltung (Beispiel: Scotland Yard von Ravensburger Interactive Media GmbH).

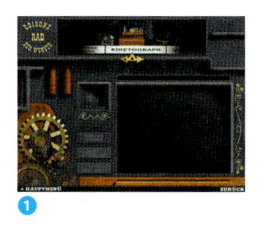

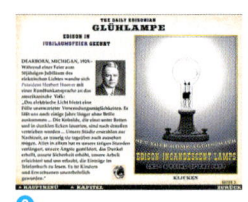

Lektion 9.1 Didaktik und Dramaturgie Kapitel 9 Multimedia

Dramaturgischer Aufbau einer Informations-Anwendung:

❶ Die Auswahl der Themen erfolgt zur Aufmerksamkeitserregung über ein drehendes Themenrad.

❷ Jedes Thema wird über einen ansprechenden Einführungsfilm vorgestellt.

❸, ❹, ❺ Jeder einzelne Informationsblock innerhalb eines Themas weist einen eigenen dramaturgischen Bogen auf.

Edison: der Zauber von Menlo Park, Tewi Verlag GmbH

Der dramaturgische Aufbau besteht immer aus einzelnen Bausteinen, die didaktische Aufgaben übernehmen. Die dramaturgischen Höhen visualisiert man am besten mit Hilfe eines Schemas.

Beispielsschema eines Dramas:

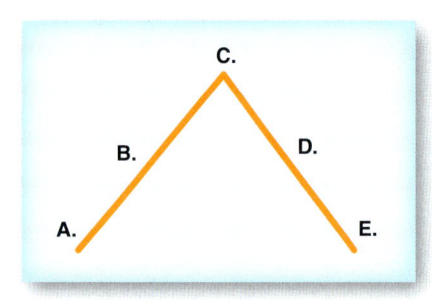

A. Einführung
B. Steigerung
C. Höhepunkt
D. Fallende Handlung
E. Katastrophe und Schluss

Beispielsschema einer Promotion-CD:

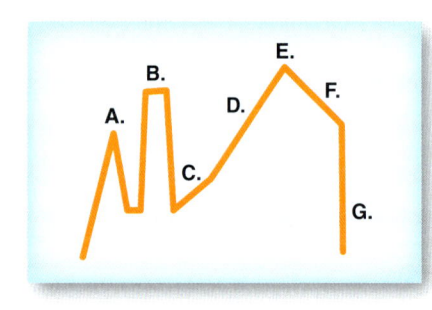

A. Vorstellung / Intro
B. Problemdarstellung
C. Marktanalyse
D. Strategie-Vorstellung
E. Ideen / Lösungspräsentation
F. Fazit
G. Entscheidungsphase

Ein dramaturgischer Spannungsbogen ist auch innerhalb einer Sequenz denkbar – und da befindet man sich wieder auf der Ebene des linearen Films.

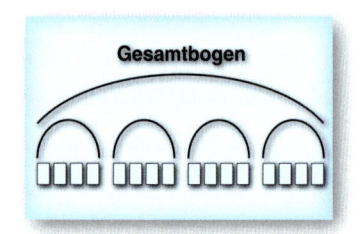

⊃ **Dramaturgisch geschickt aufgebaute Konstruktionen verfügen über einen großen Bogen, der das Gesamtthema „zusammenhält", sowie über mehrere kleine dramaturgische Einheiten.**

Durch die Interaktivität und die dadurch freie Auswahl der Sequenzen sollte sichergestellt sein, dass dem großen Spannungsbogen keine allzu gewichtige Bedeutung zukommt. Zu leicht könnte sonst das dramaturgische Gesamtziel verfälscht werden, wenn einzelne kleine dramaturgische Einheiten ausgelassen werden.

9.1.3 Montage

Die Verknüpfung zwischen Bild und Ton unter dramaturgischen Gesichtspunkten erzielt eine ganzheitlich wirkende Aussage.

Beim Medium Film und Video geschieht dies durch den Schnitt bzw. dem Editieren; in der Dia-AV durch dramaturgisch eingesetzte Überblendtechnik und im Bereich von Multimedia durch eine Vermischung dieser Techniken.

Die Art und Weise, wie diese Verknüpfung aufgebaut werden kann, wird „Montage" genannt.

➲ **Montage ist eine visuell gewordene Assoziation, die den einzelnen Medienelementen erst ihren endgültigen Sinn verleiht.**

Montage kann nach verschiedenen Ansätzen unterschieden werden:

Montage von Raum und Zeit

Bei der erzählenden Montage wird der Inhalt einer Einstellung oder eines Bildes als Ursache des Inhalts der folgenden Einstellung bzw. Bilder verstanden und kontinuierlich und damit chronologisch verknüpft. Werden zwei oder mehrere ineinandergreifende Handlungsstränge dramaturgisch zu einem Auflösungspunkt zusammengeführt, spricht man von einer Parallelmontage.

❶ Bei dieser Montageart gibt es verschiedene dramaturgische Ansätze:

- Assoziations-Montage, bei der gedankliche Assoziationen und Gefühle miteinander in Beziehung gesetzt werden.

- Ersatzmontage, welche Augenblicke, die nicht gezeigt werden sollen, durch Ersatzbilder abdeckt. Zum Beispiel eine stehengebliebene Uhr für den Tod.

- Metaphorische Montage, die sich auf die Symbolkraft der Bildkombinationen stützt.

Montage als Ideen-Assoziation

Hier werden weniger die real abgebildeten Gegenstände miteinander montiert und in Beziehung ❶ gesetzt, sondern vielmehr die gedanklichen Assoziationen und Gefühle, die sie auslösen oder die Bedeutung, auf die die Bilder verweisen.

Montage als Formalprinzip

Bei der formalen Montage werden nach ästhetischen Gesichtspunkten Objekte nach Form, Farbe und Bewegung verknüpft. Dabei liegen die Kriterien ausschließlich im optisch-graphischen Bereich.

9.1.4 Umsetzung

Gedanklicher Entwicklungsprozess:

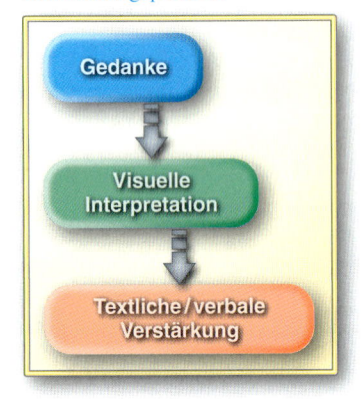

Die eigentliche Umsetzung der didaktischen und dramaturgischen Konzepte erfolgt hauptsächlich beim Prozess des Drehbuchschreibens. Dies setzt voraus, dass die grundsätzlichen Ideen in Form der Grobkonzeption bzw. des Treatments schon zu Papier gebracht worden sind. Wie setzt der Multimedia-Autor diese Ideen in einem Drehbuch um?

➜ **Ein Drehbuch für eine Multimedia-Produktion wird für Zuschauer, Zuhörer und weniger für Leser verfasst. Literarische Rhetorik ist weniger gefragt, als ausdrucksstarke Bildersprache in Verbindung mit kurzen, prägnanten Text- und Sprachelementen.**

Ein möglicher theoretischer Ansatz für diesen Denkprozess könnte folgendermaßen ausschauen:

1. Stufe

Zunächst formuliert man im Geist den Gedanken, den man mitteilen möchte.

2. Stufe

Man stellt sich eine Folge von Bildern zusammen, die diesen Gedanken veranschaulichen oder illustrieren. Dies können Realbilder, Filmsequenzen oder grafische Darstellungen sein.

3. Stufe

Dann schreibt man einen Teil des Text- bzw. Sprecherkommentars nieder.

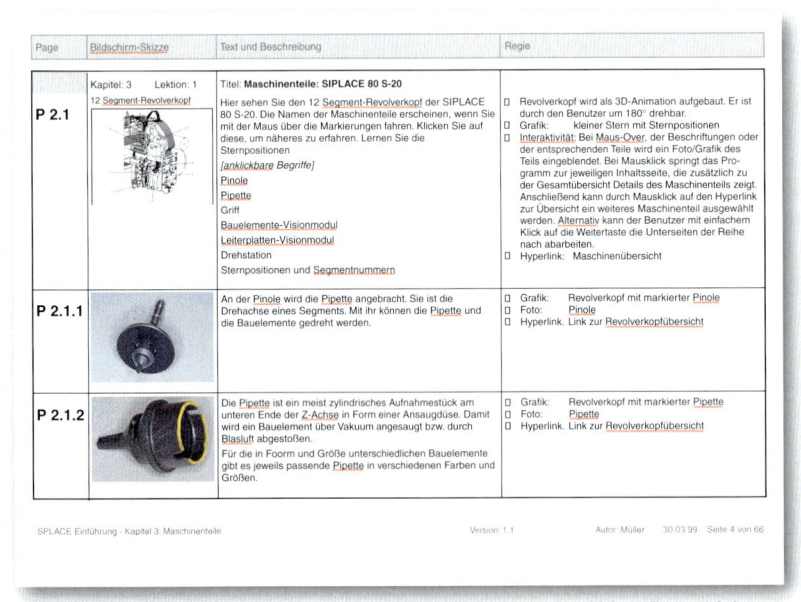

Verständlichkeit

Der Anspruch auf verständliches Schreiben ist nicht neu. Schon seit den Anfängen des Films sind Ausdrucksweise und die Strukturierung und Größe der Inhaltseinheiten gegenüber der Literatur neu definiert worden.

Eine grundsätzliche Regel für Drehbuch-Autoren, die sowohl für Text als auch für Sprachpassagen gilt:

➜ **Man muss in kurzen, klaren, einfach verständlichen Sätzen schreiben. Niemals sollte man lange oder komplizierte Sätze, ungewöhnliche Ausdrücke oder seltene Fremdwörter verwenden – auf keinen Fall einen verschachtelten Satzaufbau.**

Beispiel einer Drehbuch-Seite eines technischen CBTs. Kurze und klare Sätze (siehe Textspalte) prägen dieses Medium (Quelle: Siemens AG)

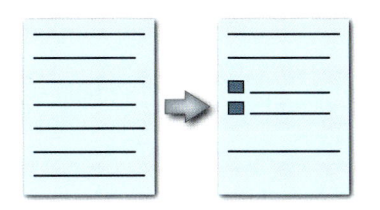

Wenn man einen Text selbst ohne Schwierigkeiten laut lesen kann und wenn man den Text beim Anhören sofort versteht, dann wird ihn auch der Rezipient verstehen.

⮕ **Schreibe wie Du sprichst!**

Entdeckt man dabei, dass manche Sätze schwer zu verstehen sind, dann sollte man sie umschreiben und in möglichst einfache Worte kleiden. Oft helfen dabei auch Merkmals- und Aufzählungsstrukturen:

Verben statt Substantive

Substantivierungen sind zu vermeiden und durch Verben zu ersetzen.

In vielen Fällen sind Autoren besonders geneigt, auf knappem Platz zuviel an Informationen unterzubringen, indem sie aus Verben Substantive machen.
Ebenso sollten Passivsätze und Verneinungen vermieden werden.

Richtiger Satzbau

Lange Sätze sind in der Regel zu vermeiden – insbesondere komplizierte Schachtelsätze.

⮕ **Wichtig ist, dass das für das Verständnis Wesentliche an den Anfang kommt.**

Mit etwas Mühe gelingt es immer, den Bandwurmsatz in mehrere selbstständige kurze Sätze aufzuspalten.

In Sequenzen denken

Statt in einzelnen Absätzen sollte man in Sequenzen ❶ schreiben.

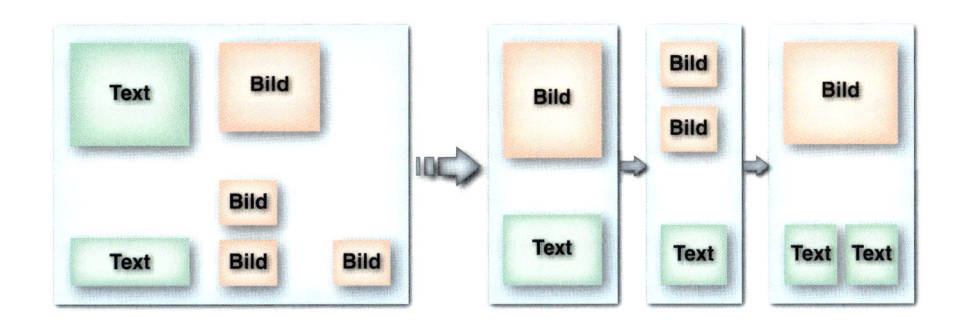

❶ Eine Sequenz ist ein Abschnitt des Drehbuches, in dem ein neues Thema textlich, verbal und visuell eingeführt und behandelt wird.

Anders als ein Absatz, der den Denkprozess eines Autors durch zunehmende Verdeutlichung eines allgemeinen Konzepts erkennbar macht, stellt eine Sequenz das Allgemeine und Besondere gleichzeitig dar.

Deshalb sollte der Verfasser eines Drehbuches in Sequenzen denken – in Einheiten von Texten und Bildern, die thematisch eine Einheit bilden.

In einer interaktiven Multimedia-Produktion kann die Aufeinanderfolge der Sequenzen, je nach Benutzereingabe (Interaktion) anders ausfallen.

Benutzereingabe A:

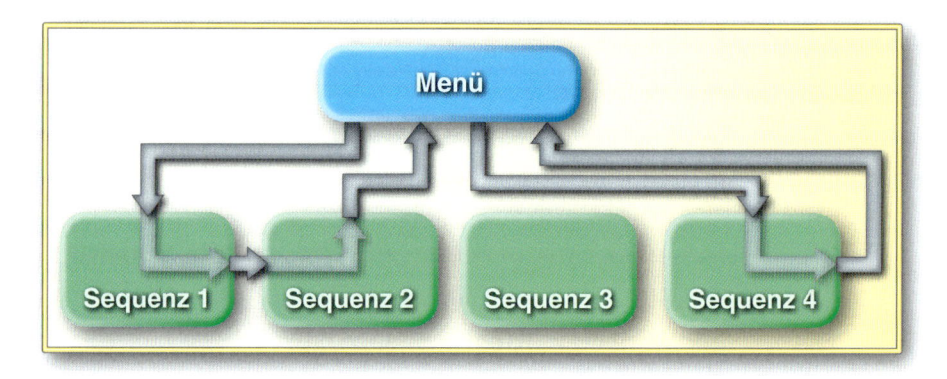

Hierbei durchläuft der Anwender zuerst Sequenz 1 und 2 und im Anschluss noch die 4. Sequenz.

Benutzereingabe B:

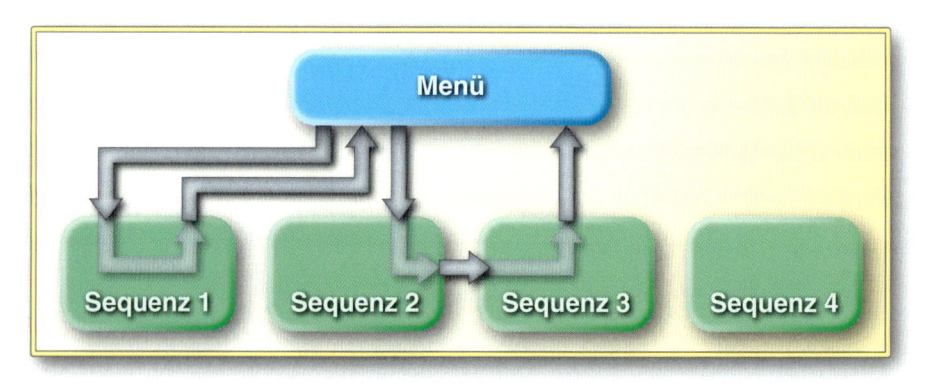

Bei diesem Beispiel unterbricht der Anwender die Bearbeitung der 1. Sequenz und setzt mit der 2. und 3. Sequenz fort.

Solche unterschiedlichen Bearbeitungswege setzen ein hohen Anspruch an einen ganzheitlich didaktisch und dramaturgischen Aufbau einer multimedialen Komposition.

9.2 Struktur

In dieser Lektion geht es um den strukturellen Aufbau von multimedialen Kompositionen. Entgegen einem sequentiellen Aufbau der Bildelemente beim Medium Film und Video, eröffnen sich bei interaktiven Medien eine Vielzahl von Möglichkeiten, wie Inhalte und Informationszugänge strukturiert werden können.

Welcher strukturelle Ansatz sinnvoll ist, hängt u. a. von der Art, dem Einsatz und der Zielgruppe, also dem Anwender, der Medienproduktion ab.

9.2.1 Strukturwahl

Um eine für den Zweck optimale Struktur zu finden, ist es sinnvoll, zunächst die unterschiedlichen Arten einer multimedialen Komposition zu klassifizieren. Folgende Unterteilungen bieten sich an:

Unterscheidung nach der Klassifizierung, ob die Medien für einen begrenzten Zeitraum oder für permanente Wiederverwendbarkeit konzipiert worden sind. Hier werden generell zwei Bereiche unterschieden.

- Multimedia-Systeme, die produziert und gleichzeitig konsumiert werden. Darunter fallen Videokonferenzen am PC, Online-Teaching, Multimedia-Mail etc.
- Multimedia-Systeme, die zeitversetzt produziert und konsumiert werden. Darunter fallen alle Multimedia-Produktionen, die sich immer wieder benutzen lassen. Das sind z. B. Lernprogramme, Präsentationsprogramme, Informationssysteme etc.

In den weiteren Betrachtungen bezüglich einer Multimedia-Produktion wird nur auf die zuletzt genannten Systeme eingegangen und diese aus praktischen Gründen folgendermaßen klassifiziert:

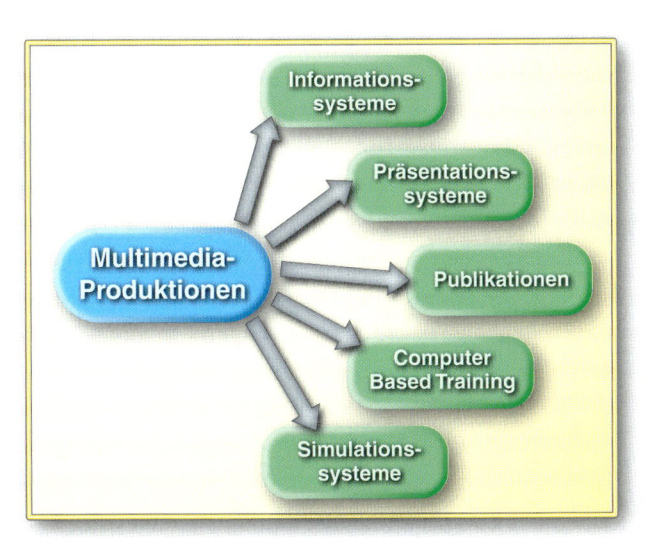

- *Informationssysteme*
  Kiosk-Systeme, Kataloge, Online-Dokumentation, Lexika, Landkarten/Atlanten, Ausstellungs-Guide
- *Präsentationssysteme*
  Produktvorstellungen, Firmenpräsentationen
- *Publikationen*
  Fachmagazine, Multimedia-Zeitschriften
- *Lernsysteme*
  Computer Based Training (CBT), Web Based Training (WBT)
- *Simulationssysteme*
  Beratungssysteme für den Vertrieb, Kundendialog-Systeme

Natürlich sind noch weitere Produktarten im Rahmen von Multimedia denkbar, jedoch vom heutigen Standpunkt aus gesehen ist es sinnvoll, sich auf die oben genannten Produktarten zu beschränken. Schon im Rahmen des Grobkonzeptes macht sich das Produktionsteam Gedanken über die richtige Struktur des Multimedia-Programms. Programmstrukturen werden über Metaphern ausgedrückt. Strukturelle Metapherszenarien verbildlichen die grundlegenden Bedingungen, nach denen die Informationsaufbereitung und Strukturierung des Lernprogramm-Ablaufes erfolgt. Ein Ablaufdiagramm, auch „Flowchart" genannt, veranschaulicht diese Metapher durch eine symbolorientierte Darstellung von zusammenhängenden Abläufen.

Grundsätzlich lassen sich diese Metaphern in drei verschiedene Verknüpfungsmodelle, auch „Flowdesign" genannt, unterteilen:

- Leiter-Metapher
- Baum-Metapher
- Netzwerk-Metapher

9.2.2 Leiter-Metapher

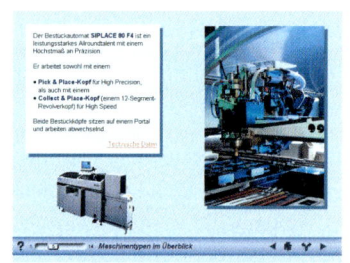

CBT-Lernprogramme weisen oft eine Struktur nach der Leiter-Metapher vor, da der Anwender die Inhalte sequentiell durcharbeiten soll. (Beispiel: CBT für SIPLACE-Siemens AG)

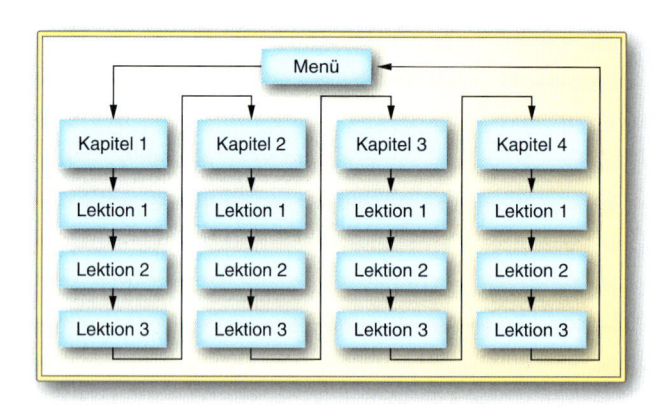

In Lernprogrammen wird vorwiegend die *Leiter-Metapher* als Verknüpfungsmodell gewählt. Eine lineare Abfolge von aufeinanderfolgenden Informationseinheiten, bzw. Lernabschnitten, kennzeichnet diese Metapher. Diese Struktur bietet eine etwas eingeschränkte Interaktivität, die aber einige didaktische Vorteile für CBT-Programme mitbringt. Sie stellt am besten sicher, dass alle aufeinanderfolgenden Lernabschnitte dem Lerner automatisch angeboten werden und unterstützt so die beabsichtigten Lernziele.

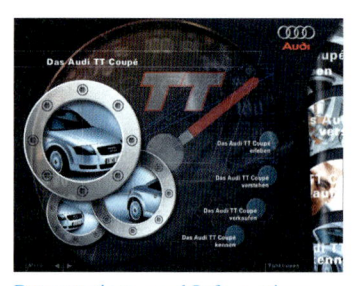

9.2.3 Baum-Metapher

Präsentations- und Informations-Anwendungen sollen dem Anwender die größt mögliche Freiheit geben sich die Inhalte anzuschauen, für die er sich interessiert. (Beispiel: Präsentation Audi TT – Audi)

Die *Baum-Metapher* gliedert die Informations- bzw. Lerneinheiten hierarchisch von oben nach unten. Von einem Hauptmenü gelangt man zu mehreren Untermenüs. Die Übersichtlichkeit kann je nach Menütiefe, d. h. wie viel Untermenüs werden verwendet, und je nach Menübreite, d. h. wie viel Untermenüs werden parallel angeboten, stark schwanken. Die betreffende Zielgruppe sollte hierbei als Kriterium für das „Flowdesign" herangezogen werden. Je weniger die Zielgruppe mit dem Medium vertraut ist, desto weniger sollte in die Menübreite strukturiert werden, sondern eher in die Menütiefe, bei der der Lerner mehr das Gefühl des Geführtwerdens hat.

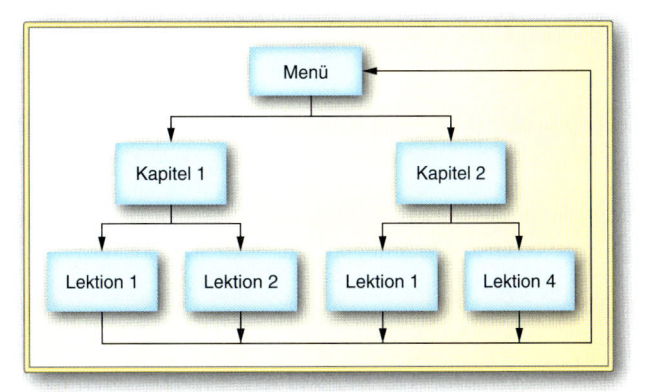

Ist der Lerner mit dem Medium vertrauter, so erwartet er möglichst rasch, d. h. ohne über viele Menü-Auswahlschritte gehen zu müssen, den gewünschtem Lernstoff präsentiert zu bekommen.

Die *Baum-Metapher* erfordert im Gegensatz zur Leiter-Metapher eine höhere Gedächtnisleistung vom Lerner, damit er nicht die Orientierung verliert. Sie bietet aber den größten Freiheitsgrad bezüglich der Informationswahl in einem Lernprogramm. Sie kann zusätzlich durch übergreifende Funktionen wie „Hilfe", „Drucken", „Exit", „Lexikon" oder Ähnliches ergänzt werden. Solche Sonderfunktionen können trotz Baumstruktur ebenenübergreifend von jeder Informationsseite aus zugänglich gemacht werden.

9.2.4 Netzwerk-Metapher

Die *Netzwerk-Metapher* eignet sich prinzipiell weniger als „Flowdesign" für CBT-Lernprogramme. Die Informationsverknüpfungen und Programmverzweigungen lassen zwar vielfältigste Bearbeitungswege des Lerners zu, so dass sogar spontane Bewegungen in beinahe alle Richtungen möglich sind; eine Lenkung bzw. Führung des Lerners durch die Lernprogrammthematik ist bei dieser Struktur aber nur bedingt möglich. Die Gefahr, dass der Lerner die Orientierung im Programm verliert ist ziemlich hoch und erfordert von ihm eine gewisse Disziplin bei der Auswahl und Inanspruchnahme der Informationsangebote.

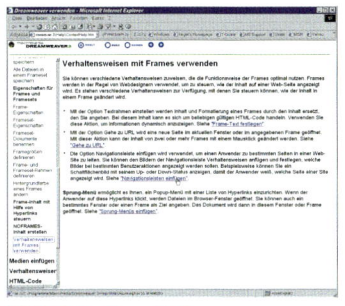

HTML-basierende Lernprogramme weisen oft starke Hypertext-Anteile auf. Damit ist ein schneller kontextbezogener Wechsel zwischen den Inhaltsteilen möglich. (Beispiel: Lernprogramm Dreamweaver – Macromedia).

❶ Unter *Hypertext* versteht man sensitive Textbereiche (dargestellt durch eine Unterstreichung oder eine andere Textfarbe) auf der Bildschirmseite. Durch Klick auf diesen Bereich erfolgt eine Aktion, entweder das Einblenden eines Zusatztextes oder der Sprung (Hyperlink) zu einer anderen Seite.

Die Struktur der Netzwerk-Metapher trifft man vorwiegend bei Hypertext- und Hypermediasystemen ❶ an, die primär als Informationssystem konzipiert sind, da hierbei der Benutzer möglichst frei in einer Informationsvielfalt recherchieren soll.

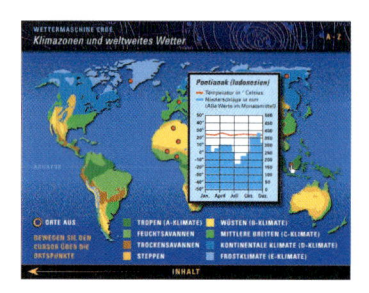

9.3 Interaktionen

In dieser Lektion geht es um die Interaktionen bei multimedialen Kompositionen. Interaktionen sind eine Form der Interaktivität. Die Interaktivität ermöglicht dem Anwender sein Programm zu steuern, zu kontrollieren und Informationen auszuwählen. Je mehr Möglichkeiten der Anwender hat, in sein Programm einzugreifen und mit ihm zu kommunizieren, desto höher ist der Interaktivitätsgrad.

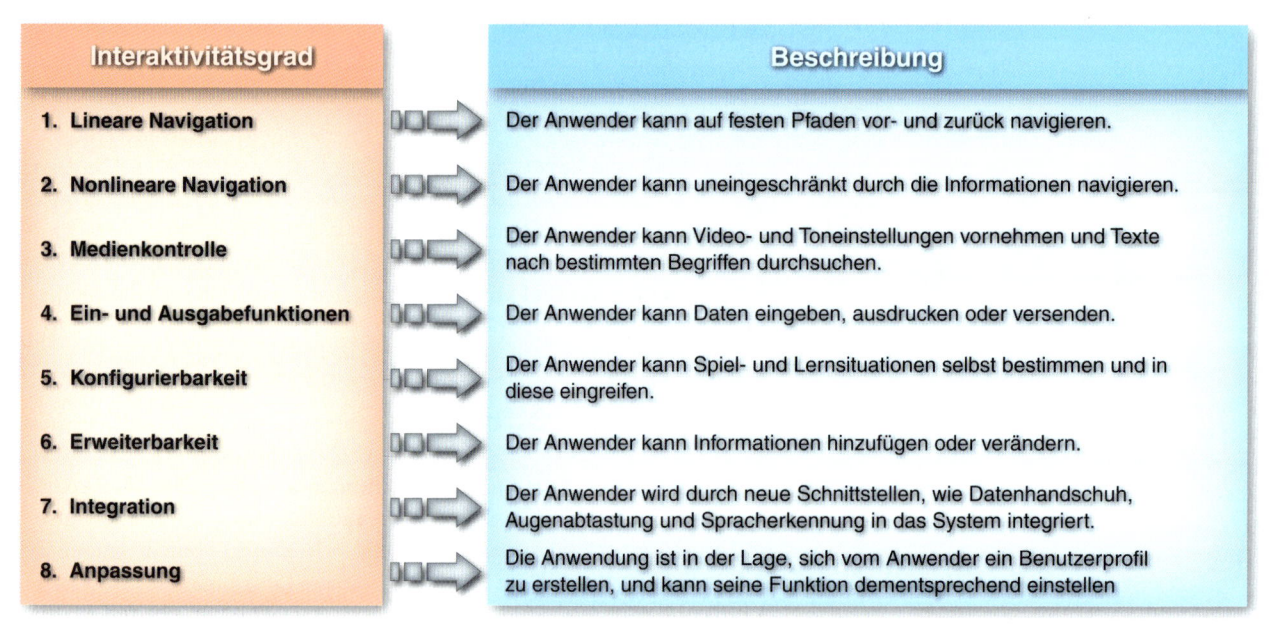

Interaktivitätsgrad	Beschreibung
1. Lineare Navigation	Der Anwender kann auf festen Pfaden vor- und zurück navigieren.
2. Nonlineare Navigation	Der Anwender kann uneingeschränkt durch die Informationen navigieren.
3. Medienkontrolle	Der Anwender kann Video- und Toneinstellungen vornehmen und Texte nach bestimmten Begriffen durchsuchen.
4. Ein- und Ausgabefunktionen	Der Anwender kann Daten eingeben, ausdrucken oder versenden.
5. Konfigurierbarkeit	Der Anwender kann Spiel- und Lernsituationen selbst bestimmen und in diese eingreifen.
6. Erweiterbarkeit	Der Anwender kann Informationen hinzufügen oder verändern.
7. Integration	Der Anwender wird durch neue Schnittstellen, wie Datenhandschuh, Augenabtastung und Spracherkennung in das System integriert.
8. Anpassung	Die Anwendung ist in der Lage, sich vom Anwender ein Benutzerprofil zu erstellen, und kann seine Funktion dementsprechend einstellen

Das Spektrum der Interaktivität zieht sich von einfachen Anwendungen mit linearer Navigation, über Informations- und Katalogsysteme mit Suchfunktionen und Möglichkeiten Medien zu steuern bis hin zu komplexen Lernanwendungen mit Auswertemöglichkeit von Benutzereingaben und der davon abhängigen Funktionalität.

> **Das richtige Maß an Interaktivität, bezogen auf den Anwender und der Zielsetzung der multimedialen Komposition, entscheidet oft über die Akzeptanz des Mediums.**

Zuviel Interaktivität kann den Anwender leicht überfordern und führt zur Desorientierung in der Fülle aller angebotenen Informationen und Möglichkeiten. Der Begriff „Lost in Hyperspace" beschreibt den Zustand eines Anwenders, wenn er seinen Standpunkt und seine Herkunft in der Anwendung nicht mehr genau definieren kann. Der Begriff „Cognitive Overload" beschreibt die Situation des Anwenders, wenn er die Fülle der Informationen nicht mehr adäquat verarbeiten kann.

Deshalb übernehmen die Elemente und Ausprägungen der Interaktionen eine sehr wichtige Rolle im Kommunikationsprozess und der Akzeptanz der interaktiven, multimedialen Kompositionen.

Interaktionen von einfachen Informationsabrufen bis zu Simulationen von Abläufen. (Beispiele: Das Wetter – Systhema Verlag GmbH).

9.3.1 Dialog- und Benutzerführung

Aufgabe und Funktion

Beispiel einer spielerischen Umsetzung einer Benutzeroberfläche. Themenspezifische Objekte als Metaphern stellen den Zugang zu den Inhalten dar.
(Rüdiger Nehberg – SURVIVAL)

Beispiel einer symbolischen Umsetzung einer Benutzeroberfläche. Symbole stellen den Zugang zu den Inhalten dar. (fit for more - VITAL & aktiv)

Damit der Benutzer die Inhalte einer multimedialen Anwendung erschließen kann, bedarf es einer sorgfältig überlegten Benutzerführung. Diese Benutzerführung erlaubt dem Benutzer mit Hilfe von Zeichen, Symbolen und typografischen Elementen eine selbstständige Steuerung des Programms innerhalb der vorhandenen Struktur. Somit stellt sie die Schnittstelle zwischen Medium und Mensch dar. Ihre logische und ergonomische Gestaltung ist sehr entscheidend für eine Akzeptanz des Mediums bei der entsprechenden Zielgruppe. Dabei muss besondere Rücksicht auf die Fähigkeiten und Vorlieben der Zielgruppe genommen werden.

Ein ansprechendes und funktionales Design der Benutzerführung weist eine klare Trennung zwischen Inhalten und Navigationselementen auf.

➡ **Die Benutzerführung sollte nicht Selbstzweck sein, sondern nur den Zugang zu den Inhalten ermöglichen.**

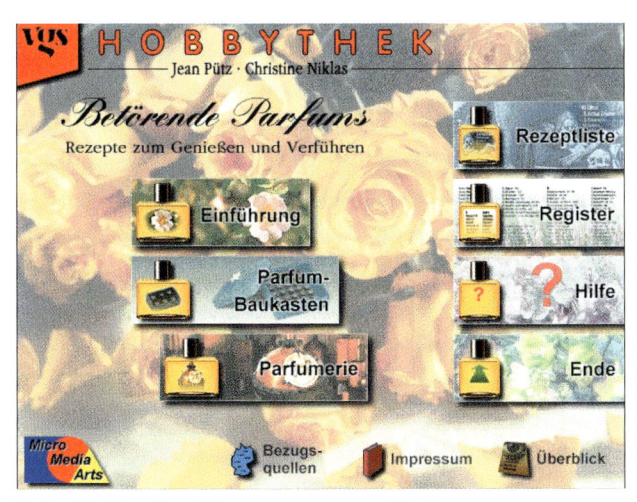

Beispiel eines dem Thema angepassten Menüs (HOBBYTHEK – Betörende Parfüms).

Spielerischer Informationszugang mit Entdeckungscharakter (CLIMATE EFFECTS).

Für fast alle Anwendungsfälle gilt:

⮕ **Eine Benutzerführung soll nicht nur gefallen, sondern sie muss auch funktionieren.**

Ob dies im Einzelfall zutrifft, kann man als Benutzer einer Anwendung auf jeder Seite an folgenden Kriterien messen:

- Sehe ich, wo ich mich in der Anwendung befinde?
- Ist zu erkennen, was ich alles auf dieser Seite tun kann?
- Wie geht es weiter im Programm?
- Sehe ich, wohin ich verzweigen kann?
- Ist es klar, von wo aus ich auf diese Seite gekommen bin?
- Gibt es eine Anzeige, wie viel Informationen ich noch zu erwarten habe?
- Ist es klar, wie ich das Programm verlassen kann?

❷ Kiosksysteme sind Informationsterminals, die z. B. auf Messen am Point of Information (POI) zum Abrufen von Produktinformationen eingesetzt werden.

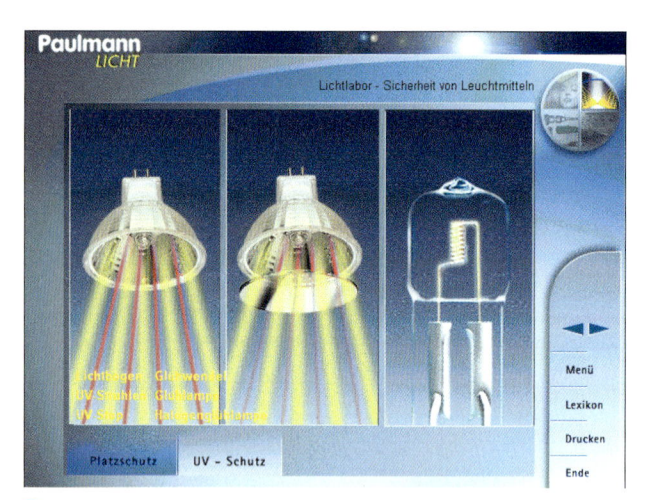

Werden diese Kriterien erfüllt, so ist sichergestellt, dass der Benutzer seine Informationen schnell und problemlos findet und ein transparentes Bild der Anwendungsstruktur erhält. Dies ist besonders bei Informationsanwendungen ❶, wie Lernprogrammen und Kiosksystemen ❷, von Bedeutung. Je mehr Navigationsmöglichkeiten das Programm bietet, umso wichtiger wird der Aspekt der Orientierung innerhalb der Anwendung.

❶ Klar zu erkennende Elemente für die Navigation und Orientierung im Programm dienen der Benutzerführung (Beispiel: Paulmann LICHT – Multimedia CD-ROM).

❸ Eine codierte Benutzerführung nach dem Prinzip des Suchens und Entdeckens ergibt einen hohen Lern- und Unterhaltungseffekt (Beispiel: LIVING BOOKS – Der Hase und die Schildkröte).

Bei Anwendungen ❸, die eher auf einer spielerischen Umsetzung des Themas basieren, z. B. bei Spielen und Lernprogrammen für Kinder, gelten teils andere Regeln. Das bewusste Verstecken von Information und das damit verbundene Suchen und Entdecken kann dabei spaß- und lernorientiert eingesetzt werden.

Kapitel 9 Multimedia | Lektion 9.3 Interaktionen

Strukturelle Navigation

❶ Unter struktureller Navigation versteht man den Pfad, auf dem der Benutzer sich durch die Information von Seite zu Seite bewegt. Von Menüs zu Anwendungsseiten und von Anwendungsseite zu Anwendungsseite.

Die Navigationsmöglichkeiten eines Benutzers durch eine multimediale Anwendung können sehr vielfältig sein. Die zu Grunde gelegte Struktur der Anwendung bestimmt die strukturelle Navigation ❶. In einer Struktur nach der Leiter-Metapher wird der Benutzer sequentiell durch die Seiten geführt. Wird eine Struktur nach der Baum-Metapher verwendet, so erhält der Benutzer zum eingeschlagenen Weg immer mehr Verzweigungsmöglichkeiten und kann so immer tiefer in die Informationen eintauchen, von Hierarchiestufe zu Hierarchiestufe. Völlig freie Informationsverknüpfungen (Netzwerk-Metapher) und deren strukturelle Navigationen setzen beim Benutzer eine hohe Orientierungsfähigkeit innerhalb der Anwendung voraus. In der Regel entsprechen Anwendungen nicht nur einer Struktur, sondern weisen Mischformen auf, die nach inhaltlichen und didaktischen Erfordernissen kombiniert wurden. Der Zugriff erfolgt über Strukturseiten ❷ auf Anwendungsseiten ❸. Mischformen bieten auf Anwendungsseiten zusätzlich strukturelle Verzweigungen zu anderen Themen an.

❷ Strukturseite als Menü (Beispiel: Rechtschreibung 2000 – HEUREKA KLETT).

❸ Anwendungsseite als Mischform mit zusätzlicher Navigationsmöglichkeit auf andere Kapitel (Beispiel: Rechtschreibung 2000 – HEUREKA KLETT)

Über flache Hierarchien erreicht man einen schnellen Zugriff auf die Anwendungsseiten. Eine zu flache Hierarchie ❺ kann durch ihre Strukturbreite aber auch unübersichtlich wirken, da alle Anwendungsseiten über ein Menü angebunden sind. Strukturtiefe Anwendungen ❹ bieten viel Raum zur Strukturierung der Informationen. Der Benutzer benötigt jedoch mehrere Navigationsschritte bis er auf der gewünschten Anwendungsseite ankommt.

❹ Prinzipielles Flow-Chart einer strukturtiefen Anwendung

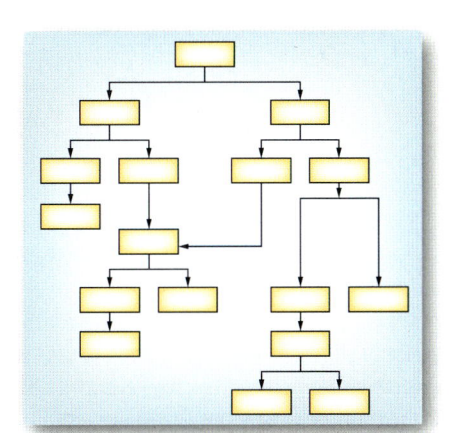

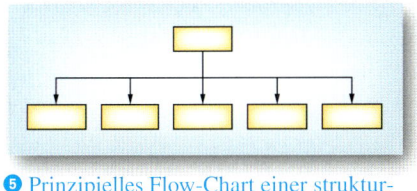

❺ Prinzipielles Flow-Chart einer strukturbreiten Anwendung

❶ Unter *inhaltlicher Navigation* versteht man das Aufrufen zusätzlicher Informationen auf einer Anwendungsseite, ohne diese Seite zu verlassen. Dies können zusätzliche Texte, Grafiken oder das Steuern von Bewegtbildern sein.

❷ *Roll-over-Funktionen*, auch Mouse-over-Funktion genannt, bezeichnen Aktionen, die durch die Position des Mauszeigers (Cursors) auf einem bestimmten aktiven Feld (Hot-Spot) ausgelöst werden. Bewegt der Mauszeiger sich aus dem aktiven Feld heraus, kann die Aktion beendet werden.

Aufruf zusätzlicher Medien, wie Videofilm und Ton, per Schaltfläche. Geschriebener Text wird multimedial vorgetragen (Beispiel: Language Trainer English – Bertelsmann).

❸ Überlagernde Objekte müssen „abklickbar" sein, entweder durch Anklicken des Objektes oder durch explizite Buttons, die eindeutig sind (Beispiel: MICROSOFT ENCARTA).

Inhaltliche Navigation

Im Gegensatz zur strukturellen Navigation zeichnet sich die *inhaltliche Navigation* ❶ durch Verknüpfung der Inhalte auf einer Anwendungsseite aus. Dabei werden themenbezogen zusätzliche Informationen auf die Seite gebracht oder Animationen und Videofilme bedient. Die Interaktionen können dabei durch *Roll-over-Funktionen* ❷, durch Anklicken von Elementen oder durch das Bedienen von Schaltflächen (Buttons) erfolgen.

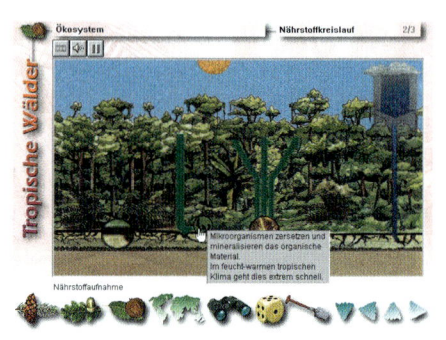

Zusätzliche Bild- und Textinformationen per Roll-over-Funktion auf einer Anwendungsseite (Beispiel: Lebensraum Wälder – Bertelsmann).

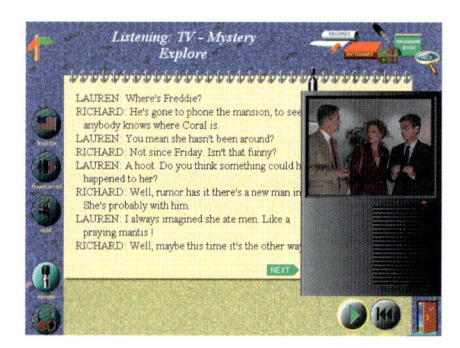

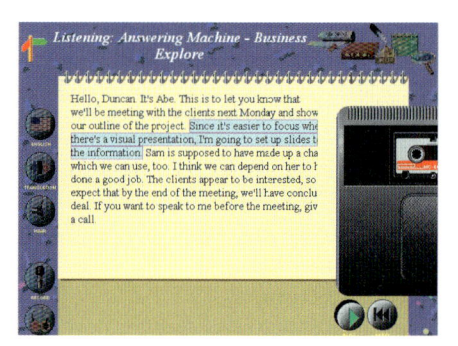

Für zusätzliche Elemente, die nicht per Roll-over aktiviert und deaktiviert werden, müssen zusätzliche Bedienfunktionen zum Deaktivieren ❸ vorgesehen werden.

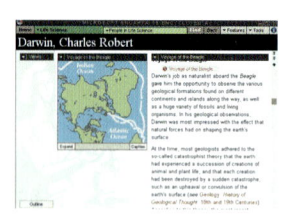

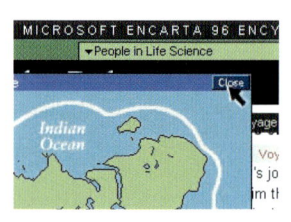

Bei informativ angelegten Multimedia-Anwendungen ist es wichtig, dass der Benutzer klar zwischen struktureller und inhaltlicher Navigation unterscheiden kann. Erwartet der Benutzer beim Drücken eines Buttons zusätzliche Informationen auf der Seite, so sollte er nicht durch den Sprung auf eine andere Seiten enttäuscht werden. Eine klare Trennung kann durch ein eindeutiges visuelles Erscheinungsbild der aktiven Flächen bzw. Navigationselemente erreicht werden. Dieses Erscheinungsbild sollte in der gesamten Anwendung konsistent seine Verwendung finden.

Konsistente Benutzerführung

Die Auswahlsystematik und ihre visuelle Darstellungsformen für Navigationen und Interaktionen sollten innerhalb einer Anwendung konsistent verwendet werden. Alle Bedienungselemente müssen leicht nachvollziehbar und wiedererkennbar sein.

Alle aktiven Flächen und Elemente sollten als solche auch erkennbar sein. Dazu gehört auch die Änderung des Mauszeigers in ein anders Symbol, während er sich auf dem aktiven Feld befindet.

Eine Änderung des Mauszeigers weist den Benutzer auf ein aktives Element hin, welches durch Anklicken eine Aktion herbeiführt.

Auch eine graphische Veränderung des Elements beim Roll-over kann zur Signalisierung von aktiven Schaltflächen benutzt werden.

Eine graphische Veränderung von Objekten beim Roll-over deutet auf aktive Schaltflächen hin.

Zur Konsistenz in einer multimedialen Anwendung zählen ebenso einheitliche typographische Hervorhebungen bei besonderen Wertigkeiten der Textinhalte wie einheitliche farbige Markierungen bei graphischen Hinweisobjekten.

Technische Vorgaben durch die Hardware

Die visuelle Gestaltung einer Benutzerführung in multimedialen Anwendungen ist auch von den Ein- und Ausgabegeräten abhängig. Die Abspielkonfiguration, bestehend aus Hard- und Software, und der Einsatzort der Anwendung bestimmen die Ein- und Ausgabegeräte. Als Eingabegeräte kommen üblicherweise Tastatur, Maus oder Touchscreen zum Einsatz, als Ausgabegeräte Monitor, Videobeamer oder LCD-Bildschirm.

So müssen unter Anderem die aktiven Flächen, wie Navigationselemente etc., für eine Anwendung, die über einen Touchscreen-Monitor bedient werden soll, ausreichend groß gestaltet sein. Damit ist eine leichte Bedienbarkeit mit den Fingern gewährleistet.

Anwendungen für Touch-screen-Monitore müssen besonders gestaltet werden.

Navigation durch das Programm über einen Zeitstrahl (Beispiel: Chronik des 20. Jahrhundert – Bertelsmann).

9.3.2 Navigationselemente

Gestaltung von Navigationselementen

Der Gestaltung von Navigationselementen für die Benutzerführung sind kaum Grenzen gesetzt. Von einfachen graphischen und typographischen Objekten bis zu aufwendigen Umsetzungen von thematischen Metaphern reicht die Bandbreite der Navigationselemente. Im Vordergrund steht dabei immer die Funktion. Das visuelle Erscheinungsbild sollte dem Benutzer ohne großen Interpretationsaufwand die Funktion signalisieren und ihn zur Benutzung der Elemente auffordern.

Eine zusätzliche Signalisierung des Zustandes, ob das Element aktiv ist oder nicht, wirkt einer Fehlbenutzung der Navigationselemente entgegen. Jede Schaltfläche (Button) kann dabei verschiedene Zustände einnehmen.

Mögliche Zustände der Schaltflächen sind:

- Button inaktiv ❶, d. h. die Schaltfläche kann nicht betätigt werden.
- Button aktiv ❷, d. h. die Schaltfläche kann betätigt werden.
- Button mit Roll-over ❸, d. h. die Maus befindet sich gerade über der Schaltfläche.
- Button gedrückt ❹, d. h. die Schaltfläche wird gerade mit der Maus betätigt.

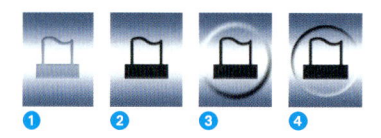

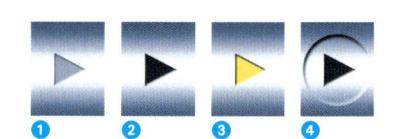

Die Positionierung der Navigationselemente auf der Bildfläche sollte sehr sorgfältig vorgenommen werden. Zum einen muß die Programmnavigation so klar ins Auge fallen, dass der Benutzer möglichst intuitiv die Bedienung vornehmen kann, und zum anderen darf sie nicht die Wirkung der eigentlichen Inhalte der Anwendungsseite beeinträchtigen.

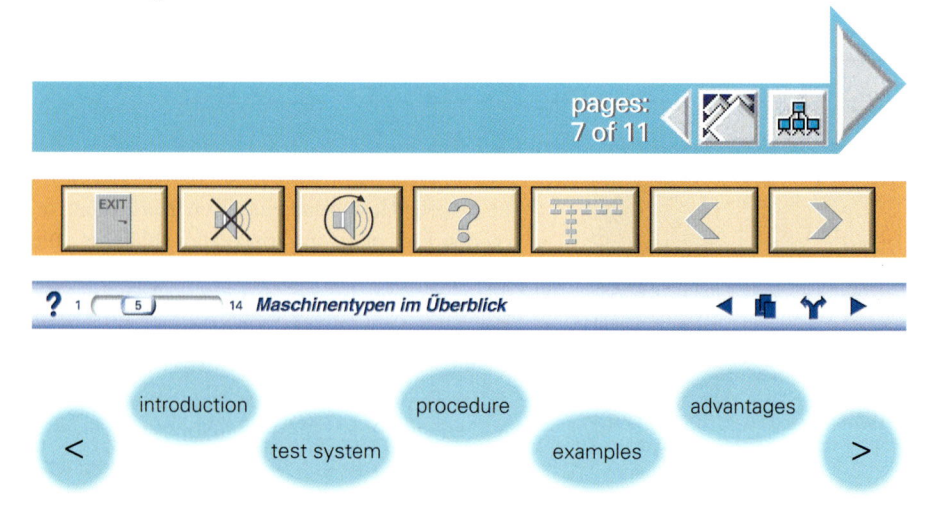

Oft werden die Bedienungselemente in Form einer Navigationsleiste am Bildschirmrand untergebracht. Dadurch erhält der Benutzer die Sicherheit, dass er die Navigationselemente immer an der gleichen Stelle aufgeräumt vorfindet. Gleichzeitig reserviert man sich eine im Programm immer gleichgroße Gestaltungsfläche für die Inhalte der Anwendung.

Ob die Funktion der einzelnen Elemente über Symbolik, über Text oder über eine Symbol-Text-Kombination dargestellt wird, ist meist Geschmacksache.

Verschiedenste Navigationselemente, jeweils harmonisch integriert in das Screendesign der jeweiligen multimedialen Anwendung. Beispiele: ❶ SIPLACE - Siemens AG, ❷ Mercedes-Benz C-Klasse - Mercedes-Benz AG, ❸ Deutsche Post AG / Siemens ElectroCom, ❹ Unternehmenspräsentation - Voith Turbo GmbH, ❺ Poroton-Ziegel - Schlagmann Baustoffe, ❻ Virtueller Messestand CeBIT 96 - Lüttgen & Scholt und Ministerium für Wirtschaft und Mittelstand, Technologie und Verkehr des Landes NRW, ❼ Easy Shopping per CD - Quelle Schickedanz AG, ❽ Wälder - Bertelsmann Lexikon Verlag GmbH, ❾ Do 328 - Dornier Luftfahrt GmbH, ❿ TIGRA - Opel, ⓫ Modulprüfung - Siemens ElectroCom GmbH, ⓬ Grundlagen der Klimatisierung – Mercedes-Benz AG.

Lektion 9.3 Interaktionen   **Kapitel 9 Multimedia**

Menüs

❶ Bei der Gestaltung von Menüs gilt, wie bei der Benutzerführung allgemein, der Leitsatz: „Form follows function".

Zur Orientierung in einer Anwendung und als primärer Informationszugang werden in den Anwendungen spezielle Strukturseiten, sogenannte Menüs, verwendet. Bei der Gestaltung der Menüs sollte die Funktion ❶ den Vorrang haben.

Das heißt, der Benutzer soll sich schnell zurechtfinden, und dazu gehört, dass er die Struktur der Anwendung überblickt und schnell die Untereinheiten anwählen kann.

Menüs können mit Ziffern, Text, grafischen Elementen und Realbildern aufgebaut sein. Die Thematik der Anwendung und die Benutzer-Zielgruppe bestimmen die Wahl der Menüelemente und deren Gestaltung.

❷ Pull-Down-Menüs klappen bzw. rollen eine Auswahlliste aus einer Menü- oder Navigationsleiste heraus.

❸ Bei Pop-up-Menüs wird ein separates Menüfenster auf den bestehenden Bildschirm gelegt.

Je nach Anwendung können auch Unterstrukturen dargestellt werden. Dies kann zum Beispiel über *Pull-down-Menüs* ❷, *Pop-up-Menüs* ❸ oder *Scrollbalken* ❹ erfolgen. Zusätzliche Vorschauinformationen, zum Beispiel kleine Vorschaubilder ❺, geben beim Anwählen (per Roll-over) einen kurzen Einblick in den anwählbaren Strukturpfad.

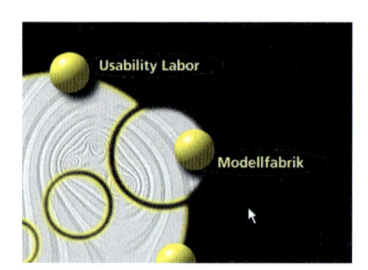

❺ Menü mit Vorschaubildern (Beispiel: Technologie Management – Fraunhofer Institut)

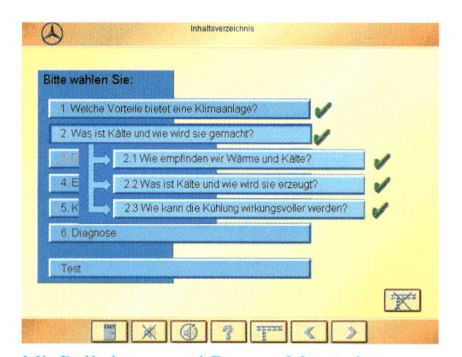

Mit Pull-down- und Pop-up-Menüs können viele Menüpunkte platzsparend gezeigt werden (Beipiel: CBT Klimaanlage – Daimler Chrysler).

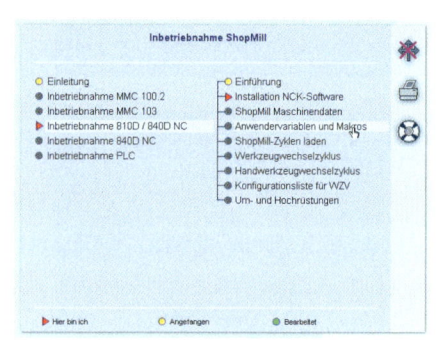

Markierungen an den Menüpunkten zeigen Bearbeitungsstände oder wo man sich befindet (Beispiel: ShopMill – Siemens AG)

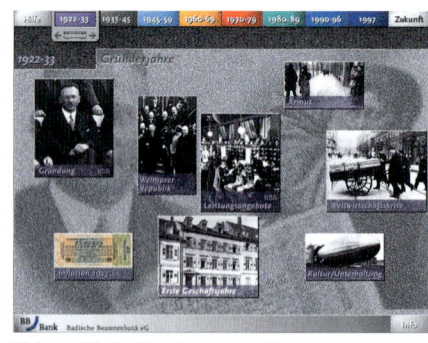

Zeitstrahl als Menüsystem (Beispiel: 75 Jahre Badische Beamtenbank)

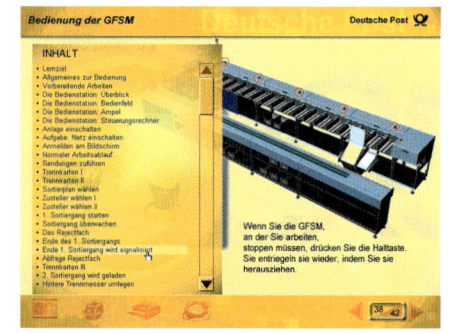

❹ Schnelle Informationsanwahl bei flacher Hierarchie durch ein Pull-up-Menü mit Scrollbalken (Beispiel: GFSM – Siemens ElectroCom für Deutsche Post AG)

Metaphern

Für spezielle Themen bietet es sich an, Benutzerumgebungen in ganz besonderer Form zu gestalten.

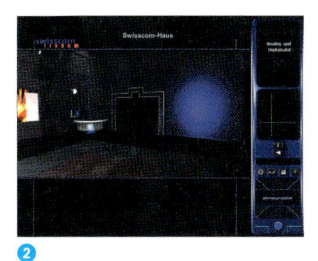

❶ ❷ ❸ ❹

❶ Language Trainer English - Bertelsmann
❷ Comcity – Swisscom AG
❸ Rüdiger Nehberg, Die Kunst zu überleben – Navigo Multimedia
❹ Cinemania 96 - Microsoft

Die Identifikation der Zielgruppe mit der Metapher und die spielerische Umsetzung steht bei der Gestaltung derartiger Menü-Umgebungen im Vordergrund. Der rein informative Überblick rückt dabei etwas in den Hintergrund und aber durch eine hohe Benutzerakzeptanz kompensiert werden.

9.4 Werkzeuge

In dieser Lektion geht es um Werkzeuge, mit denen multimediale Kompositionen erstellt werden können. Das Einbinden verschiedenster Medien zu einer Multimedia-Anwendung erfolgt üblicherweise mit einem Autorensystem.

Seit Bestehen der Informatik herrscht ein reges Kommen und Gehen bei den Programmiersprachen. Vom maschinennahen „Assembler" bis hin zu modernen „objektorientierten Programmiersprachen" reicht die Palette der verschiedenen Programmier-Werkzeugen. Und wo passen da die sogenannten Autorensysteme hin?

Autorensysteme sind, wie der Name schon sagt, Werkzeuge für Autoren. Aber welche Autoren sind gemeint? Im Allgemeinen sind die Autoren von interaktiven Systemen gemeint, die es nicht erst seit der Begriff „Multimedia" geboren wurde, gibt. Schon seit Anfängen des Computer Based Training wurden spezielle Autorensysteme entwickelt.

9.4.1 Definition Autorensysteme

Autorensysteme sind anwendungsorientierte Programmier-Werkzeuge, die speziell für die Herstellung von multimedialen Anwendungen konzipiert wurden.

Hierbei werden autorenspezifische Anforderungen, z. B. Interaktionen, Medieneinbindungen etc., durch implementierte Funktionen abgedeckt und vereinfachen gegenüber reinen Programmiersprachen viele Aufgaben und sparen Zeit bei der Produktion. Das hohe Ziel der Autorensysteme ist, dass der Autor sein Multimedia-Programm möglichst ohne das Schreiben von Programm-Routinen realisieren kann. Das heißt, dass der kreative Autor, der das Programm konzipiert, es auch selbst mit Hilfe eines solchen Autorensystems realisieren kann.

Was sind die Besonderheiten der Autorensysteme im Vergleich zu herkömmlichen Programmiersprachen?

Sie beinhalten komplette Funktionen und Tools speziell für multimediale und interaktive Anwendungen.

Grundsätzlich sind das:

- Umfangreicher Grafikimport
- Minimalgrafik-Erstellung
- Textimport
- Textbearbeitung
- Hypertext
- Umfangreiche Interaktionsmöglichkeiten
- Objektanimationen
- Umfangreiche Medieneinbindung
- Tools für Digitalvideo
- Tools für Animationen
- Tools für Ton
- Funktionen zum Analysieren von Benutzereingaben
- Zugriff auf Datenbanken
- Funktionserweiterungen über Add-ons
- Steuerung von Spezial-Hardware

9.4.2 Auswahl und Beschreibung

Drei unterschiedliche Ansätze

Um Autorensysteme beurteilen und sie klassifizieren zu können, muss für die Multimedia-Tools etwas vorselektiert werden. Nicht alle Programme, die Text, Grafik, Video und Ton integrieren lassen, sind Autorensysteme.

Auf dem Markt ist eine große Anzahl von sogenannten Präsentationsprogrammen erhältlich, die sogar bedingt Interaktionen und Animationen erlauben.

Autorensysteme sollten aber mehr können. Sie sollten umfangreiche Importmöglichkeiten besitzen, Interaktionen und Benutzereingaben auswerten können und offene Schnittstellen besitzen, die externe Geräte ansteuern oder z. B. Datenbanken ankoppeln können.

Eine Möglichkeit Autorensysteme zu klassifizieren ist die Betrachtung der grundsätzlichen Programm-Philosophie. Diese Betrachtungsweise kann in Metaphern ausgedrückt werden.

Metapher „Buch"

Nach dieser Metapher arbeiten zum Beispiel die Programme *Hypercard* von Apple und *Supercard* von Silicon Beach Software auf der Apple-Seite und *Toolbook* von Click2Learn auf der Windows-Seite.

Wie der Name schon verrät, liegt dieser Metapher das traditionelle Buch zu Grunde. In einem Programm (Buch) mit einem oder mehreren Hintergründen werden die Informationen mit Hilfe von unterschiedlichen Schichten bzw. Layern (Karten oder Seiten) aufgelegt.

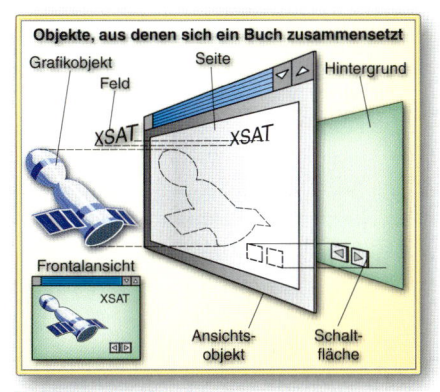

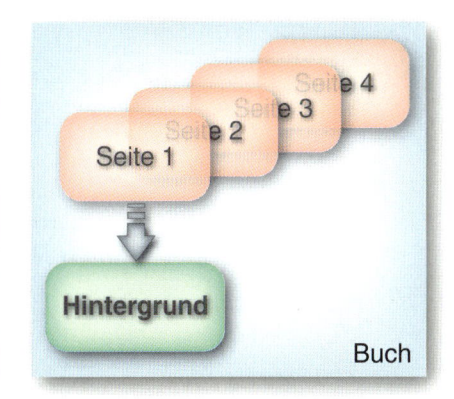

Beispiel: ToolBook

→ **Bei dieser Programm-Philosophie ist die Visualisierung der Struktur auf die Informationsschichten bezogen.**

Deshalb eignen sich Programme nach dieser Metapher besonders für statische Anwendungen, wie Informationssysteme, Hypermedia-Datenbanken etc.

	Toolbook	Hypercard
Dokument	Buch	Stapel
Layout	Hintergrund	Hintergrund
Information	Seite	Karte

Vergleich der Objektbenennungen zwischen ToolBook und Hypercard

Metapher „Zeit"

Bei Programmen, die nach dieser Metapher arbeiten, ist die Zeit der grundlegende Bezugspunkt. Das bekannteste Autorensystem, welches zeitorientiert arbeitet ist der *Director* von Macromedia, der für die Apple- und die Windows-Welt verfügbar ist.

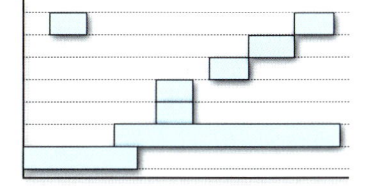

Über eine in Einzelbilder definierte Zeitachse werden Informationen, ähnlich einem Balkendiagramm, in Kanäle aufgeteilt. Bei diesen Programmen ist für jeden Ablaufzeitpunkt eine visuelle Kontrolle des Bildschirmes möglich. Bei dieser Programm-Philosophie ist die Visualisierung der Struktur auf die Zeit bezogen. Deshalb eignen sich Programme nach dieser Metapher besonders für dynamische Anwendungen, wie Animationen, Firmenpräsentationen etc.

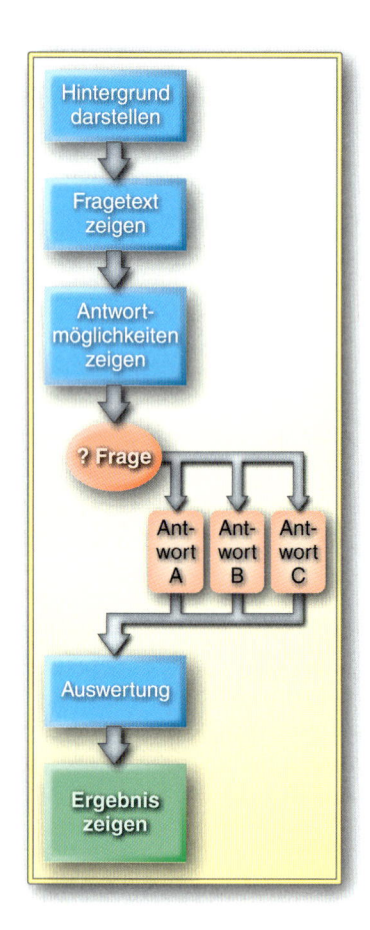

Metapher „Flussdiagramm"

Bei dieser Programm-Philosophie werden die Informationen in Form eines Flussdiagramms angeordnet.

➲ **Bei dieser Programm-Philosophie ist die Visualisierung der Struktur auf die Zeit und die Verzweigungen bezogen.**

Deshalb eignen sich Programme nach dieser Metapher besonders für interaktive Anwendungen, die unterschiedliche Programmwege auf Grund von Benutzereingaben benötigen, wie Computer Based Training, Präsentationen etc. Das bekannteste Autorensystem dieser Art ist *Authorware* von Macromedia.

Vergleich der Systeme

Ein direkter Vergleich der unterschiedlichen Autorensysteme ist sehr schwierig, da Verwendungszweck, Hardware- und Softwareumgebung und die betreffende Zielgruppe maßgeblich daran beteiligt ist, und die können verständlicherweise sehr individuell sein.

9.4.3 Systementscheidung

Das „Non-plus-ultra"-Autorensystem gibt es nicht. Es gibt zwar Highlights unter den Tools und Programme, die eher im Low-level-Bereich anzusiedeln sind, jedoch entscheidend für die Wahl eines Autorensystems sind primär folgende Kriterien:

- Produkt-Typ (Art der Multimedia-Anwendung):
  z. B. Informationssystem, Computer Based Training.

- Benutzerfreundlichkeit:
  Sie hängt individuell vom Autor/Programmierer ab.

- System-Offenheit:
  Es ist zu prüfen ob das Programm über Schnittstellen verfügt und *Add-on's* vorgesehen sind?

- System-Plattform:
  Auf welchen Plattformen soll die Anwendung laufen?

Der Produkt-Typ stellt die meisten Anforderungen an ein Autorensystem und ist daher für viele Produktionsfirmen das Entscheidungskriterium, wenn es um die Auswahl des richtigen Autorensystems geht.

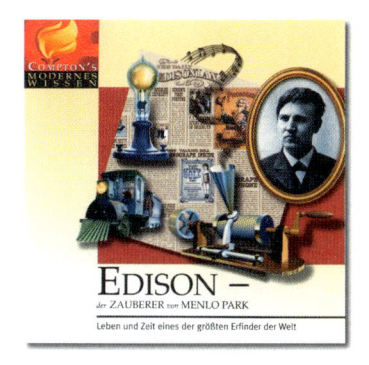

Beispiele:

Digitale Produktkataloge werden oft seitenorientiert aufgebaut. Zusätzlich werden dazu oft Anbindungen an externe Datenbanken integriert. Eine mögliche Online-Verbindung ist auch oft dabei. Hier bietet sich ein Autorensystem nach der Metapher „Buch" an.
Beispiel: Tool-Book

Computer Based Training und Schulungssysteme erfordern vom Entwickler die volle Konzentration auf Inhalte, Didaktik und Strukturen. Umfangreiche Interaktionsformen und die Auswertung von Benutzereingaben sind gefordert. Hier bietet sich ein Autorensystem nach der Metapher „Flussdiagramm" an.
Beispiel: Authorware

Firmen- oder Produktpräsentationen sind primär im Marketing und in der Werbung angesiedelt. Hier muss präsentiert und animiert werden, d.h. es muss 'Show' gemacht werden. Eine optimale Zeitsteuerung ist gefragt. Hier bietet sich ein Autorensystem nach der Metapher „Zeit" an.
Beispiel: Director

Elektronische Dokumentationen sind sehr textorientiert und erfordern optimale Such- und Indexierungsverfahren. Außerdem muss oft auf umfangreiche Materialien, eventuell in Datenbanken, zugegriffen werden. Hier bietet sich ein für diese Anforderungen starkes Tool an.
Beispiel: Schema

Digitale Magazine orientieren sich trotz der Multimedia-Fähigkeit an den konventionellen Print-Magazinen. Hier bietet sich ein Autorensystem nach der Metapher „Buch" an.
Beispiel: Multimedia ToolBook

Informationssysteme bauen auf verschiedenste Verknüpfungsmöglichkeiten und sind meist streng hierarchisch aufgebaut mit zusätzlichen Hyperlinks. Hier bietet sich ein Autorensystem mit optimalen Verknüpfungstechniken und Hypertext an.
Beispiel: Multimedia ToolBook

Guide-Systeme müssen sehr interaktiv und flexibel sein. Je nach Benutzereingabe muss neu entschieden werden. Hier bietet sich ein Autorensystem nach der Metapher „Flussdiagramm" an.
Beispiel: Authorware.

Computerspiele verwenden sehr hohe Interaktions-Levels. Um solch komplexe Progammstrukturen umsetzen zu können, muss entweder eine computernahe Programmiersprache oder ein Autorensystem mit einer mächtigen Scriptsprache verwendet werden.
Beispiel: Director.

Anwendungsbeispiele (Quellen: Microsoft Corporation, Systhema-Verlag, Bertelsmann Lexikon Verlag, Tewi Verlag GmbH)

Lektion 9.4 Werkzeuge   Kapitel 9 Multimedia

9.4.4 Beispiel 1: Authorware

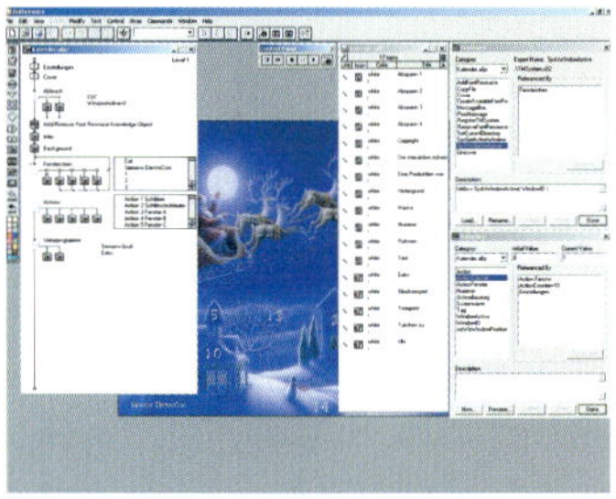

Authorware von Macromedia ist ein sehr umfangreiches Autorensystem, welches für die Windows- und für die Apple-Plattform verfügbar ist. Der Quellcode ist zwischen den Plattformen austauschbar.

→ **Authorware ist ein typisches Autorensystem, welches nach dem Flussdiagramm arbeitet.**

Per „Drag and Drop" wird mit Hilfe von Symbolen ein Flussdiagramm ❶ zusammengestellt, das die Programmstruktur festlegt. Hierzu stehen dem Autor zahlreiche Grundelemente auf der Werkzeugleiste ❷ zur Verfügung. Sie erlauben eine intuitive und visuelle Programmierung. Programmstrukturen, die öfter eingesetzt werden sollen, legt man als „Knowledge Object" mit Dialog-Wizzards ❸ ab. Mit diesen benutzerfreundlichen Vorlagen wird der Erstellungsaufwand bei Serienproduktionen stark reduziert.

Authorware ist ein visuell zu bedienendes Autorenwerkzeug, welches auch ohne Programmierkenntnisse intuitiv erlernbar ist.

❷ Über Symbole (Icons) in der Werkzeugleiste (Symbolpalette) werden unterschiedliche Aufgaben und Funktionen abgedeckt.
Per „Drag and Drop" wird das Symbol auf das Flussdiagramm gesetzt. Damit baut man neue Strukturen auf und erstellt Interaktionen. Mit den Symbolen für die Medienelemente füllt man den Bildschirm mit Text-, Grafik- und Animationselementen oder steuert digitale Videofilme und Tonsequenzen.

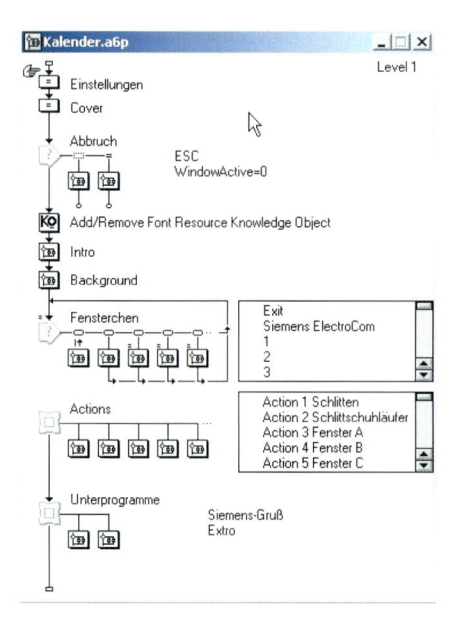

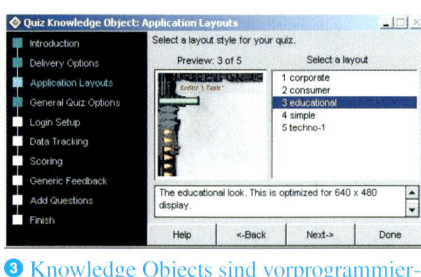

❸ Knowledge Objects sind vorprogrammierte Komponenten, welche der Autor einfach im Dialog nach seinen Anforderungen anpasst. Dialog-Wizzards fragen dabei interaktiv alle notwendigen Parameter ab.

❶ Die „Flowline" in Authorware definiert visuell die interaktive Programmstruktur und bildet damit die Logik der Anwendung.

Zusätzlich steht dem Autor eine sehr umfangreiche Programmiersprache (Script-Sprache) mit mehr als 200 Funktionen und Variablen zur Verfügung. Eine Systemoffenheit wird durch Schnittstellen, z. B. umfangreiche Importmöglichkeiten, DLL-Anbindung, Active-X-Einbindung, ODBC-Schnittstelle, DDE und OLE-Unterstützung usw. sichergestellt.

Über den Authorware-Webplayer, der auf der Shockwave-Technologie ❹ basiert, können in Authorware geschriebene Anwendungen in voller Funktionalität ins Internet/Intranet gestellt werden. Authorware eignet sich auf Grund seines Funktionsumfangs besonders für die Erstellung interaktiver Anwendungen im E-Learning-Bereich.

❹ Die Shockwave-Technologie ist ein Streaming-Verfahren, welches Daten immer erst bei Bedarf über das Netz schickt. Dazu wird im Internet-Browser eine Programmerweiterung, ein sogenanntes Plugin, installiert.

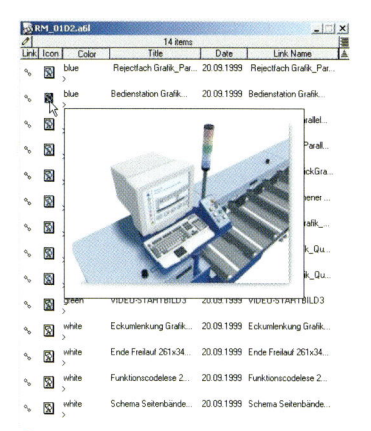

Kapitel 9 Multimedia

Lektion 9.4 Werkzeuge

❶ Mit dem integrierten Iconviewer behält man den Überblick über die Medienelemente (Assets).

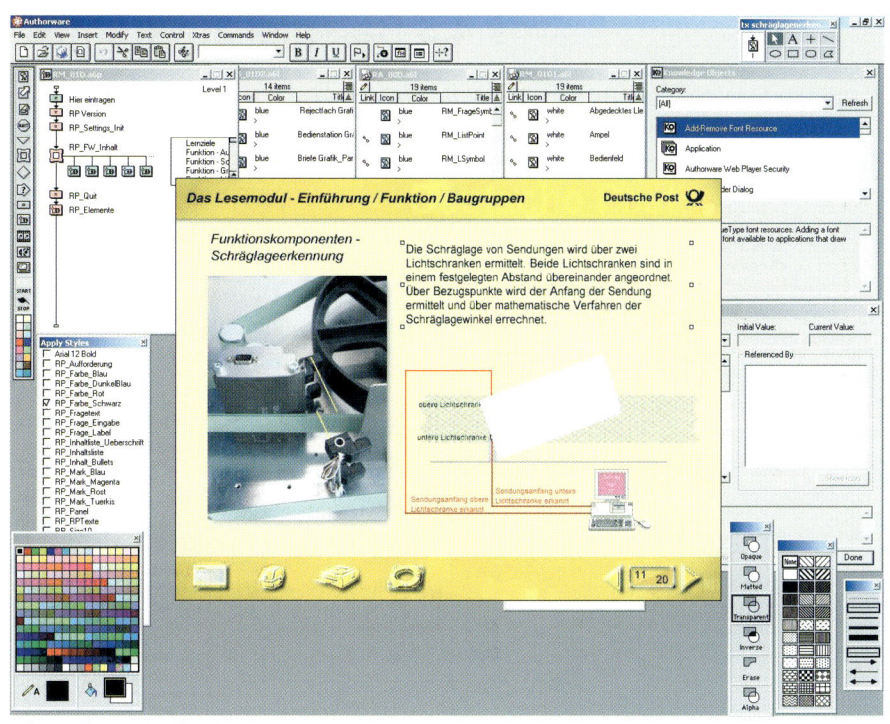

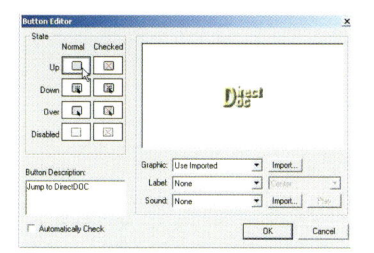

❷ In der Button-Verwaltung können für jede Schaltfläche bis zu 8 Zustände, wie z. B. „gedrückt", definiert werden.

Die Bedieneroberfläche von Authorware mit ihren frei anzuordnenden Menüs und Arbeitsflächen teilt sich in das Präsentationsfenster, dem Flussdiagramm, der Symbolpalette und den verschiedenen Werkzeug- und Bibliothekfenstern.

Die Oberfläche teilt sich auf in die Werkzeugleisten und Pull-down-Menüs, das Flussdiagramm und das Präsentationsfenster. Im Flussdiagramm kann der Inhalt der Display-Icons durch Betätigen der rechten Maustaste betrachtet werden ❶. Icons, die Medien enthalten, können auch in Bibliotheken gespeichert und verwaltet werden. Eine komfortable Ressourcenverwaltung ❷ stellt dem Autor Buttons und Cursor zur Verfügung.

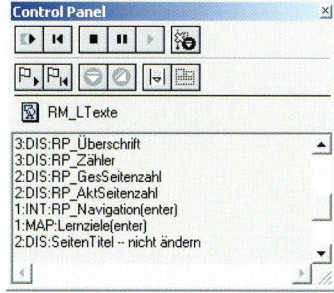

Ein Debugging zur Fehlersuche im Programm unterstützt den Autor bei sehr komplexen und anspruchsvollen Anwendungen.

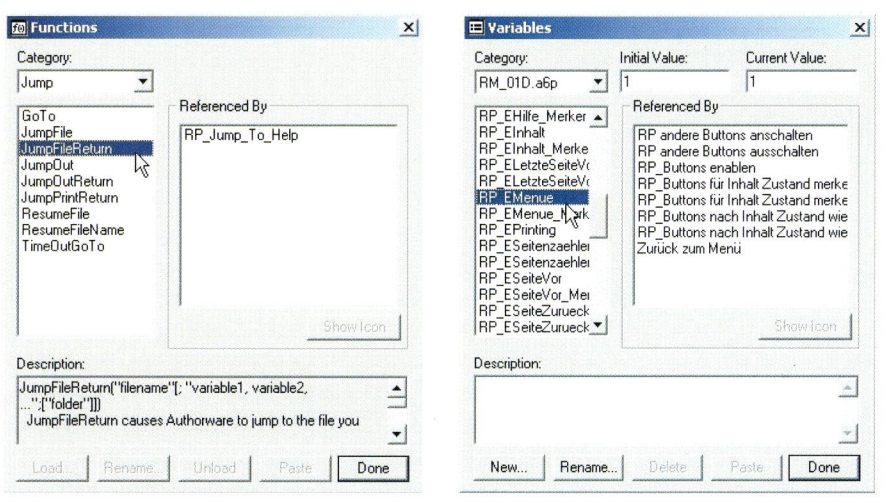

Variablen und Funktionen der Programmiersprache können sehr einfach durch Auswählen in das Script eingesetzt werden. Damit wird automatisch immer der richtige Syntax verwendet.

277

9.4.5 Beispiel 2: Director

Der Director ist ebenfalls von der Firma Macromedia und für die Plattformen Windows und Apple verfügbar.

⇨ **Director ist ein typisches Autorensystem, welches nach der „Zeit"-Metapher arbeitet.**

Der Arbeitsweise des Directors ähnelt der einer Filmproduktion und verwendet deshalb auch deren Terminologie. Filme werden mit Hilfe einer Besetzung, einer Bühne und einem Drehbuch erstellt und bearbeitet.

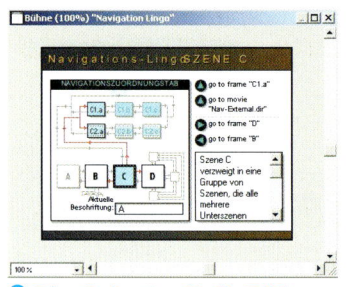

❶ Die „Bühne" stellt die Bildschirmfläche der Anwendung dar.

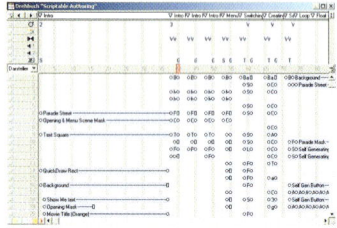

❷ Im „Drehbuch" erkennt man die zeitliche Abfolge des Programmes.

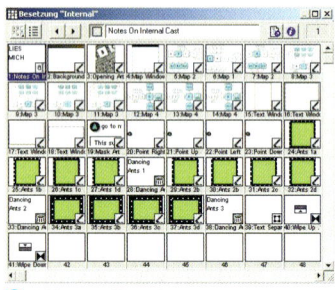

❸ Alle Medienelemente (Assets) werden im „Besetzungsfenster" verwaltet.

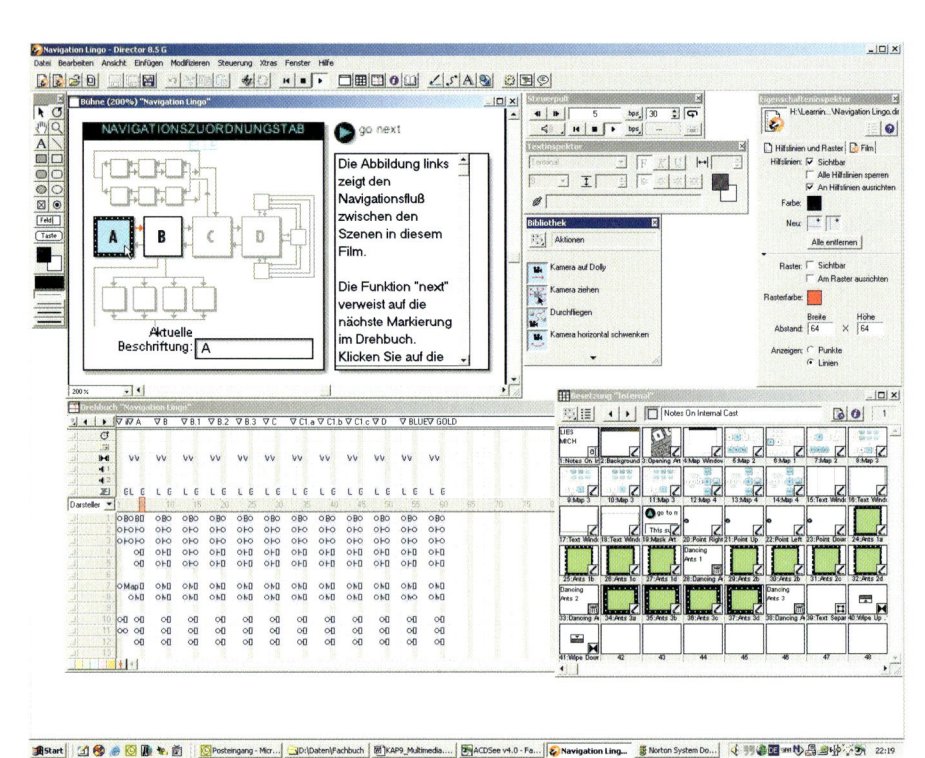

Auf der Benutzeroberfläche vom Director lassen sich die Komponenten „Bühne", „Drehbuch", „Besetzungsfenster", „Eigenschafteninspektor", „Steuerpult" und verschiedene Werkzeugleisten frei anordnen.

❹ Bei einem Sprite handelt es sich um ein Abbild eines Darstellers. Ein Sprite beschreibt, wann, wo und wie Darsteller in einem Film erscheinen. Jedes Sprite kann einen eigenen Wert für bestimmte Eigenschaften aufweisen. Ändert man jedoch die Eigenschaft des Darstellers, so hat dies Auswirkung auf alle seine Abbilder (Instanzen).

Alle Objekte (im Director „Darsteller" genannt), die am Bildschirm erscheinen sollen, werden im Besetzungsfenster ❸ gespeichert. Sie können importiert oder über die umfangreichen integrierten Erstellungstools hergestellt werden.

Sobald die Darsteller auf die Bühne ❶ oder in das Drehbuch ❷ gezogen werden, erscheinen sie im Film. Damit wird ein sogenannter Sprite ❹ erstellt. Auf einer Zeitachse (im Director „Drehbuch" genannt), die über Einzelbilder definiert ist, werden die Sprites in Kanäle (Ebenen) in der gewünschten zeitlichen Abfolge als Balken dargestellt. Jedes Bild (Frame) im Drehbuch stellt den Film zu einem bestimmten Zeitpunkt dar.

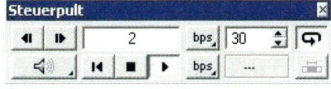

Mit dem Steuerpult ❶ wird der Ablauf des Filmes von Frame zu Frame gesteuert. Mit Hilfe der Tweening-Funktion ❷ lassen sich Sprites animieren, indem ihre Eigenschaften kontinuierlich innerhalb einer bestimmten Zeit verändert werden. Dieses Verhalten kann für weitere Anwendungen in einer Bibliothek ❸ gespeichert werden.

❶ Das Steuerpult dient zum Starten und Stoppen des Director-Films und zum Ändern seiner Ablaufgeschwindigkeit.

❷ Beim Tweening erstellt der Director alle Einzelbilder, die zwischen zwei Schlüsselbildern mit unterschiedlichen Eigenschaften liegen. Er interpoliert sozusagen zwischen zwei unterschiedlichen Sprites.

Der Director verfügt über eine sehr umfangreiche Scriptsprache *Lingo*, mit der auch komplexe Programmieraufgaben realisiert werden können.

Die integrierte 3D-Funktionalität ❺ erlaubt echtes drei-dimensionales Verhalten von Objekten.

Mit Hilfe des Streaming-Verfahrens *Shockwave* können Director-Anwendungen über die Plugin-Technik für das Internet zur Verfügung gestellt werden.

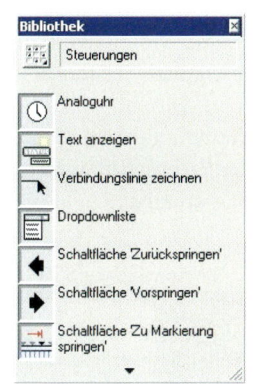

❸ In der Bibiothek werden häufig verwendete Darsteller gespeichert. Die Bibliothek kann auch Veränderungen von Sprite-Eigenschaften, das sogenannte Verhalten, speichern.

Der zusätzliche Shockwave Multiuser Server ❹ bietet dem Entwickler eine effiziente Möglichkeit, Community-Funktionen, wie z. B. ein Chat-Forum oder Online-Konferenzen in seine Anwendung einzubinden.

❹ Beispiel einer Director-Anwendung mit Chat-Funktionalität durch die Shockwave Multiuser Server-Unterstützung.

❺ 3D-Objekte können mit dem Directer so eingebunden werden, dass sie in der Anwendung interaktiv bewegt werden können.

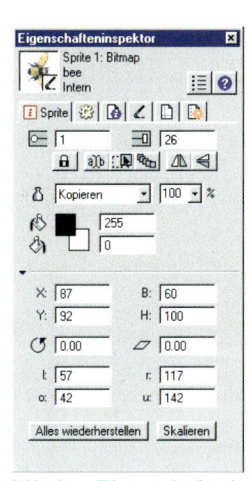

Mit dem Eigenschafteninspektor werden die Eigenschaften der Sprites zu einem Frame im Drehbuch definiert.

Auf Grund der Timeline-basierten Programmphilosophie und der Vielfalt an Gestaltungseffekten eignet sich der Director besonders für werbliche Präsentationen.

Ähnlich wie der Director arbeitet auch das Programm Flash. Dieses ebenfalls aus dem Hause Macromedia kommende Programm deckt seit der Version MX immer mehr Funktionen des Directors ab und ist optimiert für Web-Anwendungen.

9.4.6 Beispiel 3: ToolBook

➡ **Das Autorensystem ToolBook von Click2learn ist ein typisches Autorensystem, welches nach der „Buch"-Metapher arbeitet.**

Es arbeitet nach dem Schichtenprinzip auf der Basis folgender Objekthierarchie:

ToolBook-Anwendungen bestehen aus einer oder mehreren Dateien – genannt Buch (Book). Ein Buch (ToolBook-Dokument) besteht aus einer Vielzahl von Bildschirmseiten, die Texte, Grafiken, Videos etc. am Bildschirm zeigen können. Diese Seiten können einen gemeinsamen Hintergrund besitzen. Dort werden die Bildschirmobjekte platziert, die für alle Seiten präsent sein sollen, z. B. Navigationsknöpfe und Hintergrund-Grafiken. Der Hintergrund kann von mehreren Seiten gleichzeitig benutzt werden. Da ein Buch beliebig viele Hintergründe enthalten kann, die wiederum vom mehreren Seiten gleichzeitig benutzt werden können, ist eine bequeme Möglichkeit zur Kapiteleinteilung gegeben, indem man für jedes Kapitel einen eigenen Hintergrund erstellt. Jedes Buch enthält immer mindestens einen Hintergrund. Die Informationsobjekte in einer Seite sind in Schichten eingeteilt. In jeder Schicht befindet sich jeweils nur ein Objekt. Jedes Objekt und jede Informationsschicht kann über Eigenschaften verfügen, die ein objektorientiertes Programmieren in vollem Umfang erlauben.

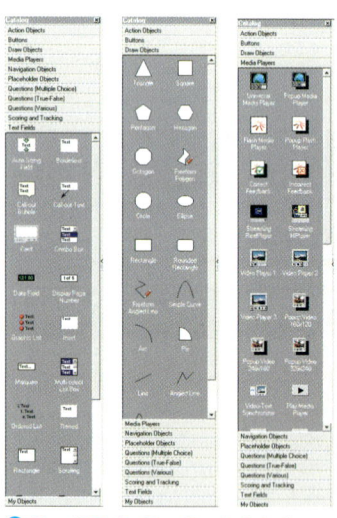

❷ Der Objekt-Katalog beinhaltet vordefinierte ToolBook-Objekte, die einfach per „Drag and Drop" in die Anwendung eingefügt werden können. Dies sind u. a. Zeichenobjekte, Buttons, Textfelder, Hyperlinks und Aktionen, die z. B. Medien ansteuern können.

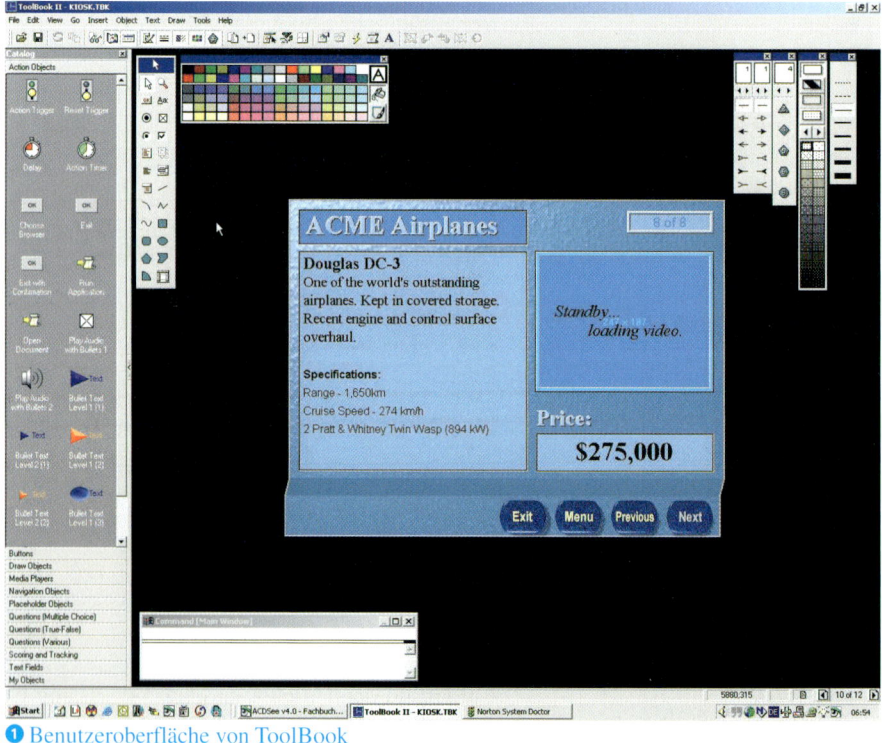

❶ Benutzeroberfläche von ToolBook

Die Benutzeroberfläche ❶ von ToolBook teilt sich auf in das Präsentationsfenster, in dem die Bildschirmobjekte dargestellt werden, dem Objekt-Katalog ❷ und den variablen Tool-Leisten, die zur Bearbeitung der Objekte und Scripte auf die Oberfläche gelegt werden können.

Bibliotheken sorgen in ToolBook für eine Verwaltung und Ordnung der benutzten Ressourcen ❶ und Medien ❷.

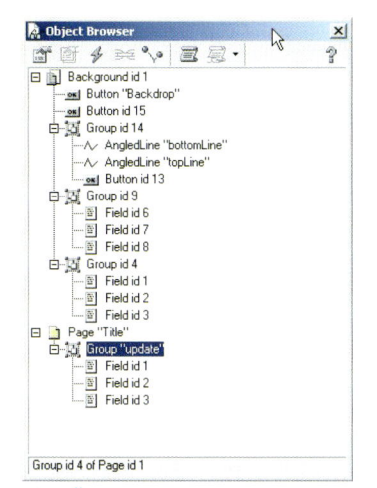

Eine Übersicht aller Objekte im aktuellen Buch kann man mit dem „Objekt-Browser" erhalten.

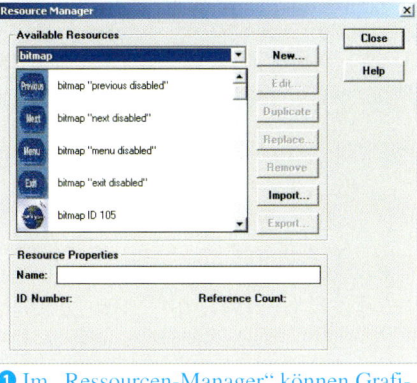

❶ Im „Ressourcen-Manager" können Grafiken, Schrift-Fonts, Icons etc. zur mehrfachen Verwendung gespeichert werden.

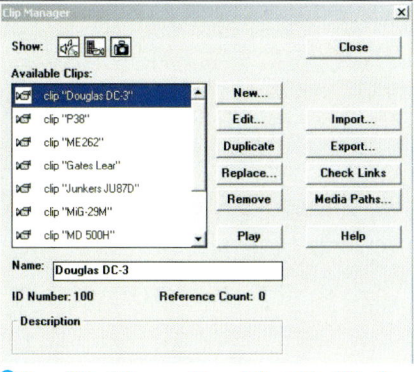

❷ Im „Clip-Manager" speichert ToolBook Video- und Sound-Dateien.

ToolBook ist ein sehr stark skript-orientiertes System. Man kann durch die integrierte Skript-Sprache *OpenScript* komplexe Algorithmen implementieren, sogar komplette ToolBook-Anwendungen erstellen. Man kann zwar bei kleineren Projekten auf OpenScript verzichten, aber schon bei etwas größeren Anwendungen kommt man um das Erlernen und Anwenden dieser Programmiersprache nicht herum. In die Scriptfenster ❸ können OpenScript-Befehle und Funktionen aufgenommen werden.

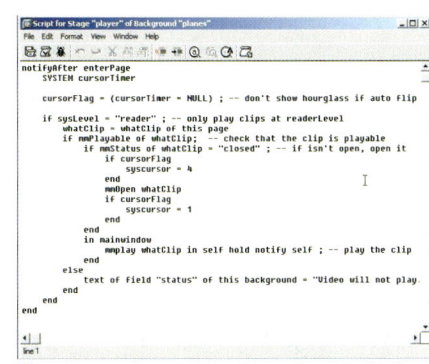

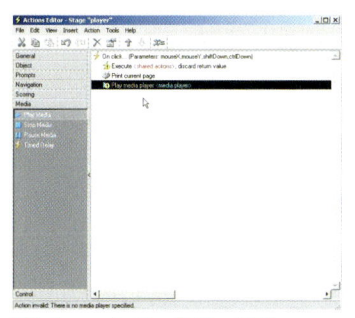

Mit dem „Action Editor" können die Aktionen der Objekte und ihr Verhalten programmiert werden. Durch die objekt-unabhängige Speicherung ist dieses Verhalten auch für andere Objekte zu verwenden.

❸ Jedes ToolBook-Objekt besitzt ein Scriptfenster, indem objekt-orientiert Programm-Routinen in OpenScript die Anwendungs-Funktionen realisieren.

ToolBook gibt es in zwei verschiedenen Ausprägungen:

- ToolBook Instructor
  Die Instructor-Version beinhaltet die komplette ToolBook-Entwicklungsumgebung mit der Scriptsprache OpenScript.

- ToolBook Assistant
  Die Assistant-Version ist die ToolBook-Einstiegsversion ohne Scriptsprache, mit der ein Autor durch das Ausfüllen von bereitgestellten Vorlagen Inhalte in interaktive Anwendungen einarbeiten kann.

❹ HTML (Hypertext Markup Language) ist das Standard-Format für Dokumente im Internet. Siehe auch Kapitel Internet.

ToolBook-Anwendungen können als Offline-Anwendung auf CD-ROM oder als Online-Anwendung mit Hilfe eines speziellen Plugins, dem Neuron-Plugin, verwendet werden. Soll auf ein Plugin verzichtet werden, so können ToolBook-Anwendungen in HTML-Seiten ❹ mit eingebetteten Java-Applets, sogenannten Dynamik-HTML, konvertiert werden. Hierbei steht dem Autor jedoch nicht der komplette Funktionsumfang von ToolBook zur Verfügung.

Üben und anwenden

Aufgabe 1: Wenden Sie die Instruktionsmethode an einem beliebigen Lernthema an. Gliedern Sie den gesamten Lernprozess mit Beispielen auf.

Aufgabe 2: Suchen Sie einen Werbespot, der in Spielfilm-Manier aufgebaut ist. Skizzieren und analysieren Sie den dramaturgischen Aufbau.

Aufgabe 3: Nehmen Sie einen beschreibenden technischen Text aus einem Fachbuch und bereiten Sie ihn mediengerecht für ein CBT auf. Benutzen Sie Bildelemente, gliedern und strukturieren Sie den Inhalt des Textes in Sequenzen.

Aufgabe 4: Suchen Sie eine Multimedia-Anwendung, analysieren und skizzieren Sie die Struktur der Inhaltsseiten.

Aufgabe 5: Beschreiben Sie an Hand von Multimedia-Anwendungen verschiedene Interaktionsformen zur inhaltlichen und strukturellen Navigation.

Aufgabe 6: Suchen Sie fünf verschiedene Multimedia-Anwendungen und ordnen Sie ihnen die bestmöglichste Autorensystem-Metapher zu.

Aufgabe 7: Erstellen Sie mit einer vorhandenen Autorensoftware eine kleine Kiosk-Anwendung.

10 Internet

In diesem Kapitel dreht sich alles um das Thema Internet, dem neuen weltumspannenden Medium. Es werden die Grundlagen für das Verständnis dieses neuen Mediums vermittelt und praktische Anwendungsbeispiele vorgestellt.

Das Internet – Medium der Zukunft? Ja und Nein – vielmehr ist es schon jetzt das Medium der Gegenwart geworden. Es hat mittlerweile erfolgreichen Einzug in fast alle gesellschaftlichen Schichten und Themen gehalten. Das Internet hat nicht nur die Art des Nachrichtenaustauschs verändert, sondern ganz allgemein auch den Umgang mit Informationen. Die Präsenz „im Netz", dem Internet, ist selbstverständlich geworden. Die Angabe der Internetadresse hat teilweise schon einen höheren Stellenwert als die Postadresse erreicht. Fernsehsender veranstalten „Chats" während aktueller Sendungen. Bücher und Zeitschriften verweisen auf weiterführende Informationen im Internet. In Foren und Auktionshäusern im Internet treffen sich Tausende von Gleichgesinnten, fachsimpeln und handeln miteinander. Millionen von Internet-Nutzern tauschen untereinander E-Mails aus. In Sekunden können in einem gigantischen Informationspool Recherchen durchgeführt werden. Ganze Marktsegmente wickeln ein Großteil ihrer Geschäfte „online" ab. Und ein Ende dieses Veränderungsprozesses ist noch lange nicht abzusehen.

Im Jahre 2001 wurden weltweit mehr als 110 Millionen direkt im Internet ansprechbare Rechner registriert und über 390 Millionen Menschen sind regelmäßig online. Das Internet hat sich als ein eigenständiges Medium profiliert.

10.1 Grundlagen

10.1.1 Definition Internet

Das Internet laut Lexikon: „Weltweit zugängliches, unkontrolliertes und nicht zentral verwaltetes Datennetzwerk aus miteinander standardisiert verbundenen Computern."

Das Internet ist ein komplexes, sehr dynamisches Medium mit den verschiedensten Auswirkungen auf unser tägliches Leben. Es kann die hauptsächlichen Elemente der Kommunikation (Text, Bild, Sprache, Ton, Video) verwenden und über verschiedenste Interaktionsebenen zu einem Kommunikationsmedium verbinden. Im Internet gibt es eine Reihe verschiedener Anwendungen, sogenannter Dienste, wobei das WWW (World Wide Web) im Allgemeinen als „das Internet" bezeichnet wird.

Technisch ist es als ein riesiges Netzwerk zu verstehen, das verschiedene Netzwerktechnologien miteinander verbindet. Dabei kann es sich um komplette Datennetze oder auch einzelne Rechner oder Rechnersysteme handeln, die miteinander verbunden sind. Diese Systeme basieren auf unterschiedlicher Hardware und Software, die nur über weltweit allgemein gültige Standards ❶ miteinander in Verbindung treten können. Grundlage sind Protokolle, die einheitliche Standards für den Datenaustausch festlegen. Damit ist eine vom System unabhängige Kommunikation sichergestellt. Eine Besonderheit des Internets ist auch die netzförmige Verknüpfung aller Systeme, die bei Ausfall eines Teilsystems das Internet in seiner Funktion nicht beeinträchtigt.

❶ Unter Standards versteht man technische Empfehlungen, die von nationalen oder internationalen Gremien ausgegeben werden. Sie spezifizieren und verabreden technische Prozesse.

❷ Network Information Center mit seinen nationalen Ablegern, in Deutschland DENIC, registriert offiziell gemeldete Computer im Internet mit Name und Rechnernummer.

Wer betreibt das Internet? Es gibt kein zentrales Management. Das heißt, keine einzelne Firma oder Organisation betreibt das Internet, sondern das Internet ist eine Sammlung vieler individueller Netzwerke und Organisationen, die über einheitliche Standards und Protokolle miteinander kommunizieren, aber alle werden einzeln betrieben und finanziert. Zur Koordination steuern verschiedene Gruppen das Internet-Wachstum, in dem Standardisierungen vereinbart, Entwicklungen unterstützt und die Internet-Registrierung gepflegt werden. Die Verwaltung der Internet-Adressen übernimmt das InterNIC ❷. Die Internet Society (ISOC) veranstaltet Kongresse und unterstützt die Arbeit des Internet Activity Boards (IAB), welches sich mit dem Aufbau des Internets beschäftigt. Das World Wide Web Consortium (W3C) erstellt Standards für die Entwicklung des WWW. Die administrativen Aufgaben, wie Zugang, Nutzungsbeschränkung, Adressenbeschaffung etc., die den Nutzer des Internets betreffen, übernehmen die Dienstleister des Internets (Provider ❸).

❸ Die Provider stellen dem Internet-Nutzer den Zugang zum Internet zur Verfügung. Dies können sowohl kommerzielle Onlinedienste, wie AOL, T-Online, als auch reine Dienstleister für den Internet-Zugang sein.

10.1.2 Entstehungsgeschichte

❹ Research And Development, eine 1948 gegründete, nicht-kommerzielle Forschungseinrichtung der Vereinigten Staaten.

Die Anfänge des Internets begannen schon im Jahre 1958. Zu dieser Zeit starteten die USA zahlreiche Forschungsprojekte, die nach der Überlegenheit in der Militärtechnologie strebten. Ausgelöst wurde dies auf Grund wissenschaftlicher Erfolge der damaligen Sowjetunion, die erfolgreich die Raumsonde „Sputnik" ins Weltall sandte, und der ständigen Bedrohung durch einen möglichen Atomkrieg. Die kalifornische RAND Corporation ❹ wurde damals beauftragt, ein Konzept für ein militärisches Netzwerk zu entwickeln, dass im Fall einer Notsituation Informationen jederzeit überregional zur Verfügung stellt und gleichzeitig als dezentrale Kommunikationsplattform dienen konnte. Dieses System sollte auch dann noch funktionsfähig bleiben, wenn ein Teil

❶ Bei der *paketorientierten Datenübertragung* wird die Information in kleine Datenpakete aufgeteilt, die unabhängig voneinander und auch auf verschiedenen Wegen zum Zielort transportiert und dort wieder zusammengesetzt werden.

❷ Bei der *leitungsorientierten Datenübertragung* wird eine feste Leitung zwischen den Rechnern benutzt. Bei dieser Datenübertragung führten etwaige kurzzeitige Unterbrechungen des Datenflusses zum Zusammenbrechen der bestehenden Kommunikationsverbindung.

❸ USENET, ein Netzwerk, über das Newsgroups transportiert werden.

❹ BITNET (Because It's Time Network), ein auf IBM-kompatible Rechner basierendes Netzwerk, welches die akademische Welt miteinander verband.

❺ EUnet (European Unix Network), ein 1982 gegründetes europäisches Forschungsnetz.

❻ Der Name des Internet kommt von „Interconnected sets of networks".

❼ Konsolidierung = Festigung und Relativierung der Firmenbewertung.

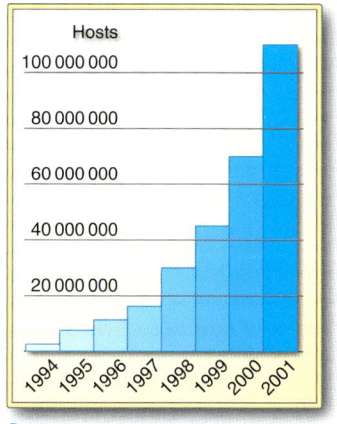

❽ Steigerung der erreichbaren Rechner im Netz.

des Netzes zum Beispiel durch einen atomaren Militärschlag vernichtet werden würde. Aufbauend auf dieses Konzept entwickelte die Advanced Research Projects Agency (ARPA), eine Abteilung des US-amerikanischen Verteidigungsministeriums, die paketorientierte Datenübertragung ❶, welche die bis dahin übliche leitungsorientierte Datenübertragung ❷ ablöste. 1969 wurde von der ARPA das erste paketorientiert arbeitende Netz (ARPANET) mit dezentralen Netzknoten in Betrieb genommen. Bei diesem ersten überregionalem Netzwerk wurden zuerst vier Computersysteme – an der University of Utah, der University of Santa Barbara, der University in Los Angeles und dem Stanford Research Institute – miteinander verbunden. Drei Jahre später hatten sich 50 militärische und wissenschaftliche Institutionen an das ARPANET angeschlossen. Vorerst konnte ein Datenaustausch von Rechner zu Rechner über den FTP-Service (File Transfer Protocol) vorgenommen werden. Später kam für die angeschlossenen ARPANET-Teilnehmer mit der E-Mail (Electronic Mail) die elektronische Post zur direkten Kommunikation hinzu, dabei wurde das @-Zeichen für die Trennung von Name und Adresse eingeführt. Um an das ARPANET verschiedene andere paketorientierte Netze anschließen zu können und eine sichere Datenübertragung zu gewährleisten, schrieb 1974 der US-Amerikaner Robert Kahn das TCP/IP (Transmission Control Protocol/Internet Protocol), welches 1983 zum einheitlichen Protokoll auch im ARPANET wurde. In diesem Jahr schlossen sich weitere Netze an. Dazu gehörten das USENET ❸, das BITNET ❹ und das europäische EUnet ❺. Das damit entstandene „Netz der Netze" erhielt den Namen „Internet" ❻.

Durch den rasanten Zuwachs an angeschlossenen Rechnern und Angeboten bestand der Bedarf, die Namensgebung im Internet zu standardisieren. 1984 wurde das DNS (Domain Name System) vorgestellt, nach dem bis heute alle Rechner im Internet über Internet-Namen identifizierbar sind. Im Jahre 1986 spaltete sich das Netz in ein nichtöffentliches, rein militärisches Netz (MILNET) und dem öffentlichen, forschungsorientierten ARPANET. Am Europäischen Forschungszentrum für Teilchenphysik CERN in Genf entstand 1990 das World Wide Web (WWW) auf Basis des neuen Internet-Protokolls HTTP (HyperText Transfer Protocol). Ziel des WWW war es, weltweit Dokumente mit eingebundenen Grafiken und Hypertextfunktionalität zur Verfügung zu stellen, die eine direkte Verknüpfung von Dokument zu Dokument erlauben. Im Jahre 1993 waren schon über 1,3 Millionen Nutzer im Internet. Die explosionsartige kommerzielle Nutzung des Internets wurde durch die Entwicklung benutzerfreundlicher Web-Browser für PCs und Macintosh vorangetrieben. 1994 entstanden die ersten Internet-Shops und 1995 waren die ersten Ton- und Filmsequenzen über das Internet abrufbar. Immer mehr Internetbasierte Dienste, welche die Internet-Wirtschaft geradezu beflügelten, kamen hinzu. Relativ kleine Internet-Firmen, wie Yahoo!, Intershop oder Amazon gingen an die Börse und schlugen in kurzer Zeit etablierte Großkonzerne in ihren Aktienwerten.

Der nahezu euphorisch hochgejubelte „Goldrush" vieler Internet-Firmen brach Mitte 2000 nach dem Platzen einiger hochspekulierter Aktienwerte zusammen. Manche Werte sanken regelrecht ins Bodenlose und verunsicherten viele spekulationsfreudige Anleger. Die Zeit der Konsolidierung ❼ im Internet-Business war angebrochen.
Die Anzahl der direkt im Internet erreichbaren Rechner, der sogenannten „Hosts" ❽ steigt stetig. Die Zahl der Nutzer überschritt im Jahre 2002 die 400-Millionen-Grenze.

10.1.3 Grundprinzip

Datenaustausch über TCP/IP

Der Informationsaustausch im Internet geschieht mit einheitlichen Verfahrens- und Ablaufvorschriften über viele Ebenen von Netzwerken, Computern und Kommunikationsverbindungen. Die wichtigsten Protokolle im Internet sind das Transmission Control Protocol (TCP) und das Internet Protocol (IP), kurz TCP/IP ❶ genannt. Zunächst werden die Informationen vom TCP in einzelne Pakete aufgeteilt. Mit Hilfe des IP werden diese Pakete an ihren Bestimmungsort gebracht und dort mit dem TCP wieder zusammengesetzt. Dabei können die Pakete, je nach Verkehrsaufkommen (traffic) auch unterschiedliche Pfade einschlagen. Unterwegs können die Informationen über verschiedenste Hardwarekomponenten, z. B. Hubs ❷, Bridges ❸, Gateways ❹, Repeater ❺ und Router ❻, transportiert werden, welche die unterschiedlichen Netze und Systeme miteinander verbinden.

❶ TCP/IP ist das Internet-Standard-Protokoll. Es besteht aus dem TCP, dem Protokoll für den paketorientierten Datentransport, und dem für die Adressierung zuständigen IP.

❷ Hubs verbinden einzelne Computer zu Gruppen.

❸ Bridges verbinden örtliche Netzwerke miteinander. Sie lassen Daten für andere Netze passieren, lokale Daten halten sie zurück.

❹ Gateways verbinden unterschiedliche Netzwerke miteinander, in dem die Daten übersetzt werden.

❺ Repeater verstärken die Signale, um größere Entfernungen überbrücken zu können.

❻ Router verbinden Netze mit gleichen Protokollen und übernehmen die Datenpaketvermittlung im Internet. Sie geben die Datenpakete entsprechend der Zieladresse zum nächsten Router weiter.

❼ Das Schichtenmodell nach dem OSI-Referenz-modell definiert 7 Schichten. Die reine Bitübertragung erfolgt in der untersten Schicht. Höhere Schichten kümmern sich um die fehlerfreie Datenübertragung und auf der obersten Schicht werden die plattformunabhängigen Internet-Dienste angeboten. Somit ist die eigentliche Anwendung von der Aufgabe des Datentransportes entkoppelt.

Damit die Datenpakete auch immer den richtigen Adressaten in dem komplexen Netzwerk erreichen, werden sie von Router zu Router auf dem schnellsten Wege weitergegeben. Sind sie dann entgültig beim Adressaten angekommen werden sie in der richtigen Reihenfolge zusammengesetzt und auf Vollständigkeit und Fehlerfreiheit geprüft. Fehlende oder fehlerhafte Datenpakete werden vom Sender nachgefordert. Zusätzlich zu den Protokollen des TCP/IP werden für die Internet-Dienste weitere Protokolle verwendet. Der gesamte komplexe Datenübertragungsprozess lässt sich in Form eines Schichtenmodells ❼ darstellen.

Adressen im Internet

Damit auch immer die richtige Adresse im Internet gefunden werden kann, benutzt das Internet Protocol (IP) eine aus vier Zahlengruppen bestehende eindeutige Internet-Adresse (IP-Adresse) ❶. Sie besteht aus einer Zahlenfolge mit vier Nummernblöcken, die durch Punkte voneinander getrennt sind, z. B. „132.51.131.71". Jeder dieser vier Zahlen kann Werte von 0 bis 255 annehmen. Da diese Zahlengruppen schlecht zu merken sind, wurde das Domain-Name-System (DNS) entwickelt. Dieses System gibt jedem Computer im Internet einen Domain-Namen ❷ (Host-Namen) mit leicht verständlichen Wörtern und Buchstaben. Jeder Domain-Name ist einer eindeutigen IP-Adresse zugeordnet. Spezielle „Name-Server" führen Listen der Domain-Namen und vermitteln zwischen IP- und Domain-Adresse.

❶ Eine IP-Adresse nach unserem momentan verwendeten IP der Version IPv4 besteht aus 32 Bits. Da der IP-Adressraum jetzt schon knapp ist, wird parallel das IPv6 mit 128 Bits eingeführt.

❷ Die Domain-Namen können – sofern noch nicht belegt – weitgehend frei ausgesucht werden. In Deutschland ist dafür das Deutsche Network Information Center (DeNIC) für die Vergabe zuständig. Die Beantragung einer Domain kann auch über einen Internet-Provider erfolgen. Mittlerweile werden schon interessante Domain-Namen in verschiedenen Auktionen versteigert. Welche Namen von wem registriert sind, erfährt man über die WHOIS-Datenbank (www.whois-service.de).

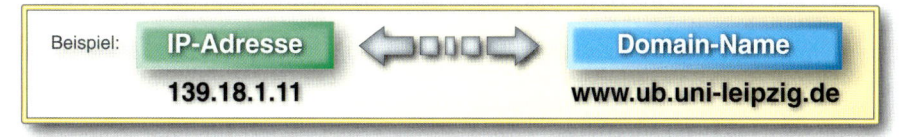

Beispiel: IP-Adresse 139.18.1.11 ⇔ Domain-Name www.ub.uni-leipzig.de

Nach dem Domain Name System sind Domain-Namen hierarchisch aufgebaut und durch die einzelnen Ebenen durch Punkte voneinander getrennt. Beginnend mit dem Rechnernamen, über eventuelle Sub-Domains (Rechnergruppen), der Domain und zum Schluss die Top Level-Domain, wird der Domain-Name gebildet. Die Top Level-Domains sind entweder geografisch ❸ nach Ländern organisiert oder nach Zugehörigkeit zu einer bestimmten Nutzergruppe ❹.

Beispiel einer Internetadresse nach dem Domain Name System (DNS)

www . ub . uni-leipzig . de
- Top level-Domain
- Domain
- Sub-Domain
- Rechnername

.at	Österreich
.be	Belgien
.ch	Schweiz
.cz	Tschechische Republik
.de	Deutschland
.dk	Dänemark
.es	Spanien
.fi	Finnland
.fr	Frankreich
.is	Island
.it	Italien
.uk	Großbritannien
...	

❸ Beispiele für geografische Top Level-Domains.

Der Second Level-Domains (oder einfach Domain genannt) wird über DeNIC vergeben. Die Sub-Domains und den Rechnernamen vergibt der Systemadministrator des jeweiligen Rechners. So hat auch jedes Dokument, auf das im Internet zugegriffen werden kann, seine eigene Adresse, die sogenannte URL (Uniform Resource Locator), was soviel heißt wie „einheitliche Ressourcenadresse".

Beispiel einer Uniform Resource Locators (URL):

http:// www.ub.uni-leipzig.de/ aktuell/ausstellung.htm
Protokoll-Art **Domain-Name** **Ordner** **Dokument**

.com	Kommerzieller Anbieter
.edu	Bildungseinrichtung
.gov	Regierungsbehörde
.mil	Militäreinrichtung
.net	Netzanbieter / Provider
.int	Internationale Organisation
...	...

❹ Beispiele für Top Level-Domains nach Nutzergruppen.

Bei einer URL wird zusätzlich das notwendige Protokoll angegeben, welches zum Lesen des Dokumentes benötigt wird. Im WWW werden hauptsächlich Daten im HTTP (Hypertext Transfer Protokoll) ausgetauscht. Aber auch FTP (File Transfer Protokoll) zum Datei-Transfer wird im WWW verwendet. Das eigentliche Dokument wird dann über den Pfad (Ordner und evtl. Unterordner) und dem Dokumentennamen gefunden.

Lektion 10.2 Dienste im Internet   Kapitel 10 Internet

10.2 Dienste im Internet

Im Internet kommen verschiedene Anwendungen, sogenannte Dienste, zum Einsatz. Alle Dienste basieren auf dem Client-Server-Prinzip, das heißt, ein Rechner (der sogenannte Server) stellt eine Dienstleistung im Internet zur Verfügung, die von anderen Rechnern (den sogenannten Clients) in Anspruch genommen werden können.

10.2.1 World Wide Web

❶ Browser kommt vom englischen Wort „to browse", was soviel bedeutet wie das flüchtige durchblättern eines Buches.

Das World Wide Web (WWW) wird im Allgemeinen als „das Internet" bezeichnet, da hier die meisten Online-Aktivitäten, im Volksmund auch gerne „Surfen" genannt, ablaufen. Das WWW ist der momentan spannendste, innovativste und am schnellsten wachsende Teil des Internets. Es ist als ein global vernetztes gigantisches Informationssystem zu verstehen, wie auch schon durch die Bezeichnung „Web" (engl. = Spinnennetz) zu erkennen ist. Das WWW arbeitet mit dem Hypertext Transfer Protocol (HTTP) und erlaubt die weltweite Verknüpfung von Hypertext-Dokumenten. Zur Anzeige der Dokumente wird ein sogenannter Browser ❶ verwendet. Da dies der meistgenutzte Internet-Dienst ist, wird in der nächsten Lektion dieses Kapitels die Funktionsweise des WWW noch genauer behandelt.

Beispiel eines Browsers: Der Internet Explorer von Microsoft.

10.2.2 E-Mail

E-Mail, aus dem englischen Begriff „Electronic Mail" abgeleitet, ist die elektronische Post im Internet. Jeden Tag verschicken und empfangen Millionen Internet-Nutzer E-Mails zum schnellen Informationsaustausch. E-Mail arbeitet zeitversetzt, das heißt, die Sender und Empfänger müssen nicht gleichzeitig im Internet anwesend sein. Der E-Mail-Versand erfolgt nicht direkt von Computer zu Computer, sondern über sogenannte Mail-Server, an denen sich die Benutzer mit einer E-Mail-Software ❷ anmelden und E-Mails zum Versand abgeben bzw. erhaltene E-Mails abrufen. Der Mail-Server übernimmt die Aufgabe eines Postamtes mit individuellen Postfächern. Für den Transport der E-Mails werden mehrere Protokolle verwendet. Das Senden der E-Mail vom Mail-Client zum Mail-Server übernimmt das seit 1982 eingeführte SMPT-Protokoll (Simple Mail Transfer Protocol). SMPT ist ein einfach gehaltenes Protokoll, das einige Probleme und Risiken mit sich bringt: SMPT kann nur ungeschützte Textnachrichten übertragen und erfordert vom Mail-Server eine ständige Empfangsbereitschaft. Da man dies für das Empfangen von Mails mit dem Mail-Client nicht voraussetzen kann, kommt für das Abholen der Mails vom Mail-Server das weit verbreitete POP3 (Post Office Protocol) oder das IMAP4 (Internet Message Access Protocol) zum Einsatz. Das IMAP4 bietet für den mobilen Internet-Benutzer mehr Flexibilität,

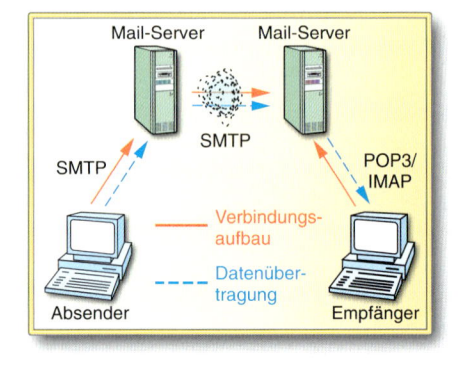

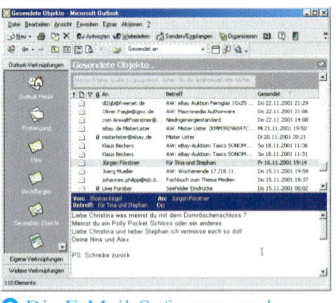

❷ Die E-Mail-Software, auch Mail-Client genannt, ist für den E-Mail-Benutzer die Kommunikationszentrale auf dem PC. Damit werden Nachrichten vom Mail-Server auf den eigenen Computer geholt. Anschließend können die Nachrichten gelesen, gespeichert, gelöscht oder beantwortet werden. (Beispiel: Microsoft Outlook)

❶ ASCII (American Standard Code for Information Interchange) ist der Standard für den Austausch von Texten. Dabei steht für jedes Zeichen ein Zahlencode.

❷ Die Umwandlung der binären Dateien erfolgt innerhalb von MIME z. B. mit der Base64-Codierung. Alternativ wird auch die UUEncode-Kodierung verwendet. Beide Seiten, Sender und Empfänger, müssen über die gleichen Verfahren verfügen, sonst können die Datei-Anhänge nicht gelesen werden.

❸ Proprietäre Formate sind nicht offiziell standardisierte Formate, die jedoch auf Grund der starken Verbreitung eines Software-Produktes sehr oft verfügbar sind. Werden solche Formate vorwiegend eingesetzt, spricht man von einem „Quasi-Standard".

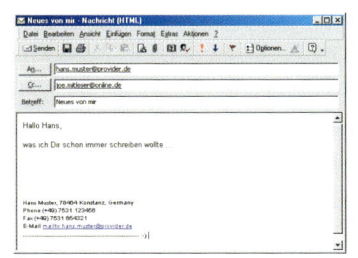

❹ Beispiel einer E-Mail, geschrieben im E-Mail-Programm Microsoft Outlook.

❺ Beispiel einer E-Mail-Adresse über den Internet-Provider-T-Online:
HansMuster@t-online.de.

❻ Beispiel einer E-Mail-Adresse mit eigenem Domain-Namen:
thomas@foerstner-kegel.de

da er zum Beispiel Eingangspost auf dem Mail-Server lagern kann. So kann von unterschiedlichen Orten mit mehreren unabhängigen PCs auf das gleiche Postfach zugegriffen werden. Der eigentliche Datenaustausch von Mail-Server zu Mail-Server erfolgt meist in wenigen Sekunden. Wie lange die E-Mail wirklich unterwegs ist, hängt von der Distanz, den Router-Verbindungen und der Netzauslastung ab.

E-Mails mit Anhang

Mit E-Mails können nicht nur Nachrichten in Form von Text verschickt werden, sondern auch Bilder, Grafiken, Sound-Dateien und andere binäre Daten, z. B. Programm-Dateien. Da das SMPT-Protokoll nur reine Textnachrichten mit den Zeichen des amerikanischen 7-Bit-ASCII-Standards ❶ übertragen kann, haben sich die Mehrzweck-Erweiterungen MIME (Multi Purpose Mail Extensions) durchgesetzt. Durch MIME können in E-Mails beliebige Sonderzeichen verwendet und binäre Daten können als sogenannte Anhänge (Attachments) mitgeschickt werden. Für den Transport im Internet werden die binären Daten mit dem Mail-Client in den ASCII-Code ❷ umgewandelt und müssen beim Empfänger wieder in binäre Daten rückgewandelt werden. Die meisten Mail-Clients erlauben dem Sender, die Mails entweder als reine Textnachrichten (ASCII), als HTML-Datei, oder sogar in einem proprietären Format ❸, wie z. B. dem Microsoft Outlook-Rich-Text-Format, zu verschicken. In proprietären Formaten oder im HTML-Format lassen sich Textinformationen durch Gestaltungselemente, wie Farbe, Schriftformatierungen, Verknüpfungen und sogar integrierte Bilder aufwerten. Doch Vorsicht: Es gibt keine Gewähr dafür, dass diese Formatierungen beim Adressaten auch wirklich ankommen.

Aufbau der E-Mail

Eine E-Mail ❹ besteht immer aus dem E-Mail-Kopf (E-Mail-Header) und der Textnachricht (Body). Eventuell kann eine elektronische Unterschrift (Signatur) am Ende der Textnachricht integriert und zusätzliche Dateien angehängt werden. Der E-Mail-Header besteht hauptsächlich aus der Adresszeile mit der E-Mail-Adresse des Empfängers (An- oder To-Zeile), den möglichen Empfängern einer Kopie (CC-Zeile, auch Carbon Copy genannt), der E-Mail-Adresse des Senders, dem Datum und der Betreff-Zeile (Subject).

E-Mail-Adresse

Eine E-Mail-Adresse ist im Internet die Post-Adresse des Benutzers. Nur, dass im Internet ein Benutzer auch über mehrere E-Mail-Adressen verfügen kann und dass über die E-Mail-Adresse nicht auf den eigentlichen Wohnort und Namen des Benutzers zu schließen ist. Sie ist prinzipiell nach dem Muster *IhrName@IhrProvider.de* aufgebaut. Das „@"-Zeichen trennt dabei den persönlichen, selbstdefinierten Namen vom Namen des Internet Service Providers ❺, der das E-Mail-Konto und den Mail-Server anbietet und der Top Level-Domain. Auch E-Mail-Adressen mit eigener Domain ❻ sind möglich. Einige Provider bieten webbasierte E-Mail-Konten an, die über den Browser bedient werden. Anbieter kostenloser E-Mail-Konten sind z. B. MSN Hotmail, Yahoo!, GMX und FreeMail.

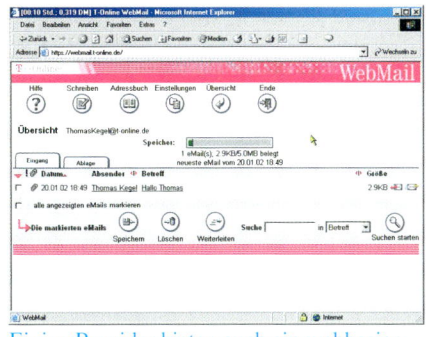

Einige Provider bieten auch ein webbasiertes Interface für das Email-Konto an.

❶ Die Bezeichnung „Spam" stammt ursprünglich von einem Monty-Python-Sketch, bei dem mit jedem Gericht das Spam-Frühstücksfleisch (Abkürzung für Spice and Ham) serviert wurde.

Mit der weiten Verbreitung des E-Mail-Dienstes steigt auch das Problem der Werbe-E-Mails. Dies sind in der Regel Werbesendungen von Firmen, von denen man häufig noch nie etwas gehört hat. Diese unerwünschten Nachrichten werden als „Spam" ❶ oder „Junk-Mail" bezeichnet. Die Versender derartiger Mails kaufen E-Mail-Adressen oder erstellen E-Mail-Listen über Roboter-Software, die z. B. Newsgroups nach E-Mail-Adressen durchsuchen. Um den eigentlichen Sender zu verbergen, sind die Sender-Adressen oft verfälscht und bieten keine Möglichkeit der Streichung von der entsprechenden Spam-Liste. Um sich dennoch vor der Überflutung von Spam-Mails zu schützen, gibt es entweder beim E-Mail-Provider oder in der verwendeten E-Mail-Software Spam-Filter, die derartige Werbe-Mails blockieren. Leider bedienen sich die Versender der Spam-Mails immer mehr der Methode der Verfälschung des Adressen-Headers und können deshalb nicht immer ausgefiltert werden. Mittlerweile gibt es eine Reihe von Gesetzesvorschlägen, die Spam-Mails regulieren bzw. verbieten wollen.

Newsletter

Im Gegensatz zu unerwünschten Werbe-Mails können über sogenannte „Newsletter" neue Informationen als regelmäßig versendete E-Mails abonniert werden. Firmen und professionelle Redaktionen geben Newsletter heraus, um über Aktionen, neue Produkte oder sonstige Neuigkeiten zu informieren. Es gibt kostenlosen und kostenpflichtigen Bezug von Newslettern. Die Bestellung erfolgt in der Regel über die Homepage des Herausgebers.

Beispiel einer E-Mail als Newsletter (iBusiness Daily – Hightext-Verlag)

Über Mailinglisten werden Diskussionen geführt und neue Informationen per E-Mails verbreitet.

Mailinglisten

❷ Sehr aktive Mailinglisten erreichen problemlos 50 oder mehr Beiträge am Tag. Solche E-Mail-Mengen sind üblicherweise nur noch mit entsprechenden Mail-Eingangsassistenten zu bewältigen.

Anders als bei Newslettern, bei denen nur ein Sender die Informationen verschickt und viele diese empfangen können, erfolgt die Kommunikation bei sogenannten „Mailinglisten" öffentlich, das heißt, jeder kann Informationen verbreiten. Die einzelnen Beiträge werden von den Teilnehmern an die Mailingliste geschickt und dann automatisch als E-Mail den anderen Abonnenten zugeschickt ❷. Bei moderierten Mailinglisten werden die Beiträge von einem Moderator daraufhin untersucht, ob dieser Beitrag zum Mailinglisten-Thema gehört und von allgemeinem Interesse ist. Mailinglisten werden vorwiegend als Medium zur Diskussion und zum Informationsaustausch innerhalb einer überschaubaren Interessensgruppe zu einem ganz bestimmten Thema, z. B. ein Hobby, ein Produkt oder eine Software, eingesetzt.

10.2.3 Newsgroups

Eine weitere Möglichkeit, über das Internet Informationen auszutauschen und Diskussionen zu führen, bietet das USENET ❶. Dieser News-Dienst, dessen Diskussionsforen „Newsgroups" genannt werden, ist als ein globales „Schwarzes Brett" zu verstehen. Das Prinzip ist einfach: Ein Teilnehmer stellt ein Frage oder veröffentlicht seine Meinung ❷ in einem der Diskussionsforen. Die anderen Teilnehmer können diese Nachricht lesen und ihrerseits darauf antworten. Newsgroups sind vergleichbar mit Mailinglisten, nur dass die Nachrichten nicht über E-Mails verteilt, sondern auf sogenannten News Servern gespeichert werden. Der Newsgroups-Teilnehmer tritt mit Hilfe eines News Readers ❸ mit einem News Server in Verbindung. Dabei reicht es meistens, nur mit einem News Server Kontakt aufzunehmen, da die News Server untereinander in Verbindung stehen und in regelmäßigen Abständen die Diskussionsbeiträge über das NNTP-Protokoll (Network News Transfer Protocol) untereinander austauschen. Im USENET sind die mehr als 10 000 Diskussionsforen nach Themen hierarchisch gegliedert. Die Struktur beginnt von links nach rechts mit der Hauptkategorie ❹ und geht über mehrere Unterkategorien bis hin zum Forumthema. Ein kompletter Forum-Name kann dann zum Beispiel so aussehen: „de.rec.reisen.camping".

Informationsfilter

Die meisten News Reader unterstützen den Anwender mit praktischen Suchfunktionen, die das umfangreiche Angebot der News Server durchforsten. Hat man interessante Foren gefunden, so können diese „abonniert" werden. Mit dieser Funktion werden dann in Zukunft mit dem News Reader immer die neuesten Nachrichten der abonnierten Foren auf den Client-Computer geladen. Somit kann der Anwender die Diskussionen seiner ausgewählten Newsgroups auf einfache Weise mitverfolgen. Man unterscheidet zwischen moderierten und unmoderierten Newsgroups. Bei moderierten Newsgroups überprüft der jeweilige Moderator der Group, ob dieser Beitrag zum Thema der Group passt und gibt die Nachricht frei bzw. lehnt sie ab. Bei unmoderierten Newsgroups hingegen gelangt der neue Nachrichten-Beitrag ungefiltert auf den News Server und wird veröffentlicht.

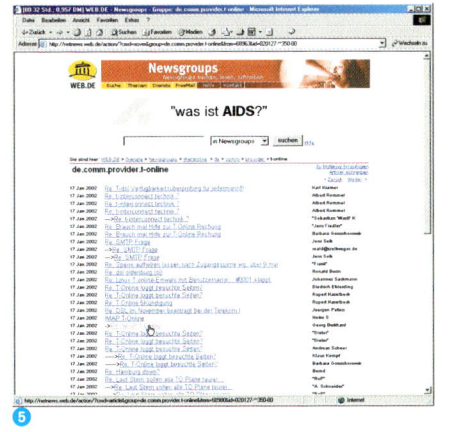

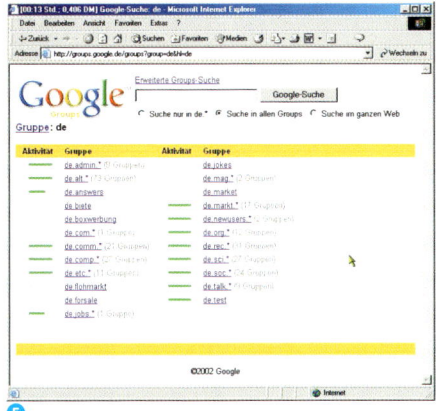

---

❶ Das USENET wurde 1979 an der Universität von Duke in North Carolina entwickelt und integrierte 1983 in das Internet.

❷ Das Absenden eines Beitrages wird im News-Jargon „Posting" genannt.

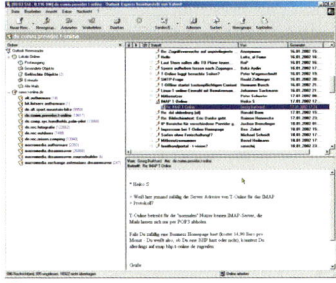

❸ Ein News Reader ist die Client-Software, mit der Newsgroups-Teilnehmer mit einem News Server in Verbindung tritt. Bei modernen Internet-Browsern gehört ein News Reader zum festen Bestandteil.

alt	Sonstige Themen
at	Österreichische Foren
comp	Computerthemen
de	Deutsche Foren
microsoft	Rund um Microsoft-Produkte
misc	Vermischtes
news	Mailboxen
rec	Freizeit und Unterhaltung
sci	Wissenschaftliches
soc	Kultur, Politik und Soziales
talk	Klatsch und Tratsch
...	...

❹ Beispiel von Hauptkategorien

❺ Über Spezialservices z. B. von Web.de oder Google.de kann auch ohne einen News Reader auf die Newsgroups des USENET zugegriffen werden.

10.2.4 Chat

Ein weitere Form des Informationsaustausches ist der „Chat". Im Gegensatz zu den Newsgroups und den Mailinglisten handelt es sich beim Chat um eine Form der synchronen Online-Interaktion, bei der Menschen sich aus aller Welt in einem virtuellen Raum treffen und in Echtzeit – oder mit geringer Verzögerung – kurze Textnachrichten austauschen. Chat kommt von „plaudern" und hat im Internet eine eigene Kulturform angenommen. Das Besondere am „Chatten" ist der Kontakt und die Gespräche nicht nur mit Bekannten, sondern auch mit völlig fremden Menschen. Dabei kann jeder Teilnehmer des Chats eine Identität seiner Wahl annehmen, sei es als weiblicher oder männlicher Chatter, indem er sich nur mit einem Nicknamen ❶ zu erkennen gibt. Mit diesem Deckmantel der Anonymität ist es für manche Anwender einfacher und unkomplizierter als im realen Leben, mit Fremden ins Gespräch zu kommen.

❶ Nickname ist eine Art Spitzname oder „alias" des Chat-Teilnehmers. Richtige Namen werden im Chat üblicherweise nicht verwendet.

Die Chatter treffen sich in virtuellen Chaträumen (Chatrooms), auch Kanälen (Channels) genannt, die es zu allen möglichen Themengebieten gibt. In der Chat-Szene entstehen auch immer mehr sogenannte Online-Communities, bei denen sich Chatter regelmäßig treffen und sogar soziale Beziehungen entwickeln. Grundsätzlich gibt es zwei verschiedene Formen des Chat: den Internet Relay Chat (IRC) und den immer populärer werdenden Webchat.

Internet Relay Chat

Der Internet Relay Chat wurde 1988 als Weiterentwicklung von Unix-Talk, einem Chat-System aus der Unix-Betriebssystemumgebung, entwickelt und gilt als der klassische Chat. Das IRC arbeitet nicht über das WWW und den Browser, sondern es kommuniziert über ein eigenes Netzwerk von IRC-Servern. Auf der Anwenderseite wird eine spezielle Zusatzsoftware, der IRC-Client ❷, benötigt. Alternativ zum IRC-Client kann auch über Provider, die ein Web-Interface ❸ für den Zugriff auf das IRC anbieten, zugegriffen werden. Bei den über 42 000 IRC-Kanälen kann man leicht den Überblick verlieren. Zur besseren Orientierung sind die Kanäle nach Themen sortiert und bieten dem Chatter zu fast jedem Thema die Möglichkeit, Informationen auszutauschen.

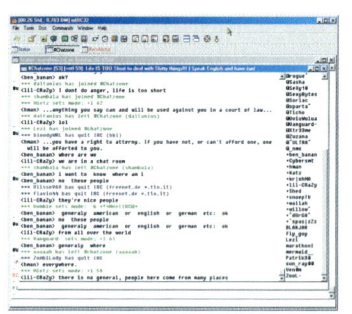

❷ Beispiel einer IRC-Client-Software: mIRC

❸ IRC über ein Web-Interface. Dabei wird die IRC-Funktionalität über Programmerweiterungen in einem WWW-Browser realisiert, die in der Programmiersprache Java geschrieben wurden, (Beispiel: IRCchat.de).

Der IRC-Chat erfordert vom Chatter die Kenntnisse über IRC-Befehle, die immer mit einem „/"-Zeichen beginnen. Damit steuert der Chatter Aktionen und gibt Informationen aus. Zum Beispiel zeigt der Befehl „/list" alle verfügbaren Kanäle auf dem Server. Die Kanäle sind keine statischen Einrichtungen, sondern Chatter können Kanäle erzeugen und Kanäle werden bei Nichtbenutzung auch automatisch wieder geschlossen. Deshalb trifft man in den Kanälen häufig auf einen Bot, einen digitalen Roboter, dessen Aufgabe es ist, den Kanal offen zu halten, auch wenn sich kein Chatter mehr in diesem Kanal befindet.

WebChat

Die andere Form des Chats, der Webchat ❶, benötigt nur einen aktuellen Internet-Browser und ist im Umgang in der Regel einfacher zu erlernen als der IRC. Viele Portal-Anbieter, Onlineshops und Magazine bieten dezentrale WebChat-Dienste an. Diese sind jedoch untereinander nicht vernetzt und bieten in der Regel branchenspezifische Themen oder lokale Themen zum Chatten an. Zum Beispiel die Web-Auftritte von TV-Reportage-Sendungen wie „Sabine Christiansen" ❷ oder „WISO" ❸ bieten Webchats zu aktuellen Themen. Dabei sind diese Chat-Veranstaltungen meist direkt an andere Medien-Veranstaltungen, zum Beispiel als nachgeschaltete Diskussionplattform für eine TV-Reportage, gekoppelt. Auch das Chatten im lokalen Umfeld erfreut sich immer größerer Beliebtheit. Lokale Online-Communities eröffnen zusätzlich die Möglichkeit, aus der Anonymität des Chattens zu Treffen im richtigen Leben, in der Chat-Sprache „Real Life" genannt, zu wechseln.

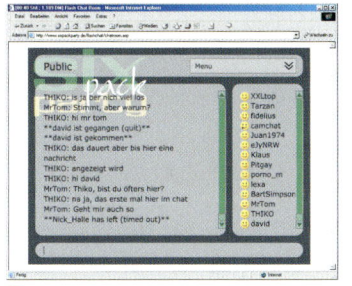

❶ Chatten über das WWW (Beispiel: webchat.de).

❹ Beispiel eines mit Macromedia Flash realisierten Chatroom.

❷ Chat-Raum der TV-Talk Show mit Sabine Christiansen

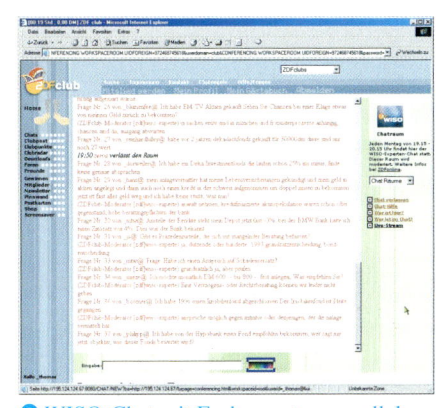

❸ WISO-Chat mit Fachexperten, parallel zum TV-Magazin „WISO".

Die Chat-Funktionalität im WebChat wird über zusätzliche Software im Browser realisiert. Dabei kommt z. B. JavaScript, Java oder Flash ❹ von Macromedia zum Einsatz.

Voice-Chat

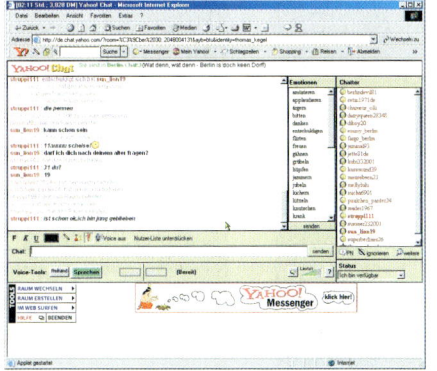

Das Chatten ist mittlerweile nicht nur auf den textlichen Onlineplausch begrenzt. In speziellen Sprachchats ❺ kann – entsprechende Soundausrüstung, wie Mikrofon, Soundkarte und Boxen vorausgesetzt – der Chatter mit Freunden, Bekannten oder Fremden direkt sprechen. Auf Grund der notwendigen hohen Übertragungsbandbreite für Sprachübertragung sind diese Chat-Räume meist Mischformen aus Text und Sprache.

❺ Voice-Unterstützung im Yahoo!-Chat

Eine weitere Stufe ist das visuelle Chatten. Dazu muss eine Webkamera am PC angeschlossen werden und eine spezielle Software, z.B. CUseeMe ❶ von CUseeMe Networks oder Microsoft Netmeeting ❷ zum Einsatz kommen. Hat man diese technische Ausstattung, so kann über das Internet regelrecht eine Videokonferenz abgehalten werden. Bei Teilnehmern einer MS Netmeeting-Konferenz bietet das sogenannte „Whiteboard" den Teilnehmern eine gemeinsame grafische Arbeitsfläche zum Skizzieren von Ideen und Konzepten.

❸ Das Wort „Avatar" bedeutet soviel wie die Fleischwerdung (Inkarnation) eines Geistes. In den digitalen Medien ist darunter die Repräsentation einer Person in einer virtuellen Gemeinschaft in Form einer Figur gemeint.

❶ Chatten im Videokonferenzstil mit CUseeMe.

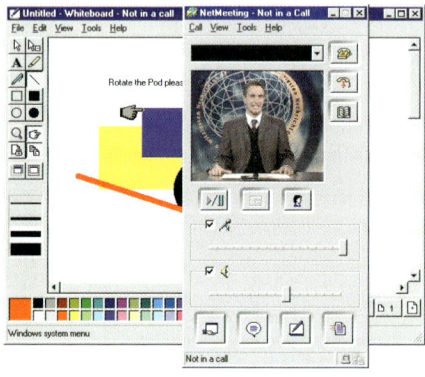

❷ Bei MS Netmeeting unterstützt das Whiteboard das visuelle Chatten.

Beispiel: Avatare in der Online-Community „Rose".

3D-Chat

Eine weitere Stufe im multimedialen Chat stellt der 3D-Chat ❹ dar. Hier agiert der Chatter als bewegliche 3D-Figur in virtuellen Räumen und trifft auf andere Chatter, mit denen er über Text, Mimik und Bewegung kommunizieren kann. Dabei nimmt jeder Chatter die Gestalt eines virtuellen Körpers, den sogenannten „Avatar" ❸, an. "Avatare" sind virtuelle Körper, die über Bewegung, Mimik und Kleidung das Chatten in neue Dimensionen bringen.

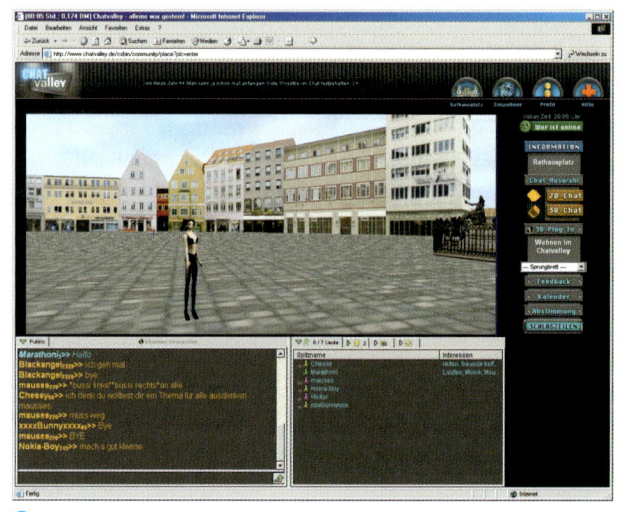

❹ Chatplausch auf dem virtuellen Marktplatz (Chatvalley.de).

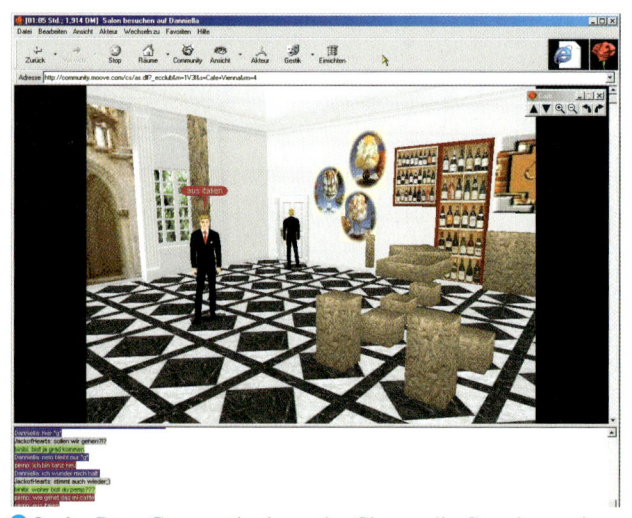

❹ In der Rose Cummunity kann der Chatter die Gestaltung eigener virtueller Räume vornehmen (www.move.de).

Der Chatter kann seinen virtuellen Körper (Avatar) wechseln und aktiv auf die Raumgestaltung einwirken. Diese Chat-Varianten benötigen noch spezielle Browser, die als proprietäre Software miteinander nicht kompatibel sind und zum Chatten vom Anwender vorher über das Internet geladen und installiert werden müssen. Einfacher verhalten sich da 3D-Chats, die in „Flash" ❶ von Macromedia programmiert sind. Flash ist in aktuellen WWW-Browser-Versionen als Standard-Erweiterung integriert und muss nicht gesondert installiert werden.

❶ Eine in Flash realisierte virtuelle Stadt als Chatwelt (Dubit-Flash-Chat, www.dubit.co.uk).

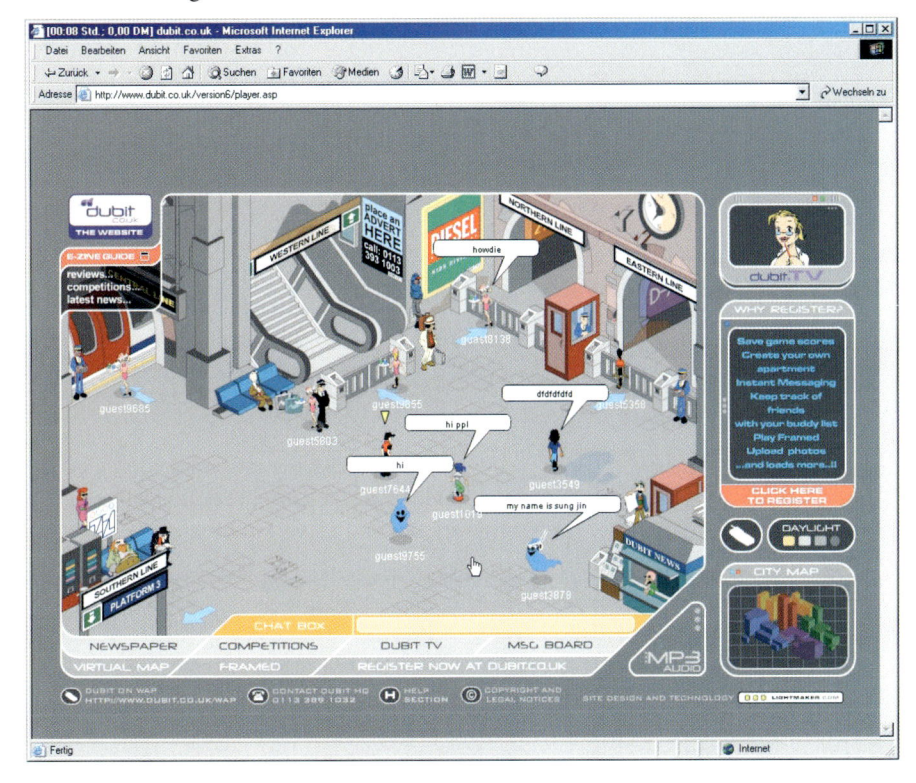

Instant Messaging

Eine Art „Walkie-Talkie" im Internet ist das sogenannte „Instant Messaging". Beim Instant Messaging handelt es sich nicht um ein eigenständiges Netzwerk, sondern um einen Service größerer Onlinedienste, bei dem kurze Informationen direkt von Teilnehmer zu Teilnehmer ausgetauscht werden können. Gleichzeitig wird eine Art Online-Status über Freunde und Bekannte (englisch: Buddy), die sich ebenfalls beim Instant Messaging eingetragen haben, gemeldet. Die Buddies müssen dem eigenen System angemeldet werden, damit über ein Telegrammprogramm den Teilnehmern sofort gemeldet wird, ob ein Buddy online gegangen ist oder sich gerade abgemeldet hat. Damit ist man immer über den Online-Status seiner Buddies informiert. Leider handelt es bei diesen Diensten um proprietäre Systeme, die untereinander nur bedingt austauschfähig sind. Im Rahmen der Messaging-Dienste kann über eine Art Mini-Chat direkt mit den Buddy kommuniziert werden. Verbreitete Systeme sind der AOL Instant Messenger (AIM) ❷, der MSN Messenger ❸ von Microsoft, der Yahoo! Messenger ❹, der Klassiker ICQ („I seek you" = Ich suche Dich) oder Messenger, die sozusagen Buddy-kompatibel sind, d. h. die Buddies aus unterschiedlichen Messengern integrieren können (z. B. Trillian oder Stern).

10.2.5 WebCams und Telefonie

WebCams

Immer öfter trifft man auf Internet-Seiten auf sogenannte „Live-Bilder", die in regelmäßigen Abständen aktualisierte Bilder von Internet-Kameras zeigen. Rund um den Erdball sind Kameras installiert, die dynamische Inhalte für Web-Sites liefern und den Internetnutzer zu einem distanzierten Beobachter machen. Nicht nur öffentliche Plätze und Orte, sondern auch intimere Orte werden so der Öffentlichkeit zur Schau gestellt.

Angefangen hat dies alles an der britischen Universität in Cambridge. Dort installierten Informatikstudenten aus Gründen der Bequemlichkeit die erste WebCam. Damit konnten die Studenten von allen PCs aus den Füllstand der Kaffeemaschine im Gemeinschaftsraum beobachten.

Technisch gesehen funktioniert diese visuelle Kommunikation folgendermaßen: Eine Videokamera ❶, die über eine Schnittstelle an einem PC angeschlossen ist, liefert das Videobild des aufzunehmenden Ortes. Der PC liefert in regelmäßigen Abständen, im Sekunden- oder auch Minutentakt, Videobilder an einen im Internet befindlichen Web-Server. Der Internet-Nutzer ruft dann die Web-Site mit seinem Browser auf und bekommt das immer wieder aktualisierte Bild der WebCam zu sehen.

Mittlerweile gibt es über tausende von WebCams, die ständig Augenblicke der realen Welt ins Internet stellen. Spezielle Kataloge ❷ im Web versuchen, dieses Angebot zu strukturieren und zu verknüpfen.

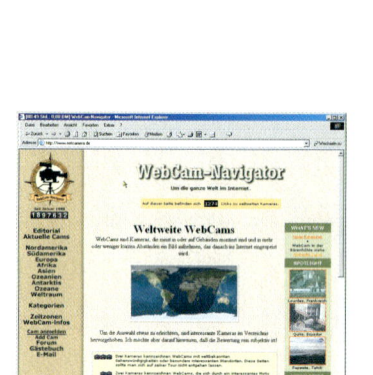

❶ Eine Videokamera (WebCam) kann über eine Videokarte, einer Parallel- oder USB-Schnittstelle an den PC angeschlossen werden.

❷ WebCam-Kataloge bieten Übersichten der installierten WebCams (Beispiel: www.netcamera.de)

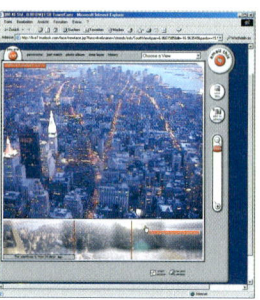

WebCam: Empire State Building New York.

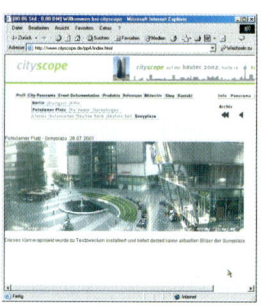

WebCam: Berlin – Potsdamer Platz

WebCam: Niagara Falls.

Internet-Telefonie

Das Telefonieren über das Internet ist mit der Technik „Voice over IP" (VoIP) möglich. Dabei werden mit Hilfe einer besonderen Software die Telefonie-Stimmen in digitale Signale umgewandelt, komprimiert und über das Internet zum Zielcomputer transportiert, dort werden die Signale wieder in analoge Sprache zurückgewandelt. Soll mit Teilnehmern im Telefon-Festnetz telefoniert werden, so übernimmt ein spezielles Gateway die Umwandlung der Signale in analoge Signale für das Telefonnetz.

Bei der Internet-Telefonie unterscheidet man zwischen Verbindungen von PC zu PC (PC2PC) ❶, von einem PC zu einem Telefon (PC2Phone) ❷ und von Telefon zu Telefon (Phone2Phone) ❸. Verbindungen zwischen PCs setzen voraus, dass die Gesprächspartner „Online" sind. Ob ein Partner online ist, kann zum Beispiel über Instant Messenger nach dem Buddy-Prinzip signalisiert werden. Möchte man von einem PC mit einem Gesprächspartner im herkömmlichen Telefonnetz in Verbindung treten, so muss dies über ein Gateway eines „Internet Telephony Service Provider" (ITSP) erfolgen. Eine Verbindung ganz ohne PCs kann über sogenannte „Voice-Gateways" abgewickelt werden, welche die Analog-/Digital-Wandlung übernehmen und dann die digitalisierte Sprache zum nächsten Voice-Gateway, welches sich in der Nähe des gewünschten Gesprächspartner befindet, weiterleiten. Dort wird das Signal wieder in analoge Telefonsignale umgewandelt.

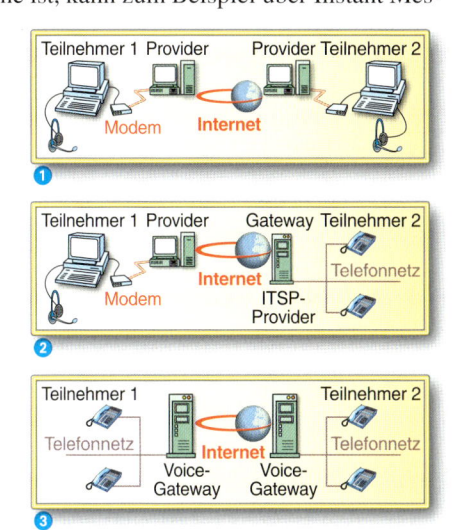

❹ Beispiel: Internet-Telefonie mit „VocalTec".

Wichtig ist, dass die Gesprächspartner miteinander kompatible Softwareprodukte ❹ verwenden, da die Serviceanbieter noch proprietäre Software benutzen. Die marktführenden Browserhersteller bieten integrierte VoIP-Funktionen, wie z. B. Microsoft mit seinem Produkt „NetMeeting". Momentan ist die Internet-Telefonie nur im Rahmen von Internet-Konferenzen mit schneller Datenanbindung praktikabel, da die zerhackte und verzerrte Sprachqualität auf Grund des TCP/IP-Prinzips und der schwankenden Datenübertragungsgeschwindigkeit noch weit von der gewohnten Telefonqualität des klassischen Telefonnetzes entfernt ist.

10.2.6 FTP, Telnet, Gopher und WAIS

❺ Bei sogenannten „Anonymous-FTP-Servern" lautet der Anmeldename „anonymous" und als Passwort wird immer die eigene E-Mail-Adresse eingegeben.

FTP

Der Internet-Dienst „File Transfer Protocol" (FTP) ermöglicht das Übertragen von Daten auf der Basis des TCP/IP-Protokolls. Er arbeitet nach dem Client-Server-Prinzip und verwendet während der Datenübertragung eine permanente Verbindung zwischen dem FTP-Server und dem FTP-Client. Der FTP ist einer der ältesten Internet-Dienste und wird vorwiegend für den Transport von großen Datenmengen eingesetzt. Dabei schickt der Sender (FTP-Client) die Daten per „Upload" auf dem FTP-Server, von dem andere Empfänger (FTP-Client) diese Daten per „Download" abholen können. Der Zugang zu einem FTP-Server kann paßwortgeschützt oder anonym ❺ erfolgen. Zur Bedienung der FTP-Kommandos verwendet man eine FTP-Client-Software ❻, die je nach Ausführung ein einfaches und visuelles Arbeiten, ähnlich dem „Windows-Explorer", erlaubt. Eine typische Anwendung für den FTP-Dienst ist das im Rahmen eines Website-Betriebes erforderliche „Hochladen" (Upload) der Homepage-Daten auf einen Web-Server.

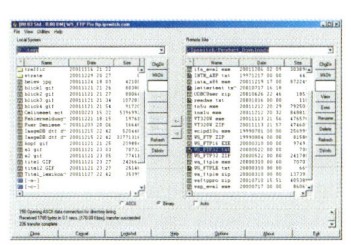

❻ Mit einer FTP-Client-Software wird der Datentransfer bedient. Beispiel: WS_FTP Pro.

❶ Das „Archie-Datenbanksystem" ist ein Archiv-Server, der Informationen über Dateien und Verzeichnisse von öffentlichen FTP-Servern speichert und zur Datensuche zur Verfügung stellt.

❷ Telnet war der erste Dienst im Internet. Mittlerweile verliert er auf Grund fehlender Sicherheitsstandards und geringem Benutzerkomfort an Bedeutung. WWW-Frontends und moderne Remote-Access Software-Produkte mit grafischer Unterstützung übernehmen immer mehr die Funktion von Telnet.

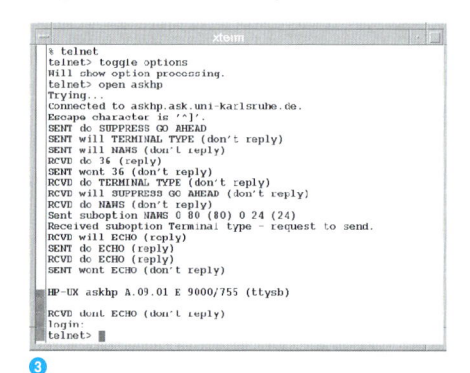

Wie können Daten auf FTP-Servern gefunden werden? Dazu muss die IP-Adresse des Servers und die Login-Daten bekannt sein. Für Anonymous-FTP-Server kann auch das „Archie"-Datenbanksystem ❶ genutzt werden. Der Zugriff auf dieses Datenbanksystem kann per E-Mail oder per Telnet erfolgen. Ein Archie-Server indiziert im Gegensatz zu einer WWW-Suchmaschine keine Textinhalte, sondern nur Dateinamen auf FTP-Servern. Mittlerweile haben die umfangreichen WWW-Suchmaschienen die Funktion der Archie-Datenbank mitübernommen und die meisten Archie-Systeme sind abgeschaltet.

Telnet

Über den Internet-Dienst „Telnet" ❷ kann auf die Ressourcen entfernter Rechner (Host) im Internet zugegriffen werden. Dabei kann man an diesen Rechnern so arbeiten, als ob die eigene Tastatur und der eigene Bildschirm direkt am entfernten Rechner angeschlossen wäre. Nur die längeren Antwortenzeiten bei langsamen Netzverbindungen erinnern an die große zurückzulegende Distanz. Über eine Telnet-Verbindung können Programme auf dem entfernten Rechner gestartet und Peripherie-Geräte, wie z. B. Drucker, angesprochen werden. Um mit Telnet auf einen entfernten Rechner zuzugreifen, muss dessen Internet-Adresse bekannt sein und die Form der Kommunikation, die sogenannte Terminal-Emulation, muss in der verwendeten Client-Software eingestellt werden. Die gebräuchlichste Emulation heißt VT-100.

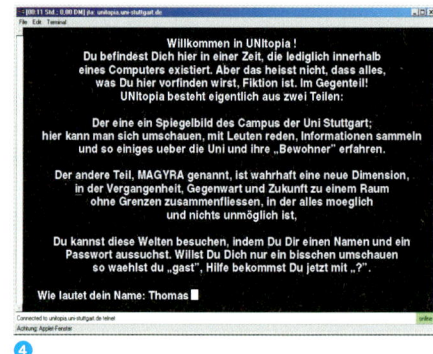

❸ Beispiel einer Telnet Login-Prozedur.

❹ Beispiel eines virtuellen Rollenspiels auf Textbasis (UNItopia – Universität Stuttgart).

❺ Gopher wurde 1991 als campusweites Informationssystem an der Universität von Minnesota entwickelt und hatte sich dann als Vorgänger zum WWW weltweit verbreitet.

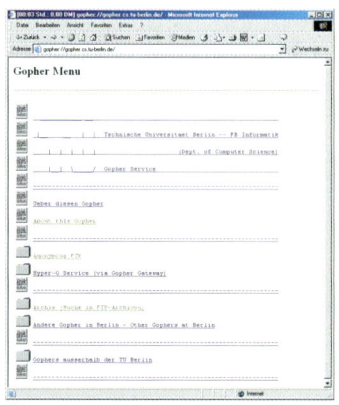

Gopher

Gopher ❺ ist ein mit WWW vergleichbares Informationsnetzwerk zum Anbieten von Informationen im Internet. Es wurde früher entwickelt als das WWW und ist weniger grafikorientiert. Ein Gopher-Server bietet eine Dokumentenhierarchie ❹ an, die mit einer Verzeichnishierarchie verglichen werden kann. Gopher bietet seine Informationen in Menüs an, die auf unterschiedliche Gopher-Server verzweigen. Im Gegensatz zu FTP und Telnet sind im Gopher-Netzwerk, auch „Gopherspace" genannt, auf Grund der hierarchischen Struktur Informationen gut zu finden. Dokumente liegen meist als ASCII-Texte, PostScript-Files oder in diversen Image-Formaten (GIF, JPEG) vor. Gopher funktioniert nach dem Client-Server Modell. Es basiert dabei auf einer TCP/IP-Verbindung mit dem zugehörigen „Internet Gopher Protocol". Durch einen Gopher-Client mit spezieller Gopher-Client-Software, z. B. Gopher 3.0, WSGopher oder Forg, greift man auf einen Gopher-Server zu. Als Client-Software kann auch Telnet oder ein moderner WWW-Browser benutzt werden. Mittlerweile ist das Gopher-Netz vom verbreiterem WWW-Netz überholt worden, und immer weniger Gopher-Server sind noch aktiv.

❹ Beispiel eines Gopher-Menüs (Technische Universität Berlin).

WAIS

Das „Wide Area Information System" (WAIS) ❶ ist ein Informations-Suchsystem im Internet. Es arbeitet nach dem Client/Server-Prinzip mit einem standardisierten Protokoll aus der Bibliothekswelt und nutzt als Transport das im Internet übliche TCP/IP. Als Client-Software kommen spezielle Programme, wie z. B. XWAIS ❷ und WAIS for Windows zum Einsatz. WAIS sucht anhand von Stichwörtern in weltweit verteilten Archiven und Datenbanken. Diese Datenbestände befinden sich in WAIS-Datenbanken, die aus indizierten Daten bestehen.

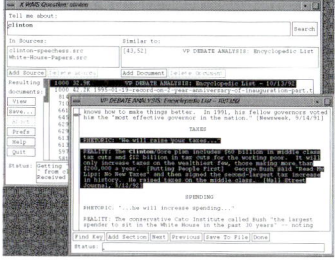

Mittlerweile gibt es Gateways, z. B. das SFgate von der Universität Dortmund, die zwischen dem WAIS-Netzwerk und dem WWW Informationen austauschen. Über WWW-Browser kann damit auf die WAIS-Server zugegriffen werden.

❶ Die Entwicklung von WAIS begann schon im Jahre 1989 und wurde 1991 in das Internet integriert.

❷ Beispiel eines umfangreichen Suchergebnisses (Client-Software XWAIS).

10.2.7 Suchdienste und Agenten

Mit der Verbreitung des WWW im Internet stieg das Angebot an Informationen und Dokumenten im Internet enorm. Da das WWW kein organisiertes Informationsnetz ist, scheint es nahezu unmöglich, die Informationen zu finden, die man sucht. Um trotzdem im Internet fündig zu werden, gibt es eine Reihe von Lösungen: Portale, Webkataloge oder -verzeichnisse, Suchmaschinen und Metasuchmaschinen.

Portale

Namhafte Online-Dienste-Provider bieten „Portale" als Zugang zu den Informationen im WWW zur Verfügung. Portale sind aufwändig gestaltete Websites, die den Eindruck vermitteln sollen, dass sie den idealen Zugang zum Internet bieten. Sie versuchen, ein möglichst attraktives und vielfältiges Angebot von Diensten und Links auf weitere Informationen im Internet anzubieten. Es gibt Portale, die eher von allgemeinem Interesse sind, wie z.B. Yahoo! ❸, MSN, AOL oder T-Online ❹, und Portale, die mit einem Themenschwerpunkt ❺ auf eine spezielle Zielgruppe gerichtet sind. Das Angebot ist in der Regel kostenlos und wird primär durch Werbebanner auf der Portalseite finanziert.

❸ Yahoo! war historisch gesehen eines der ersten Portale, als Jerry Yang und David Filo an der Stanford Universität begannen, eine durchsuchbare, nach Kategorien geordnete Linkliste zur Verfügung zu stellen.

❸ Portale bieten auch vom Benutzer konfigurierbare Bereiche (Beispiel: Yahoo!).

❹ Portale bieten eine Konzentration von aktuellen Informationen und Verknüpfungen (Beispiel: T-Online).

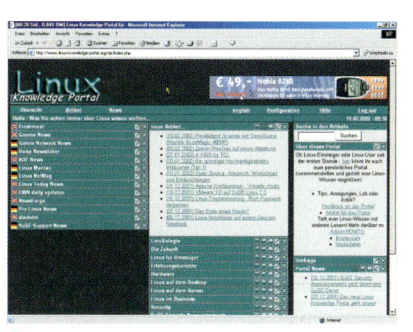

❺ Portale mit Themenschwerpunkten sprechen bestimmte Zielgruppen an (Beispiel: Linux-Knowledge-Portal).

Zu den üblichen Angeboten auf Portalseiten gehören:

- Nachrichten oder Neuheiten in Form von Schlagzeilen und Links
- Kommunikationsdienste, wie Instant Messaging und Chat
- Links zu Lexika, Telefon-, Adress- und E-Mail-Verzeichnissen etc.
- Suchmaschine und Webkatalog
- Individuelle anpassbare Terminkalender, Adressbücher und Bookmark-Manager, die über das Internet von jedem PC aus verwendbar sind
- Bestimmte, individuell konfigurierbare Bereiche des Portals, d. h. der Portal-Benutzer kann aus einer Auswahl seine Portalsicht zusammenstellen.

❶ Webkataloge bieten eine strukturierte Sicht auf eine Auswahl von Informationen im Internet.

Webkataloge

Bei Webkatalogen oder -verzeichnissen ❶ erstellen Redaktionen eine bewertete Katalogisierung der Informationen im Internet. Sie begutachten unzählige von Webseiten und entscheiden, welche Themen für die Zielgruppe interessant sind. Dabei bilden sie Kategorien und Unterkategorien und legen virtuelle Karteikarten mit Stichwörtern an. Auf Grund dieses sehr zeitaufwändigen Verfahrens bilden Webkataloge nur einen Bruchteil des Internets ab. Durch die Prüfung und Bewertung wirken sie aber sehr aufgeräumt und bieten qualitativ hochwertige Links.

❷ Die Suchmaschinen werden auch WebSpiders bzw. WebCrawlers genannt, da sie bei der Suche nach Informationen das Internet durchkrabbeln (englisch: crawl) oder sich von Link zu Link wie eine Spinne (englisch: spider) durchhangeln.

Suchmaschinen

Einen weitaus unstrukturierteren Such-Dienst stellen die „Suchmaschinen" ❷ dar. Dabei handelt es sich vorwiegend um Hochleistungscomputer mit einer großen Datenbank. Die Suchmaschinen durchforsten rund um die Uhr das Internet nach neuen Webseiten. Dabei hangeln sich spezielle Datensammler, sogenannte „Robots" oder „Spider" genannt, von Link zu Link und melden bei einer neu entdeckten Website einem Software-Agenten ❸ der Suchmaschine den Namen der URL (siehe 10.1.3). Somit kann der Agent dieses Dokument holen und einer Index-Software übergeben, die aus der Website bestimmte Informationen ausliest, diese indiziert und der großen Suchmaschinen-Datenbank übergibt.

❸ Software-Agenten sind Programme, die selbstständig Daten sammeln und ohne zusätzliche Benutzeraktion Daten austauschen. Agenten agieren unbeaufsichtigt durch das Netz, um ihre komplexen Aufträge zu erledigen. Deshalb werden sie auch gerne als „gutartige" Viren betrachtet.

❹ Typische Suchmaske einer Suchmaschine (Beispiel: Yahoo!).

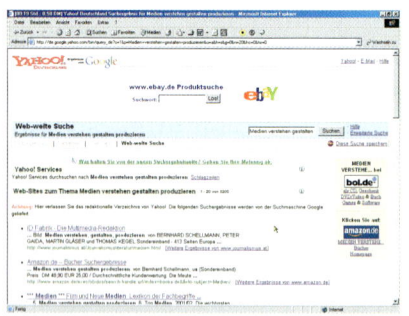

❺ Auflistung der Treffer mit kurzen Kontexthinweisen (Beispiel: Yahoo!).

❻ Auflistung der Treffer mit prozentualer Zutreffs-Wahrscheinlichkeit (Beispiel: Web.de).

Startet nun eine Internet-Nutzer eine Suche, so gibt er Stichwörter, nach denen gesucht werden soll, in die Suchmaske ❹ der Suchmaschine ein. Je nach Suchmaschine bekommt er eine detaillierte Auflistung ❺ der Treffer aus der Datenbank mit kurzen Kontexthinweisen und der Angabe der Wahrscheinlichkeit ❻.

❶ Die meisten Suchmaschinen unterstützen Bool'sche Operatoren. Damit lassen sich Suchbegriffe mit „und", „oder" oder „nicht" miteinander verknüpfen.

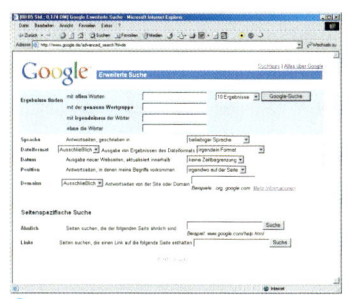

❷ Suchmaske in einer erweiterten Suche (Beispiel: Google).

❸ Bei www.askjeeves.com nimmt ein virtueller Butler ausformulierte Fragen entgegen und interpretiert daraus die Suchbegriffe.

❹ Front-End für Suchdienste (Beispiel: CUSI (Comprehensive User Search Interface) der Universität Siegen).

Werden die formulierten Suchbegriffe zu allgemein gehalten, wird der Benutzer von der Suchmaschine regelrecht überschüttet.

➔ **Je allgemeiner das Suchwort, desto unüberschaubarer das Ergebnis.**

Zur genaueren Eingrenzung der Suche sollte man den Suchbegriff möglichst ausführlich formulieren. Darum bieten die Suchmaschinen mit logischen Verknüpfungen ❶, wie „UND" und „ODER" zusätzliche Verknüpfung von Suchbegriffen. Leider haben sich die Suchmaschinen beim Syntax nicht einigen können, d. h. der Umfang der Operatoren und deren Schreibweise variiert von Suchmaschine zu Suchmaschine. Um den Suchprozess trotzdem möglichst benutzerfreundlich zu gestalten, benutzen die meisten Suchmaschinen mittlerweile formularartige Suchmasken ❷, die einfach auszufüllen sind. Um noch benutzerfreundlicher zu werden, geht die Entwicklung in Richtung Interpretation von Antworten zu ausformulierten Fragen ❸.

Metasuchmaschinen

Jede Suchmaschine hat eine eingeschränkte Sicht auf das Informationsangebot im Internet. Die Kombination mehrerer Suchmaschinen erhöht die Objektivität und die Trefferquote. Sogenannte „Metasuchmaschinen" mit ihrer Meta-Search-Software schicken keine eigenen Spiders oder Robots durch das Internet, sondern nutzen mit Hilfe von Software-Agenten vorhandene Suchmaschinen. Dabei werden gleichzeitig mehrere Agenten zu den Suchmaschinen geschickt, die den Suchbegriff übergeben. Die Suchergebnisse empfängt der jeweilige Agent und schickt sie an die Meta-Search-Software zurück, welche alle gesammelten Ergebnislisten auf Doppelergebnisse überprüft und nach dem Wahrscheinlichkeitsgrad in die Gesamtergebnisliste einordnet.

Die Bandbreite der Metasuchmaschinen erstreckt sich von einfachen Front-End-Masken ❹, welche nur die Ansteuerung verschiedener Suchmaschinen und Webkataloge übernehmen, über webbasierte Software ❺ bis hin zu umfangreicher Software ❻, die beim Benutzer installiert werden muss.

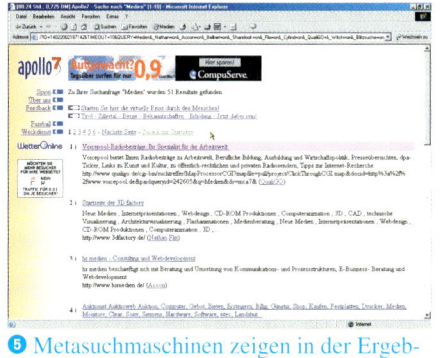

❺ Metasuchmaschinen zeigen in der Ergebnisliste die Quell-Suchmaschine an (Beispiel: Apollo7).

❻ Umfangreiche Meta-Search-Software als Installationsversion (Beispiel: Copernic).

Auf Grund der großen Trefferquote ist die Formulierung des Suchbegriffs bei Metasuchmaschinen noch wichtiger als bei normalen Suchmaschinen. Auch die Darstellung und der Informationsgehalt der Ergebnislisten sind dabei für die Informationssuche sehr entscheidend. Software-Lösungen, wie z.B. Copernic 2001, bieten sehr

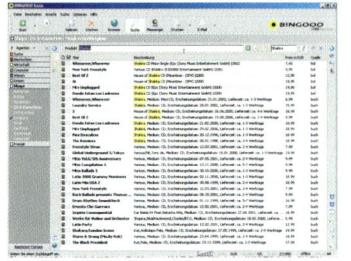

Lektion 10.2 Dienste im Internet   Kapitel 10 Internet

❶ „Bingooo" ist eine Meta-Search-Software mit integrierten Agenten. Es können damit z. B. Preisvergleiche von Produkten durchgeführt werden. Versierte Anwender können für ihre Rechercheaufgaben sogar selbst Agenten erstellen.

gute Performance und exzellente Ergebnisdarstellungen, sogar mit grafischer Vorschau auf die Treffer-Webseite.

⇨ **In der Praxis sind Portale, Webkataloge und Suchmaschinen mittlerweile nicht mehr so einfach voneinander zu trennen, da meist Kombinationen bzw. Verknüpfungen der Suchmechanismen angeboten werden.**

Agenten

Software-Agenten werden nicht nur als Vermittler bei Metasuchmaschinen eingesetzt, sondern können als digitale Assistenten weitaus mehr Rechercheaufgaben im Internet übernehmen. Es handelt sich hierbei um sogenannte „intelligente" Robots, die selbstständig Webkataloge, Onlineshops und andere Informationsdienste besuchen und dabei mit diesen Diensten kommunizieren und hochwertige Informationen zusammentragen. Dies beschränkt sich nicht nur auf die Ortsbeschreibung von Suchtreffern, sondern es können Produkt- oder Preisvergleiche sein, das Zusammentragen von personalisierten Informationen für Online-Zeitungen oder das Mitteilen über Informationsveränderungen im Internet. Realisierungsbeispiele findet man z. B. bei Bingooo ❶, Copernic Shopper, My Yahoo! und Webplanet. Das Anwendungsspektrum dieser digitalen Helfer ist derzeit noch sehr diffus und es wird innerhalb einer ganzen Reihe von Forschungsarbeiten und Projekten an immer spezielleren und umfassenderen Agenten gearbeitet. Eine Informationsplattform für die Entwicklung von Agenten ist die UMBC (University of Maryland Baltimore County).

❷ WAP-fähiges Mobiltelefon

10.2.8 WAP

Ein weiterer Internet-Dienst, der sich ausschließlich auf den mobilen Bereich konzentriert, ist das WAP (Wireless Application Protocol, deutsch: Protokoll für drahtlose Anwendungen). Hierbei handelt es sich um einen Standard, der es erlaubt, mobilen Benutzern mit entsprechenden Endgeräten jederzeit und überall auf speziell für das WAP

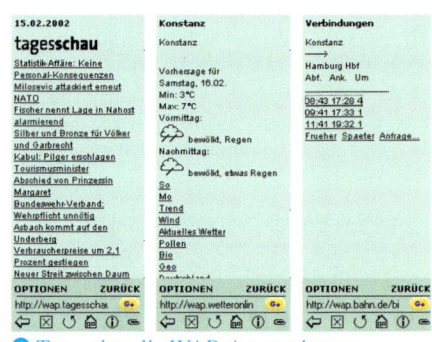

❹ Tagesaktuelle WAP-Anwendungen

aufbereitete Informationen und Dienstleistungen im Internet zuzugreifen. Die Endgeräte können dabei neben Mobiltelefonen ❷ auch Organizer, Palmtops oder Pager sein, die über einen WAP-fähigen Microbrowser verfügen und über ein Mobilfunknetzwerk mit dem Internet in Verbindung treten. Aufgrund der geringen Datenübertragungsgeschwindigkeit (9.6 kbit/s) und der geringen Displaygröße müssen die Inhalte speziell für WAP-Endgeräte angepasst werden. Dazu wurde die offene Sprache WML (Wireless Markup Language) ❸ entwickelt, die HTML (Hypertext Markup Language, siehe auch 10.3.3) sehr ähnlich ist. Der erwartete WAP-Boom nach der Markteinführung ist noch ausgeblieben. Die momentan verwendeten Mobilfunkstandards, z. B. GSM, verfügen nur über eine geringe Bandbreite zur Datenübertragung. Somit konzentrieren sich die Anwendungen primär auf aktuelle Informationen in Textform ❹, wie z. B. Fahrplanauskünfte, Telefonbücher, City Guides, Nachrichten etc. Neue Mobilfunkstandards, die in den Startlöchern stehen, wie GPRS (General Packet Radio Service) und das UMTS (Universal Mobile Telecommunication System) könnten eine neue WAP-Generation hervorbringen.

❸ Inhalte für das WAP müssen in WML aufbereitet sein.

10.2.9 Netiquette

❶ Netiquette ist ein Kunstwort aus dem englischen Wort „Net" und dem französischen „Etiquette", das die Benimmregeln und die Gepflogenheiten des zwischenmenschlichen Umgangs im Internet beschreibt.

Die Vielfalt von Diensten und neuen Kommunikationsformen im Internet erfordern gewisse Spielregeln im Umgang miteinander. Dort, wo mehrere Personen miteinander in Kontakt treten (im Internet sind das mehrere Millionen Menschen) sind Benimmregeln, an die sich alle halten, unabdingbar. Unter dem Begriff „Netiquette" ❶ haben sich Standards für den Umgang der Internet-Teilnehmer in den einzelnen Diensten etabliert. Eigentlich ist die Netiquette eher als ein Ehrenkodex zu verstehen und nicht als bindendes Recht, da es die Nutzer und Betreiber selbst in der Hand haben, negatives Verhalten im Internet zu ahnden.

❷ 1979 "erfand" Kevin MacKenzie das Emoticon. Emoticons sind aus Satzzeichen bestehende, um 90° nach links gedrehte kleine Gesichter (Smileys), die Emotionen ausdrücken sollen. Die gleichen Gefühle – textlich ausformuliert – würden oft mehrere Zeilen in Anspruch nehmen.

Beim Schreiben von E-Mails und bei öffentlichen Diskussionen in Newslettern, Mailinglisten oder im Usenet haben sich Vereinfachungen in Form von Abkürzungen und Emoticons ❷ verbreitet. Als Abkürzungen werden Akronyme ❸ verwendet.

❸ Akronyme sind Abkürzungen, bei denen jeder Buchstabe für ein einzelnes Wort steht. Die Mehrzahl der Akronyme beruhen auf englischen Abkürzungen und stehen in der Regel für eine konkrete Aussage, die sonst sehr viel mehr Platz einnehmen würde.

Einige wichtige Smileys:

:-)	Spaßig
;-)	Scherzhaft, ironisch
:-)))	Sehr fröhlich
:-D	Breites Lächeln
(:-)	Breites Grinsen
:-(	Ziemlich sauer
:-	Herbe Enttäuschung
:-[	Schmollen
:*)	Hicks
:-/	Skeptisch
:-v	Schreiend
:-@	Brüllen
:-I	Ist mir egal
:-x	Ich schweige wie ein Grab
:'-)	Weinen
I-o	Gähnen
:-<	Traurig
:-0	Ruhe!
:->	Bitterböse Bemerkung machen
:-e	Enttäuscht
%-(	Verwirrt

Einige wichtige Akronyme:

\<g\>	grinsen
\<i\>	irony (ist ironisch gemeint)
\<jk\>	just kidding (nur ein Scherz)
\<l\>	laugh (lachen)
\<s\>	sigh (Seufz)
\< \>	no comment (kein Kommentar)
ASAP	as soon as possible (so bald wie möglich)
B4N	bye for now (Tschüß erstmal)
BAK	back at keyboard (bin zurück)
BTW	by the way (nebenbei)
CU	see you (bis später)
FYI	for your information (zu deiner Information)
IC	I see (ich verstehe)
HTH	hope that helps (ich hoffe das hilft)
RQWT	right question, wrong forum (Richtige Frage, falsches Forum)
W	live long and prosper (Lass es dir gut gehen!)
...	back in a second (ein Moment, bitte)

Im Internet-Dienst Chat hat sich zusätzlich ein spezieller Chat-Slang etabliert:

aws	Auf Wiedersehen
bsvl	Biegt sich vor lachen
bvid	Bin verliebt in Dich
dbdb	Du bist der Beste
g	Grinsen
gn8	Gute Nacht
hea	Hau endlich ab
ikd	Ich küsse Dich
...	

Grundsätzlich sollte der Internet-Teilnehmer

- durch Beobachten Erfahrung sammeln, bevor er aktiv loslegt;
- möglichst kurz und prägnant formulieren;
- Großbuchstaben vermeiden, denn sonst wirkt dies wie schreien;
- niemanden beleidigen;
- keine Schreibfehler oder Ausdrucksweisen anderer kritisieren;
- bei Antworten immer einen textlichen Bezug verwenden;
- Sonderzeichen vermeiden, da sich nicht alle Software-Clients gleich verhalten;
- keine Kettenbriefe oder Mailschleifen produzieren;
- die gewollte Anonymität Anderer respektieren.

10.3 World Wide Web

10.3.1 Definition WWW

❶ Als Startseite oder Homepage wird ein HTML-Dokument mit dem Namen „index.htm" oder „index.html" vom Browser erwartet.

Das World Wide Web (WWW), auch kurz „das Web" genannt, ist das am weitesten verbreitete und der am schnellsten wachsende Teil des Internets. Es besteht aus einer riesigen Anzahl von weltweit verteilten Websites. Jede Website besteht aus einzelnen, über eine Startseite ❶ miteinander verknüpften Dokumenten ❷, die aus multimedialen Inhalten, wie Texte, Grafiken, Sound und Videos aufgebaut sind.

10.3.2 Funktionsweise des WWW

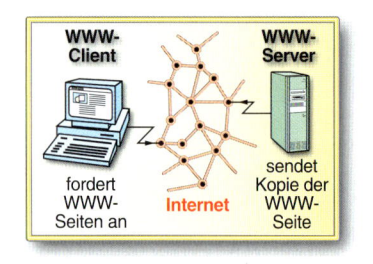

Das WWW arbeitet nach dem Client-/Server-Prinzip. Das heißt, mit einer Client-Software auf einem lokalen Computer, dem sogenannten „WWW-Browser" oder auch „Web-Browser", greift man über einen Internet-Zugang auf den „WWW-Server" zu, auf dem die Dokumente gespeichert sind. Das gewünschte Dokument wird über den Client am WWW-Server, auch Webserver genannt, angefordert. Die Server-Software nimmt die Anfrage entgegen und sendet dann eine Kopie des Dokuments an den Client, wo es mit Hilfe des Web-Browsers dargestellt wird. Zur gegenseitigen Kommunikation wird das HTTP-Protokoll verwendet.

❷ Die Dokumente im WWW sind primär in der Seitenbeschreibungssprache, der Hypertext Markup Language (HTML), codiert und als HTML-Dateien abgelegt. Jede Seite kann Verknüpfungen zu Inhalts-Medien oder zu anderen HTML-Seiten haben.

HyperText-Transfer-Protokoll (HTTP)

Das HTTP ist der Standard zur Übermittlung von multimedialen Dokumenten im Internet. Es regelt die Kommunikation zwischen den WWW-Servern und den WWW-Clients. Soll ein Dokument im WWW abgerufen werden, so wird die Adresse als URL des gewünschten WWW-Servers, bzw. des Dokumentes, über den Browser eingegeben und an den Rechner des Internet-Providers übergeben. Das Domain-Name-System (DNS) ermittelt aus dem Domain-Namen der URL die IP-Adresse des gewünschten WWW-Servers. Dann wird die Verbindung mit dem WWW-Server aufgebaut. In der Regel erfolgt dies über eine Vielzahl von Rechnern, bis der betreffende Server gefunden wird. Der WWW-Server empfängt die Anfrage über das HTTP-Protokoll und erhält dadurch die Mitteilung, welches Dokument gewünscht wird. Das Dokument wird dann dem Client zugeschickt und im WWW-Browser dargestellt. Wenn nur der Rechnername angefordert wird, so wird der WWW-Server automatisch die Startseite ❶ laden. Ist das HTML-Dokument übertragen worden, so werden nach und nach die im Dokument enthaltenen Bilddateien angefordert und übertragen. Ist die Übertragung komplett, dann ist diese Anforderung abgearbeitet und die HTTP-Verbindung zwischen Client und Server bis zur nächsten Daten-Anforderung beendet.

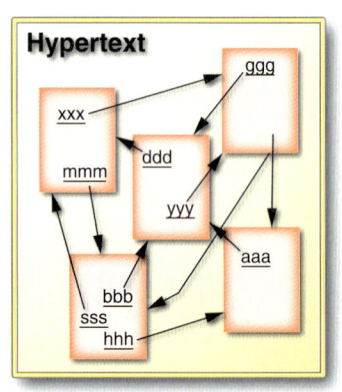

❸ Hyperlinks sind im Dokument markierte Wörter, Symbole oder Grafiken, die den Anwender nach Anklicken zu weiteren Informationseinheiten wechseln lassen.

Hypertext und Hypermedia

Gegenüber einem traditionellem Buch, bei dem die Informationen in der dargestellten Reihenfolge sequentiell von Seite zu Seite gelesen werden, bietet eine Hypertext-Anwendung durch Hyperlinks ❸, auch einfach nur „Links" genannt, den direkten Querverweis von einer Hypertext-Seite auf eine andere oder innerhalb einer Hypertext-Seite von Information zu Information. Diese Hyperlinks sind in den WWW-Dokumenten eingebettet und bestehen aus HTML-Befehlen, die beim Anklicken den

Das WWW ist eine Hypertext-Anwendung.

❶ Beispiel für einen relativen Link: „.../oursite/dokument.htm"

❷ Beispiel für einen absoluten Link: „http://www.medien-verstehen.de/index.htm"

❸ Hypermedia bezeichnet die Verbindung von Schrift, Grafik, Ton und Video in einem interaktiven Dokument.

WWW-Browser zum Sprung auf die Zieladresse veranlassen. Dabei kann die Zieladresse ein relativer Link oder ein absoluter Link sein. Ein relativer Link ❶ ist eine Verknüpfung auf ein anderes Dokument im gleichen Webserver. Ein absoluter Link ❷ hingegen verweist auf Informationen, die auf ganz anderen Webservern gespeichert sind. Damit sind assoziative Informationsverknüpfungen mit Dokumenten möglich, die auf den verschiedensten weltweit verteilten Webservern liegen.

Das jeweilige HTML-Dokument selbst besteht jedoch nur aus Text und HTML-Code. Bilder und Grafiken können über Links eingebettet werden. Der Browser lädt dann automatisch die Elemente und zeigt sie an. Auch andere Multimedia-Elemente wie Sound und Videos können über Links eingebunden werden und erweitern damit den Hypertext zum Hypermedia ❸.

10.3.3 Sprache des WWW

Die WWW-Dokumente und deren statische und dynamische Funktionalität werden mit Programmiersprachen erstellt. Dabei ist das Grundgerüst im WWW aus HTML aufgebaut und wird mit anderen Technologien, wie zum Beispiel Java, JavaScript, CGI, ActiveX um weitere Funktionen erweitert.

HTML

❹ HTML-Dokumente können mit Browsern auf den verschiedensten Betriebssystemen wie Windows, Unix, Macintosh usw. angezeigt werden.

❺ Beispiel: \Internet\ Der Text „Internet" wird im Browser fett dargestellt.

HTML steht für „Hypertext Markup Language" und ist eine plattformunabhängige ❹ Seitenbeschreibungssprache. Mit ihr lassen sich die logischen Strukturen und die Anzeigeformate des Dokumentes beschreiben. Ein HTML-Dokument enthält neben dem eigentlichen Text sogenannte „Tags", welche die Steueranweisungen beinhalten. Ein Tag beginnt immer mit einer geöffneten spitzen Klammer „<" und endet mit einer geschlossenen spitzen Klammer „>". Zwischen den beiden Klammern steht der eigentliche Befehl – die HTML-Anweisung. Tags werden immer paarweise eingesetzt, und zwar als „einleitender" Tag und als „beendender" Tag mit einem Schrägstrich vor der Anweisung. Der einleitende Tag eröffnet die Anweisung und der beendende Tag schaltet die Anweisung wieder aus ❺.

HTML ist eine Interpreter-Sprache. Das heißt, der WWW-Browser, der das HTML-Dokument anzeigt, muss dazu Anweisung für Anweisung interpretieren und dann das Dokument darstellen.

```
 1 <html>
 2 <head>
 3 <title>Das HTML-Dokument</title>
 4 <meta http-equiv="Content-Type" content="text/html; charset=iso-8859-1">
 5 </head>
 6
 7 <body bgcolor="#CCCCCC" text="#000000">
 8 <h1>Beispiel</h1>
 9 <p>Hier steht der eigentliche <b>Inhalts-Text</b>.</p>
10 </body>
11 </html>
12
```

Beispiel
hier steht der eigentliche **Inhalts-Text**.

Das Grundgerüst eines HTML-Dokumentes beginnt immer mit <html> und endet mit </html> und besteht aus zwei Bereichen. Dies ist immer die äußere Klammer eines Dokumentes. Der erste Bereich ist der Header (Kopf) – ein Bereich, der vom Browser nicht dargestellt wird – der Metainformationen, wie zum Beispiel Hintergrundinformationen über das Dokument wie den Autor, das Erstellungsdatum und den verwendeten Schriftsatz beinhalten kann. Dieser Bereich wird von Programmen wie Suchmaschinen ausgewertet. Er wird mit den Tags <head> und </head> umschlossen.

Der zweite Bereich, ist der Body (Körper). Er wird mit den Tags <body> und </body> umklammert. Hier stehen alle im Browser sichtbaren Informationen des Dokumentes. Dies können Texte, Formatierungen, Hyperlinks und Befehle zum Einbinden anderer Objekte sein.

⇨ **Dabei muss beachtet werden, dass es grundlegende Layoutfaktoren gibt, die von den Einstellungen des verwendeten Browsers abhängen, und die der Gestalter nicht beeinflussen kann.**

Dies gilt besonders bei unformatiertem Text, der im Browser mit den Browserspezifischen Einstellungen für Hintergrundfarbe, Textfarbe und Textgröße dargestellt wird. Auch eine Größenänderung des Browsers wirkt sich auf die Textlänge pro Zeile aus – verändert man die Größe des Browserfensters, so wird der Text anders umgebrochen. Um trotzdem auf die Gestaltung Einfluss zu nehmen, muss formatiert werden. Dies kann zum Einen mit Textstrukturierungen und zum Anderen mit dem Einsatz von Textattributen erfolgen.

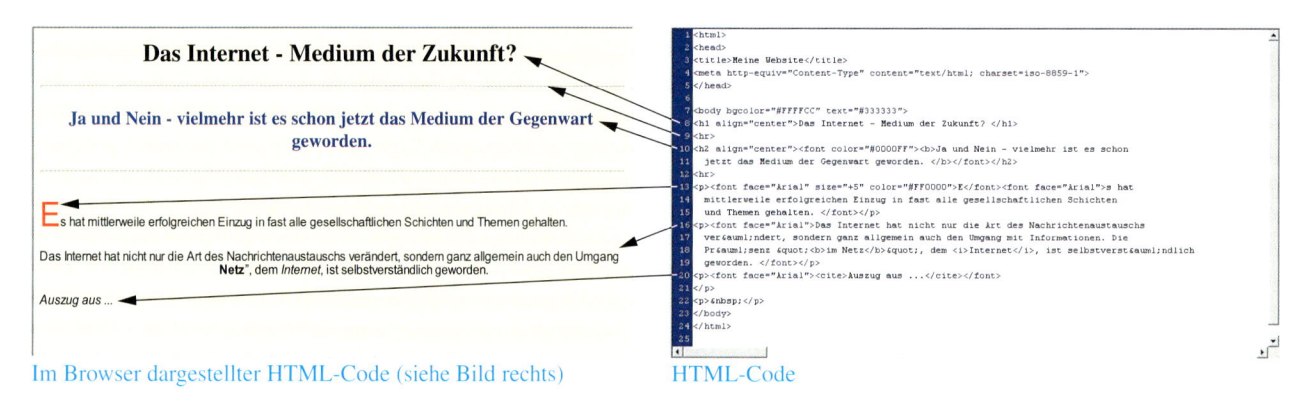

Im Browser dargestellter HTML-Code (siehe Bild rechts)   HTML-Code

Eine einfache Art, den Text zu strukturieren, erreicht man mit der Zeilenschaltung, dem Tag
 (engl. „break"), und der Absatzschaltung, dem Tag <p> (engl. „paragraph"). Mit dem Tag <DIV> und einem dazugehörigen Parameter können Objekte im Broswer ausgerichtet werden. Die Grundeinstellung ist immer „linksbündig". Zum Beispiel zentriert der Tag <DIV align=center> das folgende Objekt. Dem Objekt muss anschließend wieder ein </DIV> folgen. Auch einfache Trennlinien, mit dem Tag <HR> können zum Strukturieren herangezogen werden.

❶ Die Größenangaben der Überschriften sind immer als relative Angaben zu verstehen, die von der Größe der Standardschrift des Browsers anhängen.

Mit Überschriften kann zusätzlich logisch strukturiert werden. HTML kennt sechs Überschriften ❶, die sich üblicherweise nur durch ihre Schriftgröße ❷ unterscheiden. Innerhalb der Überschrift kann mit dem Parameter „align" zusätzlich eine Textausrichtung vorgenommen werden.

❷ HTML-Überschriften:
<H1>...</H1>   1. Ordnung
<H2>...</H2>   2. Ordnung
<H3>...</H3>   3. Ordnung
<H4>...</H4>   4. Ordnung
<H5>...</H5>   5. Ordnung
<H6>...</H6>   6. Ordnung

Zum Strukturieren verfügt HTML auch über weitere Funktionen, wie Listen, Aufzählungen und Tabellen.

Zum individuellen Gestalten von Textblöcken oder auch einzelnen Wörtern und Buchstaben setzt man Textattribute ein. Dabei wird zwischen logischen und physischen Anweisungen unterschieden. Logische Anweisungen beziehen sich auf die Bedeutung des Textinhaltes, werden jedoch über die Grundeinstellungen des verwendeten Browsers definiert. Beispiel: <cite> für ein Zitat.

Die physischen Anweisungen legen fest, wie ein Text aussehen soll. Dies kann zum Beispiel die Schriftfarbe ❶, die Schriftgröße ❷, den Schriftfont ❸ oder die Schriftauszeichnung ❹ beeinflussen.

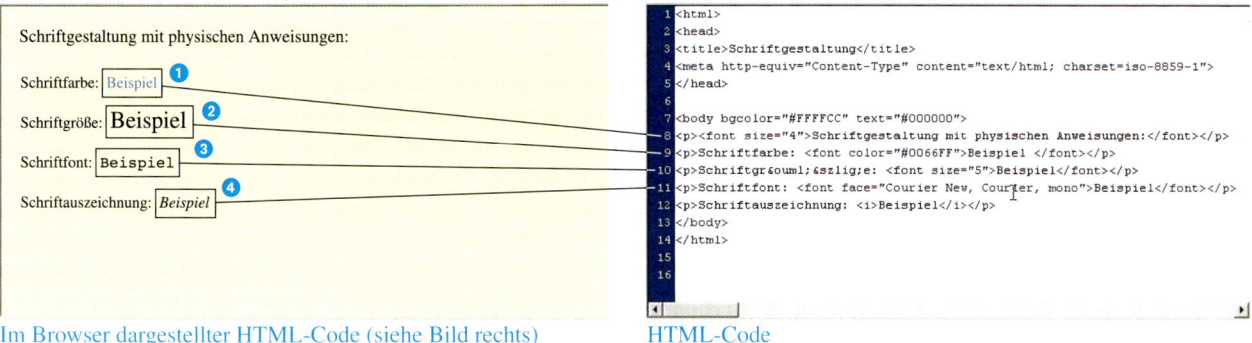

Im Browser dargestellter HTML-Code (siehe Bild rechts)   HTML-Code

Für Schriftgestaltung wird der Tag <FONT> bzw. </FONT> mit entsprechenden Parametern verwendet. Mögliche Parameter sind für
❶ die *Schriftfarbe*
z. B. <FONT color=„#0066FF">;
❷ die *Schriftgröße*
z. B. <FONT size=5> ;
❸ den *Schriftfont*
z. B. <FONT face="Courier">.

❹ *Schriftauszeichnungen* sind Schrift-Eigenschaften wie „fett", „kursiv", „unterstrichen", sowie „hochgestellt" oder „tiefergestellt". Beispiel: <b> Fette Schrift </b>

❺ Bei *Cascading-Style-Sheets (CSS)* können Layoutinformationen auch für mehrere HTML-Seiten in separaten Dateien (Style Sheets) abgelegt werden. Sie sind vergleichbar mit Druckformatvorlagen von Textverarbeitungsprogrammen. Nicht alle Browser können die CSS komplett interpretieren.

❻ Beispiele für Maskierungen:
   ä   ä
   Ä   Ä
   ü   ü
   Ü   Ü
   ß   ß

❼ „Animated GIFs" bestehen aus einer ganzen Serie von Einzelbildern und ermöglichen die Darstellung von kleinen grafischen Filmen in einem HTML-Dokument.

Eine effiziente Methode, Formatierungen über alle HTML-Seiten einer Website aus einer Quelle zu beeinflussen sind die „Cascading-Style-Sheets (CSS)" ❺, ein Standard zur Beschreibung der Layouteigenschaften von HTML-Dokumenten.

HTML mit seinem international orientierten Zeichensatz kennt keine Sonderzeichen. Der bis zur Version HTML 3.2 gültige Zeichensatz stellt insgesamt 256 Zeichen zur Verfügung, wovon die ersten 128 identisch mit dem klassischen ASCII-Zeichensatz sind. Die zweite Hälfte beinhaltet Sonderzeichen, die jedoch nicht direkt über die Tastatur angesprochen werden können. Landesspezifische Sonderzeichen, wie z. B. die deutschen Umlaute „ä, ö und ü", müssen verschlüsselt über das sogenannte *Maskieren* ❻ eingegeben werden. Zum Maskieren wird das spezielle Steuerzeichen „&" verwendet. Es teilt dem Browser mit, dass jetzt eine Maskierung folgt. Ein Semikolon (;) schließt die Maskierung ab. Ein Satz mit Umlauten kann dabei folgendermaßen aussehen:

„Die Fähre setzt über." wird in HTML „Die Fähre setzt über." geschrieben.

Aber nicht nur Text kann mit HTML geschrieben werden. In HTML-Dokumenten sind auch Grafiken und andere Objekte verwendbar. Grafiken müssen dabei in den Bildformaten GIF, Animated GIF ❼ oder JPEG vorliegen. Sie werden nicht im Dokument gespeichert, da in HTML nur auf eine Grafikdatei referenziert wird. Der Browser lädt die Datei beim Darstellen automatisch hinzu. Dazu muss der Browser wissen, wo sich diese Grafikdatei befindet. Die Einbindung erfolgt mit Hilfe des Tag <IMG>. Als Parameter muss der Dateiname der Grafik mit dazugehörigem Pfad und der Darstellungsgröße angegeben werden.

Beispiel: <IMG src="img src="Grafik/10_307-04.GIF" width="280" height="60">

Im Browser dargestellte Grafiken   Dazugehöriger HTML-Code

❶ Beispiele von Hyperlinks auf verschiedene Internet-Dienste:

Aufruf eines Dokuments im WWW:
 <a href="http://www.tk.de …

Start eines FTP-Downloads:
<a href="ftp://ftp.sun.com …

Start eines Newsgroup-Dienstes:
<a href="news://news.free.de …

Start des E-Mail-Programms mit voradressierter Mail:
<a href="mailto:Bill.Gates@...

Die Datei kann dabei über eine absolute Pfadangabe mit URL oder über eine relative Pfadangabe im Bezug zum aktuellen HTML-Dokument angegeben werden.

Eine zentrale Funktionalität von HTML, und dadurch auch vom WWW, sind Hyperlinks. Damit können Hypertexte erstellt werden. Über einen Verweis, auch Link genannt, kann der Anwender mit nur einem Mausklick auf andere HTML-Dokumente verzweigen. Diese Dokumente können sich auf der eigenen URL befinden, oder auch auf weit entfernten URLs von anderen Web-Servern.
Ein Hyperlink sieht von der Struktur her immer so aus:

Beispiel: <a href="http://www.tk.de/dokument2.htm">mehr Infos</a>

Über ein Hyperlink können beliebige Dienste ❶, wie FTP, Mail oder News, adressiert werden. Dabei ist als URL das passende Protokoll anzugeben.

Hyperlinks können auch gezielt zu besonders ausgezeichneten Stellen innerhalb eines HTML-Dokumentes führen.

Beispiel: <a href="#Einleitung">Zur Einleitung</a>

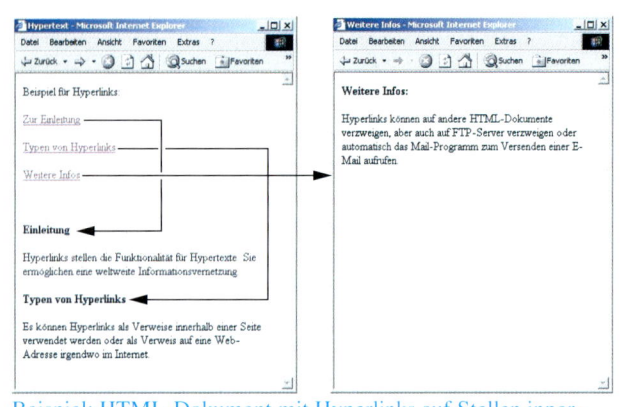

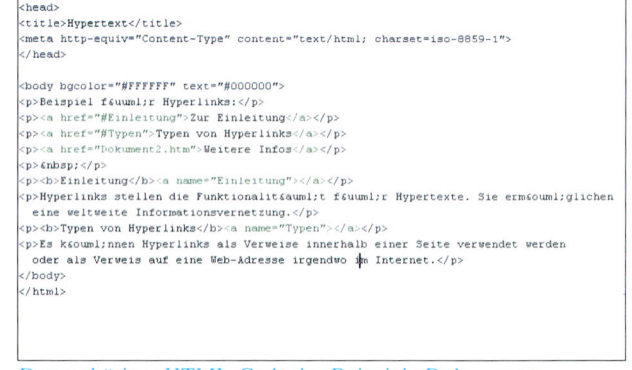

Beispiel: HTML-Dokument mit Hyperlinks auf Stellen innerhalb der Seite und auf ein anderes HTML-Dokument.

Dazugehöriger HTML-Code des Beispiels-Dokumentes.

❷ Beispiele eines Java-Applets

Der Funktionalität und der Interaktionsfähigkeit von HTML sind klare Grenzen gesetzt. Dies liegt darin begründet, dass HTML als Dokumentenbeschreibungssprache kreiert wurde und nicht als Programmiersprache. HTML lässt sich aber durch zusätzliche Technologien, die in Programmier- und Scriptsprachen geschrieben werden, erweitern.

Java

Eine Technologie, um HTML mit Programmfunktionalität zu erweitern, ist das Einbinden von kleinen Java-Anwendungen, die, wenn sie in einem Browser ablaufen, auch Java-Applets ❷ genannt werden.

Java ist eine von der Computer-Plattform unabhängige, objektorientierte Programmiersprache, die sich an den Syntax der weit verbreiteten Programmiersprache C/C++ anlehnt. Bei Java handelt es sich um eine Compiler-Sprache. Das bedeutet: Nach dem ein Programm geschrieben wurde, muss es kompiliert, das heißt, in einen speziellen, ausführbaren Binärcode übersetzt werden. Java-Applets sind auf fast allen Browsern, unter allen Betriebssystemen, lauffähig.

ActiveX

❶ Beispiele eines eingebundenen ActiveX-Steuerelementes.

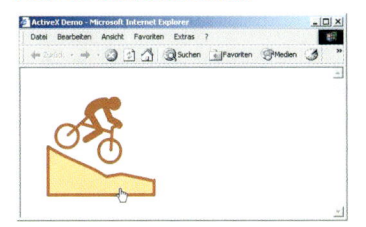

Im Gegensatz zu Java ist ActiveX eine Technologie, die von Microsoft entwickelt wurde und die primär nur unter dem Internet Explorer, dem Browser von Microsoft, lauffähig ist. Es handelt sich um eine Mischung aus Plug-in und Java-Applet, welche zu den Standardfunktionen des Browsers hinzugefügt wird. ActiveX-Anwendungen, auch ActiveX-Steuerelemente ❶ genannt, können mit verschiedenen Programmierwerkzeugen, wie zum Beispiel Visual Basic oder C++, erstellt werden. Die Einbindung der ActiveX-Steuerelemente erfolgt mit dem HTML-Tag <object> und zusätzlichen Parametern.

Dazugehöriger Quellcode:

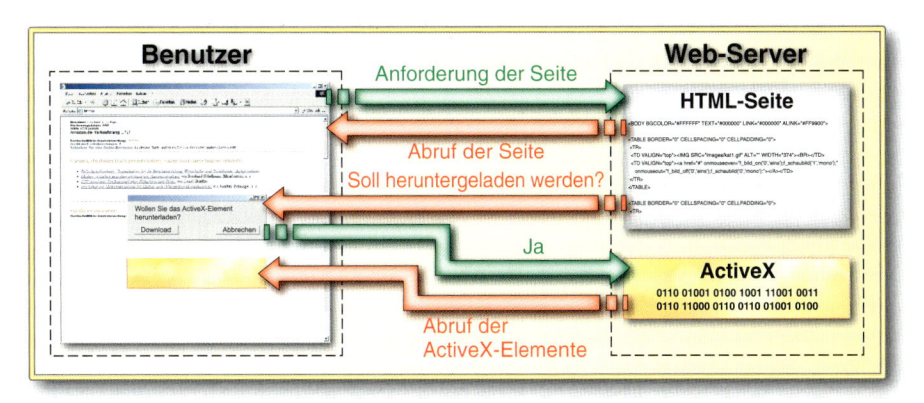

Wird die HTML-Seite mit dem Browser aufgerufen, so wird das eingebundene ActiveX-Steuerelement vom Web-Server abgerufen und auf dem lokalen Computer beim Benutzer gespeichert. Dabei erfolgt, je nach eingestellter Sicherheitsstufe im Browser, die Abfrage, ob das ActiveX-Steuerelement heruntergeladen werden soll oder nicht. Auf Grund seiner Funktionsvielfalt stellt jedes Programm eine mögliche Sicherheitslücke dar und sollte deshalb nur von vertrauenswürdigen Quellen akzeptiert werden. Ist das Element dann übertragen worden, so wird es auf dem lokalen Rechner ausgeführt.

❷ Unter einer Scriptsprache versteht man eine einfach zu erlernende Programmiersprache – in der Regel eine Interpretersprache, das heißt, der Browser führt die Befehle zur Laufzeit des Programms in der Reihenfolge aus, in der die Befehle von ihm gelesen werden.

JavaScript

Trotz seines Namens ist JavaScript nicht eine Variante der Programmiersprache Java. Es ist im Gegensatz zu Java und ActiveX eine Scriptsprache ❷, mit der die Funktionalität und Interaktivität von HTML-Seiten erweitert werden kann. JavaScript ❸ wird über spezielle Tags ❹ in Form von Klartext komplett in die HTML-Seite integriert. Dabei können die Befehle an mehreren Stellen in der Seite platziert sein. Befehle vor dem HTML-Tag <body> veranlassen deren Ausführung schon beim Laden der HTML-Seite.

❸ JavaScript wurde in Zusammenarbeit von Sun und Netscape entwickelt.

Im Wesentlichen benutzt der Web-Designer JavaScript, um bestimmte Aktionen an Objekten der Website durchzuführen.

❹ JavaScript wird über Script-Container eingebunden, die mit <Script> beginnen und mit </Script> enden.
Beispiel:
<Script Lanuage="Javascript">
<!-- >
</Script>

Die Grundsyntax nennt zuerst das Objekt, dann getrennt durch einen Punkt den Vorgang, der an dem Objekt (Empfänger) vorgenommen werden soll – die Methode.
Prinzip: Objekt.Methode(Argument)
Beispiel: document.write(„Hallo JavaScript !");

Will man beispielsweise bestimmten Navigationselementen (Buttons) auf der HTML-Seite zusätzliche Interaktivität, wie einen „Roll-over"-Effekt verleihen, so kann das Script folgendermaßen verwendet werden:

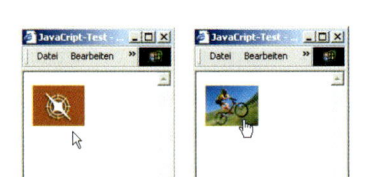

Beispiel eines Bildwechsels als „Roll-over"-Effekt.

```
<html>
<head>
<title>JavaCript-Test</title>
<meta http-equiv="Content-Type" content="text/html; charset=iso-8859-1">
<script language="JavaScript">
<!--
function MM_swapImgRestore() { //v3.0
  var i,x,a=document.MM_sr; for(i=0;a&&i<a.length&&(x=a[i])&&x.oSrc;i++) x.src=x.oSrc;
}
function MM_findObj(n, d) { //v4.0
  var p,i,x;  if(!d) d=document; if((p=n.indexOf("?"))>0&&parent.frames.length) {
    d=parent.frames[n.substring(p+1)].document; n=n.substring(0,p);}
  if(!(x=d[n])&&d.all) x=d.all[n]; for (i=0;!x&&i<d.forms.length;i++) x=d.forms[i][n];
  for(i=0;!x&&d.layers&&i<d.layers.length;i++) x=MM_findObj(n,d.layers[i].document);
  if(!x && document.getElementById) x=document.getElementById(n); return x;
}
function MM_swapImage() { //v3.0
  var i,j=0,x,a=MM_swapImage.arguments; document.MM_sr=new Array; for(i=0;i<(a.length-2);i+=3)
   if ((x=MM_findObj(a[i]))!=null){document.MM_sr[j++]=x; if(!x.oSrc) x.oSrc=x.src; x.src=a[i+2];}
}
//-->
</script>
</head>
<body bgcolor="#FFFFFF" text="#000000">
<a href="javascript:;" onMouseOut="MM_swapImgRestore()" onMouseOver="MM_swapImage('Image1','','/03%20Disjointed%20Rollover/images/biking.gif
</body>
</html>
```

Für den Bildwechsel sind mit JavaScript im Header-Bereich der HTML-Seite eigene Funktionen erstellt worden. Diese Funktionen können dann im Body-Bereich durch den <a href> - Tag aufgerufen werden. Je nachdem, ob die Maus den Bildbereich betritt oder verlässt, wird das neue Bild angezeigt bzw. zum alten Bild zurückgesetzt.

Die Programmierwerkzeuge Java, ActiveX und JavaScript erweitern hauptsächlich die Funktionalität der HTML-Seiten beim Darstellen im Browser. Es sind Sprachen für Anwendungen, die auf dem lokalen Computer (Client) ablaufen.

CGI

❶ Das Common Gateway Interface (CGI) ist der Standard für interaktive Websites, bei denen ein Datenaustausch mit Server-seitigen Ressourcen, z. B. Datenbanken, erfolgen soll.

❷ Perl (Practical Extraction and Report Language) ist eine Skriptsprache, die hauptsächlich für den Datenaustausch von Servern mit anderen Anwendungsprogrammen eingesetzt wird.

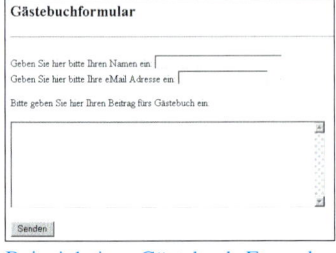

Für Anwendungen, die mit Datenbanken kommunizieren sollen, werden meistens CGI-Programme ❶ verwendet. Ein CGI-Programm wird anders als Java, ActiveX oder JavaScript nicht auf dem lokalen Rechner, sondern auf dem Web-Server ausgeführt. CGI-Programme, bzw. CGI-Skripte, können in verschiedenen Programmiersprachen erstellt werden; weit verbreitet ist dabei die Programmiersprache „Perl" ❷.

```
#!/usr/bin/perl
# testform.cgi, Gaestebuchskript (Version 1.0)
require "cgi-lib.pl";    # "parsing" der FORM-Daten und Ausgabe der Variablen
require "datum.pl";      # eine Routine fuer das Datum
$date = &ctime(time);
chop($date);
&parse_form;
print "Content-type: text/html\n\n";
print "<HTML>\n";
print "<head><title>Neueintrag in das Gästebuch</title></head>\n";
print "<body>\n";
print "<center>\n";
print "<H2>Neueintrag in das Gästebuch</H2>\n";
print "am $date<p>\n";
print "<HR>\n";
print "</center><p>\n";
print "Wir haben von Ihnen folgende Angaben erhalten:<p> \n";
print "<ul> \n";
print "<li>Ihr Name lautet: <b>$in{'username'}</b> \n";
print "<li>Ihre eMail Adresse ist: <b>$in{'email'}</b> \n";
print "<li>Ihr Kommentar:<br> \n";
print "<b>$in{'comments'}</b> \n";
print "</ul><p> \n";
print "<B>Vielen Dank für Ihre Eintragung in unser Gästebuch!</B><p> \n";
print "</BODY>\n";
print "</HTML>\n";
$outfile = ">> /home/m/meinlogin/public_html/gaeste/gaestebuch.html";
open(OUTFILE, $outfile);
print OUTFILE "
…
```

Beispiel einer Gästebuch-Formular-Maske als HTML-Seite (Abbildung links), welches die Benutzerdaten an ein CGI-Programm (Abbildung rechts) übergibt, das die Eingabedaten auswertet und daraus den Gästebucheintrag als HTML-Seite generiert.

Beispiel einer CGI-Interaktion. Ein Benutzer möchte über ein Web-Interface in einer Datenbank recherchieren. Prinzipiell läuft das folgendermaßen ab:

Er startet das CGI-Programm über die HTML-Seite ❶. Das CGI-Programm fordert den Benutzer über eine Suchmaske auf, den Suchbegriff einzugeben ❷. Der Suchbegriff wird zum CGI-Programm gesendet ❸ und dort wird die Verbindung mit der Datenbank aufgenommen, die Abfrage gestartet ❹ und die Ergebnisse an das CGI-Programm zurückgeschickt ❺. Aus den Suchergebnissen bastelt das CGI-Programm eine HTML-Seite, die als Ergebnisliste zum Benutzer geschickt wird ❻.

Beispiel einer Internet-Seite mit Streaming-Video (Quelle: T-Online Vision)

❼ Das Streaming-Verfahren erlaubt die Übertragung von Audio- und Videodaten quasi in Echtzeit. Dabei kommen spezielle Server und anstelle des TCP/IP-Protokolls das IP mit dem UDP (User Datagram Protocol) zum Einsatz. Das UDP erlaubt gegenüber dem TCP eine kontinuierliche Datenübertragung, die für Live-Audio und Live-Video notwendig ist.

Beispiele für Streaming-Audio sind RealAudio und der Windows Media Player. VDOLive und RealVideo sind Beispiele für Streaming-Video im Internet.

(Siehe auch Kapitel 4 Audio Lektion 4.6 Ton und Internet.)

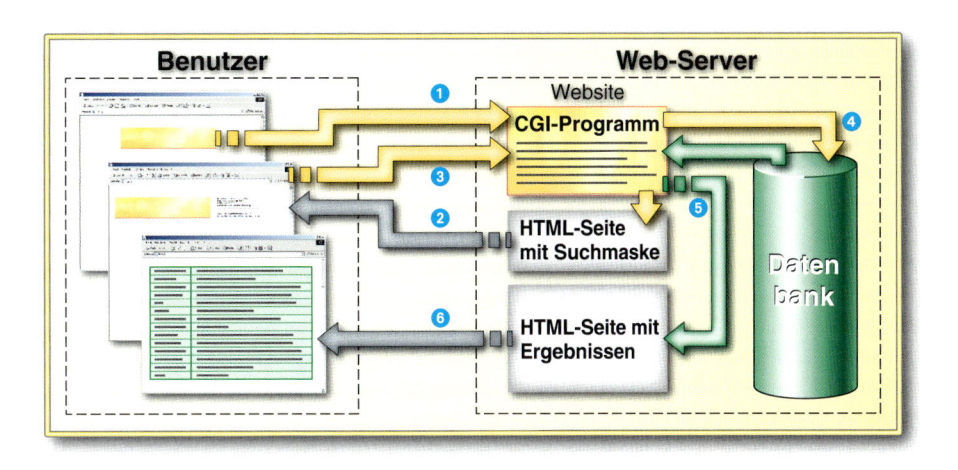

10.3.4 Multimedia im Internet

Das Internet ist anfänglich konzipiert worden, um textbasierte Informationen, wie Textdokumente und elektronische Post auszutauschen und an Diskussionsforen teilzunehmen. Mit steigender Leistungsfähigkeit der Personalcomputer und der Verbreitung schnellerer Internetzugänge ist die Verwendung von speicherintensiven Medienelementen, wie Videofilmen, Musik und Sprache, Animationen, sowie virtuelle Realitäten, möglich geworden.

Streaming-Audio und -Video

Musik, Sprache und Geräusche in hoher Qualität als digitale Dateien haben häufig einen hohen Speicherplatzbedarf. Kommt dazu noch die visuelle Komponente Video hinzu, so entstehen für ein paar Sekunden Videofilm schnell mehrere Megabyte an Daten – und das bedeutet auch bei schnellen Internetanbindungen teils enorme Download-Zeiten. Um dennoch Websites mit einem hohen Anteil von audio-visuellen Medien zu realisieren, bedarf es besonderer Komprimierungs-Algorithmen, um die Daten auf die notwendigste Größe zu reduzieren. Trotzdem beansprucht ein kompletter Download einer großen audio-visuellen Datei einige Zeit – Zeit, die der Benutzer mit Warten verbringen muss, bis die Medien am Bildschirm erscheinen. Deshalb setzt man sogenannte Streaming-Verfahren ❼ ein, die es erlauben, schon während des Downloads, mit dem Abspielen der Medien zu beginnen.

Der Realplayer von RealAudio

Der Windows Media Player von Microsoft

Plug-Ins

❶ Die meisten Plug-Ins funktionieren nur mit einem Browser. Das heißt, beim Download eines Plug-Ins muss der Anwender den Typ seines Browsers angeben, damit die richtige Plug-In-Version verwendet wird.

Nicht nur Audio und Video gehören zu den multimedialen Medienelementen im Internet, sondern verschiedenste Grafik- und Bilddaten. Virtual Reality-Umgebungen und ganze interaktive Programme können zusätzlich in die HTML-Seiten eingebunden werden. Um diese Medien anzeigen bzw. abspielen zu können, muss der Benutzer seinen Internet Browser mit den notwendigen Software-Erweiterungen ausrüsten. Diese Erweiterungen werden auch *Plug-Ins* ❶ genannt. Üblicherweise werden die Plug-Ins bei Bedarf (engl. On demand) direkt vom Plug-In-Lieferant als Download geladen und teils automatisch als Software-Erweiterung im Browser installiert.

Virtueller Panorama-Rundgang mit dem IPIX-Viewer (Beispiel: Theater NEUE FLORA, Hamburg von Deutschland.Panorama.de).

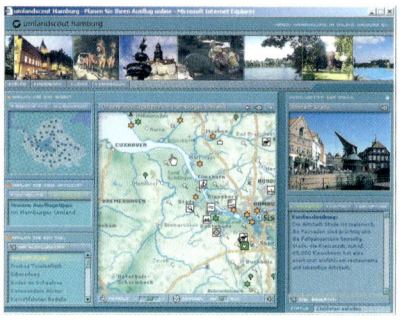

Komplette interaktive Anwendung in einem separaten Fenster mit Macromedia Flash (Beispiel: umlandscout – Reiseführer für Hamburg und Umland).

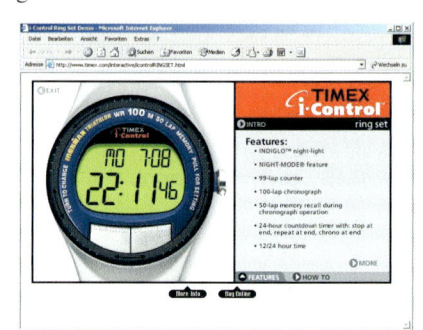

Interaktive Simulation erstellt mit Macromedia Director. Das interaktive Programm-Element ist in eine HTML-Seite integriert (Beispiel: Timex).

Weit verbreitete Plug-Ins sind zum Beispiel der Acrobat Reader von Adobe für das Anzeigen von Dokumenten, der Realplayer von RealAudio für Streaming-Audio und -Video, die Plug-Ins für interaktive Anwendungen, wie Flash, Director und Authorware von Macromedia, und QuickTimeVR von Apple oder IPIX Virtual Tour Viewer von IPIX zum Darstellen von Virtual Reality.

Mit Plug-Ins lässt sich das Internet nahezu unbegrenzt multimedial erweitern. Jede Erweiterung kann jedoch eine Sicherheitslücke darstellen. Deshalb sollte die Herkunft der Erweiterungen geprüft und der Download nur von vertrauenswürdigen Quellen akzeptiert werden.

10.4 Zugang zum Internet

10.4.1 Hardware

❷ Möchte man die volle Bandbreite der Internet-Dienste, insbesondere die Angebote mit multimedialen Inhalten nutzen, so ist ein zeitgemäßer PC mit leistungsfähigem Prozessor (> 500 MHz), ausreichend Arbeitsspeicher (> 64 MB) und eine Festplatte (> 10 GB) notwendig.

Die Zugangsmöglichkeiten zum Internet sind vielfältig. Grundvoraussetzung ist ein internetfähiger ❷ Personalcomputer. Es muss nicht unbedingt ein IBM-kompatibler PC mit einem Windows-Betriebssystem sein. Auch Rechner von Apple oder PCs mit anderen Betriebssystemen, wie z. B. Unix, sind internetfähiger.

Die meisten Internet-Nutzer setzen sich über die Telefonleitung mit dem Internet in Verbindung, egal ob analog, per ISDN oder über DSL. Aber auch andere Zugangswege in das Netz sind möglich und werden in Zukunft konkurrenzfähig sein.

Geschwindigkeit verschiedener Internet-Zugänge:

Modem-Datenrate <56 kBit/s
ISDN-Datenrate.....64 kBit/s

DSL-Datenrate:
theoretisch............ bis zu 52 Mbit/s
praktisch (z. B. ADSL von T-DSL)
Download.............. 768 kBit/s
Upload.................. 128 kBit/s

PLC-Download......bis zu 2 Mbit/s
SkyDSL-Download bis zu 8 Mbit/s

❶ Internet-Zugänge über Satellit nehmen immer zwei Wege: Der Upload über den Telefonanschluss und der Download über die Satelliten-Empfangsanlage.

❷ PLC (Powerline Communication) nennt sich die Daten-Übertragung über das Stromnetz.

❸ Das *Modem* (Modulator/Demodulator) wandelt digitale Informationen in akustische Signale (Modulation), um sie über eine analoge Leitung übertragen zu können. Am anderen Ende wandelt ebenfalls ein Modem die akustischen Signale wieder in digitale Signale um (Demodulation).

❹ Der *NTBA* (Network Termination Basic Access) ist der Netzabschluss beim Teilnehmer und übernimmt die Wandlung der ankommenden Signale vom Anschlusskabel auf den S_0-Bus des ISDN-Hausnetzes.

❺ Die *ISDN-Karte* übernimmt die Anbindung des PCs an das ISDN-Netz (S_0-Bus). Sie wird als Steckkarte in den PC eingebaut.

❻ Auf einem Nutzkanal, auch B-Kanal genannt, wird normalerweise über das Point-to-Point-Protokoll (PPP) eine Internetverbindung mit einer Datenrate von 64 kBit/s betrieben. Mit einem Multilink-PPP ist es möglich, die beiden B-Kanäle zu bündeln um dadurch eine Datenrate von 128 kBit/s zu erreichen.

Zum Beispiel Internet-Daten über Satellit ❶ oder TV-Kabel, durch das Strom-Netz ❷ oder per Funk. Für den Internet-Zugang am Arbeitsplatz kann auch über ein Firmen-Netzwerk, ein sogenanntes LAN (Local Area Network), welches an das Internet angeschlossen ist, die Verbindung mit dem Internet aufgebaut werden.

Internet-Zugänge über die Telefonleitung kann man prinzipiell in drei Verfahren unterscheiden:
• Über eine gewöhnliche analoge Telefonleitung mit Hilfe eines Modems
• Über eine ISDN-Leitung mit einer ISDN-Karte
• Über einen DSL-Zugang mit Splitter und DSL-Modem

Welches das geeignete Verfahren ist, hängt von den individuellen Leistungsansprüchen des Benutzers ab. Bei allen Verfahren muss vom Telefon-Anbieter der entsprechende Anschluss in der Vermittlungsstelle eingerichtet sein und über einen Internet-Provider der weitere Zugang zum Internet geregelt sein.

Modem

Beim Anschluss über eine analoge Telefonleitung muss eine Digital-Analog-Wandlung vorgenommen werden, damit die digitalen Informationen zwischen PC und dem Internet übertragen werden können. Diese Aufgabe übernimmt das Modem ❸, welches zwischen PC und der Telefonanschluss-Dose (TAE-Dose) geschaltet wird. Bei diesem Verfahren steht dem Nutzer immer nur eine Leitung zur Verfügung.

Internet-Zugang über Modem
Computer — Modem — Telefon — TAE-Dose

ISDN

Mit Hilfe der ISDN-Technologie (Integrated Services Digital Network) werden die Daten direkt in digitaler Form über die Telefonleitung geschickt und müssen nicht mehr in analoge Signale gewandelt werden. Dadurch können höhere Datenübertragungsraten als bei einer Modemverbindung erzielt werden. Beim ISDN-Anschluss ist die digitale Endstelle beim Nutzer der NTBA ❹. Über eine ISDN-Karte ❺ wird der PC mit dem NTBA verbunden. An dem NTBA sind auch alle anderen ISDN-Endgeräte, wie z. B. ein ISDN-Telefon, angeschlossen. Bei einem ISDN-Basisanschluss stehen dem Nutzer gleichzeitig zwei Nutzkanäle ❻ mit je 64 kBit/s zur Verfügung. Das heißt er kann z. B. telefonieren und gleichzeitig im Internet surfen.

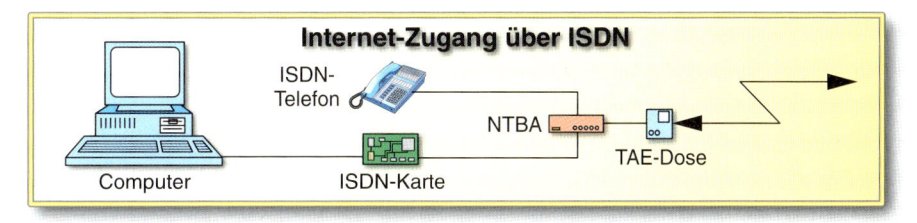

Internet-Zugang über ISDN
Computer — ISDN-Karte — ISDN-Telefon — NTBA — TAE-Dose

313

DSL

Mit der DSL-Technologie (Digital Subscriber Line) hat man Hochgeschwindigkeitszugänge geschaffen, die weit über die Leistungsfähigkeit von Modem- und ISDN-Verbindungen hinausgehen. Die DSL-Technologie gibt es in verschiedenen Varianten ❶. Die meistverbreitete und momentan auch für den normalen Internet-Nutzer erschwingliche, ist die ADSL-Technologie. Dabei handelt es sich um eine asynchrone Datenübertragung, das heißt, die Geschwindigkeit für den Download und den Upload sind unterschiedlich. ADSL ist in der Praxis neun Mal schneller als ISDN. Dies erreicht man zum Einen durch eine Begrenzung der Entfernung von Sender und Empfänger auf 5,5 Kilometer und zum Anderen dadurch, dass die Daten nicht, wie bei Modem- oder ISDN-Verbindungen, in hörbare Töne umgewandelt werden, sondern in unzählige verschiedene, für den Menschen nicht wahrnehmbare Frequenzen. Dadurch lassen sich deutlich mehr Daten über das Kupferkabel verschicken und die Übertragung wird wesentlich schneller. Weiterer Vorteil: Datenübertragung und Telefonieren ist gleichzeitig möglich. Die Trennung erfolgt durch den DSL-Splitter ❷. Der PC ist über eine Ethernet-Netzwerkkarte an das DSL-Modem ❸ angeschlossen, welches die Signale an den DSL-Splitter weitergibt.

❶ Die DSL-Familie:
ADSL (Asynchronous DSL)
Datenrate...... theor. bis zu 8 MBits/s
praktisch (z. B. ADSL bei T-DSL)
Download.........................768 kBit/s
Upload...............................128 kBit/s

SDSL (Synchronous DSL)
Datenrate................ bis zu 2 MBits/s

HDSL (High Data Rate DSL)
Datenrate............... bis zu 2,3 Mbit/s

VDSL (Very High Speed DSL)
Datenrate.................bis zu 52 Mbit/s

❷ Die ADSL-Informationen werden beim Anwender mit einem sogenannten *Splitter* aus dem gemeinsamen Daten-/Telefonstrom herausgeholt und zum DSL-Modem weitergeleitet.

❸ Das *DSL-Modem* ist per 10BaseT-Technik an den Computer angeschlossen. Es nimmt nicht, wie man vom Namen her meinen könnte, eine Analog-/Digital-Wandlung vor, sondern setzt die digitalen Signale auf unterschiedliche Frequenzen, damit die hohe Bandbreite an Daten übertragen werden kann.

❹ Unter *Backbone*, auch „Datenautobahn" genannt, versteht man die Fernnetze, die Server mit hohen Übertragungsraten miteinander verbinden.

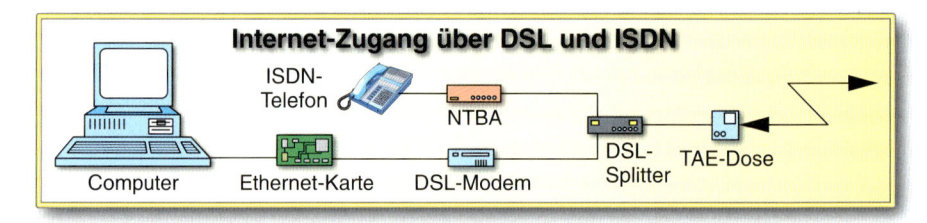

Internet-Zugang über DSL und ISDN

Die verschiedenen DSL-Technologien stellen zwar erstaunliche Bandbreiten zur Verfügung, doch nicht immer wird die Verbindung ins Internet dadurch spürbar schneller. Der Grund: ADSL überbrückt lediglich die Strecke bis zum Provider. Alles, was danach kommt, vor Allem die verwendeten Backbones ❹, sind davon nicht betroffen. Steht am anderen Ende der Leitung auch noch ein leistungsschwacher Server, der Daten nur zögerlich herausrückt, nützt auch das schnelle ADSL nicht viel.

10.4.2 Provider

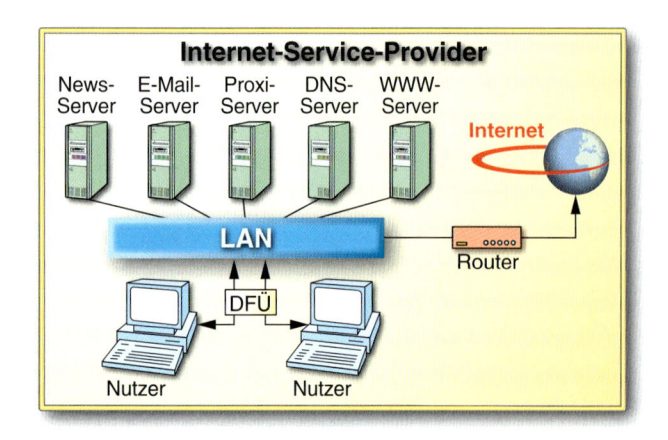

Egal welche Zugangs-Technologie man wählt: erst der Provider (Lieferant, Dienstleister) verbindet den eigenen Computer mit dem Internet. Dabei kann zwischen reinen Internet Service Providern (ISP) und umfassenden Onlinediensten gewählt werden.

Internet Service Provider (ISP)

Der ISP sorgt für den technischen Zugang zum Internet. Mit einem DNS-Server löst er die URL-Adressen in IP-Adressen auf. Mit einem Proxy-Server versorgt er die Nutzer mit IP-Adressen und sorgt für eine Zwischenspeicherung stark frequentierter Daten, die dann nicht jedes Mal wieder im Internet angefordert werden müssen, sondern dann aus dem schnellen Proxy-Cache entnommen werden. Er stellt auch Server für die Internet-Dienste E-Mail, Newsgroups und WWW-Homepages zur Verfügung.

Onlinedienste

Onlinedienste sind Internet Service Provider und Informationsanbieter in einem. Compuserve war der erste große Onlinedienst, der schon 1991 online zur Verfügung stand. 1995 kam T-Online und AOL Deutschland hinzu, die heute die führenden Onlinedienste sind.

Themen-spezifisch aufbereitete Informationen (Beispiel: T-Online).

Onlinedienst mit eigener Benutzeroberfläche (Beispiel: AOL).

Benutzer-spezifisch aufbereitete Informationen auf einem Portal (Beispiel: Yahoo).

Die Leistungen der Onlinedienste können über verschiedene Tarife verrechnet werden, z. B.:

Internet by Call
Es werden nur die genau angefallenen Online-Minuten berechnet.

Tarife mit Grundgebühr
Eine Grundgebühr, meist mit begrenzten Freiminuten und ansonsten günstigen Minutenpreisen.

Flatrate
Mit einem festen Monatsbetrag sind alle Gebühren abgedeckt.

Als Abgrenzung zu ISPs verstehen sich Onlinedienste zusätzlich als Content-Provider (Inhaltsanbieter). Dabei sind redaktionell aufbereitete Informationen, wie Nachrichten etc., nur ein Teil des Angebotes. Das Besondere liegt in der Vorstrukturierung und Zusammenstellung der abzurufenden Inhalte, d. h., man findet schneller zu höherqualitativen Informationen. Zusätzliche Dienste, wie Messenger, Chats, Newsgroups etc. sollen den gesamten Kommunikations- und Informationsbedarf der Nutzer auf einen Onlinedienst konzentrieren. Dazu bieten die großen Onlinedienste umfangreiche Portale und sogar eigene Benutzeroberflächen, welche die Integration der vielfältigen Dienste optimieren sollen.

10.4.3 Software

Egal ob der ISP oder der Onlinedienst das Softwarepaket in seiner Grundinstallation mitliefert oder ob man die notwendige Software selbst installiert, die richtige Software, der Internet-Browser, entscheidet über Komfort und Flexibilität beim Surfen im World Wide Web.

Prozentuale Verteilung der Browser-Nutzung in Deutschland (Stand März 2002):

Microsoft Internet Explorer...89,3%
Nestscape Communicator........9,1%
Andere......................1,6%

1993 wurde der WWW-Browser NCSA Mosaic und der Netscape-Browser eingeführt. Erst in den Folgejahren entwickelte Microsoft seinen eigenen Browser, den Microsoft Internet-Explorer (MSIE). Grundsätzlich ist es unerheblich, ob zum Surfen der Internet Explorer von Microsoft oder der Communicator von Netscape oder ein anderer Browser verwendet wird. Will man viele multimediale Informationsangebote aus dem Internet nutzen, so sollte man auf die Kompatibilität und Verfügbarkeit der zur Darstellung notwendigen Programmerweiterungen (Plug-Ins) mit dem verwendeten Browser achten. Für die meisten Anwendungen gibt es Plug-Ins für den Microsoft Internet Explorer (MSIE) und den Netscape Communicator.

❶ Grundsätzlich stehen Navigations-Buttons für „Seite zurück", „Seite vor", „Seite neu aufbauen", „Sprung zur Anfangsseite" etc. zur Verfügung. Eine Adresszeile dient zur Dateneingabe der gewünschten Zieladresse (URL) und zeigt auch immer die aktuelle URL-Adresse. Buttons für individuelle Links ergänzen das obere Erscheinungsbild.

In einem separaten Fenster auf der linken Fensterseite des Browsers lassen sich z. B. Bookmarks oder Historie-Übersichten darstellen:

Bookmarks beim MSIE

Bookmarks beim Netscape 6

Die Arbeitsweise mit diesen Browsern ist sehr ähnlich. Im oberen Bereich stehen die grundsätzlichen Browser-Funktionen ❶ zur Verfügung. Beide Browser benutzen „Bookmarks" (engl. = Lesezeichen) und eine Historie-Funktion zum späteren Nachvollziehen des Surf-Weges.

Der Internet Explorer von Microsoft (URL-Beispiel: www.zdf.de).

Der Communicator von Netscape (URL-Beispiel: www.zdf.de).

Der Funktionsumfang der Browser ist leicht unterschiedlich. Liefert Netscape gleich den Composer zum Bearbeiten und Erstellen von HTML-Seiten mit, so bietet Microsoft eine sehr enge Verzahnung seines Browsers in das Betriebsystem Windows.

➔ **Die Browser interpretieren die HTML-Befehle und die verwendeten Erweiterungen etwas unterschiedlich.**

Deshalb geben viele Informationsanbieter auf ihrer Startseite Empfehlungen und Hinweise, für welchen Browser-Typ das Informationsangebot optimiert ist.

10.4.4 Sicherheit im Internet

❷ Viren sind kleine, heimtückische Programme, die in der Regel den Auftrag haben, sich möglichst weit zu verbreiten und beabsichtigen, Daten zu verändern oder ganz zu löschen. Die meisten Viren nisten sich in ausführbare Programmdateien ein und aktivieren sich, sobald das betreffende Programm aufgerufen wird. Auf Grund der großen Verbreitung der Microsoft Office-Anwendungen treten auch verstärkt Makroviren auf, die sich innerhalb von Dokumenten als Makro einnisten und ebenfalls großen Schaden anrichten können.

Jede Verbindung mit dem Internet ist gewissen Risiken ausgesetzt. Sobald ein Rechner mit dem Netz verbunden ist, kann er zur Zielscheibe bösartiger Angriffe werden. Generell gesehen drohen aus dem Internet zweierlei Gefahren: Durch Hackerangriffe oder durch verseuchte Mails können kleine Programme, sogenannte Viren ❷, auf den Computer gelangen und dort erhebliche Schäden anrichten. Aber auch persönliche Daten in E-Mails oder sogar Daten auf dem eigenen PC können durch Internet-Verbindungen in die Hände Unbefugter geraten.

Gegen Angriffe aus dem Internet schützt man sich durch

- den Einsatz von Antivirenprogrammen
- stets aktualisierte Internet-Software (Browser und Mail-Programme)
- die richtigen Sicherheitseinstellungen in der Internet-Software
- den Einsatz von Firewalls.

Antivirenprogramme

Antivirenprogramme durchsuchen Dateien nach möglichen Viren. Dazu benutzen sie Erkennungsdatenbanken, die vom Benutzer immer aktuell gehalten werden sollten. Mittlerweile gibt es eine ganze Reihe von Antiviren-Softwareprodukten auf dem Markt. Sie bieten in der Regel mehrere Funktionen an. So können sie „On Demand", d. h., bei Bedarf, zum Scannen von einzelnen Dateien oder auch ganzen Laufwerken eingesetzt werden. Außerdem können diese Programme auch im Hintergrund laufen, um „On Access", d. h., immer wenn Dateien aus einem Download gespeichert werden oder wenn E-Mails mit angehängten Dateien eintreffen, die betreffenden Daten zu scannen. Im Infektionsfall entfernen manche Antivirenprogramme den Virus selbstständig. Trotzdem ist es ratsam, sich über den betreffenden Virus, seine Auswirkungen und dessen Abhilfeschritte zu informieren.

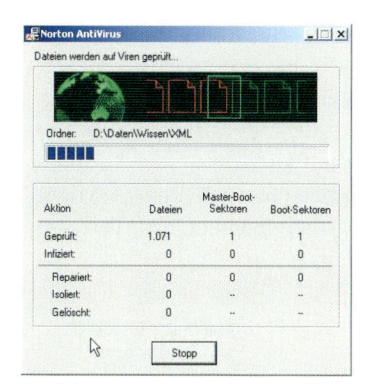

Antivirenprogramme durchsuchen Dateien nach möglichen Viren (Beispiel: Norton Antivirus).

Vorbeugende Maßnahmen

Das Infektionsrisiko wird verringert, wenn sichergestellt ist, dass die verwendeten Internet-Softwareprodukte auch aktuell sind. So sollten nur aktuelle Browserversionen mit allen notwendigen Sicherheitsupdates verwendet werden. Von Vorabversionen, sogenannten „Beta-Versionen" ist abzuraten, da es darin oft noch unbekannte Sicherheitslücken gibt. Um nicht mit potentiellen Virenträgern in Kontakt zu kommen, ist es möglich, bei bestimmten Internet-Softwareprodukten entsprechende Sicherheitseinstellungen zu aktivieren. Dies ist aber immer ein Kompromiss zwischen Bequemlichkeit und Sicherheit, denn bei sehr strengen Sicherheitseinstellungen wird man ständig mit Rückfragen konfrontiert, ob man wirklich bestimmte Daten anzeigen oder Aktionen durchführen möchte.

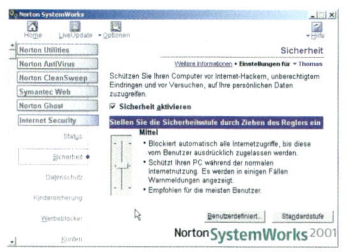

❶ Firewalls schützen eigene Netzwerke und PCs vor Angriffen aus dem Internet. Sie kontrollieren sämtliche eingehende Daten (Beispiel: Norton Internet Security).

❷ Proxy-Server nehmen Anfragen des Benutzers entgegen und leiten diese als Stellvertreter gebündelt ins Internet weiter. Aus der Sicht des Internets agiert somit nur der Proxy-Server mit nur einer IP-Adresse und nicht der eigentliche Benutzer.

❸ Cookies sind kleine Datenpakete, die ein Server auf dem Rechner des Internet-Nutzers über den Browser abspeichern lässt. Wird die Seite, von der aus ein Cookie gespeichert wurde, wieder aufgerufen, überträgt der Browser automatisch das abgespeicherte Datenpaket. Damit können benutzerspezifische Ein-stellungen gespeichert und vom Informationsanbieter verwendet werden um z. B. personalisierte Seiten in einem Portal anzubieten.

Firewalls

Früher eher nur bei Firmen-Netzwerken eingesetzt, macht es nun auch bei einzelnen Internet-Anwendern Sinn, spezielle Schutzsoftware, sogenannte Firewalls (engl. = Brandmauer) ❶, einzusetzen. Dies empfiehlt sich insbesondere, wenn man sich über einen längeren Zeitraum im Internet aufhält, z. B. bei Flatrate-Tarifen. Firewalls gibt es in unterschiedlichen Ausprägungen: Als Hard- und Softwarekombination oder nur als Softwarelösung. Generell filtert eine Firewall alle eingehenden Datenpakete. Auf Grund der Informationen aus dem Header lässt die Firewall manche Pakete durch, andere dagegen blockiert sie. In einigen Firewalls werden gleichzeitig Proxy-Server (engl. = Vertrauter, Stellvertreter) ❷ eingesetzt, die zusätzlich auch Zugriffe und spezielle Internet-Adressen sperren können.

Datenschutz

Durch die Kommunikationsmöglichkeiten im Internet kommt dem Datenschutz eine besondere Bedeutung zu, denn eine Internet-Nutzung ist alles andere als anonym. Beispielsweise können Verhaltensweisen und Vorlieben des Internet-Nutzers in Form von sogenannten ❸ Cookies (engl. = Kekse) vom Informationsanbieter abgerufen werden, falls sie nicht explizit unterbunden werden. Auch die Datenübermittlung ist in der Regel nicht anonym, d. h. mit entsprechenden Maßnahmen kann der Datentransport im Internet von Unbefugten eingesehen werden. Eine Abhilfe bieten gesicherte Verbindungen mit Verschlüsselungstechnologie nach dem SSL-Protokoll (Secure Socket Layer) oder dem SHTTP (Secure-HTTP). Leider kann nur der Anbieter im Internet eine sichere Verbindung veranlassen und nicht der Benutzer allein.

❶ Bei verschlüsselten Verbindungen wird die Information mit Kryptosystemen kodiert bzw. dekodiert. Eine sichere Verbindung erkennt man an der Protokollart in der Adresszeile (https://) und in der Statuszeile des Browsers durch ein Schloss bzw. einen Schlüssel.

❷ Zertifikate für Digitale Signaturen und Schlüssel werden von vertrauenswürdigen Instanzen (Trustcenter) ausgestellt und dienen der Authentifizierung von E-Mails und Software-Downloads.

❸ Beim Public-Key-Verfahren, auch asymmetrische Verschlüsselung genannt, besitzt jeder immer zwei Schlüssel: Einen öffentlichen Schlüssel (engl: public key), der frei zugänglich ist, und einen privaten Schlüssel (engl.: private key), der nur im Besitz des einen Anwenders ist. Mit dem öffentlichen Schlüssel können Nachrichten kodiert werden, aber nur mit dem dazugehörigen privaten Schlüssel können sie dekodiert werden.

Beispiel eines öffentlichen Schlüssels:

-----BEGIN PGP PUBLIC KEY BLOCK-----
Version: 2.7

mQA9Ai2wD2YAAAEBgJ18cV7rMAFv7P3
eBd/cZayI8EEO6XGYkhEO9SLJOw+DFyHg
Px5o+IiR2A6Fh+HguQAFEbQZZGVtbyA8Z
GVtb0B3ZWxsLnNmLmNhLnVzPokARQIF
EC2wD4yR2A6Fh+HguQEB3xcBfRTi3D/2q
dU3TosScYMAHfgfUwCelbb6wikSxoF5
ees9DL9QMzPZXCioh42dEUXP0g==
=sw5W
-----END PGP PUBLIC KEY BLOCK-----

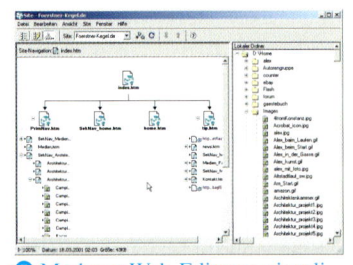

❺ Moderne Web-Editoren visualisieren die Struktur der Website und erlauben das Setzen von Links per ‚Drag and Drop' (Beispiel: Dreamweaver von Macromedia).

SSL ermöglicht verschlüsselte Verbindungen ❶ und Echtheitsbestätigungen mit Zertifikaten ❷. SSL nutzt das Public-Key-Verfahren ❸. Wichtige Größe für die Datensicherheit ist dabei die verwendete Schlüssellänge – je länger, desto sicherer. Empfehlenswert ist eine Schlüssellänge von wenigstens 768 Bit.

Auch für den sicheren Austausch von E-Mails gibt es mittlerweile sichere Verfahren. „PGP" (Pretty Good Privacy, engl. = recht gute Privatsphäre) ❹ und „S/MIME" (Secure Multipurpose Internet Mail Extension) sind dabei gebräuchliche Verfahren. PGP arbeitet ebenfalls nach dem Public-Key-Verfahren.

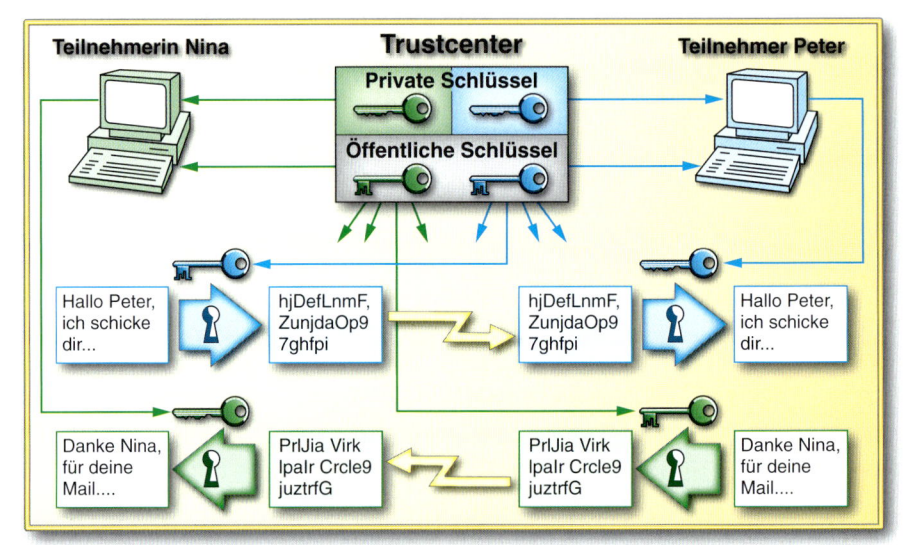

❷ Vereinfachte Darstellung eines gegenseitigen E-Mail-Austausches mit der Verschlüsselungsmethode PGP. Teilnehmerin Nina kodiert mit dem öffentlichen Schlüssel von Teilnehmer Peter ihre Mail und schickt sie über das Internet an Teilnehmer Peter. Er dekodiert diese Mail mit seinem privaten Schlüssel und kann sie lesen. Die Antwort-Mail kodiert Peter dann mit dem öffentlichen Schlüssel von Nina, die diese Mail mit Hilfe ihres privaten Schlüssels lesen kann.

10.4.5 Publizieren im WWW

Wer Informationen verbreiten will, die der ganzen Welt schon nach wenigen Minuten bekannt sein sollen, publiziert im Internet. Grundvoraussetzung für die eigene Website ist ausreichend „Webspace" – Platz auf einem Webserver. Diesen Platz stellen JSPs oder Onlinedienste zur Verfügung. Sie können auch gleichzeitig die Registrierung eines eigenen Domänen-Namens übernehmen. Als Software zum Erstellen der Inhalte reicht prinzipiell ein Texteditor und ein FTP-Programm für den Upload der Inhalte auf den Webserver. Spezielle HTML-Editoren, wie HomeSite von Macromedia, bzw. Web-Editoren, wie Dreamweaver ❺ von Macromedia oder FrontPage von Microsoft, bieten aber weitaus mehr Komfort und Funktionalität bei der kreativen Website-Erstellungsarbeit. Zusätzlich übernehmen sie die Kommunikation mit dem Host – dem Webserver der Website. Das Erstellen geschieht „offline" in einem lokalen Speicherbereich, der jedoch spiegelbildlich zu seiner späteren „online"-Variante auf der Website aufgebaut wird. Bevor man jedoch mit dem Eingeben der Inhalte beginnt, ist es ratsam, sich Gedanken über die Struktur der Website und der Navigationsmöglichkeiten

Tipps für die Praxis:

- Auf kurze Ladezeiten (<8s) achten, besonders bei der Startseite
- Navigation klar und intuitiv für die Zielgruppe gestalten
- Seiten nicht überfrachten
- Bilder und andere Medienobjekte in Unterverzeichnisse ablegen
- Bilder mit 72 dpi in der darzustellenden Größe einbinden
- Bilder mit Farbflächen im GIF-Format verwenden
- Bilder mit Fotografien im JPG-Format verwenden
- Website mit verschiedenen Browsern und Auflösungen testen.

zu machen. Dabei geht man immer von der Startseite, der sogenannten „Homepage", aus. Diese heißt in der Regel „index.html" oder „default.html". Dieser Seite kommt eine besondere Bedeutung zu. Sie repräsentiert den ersten visuellen Eindruck der Website. Auch für die Agenten der Suchmaschinen ist diese Seite von besonderer Bedeutung. Deshalb müssen die Metainformationen, wie Site-Beschreibung und Stichwörter, vorhanden sein. Hat man nun die HTML-Seiten, deren Verlinkungen und die eingebundenen Medienelemente erstellt und lokal getestet, so kann mit der Veröffentlichung der Website begonnen werden. Mit einem FTP-Upload im Web-Editor stellt man die lokale Website spiegelbildlich auf den Webserver und testet danach die Website mit einem Browser. Ist die Seite veröffentlicht, heißt das noch lange nicht, dass sie auch von der gewünschten Interessensgruppe gefunden wird. Dazu muss sie erst bei Suchmaschinen angemeldet werden und mit aussagefähigen Beschreibungen, präzisen Stichworten und Kategorien versehen werden.

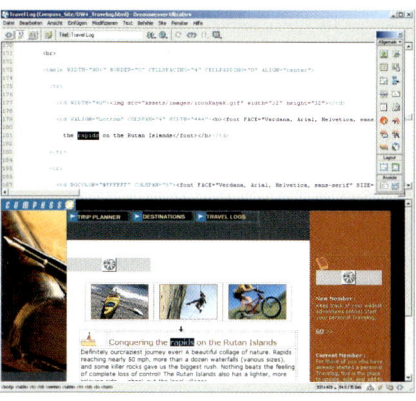

Editieren mit gleichzeitiger HTML-Code- und Layoutansicht (Beispiel: Dreamweaver).

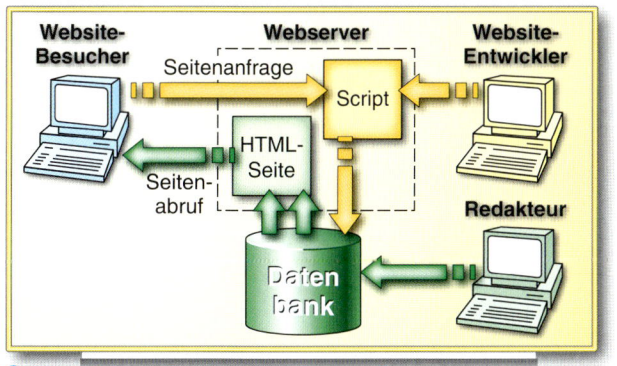

Für Informationsanbieter, die Inhalte mit hohem Aktualisierungsbedarf veröffentlichen, bedeutet diese Vorgehensweise der Website-Erstellung immer noch einen beträchtlichen Zeitaufwand. Deshalb setzen Online-Redaktionen und vergleichbare Anbieter verstärkt „Redaktionssysteme", bzw. „Content Management Systeme" (CMS) ❶ ein. Diese Systeme vereinfachen das Aktualisieren einer Website, indem sie mit standardisierten Seitenvorlagen arbeiten und die Inhalte über eine Datenbank pflegen. Beim Besuch auf der Website werden dann die einzelnen HTML-Seiten für den Interessenten „On Demand" aus der Datenbank zusammengestellt. Dazu verwenden die Systeme serverseitige Scriptsprachen, wie z. B. ASP (Active Server Pages) von Microsoft, PHP (Hypertext Preprocessor) oder JSP (JavaServer Pages) von Sun.

❶ Vereinfachtes Prinzip eines Content Management Systems. Die angeforderten HTML-Seiten werden stets vom System mit den aktuellsten Inhalten aus der Datenbank generiert.

❷ Intranets werden als firmeninterne Informations-Plattform eingesetzt, teils mit Schnittstellen zu internen Datenbank-Systemen, wie z. B. ERP-Systemen (Enterprise Ressource Planning) für Produktionsplanung, Finanzbuchhaltung und Personalabrechnung usw.

❸ Extranets werden meist für geschlossene Informationsangebote auf einem öffentlichen Webserver eingesetzt. Dieses Konzept wird häufig in der B2B-Kommunikation eingesetzt.

10.5 Anwendungen

10.5.1 Intranet und Extranet

Als Intranet ❷ wird ein geschlossenes Computernetz auf Basis der Internet-Technologie bezeichnet, das nur innerhalb eines Unternehmens für die Mitarbeiter verfügbar ist. Intranets sind von außen nicht erreichbar und erlauben nur Mitgliedern der Organisation den Zugriff. Extranets ❸ sind im Gegensatz zu Intranets auch von außerhalb erreichbar, erlauben aber im Vergleich zum öffentlichen Internet nur registrierten Benutzern, also einer geschlossenen Benutzergruppe, den Zugang.

10.5.2 E-Business und E-Commerce

Unter E-Business versteht man alle Formen von elektronischen Geschäftsprozessen, u. a. auch den E-Commerce, den Handel von Waren und Dienstleistungen über das Internet.

Online-Banking und Online-Aktienhandel

Bankgeschäfte per Internet – für viele schon längst die Alternative zum Besuch am Bankschalter. Mittlerweile verfügt nahezu jede Bank über ein entsprechendes Angebot, Überweisungen ❹, Kontostandsabfragen und mehr, von zu Hause aus erledigen zu können. Um den virtuellen Bankbesuch so abzusichern, dass kein Fremder Einsicht bzw. Manipulationsmöglichkeiten hat sind momentan zwei Verfahren verbreitet: Die SSL-Technik (Secure Socket Layer) ❶ und der HBCI-Standard (Homebanking Computer Interface) ❷. Auch im Aktienhandel eröffnet das Internet dem privaten Anleger interessante Möglichkeiten. Es bietet den direkten Zugriff auf aktuelle Börsenkurse und Hintergrundinformationen, unterstützt bei der Depotverwaltung und erlaubt den direkten Online-Aktienhandel, den sogenannten „Brokerage", bei dem Aktien mit Hilfe von PIN und TAN gekauft und verkauft werden können.

❶ Bei der SSL-Technik wird der Transportweg verschlüsselt. Mit einer „Persönlichen Identifikationsnummer" (PIN) weist sich der Kunde aus und mit einer jeweils nur einmal gültigen „Transaktionsnummer" (TAN) „unterschreibt" er sozusagen den Bankauftrag.

❷ Beim HBCI-Standard werden alle Daten verschlüsselt gesendet und jeder Auftrag mit der „elektronischen Unterschrift" aus einer Chipkarte bestätigt. Dazu muss ein spezielles Lesegerät am PC verwendet werden.

❸ Die Kreditkarten-Daten sollten nur verschlüsselt (per SSL) oder über den SET-Zahlungsverkehr (Secure Electronic Transaction) einer Bank übertragen werden.

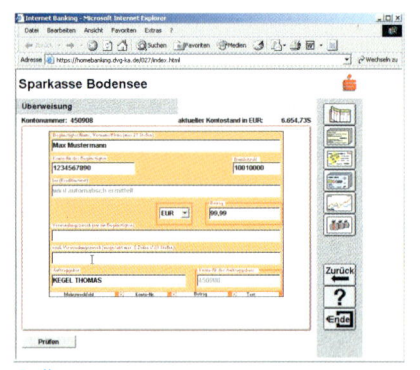

❹ Überweisungen mit Online-Banking (Beispiel: Sparkasse Bodensee).

❺ In Musikstücke hereinschnuppern (Beispiel: Amazon.de).

❻ Virtuelle Anprobe im Online-Shop (Beispiel: OTTO-Versand).

Online-Shops und Online-Auktionen

Der Marktplatz im Internet, das ist Shopping von zu Hause aus, auch außerhalb der Ladenöffnungszeiten. Mittlerweile nutzen viele Firmen diesen Absatzweg für ihr Warenangebot. Die Vorteile liegen in der Vielfalt und Aktualität der Shops. Über Preisagenturen sind auch Preisvergleiche unter verschiedenen Anbietern möglich. Nur können dabei die Produkte noch nicht in der Hand gehalten und getestet werden. Um dies auszugleichen, versuchen die Anbieter, die Produkte multimedial zu präsentieren, z. B. bei Musik-CDs durch Anspielen der Musikstücke ❺ oder bei Textilien durch virtuelle Anproben ❻. Auch lassen sich Käuferverhalten und Meinungen gezielt in die Produktangebote miteinbeziehen, z. B. in Buch-Shops gibt es Leser-Rezensionen zu Büchern und Hinweise auf Kaufverhalten von Gleichgesinnten ❼.

❼ Was kaufen andere Käufer mit gleichem Interessensgebiet? Online-Shops können es aufzeigen (Beispiel: Amazon.de).

❽ Paybox ist ein Bezahlverfahren per Mobilltelefon, das auch im Internet als sicheres Verfahren eingesetzt werden kann. Über einen Anruf von Paybox auf dem Handy quittiert der Käufer die Zahlung. Paybox zieht den Betrag ein und übermittelt ihn an den Verkäufer.

Bezahlt werden kann dabei in klassischen Methoden, wie Rechnung, Nachnahme, Lastschriftverfahren, per Kreditkarte ❸ oder mit einem der elektronischen Bezahlverfahren, wie Paybox ❽.

Kapitel 10 Internet   Lektion 10.5 Anwendungen

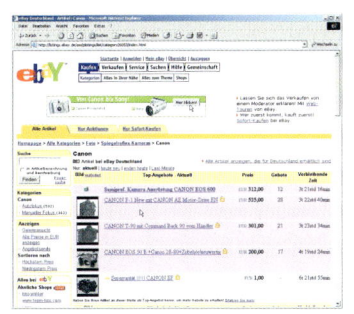

❶ Im Online-Auktionshaus eBay werden über 5 Millionen Artikel gleichzeitig angeboten.

In Online-Auktionen, wie z. B. „eBay" ❶ oder „Ricardo", findet sich fast alles – von Raritäten und Schnäppchen bis hin zu hochwertigen Neuprodukten. Verkäufer finden bei solch einem großen, überregionalen Flohmarkt für fast alles einen Interessierten. Unter dem Begriff "Powershopping" laden virtuelle Marktplätze, wie z. B. „Letsbuyit.com", zu gemeinschaftlichen Einkäufen ein. Bei diesem kollektiven Kauf gilt: Je mehr Käufer, desto billiger wird es für den Einzelnen.

Nicht nur Gegenstände werden über das Internet verkauft, sondern auch Dienstleistungen. Zum Beispiel lassen sich im virtuellen Reisebüro Hotels reservieren (Beispiel: www.hrs.de) und nach den billigsten Flügen suchen (Beispiel: www.start.de).

E-Business-Aktivitäten im nicht-kommerziellen Bereich, zum Beispiel in öffentlichen Verwaltungen und in Ämtern, bietet das Internet unter dem Begriff „E-Government". Immer mehr Städte und Gemeinden bieten Dienstleistungen für den Bürger, indem sie Amtsbesuche beschreiben und notwendige Formblätter zum Download anbieten. In Zukunft könnte der Bürger, ein entsprechendes Sicherheitssystem vorausgesetzt, online Steuererklärungen ausfüllen, Wahlen über das Internet durchführen und An- und Abmeldungen vornehmen.

❷ E-Learning findet statt, wenn Lernprozesse in Szenarien ablaufen, in denen multimediale und (tele)kommunikative Technologien integriert sind.
(Quelle: Seufert/Mayr: Fachlexikon e-le@rning).

❸ WBT ist internet-basiertes Lernen mit Unterstützung durch Chats, E-Mail oder Diskussionsforen.

❹ CBT (Computer Based Training) sind Lernsysteme, die multimedial Lerninhalte vermitteln. In der Regel sind dies eigenständige Programme, die auf Datenträgern, wie CD-ROM oder DVD ausgeliefert werden.

❺ LMS (Learning Management Systems) stellen zum Einen die notwendige Plattform und zum Anderen die Funktionalität zur Verwaltung von Kursen, der Teilnehmer sowie die gesamte Kommunikation zwischen den Teilnehmern zur Verfügung.

❻ Unter dem Begriff „E-Collaboration" (engl. Zusammenarbeit) fasst man eine webbasierte, unternehmensübergreifende Zusammenarbeit zusammen. In der Regel ist es das Ziel, Kostenpotentiale auszuschöpfen, Qualitätsniveaus zu erhöhen und Entwicklungs- und Anpassungsprozesse zu verkürzen.

10.5.3 E-Learning und E-Collaboration

E-Learning ❷ bedeutet i. Allg. Lernen über das Internet, in Form von „Web Based Training" (WBT) ❸. Hierbei können Teilnehmer unabhängig von Zeit und Ort selbstgesteuert auf Lerninhalte zugreifen. Der Lernende kann sowohl mit Tutoren als auch mit Lernkollegen über E-Mail, Chats, Blackboards und Foren kommunizieren. Die Inhalte (Content) der WBT-Programme können auf Grund der begrenzten Bandbreite des Internets den multimedialen Umfang (Rich Media) herkömmlicher CBTs ❹ noch nicht abdecken. Der Vorteil gegenüber konventionellen Lernformen liegt im Potential, in kurzer Zeit ortsunabhängig eine große Zielgruppe zu schulen und durch weniger Reise- und Ausfallzeiten die Trainingskosten zu senken. Um E-Learning-Inhalte im Internet zu installieren, bedarf es einer Lernplattform und eines Learning Management Systems (LMS) ❺.

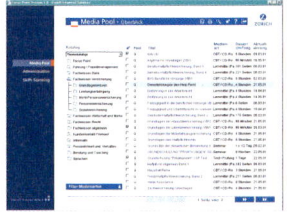

Lernportal mit LMS (Quelle: Zürich Schweiz)

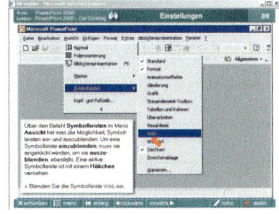

WBT-Lektion über MS Excel (Quelle: bit media)

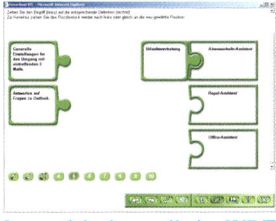

Lernerfolgskontrolle im WBT (Quelle: Know How!) AG).

Immer mehr Anwendungen entstehen im Zusammenwirken mit dem Internet. Zum Beispiel „E-Collaboration" ❻ ist nur einer der neuen „E"-Begriffe. Die technische Vernetzung durch das Internet wird sich auch auf die soziale Vernetzung unserer Gesellschaft auswirken. Immer mehr Virtuelle Teams und Virtuelle Communities werden entstehen und die Internationalisierung und Globalisierung durch das Internet weiterführen.

Üben und anwenden

Aufgabe 1: *Untersuchen Sie an einem frei gewählten Thema, wie der Informationsfluss bei Newslettern, Mailinglisten und Newsgroups zwischen den Internet-Nutzern abläuft.*

Aufgabe 2: *Besuchen Sie Chats und Newsgroups und achten Sie auf die Verwendung von Akronymen und Emoticons. Übersetzen Sie die Kürzel in Fließtext.*

Aufgabe 3: *Erstellen Sie mit einem Texteditor drei HTML-Seiten mit Text und Bildern und verknüpfen Sie diese untereinander mit Hyperlinks.*

Aufgabe 4: *Zeigen Sie an Hand von Beispielen, für welche Anwendungen HTML mit Programmier- und Scriptsprachen erweitert werden muss. Nennen Sie die Sprachen, die Sie dafür verwenden.*

Aufgabe 5: *Skizzieren Sie alle Hardware-Komponenten auf, die Sie für einen möglichst schnellen Internetzugang benötigen.*

Aufgabe 6: *Vergleichen Sie an Hand von realen Beispielen das Leistungsangebot von einem reinen ISP gegenüber einem bekannten Onlinedienst.*

Aufgabe 7: *Zeigen Sie die Darstellungsunterschiede der Browser Microsoft Internet Explorer und Netscape Communicator am Beispiel von zehn Internetauftritten.*

Aufgabe 8: *Beschreiben Sie alle Maßnahmen, die notwendig sind, um möglichst viren- und datensicher E-Mails untereinander auszutauschen.*

11 Design

Damit sich ein Produkt im internationalen Vergleich am Markt behaupten kann, muss es heute verstärkt qualitative Merkmale besitzen. Diese liegen in der Funktionalität und im Design. Nur damit ist der quantitätsorientierte Preiskampf mit Billiganbietern anderer Länder zu umgehen.

Die Wirtschaftsseiten der Zeitungen zeigen es Woche für Woche. Bekannte Unternehmen im Land mit Tradition schließen oder werden zu Tochtergesellschaften von Konzernen. In vielen Unternehmen wurden die Zeichen der Zeit nicht erkannt, mit der Öffnung der Märkte nach Osteuropa und Asien. Die solide Qualität bekam Konkurrenz durch viel günstigere Massenware. Dabei scheuten die Billigproduzenten nicht davor zurück die Markenprodukte zu kopieren und verkauften diese zu Preisen, die den qualitätsbewussten Produzenten Probleme bereiteten. Konzepte waren in vielen Firmen gegen diese Strategien nicht vorhanden, verkaufte sich doch bis dahin fast alles, was man produzierte. Sich in der Entwicklung von Produkten und deren Gestaltung, im Vertrieb und in der Werbung auf neue Wege zu begeben, scheiterte oftmals an eingefahrenen Strukturen in den Unternehmen.

Mittlerweile haben viele Unternehmen erkannt, dass Veränderungen durchgeführt werden müssen, und der Kunde das Maß aller Dinge ist. Dadurch wurden vielerorts alte Strukturen aufgebrochen, und die Firmen beschäftigen sich zunehmend mit qualitätsfördernden Maßnahmen, wie beispielsweise der Verbesserung der Funktionalität und dem Design ihres Produktes, zeigen mehr Kundenfreundlichkeit und Servicebereitschaft und entwickeln aufgrund der Erfahrungen der Benutzer die Produkte weiter und erlangen wieder den Vorsprung, den echte Qualität einfach haben muss.

11.1 Geschichte und Begriff

11.1.1 Geschichte

vgl: Godau/Polster: Design Lexikon Deutschland; DuMont

Die Geschichte des deutschen Designs lässt sich grob in vier Epochen einteilen. Seinen Ursprung hat das Industriedesign in England. Bei der nachfolgenden Betrachtung beschränken wir uns auf einen Überblick zum Deutschen Design. Die Einteilung in vier Epochen gestaltet sich nach der geschichtlichen Entwicklung Deutschlands bedingt durch zwei Weltkriege und einen Umbruch im Design in den achtziger Jahren.

Epoche 1: 1871 – 1918

• Industrielle Revolution • Historismus • Arts & Craft • Werkstätten • Jugendstil • Funktionalismus • Deutscher Werkbund • DIN •

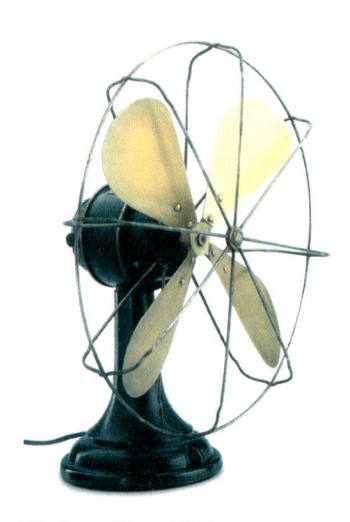

Mit der industriellen Revolution hielt das moderne Maschinenzeitalter Einzug in die Firmen. Der Historismus versuchte in dieser Zeit des Aufbruchs, den Prunk vergangener Epochen nochmals mit Schnörkeln, und dem Konterfei des Kaisers als Stilmittel, in den Produkten zu platzieren.

Die Erkundungen von Hermann Muthesius in England bei Arts & Crafts brachten die Idee vom reformierten Kunsthandwerk nach Deutschland, das sich in der Gründung verschiedener Werkstätten niederschlug. Man produzierte Textilien, Möbel und alltägliche Dinge auf der Basis eigener Entwürfe.

Um 1900 setzte sich diese Stilrichtung des Jugendstils in ganz Europa durch. Der Jugendstil brachte fließende und häufig auch florale Formen mit festlichen und ornamentalen Elementen hervor. Als Gegenpol zur starren preußischen von Adel und Militär geprägten Ordnung entwickelte sich in der Folge eine bürgerliche Kultur, die als einfach-volkstümlich mit sachlich-konstruktivem Charakter und einem auf Funktionalität ausgerichteten Stil bezeichnet werden kann.

Durch den 1907 gegründeten Werkbund und das Engagement von Peter Behrens in der Gestaltung von Industrieprodukten, verdrängte das Prinzip der Sachlichkeit mit der grundlegenden Gestaltungsausrichtung „form follows function" den Historismus aus den Großkonzernen. Das Prinzip der Sachlichkeit wurde zur Mission, der sich schon nach einem Jahr 500 Mitglieder im Deutschen Werkbund anschlossen und führte international zum Mythos der „deutschen Wertarbeit", der sich in der Wirklichkeit des 1. Weltkriegs in einem deutschen Markenzeichen, dem Stahlhelm, manifestierte.

Tischventilator, 1908
Peter Behrens für AEG

Epoche 2: 1919 – 1948

• Expressionismus • Bauhaus • Funktionalismus • Weißenhofsiedlung • Typenmöbel • neue Sachlichkeit • Volksempfänger • Deutsche Wertarbeit •

Die Gründung der Bauhaus-Bewegung durch Walter Gropius machte Schluss mit der Trennung von Kunst und Handwerk. Über die Werkbund-Aktivitäten hinaus setzten Architekten und Künstler wie Ferdinand Kramer, Marcel Breuer, Wilhelm Wagenfeld, Ludwig Mies van der Rohe den ganzheitlichen Gedanken um, in einer Akademie Architektur, Malerei und Tischlerei zu verbinden. Der Funktionalismus war erfunden, der alles Unnötige in der Kunst und im Design beseitigte. Die Weißenhofsiedlung in Stuttgart ist ein Beispiel für das Schlichte in der Architektur, verbunden mit dem Verzicht auf jegliche Gemütlichkeit. Möbel aus Stahlrohren, zweckmäßige Typenmöbel

Kapitel 11 Design   Lektion 11.1 Geschichte und Begriff

Weißenhofsiedlung, Stuttgart

• Industrieform • Hochschule für Gestaltung • Produktsysteme • Gute Form • Gelsenkirchener Barock • Plattenbauten • Olympische Spiele • Corporate Design • Porsche • Ölkrise •

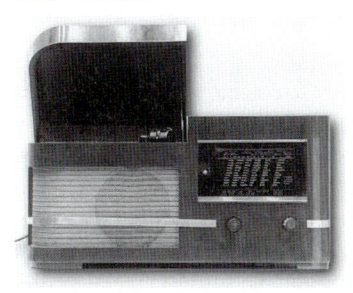

Leitfigur; Otl Aichers Piktogramme sind wegweisend für die visuelle Kommunikation.
Piktogramm für die Olympischen Spiele in München, 1972

und der Vorläufer der heutigen Einbauküche sind die Zeugen der zweckmäßigen „neuen Sachlichkeit". Bis Anfang der 30er-Jahre war der Bauhausstil jedem Deutschen bekannt und das neuzeitliche Wohnen wurde schließlich als Bildungsaufgabe entdeckt.

Nach 1933 setzten die Nazis der Bauhaus-Bewegung ein Ende und lösten sie auf. Prominente „Bauhäusler" arbeiteten auch danach profitabel weiter, jetzt aber unter und im Sinne der NS-Herrschaft. Die Versuche, in dieser Zeit einen „deutschen Stil" zu schaffen, scheiterten an der Uneinigkeit und Willkür des Regimes. Die häufig beschworene „deutsche Wertarbeit" zeigte sich in vereinzelten, bekannten Entwürfen wie dem Volksempfänger oder dem Volkswagen, die zu Ikonen der NS-Propaganda erhoben wurden.

Epoche 3: 1949 – 1980

1956 lebte zum ersten Mal nach dem Krieg und dem beginnenden Wiederaufbau die Verbindung von Kunst und „Industrieform" in einer Ausstellung wieder auf, wie es bereits in der Bauhaus-Bewegung angestrebt wurde. Neben den verschiedenen Museen des Landes, kam der in Ulm 1953 gegründeten Hochschule für Gestaltung maßgebliche Bedeutung als Designinstitution in Deutschland zu. Im selben Jahr rief der deutsche Bundestag den „Rat für Formgebung" ins Leben, eine staatliche Agentur, die für optimale Gestaltung deutscher Produkte sorgen sollte.

Die von Max Bill geleitete Hochschule verstand sich als Bauhaus-Reinkarnation. Die dort tätigen Dozenten gingen noch einen Schritt weiter und schafften vollständige Produkt-Systeme, wie die damaligen Produkte der Firma Braun zeigten.

Nur kurz gestört durch das Wiederaufflammen einer durch schwere Stilmöbel getragene Innenarchitektur in den 50er-Jahren, dem „Gelsenkirchener-Barock", wurden die Deutschen im Gefühl des Wirtschaftwunders ganz zu den Produkten und der Musik aus Amerika hingezogen. Im Rahmen der deutschen Musterschau auf der Brüsseler Weltausstellung entstand der Begriff der „Guten Form". Dies war ein weiterer Schritt nach vorn für deutsche Industrieprodukte auf dem Weltmarkt.

Mit der Olympiade 1972 schaffte Deutschland entgültig die Rückkehr auf die Weltbühne. Otl Aicher entwarf von der Kleidung über die Plakate und die bekannten Leitsysteme, das gesamte Erscheinungsbild dieser Spiele. Darüberhinaus leitete er mit der Neugestaltung der Lufthansa und der gleichzeitigen Rationalisierung eine Bewegung im Design und der Wirtschaft ein, die man als funktionalistische Renaissance bezeichnen kann. Kunststoffbeschichtete Küchen, funktionales Geschirr ohne einen Schnörkel, Coca Cola, Wein aus Wassergläsern, klare Linien, wabenartige Trabantensiedlungen, Fußgängerzonen in den Städten, futuristisch anmutende Fahrzeuge wie der RO 80 und 1965 der neue Porsche 911. Der Mensch bricht auf zu neuen Ufern und Designer wie Esslinger, Colani, Zapf, Sacco, u. a. erobern die Produktwelt.

- Möbel Perdu • Subkultur • Consumer's Rest • Einstürzende Neubauten • Neues deutsches Design • Luxus und Genuss • Deutsche Vereinigung • Baumarktkultur • Bundespreis • Produktdesign •

Epoche 4: 1981 – 2001

In den 80er-Jahren wurde nun alles „designt", was den Gestaltern in die Hände fiel und wenig blieb übrig von der „Guten Form". Die „jungen Wilden" verarbeiteten und vermischten alles zu „Design", ob Sperrmüll, Kitsch, Bauhaus, Subkultur u. a.. Regale mit schrägen Schubladen, rot-weiß gestreifte Lampen, Einkaufswagen als Sitzgelegenheit wurden von den „Designdilettanten", so die Hüter des klaren und wahren Designs, entworfen. Das „Neue deutsche Design" stand im krassen Widerspruch zu den gestandenen Designern aus der Ulmer Bewegung.

Nach verschiedenen Auswüchsen wie der Mercedes S-Klasse in Übergröße, die Popkultur und den Lifestylegelüsten einer urlaubs- und konsumhungrigen Gesellschaft, besannen sich vor allem Designer wie Hartmut Esslinger, Alexander Neumeister, Werner Aisslinger u. a. auf die Wurzeln der Gestaltung und stellten mit Ihren Produkten wieder die Funktionalität und die Benutzerfreundlichkeit in den Vordergrund.

Design orientiert sich heute vielfach am globalen Markt mit seinen vielschichtigen Bedürfnissen der Kulturen und an den Vorlieben und Wünschen sowie an den ergonomischen Voraussetzungen des Benutzers.

Das deutsche Design hat in seiner über hundertjährigen Geschichte vielschichtige Einflüsse über sich ergehen lassen müssen, die sich an den unterschiedlichen Erscheinungsweisen der Produkte über Jahrzehnte hinweg ablesen lassen. Einige wenige Firmen sind sich selbst und ihren gestalterischen Grundsätzen durch alle gestalterischen Wirren hindurch treu geblieben. Heute lebt Design wieder von der Reduktion und der Rückbesinnung auf das Notwendige, wobei dieser Prozess durch einen höheren Grad an Automation der Maschinen und Geräte, wesentlich unterstützt wird. Die Aufgabenbereiche der Zukunft werden der ökologische Aspekt und das Aufzeigen von Wegen zu einer ganzheitlichen Markenstrategie sein, die nicht nur das Produkt in den Mittelpunkt stellt, sondern darüberhinaus die Randbereiche wie Kommunikation, Service, einheitliches Erscheinungsbild auf Ausstellungen oder auch die Gestaltung der Verkaufsräume.

11.1.2 Designbegriff

Design und Kunst werden oft in Verbindung gebracht. Waren die Entwürfe eines Andy Warhols nun Design oder Kunst? Sicher ist, dass hinter jedem gestalterischen Entwurf eine Absicht bzw. ein Auftrag steht. Die Absicht etwas schöner, funktioneller, zweckmäßiger, farbiger, benutzerfreundlicher ... zu machen. Der Designprozess hat immer einen Gegenstand, eine Maschine, ein Buch, ein Kleid, ein Haus o. a. als Auslöser. Dabei ist der Gegenstand noch gar nicht existent, wird es aber in der Zukunft. Er tritt in die Welt, um sich hier zu behaupten, wodurch das Design Kompromisse eingehen muss, um Machbares zu schaffen.

Die Kunst benötigt keinen sachlichen Auslöser, und gestaltet sich frei von wirtschaftlichen Interessen und eingefahrenen Wegen. Der Künstler schafft das Kunstobjekt als ein Unikat und gibt darin sein Wesen wieder. Andy Warhol's Arbeiten haben neue Denkweisen und Handlungen hervorgerufen. So hat seine Anregungen für das Design gegeben. Viele Gestalter lassen sich von der Freiheit der Kunst inspirieren und entwickeln daraus neue Entwürfe für ihre Produkte.

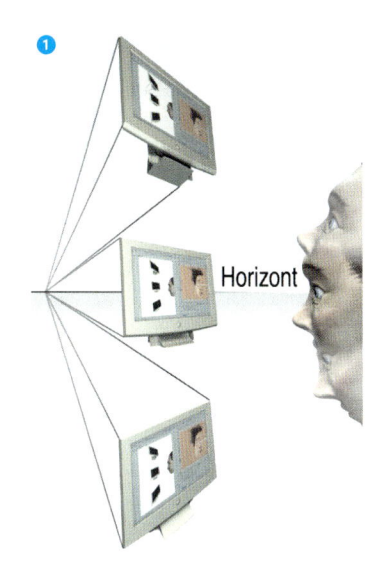

11.2. Grundprinzipien der räumlichen Darstellung

Werden Körper auf einem Papier gezeichnet, so erhält man eine Ebenendarstellung. Die Dreidimensionalität der Gegenstände in der Natur können durch Veränderung der Linienstärken, Schatten, Hell-Dunkel-Effekte und Perspektiven auf dem Papier erzeugt werden. Körper und umgebender Raum können mit Hilfe der perspektivischen oder axonometrischen Darstellung räumlich dargestellt werden, oder mit Ansichten als Flächendarstellung.

11.2.1 Perspektivische Darstellung

Wesentliches Kennzeichen der perspektivischen Darstellung ist die perspektivische Verkürzung wie das typische Filmbeispiel eines Fahrzeugs auf einem amerikanischen Highway zeigt. Ebenso wirken Gegenstände, die auf einem Tisch weiter hinten stehen kleiner als der gleiche Gegenstand, der vor dem Betrachter steht.

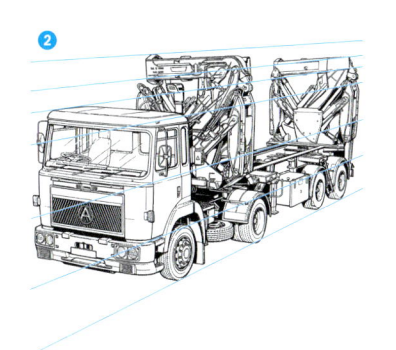

Zur perspektivischen Darstellung von Gegenständen sollen einige Merkmale beachtet werden. Der *Horizont* ❶ ist die Linie, die sich in horizontaler Richtung in Höhe der Augen des Menschen ziehen lässt. Bei Gegenständen über dem Horizont sieht der Betrachter mehr von der Unterseite, liegt der Gegenstand im Horizont, so wird von Ober- und Unterseite nichts zu sehen sein und liegt der Gegenstand unter dem Horizont, dann sieht man auf die Oberseite. Verlängert man alle Tiefenlinien eines dargestellten Körpers ins Unendliche, so werden sie sich in einem Punkt dem *Fluchtpunkt* ❷ treffen.

Perspektive mit 2 Fluchtpunkten ❸: Die Fluchtpunkte liegen auf dem Horizont möglichst weit außerhalb der Zeichenebene

Perspektive mit 3 Fluchtpunkten ❹: Zu den beiden auf dem Horizont liegenden Fluchtpunkten wird ein dritter oberhalb oder unterhalb gesetzt. Es ergibt sich der Effekt der stürzenden senkrechten Linien.

❶ Normalperspektive

❷ Froschperspektive

❸ Vogelperspektive

Der Blickwinkel ist für die perspektivische Darstellung von Bedeutung. Der Betrachter kann von oben oder unten bzw. von der rechten oder linken Seite auf den Gegenstand blicken. Die gebräuchlichste Darstellung von Körpern ist die in der alltäglichen Position, der *Normalperspektive*. Spezielle Blickwinkel wie die *Froschperspektive* oder die *Vogelperspektive* lassen interessante Effekte zu, überzeichnen jedoch auch den Körper und lassen ihn unwirklich wirken.

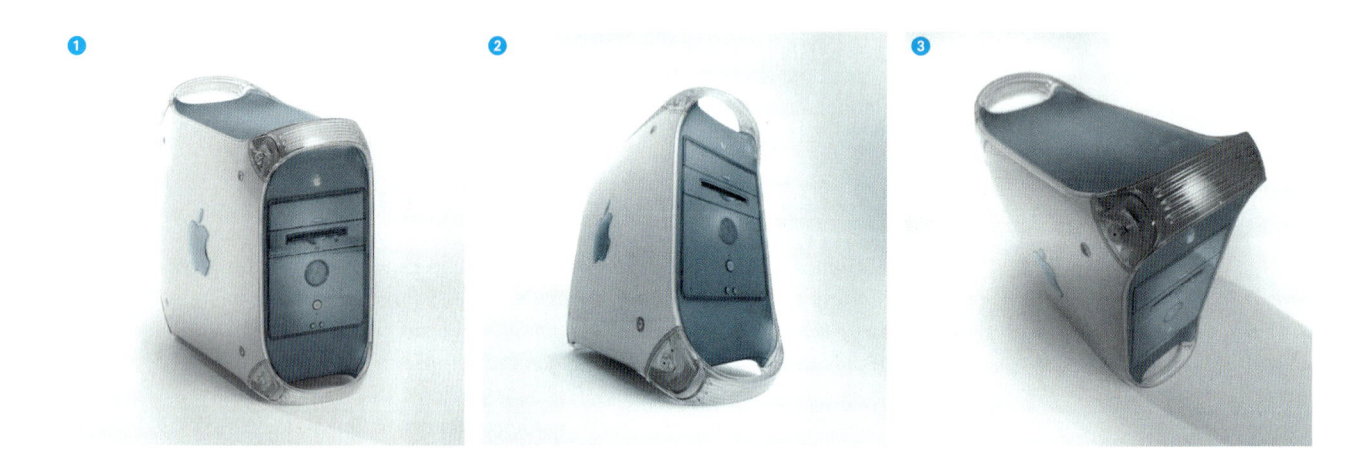

Jeder Körper einer perspektivischen Darstellung befindet sich in einem unendlichen Raum. Durch die Position der Körper erhält man bezogen auf den betrachteten Körper einen Hintergrund und einen Vordergrund. Für die Darstellung des Raumes, der den Körper umgibt gelten folgende Regeln:

- Linien werden dünner, je weiter sie sich vom Betrachter entfernen.
- Zwei oder mehrere Körper überlagern sich, wenn sie sich hintereinander befinden.
- Gleichgroße Körper wirken kleiner, je weiter sie vom Betrachter entfernt sind.
- Mit dem Abstand zum Betrachter wird der Körper schwächer im Kontrast und heller.
- Stellt man Linien enger zusammen oder verkürzt sie, dann entsteht der Eindruck von räumlicher Tiefe.

11.2.2 Axonometrische Darstellung

Die *axonometrischen* Darstellungen zeigen den Körper wie er ist und nicht aus einem entsprechenden menschlichen Blickwinkel. Die Merkmale Horizont, Fluchtpunkt und Entfernung haben hier keine Bedeutung. Das planparallele Projektionsverfahren stellt den Körper mit drei Seiten in einem bestimmten Maßverhältnis und unter einem vorgegebenen Winkel dar.

Bei der axonometrischen Darstellung unterscheidet man die *Isometrie* mit gleichem Seitenverhältnis und die *Dimetrie* mit unterschiedlichem Seitenverhältnis.

Axonometrie = Darstellung räumlicher Gebilde in der Ebene durch Parallelprojektion.

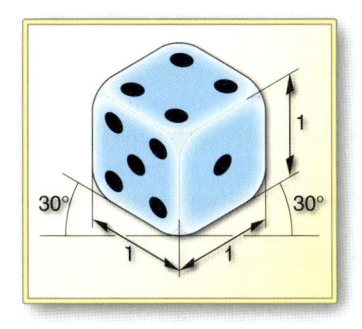

Isometrie

Der Begriff Isometrie kommt aus dem Lateinischen und lässt sich in die Worte „iso = gleich" und „metrie = Länge" aufteilen. Breite, Höhe und Tiefe werden im gleichen Verhältnis 1:1:1 abgebildet. Ein Würfel wird dabei mit gleichlangen Kantenlängen gezeichnet. Die meistverbreiteste isometrische Darstellung ist die unter 30°/30°.

Für räumliche Darstellungen, speziell in der Architektur, eignen sich die Winkel 60°/30° mit rechtwinkliger Grundfläche, sowie die Winkel 45°/45°.

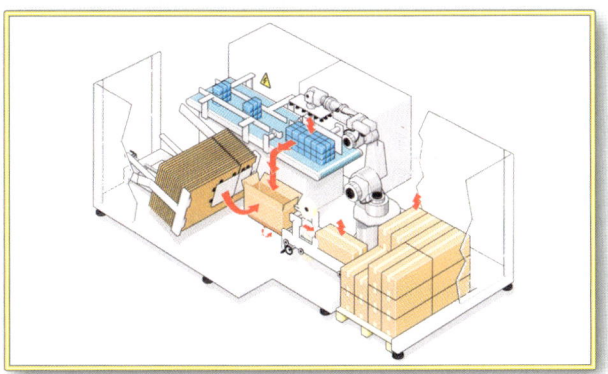

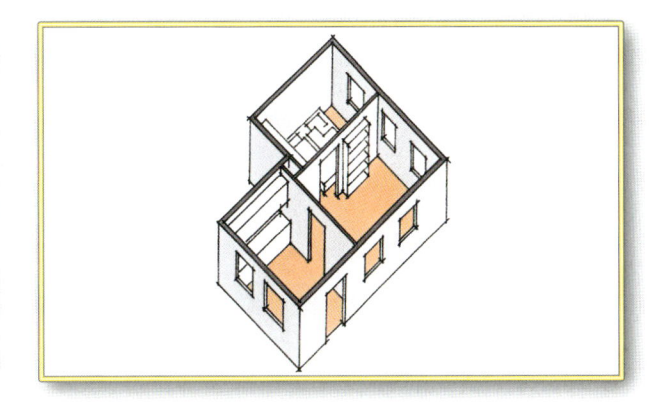

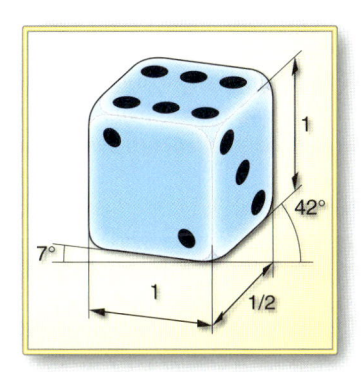

Dimetrie

In der dimetrischen Darstellung wird die Vorderseite des Körpers hervorgehoben. Die Darstellung wird durch die Winkelung von 7°/42° erzeugt. Die Dimetrie beinhaltet zwei unterschiedliche Längenmaßstäbe, wie schon der Begriff „Di = zwei" sagt. Breite, Höhe und Tiefe verhalten sich wie 1:1:1/2. Das bedeutet, dass der Körper in der Tiefe um die Hälfte verkürzt dargestellt wird.

Die Darstellung in der dimetrischen Projektion wirkt realistischer, da die Verkürzung des Körpers in der Tiefe dem räumlichen Empfinden des Menschen näher kommt als die Isometrie.

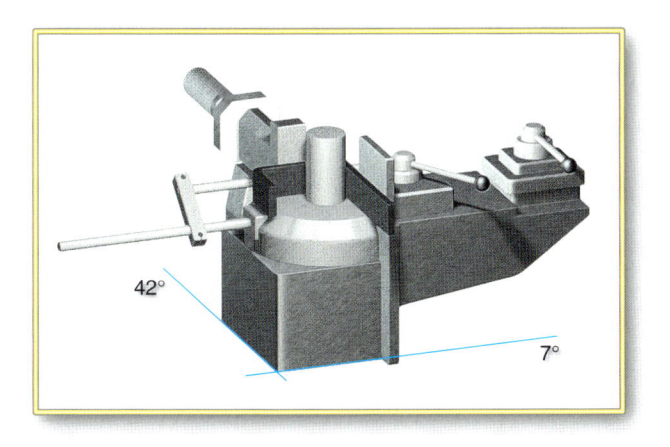

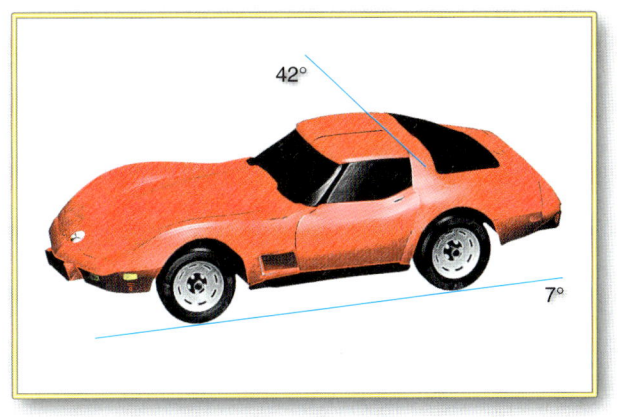

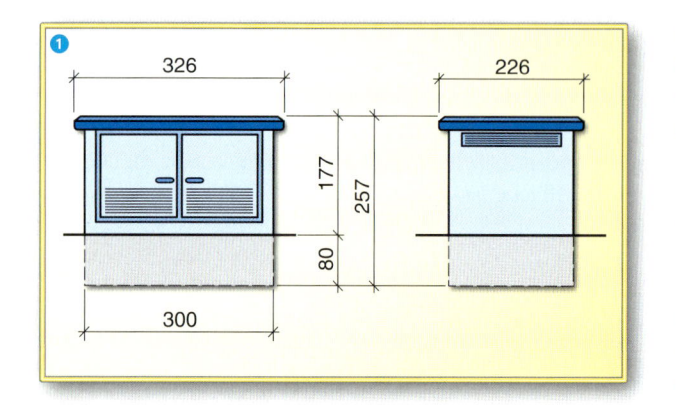

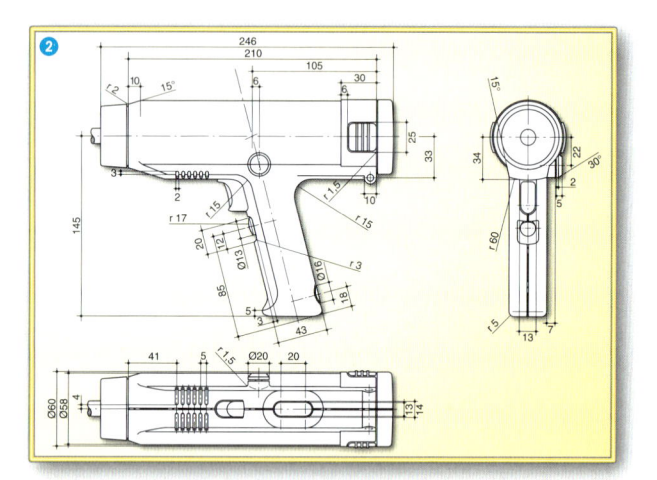

Lektion 11.2 Grundprinzipien der räumlichen Darstellung   Kapitel 11 Design

11.2.3 Ansichtsdarstellung

Die Darstellung in *Ansichten* wird vor allem in technischen Einzelteilzeichnungen oder in der Architektur verwendet, wenn die Proportionen und Maße eines Körpers oder von Räumen im Vordergrund stehen. Der Körper wird dabei in der Ebene ohne räumliche Tiefe dargestellt. Dadurch besteht die Zeichnung immer aus zwei Dimensionen in der x/y-, x/z-, y/z-Ebene. Man benötigt zur Darstellung der Tiefe mindestens eine zweite Ansichtsdarstellung. Die Anzahl der zu zeichnenden Ansichten richtet sich nach der Komplexität des Körpers. Insgesamt stehen bis zu 6 Ansichten zur Verfügung, die durch Umklappen aus der Vorderansicht erzeugt werden.

In den meisten Fällen, wie im Maschinenbau oder Bauwesen werden die Vorderansicht, eine ❶ oder zwei Seitenansichten und eine Draufsicht gezeichnet ❷. Bei Einzelteilzeichnungen von rotationssymetrischen Bauteilen genügt auch eine Vorderansicht und eine Seitenansicht.

Eine Variante der Ansichtsdarstellung stellt die plastisch wirkende Zeichnung ❸ dar, die auch zu Präsentationszwecken oder für Werbeprospekte verwendet wird. Diese meist in Marker- oder Folientechnik hergestellten Zeichnungen erzeugen beim Betrachter durch Lichter und Schatten in den Konturen des Körpers und durch Einfärben eine räumliche Vorstellung.

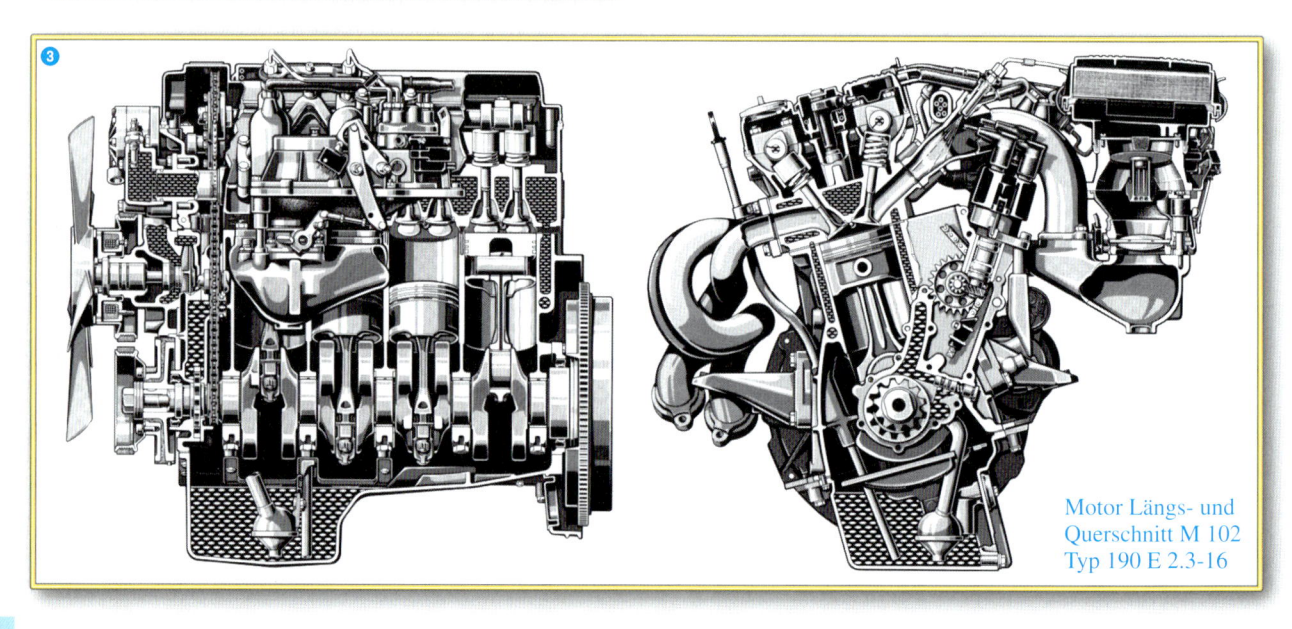

Motor Längs- und Querschnitt M 102 Typ 190 E 2.3-16

11.2.4 Licht, Schatten, Farbe

Licht und Schatten

Zur Steigerung des plastischen Eindrucks wird in der Darstellung von Gegenständen mit Licht und Schatten gearbeitet. In den meisten Darstellungen wird eine Lichtquelle von links oben angenommen. Diese sendet paralleles Licht aus, womit die Lichtstrahlen zur Konstruktion des Schattens verwendet werden können.

Beleuchtet man einen Körper, dann werden die dem Licht zugewandten Kanten heller dargestellt, die dem Licht abgewandten Kanten dunkler. Zeichnerisch erzielt man diesen Verdunkelungseffekt durch unterschiedliche Strichstärken der Körperkanten. Durch Verteilung der Helligkeit auf der Fläche, erzeugen eines Körperschattens, wird ebenso eine räumliche Wirkung erzielt.

Dabei besitzt ein Kubus drei unterschiedliche Körperschatten, die je nach Größe des Körpers auch als Hell-Dunkel-Verlauf auftreten können. Bei zylindrischen Körpern verläuft der Körperschatten aufgrund der Wölbung in jedem Fall von Dunkel nach Hell und wieder nach Dunkel.

Licht und Schatten lassen sich besonders durch Körperteile wie Rohre, Vertiefungen, Rippen, Mulden, Schlitze, Ringe oder Gitter erzielen. Dadurch wird auch eine verstärkte Tiefenwirkung erzielt.

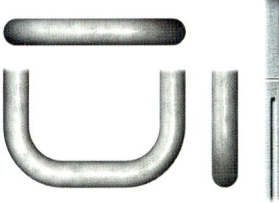

Durch die Möglichkeiten der Fotografie und der 3-D-Animation können auch Schatten durch mehrere Lichtquellen gestaltet werden. Dadurch werden interessante Schattenspiele, Effekte und Betonungen von bestimmten Elementen erzielt.

Darstellungstechniken, Schattenkonstruktionen u.a. in:
Quelle: Holder, Eberhard: Design Darstellungstechniken, Augsburg 1994

Farbe

Komplementärkontrast: Polare Farben, z.B. rot und grün, liegen sich auf dem Farbkreis ❶ gegenüber.

Durch Farbe im Bild werden Objekte räumlich verstärkt oder getrennt oder auch von ihrem Hintergrund abgehoben. Zum Zwecke stärkerer räumlicher Wirkung und zum Hervorheben von Gegenständen kann eine Schwarz-Weiß-Grau-Darstellungen mit farbigen Hintergründen ❷ versehen werden und umgekehrt farbige Gegenstände mit Grauverläufen hinterlegt werden.

Durch einen *Komplementärkontrast* ❶ kann die Farbwirkung gesteigert und dadurch eine intensivere Betonung des Körpers erzielt werden.

Bei der Farbwahl ist zu beachten, dass die orangefarbenen Töne ❸ am wärmsten wirken und die Farbtöne im blauen und grünen Bereich ❹ am kältesten sind. Weiterhin hat man festgestellt, dass rote Gegenstände stärker hervortreten und blaue Flächen eher zurücktreten.

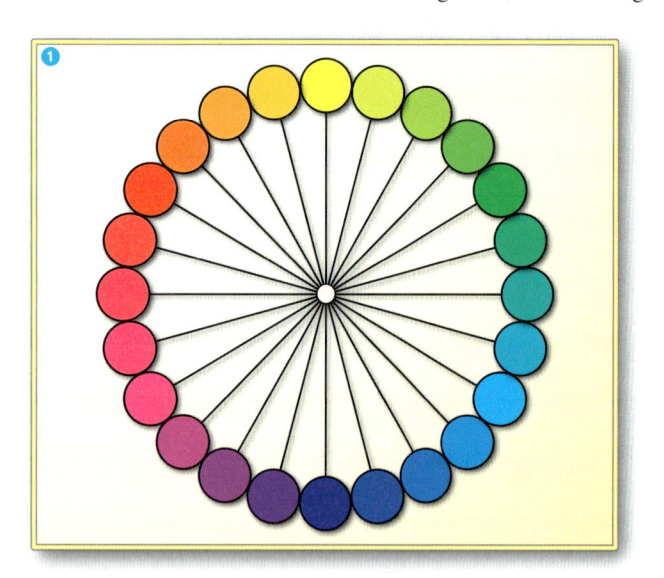

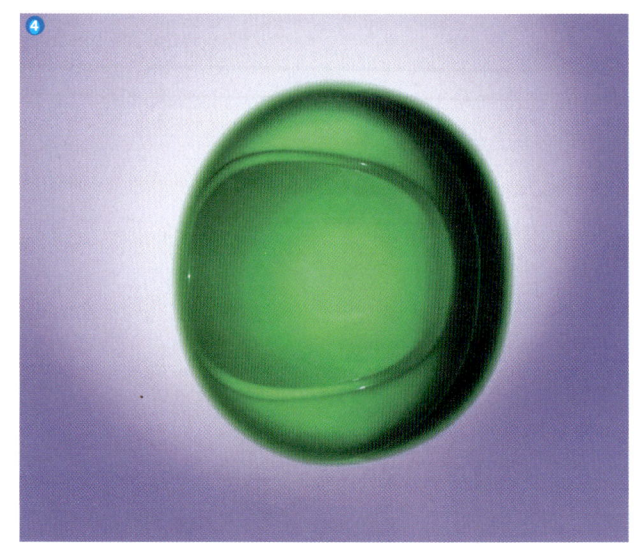

11.3 Darstellungsmethoden

2-D-/3-D-Programme:
Macromedia Freehand
Adobe Illustrator
Corel Draw
Adobe Photoshop
Paintshop Pro
Kinetix 3-D-Studio-Max
Maxon Cinema 4D

Heutzutage arbeiten Designagenturen und Unternehmen im Bereich Entwurf und der Konstruktion eng zusammen. Das Produkt entwickelt sich über mehrere Phasen hinweg. Dabei entstehen heute vielfach am Computer 2-D- und 3-D-Darstellungen. Welche Bedeutung die einzelnen Darstellungsmethoden in der Praxis haben und wie sie eingesetzt werden, wird in den folgenden Abschnitten erläutert.

11.3.1 Skizze

Mit der Skizze bringt der Gestalter erste Ideen zu Papier. Sie hat keinen Anspruch auf Perfektion und Maßhaltigkeit. Die freie Entfaltung der Kreativität im Entwurf steht hierbei im Vordergrund.

Skizzen für das Kreuzfahrtschiff „Disney Magic". In seinen Entwürfen orientierte sich *frogdesign* an der Raumfahrt und an Science-fiction-Filmen, wie Star Trek.

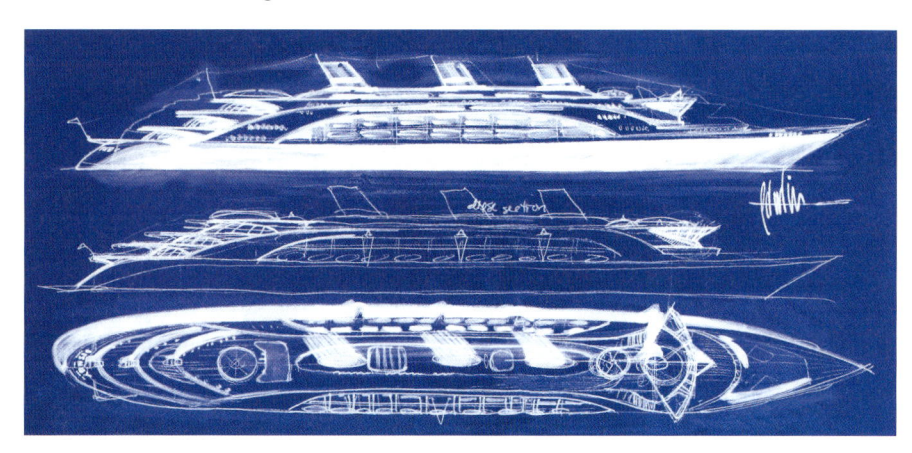

11.3.2 Prinzipzeichnung

Die Prinzipzeichnung stellt das Funktionsprinzip dar, zeigt Bewegungsmöglichkeiten eines Gegenstands, Handhabungsabläufe oder auch das Gebrauchsprinzip auf.

Darstellung der Bewegungsmöglichkeiten eines dentalen Patienten-Simulators, Fa. Kavo. Der Kopf kann in verschiedene Arbeitspositionen gebracht werden.

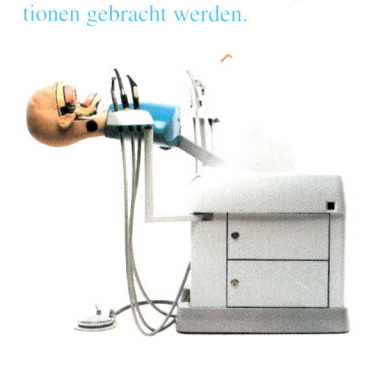

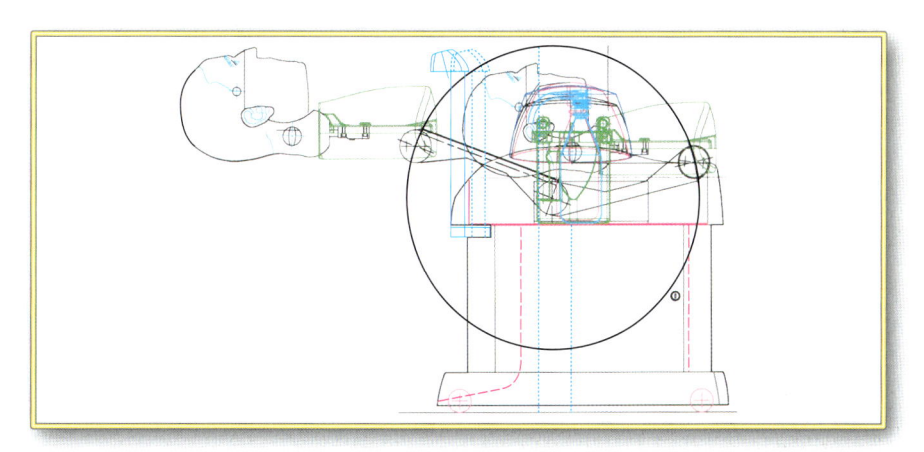

11.3.3 Schematische Darstellung

Die schematische Darstellung ist eine auf wesentliche Merkmale des abzubildenden Objekts reduzierte eher „schemenhafte" Zeichnung oder Computergrafik wobei durchaus verschiedene Bauteile detailliert dargestellt werden können. Damit können beispielsweise Anzeigeinstrumente eines KFZ-Armaturenbretts im Bild hervorgehoben oder auch die Anordnung von Schaltflächen an einem Fernseher vorgenommen werden.

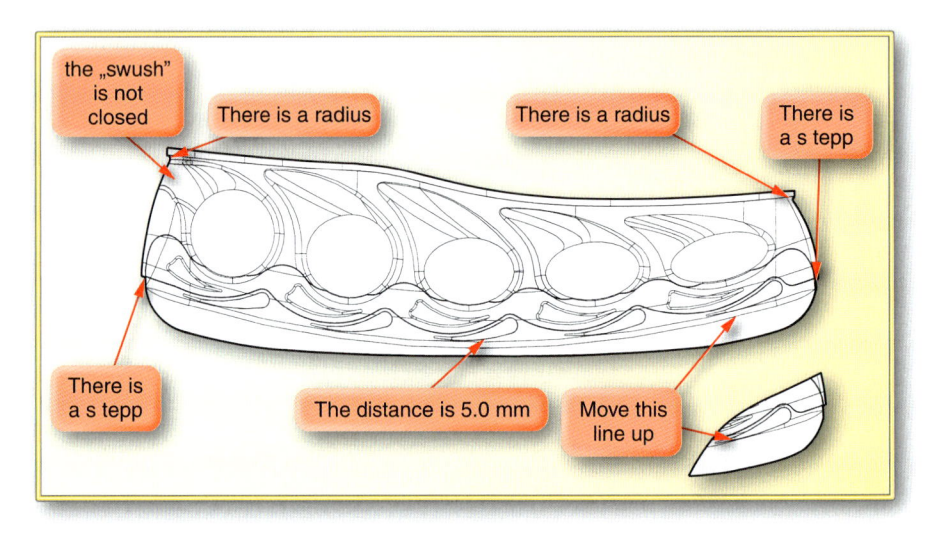

Hier wurde eine neuartige Schlittschuhkufe entwickelt, die nach Abnutzung ausgetauscht werden kann. Die drei konstruktiv entscheidenden Teile sind der Systemträger, der Stabilisator und das Kufenmesser.

11.3.4 Ergonomische Darstellung

Die Darstellungsart findet dort ihren Einsatz, wo die Arbeitsbedingungen für den Menschen untersucht und optimiert werden müssen. Dies betrifft beispielsweise die Gestaltung von Computer-, Schreib- und Montagearbeitsplätzen, Sportgeräte sowie Möbel. Für die Festlegung der Maße für Möbel, Geräte und Maschinen werden normierte Personen zugrunde gelegt.

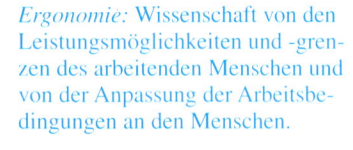

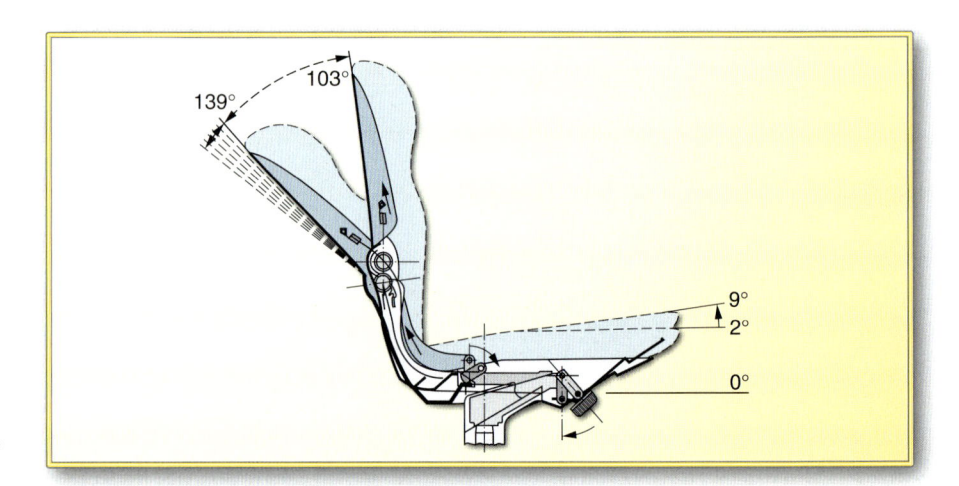

Ergonomie: Wissenschaft von den Leistungsmöglichkeiten und -grenzen des arbeitenden Menschen und von der Anpassung der Arbeitsbedingungen an den Menschen.

Dynamisches Sitzen:
Schreibtischstühle werden heute so gestaltet, dass der Mensch sich jederzeit darauf bewegen kann und dadurch ständig seine Sitzposition verändert. Hierbei wird die Rückenlehne in Abhängigkeit von der Sitzflächenneigung um einen bestimmten Winkel mitgeschwenkt.

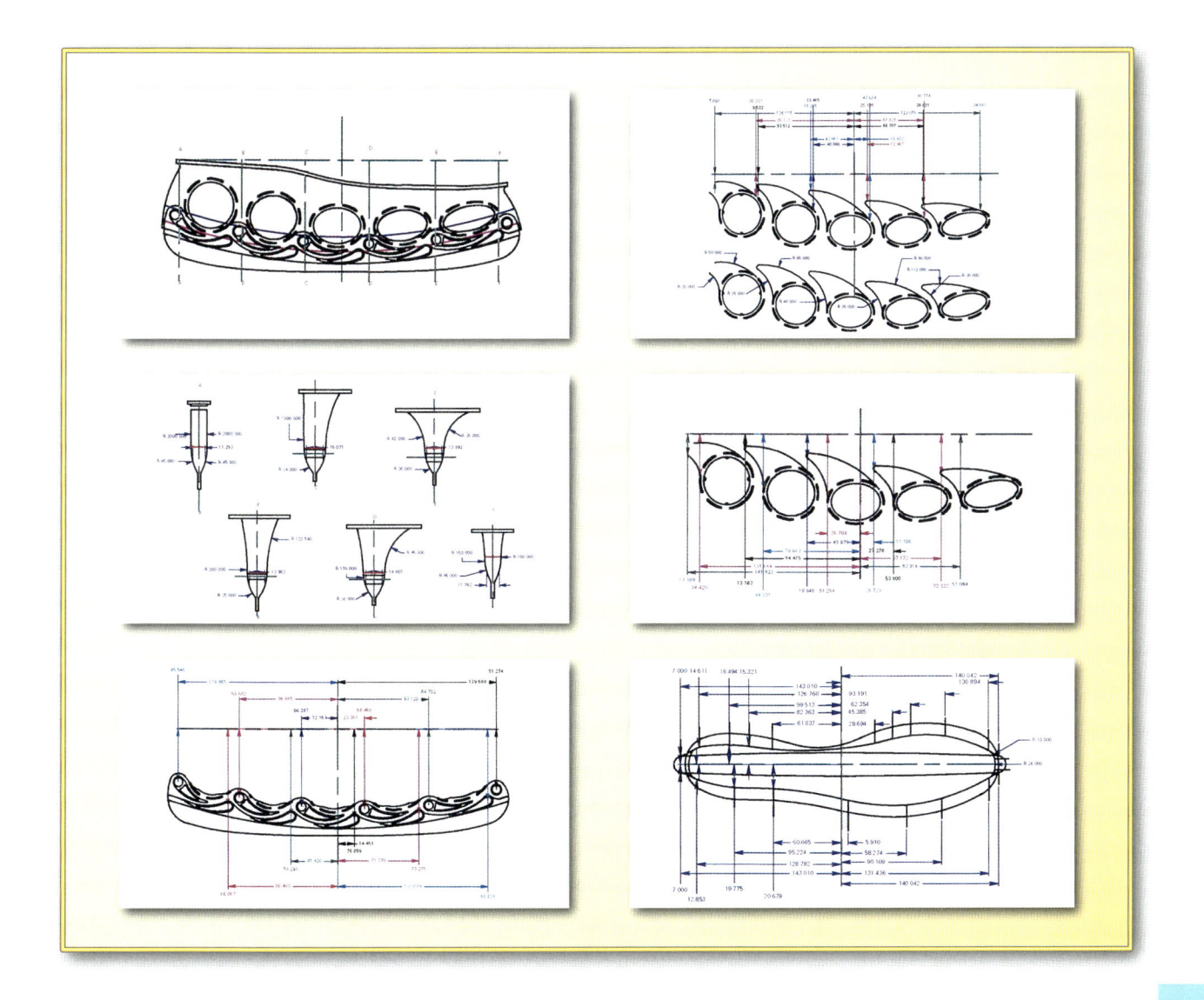

11.3.5 Dimensionsdarstellung

Sind sich Entwickler und Designer, aus den Vorüberlegungen, über die Gestaltung des Produkts einig, werden die besonderen Merkmale, normierten Bauteile, Normvorgaben und Werkstoffe sowie Oberflächenbeschaffenheit festgelegt. Diese Angaben werden in einer Art Pflichtenheft festgehalten und dienen dem Designer für die Feinbearbeitung des Projekts. Dann werden die maßgenauen Darstellungen in Form einer Zusammenbau- oder Baugruppenzeichnung und die Darstellungen von Einzelheiten des Gegenstands, Geräts oder der Maschine angefertigt. Damit sind die Grundlagen für die Einzelteilzeichnungen der Konstruktion geschaffen, nach denen dann gefertigt werden kann. Die Designer arbeiten in dieser Phase mit CAD-Programmen, wodurch die Daten auch in der Konstruktion und später auch in der Fertigung genutzt werden können.

Konstruktionen und Entwürfe zum Kufensystem eines Schlittschuhes:

Der Entwurf des Schuhs mit dem Trägersystem für die Kufe muss so gestaltet sein, dass unterschiedliche Fußgeometrien mit dem Systemträger kombiniert werden können.

11.3.6 Explosionsdarstellung

In der Explosionsdarstellung werden die einzelnen Bauteile eines Gerätes räumlich abgebildet und so geordnet, wie sie zusammengebaut werden müssen. Diese Art des Bildes zeigt auch komplexe Bauteile, wie Getriebe und Motoren in Teilschnitten, um die Funktionen kenntlich zu machen. Die Explosionsdarstellung kommt vor allem in Ersatzteillisten und Montageanleitungen zum Einsatz.

Montage des Kufenmessers am Trägersystem des Schlittschuhs als gerenderte 3-D-Darstellung ❶

Funktionsdarstellung einer Messuhr, durch Abheben der einzelnen Elemente aus der Ebene heraus ❷

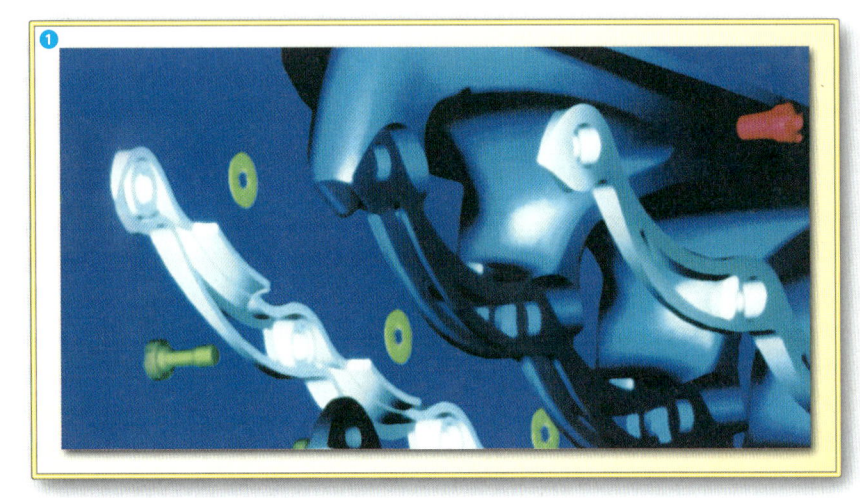

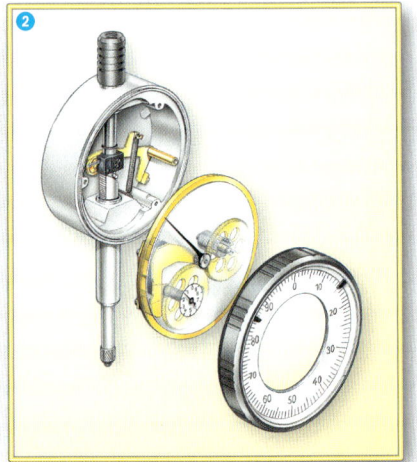

11.3.7 Gerenderte Darstellung

Sollen Designlösungen präsentiert werden, können sie durch eine Rendering-Zeichnung oder durch eine gerenderte 3-D-Darstellung am Rechner dem Betrachter so realitätsnah wie möglich vorgeführt werden. Mit Hilfe einer Kamerafunktion in den 3-D-Programmen lassen sich auch „Flüge" in und um das Produkt simulieren. Darüberhinaus ist es möglich, beliebige Ansichten des Objekts „einzufrieren".

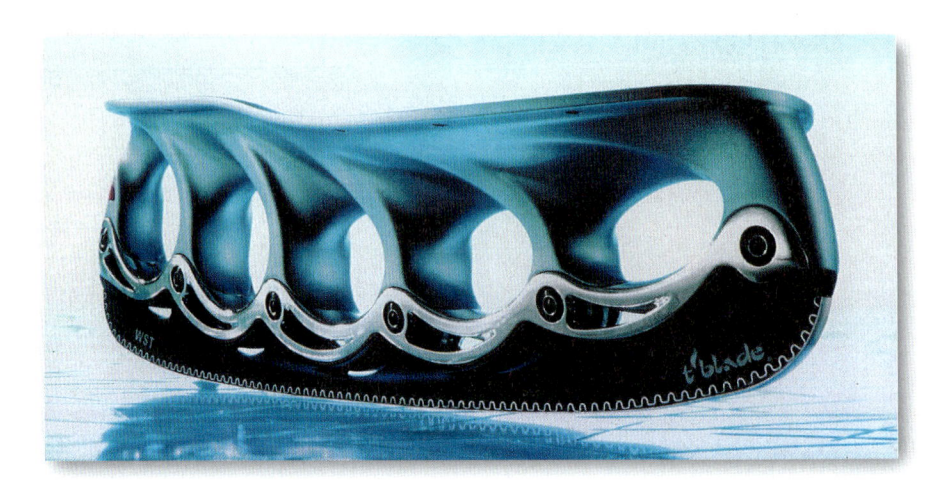

Rendern: Projektion einer dreidimensionalen Objektdarstellung in die zweidimensionale Ebene der Bildschirmdarstellung mit einer entsprechenden Nachbearbeitung des entstehenden Bildes durch Licht, Schatten, Reflexionen und Farben.

Auf der Basis von CAD-Daten wird in einem 3-D-Programm das Kufensystem als Gitterdarstellung erzeugt. Mit Materialeigenschaften und Oberflächentexturen wird die Darstellung zu einer wirklichkeitsgetreuen Abbildung und lässt sich von allen Seiten betrachten.

11.4 Designprozess

Schlagworte zum Thema Design, Produkt und Firma:

- Innovationen brauchen Design
- Design erzeugt Höherwertigkeit
- Design formt Identität
- Design gibt Profil
- Design gestaltet Unternehmenskultur
- Design macht Marken

Quelle: Peter Zec: Mit Design auf Erfolgskurs, Köln 1998

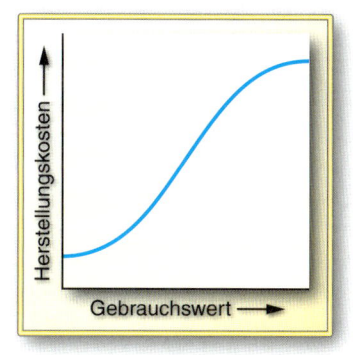

Mit dem Begriff Designprozess beschreibt man die Entwicklungsphasen eines Produkts im Bereich der Gestaltung. Dieser Prozess sollte im Idealfall parallel zur Konstruktion, Entwicklung und Planung der Fertigung laufen.

Der Designer entwickelt jedoch nicht nur die äußere Gestalt nach Gesichtspunkten der Ästhetik, sondern trägt durch seine Entwürfe maßgeblich dazu bei, die Funktionalität positiv zu beeinflussen und verfahrenstechnische Abläufe zu optimieren.

Bei der Vielzahl der auf dem Markt befindlichen gleichartigen Produkte mit ähnlichen Funktionen wird es immer schwieriger, das eigene Produkt von den Konkurrenzprodukten abzuheben. In diesem Zusammenhang werden von den Produzenten zwei Aspekte verfolgt. Entweder wird der Gebrauchswert des Produkts konstant gehalten und die Herstellungskosten können gesenkt werden, oder der Gebrauchswert steigt bei möglichst gleichbleibenden Herstellungskosten. Unter diesen Gesichtspunkten kommt dem Gestalter nicht nur die Aufgabe zu, ein gutes Design zu entwickeln, er muss sich darüber hinaus verstärkt mit kalkulatorischen und konstruktiven Fragen bei Neuproduktionen und Überarbeitungen beschäftigen. Der für den Gestalter zentrale Designprozess gliedert sich in die Phasen Aufgabenstellung, Konzeptentwurf und Designentwurf. Mit der Umsetzung der Entwürfe und der Präsentation ist die gestalterische Arbeit abgeschlossen.

Steigen die Herstellungskosten, dann muss auch der Gebrauchswert steigen!

11.4.1 Phasen der Produktgestaltung

Aufgabe

Die Aufgabenstellung wird vom Auftraggeber in einem Pflichtenheft formuliert. Damit liegt die Zielvorstellung fest und der Designer kann erste Untersuchungen und Recherchen durchführen sowie Gestaltungsansätze entwickeln:

- Ist-Zustand erfassen und mit der neuen Zielvorstellung abgleichen.
- Erfassen der Einflüsse auf die Gestaltung durch firmenspezifische Vorgaben.
- Kulturelle und marktspezifische Einflüsse feststellen.
- Konkurrenzprodukte recherchieren und gegen das eigene Produkt abgrenzen.
- Zukünftige Entwicklungen und Anforderungen untersuchen.
- Richtlinien und Normen zum Produkt zusammenstellen.

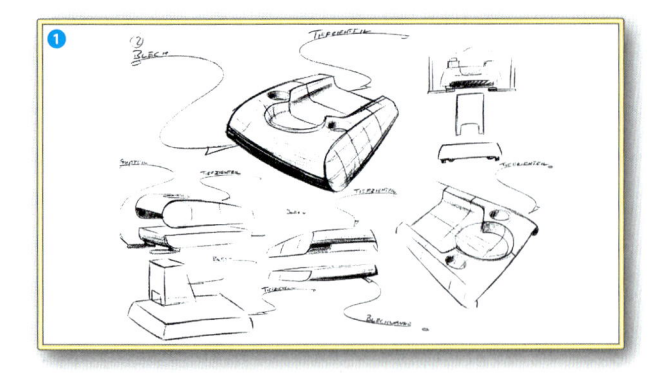

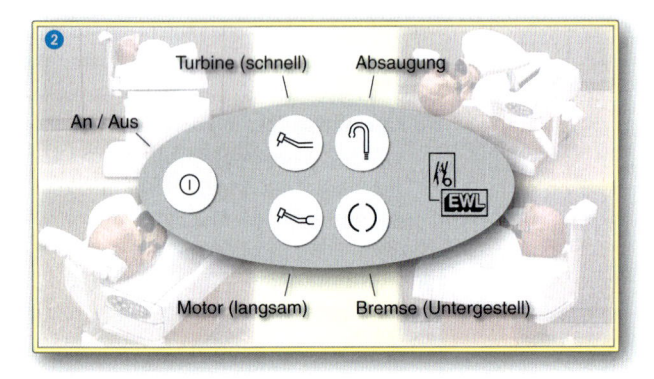

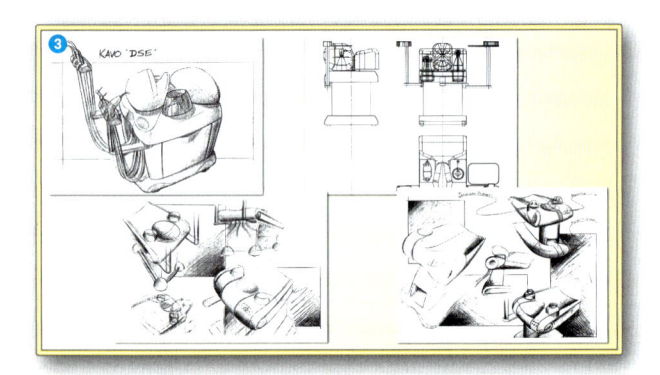

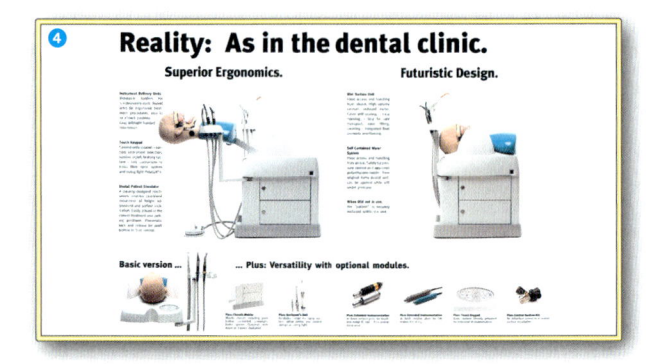

Konzeption

In der Phase der Ideenfindung werden Skizzen angefertigt und verschiedene Lösungsansätze ❶ erarbeitet, die auf Funktionalität, Ästhetik und Einhaltung konstruktiver Merkmale geprüft werden. In dieser Phase beschäftigen sich die Gestalter mit folgenden Projektgrundlagen:

- Arbeitsablaufstudien
- Fragen der Bedienung
- Handhabungs und Funktionssimulation
- Maßzeichnungen
- Fragen der Ergonomie und den zu erwarteten Kosten
- Material- und Farbauswahl, Gestaltung von Oberflächen
- Erste Modelle

Designentwurf

Im Konzeptentwurf werden häufig mehrere Ideen parallel aufgegriffen und weiterentwickelt. Mit der tiefergehenden Ausarbeitung des Projekts in den Bereichen Form, Farbe, Maße, Material, Oberfläche und Merkmale der Gestalt, wird ein Entwurf übrig bleiben, der auf das firmenspezifische Erscheinungsbild zugeschnitten wird ❷.

Dabei vermitteln die Maßzeichnungen der Einzelteile und die Gesamtzeichnung einen Eindruck von der späteren Gestalt und Größe des Produkts.
Folgende Arbeiten fallen in dieser dritten Phase an:

- Detailausarbeitungen von Griffen, Druckknöpfen u. a.
- Oberflächengestaltung
- Kostenrechnung und -prüfung
- Materialauswahl
- Abstimmung von Entwurf und Konstruktion
- Modellbau
- Einzelteilzeichnung zu den endgültigen Entwürfen

Den Abschluss der Arbeiten bildet eine Dokumentation ❸, in welcher der Kunde alle Designschritte nachvollziehen kann. In der abschließenden Präsentation wird der Entwicklungsprozess im Vortrag vorgestellt.

Für nachfolgende Werbemaßnahmen bedient man sich gerne der Entwürfe für das Produkt, wie das Beispiel des Prospekts zum dentalen Patienten-Simulator zeigt ❹. Dadurch können die verschiedenen Darstellungen mehrfach genutzt werden.

11.4.2 Produktbeispiele

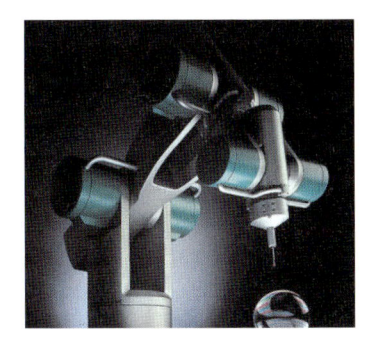

Auf der Basis der Gliederung des Designprozesses in die Phasen Aufgabe, Konzeption und Designentwurf entwickelten die Agenturen weitere Modelle, nach denen der Designprozess ablaufen kann. Um eine genauere Differenzierung der Projektschritte zu erhalten, lässt sich der Prozess grundsätzlich in insgesamt sechs Phasen unterteilen, die in sich abgeschlossen werden können:

- Phase 1: Untersuchung des Istzustands
- Phase 2: Erarbeiten möglicher Lösungsansätze
- Phase 3: Festlegen des Lösungsweges
- Phase 4: Umsetzung in Entwürfen (Grafiken, Zeichnungen, Modelle)
- Phase 5: Vorproduktion: Erstellen von Teilzeichnungen, Dateien für Brands, Datenbanken für CD-Produktionen u.a.
- Phase 6: Produktion: Fertigung des Produkts, CD-Programmierung, Printproduktion

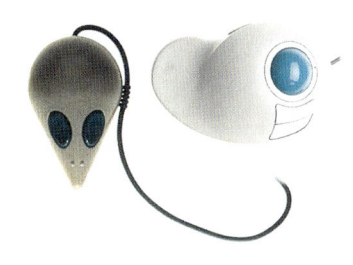

Je nach Mitarbeitergröße der Agentur und Vorhandensein fachlich geeigneter Mitarbeiter gestaltet sich das Dienstleistungsangebot und die daraus entstehenden Aufgabenstellungen, wie in der Bildleiste zu erkennen, unterschiedlich umfangreich. So kann es heute durchaus sein, dass große Designagenturen nicht allein den gestalterischen Teil des Produkts abdecken, sondern auch die gesamte Entwicklung mit den entsprechenden Ingenieurleistungen anbieten können. Damit lassen sich für eine große Agentur folgende Tätigkeitsfelder beschreiben:

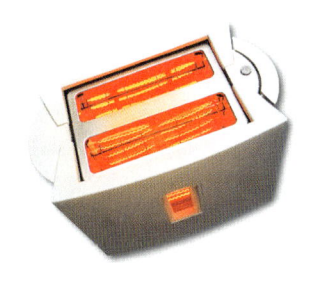

- Klassisches Grafikdesign im Bereich Konzeption, Entwurf und Corporate Design
- Industriedesign mit Entwicklung und Gestaltung von Produkten
- Ingenieurdienstleistung in Entwicklung und Konstruktion, CAD
- CD-Präsentationen, Internetauftritte, Virtual Reality

Anhand von drei Beispielen werden die möglichen Tätigkeitsfelder im Bild dargestellt und sind jeweils farbig markiert. Die Arbeiten sind in sechs Phasen gegliedert, wobei durch die Auftragsvergabe nicht immer alle Phasen durchlaufen werden müssen.

Produkt 1 Toaster: Die Aufgabe bestand darin, einen dem Markenzeichen verpflichteten Entwurf zu entwickeln, der zeitlos ist und der alle technologischen Vorteile eines modernen Toasters beinhaltet. Darüberhinaus entstand eine neuartige Idee, ein Sichtfenster einzubauen, um den Bräunungsgrad auch visuell wahrnehmen zu können.

Produkt 2 Dual: Ziel dieser Aufgabenstellung war es, das Markenzeichen „Dual" eines Konzerns wiedereinzuführen. Die Aufgabe gliederte sich in die Überarbeitung des Schriftzugs und die Entwicklung einer Produktpalette von Radio- und Fernsehgeräten für den Endverbraucher.

Produkt 3 CD-ROM: Mit dem Einsatz von Video, 3-D-Animation und Virtual Reality werden auf einer CD-ROM die Produkte einer Computerfirma interaktiv vorgestellt.

Produktentwicklung

Die drei Beispiele werden in ihrer Entstehung durch eine Bildfolge dargestellt. Durch farbige Verlaufslinien sind die jeweiligen Tätigkeitsbereiche der Agentur frogdesign, das Grafikdesign, die Neuen Medien, das Industriedesign und die Ingenieurleistungen dargestellt. In den Spalten sind die sechs Entstehungsphasen, mit den entsprechenden Abbildungen, für den gesamten Designprozess dargestellt.

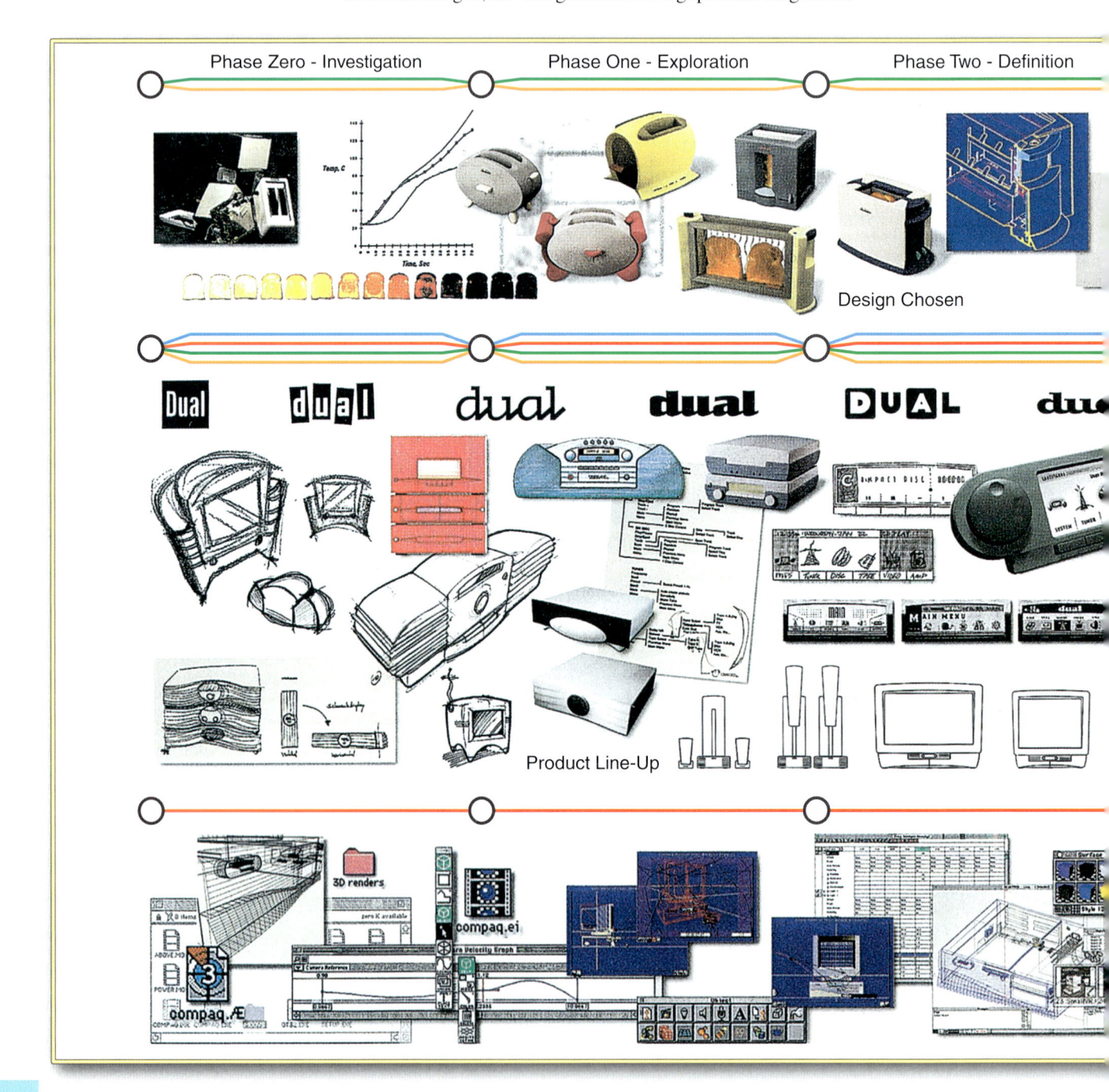

Phase Zero - Investigation   Phase One - Exploration   Phase Two - Definition

Design Chosen

Product Line-Up

Kapitel 11 Design   Lektion 11.4 Designprozess

- Strategic Graphic Design
- New Media
- Industrial Design
- Engineering

Strategic Graphic Design, Entwurf, Planung und Zeichnung
New Media, Neue Medien wie CD-ROM und Internet
Industrial Design, Industrie Design
Engineering, Ingenieurleistung und Konstruktion
Agentur *frogdesign*, Altensteig

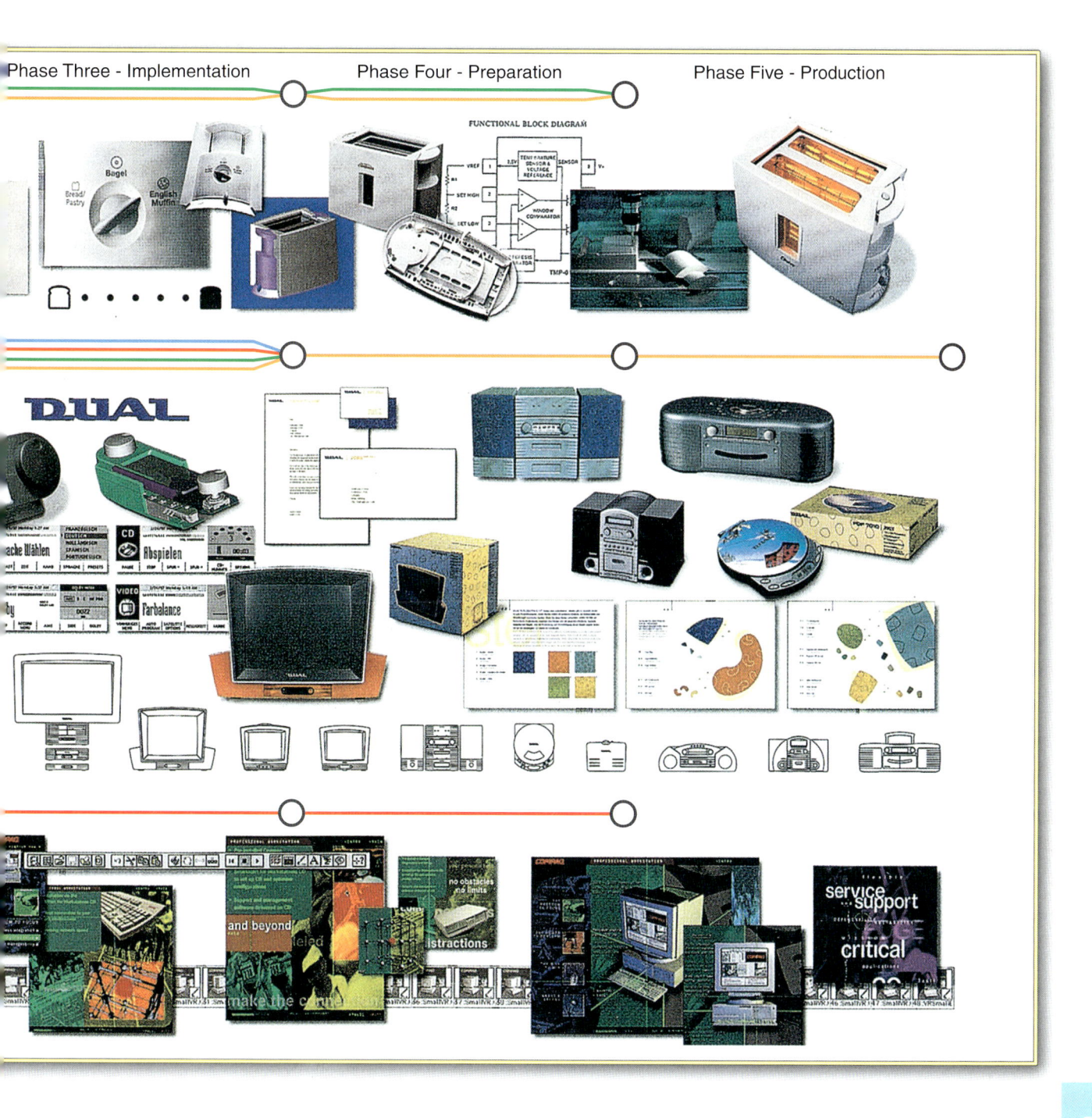

Phase Three - Implementation   Phase Four - Preparation   Phase Five - Production

341

Üben und anwenden

Aufgabe 1: *Zeichnen Sie einen rechteckigen Tisch mit vier Füßen in einem Raum in Fluchtpunktperspektive.*

Aufgabe 2: *Zeichnen Sie das Rathaus Ihrer Heimatgemeinde in isometrischer Darstellung.*

Aufgabe 3: *Stellen Sie einen Kochtopf in einer Dimensionszeichnung dar. Verwenden Sie Lichter und Schatten.*

Aufgabe 4: *Fertigen Sie eine Explosionszeichnung von fünf Schachteln an, die ineinander gesetzt werden können. Jede Schachtel besitzt an unterschiedlichen Stellen eine Öffnungsklappe.*

Aufgabe 5: *Konzeptionieren Sie das Design für ein PC-Gehäuse.*

Aufgabe 6: *Gestalten Sie mit unterschiedlichen Farben eine Fahrzeugkarosserie und stellen Sie die Wirkung der Farben fest.*

Aufgabe 7: *Untersuchen Sie die Bild- und Farbgestaltung verschiedener Buchtitel. Vergleichen Sie diese in ihrer Wirkung bezogen auf den Inhalt des Buches.*

Aufgabe 8: *Entwerfen Sie einen Firmenschriftzug in einem Grafikprogramm als Ebenendarstellung und als Extrusionskörper.*

Aufgabe 9: *Gestalten Sie Sitzmöbel für Schreibtische, von der Skizze bis zum fertigen Entwurf mit Einzelteilzeichnungen. Erstellen Sie dazu eine Dokumentation und eine Computer-Präsentation.*

12 Druck

Die Einführung von PostScript, einer Seitenbeschreibungssprache, revolutionierte die Druckvorstufe. Aufgrund bahnbrechender Entwicklungen in den digitalen Technologien wird heute mit neuen Ausgabeverfahren, wie dem digitalen Vierfarbdruck gearbeitet.

Die Erfindung der Drucktechnik geht zurück auf die Holztafeldrucke in China und Japan im 8. Jahrhundert n. Chr., wobei Bilder spiegelverkehrt in Holzplatten geschnitten wurden. In Europa wurde mit Beginn des 15. Jahrhunderts diese Technik eingesetzt. Mit den beweglichen Lettern von Johannes Gensfleisch zum Gutenberg begann dann 1450 der Buchdruck. Gutenberg erfand jedoch nicht nur die wiederverwendbaren Metalllettern, sondern auch eine hölzerne Druckpresse, mit deren Hilfe kostengünstige Vervielfältigungen der Druckwerke produziert werden konnten. Als Druckfarbe diente eine Mischung aus Ruß und Leinölfirnis, die mit Lederballen aufgetragen wurde. In kürzester Zeit wurden in Europa Druckereien gegründet und die Druckkunst fand rasche Verbreitung. Informationen konnten jetzt in größerer Stückzahl zu Papier gebracht und verteilt werden.

Die Drucktechnik entwickelte sich stetig weiter mit dem Steindruck, der sogenannten Lithografie, der ersten Zylinderdruckpresse Anfang des 19. Jahrhunderts über den Tiefdruck Ende des 19. Jahrhunderts bis zum Offsetdruck und dem Siebdruck zu Beginn des letzten Jahrhunderts. Mit der Entwicklung neuer Technologien wie Lasertechnik und Digitaltechnik sind die Wege und Produktionszeiten der Druckerzeugnisse kürzer geworden. Unterschiedliche Auflagen, individuell gestaltete Drucke sind möglich. Darüberhinaus können durch Datenfernübertragung (DFÜ) Druckdaten an jeden beliebigen Ort zur Weiterverarbeitung in einer Druckerei gesandt werden. In diesem Kapitel soll gezeigt werden, wie ein Druckprodukt entsteht und wie die unterschiedlichen Verfahren eingesetzt werden.

Vom Design zum Druck

Der Weg von der Idee bis zum Druckprodukt führt über verschiedene Dienstleister, welche die Daten auf Datenträgern oder mittels Datenfernübertragung versenden. In der Darstellung sind die klassischen Wege im Publishing-Prozess dargestellt. Mit Hilfe der Digitaltechnik können die Phasen Belichten, Bogenherstellung und Ausschießen sowie die Plattenherstellung zusammengefasst werden.

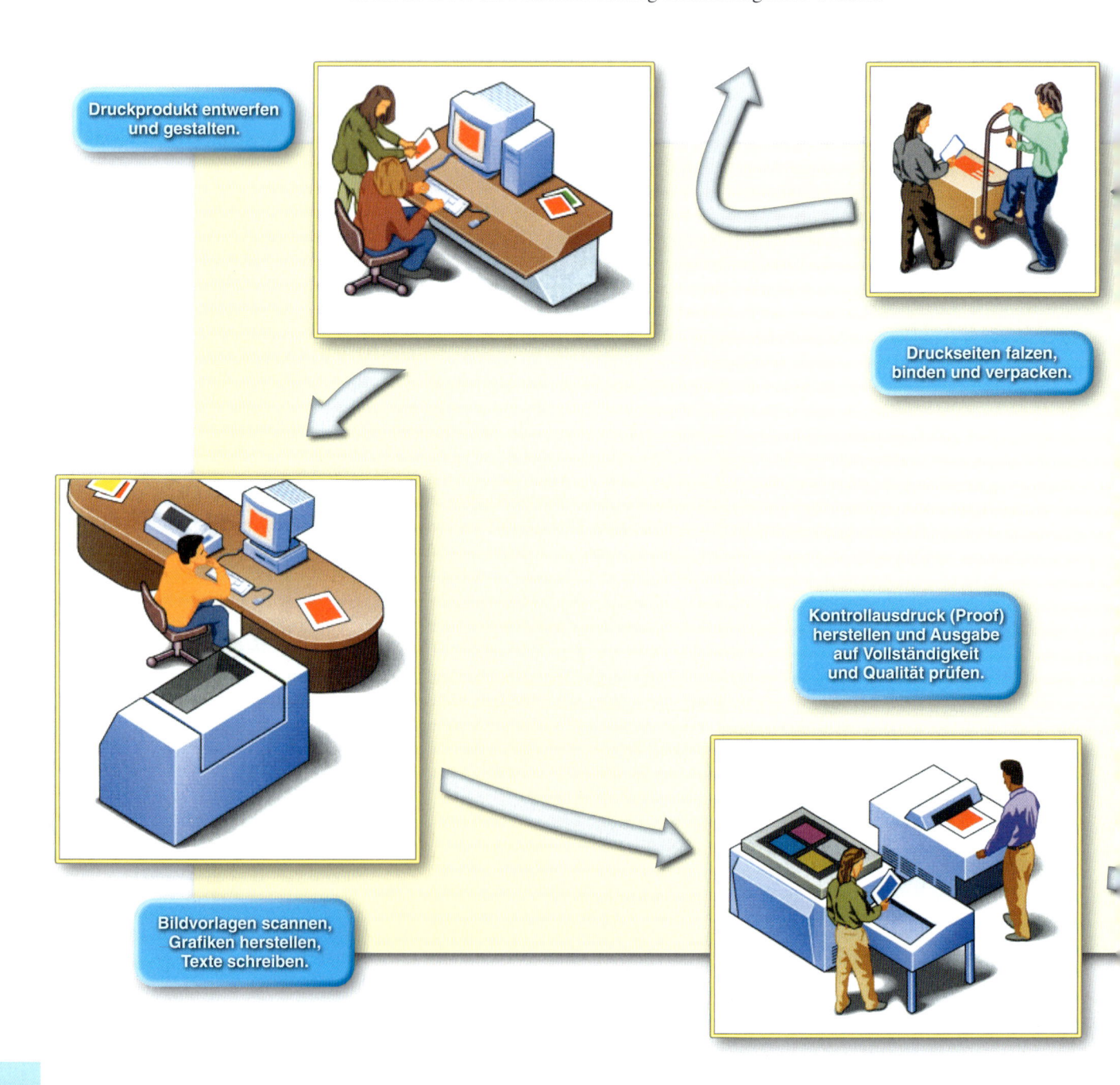

Druckprodukt entwerfen und gestalten.

Druckseiten falzen, binden und verpacken.

Bildvorlagen scannen, Grafiken herstellen, Texte schreiben.

Kontrollausdruck (Proof) herstellen und Ausgabe auf Vollständigkeit und Qualität prüfen.

Kapitel 12 Drucktechnik — Vom Design zum Druck

In vielen Bereichen des Drucks kommen nach wie vor klassische Verfahren und Techniken zur Anwendung, wie die fotografische Reproduktion zur Herstellung von Druckvorlagen, die Bogenmontage von Hand oder auch der Einsatz der Tiegeldruckpresse, die hier jedoch nicht besprochen werden sollen.

In diesem Kapitel werden die gebräuchlichen Verfahren in den Druckvorstufenbetrieben und den Druckereien vorgestellt, die im alltäglichen Einsatz zur Produktion von Druckprodukten hauptsächlich eingesetzt werden.

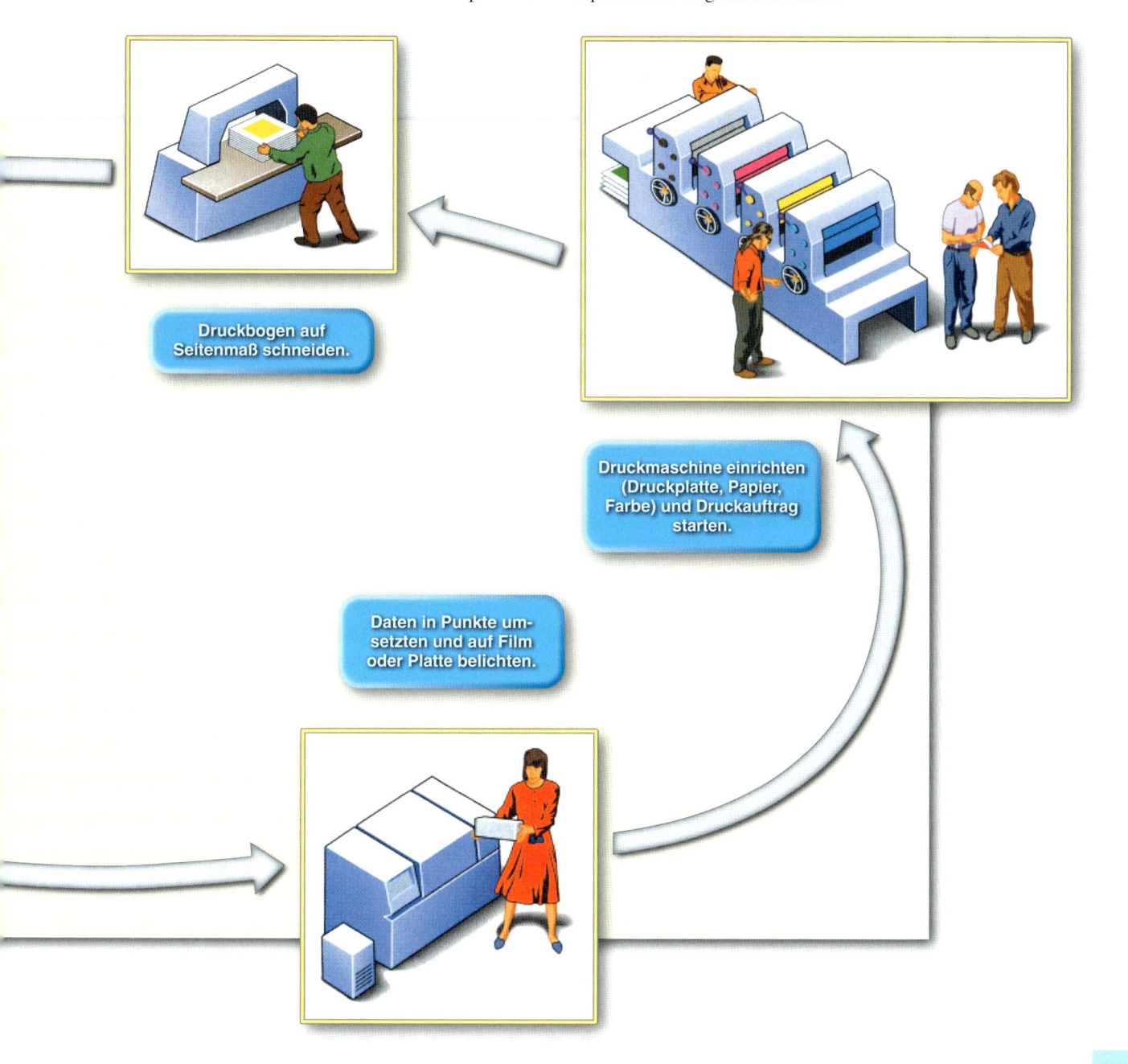

Quelle: Agfa, Zusammenarbeit mit Druck und Druckvorstufe, Teil 3

- Druckbogen auf Seitenmaß schneiden.
- Druckmaschine einrichten (Druckplatte, Papier, Farbe) und Druckauftrag starten.
- Daten in Punkte umsetzten und auf Film oder Platte belichten.

12.1 Druckvorbereitung

12.1.1 Aufbereiten von Rohmaterial

❶ *Halbtonvorlage:* Fotoabzug oder Dia, das über alle möglichen Grautöne bei einem Schwarz-Weiß-Bild verfügt und unterschiedliche Farbtöne bei einem Farbbild.

❷ *Strichzeichnung:* Handskizze, Zeichnung, Gemälde

❸ *Separierte Datei:* Jede Farbe einer Vierfarbseparation wird in einer einzelnen Auszugsdatei verwaltet.

ppi: pixel per inch
ppcm: pixel per cm

Mit der Idee beginnt bereits die Umsetzung des Druckprodukts. Bilder und Texte müssen auf einer vorgegebenen Seite angeordnet werden, es beginnt die Seitengestaltung. Fotografen, Grafiker und Texter liefern die Inhalte für die Druckseite. Grafiken werden heute am Computer hergestellt, wodurch diese bereits in digitaler Form als Datei vorliegen.

Früher wurden *Halbtonvorlagen* ❶ und *Strichzeichnungen* ❷ durch fotografische Reproduktion in Filme umgewandelt. Schon vor dem Zeitalter des Desktop Publishing wurden in der Druckvorstufe Scanner eingesetzt. Beim Einscannen wird das farbige Licht der Vorlage mit lichtempfindlichen Chips (CCD) in die Farben Rot, Grün und Blau (RGB) zerlegt. Hochwertige Trommel- und Flachbettscanner liefern im allgemeinen *separierte Dateien* ❸, umgewandelt in den CMYK-Modus in verschiedenen Formaten, die auf einem Belichter ausgegeben werden können.

Auflösung eines Scanners

Grauwertauflösung 1 Bit:
1 Bit = 2^1 = 2 Graustufen
Der Scanner unterscheidet bei dieser Einstellung nur ob Farbe vorhanden ist oder nicht und gibt diese Information in Schwarz und Weiß aus.

Das Bild wird im Scanner in sehr kleine Quadrate zerlegt, die sogenannten Bildpixel. Die Größe der Bildpixel hängt von der Abtastauflösung ab. Scanner im unteren Preisbereich besitzen eine Auflösung von bis zu 1200 ppi, im professionellen Bereich von 2000 bis 24000 ppi (Trommelscanner). Bei einer maximalen Auflösung des Scanners von 1200 ppi, das entspricht auch 472 ppcm, wird der kleinste zu erfassende Bildteil 1/472 cm = 0,0021 cm groß.

Von einem Bildpixel werden immer die x- und y-Position und die Grauwerte der drei Bildschirmfarben Rot, Grün und Blau oder der vier Prozessfarben Cyan, Magenta, Yellow und Black gespeichert. Die Grauwertauflösung des Scanners gibt an, wieviele Graustufen bei einem Schwarz-Weiß-Scan bzw. wieviel Farbstufen für Rot, Grün und Blau erfasst werden.
Am Beispiel des Apfels wird die Dateigröße des Scans für die dargestellte Bildgröße von 82,5 x 82,5 mm berechnet:

Abtastauflösung des Scanners: 600 ppi = 236 dpcm
Anzahl der Bildpixel: 3,8 Mio

RGB-Farbinformation pro Bildpixel
für 8 Bit Grauwertauflösung: 3 x 8 Bit
Dateigröße farbig
als RGB-Bild: 3 x 3,8 MB = 11,4 MB
Dateigröße Graustufen: 3,8 MB
Dateigröße Schwarz-Weiß-
Strichzeichnung: 11,4 MB : 24 = 480 kB

lpi: lines per inch, Rasterweite

Auflösungswerte für Druckprodukte

Zeitung	76 dpi
Zeitung, gutes Papier	85 dpi
Zeitschrift, Rollenoffset	150 dpi
Zeitschrift, Bogenoffset	300 dpi
Buch	130 dpi
Siebdruck, Flexodruck	45 dpi

Die richtige Auflösung zu wählen ist nicht einfach. Ist sie zu klein gewählt, dann gehen Bildinformationen verloren, das Bild wirkt grob und die Pixel sind gut sichtbar. Wählt man die Abtastauflösung zu groß, dann wird unnötiger Speicherplatz beansprucht. Die Frage, welche Auflösung gewählt werden soll, hängt letztlich nur mit der zu erzielenden Qualität des Druckprodukts zusammen. Die Zusammenhänge werden deutlich, wenn man sich den Ausschnitt eines Bildes näher betrachtet. Die Anzahl der Pixel, das kleinste Bildelement, wird auf einer Strecke von einem inch gemessen und mit dem Wert pixel per inch (ppi) beim Scannen bzw. dots per inch (dpi) beim Drucken angegeben. Jedes Druckerzeugnis ist gerastert und besteht aus einer Anzahl Rasterpunkte, die wiederum aus einer bestimmten Anzahl Pixel aufgebaut sind.

Die Anzahl der Rasterpunkte die auf einer Strecke von einem Inch liegen, bezeichnet man als Rasterweite lpi, lines per inch. Nimmt man als Beispiel ein 50er-Raster, 50 Zeilen pro cm, dann hat jeder Rasterpunkt eine Breite und Länge von 0,02 cm = 0,2 mm.

Die Anzahl der Pixel, die sich in diesem Rasterpunkt befinden ist nun abhängig von dem Wert der Auflösung ppi bzw. dpi. Bei einer Auflösung von 600 ppi befinden sich 4,7 x 4,7 = 22 Pixel in einem Rasterpunkt. Das bedeutet, dass jeder Rasterpunkt 22 verschiedene Tonstufen beinhalten kann. Um die richtige Auflösung zu erhalten, behilft man sich in der Praxis mit einer Näherungsformel und berechnet den Wert (ppi) auf der Basis der Rasterweite. Legt man zur Ermittlung der Abtastauflösung eine Rasterweite von 50 Zeilen pro cm zugrunde, dann erhält man eine Auflösung von 100 ppcm oder 254 ppi für eine unskalierte Abbildung.

Abtastauflösung = Rasterweite x 2 x Vergrößerungsfaktor

Die Beispiele zeigen verschiedene Auflösungen und die Druckergebnisse bei unterschiedlichen Rasterweiten.

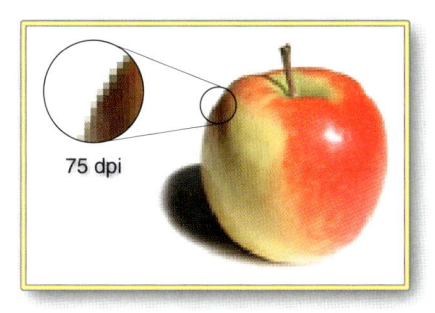

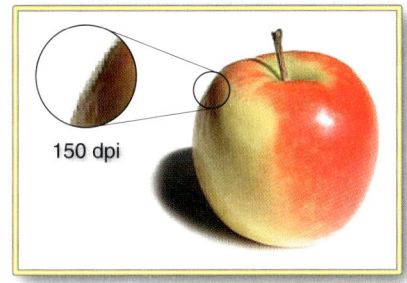

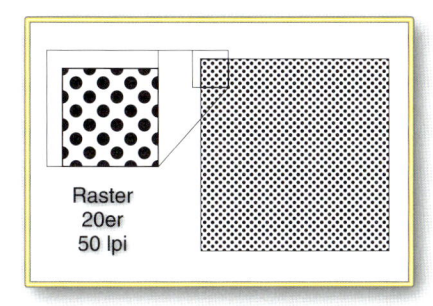

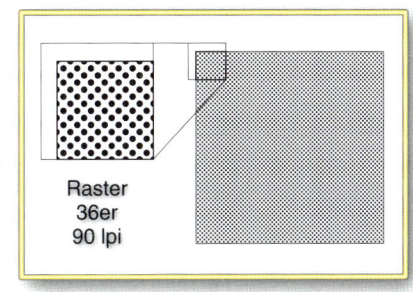

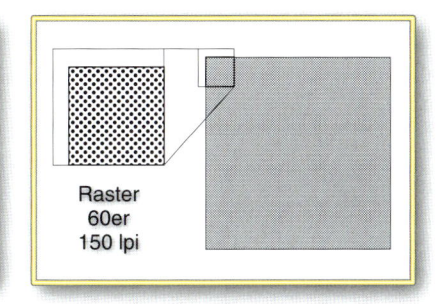

75 dpi

150 dpi

300 dpi

Raster 20er 50 lpi

Raster 36er 90 lpi

Raster 60er 150 lpi

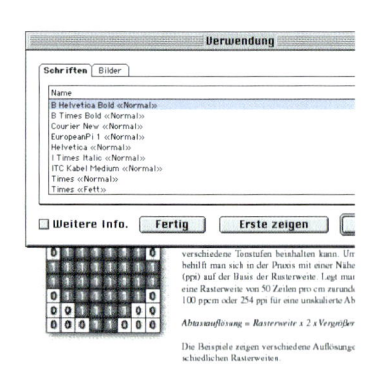

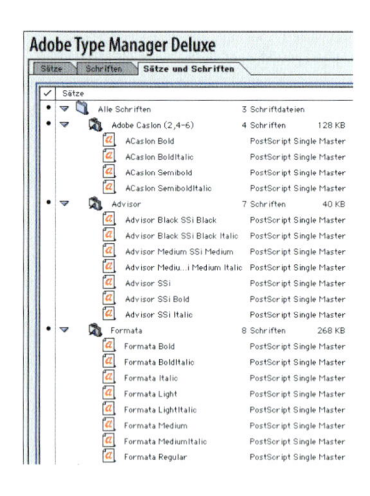

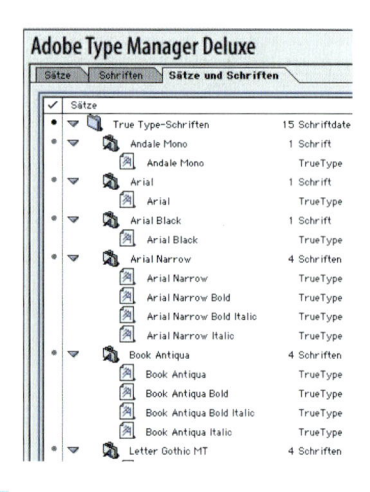

12.1.2 Fonts und Farben

Mit der Fertigstellung eines Seitenlayouts mit Bildern, Grafiken und Schriften ist die Arbeit der Agentur noch nicht beendet. Die Daten werden zur Filmerstellung an ein Belichtungsstudio gegeben, sofern sie nicht direkt durch einen digital druckenden Betrieb weiterverarbeitet werden. Bei der Zusammenarbeit mit einem Belichtungsstudio muss vorher geklärt werden, ob bei den Schriften PostScript-Schriften oder TrueType-Schriften verwendet wurden und ob das Belichtungsstudio die eingesetzten Schriften besitzt. Seitenlayout-Programme bieten die Möglichkeit über einen Menüpunkt die Namen der verwendeten Schriften im Dokument aufzulisten. Hersteller, Symbol und Format der Schrift können in der Aufstellung nachvollzogen werden.

PostScript-Schrift

PostScript ist eine Programmiersprache mit deren Hilfe gestaltete Seiten beschrieben werden können, um sie auf einer Druckmaschine auszugeben. Die beschriebene Seite wird wie eine Grafik verstanden, die keiner Einschränkung bezüglich Linienstärke, Flächen und Füllungen sowie Farben unterliegt. Texte werden bei einer PostScript-Schrift wie normale grafische Objekte behandelt, die durch Linien oder Kurvenzüge begrenzt sind. Diese Textobjekte können gefüllt oder hohl sein oder auch durch ein Rasterbild beschrieben werden. Ein PostScript-Interpreter sorgt dafür, dass die geometrischen Daten in ein Pixelmuster übersetzt und dann auf einer Druckmaschine gedruckt werden. Die Rasterung der Geometriedaten benötigt zusätzlichen Rechenaufwand, so dass die PostScript-Schriften aus zwei Dateien bestehen. Die Outline-Fontdatei beinhaltet die Buchstaben, in verschiedenen Größen gerastert, zur Ausgabe auf dem Drucker und eine Bitmap-Fontdatei stellt die Buchstaben für die Bildschirmdarstellung zur Verfügung.

TrueType-Schrift

Die Alleinstellung der Firma Adobe mit PostScript verbündete die Firmen Apple und Microsoft zur Entwicklung eines eigenen Fontformats mit dem Namen TrueType. Mit den TrueType-Schriften kam Bewegung in den Schriftenmarkt, aber es entstanden auch einige Probleme. Das Betriebssystem von MAC oder PC rastert den TrueType-Font und liefert für den Bildschirm und den Drucker Bitmaps. Drucker verlangen jedoch nach PostScript-Fonts, was dazu führt, dass die TrueType-Schrift in eine PostScript-Schrift konvertiert oder durch eine ähnliche PostScript-Schrift ersetzt wird.

Viele Anwender umgehen diese Schwierigkeiten, indem sie ausschließlich Type 1-Fonts verwenden. Die Ausnahme bilden die Schriftfamilien Arial und Times, die auf der PostScript-Ebene durch die gleichnamigen Schriften mit äquivalenten Schriftschnitten ersetzt werden können.

Ein weiteres Schnittstellenproblem ist die Übergabe von Text aus dem Betriebssystem Windows nach MAC OS und umgekehrt. Gleichnamige Schriften auf den Rechnern der beider Betriebssysteme zeigen unterschiedliche Schriftbilder. Um die Texte ohne Veränderung an ein anderes Betriebssystem weiterzugeben, kann man die Schrift mit einem Grafikprogramm in Pfade und so in eine EPS-Grafik, in eine sogenannte Outline-Schrift, umwandeln.

❶ Der junge Ehemann zu seiner Frau: „Bitte drehe den Gashahn weiter auf, damit das Essen schneller anbrennt! Wir kommen sonst zu spät ins Restaurant."

❷ Diese Marginalie sollte in einer Univers gesetzt werden und erscheint mit einer Arial: So mancher hat sich wohl die Welt bedeutend besser vorgestellt. Getrost! Gewiss hat sich auch oft die Welt viel mehr von ihm erhofft.
Eugen Roth

❸
Wo jeder das Recht hat, seine Meinung zu sagen, hat jeder das Recht nicht hinzuhören.

Wo jeder das Recht hat, seine Meinung zu sagen, hat jeder das Recht nicht hinzuhören.

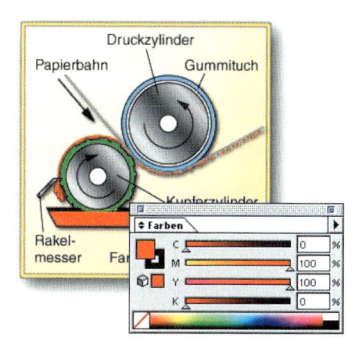

Font-Probleme

Selbst wenn das Belichtungsstudio die Schriften besitzt, die man für seine Arbeit benötigt, so kann es nach der Belichtung doch zu Abweichung kommen. Eine nochmalige Kontrolle wird notwendig sein, um die nachfolgenden Fehler zu vermeiden.

Schriftart Courier ❶
Wenn der Text in der Ausgabe als schreibmaschinenartige Courier erscheint, dann hat das Ausgabesystem die richtige Schrift nicht finden können. Das geschieht dann, wenn die gewünschte Schrift nicht installiert ist, oder es befindet sich jeweils eine TrueType und eine PostScript-Version der gleichen Schrift auf dem Rechner, was zu Konflikten führen kann.

Andere Schriftart außer Courier ❷
Die für die Ausgabe gewünschte Schrift wird durch eine falsche Schrift ersetzt. Der seltene Fehler tritt bei Font-ID-Konflikten auf. Das Belichtungsstudio sollte dann die gewünschte Schrift neu installieren und die falsch installierte Schrift beseitigen.

Zeilenumbrüche ❸
Handelt es sich um die gleiche Schrift, der Text ist jedoch anders umgebrochen wie auf dem Kontrollproof, dann wurde die falsche Schriftversion bei der Ausgabe verwendet. Dieselben Schriftarten von verschiedenen Herstellen, aber auch unterschiedliche Schriftversionen des gleichen Herstellers weisen häufig Unterschiede im Buchstabenabstand und in der Gestaltung des Schriftbildes auf. Dadurch kommt es zu unterschiedlichem Aussehen und anderen Zeilenumbrüchen. Gestalter und Belichtungsstudio sollten mit der gleichen Schriftversion desselben Herstellers arbeiten.

Farbe im Druck

In grafischen Programmen können Farben nach verschiedenen Modellen ausgewählt werden. Wichtig bei der Wahl ist die Kenntnis über den Einsatz als Monitor- bzw. Druckfarbe. Farben des RGB- und des HSB-Systems können keine Druckfarben definieren. Diese mit Licht erzeugten Farben werden zur Bildschirmdarstellung verwendet.

Farben der Systeme CMYK, TruMatch und Focoltone sind für das Drucken mit Prozessfarben ausgelegt. Prozessfarben entstehen durch Farbmischungen. Außergewöhnliche Farben wie Gold, Silber oder Neonfarben lassen sich durch Mischen nicht erzielen. Hierfür muss eine Volltonfarbe, z. B. aus dem System Pantone oder HKS gewählt werden, die über einen Hersteller bezogen werden können. Bei den anwenderdefinierten Sonderfarben lassen sich beliebig viele Farbabstufungen aus sogenannten Farbtafeln oder -fächern wählen. Solche Farbmusterbücher können in den Druckereien eingesehen werden, die auch über Sonderfarben der Systeme Pantone- und HKS verfügen.

Die Auswahl der Farben erfolgt über eine Druckprobe, da die Farben des Bildschirms und des DTP-Druckers ganz erheblich von der Farbausgabe einer Druckmaschine abweichen. In vielen Fällen ist es sinnvoll einen Andruck bei der Druckerei in Auftrag zu geben, bevor eine größere Auflage gedruckt wird. Dadurch kann die Wirkung der Farbe in Verbindung mit dem gewählten Papier überprüft und gegebenenfalls noch korrigiert werden.

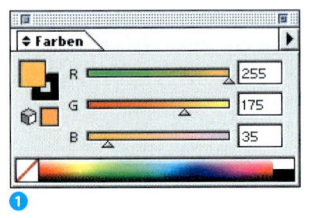

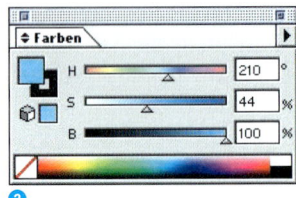

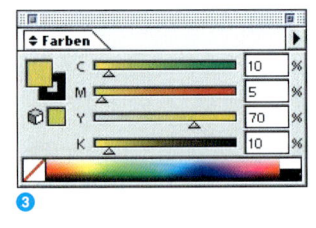

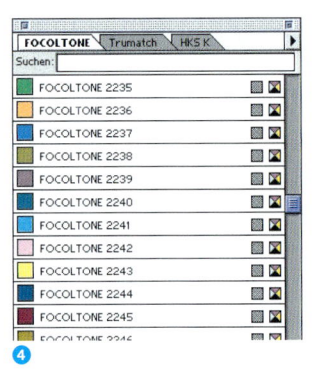

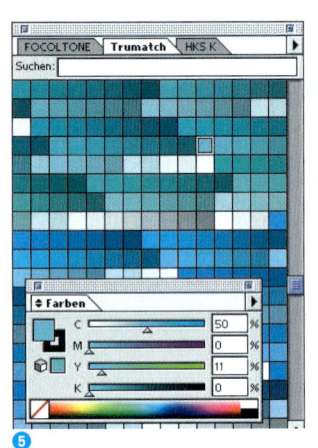

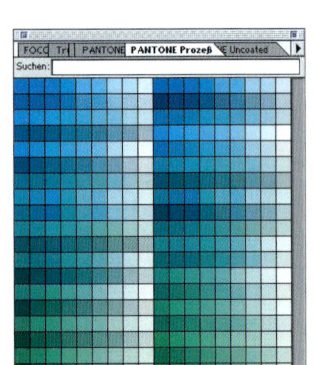

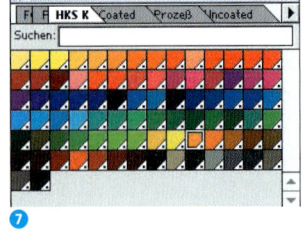

Farbsysteme

RGB: ❶

Rot, Grün und Blau als additive Primärfarben. Mischt man alle drei Farben so entsteht weiß. Ist keine der drei Farben vorhanden, dann wird die Farbe Schwarz abgebildet. Die Farben entstehen durch das Aussenden von Lichtenergie, die vom Auge als Farbe wahrgenommen wird.

HSB: ❷

Das System verwendet den Farbton (Hue), die Sättigung (Saturation) und die Helligkeit (Brightness) zur Definition der Farbe. Der durch Regler eingestellte Farbton entspricht der Winkelposition der Farbe im Farbkreis. Das Farbsystem wird vor allem in der Videotechnik eingesetzt.

CMYK: ❸

Cyan, Magenta, Yellow, Key, wobei Key für die „Schlüsselfarbe" Schwarz steht, sind die Farben die im Vierfarbdruck eingesetzt werden. Mit modernen Druckmaschinen ist es durch den Einsatz mehrerer Farbwerke möglich auch den Mehrfarbendruck durchzuführen. Im Sechsfarbendruck werden beispielsweise die vier Farben CYMK erweitert durch die Farben Orange und Grün.

Focoltone: ❹

Ein weiteres Farbsystem auf der Basis der CMYK-Farben. In diesem System sind neben den Druckfarben auch Bildschirm- und Schmuckfarben enthalten.

TruMatch: ❺

Ein Farbsystem mit Druck- und Bildschirmfarben auf der Basis von CMYK. Die Farben sind in 1%-Schritten abgetönt.

Pantone: ❻

Der Industriestandard für Schmuckfarben wird in verschiedenen Ausführungen der Farbpaletten und Zusammenstellungen für unterschiedliche Anlässe angeboten. Die Druckfarben für die gewählten Pantonefarben stammen von der Herstellerfirma Pantone, Inc.

HKS: ❼

Der deutsche Standard für Schmuckfarben ist HKS und kann wie Pantone aus Farbfächern oder Farbtafeln entnommen werden.

12.1.3 Dateivorbereitung

Bevor die fertiggestellten Dateien im Belichtungsstudio weiterverarbeitet werden, müssen sie nochmals kontrolliert werden. Die sorgfältige Kontrolle der Daten spart Zeit beim Belichten und damit auch Geld. Grundsätzlich muss sichergestellt sein, dass das Belichtungsstudio die gleiche Software in der gleichen Version und die gleichen Schriften verwendet wie der Gestalter.

Unnötige Seiten löschen
Sollen aus einem Dokument heraus nur einzelne Seiten oder bestimmte Texte und Bilder gedruckt werden, dann wird ein neues Dokument erstellt und die überflüssigen Seiten gelöscht.

Fonts auf Verwendung überprüfen
Sind beispielsweise Schriften in einem Dokument geändert worden und werden nicht mehr verwendet, dann sollten sie gelöscht werden. Die nicht benötigten Schriften hängen oft noch mit Leerzeichen oder Absatzmarken zusammen. Im Proof sind diese Schriften natürlich nicht zu erkennen. Beim Belichten stößt die Software eventuell auf eine nicht bekannte Schrift, wodurch es zu Problemen kommen kann.

Verknüpfung der Grafikdateien überprüfen
In Seitenlayout-Programmen besteht die Möglichkeit die Aktualität und das Verzeichnis verknüpfter Objekte zu kontrollieren. Hier lässt sich auch überprüfen, ob die Dateien nach einer Änderung aktualisiert wurden und ob sie das gewünschte Format haben. Wichtig wird die Kontrolle der Grafikdateien, wenn mit dem OPI-Bildaustausch (Open Prepress Interface) gearbeitet wird. Hierbei werden im Arbeitsprozess niedrigauflösende Grafikplatzhalter (LowRes) verwendet, die vor dem Druck durch die hochauflösenden Bilder (HiRes) ersetzt werden.

Seiteneinrichtung und Skalierung richtig einstellen
Durch die Ausgabe eines Laserproofs kann es vorkommen, dass das Seitenformat und die Skalierung verändert wurden, um den Druckvorgang durchführen zu können. Vor der Abgabe an das Belichtungsstudio ist unbedingt darauf zu achten, dass die Skalierung wieder 100% beträgt und das Format wieder für die Endausgabe eingestellt ist.

Farben im CMYK-Modus definieren
Ein häufiger Fehler tritt beim Festlegen der Farben auf. Bei der Farbseparation vor dem Belichten werden häufig Grafiken im RGB-Modus erkannt. Um die Farben mit einer Druckmaschine ausgeben zu können, müssen diese entweder im CMYK-Modus oder als Schmuckfarbe angelegt sein. Beim Arbeiten mit Schmuckfarben muss sichergestellt sein, dass die einzelnen Farben einen bestimmten Namen erhalten. Mit Hilfe eines separierten Laserproofs lassen sich die vier Farben am besten kontrollieren, da für jede Farbe ein Ausdruck zur Verfügung steht.

Der Kontrolldruck ist vor allem beim *Trapping* und *Überfüllen* hilfreich. Aufgrund leichter Verschiebungen des Papiers beim Drucken, können aneinanderliegende Farben mit einem Versatz gedruckt werden, sodass es dazwischen eine Lücke gibt.

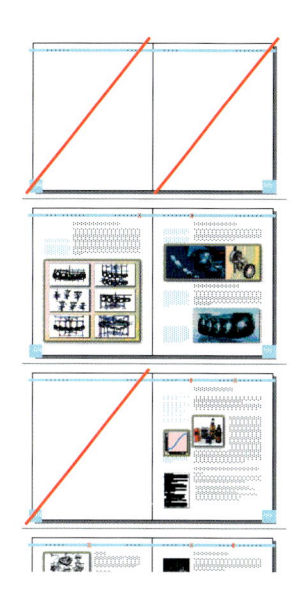

Trapping: Angrenzende Farben werden im Druck etwas überlappt.

Überfüllen: Eine Farbe wird über eine andere Farbe gedruckt, wie beispielsweise bei einer Linie in einer Fläche. Dadurch kann es zu unerwünschten Farbmischungen kommen.

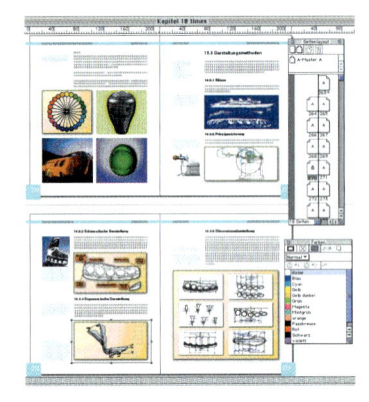

Überflüssige Objekte löschen
Während der Arbeit in einem Seitenlayout-Programm werden viele Objekte auf der Montagefläche platziert. Diese Elemente können unter Umständen in der fertigen Ausgabe erscheinen. Ebenso verhält es sich mit Objekten die hinter anderen Objekten auf dem Seitenlayout liegen und übersehen wurden. Diese können über das Verknüpfungsmenü erkannt und beseitigt werden.

Belichtungszeit verkürzen
Speziell Grafiken und Fotografien beeinflussen die Belichtungszeit. Durch die optimale Bereitstellung der Bilddaten wird der Aufwand zur Verarbeitung auf das notwendige Maß reduziert. Dazu lassen sich folgende Hinweise geben:

- Auflösung beim Scannen beachten und auf die Endgröße des zu druckenden Bildes einstellen. Wird das Bild im Anschluss verkleinert, dann vergrößert sich dadurch die effektive Auflösung.
- Bilder und Grafiken sollten bevorzugt im Grafikprogramm skaliert, beschnitten und gedreht werden. Erst danach wird die Bilddatei in das Seitenlayout-Programm importiert. So verknüpft man nur den bearbeiteten Teil des Bildes im Dokument, der wirklich gebraucht wird.
- Komplexe und sehr detaillierte Pfade können im Druck eventuell gar nicht wiedergegeben werden. Diese werden vorher im Grafikprogramm auf die notwendige Anzahl reduziert.
- Die Schriften müssen immer überprüft und eventuell nicht vorhandene Fonts oder TrueType-Fonts in EPS-Grafiken konvertiert werden. Der Vorgang lässt sich in Grafikprogrammen durch den Befehl „Text in Pfad umwandeln" durchführen.

12.1.4 Proofen, Belichten, Bebildern

Proofs in der Druckvorstufe

Liegen die Dateien dem Belichtungsstudio vor, so kann ein erster Kontrollausdruck gemacht werden. Der sogenannte Proof oder Korrekturabzug dient dazu, vor dem endgültigen Druck, aufgetretene Fehler zu erkennen und diese noch zu beseitigen. In der konventionellen Druckvorstufe sind das in der Regel Schwarzweiß-Laserproofs sowie Kontaktproofs auf der Basis belichteter Filme oder Andrucke, wozu eine Filmbelichtung und die Herstellung von Druckplattenkopien notwendig sind. Beim Andruck wird auf einer Druckmaschine mit den entsprechenden Druckfarben und Bedruckstoffen ausgegeben.

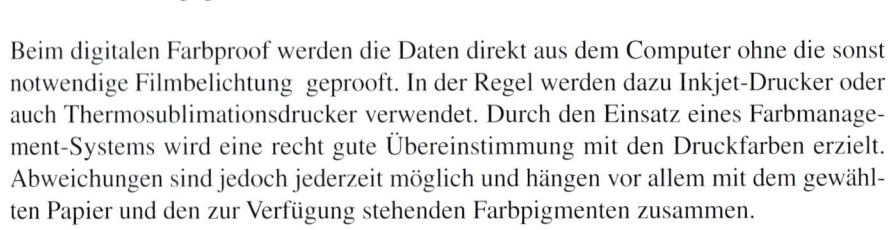

Beim digitalen Farbproof werden die Daten direkt aus dem Computer ohne die sonst notwendige Filmbelichtung geproofed. In der Regel werden dazu Inkjet-Drucker oder auch Thermosublimationsdrucker verwendet. Durch den Einsatz eines Farbmanagement-Systems wird eine recht gute Übereinstimmung mit den Druckfarben erzielt. Abweichungen sind jedoch jederzeit möglich und hängen vor allem mit dem gewählten Papier und den zur Verfügung stehenden Farbpigmenten zusammen.

Prinzipiell werden drei Proofarten unterschieden:

Standproof
Der günstigste Korrekturabzug gibt die Seite ohne die Darstellung des Rasters wieder. Die Farben entsprechen nicht dem Endergebnis.

Halbtonproof
Der Korrekturabzug ist farbverbindlich, berücksichtigt jedoch nicht das Raster.

Rasterproof
Farbe und Raster werden mit Hilfe des Thermosublimations-Verfahrens oder durch elektrografische Verfahren verbindlich dargestellt. Mit dem Rasterproof kann die Punktform, die Rasterweite und -winkelung simuliert werden.

Belichten und Bebildern

Der Datenbestand für ein zu druckendes Dokument liegt als PostScript-Datei mit Bildpixeln vor. Die Dateien werden an einen *Raster Image Processor (RIP)* weitergegeben. Der RIP sorgt dafür, dass die digitalisierten Daten für den Druck gerastert werden. Dies geschieht heute meist durch eine Software, einen Software-RIP. Seltener werden die hardwaretechnischen Lösungen mit Computerbausteinen zum elektronischen Aufrastern der Bildvorlagen.

Der Software-RIP wird von verschiedenen Herstellern angeboten und auf leistungsfähigen Rechnern installiert. Neben der Aufgabe der Rasterung übernehmen diese Programme unter anderem auch die Bogenmontage mit dem entsprechenden Ausschießschema.

Computer-to-film
Mit einem Laserbelichter werden vier Filme für die vier Farben belichtet. Diese werden dann entwickelt, montiert und auf Druckplatten kopiert. Der Film beinhaltet das Bild in unterschiedlichen Grautönen. Diese bilden die jeweilige Farbe und ihre Farbabstufungen ab.

Computer-to-plate
Mit Hilfe von digitalen Plattenbelichtern können die Druckplatten direkt, ohne den Einsatz von Film, belichtet werden. Die zu druckenden Bereiche sind farbaufnehmend aufkopiert.

Computer-to-press
Die Druckplatten sind bei einer Digitaldruckmaschine durch einen Plattenzylinder mit Folienmagazin ersetzt. Die Druckfolie mit Silikonschicht wird vor Gebrauch auf den Plattenzylinder gezogen. Ein präziser Laserstrahl „bebildert" die Druckfolie, da an den bestrahlten Stellen die Silikonschicht abgelöst wird und diese Stellen dadurch Farbe aufnehmen können.

Für den Rasterungsprozess werden am RIP die Rasterweite in lpi, z.B. 60 Zeilen pro cm, das sind ungefähr 150 lpi, sowie die Rasterwinkel und die Rasterpunktform vorgegeben. Bei 150 lpi ist jede Rasterzelle 0,16 x 0,16 mm groß.

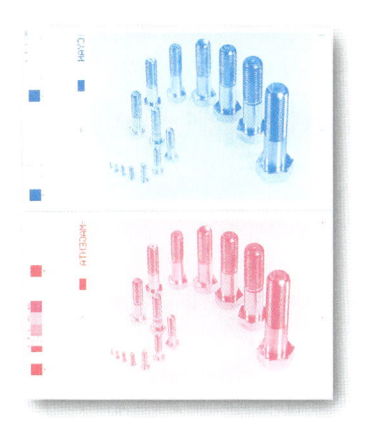

Raster Image Processor (RIP):
Der RIP rastert die fertige Seite und stellt für jede Farbe eines Vierfarbsatzes C-M-Y-K ein Bitmap her.

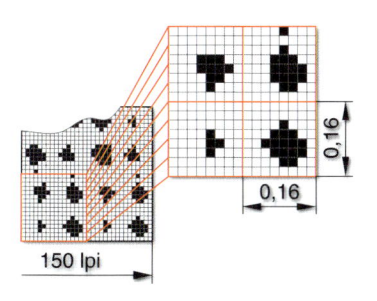

12.1.5 Ausschießen

Bevor die Druckplatten hergestellt werden, müssen die Seiten auf einem Standbogen angeordnet, d. h. montiert, werden. Diesen Vorgang bezeichnet man als Ausschießen. Die angeordneten Seiten werden anschließend mit der belichteten Druckplatte auf einen Bogen gedruckt. Die elektronische Bogenmontage vereinfacht die bisher manuellen Tätigkeiten des Ausschießens. Mit Hilfe einer Software werden die Seiten automatisch richtig positioniert und können noch mit Schneide- und Falzmarken, Farbkontrollstreifen und Passkreuzen versehen werden. Durch die Nachbearbeitung mit Falzen, Beschnitt der Ränder und Heftung entsteht eine fertig geordnete Broschüre. Die manuelle Bogenmontage ist noch mancherorts bei der Nachbearbeitung im Einsatz, wenn vor dem Andruck noch eine kurzfristige Änderungen des Standbogens notwendig wird und ein Artikel oder eine Werbeanzeige ausgetauscht oder zusätzlich eingefügt werden soll.

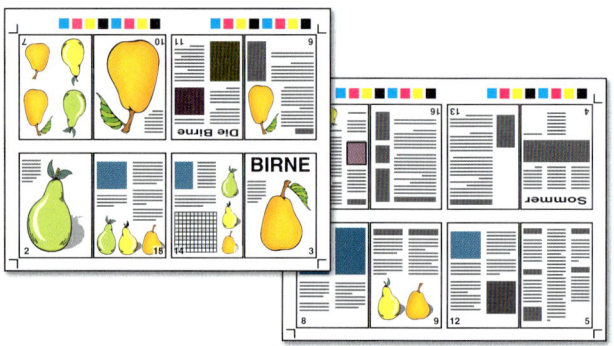

Das dargestellte Ausschießschema wird als „8 Seiten, Kopf-an-Kopf" bezeichnet, weil die acht Seiten so angeordnet sind, dass sich die Oberkanten, der Kopf der Seite, im Bund gegenüberstehen. Nach dem Druck wird der Bogen im Kreuzbruch dreimal gefalzt. Man bezeichnet den Bogen in der Fachsprache auch als Dreibruchbogen. Dies ist die gebräuchlichste Herstellungsart für Bücher. Die Seiten sind dann von Seite 1 bis Seite 16 in der richtigen Reihenfolge, werden anschließend gebunden und beschnitten.

Nutzen: Druckt man auf einem Druckbogen 16 Seiten im Schön- und Widerdruck, dann wird der Druckbogen einmal genutzt, es wird zu einem Nutzen gedruckt. Das entspricht einem Buchbinderbogen.
Stehen 32 Seiten im Schön- und Widerdruck auf einem Druckbogen, dann wird der Druckbogen zweimal genutzt, es wird zu zwei Nutzen gedruckt. Durch Auseinanderschneiden des Bogens erhält man nämlich zwei Buchbinderbogen.

Beim Drucken mit Bogendruckmaschinen werden drei Verfahren unterschieden, um Vor- und Rückseite des Papiers zu bedrucken, das Umstülpen, Umschlagen sowie den Schön- und Widerdruck.

- *Umschlagen:* Ist die Hälfte der Druckauflage auf der einen Seite gedruckt, dann wird der Druckbogen um die senkrechte Mittelachse, in Druckrichtung gewendet und von der gleichen Druckform bedruckt.
- *Umstülpen:* Gedruckt wird mit einer Druckform wie beim Umschlagen. Gewendet wird der Druckbogen jedoch über die Querachse, d. h. quer zur Druckrichtung. Mit Umschlagen und Umstülpen können pro Druckbogen jeweils zwei doppelseitige Drucksachen hergestellt werden.
- *Schön- und Widerdruck:* Das Papier der gesamten Druckauflage wird auf einer Seite von einer Druckform bedruckt (Schöndruck). Anschließend wird das Papier nach dem Ausschießschema gewendet und von einer zweiten Druckform auf der Rückseite bedruckt (Widerdruck).

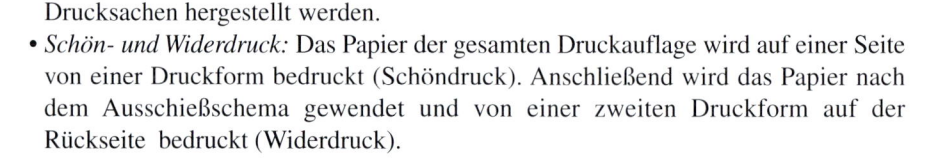

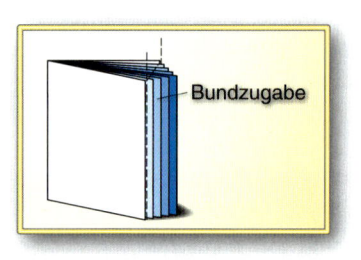

Beim Falzen sei noch auf einen Effekt hingewiesen, der beim Zusammentragen für eine Rückstichheftung auftritt und mit Hilfe des Ausschießprogramms korrigiert werden kann, der „Bundzuwachs". Dabei verschieben sich die Seiten in der Mitte des Buches nach außen, wodurch das gesamte Seitenlayout nach außen wandert. Durch eine Korrekturfunktion im Ausschießprogramm wird die Position des Satzspiegels jeder Seite verschoben und dadurch entsprechend der Seitenposition im Buch angepasst.

12.2 Druckverfahren

12.2.1 Einteilung der Druckverfahren

Quelle: Blana, Hubert: Grundwissen Buchhandel-Verlage 5, Die Herstellung, München 1998

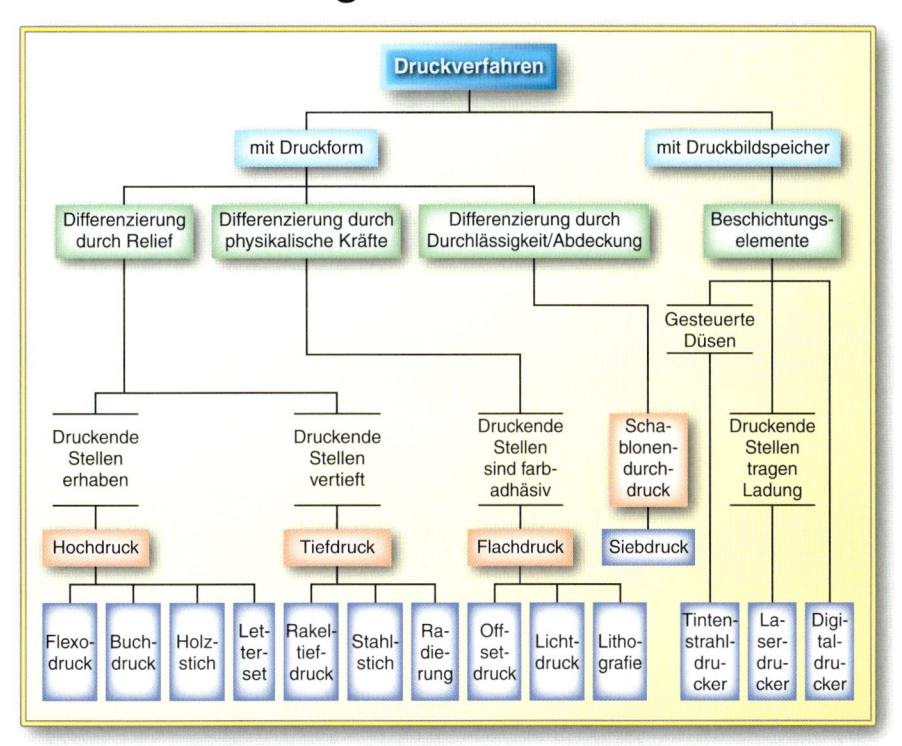

Aus der Vielzahl der Verfahren werden nachfolgend der Hochdruck mit Flexodruck, der Flach-, speziell der Offsetdruck, der Tiefdruck und der Digitaldruck besprochen.

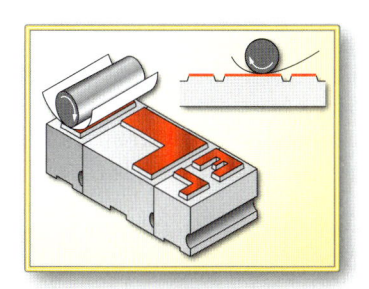

12.2.2 Hochdruck

Der Hochdruck beruht auf dem Prinzip von Kraft und Gegenkraft und ist ein mechanisches Verfahren. Ähnlich wie bei einem Stempel liegen die zu druckenden Teile erhaben, d. h. hoch auf dem Druckträger. Die nicht druckenden Teile werden vertieft. Der klassische Vertreter der Druckträger ist die Bleisatzschrift oder die Holzschnitte. Der Hochdruck hat wirtschaftlich gesehen kaum Bedeutung und findet sich noch beim künstlerisch gestalteten Handsatz wieder. Bei diesem direkten Verfahren ist das Druckbild spiegelverkehrt auf der Druckform und wird nach dem Einfärben direkt auf das Papier übertragen. Damit breite Flächen und dunkle Teile einer Halbtonvorlage genau den gleichen Druck bekommen wie dünne Linien oder spitze Teile, wird mit einer reliefartigen Zurichtung gearbeitet, die für gleichen Druck sorgt. Der Hochdruck ist vor allem erkennbar an einem leichten Relief auf der Rückseite des bedruckten Bogens und an den Quetschrändern der Buchstaben. Mit dem Hochdruck erzielt man ein sehr scharfes Druckbild. Es lassen sich damit alle Papiere und Kartonagen bedrucken.

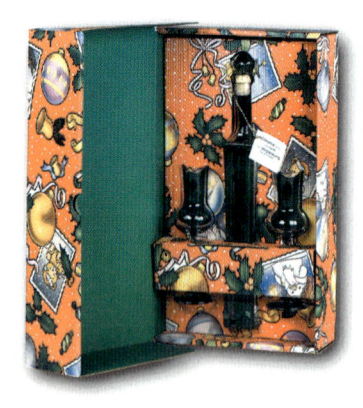

Flexodruck

Beim Flexodruck wird eine erhabene Druckfolie aus Weichgummi oder Fotopolymer (z. B. Nyloprint) verwendet, die das Druckbild übertragen. Mit den flexiblen Klischees, die auf Druckzylinder geklebt sind, werden Verpackungen, Folien, Aluminiumfolien, Versandhüllen und Wellpappe gedruckt.

12.2.3 Flachdruck

Das Druckverfahren entwickelte sich aus dem Steindruck, nach dem Prinzip, dass sich Fette und Wasser abstoßen. Die Druckplatten sind so behandelt, dass die druckenden Flächen Wasser abweisen. Der Flachdruck ist ein chemisches Verfahren, wobei druckende und nichtdruckende Teile in einer Ebene flach nebeneinanderliegen.

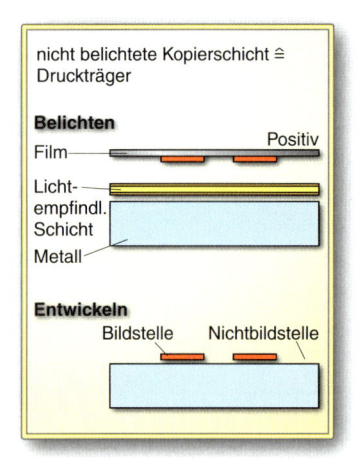

Die industrielle Form ist der *Offsetdruck* (to set off = absetzen). Dabei wird die Druckfarbe von den eingefärbten Stellen der Druckplatte auf ein Gummituch „abgesetzt". Diese Art zu drucken bezeichnet man als indirektes Verfahren. Der Zwischenschritt über das Gummituch ist notwendig weil die Druckplatte zu viel Feuchtigkeit auf das Papier übertragen würde. Zudem würde das Papier wie ein Schleifpapier auf der empfindlichen Oberfläche wirken.

Zur Herstellung der Druckplatte wird ein Positivfilm und eine lichtempfindliche Metallplatte benötigt. Die seitenverkehrten Positivfilme werden unter Vakuum auf die beschichtete Druckplatte gepresst und mit UV-Licht bestrahlt. An den zeichnungsfreien Stellen wird die lichtemfindliche Kopierschicht zerstört, an den anderen Stellen bleibt sie erhalten. Nach der Entwicklung werden die verbleibenden Schichtteile gehärtet, die aufgelösten Schichtteile gewaschen, so dass dort das Metall freiliegt. Der Wasser annehmende Teil ist nun das nichtbeschichtete Metall. Beim Drucken wird die Druckplatte zunächst mit Wasser und anschließend mit einer Druckfarbe auf Ölbasis befeuchtet. Die ölhaltige Farbe haftet auf den Stellen, die nicht mit Wasser befeuchtet sind.

Den Flachdruck erkennt man daran, dass er im Gegensatz zum Hochdruck keine Quetschränder hat und keine Reliefs auf der Bogenrückseite. Eine Variante des Offsetdrucks ist der Trockenoffsetdruck der ohne Feuchtwerk auskommt. Die nichtdruckenden Flächen stehen hervor, gedruckt wird mit Spezialdruckfarben. Durch den wasserlosen Druck werden einheitliche und intensive Farben mit geringem Punktzuwachs erzielt.

Auflagen im Offsetdruck:
Mit Aluminiumplatten ca. 100 000 Auflage, Mit Bi- und Trimetallplatten ca. 300 000 Auflage in bester Qualität

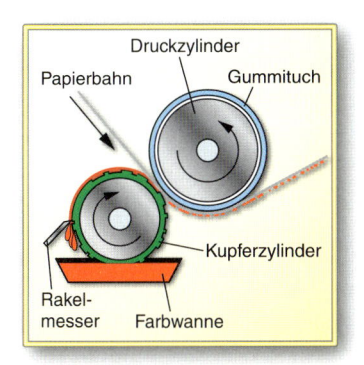

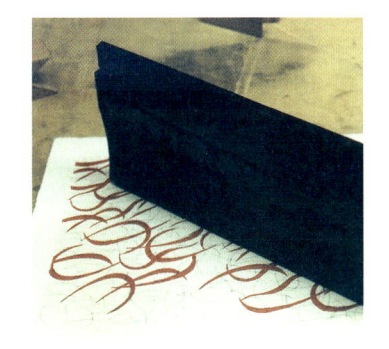

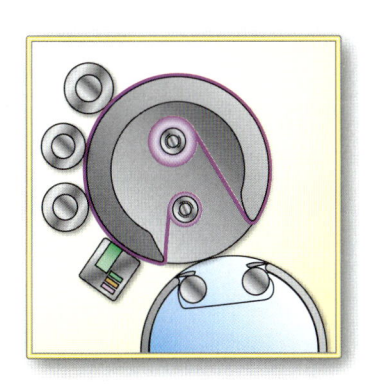

12.2.4 Tiefdruck

Der Vorläufer des heutigen Tiefdrucks ist der Kupferstich. Die zu druckenden Teile liegen dabei vertieft in einem Kupferzylinder. Durch einen Sprühmechanismus oder durch Eintauchen des Druckzylinders in die Farbwanne füllen sich die Näpfchen mit Farbe. Ein Rakelmesser, ein dünnes Stahllineal, streift die überschüssige Farbe ab. Daher stammt auch der Name Rakeltiefdruck. Durch unterschiedlich tiefgeätzte Näpfchen kann die gewünschte Farbmenge reguliert werden. Halbtöne werden nicht durch die Größe des Rasterpunktes festgelegt, sondern über die Farbmengenabgabe aus den Näpfchen. Je nach der Menge der Farbe, die über die Stege in die benachbarten Näpfchen fließt, entsteht der optische Eindruck eines Halbtones.

Auf dem Druckträger, einem Kupferzylinder, werden die Näpfchen heutzutage durch eine Gravureinrichtung mit Hilfe eines Elektronenstrahls oder eines Diamantstichels hergestellt. Die Näpfchen können je nach angewandtem Verfahren unterschiedlich groß und unterschiedlich tief sein. Bei der Gravur mit Diamantstichel wird eine Leistung von bis zu 4000 Näpfchen pro Sekunde erzielt, bei der Elektronenstrahlgravur eine Leistung von bis zu 150 000 Näpfchen. Die gleichmäßig über den Druckzylinder angeordneten Stege dienen zur Auflage des Rakelmessers. Auf eine Fläche von 1cm^2 kommen ca. 4 900 Näpfchen. Typische Merkmale des Tiefdrucks sind die gerasterte Schrift und der satte Farbauftrag. Der Tiefdruck wird vor allem für Versandhauskataloge, Zeitschriften und Verpackungsmaterial eingesetzt. Durch die hohen Kosten für die Gravur oder Ätzung, sieht man im Buchdruck von diesem Verfahren ab.

12.2.5 Digitaler Druck

Durch den Einzug des Computers im Entwurf und der Gestaltung von Druckerzeugnissen bis zur Druckvorstufe mit den Verfahren Computer-to-film und Computer-to-plate, war der Schritt zum digitalen Druck nicht mehr weit. Dieses als Computer-to-press bezeichnete Verfahren zeichnet sich dadurch aus, dass der Workflow kürzer und direkter erfolgt.

Beim digitalen Druck entfällt die Herstellung von Filmen, die Einrichtung der Maschine wird automatisiert und der Anwender erhält Andrucke direkt von der Druckmaschine geliefert. Diese Proofs sind in der gleichen Qualität wie der Enddruck.

Die mit Hilfe einer Seitenlayout-Software gestalteten Dokumente werden in der Datenvorbereitung der Druckerei auf ihre Vollständigkeit hin kontrolliert und an einen Raster Image Processor (RIP) weitergegeben. Der RIP rastert die Seiten und gibt von jeder zu druckenden Seite ein Bitmap aus, das von einer Bebilderungseinheit Punkt für Punkt auf den Druckträger übertragen wird. Bei den Druckträgern handelt es sich beispielsweise um eine silikonbeschichtete Trägerfolie, die auf einen Plattenzylinder aufgezogen wird. Digital gesteuerte Laserstrahlen ätzen kleine Vertiefungen in die Silikonschicht. Wasserlose Druckfarben füllen diese Vertiefungen, um das Druckbild zu erzeugen, während die nichtdruckenden Stellen durch das Silikon geschützt bleiben. Der Druck erfolgt indirekt über ein Gummituch auf das Papier. Dieses Verfahren zählt zum Offset-Druck. Soll eine neue Bebilderung stattfinden, wird die verbrauchte

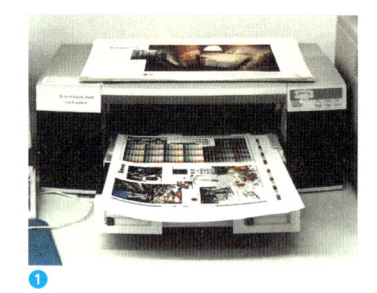

Folie auf eine Leerwalze im Inneren des Plattenzylinders aufgewickelt und gleichzeitig eine neue Folie auf den Druckträger gespannt.

Ein anderes Belichtungsprinzip liegt bei Farblaserdruckern ❶ vor. Dabei wird ein Laserstrahl von einem Prisma reflektiert und lädt bestimmte Flächen einer Belichtungstrommel elektrisch auf. Der Toner wird von den geladenen Flächen angezogen und anschließend im direkten Druck auf das Papier übertragen.

Ein großer Vorteil aller digitaler Verfahren besteht darin, dass Änderungen schnell und ohne große Mehrkosten durchführbar sind, da direkt in der Maschine auf den Druckzylinder bebildert wird. Der digitale Druck ist sicherlich im Kleinauflagenbereich durch seine Flexibilität und die geringeren Kosten im Vorteil, sieht man einmal von den Anschaffungskosten einer Digitaldruckmaschine ab. Zwei Anwendungsfelder haben sich in den letzten Jahren durch den Einsatz des digitalen Drucks verstärkt entwickelt:

Dezentraler Druck
Regionalausgaben von landesweit erscheinenden Zeitungen werden beispielsweise vor Ort in eine Druckerei gesandt und dort hergestellt. Broschüren, Plakate, Geschäftsdrucksachen lassen sich an jeden beliebigen Ort senden und können dort gedruckt und verteilt werden. Änderungen und Ergänzungen lassen sich mittels Datenfernübertragung noch am selben Tag umsetzen.

Printing on demand ❷
Durch den digitalen Druck bieten sich den Verlagen neben den klassischen Druckverfahren neue Möglichkeiten an. Ständig aktualisierte Daten können sofort aufgenommen und in den Auflagendruck einfließen. Dazu zählen Werbeunterlagen, Bekanntmachungen, wissenschaftliche Abhandlungen, aber auch Zeitschriften sowie belletristische Werke, die nach der Zahl eingehender Bestellungen gedruckt und gebunden werden. Dadurch verringern sich die Lagerkosten, die durch das Vorhalten einer gewissen Druckauflage auf der Basis einer geschätzten Nachfrage entstehen.

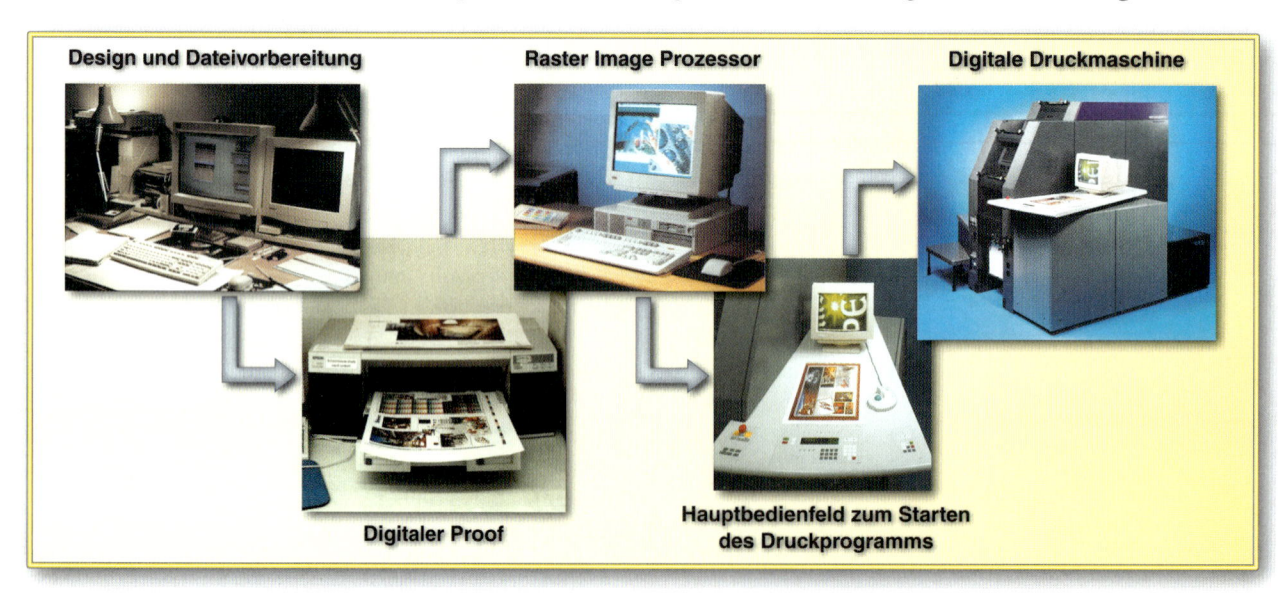

12.3 Druckmaschinen

Die Druckmaschine hat seit der Erfindung des Drucks eine lange Entwicklung durchgemacht. Zunächst wurde mit Tiegeldruckpressen eine flache Druckform auf einen flachen Bedruckstoff, meist Papier gepresst, später dann mit Zylinderdruckmaschinen auch rund gegen flach. Beide Maschinenarten gehören heute eher zu den Raritäten in den Druckereien, dominieren doch die Bogendruck- und Rollendruckmaschinen, die nach dem Prinzip der Rotation mit einem Plattenzylinder arbeiten.

12.3.1 Bogendruckmaschinen

Bogenoffsetmaschinen werden als Einfarben- oder Mehrfarbenmaschine mit bis zu sechs Farbwerken eingesetzt. Die einzelnen Papierbögen werden von einem Vorratsstapel in die Zufuhreinheit mit einem Greifer einzeln eingezogen.

Für den doppelseitigen Druck muss das Papier durch Umstülpen oder Umschlagen gewendet und wieder zugeführt werden. In einigen Druckmaschinen muss das Wenden manuell durchgeführt werden, in anderen Druckmaschinen wird der Vorgang automatisch ausgeführt. Druckmaschinen, die in einem Durchgang den Bedruckstoff vorn und hinten bedrucken, bezeichnet man als Schön- und Widerdruckmaschinen. Im Mehrfarbendruck wird „nass in nass" gedruckt, d. h. dass die noch nicht trockenen Farben hintereinander in einem Maschinendurchgang auf den Bedruckstoff gedruckt werden.

Die digitalen Bogendruckmaschinen bieten durch den Einsatz neuer Technik ein hohes Maß an Genauigkeit. Das Papier wird nur einmal über eine Greifereinrichtung auf den vierfachgroßen Druckzylinder geführt und dann ohne Bogenübergabe bis zur Auslage transportiert. Das Papier liegt durch viermaliges Überrollen in den Farbwerken und durch Adhäsion, der Anhangskraft des Papiers, exakt auf dem Druckzylinder auf. Das Auslagegreifersystem entnimmt das Papier und stapelt es nach dem Druck.

Bauweise einer digitalen Vierfarboffsetdruckmaschine:

Greifereinrichtung ❶
Druckzylinder ❷
Farb- oder Druckwerk ❸
Auslagegreifersystem ❹

Am Papierlauf ist auch die Druckreihenfolge Schwarz, Cyan, Magenta und Gelb erkennbar.

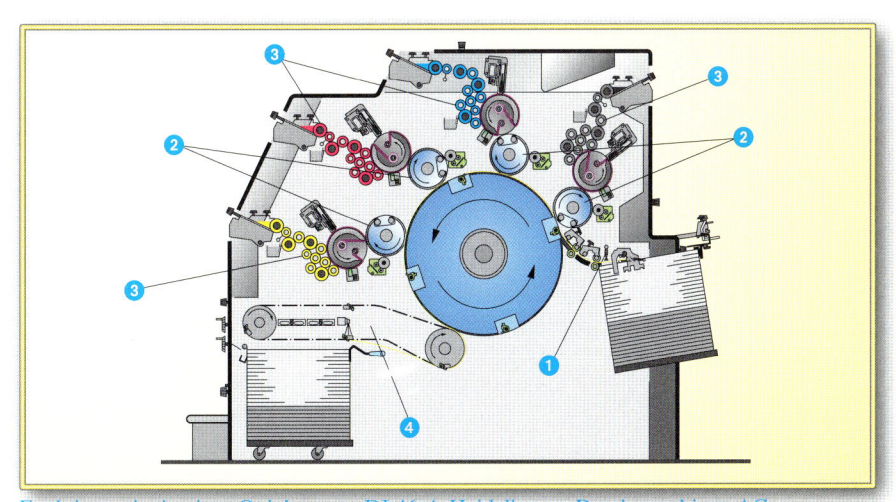

Funktionsprinzip einer Quickmaster DI 46-4, Heidelberger Druckmaschinen AG

359

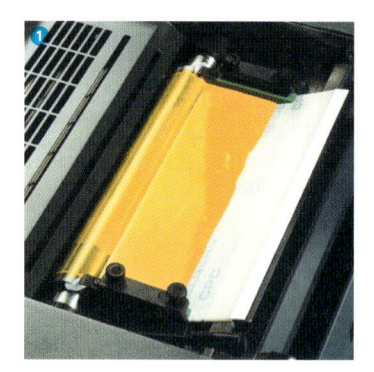

Aufbau eines Farbwerks

Das Farbwerk einer Digital-Druckmaschine soll hier näher betrachtet werden. Das Farbwerk besteht aus 12 Walzen mit unterschiedlicher Funktion:

- Farbkasten mit gekühltem Farbduktor ❶
- Farbheber ❷
- Farbreiber, teilweise mit Kühlung ❸
- Übertragwalzen ❹
- Farbauftragwalzen ❺

Die Farbe wird aus dem Farbkasten über den Farbduktor auf den Farbheber abgegeben. Über die Farbreiber und die Übertragwalzen gelangt die Farbe auf die Farbauftragwalzen. Die Farbauftragwalzen übertragen die Farbe auf die silikonbeschichtete Druckfolie auf dem Plattenzylinder ❻. Die silikonfreien Stellen der Trägerfolie nehmen nun die Farbe auf und geben diese während des Druckvorgangs wieder an den Gummituchzylinder ❼ ab.

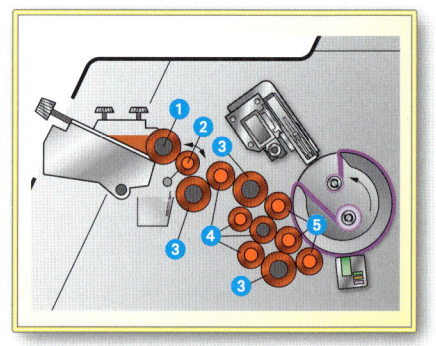

Rollendruckmaschinen werden auch als Rotationsmaschinen bezeichnet. Den Druckvorgang bei einer Zeitung bezeichnet man auch als „Rotation".

12.3.2 Rollendruckmaschine

Für hohe Auflagen speziell im Bereich der Tageszeitungen, Zeitschriften, Magazine und Versandhauskataloge, werden Rollenoffsetmaschinen eingesetzt. Durch das Hintereinanderschalten von Satellitendruckwerken können mehrere Farben in einem Durchgang und gleichzeitig auf beiden Seiten, also im Schön- und Widerdruck, gedruckt werden.

Rollendruckmaschinen sind oft schneller und flexibler in bezug auf Bogenlängen und -formate und haben eine hohe Druckleistung mit bis zu 60 000 Drucken pro Stunde. Durch den Einsatz von Rollenpapier können neben den üblichen acht Seiten auch großformatige Bilder für Poster und Banner gedruckt werden. Eine Beschränkung gibt es dabei nur in der Breite, die für die Rollendruckmaschine passend sein muss. Eine Schwierigkeit tritt vor allem im Zeitungsdruck auf. Hohe Druckleistung und gleichzeitig niedriges Gewicht des Endprodukts erfordern reißfeste Papiersorten. Heutzutage ist es möglich das Papiergewicht reißfester Papiersorten im Zeitungsbereich auf 30 g/m^2 zu senken und so hohe Druckleistungen mit bis zu 30 000 Zeitungen à 48 Seiten pro Stunde zu erzielen.

Registerhaltigkeit: Einhalten der Einstellungen von Maschinenwerten, wie Greiferrand und Seitenanlage, um beispielsweise einen deckungsgleichen Satzspiegel im Schön- und Wiederdruck zu erzielen.

Passergenauigkeit: Genauigkeit, mit der die Farben von der Druckmaschine übereinander gedruckt werden. Beim Herstellen der Druckplatten werden die Filme mit Hilfe von Passerkreuzen ausgerichtet.

Die Rollendruckmaschinen im Zeitungsbereich sind im Anschluss an das letzte Druckwerk mit einem Falzaggregat verbunden, aus dem die gefalzten und beschnittenen Zeitungen mit Greifereinrichtungen zu den Einlegestationen für Beilagen und Werbebroschüren gefördert werden. Die Kontrolle über die Farbgebung, die *Registerhaltigkeit* und die *Passergenauigkeit* wird bei Bogen- und Rollendruckmaschinen vom Computer übernommen und als Computer Printing Control (CPC) bezeichnet.

12.3.3 Drucküberwachung

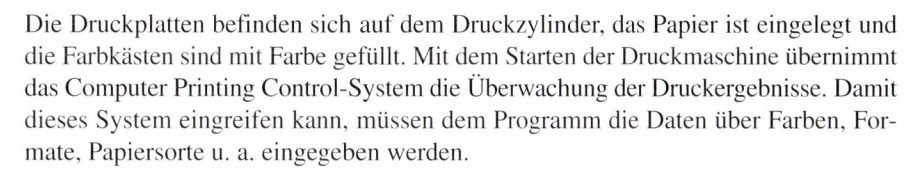

Die Druckplatten befinden sich auf dem Druckzylinder, das Papier ist eingelegt und die Farbkästen sind mit Farbe gefüllt. Mit dem Starten der Druckmaschine übernimmt das Computer Printing Control-System die Überwachung der Druckergebnisse. Damit dieses System eingreifen kann, müssen dem Programm die Daten über Farben, Formate, Papiersorte u. a. eingegeben werden.

Das Einrichten des Systems findet im Vorfeld mit einem Andruck statt. Die Kontrolle des Andrucks ist notwendig, weil der Druckjob auf unterschiedliche Weise beeinflusst werden kann. Benötigt eine Fläche beispielsweise eine höhere Farbintensität, dann kann sich diese Erhöhung der Farbführung auch auf andere Abbildungen auswirken. Jede zu druckende Seite hat wichtige Bereiche, auf die besonders geachtet werden muss. So sind dies in einem Buch über Fotografie die Schärfe der Abbildungen sowie die Registerhaltigkeit der Farben und in einem Buch über Typografie die Schärfe und die richtige Verwendung der Schriften. In einem Reiseprospekt für ein Segelrevier sind die Farben des Himmels und des Wassers als wichtige Elemente zu betrachten. So muss der Techniker die entsprechenden Werte an der Druckmaschine einstellen und im Andruck überprüfen. Die Intensität und Balance der Farben werden meist nochmals vom Designer zum Zeitpunkt des Andrucks überprüft. Mit der Genehmigung des Proofs erteilt der Auftraggeber dann die Druckfreigabe. Jetzt ist es die Aufgabe des Druckers die Vorgaben zu kontrollieren und für die Einhaltung der Qualität zu sorgen.

Auf dem Druckbogen sind wichtige Hinweise zur Drucküberwachung gegeben. Die wichtigen Bereiche sind markiert, die vom Drucker und auch vom Auftraggeber kontrolliert werden sollten.

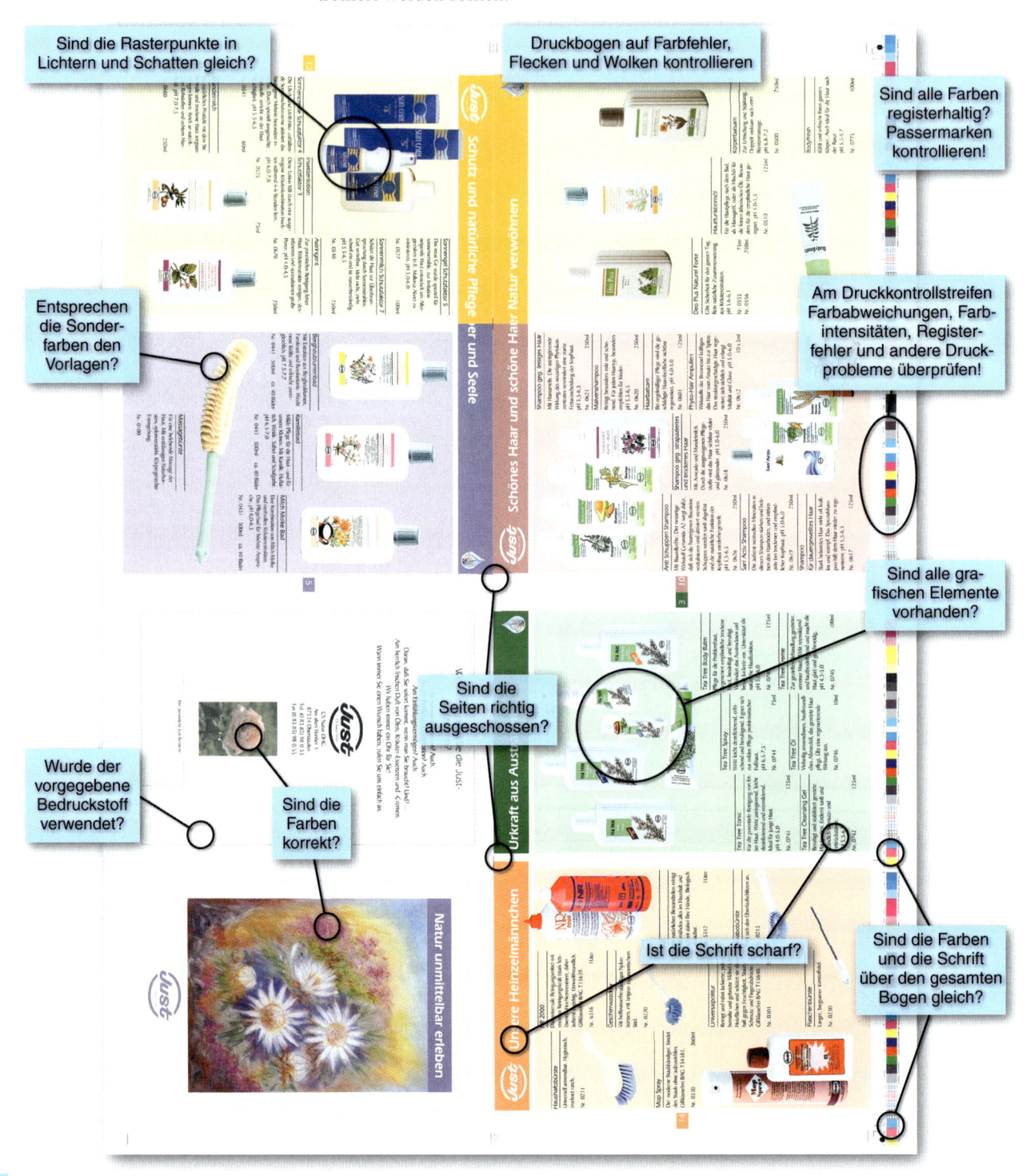

12.4 Bedruckstoff, Falzen, Binden

12.4.1 Bedruckstoff

Sieht man sich die geschichtliche Entwicklung der Herstellung von Papieren an, so entdeckt man Parallelen zur Drucktechnik. Auch hier entstanden erste handwerkliche Techniken schon sehr früh in China und im 14. Jahrhundert auch in Deutschland. Die industrielle Papierherstellung gelang erstmals mit der Erfindung der Papiermaschine von Nicolas Louis Robert in Paris. Erst gegen Ende des 19. Jahrhundert wurden vor allem in Schweden und später in Danzig das heute noch gängige Zellstoffverfahren zur Herstellung von Papier entwickelt.

Papier ist aus unserem Leben nicht mehr wegzudenken, wir finden es als Briefpapier, Buch, Zeitung, Verpackung, Geldschein, Briefmarke und in vielen anderen Produkten unseres alltäglichen Lebens. Neben einer großen Zahl verschiedener Papiersorten, haben sich für den täglichen Gebrauch als Bedruckstoff eine ganze Reihe weiterer Werkstoffe gesellt, die sich mit Druckmaschinen bedrucken lassen. Im Gegensatz zum Papier müssen diese Bedruckstoffe jedoch teilweise behandelt werden, damit sie die Druckfarbe annehmen und diese auch langfristig haften bleibt.

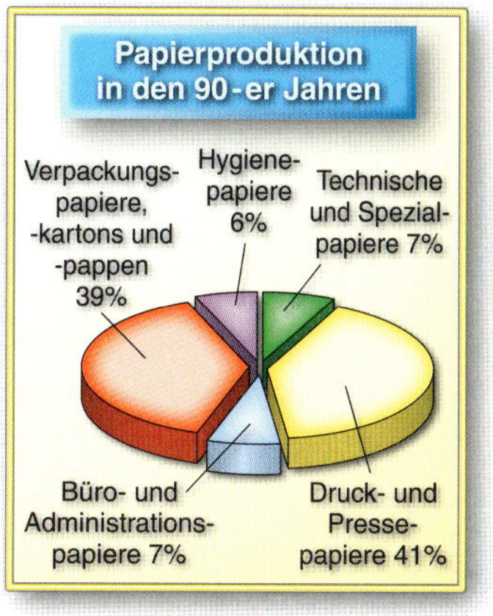

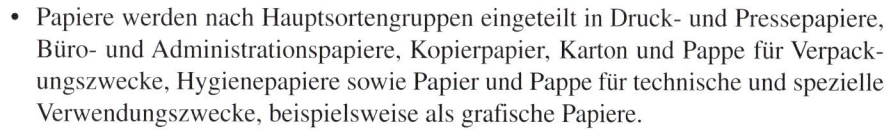

Bedruckstoffe

- Papiere werden nach Hauptsortengruppen eingeteilt in Druck- und Pressepapiere, Büro- und Administrationspapiere, Kopierpapier, Karton und Pappe für Verpackungszwecke, Hygienepapiere sowie Papier und Pappe für technische und spezielle Verwendungszwecke, beispielsweise als grafische Papiere.
- Selbstklebepapier ist mit einer selbstklebenden Beschichtung auf der Rückseite versehen. Es wird auch als „Crack-and-peel"-Papier bezeichnet und für Etiketten oder Aufkleber verwendet.
- Polyesterfolie ist ein weißes Folienmaterial auf Rollen, das meist für Pläne, auch technische Zeichnungen für den Außenbereich, Mouse-Pads für den Computer, Handbücher, Ausweiskarten und Schiffskarten verwendet wird, die in feuchter und schmutziger Umgebung eingesetzt werden.
- Transparentfolie findet man in selbstklebender Form als durchsichtiger Aufkleber auf Flaschen oder als Material für Tageslichtfolien.
- Polypropylen-, PVC- und Acetat-Folie werden eingesetzt für Lebensmitteltüten, Arzneimittel- und medizinische Verpackungen, Schutzhüllen und in vielen anderen Bereichen, in denen Waren mit bedruckten Folien verpackt werden.

Rohstoffe und die Verarbeitung zu Papier

Papier besteht aus Holzfaserstoffen, Hilfsstoffen und Wasser. Nadelhölzer, wie Fichte, Kiefer und Tanne, sind bevorzugte Lieferanten langer Holzfasern, für bestimmte Anwendungen nimmt man auch die kurzfasrigen Laubhölzer Birke, Pappel oder Buche.

Geeignet für die Verarbeitung zu Papier sind Hölzer aus Durchforstungen, Schwachholz, aber auch Sägenebenprodukte, wie Hackschnitzel. Zu 95% wird Papier und Pappe aus Holz hergestellt und zu einem kleinen Teil aus Stroh, Bagasse (entzuckertes Zuckerrohr) und Bambus.

Holzstoff

Um Holzfasern herzustellen muss das Holz entweder mit einem Schleifstein oder thermomechanisch zwischen rotierenden Schleifscheiben geschliffen werden. Beim Schleifen mit dem Schleifstein werden Holzteile unter Zugabe von heißem Wasser an einen rotierenden Schleifstein gedrückt und dadurch Holzfasern von bis zu 4 mm Länge herausgerissen.
Beim thermomechanischen Verfahren weicht man durch eine Vordämpfung das zwischen den Fasern befindliche Lignin und löst es anschließend mit Hilfe von Chemikalien ab. Gegeneinander rotierende Schleifscheiben trennen das Holz in die Einzelfasern.

Zellstoff

Löst man aus dem Holz die für das Papier nachteiligen Stoffe wie Lignin und Harze heraus, dann erhält man Zellstoff. Zur Herstellung des hochwertigen Papierrohstoffs wird Holz zunächst zu Hackschnitzeln zerkleinert und unter Beigabe von Wasser und Chemikalien gekocht. Dadurch wird das Lignin beseitigt und das Holz schonend in die Einzelfasern zerlegt. Zellstoff besitzt mehr Anteile an langen Holzfasern mit einer hohen Festigkeit und ist geschmeidiger als kurzfasriger Holzstoff.

Altpapier

In der Papierproduktion wächst der Anteil des Altpapiers als Rohstoff. Über 60% beträgt heute der Anteil des Altpapiereinsatzes an der gesamten jährlichen Papierproduktion. Altpapiere werden in verschiedenen Qualitätsabstufungen gesammelt und für viele Papiersorten eingesetzt.

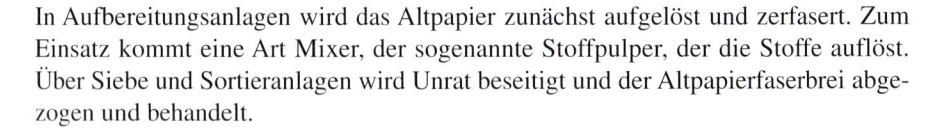

In Aufbereitungsanlagen wird das Altpapier zunächst aufgelöst und zerfasert. Zum Einsatz kommt eine Art Mixer, der sogenannte Stoffpulper, der die Stoffe auflöst. Über Siebe und Sortieranlagen wird Unrat beseitigt und der Altpapierfaserbrei abgezogen und behandelt.

Mit dem zusätzlichen Deinkingprozess (de-inken = abtrennen der Druckfarbe) können Fremdstoffe weitgehend beseitigt und Druckfarben abgelöst und entfernt werden. Durch den Einsatz moderner Technologien kann die Qualität, der auf Altpapierbasis erzeugten Papiersorten, wesentlich gesteigert werden, was sich auch im mengenmäßigen Absatz positiv auswirkt.

Die Holzfaserstoffe werden in einer Stoffaufbereitung mit Wasser vermischt, so dass die Masse pumpfähig wird. Die Faserbündel (Stippen) werden in Einzelfasern zerlegt

Lignin: Holzstoff, der neben Zellulose der wichtigste Bestandteil des Holzes ist, bewirkt bei der Einlagerung in die pflanzlichen Zellwände deren Verholzung, auch Lignifizierung genannt.
Zellulose: Der Hauptbestandteil der pflanzlichen Zellwand ist ein Polysaccharid und besteht aus Glucoseresten.

und mehrmals gereinigt. In der Stoffzentrale werden die Ausgangsstoffe, Holzstoff, Zellstoff und Altpapier mit Füll- und Hilfsstoffen sowie Wasser in bestimmten Verhältnissen gemischt, um die Papierqualität, die Reißfestigkeit, die Geschmeidigkeit u.a. zu beeinflussen. Wichtige Füllstoffe sind Kaolin, Kreide und gemahlene Mineralien.

In der Papiermaschine wird die wässrige Fasermischung aus dem Stoffauflauf auf die Siebmaschine verteilt. Ein Sieb entzieht der Fasermischung das Wasser und ordnet die Holzfaserstoffe. Am Ende der Siebmaschine muss die Papierbahn durch eine Trocknungsanlage laufen, wo mit Hilfe von umlaufenden Filztüchern und anschließenden dampfbeheizten Trockenzylindern das Papier von 80% Wasseranteil heruntergetrocknet wird. Durch zusätzliche Maschineneinrichtungen in der Trockenpartie kann das Papier oberflächenbehandelt werden. Das anschließende Glättwerk verdichtet und glättet die fast trockene Papierbahn durch Walzen. Die Feuchtigkeit der aufgerollten Papierbahn beträgt am Ende des Herstellungsprozesses 5-8%.

Für unterschiedliche Ansprüche und Papiersorten folgt im Anschluss die Veredelung des Rohpapiers. Zu den Veredelungsprozessen gehören das *Streichen*, *Glätten*, *Beschichten* oder *Kaschieren*.

- *Streichen*: Mit Streichfarbe bestehend aus Pigmenten und Bindemittel erhält das Papier eine geschlossene Oberfläche.
- *Glätten*: Beim nachträglichen Glätten läuft das Papier durch mehrere Walzen mit verschiedener Härte und aus unterschiedlichen Materialien. Der Effekt verleiht dem Papier Glanz und eine glatte Oberfläche.
- *Beschichten*: Papiere, die beispielsweise wasserdampf- und aromadicht sein sollen werden mit Kunststoff beschichtet.
- *Kaschieren*: Für bestimmte Einsatzzwecke werden Papier und Karton oder Papier mit Papier oder Papier bzw. Pappe mit Metall- oder Kunststofffolien zusammengefügt.

Papiersorten

Bei den Papieren kann man grundsätzlich folgende Sorten unterscheiden:
- Ungestrichene Zeitungspapiere, holzhaltig und mit geringem Papiergewicht bis zu 30 g/m^2.
- Ungestrichene Naturpapiere für Bücher, Prospekte und Kopierpapier.
- Gestrichene Papiere, als mattes Bilderdruck-, halbmattes Kunstdruck- oder gussgestrichenes, hochglänzendes Papier finden ihren Einsatz beispielsweise bei Prospekten, hochwertigen Präsentationen, Kunstdrucken und Hochglanzverpackungen.

Handgeschöpftes Papier

Rollenpapier

12.4.2 Falzen

In der Druckmaschine werden mit einer Druckplatte mehrere Seiten, in der Regel acht Seiten pro Bogen, gleichzeitig gedruckt. Damit die Buchseiten nach dem Druck in der seitenrichtigen Reihenfolge gebunden werden können, müssen sie schon auf der Druckplatte entsprechend angeordnet sein.

Dies geschieht in der Druckvorstufe durch Ausschießen der Dateien. Das angewandte Ausschießschema hängt von der Falzart ab, die nach dem Druck angewandt wird. Mit Falzmaschinen kann der Falzprozess wirtschaftlich durchgeführt werden. Neben den unten dargestellten Falzarten gibt es einige gebräuchliche wie den Kreuzbruchfalz, den Leporellofalz, der Wickelfalz oder auch Gemischtfalzungen wie Kreuz- und Parallelfalz.

Kreuzbruchfalz:

Der Bogen wird kreuzweise halbiert. Die Falzart wird auch nach der Anzahl der Brüche bezeichnet, z.B. Dreibruch.

Leporellofalz:

Prospekte oder Karten werden im Zickzack-Falz, meist mit zwei Brüchen zu sechs Seiten gefalzt.

Wickelfalz:

Beim Wickelfalz werden die Seiten in gleicher Richtung gefalzt oder „eingewickelt".

Für Werbematerial und Firmenpräsentationen werden heute häufig Gemischtfalzungen verwendet, die einzelne Bereiche der Seiten besonders hervorheben und durch die Art des Öffnens der Falzung eine bestimmte Lese- und Betrachtungsabfolge erzwingt.

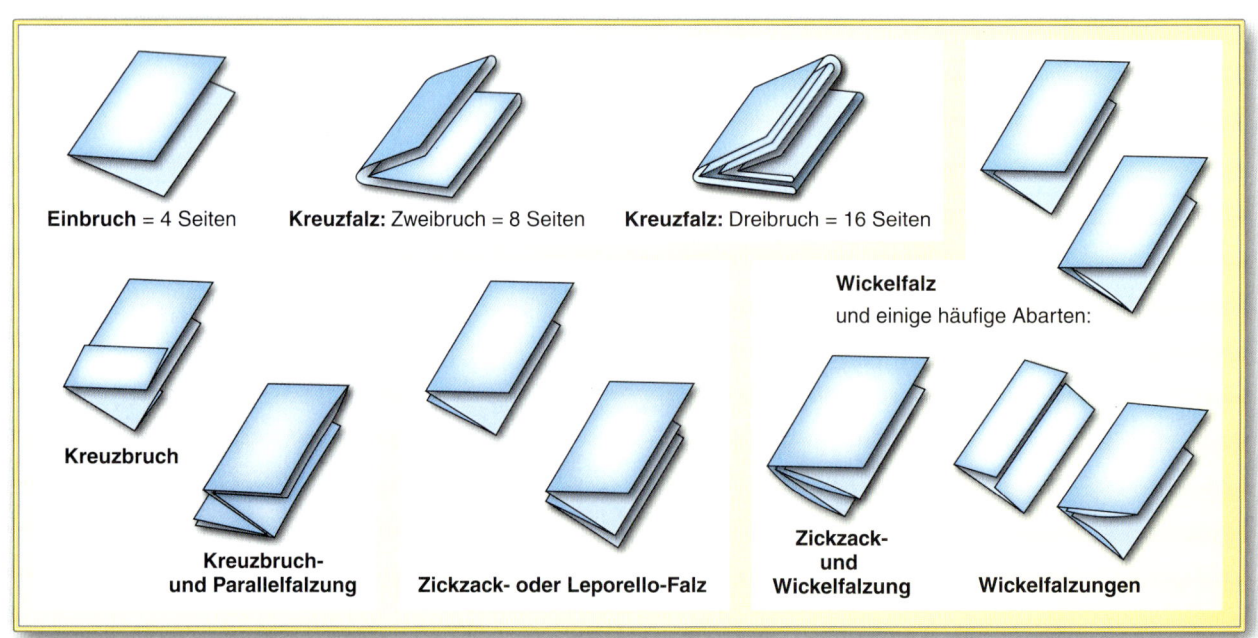

Einbruch = 4 Seiten   **Kreuzfalz:** Zweibruch = 8 Seiten   **Kreuzfalz:** Dreibruch = 16 Seiten

Wickelfalz und einige häufige Abarten:

Kreuzbruch

Kreuzbruch- und Parallelfalzung   Zickzack- oder Leporello-Falz   Zickzack- und Wickelfalzung   Wickelfalzungen

12.4.3 Binden

Alle Druckprodukte außer den Zeitungen werden nach dem Falzen noch gebunden. Die einzelnen Falzbogen eines Buchdrucks stellt man zu Buchblöcken zusammen und beschneidet sie.

Das Buchbinden hat viel Tradition und alte handwerkliche Buchbindeverfahren werden heute noch an wertvollen Büchern gepflegt. In der heutigen Zeit spielt jedoch die Wirtschaftlichkeit bei der Wahl des entsprechenden Buchbindeverfahrens eine große Rolle. Die Wahl der Bindetechnik hängt beispielsweise ab von der Auflagenhöhe und dem Buchpreis, von der Frage der Haltbarkeit hochwertig hergestellter Bücher oder auch davon wie sich die Bücher und Dokumente aufschlagen lassen müssen. Einfache Firmendrucksachen und Tischvorlagen für Tagungen werden in kurzer Zeit mit klebelosen Bindungen hergestellt. Nachfolgend sind die heute wichtigsten Bindetechniken beschrieben und dargestellt.

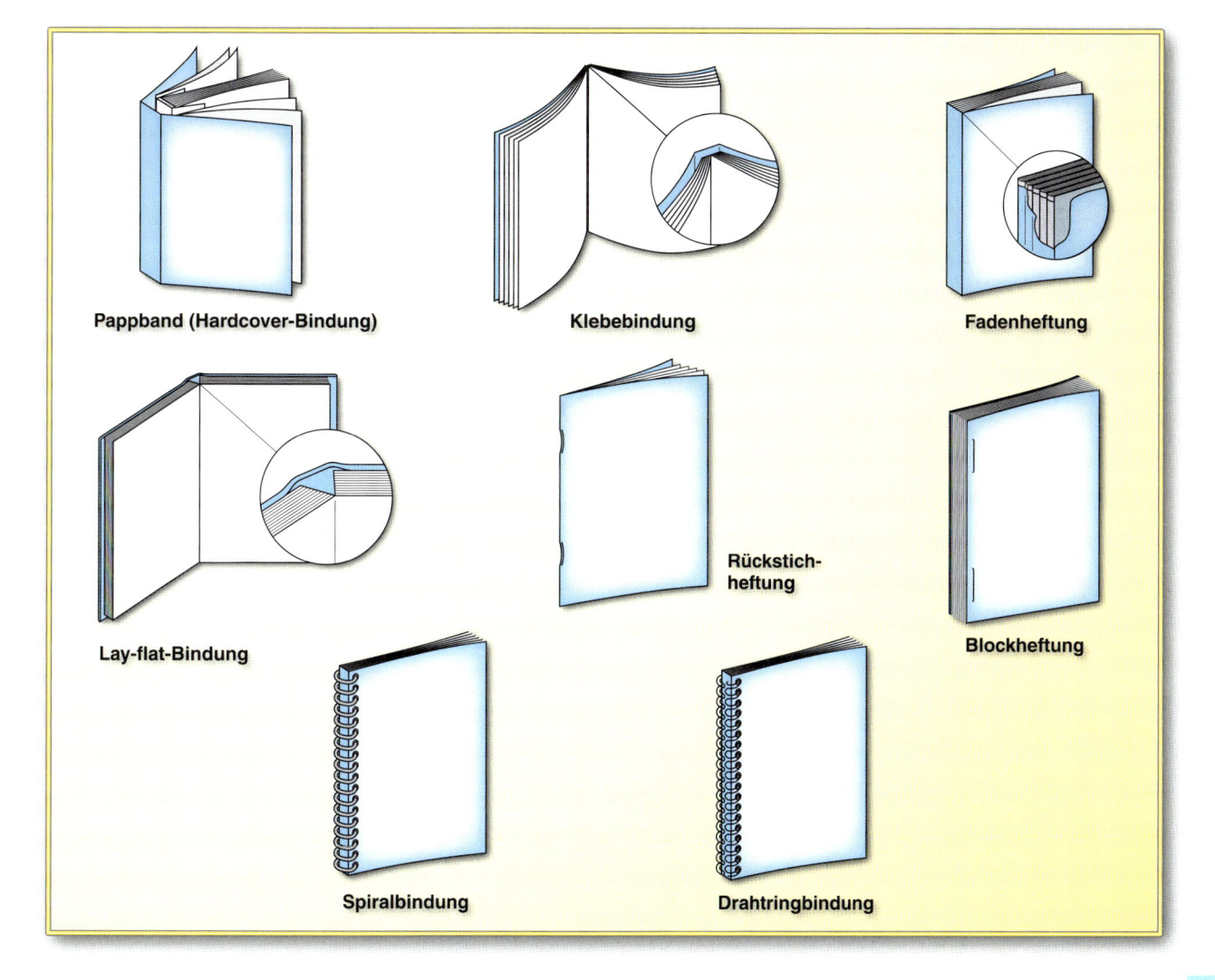

Pappband (Hardcover-Bindung)

Klebebindung

Fadenheftung

Lay-flat-Bindung

Rückstichheftung

Blockheftung

Spiralbindung

Drahtringbindung

12.5 Anwendung

Zwei Anwendungen über die Entwicklungsschritte vom Manuskript bis zum Buch sowie die Herstellung einer Zeitung sollen das Kapitel über das Drucken abrunden.

12.5.1 Vom Manuskript zum Buch

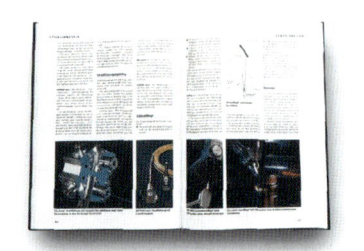

Bücher werden abhängig vom Gebrauch und vom Inhalt in drei unterschiedlichen Formen gestaltet:

Klassische Buchgestaltung: Alle Seiten des Druckwerks werden zusammenpassend konzipiert und bilden eine harmonische Einheit. Diese Gestaltungsform wird bei den meisten Büchern umgesetzt, die vor allem linear, d. h. zusammenhängend von Seite 1 bis Seite n, gelesen werden. Die gesamte Gestaltung entspricht in Schrift und Bild ordentlicher Qualität ohne größere Ansprüche, die Seitenflächen sind optimal genutzt.

Repräsentative Buchgestaltung: Bildbände, Firmendarstellungen, Ausstellungskataloge, Gedenkschriften oder Sonderausgaben werden großzügig gestaltet mit viel Weißraum, großen Schriften, qualitativ hochwertigen Abbildungen sowie schöner Bindetechnik mit edlen Materialien versehen. Diese Bücher fallen oft durch eine aufwendige künstlerische Gestaltung auf und dienen weniger der Vermittlung von Inhalten als vielmehr der Repräsentation.

Faksimile: Der mit einem Original in Größe und Ausführung genau übereinstimmende Nachdruck.

Bibliophile und experimentelle Buchgestaltung: Hierbei handelt es sich oftmals um moderne, experimentelle Buchdrucke mit ungewöhnlich aufgebauter Gestaltung der Seiten und atypischem Einsatz von Schrift und Bild. Diese Bücher sind oft Raritäten des Handpressendrucks oder auch Faksimileausgaben. Vielfach sieht man heute diese Versuche auch im Bereich der Magazine und Bücher für Wirtschaft und Design.

Buchaufbau

Geht man von der klassischen Buchgestaltung aus, dann besteht ein Buch aus folgenden Gestaltungseinheiten:

Titelei

- Schmutztitel, früher ein Papiereinband gegen Verschmutzung, mit Autor, Kurztitel und Verlag.
- Schmutztitelrückseite beinhaltet in bibliophilen Werken früherer Zeit ein Bild des Autors als Frontispiz (= lat., was vorn zu sehen ist), heute ist sie meist leer.
- Haupttitel ist die dritte Seite, die neben dem Autor, Haupttitel, Untertitel, Auflagenbezeichnung, Hinweise zu einer Neubearbeitung, ev. Name des Übersetzers, Illustrators, Zeichner und Fotografen sowie den Verlagsnamen und den Verlagsort beinhaltet. (DIN 1429, Titelblätter von Büchern)
- Haupttitelrückseite ist das Impressum des Buches mit allen bibliographischen Angaben wie Name der Druckerei und anderer Mitwirkender am Buch, Anzahl der Überarbeitungen, ISBN und weiteren Angaben zur Erfassung des Buchtitels.

- Widmung, mit einem einleitenden Motto oder einer persönlichen Ansprache sowie der Nennung von Personen.
- Vorwort mit Erläuterungen zum Gebrauch und zur Entstehung des Buches.
- Inhaltsverzeichnis ❶, das übersichtlich und anwenderfreundlich gestaltet sein muss. Überschriften erhalten durch eine entsprechende Gliederung ihre Wertigkeit. Sie können auch zusätzlich mit einem Nummernsystem nach DIN 1421 geordnet werden.

Hauptteil oder Textteil

Dem Textteil kann ein Geleitwort oder eine Einleitung vorangestellt sein, die in der Hierarchie der Überschriften einen eigenen Platz einnehmen, meist mit der Zahl „0" gekennzeichnet. Der Textteil ❷ wird dann jeweils durch die Überschriften unterteilt und wenn notwendig durch ein Nummernsystem gliedernd ergänzt.

Anhang

- Anmerkungen zu den Fußnoten.
- Literatur- ❸ und Quellennachweis nennt die Buchtitel, auf die im Buch Bezug genommen wird sowie weiterführende bzw. vertiefende Literatur.
- Schlagwortverzeichnis oder Index ❹ zeigt die Stellen im Buch an, wo der Begriff behandelt wird. Nach DIN 5007 wird die alphabetische Ordnung im Register festgelegt.
- Tafeln, Pläne, werden an den Schluss des Buches gesetzt. Sie sind teilweise zum Herausklappen oder auch zum Herausnehmen. CD´s befinden sich in einer Tasche auf dem Rückeneinband des Buches.

Buchherstellung

Manuskripterstellung

Das gesamte Buchmanuskript umfasst ein Textmanuskript und ein Bildmanuskript. Das Manuskript ist die Vorlage zur Herstellung des Satzes durch eine Setzerei und für die anschließende drucktechnische Umsetzung in der Druckerei. Für die Erstellung und Ablieferung an den Verlag durch den Autor sind bestimmte Vorschriften und Regeln einzuhalten. Das Manuskript wird im Verlag vom Lektor inhaltlich, sprachlich und orthografisch überprüft, bevor es von der Setzerei gesetzt wird.

Das vom Autor abgelieferte Manuskript muss heute mindestens in Schreibmaschinenschrift verfasst sein. Handgeschriebene Manuskripte werden nicht mehr akzeptiert. Ein mit Schreibmaschine geschriebenes Manuskript kann mit dem Scanner erfasst und mittels OCR-Technik digitalisiert oder manuell eingegeben werden.

Am PC erstellte Manuskripte lassen sich im Satzbetrieb in DTP-Programme einlesen. Dadurch vereinfacht sich die gesamte Satzerstellung.

Soll eine Neuauflage mit geringen Korrekturen gedruckt werden, dann genügt es, mit Hilfe der Korrekturzeichen, am Rand der Seiten der letzten Auflage, Änderungen vorzunehmen. Bei größeren Überarbeitungen ist es notwendig, den Text für das Manuskript teilweise oder insgesamt neu zu erstellen. Ein entsprechender Datenträger mit den Korrekturen ist dann dem Verlag zuzusenden.

Beispiele für Vorschriften und Regeln zur Abgabe von Manuskripten:

- Seitenlayout definieren.
- Ordnungssysteme nach DIN 1421 verwenden.
- Angaben über Verwendung von Schriften.
- Bei Änderung im Manuskript die Korrekturzeichen des grafischen Gewerbes verwenden.
- Textmanuskript mit Platzhaltern und Bezeichnung der Bilder mit Nummern und Größe.
- Bildvorlagen mit definierten Farben und Größen.
- Verwendung von Rahmen und Linien beschreiben.

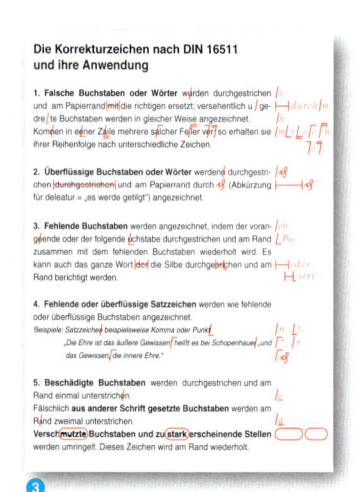

Das Bildmanuskript wird vom Textteil getrennt bearbeitet und besteht aus einer Anzahl Bildvorlagen ❶. Die Bildstelle wird im Text durch einen Platzhalter mit Nummer und Bildgröße markiert. Zum Bildmanuskript gehören Fotografien, Grafiken, Dias, Zeichnungen in Papierform und in digitalisierter Form als Dateien. Die Abbildung müssen in jedem Fall als reproduzierbare Vorlage vorliegen. Wenn es notwendig ist, müssen vom Autor die Bildrechte eingeholt werden.

Bildreproduktion

Ein grafisches Büro bearbeitet die Bildvorlagen und fertigt von jeder Abbildung eine satzfähige Datei. Dazu müssen Zeichnungen und Skizzen oder Grafiken mit Hilfe eines CAD- oder Zeichenprogramms digital erstellt werden. Fotografien werden gegebenenfalls nachgeschärft und beschnitten sowie skaliert und gedreht. Die fertigen Dateien werden auf CD gebrannt und in den Satz gegeben.

Tabellen und einfache Grafiken, wie Diagramme und einfache Schaubilder, werden nicht vom Grafiker bearbeitet, sondern direkt in der Setzerei mit dem Textteil verarbeitet.

Umschlaggestaltung

Für die Gestaltung des Umschlags beauftragt der Verlag in Absprache mit dem Autor einen Grafiker, der einen Entwurf in digitalisierter Form abliefert.

Typografische Gestaltung

Verlag und Autor legen die typografische Gestaltung des Werkes fest und geben die Satzanweisung ❷ an die Setzerei weiter. In der Satzanweisung stehen alle Angaben über Schriftarten, Schriftgrade, Laufweiten, Durchschuss, Zeilenabstände, Formate, Absatzgestaltung und Überschriften. Textauszeichnungen, wie fett und kursiv, gehen aus dem Textmanuskript hervor und sind im elektronischen Manuskript bereits eingebaut oder werden durch farbliche Kennzeichnung und Unterstreichung gekennzeichnet.

Satz

Dem eigentlichen Satz geht vor allem bei wissenschaftlichen Publikationen und Lehrbüchern oft ein Probesatz einiger Seiten voraus, der alle wesentlichen Elemente des Buches enthält. Wenn der Probesatz von Autor und Verlag abgenommen ist, kann mit dem endgültigen Satz begonnen werden.

Der Satz stellt innerhalb des Produktionsablaufs die Druckvorstufe dar und besteht aus der Aufbereitung der Manuskripte mit deren Erfassung, der Seitengestaltung und der Bild-Textintegration mit Hilfe eines Seitenlayout-Programms.

Die Setzerei stellt Laserdrucke für die Korrektur bereit. In der Regel gibt es zwei Korrekturläufe, die von Autor und Lektor mit den üblichen Korrekturzeichen ❸ vorgenommen werden.

Nachträgliche Änderungen und Berichtigungen von Fehlern von Seiten der Autoren, sind für den Verlag kostenpflichtig, Satzkorrekturen gehen auf das Konto der Setzerei. Der Bildteil wird meist schon im ersten Korrekturlauf eingebaut und von den Autoren mitkorrigiert.

Druck

Sind alle Korrekturen eingebaut und der Satz abgenommen, kann mit dem Druck begonnen werden. Das Endprodukt, die fertige Datei wird auf einen Film oder direkt auf eine Druckplatte belichtet. Für den digitalen Druck werden die Dateien auf Datenträger oder durch Datenfernübertragung an die Druckerei geschickt. In der Mehrzahl der Fälle wird das Buch durch Offsetdruck hergestellt. Die Seiten sind auf einem Druckträger zu 16 Seiten, 8 Seiten Schöndruck und 8 Seiten Widerdruck, angeordnet. Der Druckbogen wird nach dem Druck so gefalzt, dass die Seiten in der richtigen Reihenfolge liegen.

Binden

Den Abschluss des Herstellungsprozesses bildet das Binden des fertigen Druckwerkes. Durch die unterschiedlichen Buchbindetechniken erhält das Buch seine äußere Gestalt und Hülle. Durch eine zusätzliche Folienbeschichtung können Umschläge, vor allem bei häufigem Gebrauch im beruflichen Alltag, vor vorzeitigem Verschleiß geschützt werden.

12.5.2 Herstellung einer Tageszeitung

Die Zeitung ist ein regelmäßig erscheinendes Druckprodukt, das in Form von gefalteten Lagen ungeheftet erscheint. Die Tageszeitung dient der täglichen Informationsvermittlung und ist mit seiner Wächterinstanz wichtiges Element einer demokratischen Gesellschaftsform.

Die Tageszeitung stellt für jeden Leser tagesaktuelle Informationen aus allen Bereichen des Lebens bereit. Die Fülle an Informationen, die Zeitpunkte der Geschehnisse auf der ganzen Welt zwingen die Verlage dazu, die Wege des Druckprodukts zum Leser kürzer und damit schneller zu machen. Rotationsmaschinen für den Sechsfarbendruck, moderne Sortier- und Verpackungsanlagen und Lokalredaktionen mit ausgelagerten Prokuktionsstätten können den Arbeitsfluss beschleunigen. Dazu sind die elektronischen Hilfsmittel wie Datenbanken, Redaktionsprogramme zur Text- und Bildverarbeitung sowie die Datenfernübertragung eine wertvolle Unterstützung.

Tageszeitungen setzen sich in den meisten Fällen aus einem Mantelteil und einem Lokalteil zusammen und haben folgende Auflagezahlen (Beispiel STN, 1999):

- 75 000 Zeitungen als Kernauflage der Stadt
- 280 000 Zeitungen als Mantelauflage, die für alle Ausgaben die gleiche Informationsbasis bildet, beinhaltet große politische, gesellschaftliche, wirtschaftliche sowie sportliche und kulturelle Ereignisse aus aller Welt und dem gesamten Land. Diese Mantelauflage entsteht in der Zentralredaktion und wird an die Lokaldruckereien fertig ausgeliefert.
- In den ca. 20 Lokalredaktionen werden die Lokalteile für die Regionen verfasst und gesetzt, die wiederum in Lokaldruckereien hergestellt und der Mantelauflage angefügt werden. Die Koordination und die Festlegung des Umfangs von Mantelteil und Lokalteil findet in der täglichen Redaktionskonferenz statt.

Beispiel: Stuttgarter Nachrichten, STN, gegründet 1946 (Auflagezahlen beziehen sich auf das Jahr 1999).

Ergänzt wird die Tageszeitung durch wöchentliche Magazine wie Fernsehprogramm oder eine siebte Sonntagsausgabe bzw. zusätzliche monatliche Beilagen zum Thema Wirtschaft, Computertechnik, Schönheit, Medizin, Konzert, Kultur u. a.
Bei der Samstagsausgabe einer Tageszeitung mit Magazinen und Beilagen können dann Spitzenauflagen bis zu 950 000 Exemplaren erreicht werden.

Die einzelnen Fertigungsschritte bis zum Zeitungsprodukt, das der Leser in den Händen hält sehen im Überblick sehr einfach aus und doch müssen sie exakt abgestimmt und geplant sein, damit ein Rad in das andere greift.

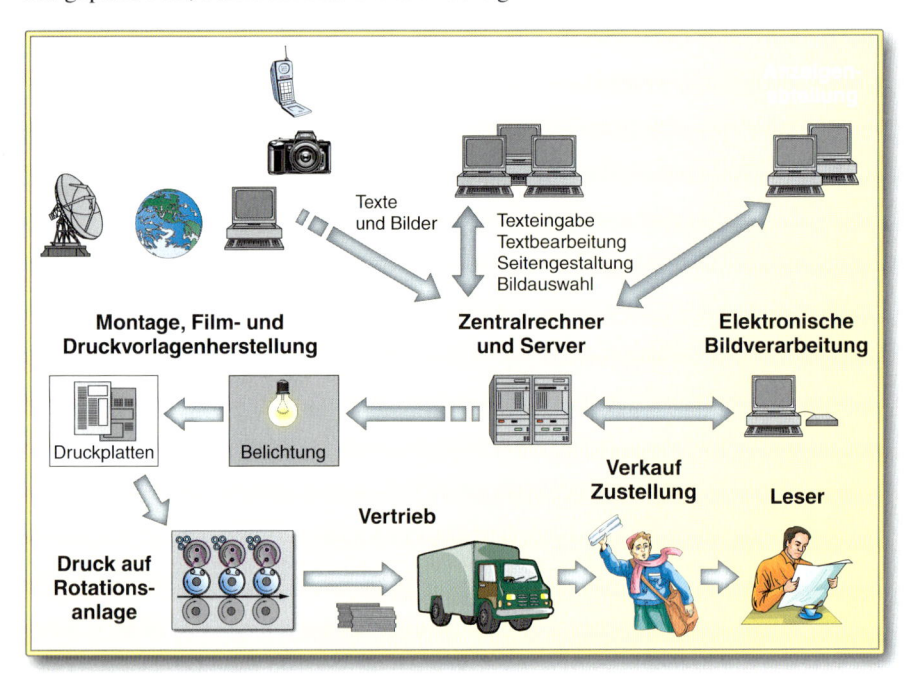

Am 13. Mai 1983 enthüllten die Stuttgarter Nachrichten den spektakulärsten Medienskandal der Nachkriegszeit. Konrad Kujau wurde als Fälscher der vom „Stern" veröffentlichten „Hitler-Tagebücher" entlarvt. Der Journalist Klaus-Ulrich Moeller erhielt für seine Enthüllungen den Theodor-Wolff-Preis.

Von der Meldung zum Artikel

Die Arbeitsweise hat sich für den Redakteur in vielen Bereichen verändert. Heute dominieren Datenbanken mit Korrespondentenberichten und Datenbanken der Agenturen, wie SID, AP, KNA u. a. den Alltag der schreibenden Zunft. Aus der Fülle der bereitstehenden Informationen wichtiges herauszufiltern und zu Artikeln, Glossen und Leitartikeln zu verarbeiten, ist die am häufigsten auftretende journalistische Arbeit, die Recherche vor Ort, mit dem Telefon oder über das Internet die andere und oft beschwerlichere Tätigkeit der Informationsbeschaffung.

So werden spektakuläre Nachforschungen, die beispielsweise zum Aufdecken der gefälschten Hitlertagebücher des Herrn Kujau führten, zu journalistischen Highlights, die nicht unbedingt den Alltag des Journalisten bestimmen.

Trotz unspektakulärer Routinearbeiten ist das journalistische Leben immer spannend, da man nie weiß was an wichtigen Geschehnissen noch zur redaktionellen Weiterverarbeitung am Nachmittag eines jeden Tages eintrifft. Dann rückt die Zeit des Andrucks näher und die Seiten im Redaktionssystem füllen sich nach und nach mit den Inhalten.

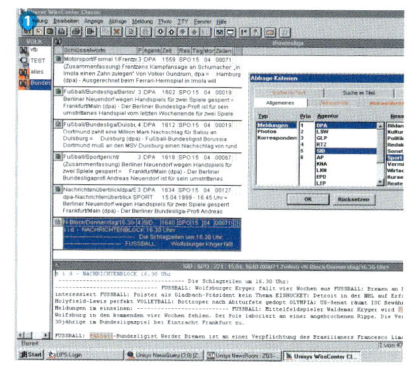

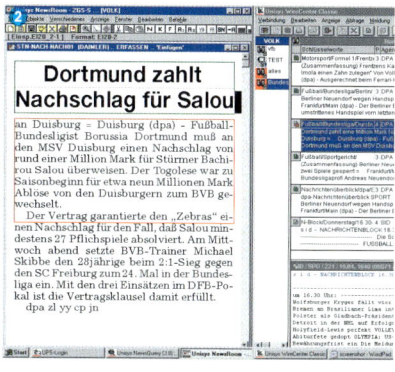

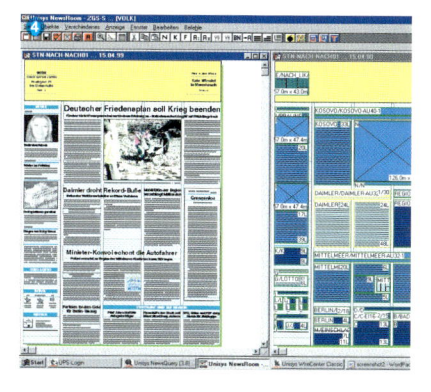

Agenturen und Korrespondenten stellen über Datenbanken Meldungen bereit, die der Redakteur mit Hilfe von Suchkriterien wie Zeit, Stichwort, Agentur oder Ressort sortieren und eingrenzen kann ❶. Die ausgewählten Meldungen werden ihm dann in Blöcken mit den wichtigsten Schlagzeilen auf dem Bildschirm dargestellt. Ein Textfenster gibt die ausführlichen Texte der einzelnen Meldung wieder. Hat sich der Redakteur für eine Meldung entschieden, die zu einem Artikel ausgebaut werden soll, dann übernimmt er diese in das Layoutfenster. Der Text der Meldung fließt in das geöffnete Gestaltungsfenster und durch das Hinzufügen der Überschrift, dem Bearbeiten der verfügbaren Texte und dem Festlegen des Formats entsteht ein vollständiger Artikel ❷.

Der satzfertige Text wird abgespeichert und kann im Ansichtsmodus zur Korrektur dargestellt werden ❸. Mit Hilfe einer Zoomfunktion kann man verschiedene Artikel einer Seite vergrößern und lesen. Muss man den Text zu einem späteren Zeitpunkt nochmals überarbeiten, dann wird er einfach durch einen Doppelklick im Bearbeitungsfenster geöffnet.
Die Inhalte einer Zeitungsseite werden zu unterschiedlichen Zeiten fertiggestellt. Um einen Überblick darüber zu erhalten, ob ein Artikel fertiggestellt, gerade geschrieben oder ein Layoutfeld für eine Meldung noch frei ist, kann jeder Redakteur den Status-Modus des Redaktionssystems aufrufen ❹. Diese Seitenübersicht gibt stets den augenblicklichen Zustand der Zeitungsseite wieder. Die farbigen Felder haben dabei unterschiedliche Bedeutung:

- weiße Box: Meldung wurde noch nicht geschrieben.
- türkisfarbene Box: Meldung wird geschrieben.
- hellblaue Box: Artikel ist geschrieben, wird noch redigiert.
- dunkelblaue Box: Artikel ist fertiggestellt.

Durch Hinzufügen von Bildern wird die Arbeit am Artikel beendet. Das ausgewählte Bildmaterial liegt in einer Bilddatenbank vor und wird im Satz von dort in die Zeitungsseite eingefügt ❺. Zur Kontrolle kann eine Kopie des Bildes im Layoutfenster eingesetzt und im Ansichtsfenster dargestellt werden, um einen Gesamteindruck der Seite zu erhalten. Die fertiggestellte Zeitungsseite wird nach der Freigabe durch die Redaktion auf einen Film (Computer-to-film) oder direkt auf die Druckplatte (Computer-to-plate) belichtet.

An manchen Stellen blitzt ein Handlauf au

Zeitungsmachen ist ein Geschäft, das keinen Feiera
(aus einem Artikel von Michael Isenberg zum

An der Spitze in ein orange-farbenes, diffuses Licht getaucht, ragt der Gebäudekomplex nachts aus der Dunkelheit. Drinnen herrscht Hochbetrieb: Im Pressehaus in Stuttgart-Möhringen gehen die Lichter niemals aus. Die Bilder einer Nacht zeigen Menschen bei den unterschiedlichsten Tätigkeiten. Sie alle verbindet eines: Sie tragen ihren Teil dazu bei, daß von Montag bis Samstag die STUTTGARTER NACHRICHTEN erscheinen.

19.30 Uhr:
Die Druckerei gleicht dem Maschinensaal eines Ozeandampfers. Unter dem Metallgittersteg, der die Halle der Turmhausdruckerei in Längsrrichtung auf halber Höhe durchzieht, reihen sich die sieben Wifag OF5- und OF7-Rotationsdruckwerke wie mächtige Motorenblöcke in zwei Reihen hintereinander. An manchen Stellen blitzt ein von schwieligen Händen blankpolierter Handlauf auf und verstärkt den Eindruck von christlicher Seefahrt. Noch gilt „alle Maschinen stopp". Das Pfeifen der Druckluft-Kompressoren und Ölpumpen schneidet monoton durch den Raum. Eine Sirene gellt. Es riecht nach Öl und Farbe. Die Hast, mit der die Drucker in ihren blauen Overalls über die Maschinen hinweg – und manchmal durch schmale Luken hindurch – turnen, die Hast, in der sie die Farbwerke justieren und Druckplatten auf die Zylinder spannen, zeigt, daß in wenigen Minuten abgelegt wird. Die wenigen Anweisungen klingen barsch. Keine Zeit für Artigkeiten.

20.10 Uhr:
Vom Steuerpult aus bringt Maschinenführer Gerd Pamperl die vier aneinander gekoppelten Druckwerke auf Touren. Keine halbe Minute später jagen die Papierbahnen mit einer Geschwindigkeit, die Bilder und Texte zu einem bunten Streifen verwischen lässt, durch die Druckwerke. Mit einem ohrenbetäubenden, metallischen Hämmern werden die vier Bahnen im Falzapparat geschnitten und (in der heutigen Nacht) zu einer 48 Seiten starken Zeitung zusammengeführt. Nach rund 1000 Exemplaren Makulatur, die im Altpapiercontainer landen, gibt Pamperl seinem Drucker Uwe Nast ein Zeichen: Ab jetzt sind die Zeitungen in Ordnung. Der erste Andruck, die Fernausgabe, hat die gewohnte Qualität.

20.46 Uhr:
Ein blinkendes Licht und eine unangenehm quäkende Sirene haben Gerhard Buisson in den Leitstand Haustechnik gerufen. Kessel 2 der Heizungsanlage sich selbstständig abgeschaltet. Draußen hat es ke zehn Grad. Mit einer Taschenlampe in der Hand ma sich Buisson zur Fehlersuche auf den Weg in den Kell

22.02 Uhr:
Zwiebelbraten, Karottengemüse, Bandnudeln, Sa Saft. Adelheid Weihrer reicht das überladene Tab über die Tresen. Rosa Judica poliert das Besteck. In ner dreiviertel Stunde haben die beiden Frauen von Cafeteria Feierabend. So lange gibt es auch noch w mes Essen. Wer seine Schicht um 19.30 Uhr begonn hat, der isst jetzt sozusagen zu Mittag. Ein Drucker ka zwei Tafeln Schokolade. Nachtisch und Nachtration.

22.15 Uhr:
Konstantin Wecker hat vor wenigen Minuten am Ran seines Konzerts in Stuttgart bekanntgegeben, daß er gen seiner Verurteilung wegen Kokainmissbrauchs Be fung einlegen wird. Der Nachtdienst in der Redakti will diese Meldung noch im Feuilleton unterbringen, macht ihnen das Computersystem einen Strich durc Arbeit. Zunächst sind sie lahmgelegt. Zur Untätigk verdammt sitzen die drei Redakteure vor ihren Bildsch men.

22.18 Uhr:
Im Untergeschoß der Versandabteilung rollt Günter St fel die Paletten mit der bereits am Vortag gedruck Buchbeilage in Position. Die rund zwei Meter ho Türme mit den versetzt übereinander geschichteten Z tungsseiten sehen aus wie die Bürsten einer Autowas anlage. Ein Stockwerk höher wird die Beilage masc nell in die fertige Zeitung eingeschoben.

23.22 Uhr:
Das Computersystem ist wieder da. Die Nachtredakte stürzen an die Tastatur. Herr Wecker kommt doch n ins Blatt.

23.45 Uhr:
Nach dem Mittagessen ist Andreas Mücke in Leipzig der Firma Sachsen-Papier vom Hof gefahren. Jetzt st der Fahrer neben seinem 40-Tonner und überwacht Abladen der kanalrohrdicken Papierrollen. Ein eisig Wind bläst den Männern ins Gesicht. Mücke fährt ge nachts nach Stuttgart – da ist die Bahn frei.

0.20 Uhr:
Jetzt noch schnell die Konstantin-Wecker-Nachricht e bauen. Dazu wird der Artikel am Bildschirm in das La out platziert und die gesamte Seite zum Plattenbelich geschickt. Die alte Druckplatte raus, die neue dem P tenbelichter entnommen und ab geht es zur Rotati

Kapitel 12 Drucktechnik Lektion 12.5 Anwendung

und lässt an christliche Seefahrt denken

kennt: Momentaufnahmen aus einer langen Nacht
hrigen Jubiläum der Stuttgarter Nachrichten)

zt sind schnelle Beine gefragt, dann können die uckmaschinen mit der Stadtausgabe anlaufen.

9 Uhr:
e umgefallene Dominosteine ins Transportband gefä ert, verlassen die ersten Stadtexemplare die Druckerei Richtung Versand.

24 Uhr:
ne Lautsprecherstimme schallt über das Flechtwerk r Transportbänder hinweg durch die Versandhalle. Al ist in Bewegung. Zeitungen wandern von links nach chts, von oben nach unten, von hinten nach vorn. Nur nchmal sind Menschen zu sehen. Erinnert die Rotati an den Maschinensaal eines Dampfers, gäbe die Sze rie im Versand die passable Kulisse für einen James nd-Film ab – soviel High-Tech ballt sich hier in der tzsauberen Halle. In dieser Nacht werden sieben Bei en in die Zeitung gesteckt, entsprechend dick sind die ckchen am Ausgabenband. Gerade wird die Tour mmer 464 zusammengestellt: die STUTTGARTER ACHRICHTEN für den Stuttgarter Osten.

0 Uhr:
sichtssache: Der Autoparkplatz vor dem Haus ist jetzt, tten in der Nacht, halb leer – oder immer noch halb l. Der Schriftzug „Pressehaus", von Scheinwerfern gestrahlt und in einem orangefarbenen, diffusen Licht Nachtnebel schwimmend, grüßt von oben herab.

5 Uhr:
i Günter Winkler klingelt das Telefon. Eine ältere Da ist am Apparat und fragt nach einem nördlichen Do u-Zufluß in Ungarn mit drei Buchstaben. Winkler ist örtner. Für nächtliche Anrufer ist er nur der „Mann von r Zeitung". Winkler und sein Kollege Wolfgang Fink mühen sich, alle nur erdenklichen Auskünfte zu geben, die Leser wünschen. Der Name des Landwirtschafts nisters von 1973 gehört noch zu den einfachen Fra

gen. Winkler und Fink sind die Höflichkeit in Person. Ihre eigentliche Aufgabe ist aber, für die Sicherheit des Gebäudes und der Menschen darin zu sorgen. Während Winkler beim Kreuzworträtsel-Problem behilflich ist, macht sich Fink auf zum Kontrollgang.

4.41 Uhr:
Maschinenführer Gerd Pamperl zieht den Reissverschluss seiner Jacke hoch. Er steht an der Haltestelle Landhaus. Gleich kommt die Stadtbahn U 3, mit der Pamperl nach Hause fährt. Unterm Arm trägt er eine druckfrische Zeitung. Machmal liest er sie auf der Heimfahrt. Während der Arbeit interessiert ihn nur die Druckqualität.

6.10 Uhr:
In der Küche türmen sich 500 Brötchen, Brezeln und Laugenstangen. Die beiden Köche Engelbert Knopf und Joachim Habiger beginnen jeden Tag mit Brötchen schmieren: Frühstücksservice in der Cafeteria. Im Hintergrund dampft der Kessel mit Rotkraut, brutzeln 45 Kilo Geschnetzeltes. Heute gibt es Chili con Carne mit Rösti, paniertes Kotelett mit Rotkraut und Schnittlauch-Kartoffeln oder Gemüsefrikadellen. Ein vegetarisches Gericht gehört zum Küchenstandard. Der absolute Renner in der Kantine sind allerdings, wie könnte es anders sein, Linsen, Spätzle und Saiten.

8.01 Uhr:
Die Cafeteria öffnet ihre Pforten. Rasch bildet sich eine kleine Schlange von Frühaufstehern. In kleinen Grüppchen zumeist setzen sie sich an die lackierten Holztischchen und frühstücken. Wer alleine ist, liest Zeitung. Ein neuer Tag beginnt.

Hoch über den Köpfen laufen die soeben gedruckten Zeitungen in verschlungenen Transportbändern von der Druckerei direkt in den Versand. Bei der Montage und an der Reprokamera kommt es auf Schnelligkeit genauso an wie auf Präzision.

375

Üben und anwenden

Aufgabe 1: Berechnen Sie die notwendige Auflösung in ppi, um in einem Rasterpunkt 256 Tonstufen abbilden zu können, wenn die Rasterweite 150 lpi beträgt.

Aufgabe 2: Stellen Sie auf einem DIN A3-Bogen ein achtseitiges Ausschießschema zusammen. Falzen und schneiden Sie den Bogen und legen Sie die angewandte Falzabfolge fest.

Aufgabe 3: Entwerfen Sie ein Faltblatt DIN A4, auf dem Sie das Thema „Buchproduktion" plakativ darstellen. Wählen Sie ein Ausschießschema für ein DIN A3-Papier und drucken Sie das Faltblatt.

Aufgabe 4: Entwerfen Sie ein Seitenlayout für eine Zeitung zu einem von der Gruppe selbst gewählten Thema. Recherchieren Sie in Ihrem Umfeld und im Internet Texte und Bildmaterial. Stellen Sie Artikel und Bilder zu einer sechs- bis achtseitigen Zeitung zusammen.

Aufgabe 5: Untersuchen Sie unterschiedliche Bücher hinsichtlich Gestaltung der Titelei, Aufbau des Sachwortverzeichnisses, Ordnungsprinzipien und Inhaltsverzeichnis sowie Navigation auf der Seite.

Aufgabe 6: Entwerfen Sie für ein Buch die vollständige Gestaltung des Titels, der Seiten sowie aller zum Buch gehörenden Elemente. Nehmen Sie dazu entweder einen schon bestehenden Titel oder ein imaginäres Buch.

13 Präsentation

Verschärfter Wettbewerb um Marktanteile macht die Präsentation von Produkten und Dienstleistungen zu einem wichtigen Element unternehmerischen Denken und Handelns.

Die Schlagworte in den Unternehmen heißen heute USP, unique selling proposition, und Kernkompetenz. Die Marktführer unter den Produzenten, die Konzerne, besitzen eine weitverzweigte Produkt- und Dienstleistungsstruktur und decken damit den größten Teil des Marktes ab. Kleinere und mittelständische Unternehmen benötigen Betätigungsfelder, in denen sie spezielles Wissen, die Kernkompetenz entwickeln, die sie wiederum in Form von Produkten und Dienstleistungen verkaufen. Durch überzeugende Darstellungen der angebotenen Leistungen und Produkte kann sich das Unternehmen in der Öffentlichkeit präsentieren und eine Alleinstellung (USP) erlangen, wodurch sich die Firma die Marktanteile in dem Marktsegment sichert.

Der Schritt nach draußen, die Darstellung einem großen Publikum gegenüber auf Messen, Ausstellungen oder im Internet, findet im Rahmen einer Präsentation statt. Die Präsentationstechniken sind breit gefächert und reichen von den klassischen Techniken wie Flipchart, Metaplanwand und Tageslichtprojektor, über Dia- und Videoprojektionen bis zum Einsatz von Multiboard, Computerpräsentation mit Beamerprojektion oder der Möglichkeit einer ständigen Verfügbarkeit im Internet.

Einen Einblick in die Planung, Konzeption und die Umsetzung einer Präsentation und der notwendigen Technik soll dieses Kapitel geben. Da bei den meisten Präsentationen der Mensch als Vortragender oder Moderator im Mittelpunkt steht, soll hier auch das persönliche Verhalten und Auftreten des Präsentators betrachtet werden. Diese beiden Punkte sind sicherlich entscheidende Faktoren, wenn es um Erfolg und Misserfolg des Vortrages geht.

13.1 Konzeption und Vorbereitung

13.1.1 Präsentationsziele festlegen

Durch das Festlegen der Ziele wird der Rahmen der Präsentation abgesteckt. Damit legt der Präsentator fest, wie weit er mit seinem Vortrag beim Zuhörer gehen und bei diesem ankommen möchte. Die Ziele sollten realistisch gesetzt sein und in der vorliegenden Präsentationszeit erreicht werden.

Sachliche Ziele

Mit den sachlichen Zielen wird festgelegt, welches Verhalten und welche Reaktion beim Zuhörer erzielt werden soll. Das erzeugte Verhalten soll zu einer unternehmerischen Handlung im Sinne des Vortragenden oder zu einer Entscheidung, beispielsweise einer Kaufentscheidung für ein Produkt, führen. Dies versucht der Präsentator durch den Ablauf der Präsentation und die Zielerreichungsstrategien zu steuern bzw. zu beeinflussen.

Zielformulierungen werden willentlich formuliert, wirken dadurch sehr klar und eindeutig und werden dadurch auch keinen Zweifel am Präsentator aufkommen lassen. Dazu einige Beispiele für Zielformulierungen:

- „Zu Beginn der Präsentation will ich mit dem Kunden den Ablauf eines Projektes in unserer Agentur durcharbeiten und die dabei mitwirkenden Personen im Bild zeigen."
- „Ich will dem Kunden eine Lösung zur Produktgestaltung entwickeln."
- „Desweiteren will ich dem Kunden drei Vermarktungsstrategien darstellen."
- „Am Ende der Präsentation will ich terminliche Vereinbarungen über das weitere Vorgehen treffen."

Persönliche Ziele

Das persönliche Auftreten und die Wirkung, die beim Kunden erzeugt wird, steht bei diesen Zielformulierungen im Vordergrund. Persönliche Ziele können so formuliert sein, dass ich als Präsentator während einer Präsentation gezielt auf Schwachpunkte in meinem Auftreten, in der Gestik und Mimik oder auch in der Sprache achten möchte oder auch ein bestimmtes Auftreten herausstelle, mit dem ich ein Kundengewinnendes Argument verbinde.

Bei der Formulierung der persönlichen Ziele geht es zunächst um das Herstellen einer Beziehung zwischen Präsentator und Zuhörer. Große Bedeutung erlangen diese Ziele dann, wenn sich beispielsweise das zu präsentierende Produkt kaum oder garnicht von Konkurrenzprodukten in punkto Funktionalität und Qualität abhebt. Dann fällt die Entscheidung pro oder contra auf der Beziehungsebene.

Zielgruppe

Grundlage für die richtige Auswahl und Formulierung der Ziele ist die Kenntnis über die Zielgruppe. Durch Auswerten aller zur Verfügung stehender Informationsquellen klärt sich der Vortragende über die Gruppe auf und findet Antworten auf folgende Fragen:

Quelle: Fa. Neuland, Eichenzell

Sachliche Ziele:

- Informationen weitergeben.
- Entscheidungen herbeiführen.
- Verkaufen und Kaufhandlungen erzeugen.
- Meinungen und Argumente abfragen.

Persönliche Ziele:

- Erscheinungsbild des Unternehmens positiv hervorheben.
- Die eigene Person als innovativ, kompetent, zuverlässig und konstruktiv darstellen.
- Den Kunden an Schlüsselpersonen des Betriebes binden.
- Die USP, die Alleinstellung, des Unternehmens herausstellen.

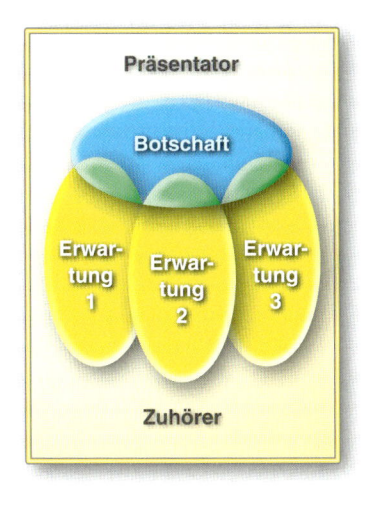

- Wie ist die Zusammensetzung der Gruppe? Ist sie homogen, z.B. nur Entscheider, oder heterogen, z.B. eine Abteilung mit allen Hierarchien?
- Mit welchen Vorkenntnissen und welcher persönlichen Vorbereitung gehen die Zuhörer in die Präsentationsveranstaltung?
- Welche Einstellung bringt der Zuhörer mit zur Veranstaltung? Muss er notgedrungen teilnehmen, weil es Vorgesetzte möchten oder sind es Eigeninteressen?
- Welche fachlichen Erwartungen setzen die Zuhörer in die Präsentation? Ist es die erste Informationsbeschaffung, soll eine Entscheidung getroffen werden, gibt es realen Bedarf an dem Präsentationsgegenstand, welchen Nutzen und welche Wünsche knüpfen die Zuhörer an die Präsentation?
- Welche persönlichen Erwartungen werden an die Präsentation und den Vortragenden gestellt? Bei dieser Frage geht es darum die richtige Behandlungsweise des Zuhörers und dessen Wertschätzung zu finden sowie die Möglichkeit der aktiven Teilnahme (Interaktion). In diesem Zusammenhang nimmt auch die Seriosität, die Kompetenz und die Glaubwürdigkeit des Vortragenden zu.

13.1.2 Inhalte aufbereiten

In der Vorbereitungsphase zu einer Präsentation werden Ideen, Informationen und Bildmaterial zum Präsentationsthema gesammelt. Die Stoffsammlung kann beispielsweise in die Bereiche Wirtschaft, Technik, Mensch, Organisation und soziales Umfeld untergliedert werden. Je nach Zielgruppe werden die Inhalte auf der Basis der Argumentationsfolge aus den Bereichen zusammengestellt. Da während einer Präsentation davon ausgegangen werden kann, dass die Zuhörer aufgrund ihrer Vorkenntnisse, ihrer Stellung im Unternehmen und ihrer Interessen den Präsentationsgegenstand aus unterschiedlichen Blickwinkeln betrachten werden, muss der Vortragende seine Inhalte so wählen, dass er diesen unterschiedlichen Gesichtspunkten gerecht wird. Beispiele für inhaltliche Zuordnungen:

Wirtschaftliche Inhalte:	Umsatzzahlen, Kostenentwicklung, Gewinn- und Verlustrechnung, Absatzmarktbetrachtungen, Marketingstrategien.
Technische Inhalte:	Betrachtungen zur technischen Umsetzung, Wissenschaftliche Untersuchungsergebnisse, Vergleichszahlen ähnlicher Projekte, Verfahrenstechnische Gutachten.
Menschliche Inhalte:	Stellt den Menschen in den Mittelpunkt der Betrachtung des Produktes oder der Technologie.
Organisatorische Inhalte:	Stellt die Organisation eines Unternehmens in den Zusammenhang mit dem Präsentationsgegenstand. Dabei stehen beispielsweise Inhalte, die sich mit hierarchischen Strukturen oder der Planung des Produktionsablaufs beschäftigen, im Vordergrund.
Soziale Inhalte:	Aspekte der gesellschaftlichen und sozialen Auswirkung eines Produktes, einer Technologie, sowie die ökologische Wirkungsweise.

Zur besseren Veranschaulichung ist es hilfreich, mit praxisnahen Beispielen und Gegenbeispielen, mit realen Objekten, aber auch mit Zukunftsszenarien zu arbeiten.

Karteikartensystem:
Kennzeichnung der Karten mit
M = Muss-Inhalte
S = Soll-Inhalte
K = Kann-Inhalte

Der Vortragende muss daran denken, dass der Zuhörer nicht mehr als 3 Aspekte gleichzeitig verarbeiten kann!

Liegen alle Inhalte gesammelt vor, dann werden sie in drei Klassen eingeteilt. Um eine Auswahl für die Präsentation zu treffen, müssen die Inhalte gewichtet werden. Die wichtigsten Inhalte, die unbedingt vermittelt werden müssen, sind die *Muss*-Inhalte. Darunter sind die Kernkompetenzen des Unternehmens, wichtige Projekte, Produkt- und Leistungsangebote sowie Merkmale eines Produkts und die kundenspezifischen Nutzungsmöglichkeiten zu finden. Werden zusätzliche Beispiele, Gegendarstellungen aber auch Wiederholungen benötigt, dann fallen diese unter die *Soll*-Inhalte.

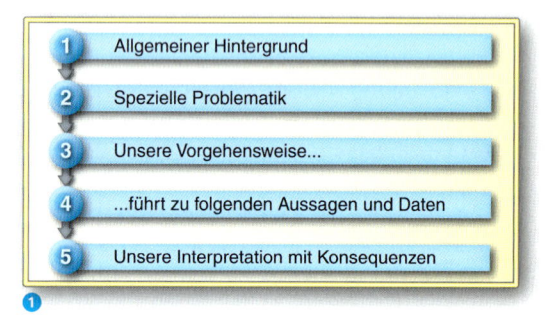

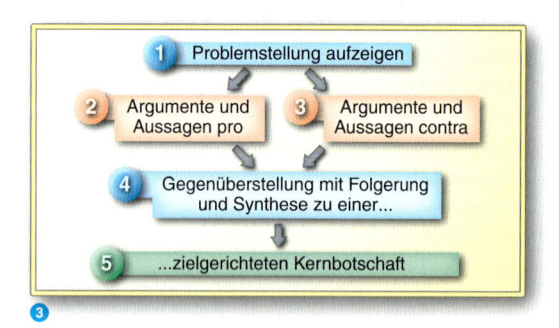

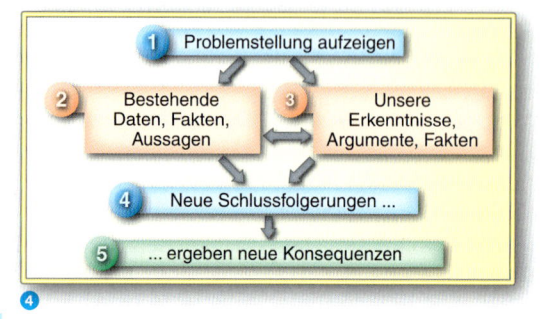

Lässt der zeitliche Rahmen es zu, dann lassen sich vertiefende Informationen, Beschreibungen technischer Detaillösungen oder auch schmückende Inhalte wie ergänzende Videos oder persönliche Erfahrungsberichte einfließen. Diese Inhalte bezeichnet man als *Kann*-Inhalte.

Bei der Abfolge der Inhalte ist nicht nur die Frage der Wichtigkeit von Inhalten zu klären, sondern sind auch didaktische Grundprinzipien einzuhalten. Diese didaktischen Abfolgen bieten dem Präsentationsanfänger schon eine gute Möglichkeit der Gliederung seiner Ziele und Inhalte. Jedes Teilziel wird mit einer Wiederholung zusammengefasst und so in sich abgeschlossen. Eine linear verlaufende Präsentation kann nachfolgende didaktische Struktur haben, jeweils von links nach rechts zu lesen.

- *motivieren ——————— aktivieren ——————— informieren*
- *Überblick ————————————————————————— Detail*
- *Bekannte Inhalte ——————————————— Neue Inhalte*
- *Konkrete Sachverhalte ——————— Abstrakte Sachverhalte*
- *Problematisierung ——— Lösungswege ——— Lösung*

13.1.3 Präsentation gliedern

Präsentationen bestehen im Grundsatz aus drei Abschnitten, einer Ausgangssituation mit einem Problem, die durch eine motivierende Einleitung aufgebaut wird, einem Hauptteil mit Problemlösungsstrategien und dem Schlussteil mit dem Fixieren der Lösung bzw. der gefundenen Ergebnisse. Der Schluss bleibt erfahrungsgemäß am längsten haften, so dass eine knappe Zusammenfassung, mit den wichtigsten Informationen und der Kernbotschaft, die Präsentation abrundet.

Der Ablauf einer Präsentation lässt sich nach den Prinzipien des Fünfsatzes gliedern. Neben dem schon oben angesprochenen Problemlösungsansatz, einem linearen Fünfsatz ❶, kennt man für den Aufbau von Vorträgen und Präsentationen den parallelen ❷, den dialektischen ❸ und den divergierenden ❹ Fünfsatz.

❶
1. Allgemeiner Hintergrund
2. Spezielle Problematik
3. Unsere Vorgehensweise...
4. ...führt zu folgenden Aussagen und Daten
5. Unsere Interpretation mit Konsequenzen

❷
1. Person A sagt aus...
2. ...und begründet so...
3. Person B sagt aus...
4. ...und begründet so...
5. Wir interpretieren beide Aussagen und schlagen ein Vorgehen vor

❸
1. Problemstellung aufzeigen
2. Argumente und Aussagen pro
3. Argumente und Aussagen contra
4. Gegenüberstellung mit Folgerung und Synthese zu einer...
5. ...zielgerichteten Kernbotschaft

❹
1. Problemstellung aufzeigen
2. Bestehende Daten, Fakten, Aussagen
3. Unsere Erkenntnisse, Argumente, Fakten
4. Neue Schlussfolgerungen...
5. ...ergeben neue Konsequenzen

13.2 Visualisierung der Inhalte

13.2.1 Grundsätze der Visualisierung

Die Aufnahme von Informationen gelingt dem Menschen besser, wenn er nicht nur das gesprochene Wort hört, sondern dieses Wort auch bildhaft dargestellt bekommt. Für die Planung der Präsentation bedeutet dies, dass drei Bereiche, Textdarstellung, Vortrag und Bild miteinander verknüpft werden müssen.

Nach einer amerikanischen Studie steigt die Entscheidungsfreudigkeit der Kunden mit dem Einsatz visueller Hilfsmittel. Dies ist nicht zuletzt dadurch begründet, dass ca. 80% der Entscheidungen emotional gefällt werden. Gerade Fotografien und Grafiken sind Übermittler von Emotionen und Stimmungen, die dramaturgisch gekonnt und zur rechten Zeit eingesetzt, die Aufmerksamkeit des Zuhörers wecken und Spannung erzeugen. Aufgrund der Verstärkung des Wortes durch das Bild wird die Behaltensleistung des Menschen gesteigert und Inhalte längerfristig verankert ❶. Im übrigen wirken Präsentatoren nach Umfragen durch den wechselnden Einsatz der Medien und eine starke Visualisierung kompetenter und glaubwürdiger. Mit Hilfe der Vortragsstruktur lässt sich der Einsatz der Bilder optimal und ausgewogen planen.

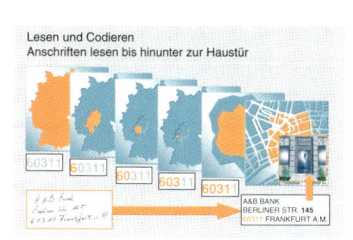

Vortragsstruktur und Bildeinsatz

Einleitung
- Titelbild zum Thema
- Unternehmen und Referent vorstellen
- Motivierender Aufhänger, z. B. Bild, Zitat oder Cartoon
- Aktuelles aus der Öffentlichkeit, Zeitung oder Zeitschrift zum Präsentationsthema

Hauptteil
- Kernbotschaften nachdrücklich darstellen und dadurch unterstreichen.
- Komplexe Inhalte veranschaulichen.
- Realität durch Fotografie wiedergeben, oder diese durch Grafiken nachbilden.
- Strukturen, Abläufe und Hierarchien darstellen.
- Zukünftige Szenarien anschaulicher und erklärbarer machen.
- Zahlenkolonnen und Tabellen verständlicher machen.
- Produktpalette im Überblick darstellen.
- Besondere Produktmerkmale hervorheben.

Schlussteil
- Zusammenfassung verstärken.
- Ausblick und Aufforderung zum Handeln interessant gestalten.
- Vortrag abschließen, Brücke zur Einleitung schlagen.

➡ **Für Fragen im Anschluss an den Vortrag ist es ratsam visualisierte Lösungen für die Antworten bzw. für die anschließende Diskussion bereit zu halten.**

❶ Behaltensleistung (Kroeber-Riel)

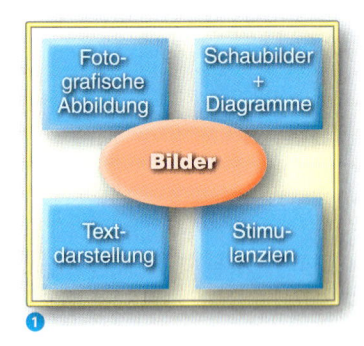

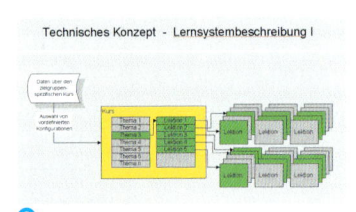

13.2.2 Vielfalt der Bilder

Präsentationen können vier verschieden Typen von Bildern ❶ beinhalten. Dies sind fotografische Abbildungen, Schaubilder und Diagramme, auflockernde Elemente, sogenannte Stimulanzien und Textdarstellungen.

Fotografische Abbildung ❷

Fotografie, Grafik und 3-D-Modelle als Standbilder sowie Video und Animation versuchen die Realität weitgehend getreu wiederzugeben. In Computerpräsentationen lassen sich daneben auch das Objectmovie, „Fahrt" um das Objekt, und die Panoramafotografie einsetzen. Dazu wird Software zum Abspielen der Filme benötigt.

Hinweise:
- Foto, Video und Animationen beinhalten meist zu viele Informationen.
- Wichtige Botschaften müssen wegen der Vielzahl von Einzelheiten speziell hervorgehoben werden.
- Abbildungen können das Realobjekt ersetzen.

Schaubilder, Diagramme ❸

Zahlenreihen, Tabellen lassen sich anschaulich in Form von Balken-, Kreis-, Säulen-, Punktdiagrammen oder Kurvenschaubildern darstellen. Organisationsstrukturen und Abläufe werden mit Hilfe von Struktogrammen (Flowcharts) anschaulicher gemacht. In den meisten Fällen ist diese Art der Visualisierung vom Publikum, aufgrund von Vorerfahrungen, ohne größere Erklärungen nachvollziehbar.

Hinweise:
- Alle Diagramme beinhalten einen Vergleich, wie die Veränderungen über der Zeit, Objektrangfolgen, Häufigkeitsverteilungen eines Objekts, Zusammenhang zwischen zwei Variablen.

Stimulanzien ❹

Die Präsentation bewegt sich nicht ständig auf höchstem Niveau, sondern wird sich zu einem Höhepunkt hinarbeiten, um anschließend zu einem beruhigenden Ende mit einer Lösung entgegenzustreben. Dazwischen liegen Höhen und Tiefen für den Zuhörer, Phasen in denen er mit Eifer dabei ist und Phasen, in denen der Vortragende wieder seine Aufmerksamkeit wecken muss.

Dazu dienen auflockernde Elemente wie Symbole, Piktogramme, Cartoons, Zitate, aber auch Bilder wie oben beschrieben. Damit sollen in eher trockenen Passagen und für wichtige Informationen optische Reize gesetzt werden, um diese insgesamt lebendiger zu machen.

Hinweise:
- Der Einsatz dieser Elemente muss sparsam erfolgen.
- Cartoons und Clipart können lächerlich und unseriös wirken.

Textdarstellung ❺

Die meisten Präsentationen bestehen zu über 50 % aus Texten, wie Aufzählungen, Gliederungen, Aussagen, Fließtexte. Bedenkt man, dass gerade Texte am wenigsten aufgenommen werden, dann dürfen diese Bilder nicht überladen sein.

Hinweise:
- Ein Thema pro Schaubild
- maximal 7 Zeilen pro Schaubild
- Schlüsselworte statt Sätze
- Gemischte Groß- und Kleinschreibweise

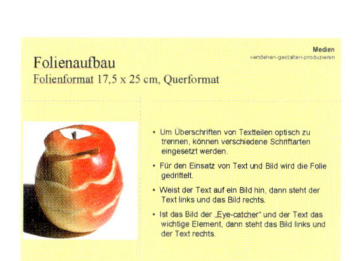

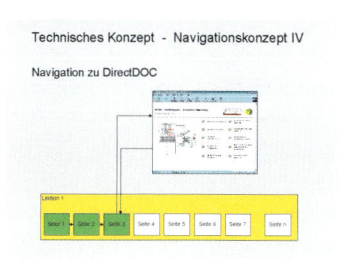

13.2.3 Gestaltungsregeln

Bei der Planung der Präsentation sind für Folien, Manuskripte oder Computerpräsentationen einheitliche Gestaltungsregeln aufzustellen. Werden Präsentationen im Auftrag von Unternehmen angefertigt, so liegen diese Vorgaben im Style Guide ❶ des Corporate Designs vor.

Für alle neu zu erstellenden Präsentationen sollen folgende Hinweise beim Aufstellen der Gestaltungsregeln bzw. dem Erstellen eines Style Guide helfen:

Formaler Aufbau

- Platzieren von Logo und Firmenname
- Position von Folientitel und Untertitel
- Teilung der Folie in Textblock und Bildteil, mit entsprechendem Flächenverhältnis
- Folien im Querformat anlegen
- Navigationssymbole oder -leiste anlegen; verwendete Symbole festlegen
- Kernbotschaften in das Zentrum der Folie, hervorgehoben durch farbiges Hinterlegen, Einrahmen oder durch Symbole bzw. Zeichen
- Titel mit prägnanten, den Sachverhalt treffenden Begriffen
- Auf Effekte verzichten, welche die Inhalte übertönen und zudecken

Schriftart und Schriftgröße

- Maximal zwei Schriftfamilien, jeweils für Titel und für Texte
- Serifenlose Schriftarten für Texte verwenden
- Auf Rechnern gängige Schriftarten, wie Arial, Helvetica oder Times
- Schriftgrößen: Titel 24 bis 36 pt,
  Untertitel 20 bis 24 pt,
  Texte 14 bis 18 pt

Titel: Präsentation
Untertitel: Serifenschrift Times
Texte: Serifenlose Schrift wie die Helvetica

Farbenwahl

- Drei Farben für Hintergrund, Hervorhebung und Zeichen bzw. Rahmen auswählen.
- Auf eine einheitliche Farbgestaltung innerhalb der Folien achten.
- Gleiche Farben für gleiche Sachverhalte.
- Farben können dann gewechselt werden, wenn damit ein neues Produkt, ein neuer Sachverhalt, Argumente Pro und Contra dargestellt werden sollen.
- Farben sollten kontrastreich, jedoch nicht schrill wirken.
- Darauf achten, dass die Farben psychologische Wirkungen haben (s. Kap. Grafik)

13.3 Durchführung der Präsentation

13.3.1 Lampenfieber vor dem Auftritt

Präsentatoren werden durch Lampenfieber energiegeladen. Diese Energie wird beim Auftritt in der Bewegung und in der Stimme umgesetzt und abgebaut.

Die Angst vor dem Unbekannten, welche Menschen sitzen da im Saal, verliere ich den Faden, wie wird der Vortrag ankommen, werde ich als Vortragender das Gesicht verlieren, werde ich den Erwartungen nicht gerecht oder verfehle ich meine Präsentationsziele, all das schlägt sich in dem bekannten „Lampenfieber" nieder. Die Reaktion des Menschen auf Ängste und Gefahren ist die Flucht. Diese Fluchtbewegung wird mit einem Energieschub im Körper, durch Ausschütten von Adrenalin, eingeleitet. Nun bedeutet dies für den Vortragenden, dass er diese zusätzlich freiwerdende Energie nutzt, um sie im Vortrag positiv umzusetzen. Energieventile sind dann beispielsweise bildhafte Gesten mit Armen und Händen, die kontrollierte Ortsveränderung und eine kontrastreiche, laute Stimme.

Ungeübte Präsentatoren zeigen in solchen Stresssituationen hektische, unkontrollierte Bewegungen, Redehemmungen und sprachliche Unsicherheiten sowie Konzentrationsmängel. Damit ist ein sicherer und überzeugender Auftritt nicht möglich.

Welche Maßnahmen lassen sich dagegen ergreifen?

- Gewissenhafte Vorbereitung mit Testpräsentationen.
- Vor der Veranstaltung mit dem Publikum ein paar Worte wechseln.
- Mit einer interaktiven Phase, z. B. Erwartungsabfrage mit Kärtchen, oder Impulsfrage an die Zuhörer, wie „welchen Stellenwert hat die Printwerbung und die Onlinewerbung für die Produktpalette des Unternehmens?"
- Präsentationsgliederung auf der Folie oder am Flipchart entwickeln.
- Schaffen Sie für Ihre Tätigkeit als Vortragender eine positive Einstellung.
- Stehen Sie zu 100 % hinter dem Thema und Ihren Inhalten.
- Zeigen Sie dem Publikum gegenüber ungeteilte Aufmerksamkeit und Wertschätzung.

Quelle: Fa. Neuland, Eichenzell

13.3.2 Körpersprache während des Vortrages

Die Glaubwürdigkeit und Überzeugung hängt stark davon ab, wie der Vortragende auftritt, d.h. wie seine Körpersprache ist, und wie sein äußeres Erscheinungsbild auf den Zuhörer wirkt. Wichtig erscheint, dass der Präsentator erkennt, dass die Zuhörer nicht wegen ihm allein kommen, sondern wegen den Inhalten, die er vermittelt und daneben noch wegen ihm. Das bedeutet, dass er unauffällig, seriös und gepflegt erscheinen sollte. Kleidung, Bewegung, sicherer Stand sowie positive Gestik und Mimik, sollen beim Zuhörer Vertrauen und Offenheit wecken und ihm signalisieren, dass hier ein Mensch vorträgt, der Stärke, Durchsetzungsvermögen und Engagement besitzt.

Der Zuhörer ist sehr sensibel für körperliche Signale, fühlt sich gegängelt, geringschätzig oder oberlehrerhaft behandelt oder kann Gefühle der Angst bekommen. Meist kommt es zu diesen negativen Auswirkungen, wenn der Vortragende die Gestik und Mimik schon im Vorfeld auf die Inhalte abstimmen und an entsprechenden Stellen im Vortrag einsetzen will und dadurch gekünstelt und unflexibel wirkt.

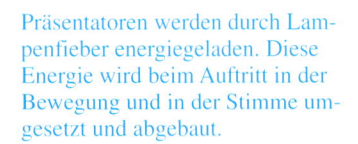

Quelle: Fa. Neuland, Eichenzell

Signale, die man vermeiden sollte:

- Hände auf dem Rücken.
- Hände in der Hosentasche.
- Arme vor dem Körper verschränken.
- Schiefe Körperhaltung einnehmen.
- Breitbeinig stehen.
- Erhobener Zeigefinger.
- Auf den Zuhörer zeigen.
- Auf den Boden blicken.
- Verstecken hinter einem Pult.

Grundsätzlich ist es besser ein positives Verhalten und eine positive Körpersprache sich zu eigen zu machen, die man auch im alltäglichen Leben einsetzt. Dadurch wird der Vortragende während seiner Präsentation am Natürlichsten wirken, spontane Gesten und Verhaltensweisen zeigen und dann zum Sympathieträger beim Zuhörer avancieren.

Signale, die positiv wirken:

- Offene Körperhaltung, dem Zuhörer zugewandt.
- Fester, beidbeiniger Stand.
- Arme hängen locker seitlich oder Hände werden vor dem Körper ineinandergelegt.
- Bildhafte Gesten mit den Armen und Händen.
- Langsame, ruhige Bewegungen.
- Freundlicher, offener Blick allen Zuhörern entgegenbringen.
- Gezielte Ortsveränderung mit kontrollierten Bewegungen.
- Pausen während des Sprechens, laute Stimme, langsames Sprechtempo.

13.3.3 Wirkungsvoll sprechen

Inhalte müssen trotz aller Möglichkeiten der Visualisierung durch Sprache zum Zuhörer gelangen oder angekündigt werden. Aufgrund unterschiedlicher Voraussetzungen bei der Präsentation, große Räume mit viel Hall, Mikrofon und Verstärkeranlage, kleine oder große Zuhörerschaft u. a., muss die Stimme und die Art und Weise des Sprechens abgestimmt werden. Dazu ist es ratsam vor der Präsentation die Räumlichkeiten zu besichtigen, eine Sprechprobe zu machen und sich über die Zahl der Zuhörer zu informieren.

Daneben sollte sich der Vortragende einige Grundsätze zu eigen machen und dann seine Sprache in Testvorträgen überprüfen.

- Mit normaler, ruhiger Stimme die Präsentation beginnen.
- Zum ersten wichtigen Inhaltspunkt die Stimme und die Lautstärke verstärken.
- Wechsel der Lautstärke erzeugt Spannung und weckt die Aufmerksamkeit.
- Wichtige Worte im Vortrag betonen und stimmlich hervorheben.
- Wechsel des Sprechtempos erzeugt Dynamik und verhindert Monotonie.
- In wichtigen Passagen langsam und deutlich sprechen, damit die entscheidenden Inhalte nicht verloren gehen.
- Klare Artikulation und nicht „nuscheln".
- Keine Füllwörter wie „äh, mmh, also, dann" verwenden.
- Mit ausreichenden Sprechpausen sprechen, damit das Gesprochene auch verarbeitet werden kann.
- Pausen bieten die Möglichkeit, die Atmung zu kontrollieren und zu normalisieren
- Schnellsprechen und hektisches Formulieren vermeiden.
- Den Zuhörer zu Wort kommen lassen. Das sind aktive, erholende Pausen für den Vortragenden.
- Auf nichtsprachliche Signale der Unruhe, fehlender Blickkontakt, Schläfrigkeit achten und die Lautstärke sowie das Tempo variieren.
- Persönliche Erfahrungen, Zitate oder Wiederholungen lassen sich durch einen Rhythmuswechsel hervorheben.

13.3.4 Zuhörer begeistern

Die Aufmerksamkeit des Zuhörers ist starken Schwankungen unterworfen und muss zunächst geweckt und möglichst lange auf einem hohen Niveau gehalten werden. Wie die Kurve ❶ jedoch zeigt, fällt die Aufmerksamkeit schon nach relativ kurzer Zeit. Dieser Zeitpunkt ist jedoch nicht allgemeingültig und stellt zunächst einen Richtwert dar, der in der Planung der Präsentation berücksichtigt wird. Wie lassen sich diese 25 Minuten Präsentation so einteilen, dass der Abfall der Aufmerksamkeit bestmöglich kompensiert wird? Zunächst einmal erscheinen zwei Teilbereiche einer Präsentation entscheidend, um die Aufmerksamkeit zu steigern. Das ist zum einen die Zusammenfassung, die signalisiert, dass es dem Ende zugeht und die Inhalte abgeschlossen werden. Zum anderen ist es die Interaktion der Zuhörer, das aktive Einbeziehen in die inhaltliche Arbeit. Werden diese beiden Teile geschickt in den Zeitrahmen von 25 Minuten eingebaut, so lässt sich die Aufmerksamkeit wiedergewinnen ❷, gerade in einer Phase, da es stetig „bergab" geht. Welche Ursachen hat nun die sinkende Aufmerksamkeit?

- Die inhaltliche Umsetzung ist unverständlich oder auch zu komplex.
- Der Vortragende lässt keine Gliederung erkennen.
- Der Nutzen und die Zielsetzung bleiben unklar.
- Der Zuhörer wird mit dem Einsatz der Medien überfordert.
- Die Präsentation ist langweilig und monoton.

Durch eine geeignete Aktivierung des Zuhörers lässt sich die Aufmerksamkeit über den Zeitraum von 25 Minuten weitgehend aufrecht erhalten. Danach benötigt der Rezipient eine Pause, um die gehörten und gesehenen Inhalte zu verarbeiten.

Möglichkeiten den Zuhörer zu aktivieren:

- Attraktiver Einstieg mit dem Ziel, die Neugier zu wecken und ein erstes Spannungsfeld aufzubauen. Diese Neugier lässt sich mit aktuellen Meldungen aus der Presse, einer amüsanten Geschichte, einer rhetorischen Frage, durch Aufzeigen der Nutzeffekte oder auch durch eine grafische, fotografische oder animierte Darstellung mit entsprechendem Knalleffekt erzeugen.
- Der Vortragende stellt in jeder Phase der Präsentation den Nutzen dar, den der Zuhörer und sein Unternehmen hat, zeigen ihm neue Märkte auf, neue Betätigungsfelder für das Unternehmen u.v.a. Der Vortragende versetzt sich in die Firmensituation und in die Situation des Angestellten.
- Einbeziehen des Zuhörers durch offene Fragen mit den Fragewörtern „wer, wie, welche, was, wodurch, warum".
- Aus Vorgesprächen Fakten, Wünsche und Fragen aufnehmen und diese im Verlauf der Präsentation einstreuen.
- Der Vortragende bewegt sich gezielt um die Aufmerksamkeit zu lenken.
- Durch geschickten Medienwechsel von Flipchart auf Computerpräsentation und Video, lassen sich monotone Abläufe vermeiden.
- Der versierte Redner spielt mit Tempo, Lautstärke, Betonung in der Stimme mit Höhen und Tiefen und setzt durch diese Reize Spannungspunkte.
- Gezielt humoristische und geistreiche Geschichten, Anekdoten oder Zitate einbauen, lockert den Ablauf auf.

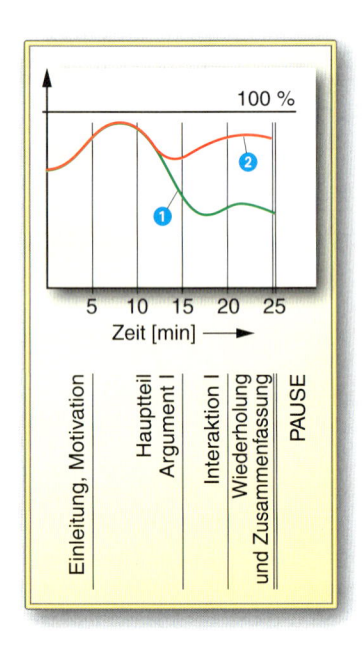

Anekdoten Beispiele:
Quelle: Puntsch, Eberhard: Das große Buch der Witze, Fabeln und Anekdoten, Esslingen 2000

- Das Fernsehen macht aus dem Kreis der Familie einen Halbkreis.

- Wenn ein Politiker sagt, wir säßen alle in einem Boot, dann heißt das: Er will den Kapitän spielen, und wir sollen rudern.

- Konsequenz =
  Heute so, *morgen* so
  Inkonsequenz =
  Heute *so*, morgen *so*

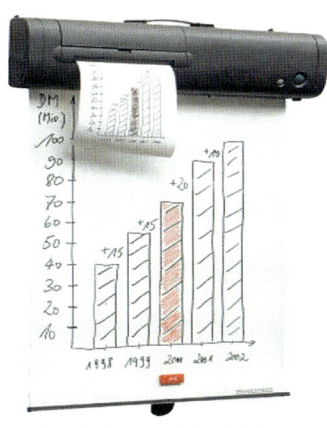

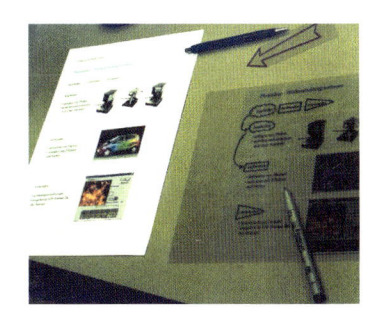

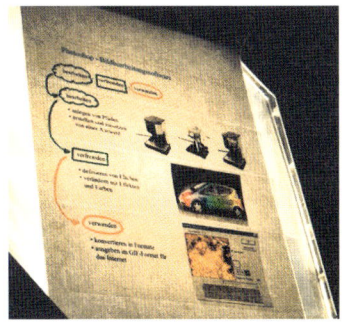

13.4 Medieneinsatz

Der Einsatz von Medien soll helfen die Ziele zu erreichen, Aufmerksamkeit zu erzeugen und die wichtigen Informationen im Kopf des Rezipienten zu verankern.

Die unterschiedlichen Medien ermöglichen einen flexible Gestaltung, intensivere Interaktion mit dem Zuhörer, bessere Dokumentation von Aussagen, vielfältige Showeffekte. Die Wahl und der Einsatz entsprechender Medien richtet sich nach der Zielgruppe, nach den räumlichen Voraussetzungen und nach den zu vermittelnden Inhalten sowie nach dem geplanten Ablauf der Präsentation.

13.4.1 Folienpräsentation am Tageslichtprojektor

Quelle: Anders & Kern Präsentationssysteme GmbH

Quelle: Fa. Kettenbach GmbH, Neustadt/Weinstraße

In allen Konferenzräumen dieser Welt sind Tageslichtprojektoren vorhanden, so dass jederzeit eine bildliche und textliche Darstellung mit Hilfe einer Folie umgesetzt werden kann. Bei kurzen Präsentationen mit geringem Folieneinsatz ist die Overheadprojektion günstiger und schneller als eine Computerpräsentation. Dabei muss man den technischen Aufwand durch den Einsatz von Computer und Beamer betrachten sowie die Vorbereitung der Dateien.

Wann kommt eine Folienpräsentation zum Einsatz?
- Bei Tageslicht sollen Bilder mit guter Qualität projiziert werden.
- Die Reihenfolge der Folien ist von Präsentation zu Präsentation beliebig.
- Bei Zeitproblemen lassen sich einzelne Folien problemlos überspringen.
- Bei Fragen können bestimmte Folien nochmals gezeigt werden.
- Folien lassen sich schriftlich ergänzen und markieren.
- Mit Blankofolien lassen sich Ergebnisse der Interaktion mit dem Zuhörer festhalten.

Vorbereitung von Folienpräsentationen
- Folien sollten immer im Querformat beschrieben werden um die Höhe der Projektion nicht zu überschreiten.
- Glasfläche des Projektors mit einem Folienrahmen aus Pappe versehen. Zum Beschreiben der Folien den Rahmen verwenden. Folien wirken brillanter!
- Die Schrift so groß wählen, dass diese in der letzten Reihe des Präsentationsraumes gut lesbar ist. Schriftproben im Selbsttest prüfen.
- Notwendige Informationen ohne schmückendes Beiwerk liefern.
- Auf Verständlichkeit achten, Folien nicht überfrachten.
- Kernbotschaft deutlich herausstellen und visualisieren.
- Positionen der Leinwand und des Projektors sind meist vorgegeben, so dass die persönlichen Bewegungen sich nach den räumlichen Gegebenheiten richten muss. Vorher eine Raumbesichtigung durchführen!

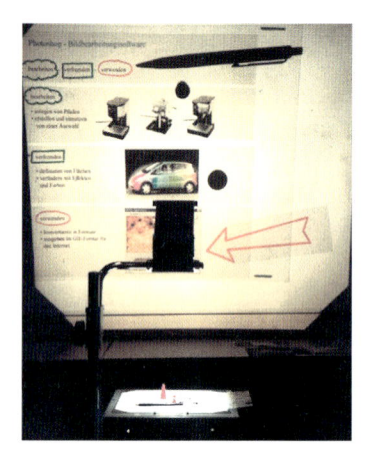

Tips zur Durchführung

- Projektor zum Folienwechsel abdunkeln oder aus- und einschalten, damit wird die Aufmerksamkeit auf die Projektion gelenkt.
- Nicht im Projektionsstrahl stehen.
- Position neben dem Projektor einnehmen, mit Blickkontakt zum Publikum.
- Raschen Folienwechsel vermeiden, der Zuhörer muss Zeit zur Aufnahme der Informationen haben.
- Als Zeigehilfe einen Kugelschreiber oder eine am besten pfeilförmige, durchsichtige Zeigehilfe verwenden, jedoch nie den Finger.
- Niemals mit Fingern auf die Projektionsfläche zeigen und dort mit dem Rücken zum Publikum Sachverhalte erklären.
- Folienschlachten unbedingt vermeiden!

Folien in vier Phasen präsentieren

Phase 1: Folie dem Zuhörer ankündigen
Durch das Ankündigen des Folientitels oder durch eine kurze Einführung in die nachfolgende Darstellung, wird der Zuhörer auf die neuen Inhalte vorbereitet und seine Aufmerksamkeit auf die Folie ausgerichtet.

Phase 2: Zeit zum Betrachten geben
Nach dem Auflegen der Folie wird der Projektor eingeschalten. Danach wird dem Betrachter kurze Zeit gegeben, die gesamte Folie zu betrachten. Neben dem Erfassen der Inhalte prägt sich die Folie wie ein Bild ein.

Phase 3: Erklären der Inhalte
Bei der Erläuterung der Folieninhalte geht es darum zu erkennen, welche Vorkenntnisse beim Publikum bestehen und welche inhaltliche Elemente, Begriffe und Sätze der näheren Erklärung bedürfen. Der Präsentator sollte in Erfahrung bringen, wie ein Betrachter mit Flowchart, Diagrammen und Kennlinien umgehen kann.

Phase 4: Folie beenden und wechseln
Mit dem Abschluss der Folie durch eine Zusammenfassung wird eine Überleitung gefunden, um auf die Inhalte der nächsten Folie zu wechseln. Vor dem Folienwechsel muss unbedingt der Projektor abgedunkelt oder ausgeschaltet werden.

Präsentationstechniken

- *Aufdecktechnik*: Die Folie wird mit einem weißen Papier bedeckt und die Inhalte nach und nach freigegeben. Problem: Der Betrachter könnte sich gegängelt fühlen!
- *Überdecktechnik*: Mehrer Folien oder Teilstücke mit Inhalten werden so aufeinander gelegt, dass das vollständige Bild entsteht. Lichtstarker Projektor ist Voraussetzung!
- *Unterlegtechnik*: Die Folie mit einem unfertigen Bild wird unter einer Blankofolie platziert. Das Bild kann auf der Blankofolie mit Folienschreibern und Markern ergänzt werden. Mit Hilfe der Computertechnik lassen sich diese aufbauenden Darstellungen sehr wirkungsvoll herstellen. Ergänzende Informationen lassen sich jederzeit am Flip-Chart geben, die dort dauerhaft einsehbar sind.

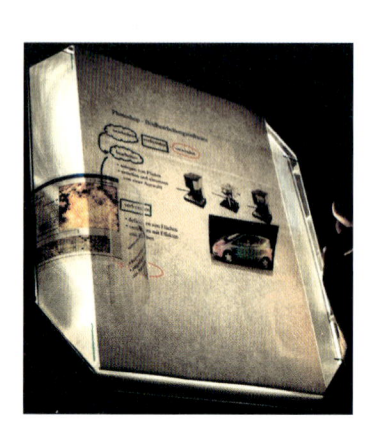

13.4.2 Dia- und Videopräsentation

Die Präsentation von Stand- und Bewegtbildern hat ihren Stellenwert vor allem auf Messen sowie beispielsweise bei naturwissenschaftlichen und medizinischen Veranstaltungen und Kongressen. Die beiden Darstellungsformen kommen dann zum Einsatz, wenn in sich geschlossene Inhalte ohne Interaktion mit dem Publikum vorgestellt werden sollen. Dia- und Videopräsentationen werden aufgrund der Informationsfülle und -dichte in Form kleiner Blöcke bzw. Filmsequenzen vorgeführt.

Quelle: Fa. Kettenbach GmbH, Neustadt/Weinstraße

Einsatzmöglichkeiten

- Einführen in das Präsentationsthema mit einer Bildfolge.
- Darstellen von komplexen Zusammenhängen, Prozessen und Entwicklungen.
- Visualisieren einer Unternehmenshierarchie.
- Abbilden verschiedener Objekte zum gleichen Thema.
- Zusammenfassen von Aussagen mehrerer Personen zum Thema (Interview).
- Hinzuschalten weiterer Vortragender mithilfe der Videokonferenz.

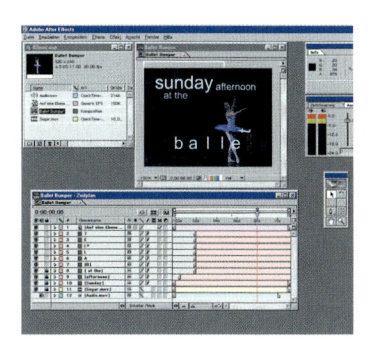

Hinweise zum Einsatz der Medien

- In Verbindung mit Musik lassen sich eindrucksvolle Einleitungen mit einer Diaüberblendtechnik erzielen.
- Anmerkungen und Ergänzungen wie bei der Folienpräsentation sind hier nicht möglich. Der Vortragende wird in den Hintergrund gedrängt.
- Der Betrachter befindet sich in einer passiven Rolle und kann meist keine Informationen mitschreiben, da der Bildwechsel schnell erfolgt und der Präsentationsraum in der Regel abgedunkelt ist.
- Dias müssen übersichtlich und „leicht" sein. Das bedeutet für Textdarstellungen kurze Überschriften, höchstens drei bis fünf Zeilen Text.
- Dia- und Videoproduktionen eignen sich aufgrund ihrer brillanten und effektvollen Darstellungen als Stimulanzmittel in Situationen, in denen die Aufmerksamkeit abnimmt. 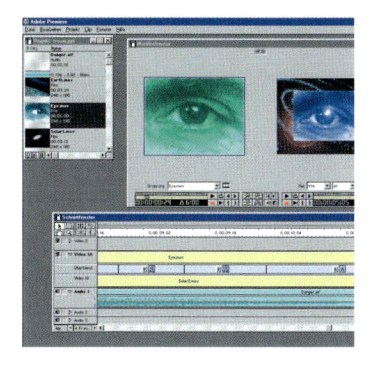
- Überwiegt der Einsatz von Dia und Video, kann der Vortrag schnell langweilig wirken.
- Diablöcke und Videofilm müssen genauso wie die einzelne Folie angekündigt, präsentiert und anschließend zusammengefasst werden.
- Diashow und Video können, sparsam und dramaturgisch an den richtigen Stellen eingesetzt, bereichernd für den Vortrag sein, da sie die Wirklichkeit besser darstellen als viele Grafiken geschmückt mit vielen Worten und sind damit für die Verständlichkeit förderlicher.
- Videos und Fotografien lassen sich in digitalisierter Form in Präsentationsprogrammen und Autorensoftware einbinden und präsentieren. Mit der geeigneten Schnittsoftware lassen sich Videos und Fotografien zusammenfassend bearbeiten und überblenden. In Verbindung mit der computerbasierenden Folienpräsentation, wäre für die Präsentationstechnik von Dia und Video nur Computer und Beamer notwendig.
- Wie beim Tageslichtprojektor, so gilt auch für die Dia- und Videoprojektor, dass die Gerätschaften in den meisten gut ausgestatteten Tagungsräumen zur Standardausstattung gehören. Wichtig für die Projektion ist es, den Raum abdunkeln zu können.

13.4.3 Flip-Chart

Das Flip-Chart ❶ ist die richtige Ergänzung für die Computer- oder Folienpräsentation. Hier kann der Vortragende spontane Gedanken, Argumente aus dem Publikum, eine Gliederung des Vortrags oder eine Zusammenfassung festhalten. Mit Hilfe moderner Techniken lassen sich diese Aufschriebe direkt ausdrucken ❷. Komplexe Zusammenhänge, die aus der Hauptpräsentation nicht klar werden, können hier mittels Flow-Chart, Diagrammen, stichwortartigen Aufzählungen vertieft werden. Das gleiche betrifft Fragen im Anschluss an die Präsentation, die mithilfe der Visualisierung am Flip-Chart besser beantwortet werden, als durch Worte. Dazu sollte der Präsentator ein geübter Zeichner sein, der spontan Inhalte mittels Skizzen, ohne Vorbereitung, für das Publikum darstellt. Die festgehaltenen Informationen stehen dem Publikum über den Zeitraum der Präsentation zur Verfügung, so dass sich dieses Medium gut für den roten Faden, die Gliederung, für Kerninformationen eignet und die Teilziele mit der Computer- oder Folienpräsentation erarbeitet werden. Damit erklären sich auch die Grenzen des Flipchart. Es begleitet den Vortrag und wird nicht als Hauptmedium eingesetzt. Aufgrund der geringen Abbildungsgröße sind sie nicht für große Gruppen geeignet. Auf einem Flipchart zu arbeiten bedarf einiger Übung. Menschen, die es nicht gewohnt sind, vor einer Gruppe auf einer Tafel zu schreiben oder Skizzen zu entwerfen, werden diese Situation als unangenehm empfinden. Sie können sich den Kontrollblicken des Publikums ausgeliefert fühlen, die den Schreibstil beobachten, die Unsicherheit beim Skizzieren sehen oder auch den Fleck auf der Rückseite des Anzugs bemerken könnten, den man selber nicht sieht. Wenn der Vortragende mit dem Rücken zur Gruppe steht, werden ihm plötzlich solche Gedanken im Kopf herumgehen, die ablenken und unsicher machen. Wie arbeitet der Vortragende am Flip-Chart, damit die Pausen nicht zu groß werden, das Publikum unruhig und das Geschriebene in guter Qualität erscheint?

❶

Quelle: Fa. Neuland, Eichenzell

❷

Quelle: Fa. Neuland, Eichenzell

Quelle: Anders & Kern Präsentationssysteme GmbH

Hinweise zum Einsatz

- Jeder Bogen erhält eine Überschrift.
- Maximal acht Zeilen auf einen Bogen schreiben.
- Kariertes Papier erleichtert die gerade Schreibweise.
- Kleinbuchstaben ein Karo hoch, Großbuchstaben zwei Karos.
- Einfache Sätze formulieren.
- Keine Schachtelsätze auf dem Bogen.
- Kontrastreiche Farben wählen.
- Schlagworte mit Zeichen und Symbolen markieren.
- Fehler mit Tipp-Ex korrigieren, das wirkt auf den Betrachter nicht als störend.
- In Druckbuchstaben schreiben, keine Schreib- oder Handschrift!
- Skizzen können schon in der Vorbereitung auf die Blätter gezeichnet und durch Umschlagen der Bögen aufgedeckt und dann beschriftet werden.
- Blatteinteilung vor der Präsentation vornehmen und Titel und Texte mit Bleistift leicht vorschreiben.

Quelle: Fa. Neuland, Eichenzell

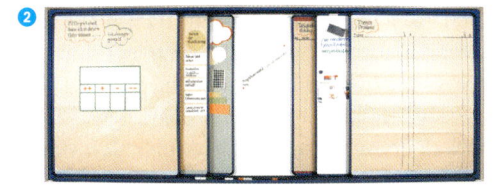

Quelle: Fa. Neuland, Eichenzell

Quelle: Fa. Neuland, Eichenzell

Quelle: Anders & Kern Präsentationssysteme GmbH

Weitere Techniken

Interaktionen mit dem Publikum, zum Beispiel in einer Begrüßungs- und Einleitungsphase, werden mit Moderationskarten ❶ in Form von Rechtecken, Kreisen, Wolken u.a. durchgeführt. Die beschriebenen Karten werden von den Zuhörern an eine Pinwand geklebt oder können dort auch mit Magneten befestigt werden. Strukturen, Markierungen und Linien lassen sich im Anschluss auf dem Pinwandpapier herstellen ❷.

Neben der Zusatzeinrichtung zum Drucken des Flipchartaufschriebs kennt man in der Präsentationstechnik die sogenannten Copyboards ❸, die ein Mitschreiben während des Vortrags ebenso überflüssig macht. Die Schreibtafel besitzt zwei Schreibflächen, die auf Knopfdruck bewegt werden. Ein Lesekopf tastet, wie ein Scanner, das Bild ab und überträgt die Daten an den Drucker.

Eine weitere Möglichkeit besteht darin, mittels Kamera die Arbeitsfläche abzufotografieren ❹. Das Bild lässt sich dann beispielsweise in eine Powerpoint-Präsentation einbauen, mit einem Beamer darstellen oder auch ausdrucken.

Präsentationsräume

In der Regel benötigen Pinwände und Flipchart einen entsprechenden Platzbedarf vor allem, wenn sie frei stehen. Zur Grundausstattung sollte eine Projektionsfläche, ein Flipchart und eine Magnettafel, sowie eine Fernsehanlage mit Videorekorder gehören. In kleinen Räumen bietet es sich an, diese Gerätschaften an der Wand zu befestigen ❺. In großen Räumen können Pinwände auch als Raumteiler bei Kleingruppen-Veranstaltungen eingesetzt werden.

Quelle: Anders & Kern Präsentationssysteme GmbH

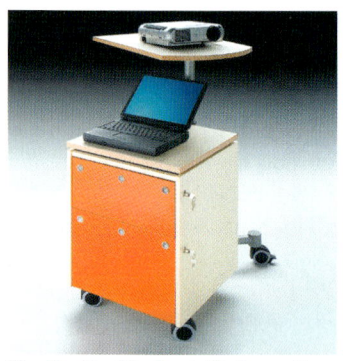

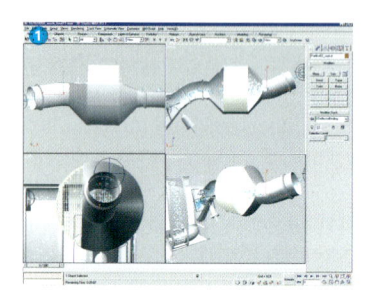

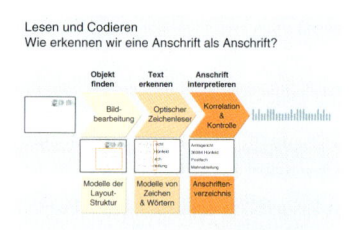

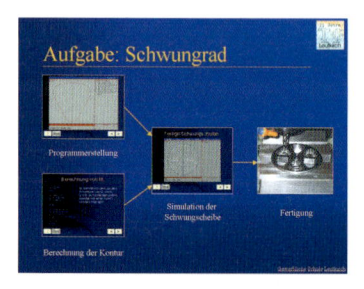

Quelle: Fa. Neuland, Eichenzell

13.4.4 Computerpräsentation

Multimediale Präsentationen erfreuen sich großer Beliebtheit, zum einen durch die leichte Bedienbarkeit der Computerprogramme, die bei fast allen Office-Paketen mitgeliefert werden, zum anderen durch das Vorhandensein der Technik in den modernen Konferenzräumen. Jeder der eine Präsentation plant und durchführen muss, sollte sich mit den Möglichkeiten der Computerpräsentation auseinandersetzen. Kritik sei nach großer Anfangseuphorie angebracht, musste doch das Publikum unter der Fülle von Folien mit Effekten und Überblendtechniken leiden. Die Interessen des Zuhörers werden dann allzuoft in den Hintergrund gedrängt, weil der Vortragende nur noch seine Präsentation vor Augen hat. Der Einsatz des Computer kann jedoch auch Vorteile haben, die nachfolgend betrachtet werden sollen.

Wirkungsvoller Einsatz

- Die Computerpräsentation zeichnet sich grundsätzlich positiv aus, durch den Einsatz moderner Animationstechniken, digitalisiertem Video, bearbeiteten Fotografien, Sounddateien sowie der Möglichkeit der Anbindung an das Internet, der Verbindung mit anderen Seminaren oder Rednern über Videokonferenz.
- Zur Verstärkung von Argumenten, zur Steigerung der eigenen Kompetenzwirkung, lassen sich Texte, Fotografien, Grafiken, Animationen, Video und auch Musik beliebig miteinander verknüpfen.
- Mithilfe von Scanner, Bildbearbeitungssoftware und Grafikprogramm können alle Materialien zur Visualisierung geschaffen werden.
- Die „Folie" lässt sich am Rechner schrittweise aufbauen und entsprechend auch wieder ausblenden.
- Zukunftsszenarien lassen sich über 3-D- Animationen ❶, man spricht auch häufig von virtuellen Welten, erstellen und in das Präsentationsprogramm einbinden. Beispiel ❶: © 2001, J. Rusnak, Image Affairs. 3D-Daten mit freundlicher Genehmigung der J. Eberspächer GmbH & Co.
- Zur Darstellung komplexer Prozesse in der Technik oder zur Demontage von Maschinen in Baugruppen, lassen sich sogenannte Object Movies herstellen. Darin hat der Benutzer die Möglichkeit, sich mithilfe von Mausbewegungen um das Objekt zu bewegen sowie auf- und abzufahren und über Hotspots in das Objekt zu gelangen. Zur Darstellung von Funktionen und Baugruppen, von Montagevorgängen oder für Kataloge ist diese Technik sehr gut geeignet.
- Über einen Internetanschluss lassen sich aktuelle Informationen während des Vortrages abrufen und in die Computerpräsentation einbauen. In Verbindung mit einem Drucker im Präsentationsraum werden innerhalb der Veranstaltung Informationsmaterialien für das Publikum gedruckt.
- Wirkungsvoll ist eine Präsentation nur dann, wenn sie die Zielgruppe trifft, wenn das Präsentationsmedium auch zur Zielgruppe passt. Folien lassen sich in einer Präsentation einmal abgespeichert nicht überspringen oder auslassen, weil sie vielleicht gerade auf diese Zielgruppe nicht zutreffend sind. Jede Präsentation muss stets neu aufgebaut und auf das Publikum abgestimmt werden. Um die Arbeit zu erleichtern schafft sich der Präsentator eine Datenbank mit Texten, Illustrationen, Bildern, Videos und Animationen. Diese Grundbausteine werden dann nach Bedarf in das Präsentationsfenster eingepasst.

Quelle: Fa. Neuland, Eichenzell

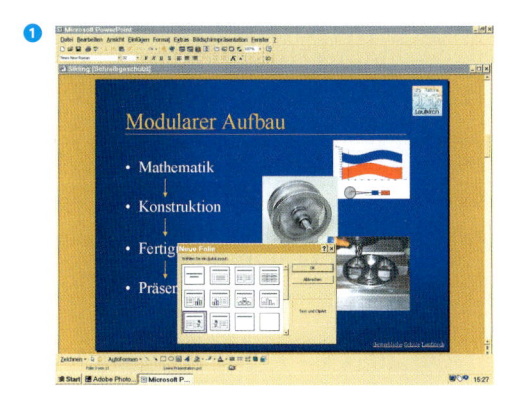

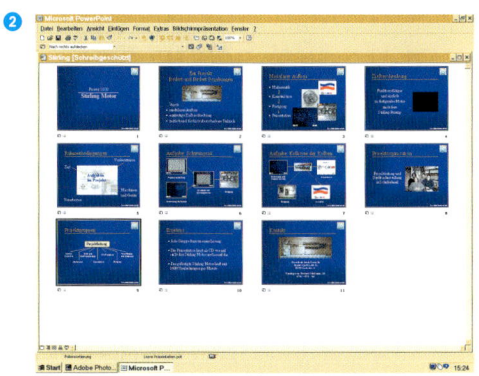

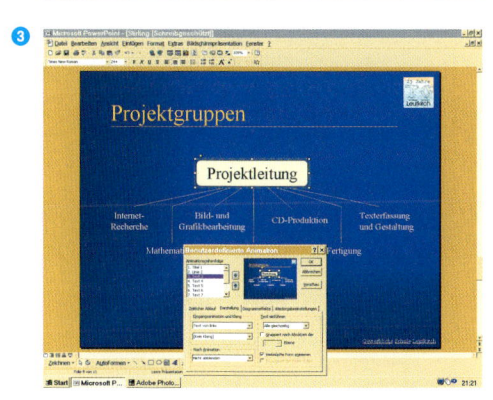

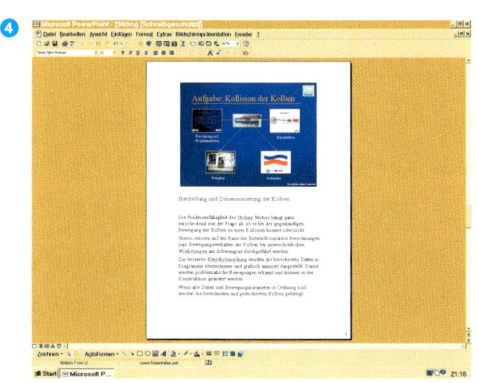

Checkliste zum Aufbau einer Präsentation

- Für die Planungs- und Durchführungsphase einer Computerpräsentation gelten dieselben Vorüberlegungen wie für eine klassische Folienpräsentation.
- Für die ersten Präsentationen bedient man sich der reichhaltigen Möglichkeiten der Präsentationssoftware, im folgenden Microsoft PowerPoint. Zunächst wird ein einheitliches Design mit Hilfe der *Präsentationsvorlagen* gewählt. Damit sind Schriftarten, Schriftgrößen für Überschriften und Fließtexte sowie Farben in den Schriften und dem Hintergrund festgelegt.
- Nach dieser Gestaltungswahl kann im Menü *AutoLayout* eine Folienart gewählt werden, z. B. Titel, Aufzählung, Text und Bild, u. a., in welche dann die Inhalte geschrieben werden und Bilder und Fotografien aus Datenbanken platziert werden können ❶.
- Mit dem Menüpunkt „Ansichten/Foliensortierung" lässt sich die Folienabfolge einsehen und einzelne Folien durch Drag and Drop an ein andere Stelle verschieben und die Präsentation umgestalten ❷.
- Um den Betrachter nicht mit Überblend- und Interaktionseffekten zu überhäufen, wählt man zwei oder drei Effekte für unterschiedliche Bausteine (Text, Grafik, Fotografie) aus, die mit den Menüpunkten „Aktionseinstellung" sowie „Benutzerdefinierte Animation" zugewiesen werden ❸.
- Um selbst den Überblick zu behalten geht die Interaktionsstruktur möglichst nicht tiefer als zwei Ebenen.
- Die Inhalte auf das Wesentliche beschränken, wie die Kerninformation, kurze Sätze und Schlagworte.
- Begrenzt man eine Computerpräsentation auf 15 Minuten und stellt alle 90 s eine neue Folie dar, dann ergibt das eine Anzahl von 10 Folien.
- Bedenkt man, dass für Gliederung, Ergänzungen und Vertiefungen zusätzlich ein Flip-Chart oder eine Metaplanwand zum Einsatz kommt und für die Fragen am Schluss nochmals Folien mit Detail- und Zusatzinformationen zur Verfügung stehen, dann ist die Präsentation gut gefüllt.
- Wechselt der Präsentator das Medium, zum Beispiel auf Flip-Chart, müssen unbedingt Schwarzfolien zur Unterbrechung der Computerpräsentation eingebaut werden.
- Für die eigene Rede kann der Vortragende an seinem Rechner die Funktion „Notizblatt" wählen und Ergänzungen einfügen, die der Betrachter nicht sieht ❹.
- Das Notizblatt, die Gliederung und die Foliensortierung lassen sich für Vorbereitungszwecke oder auch für den Zuhörer als Tischvorlage ausdrucken.

➦ **Auch hier gilt: Weniger ist mehr und übersichtlicher!**

Üben und anwenden

Aufgabe 1: Sie planen ein Selbstportrait ihrer Person. Formulieren Sie dazu sachliche und persönliche Ziele, die Sie mit Ihrer Präsentation erreichen wollen.

Aufgabe 2: Für eine Präsentation nehmen Sie Ihr Lieblingshobby als Thema. Bereiten Sie innerhalb einer Gliederung die Inhalte auf und benennen diese. Wählen Sie zur Umsetzung einen Fünfsatz und begründen Sie Ihre Wahl.

Aufgabe 3: Erstellen Sie einen Visualisierungsplan zu den Inhalten Ihrer „Hobby"-Präsentation. Überlegen Sie, in welcher dramaturgischen Folge Texte, Grafiken, Fotografien oder Video ablaufen müssen.

Aufgabe 4: Halten Sie vor einer Gruppe Ihren Vortrag und lassen diesen filmen. Besprechen Sie die Präsentation im Anschluss hinsichtlich der Verbesserung der Gestik und Mimik sowie der Sprache.

Aufgabe 5: Stellen Sie eine Folie Ihrer Präsentation unvorbereitet auf dem Flip-Chart dar und beurteilen Sie Schriftart, Schriftgröße und Flächenaufteilung des Geschriebenen.

Aufgabe 6: Erstellen Sie je eine Unternehmens-, eine Sach- und eine Umweltpräsentation mit Hilfe einer Präsentationssoftware. Vergleichen Sie die unterschiedlichen Lösungen hinsichtlich Gewichtung der Ziele, Aufbereitung der Inhalte, der Darstellung, der Typografie und dem Einsatz von Farben.

Aufgabe 7: Welche Vor- und Nachteile hat ersatzweise ein Videofilm für die unter Aufgabe 6 produzierten Präsentationen?

14 Medienökonomie

Dieses Kapitel rückt die wirtschaftliche Seite von Medienproduktionen in den Mittelpunkt. Es gibt einen vertieften Einblick in die wichtige Frage der Kalkulation von Medienprodukten. Ferner werden die Grundzüge des Projektmanagements aufgezeigt. Schließlich vermittelt es Grundkenntnisse zum Marketing von Medienprodukten.

Ein Medienprodukt herzustellen erfordert nicht nur den geballten Sachverstand von Autoren, Gestaltern, Produzenten und Technikern, sondern gleichermaßen auch den Sachverstand der Ökonomen. Diese sorgen dafür, dass

- die Finanzierung des Projekts gesichert ist, was z. B. bei einem Kinofilm nicht selten eine große Herausforderung darstellt;
- das Gebot der Wirtschaftlichkeit beachtet wird, dass z. B. der Film, das Buchprojekt oder der Online-Auftritt kostengünstig und wirtschaftlich vertretbar hergestellt wird;
- dass der Produktionsvorgang, z. B. einer Multimedia-CD-ROM, einer Fernsehsendung oder einer Audio-CD gut organisiert ist und rationell sowie effektiv abläuft;
- dass die Vermarktung funktioniert, z. B. einer Spiele-CD, und daher die Chance auf Marktgewinne nicht vertan wird.

Medienproduktion ist also immer auch eine Angelegenheit für die Ökonomie. Das bekommen die Beteiligten schnell zu spüren, wenn die Dinge nicht so gut laufen, z. B. wenn das Geld fehlt, das Budget zu gering ist oder die Absicherung der Finanzierung nicht gelingt, aber auch wenn die Kosten „aus dem Ruder laufen" oder der Ablauf schlecht organisiert ist und das Projektmanagement versagt.

14.1 Kalkulation

Eine Medienproduktion steht immer auf drei Säulen, die sich gegenseitig ergänzen und unterstützen:

- Säule 1: Inhalte und Gestaltung
- Säule 2: Produktion und Technik
- Säule 3: Ökonomie und Management

Der Ökonom steht bei einer Medienproduktion gleichberechtigt neben dem Regisseur, dem Autor, dem künstlerischen Gestalter, dem Produzenten und dem Techniker. Ein Produkt kann nur gut werden, wenn auch ein guter Medienökonom im Team vertreten ist.

14.1.1 Kosten von Medienprodukten

Herstellungskosten

❶ Der Begriff „Kosten" ist durch drei Merkmale definiert:
- Verbrauch an Ressourcen
- bewertet in Geld und
- auf das Projekt bezogen.

❷ Man spricht bei Medienprodukten von „Unikaten", die in Einzelfertigung hergestellt werden müssen.

Die Welt der Kosten ❶ ist so bunt wie die Welt der Medienprodukte. Kein Fernsehwerbespot, kein Spielfilm, kein Computerspiel gleicht dem anderen. Jedes Medienprodukt hat seine ganz besondere Eigenart ❷, was zur Folge hat, dass es zwischen den einzelnen Formen vergleichsweise große Kostenunterschiede gibt. Zu unterscheiden sind dabei die Kosten für die Herstellung des Produkts sowie die Kosten, die für die Vervielfältigung, den Einsatz oder die Installation anfallen.

Ein einfacher Videofilm kostet in der Herstellung z. B. deutlich weniger als eine komplexe CD-ROM, bei der viele Computeranimationen enthalten sind und ein hoher Programmieraufwand verursacht wird. Daher ist es nicht überraschend, dass es keine standardisierten Preise oder Listen gibt, aus denen sich die Kosten einer Medienproduktion ablesen lassen.

Präzise Vorstellungen über die Kosten bekommt man nur dann, wenn man das einzelne Medienprodukt genau definiert und in seine Bestandteile zerlegt. Immerhin gibt es gewisse Anhaltspunkte für typische Größenordnungen, die in der Branche bekannt sind.

Typen von Produktionen

Low Budget
Einfache Produktion ohne großen, insbesondere darstellerischen Aufwand

High Budget
Aufwändige Produktion, meist szenischen Inhalts

Die nachfolgend genannten Zahlen verstehen sich als Herstellungskosten für durchschnittlich aufwändige („normale") Produktionen ohne die Kosten für Vervielfältigung, Montage, Vermarktung oder Einsatz. Einfache Produktionen („Low-Budget-Produktionen") mit wenigen Dreh- und Fototerminen und ohne Tricks und Grafiken können um einiges darunter liegen. Produktionen mit vielen Drehs, hohen Darstellergagen, Reise- und Übernachtungskosten und mit aufwändigen Tricks und Grafiken („High-Budget-Produktionen") liegen leicht um ein Vielfaches höher. Es ist wie beim Kauf eines Autos: Das Grundmodell ist erschwinglich, aber vergleichsweise langweilig. Das Salz in der Suppe sind die Extras, und die sind unter Umständen sehr teuer!

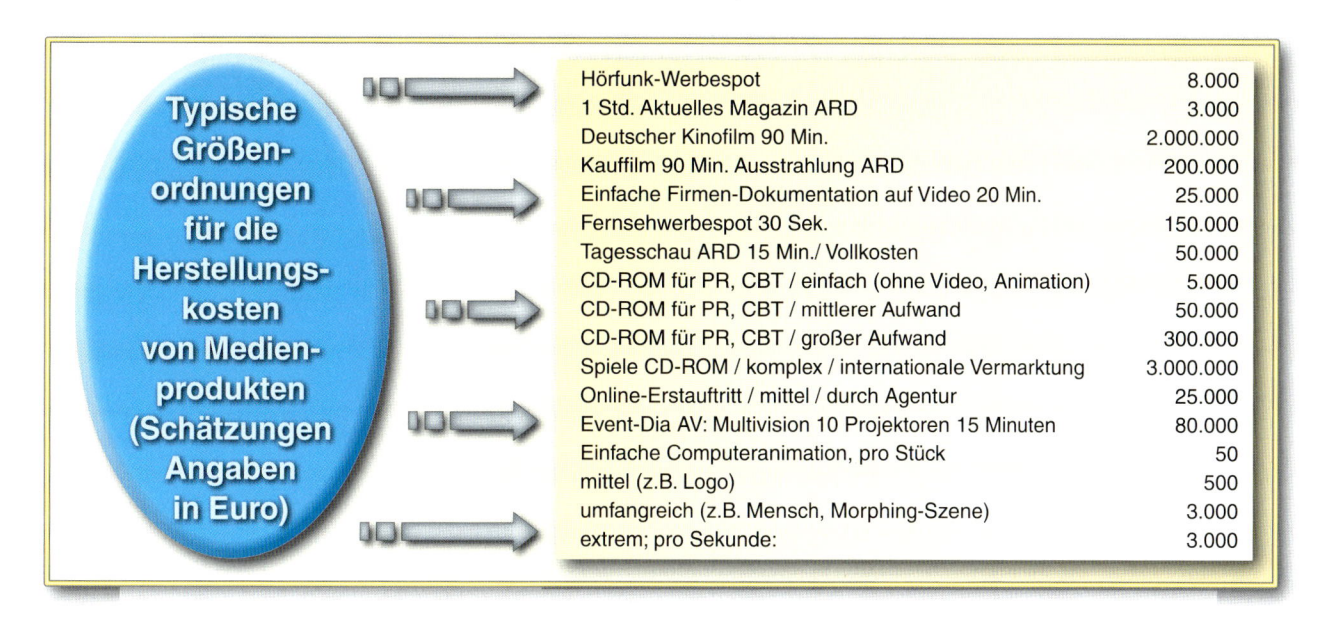

Typische Größenordnungen für die Herstellungskosten von Medienprodukten (Schätzungen Angaben in Euro)

Hörfunk-Werbespot	8.000
1 Std. Aktuelles Magazin ARD	3.000
Deutscher Kinofilm 90 Min.	2.000.000
Kauffilm 90 Min. Ausstrahlung ARD	200.000
Einfache Firmen-Dokumentation auf Video 20 Min.	25.000
Fernsehwerbespot 30 Sek.	150.000
Tagesschau ARD 15 Min./ Vollkosten	50.000
CD-ROM für PR, CBT / einfach (ohne Video, Animation)	5.000
CD-ROM für PR, CBT / mittlerer Aufwand	50.000
CD-ROM für PR, CBT / großer Aufwand	300.000
Spiele CD-ROM / komplex / internationale Vermarktung	3.000.000
Online-Erstauftritt / mittel / durch Agentur	25.000
Event-Dia AV: Multivision 10 Projektoren 15 Minuten	80.000
Einfache Computeranimation, pro Stück	50
mittel (z.B. Logo)	500
umfangreich (z.B. Mensch, Morphing-Szene)	3.000
extrem; pro Sekunde:	3.000

Einsatzkosten

❶ *Kosten für den Einsatz* werden auch „Roll-Out-Kosten" genannt

Je nach Medienprodukt kommen zu den dargestellten Herstellungskosten noch die *Kosten für den Einsatz* ❶ dazu. Man spricht in diesem Zusammenhang auch von den „Roll-Out-Kosten". Es handelt sich um:

- Kosten der Vervielfältigung, z. B. bei einem Buchprojekt, einer Audio-CD, einer Lern-CD-ROM für einen bestimmten Mitarbeiterkreis innerhalb eines Großunternehmens;

❷ POI = „Point of Information", z. B. Bahnhöfe, öffentliche Plätze, Kulturzentren, Messen

- Kosten für den Verkauf, die Vermarktung und Verwertung, z. B. Werbung für das Buch, Kiosk-Provision beim Einzelverkauf von Zeitschriften;
- Kosten für die Verbreitung, z. B. bei der Schaltung eines Fernsehwerbespots in einer Reihe von TV-Sendern („Media");

❸ POS = „Point of Sale", z. B. Supermärkte, Verkaufsläden, Shopping Malls

- Aufstellung eines interaktiven Kiosk-Terminals auf einer Messe oder an einem „POI" ❷ oder „POS" ❸.

Typische Größenordnungen für ausgewählte Einsatzkosten von Medienprodukten (ca.-Werte und Schätzungen in Euro)

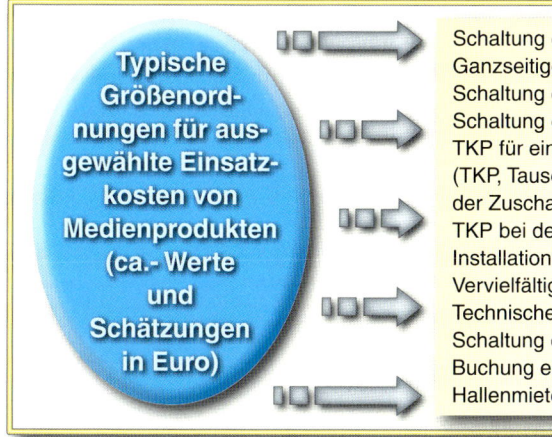

Schaltung einer 4-Farben-Anzeige in "TV-Spielfilm"	11.000
Ganzseitige Farbanzeige im "Focus"	40.000
Schaltung eines einzigen TV-Werbespots, Prime Time RTL	7.000 bis 65.000
Schaltung eines TV-Werbespots im Nachrichtenumfeld von n-tv	700 bis 3.000
TKP für einen TV-Spot, Prime Time Pro7, je nach Zielgruppe	15 bis 50
(TKP, Tausend-Kontakt-Preis = Einschaltpreis im Verhältnis zur Zahl der Zuschauer = Relativer Preis)	
TKP bei der ARD für Zuschauer ab 14 Jahren	6 bis 9
Installation eines Kiosk-Terminals („Touch Screen") auf einer Messe	8.000
Vervielfältigung einer DVD, 5000 Exemplare	9.000
Technische Herstellung eines Taschenbuches 10.000 Exemplare, z.B.	15.000
Schaltung eines Banners auf der Homepage von Lycos, pro Tsd. Kontakte:	50
Buchung eines City Light Posters in Berlin, pro Tag:	12
Hallenmiete auf einer Messe, pro qm	50 bis 250

14.1.2 5-Schritte-Konzept der Kalkulation

Das Drehbuch – die Grundlage der Kalkulation

Wenn man herausfinden will, was ein Medienprodukt kostet, wird man schnell erkennen, dass es vom Typ und von der Beschaffenheit des Produkts abhängt, wie die Antwort auf diese Frage ausfällt.

- Was kostet ein Haus?
- Was kostet ein Auto?
- Was kostet eine Urlaubsreise?

Solche Fragen sind viel zu pauschal und führen zu nichts. Erst der Bauplan des Architekten verrät, was das Haus kosten darf. Nur die Fahrzeugbeschreibung und der Leistungskatalog bringt Licht in das Dunkel, ob das Auto einen fairen Preis hat. Erst wenn man genau weiß, wohin die Reise gehen soll, kann man etwas Vernünftiges zu den Urlaubskosten sagen!

Genau so ist es bei einem Medienprodukt. Man denke z. B. an einen Kinospielfilm: Der Bauplan oder die Leistungsbeschreibung ist dort das sog. *Drehbuch* ❶. Das Drehbuch gibt Auskunft darüber, welche Handlung dem künftigen 90-Minuten-Streifen zugrunde liegt, wie viele Szenen die gesamte Handlung aufweist, wie die Szenen im einzelnen zu gestalten sind und wie sie dramaturgisch hintereinander ablaufen. Völlig zu Recht bezeichnet man das Drehbuch als die „Bibel" des Filmprojekts.

❶ Das Drehbuch ist die schriftliche Darlegung des Inhalts der Produktion.

Das Drehbuch liefert also die Informationen, die man haben muss, um überhaupt etwas zur Kostenseite sagen zu können. Je detaillierter das Drehbuch ausgearbeitet ist, um so genauer kann die Schätzung der Kosten ausfallen. Je weniger der Inhalt im Drehbuch festgelegt ist, um so eher muss man sich mit einer groben Kalkulation, eventuell sogar nur mit einer Schätzung „über den Daumen" begnügen.

➲ **Die Kalkulation eines Medienprodukts kann nur vorgenommen werden, wenn man eine klare Vorstellung vom herzustellenden Produkt hat. Ohne Drehbuch keine Kalkulation!**

In verschiedenen Medienbereichen ist es üblich, die Szenen des Drehbuchs durch Zeichnungen zu visualisieren, also bildhaft darzustellen. Das entsprechende Dokument heißt beim Spielfilm, beim Werbefilm sowie bei Multimedia-Produktionen *Storyboard* ❷. Allgemeiner gesagt wird eine Visualisierung auch als *Layout* bezeichnet.

❷ Das Storyboard stellt das Drehbuch in bebildeter Form dar.

5-Schritte-Verfahren der Kalkulation

In der Praxis der Film- und Medienproduktion ist die Vorgehensweise bei der Kalkulation grundsätzlich immer gleich. Sie lässt sich in fünf Schritte unterteilen:

Schritt 1	Schritt 2	Schritt 3	Schritt 4	Schritt 5
Rahmenbedingungen erfassen	Drehbuch entwickeln	Auszüge erstellen	Kosten finden und berechnen	Kalkulation zusammenstellen

❶ Immer wichtiger wird das 70 mm-Format, das dem IMAX-Kino zugrunde liegt.

Drehbuch entwickeln
- Stoffidee
- Exposé
- Treatment
- Drehbuch
- Storyboard

❷ „SFX" = lautmalerische Nachbildung von „Special Effects". Musterbeispiel: Effekte in „Jurassic Park"

Schritt 1: Die Rahmenbedingungen erfassen
- Festlegung der Art der Produktion: z. B. Kino-Spielfilm, TV-Spiel, TV-Serie, Daily Soap etc.
- Festlegung des Bildträgerformats: z. B. bei Film 16 mm oder 35 mm ❶.
- Vorgaben des Auftraggebers: u. a. Termin, spezielle Normen im Hinblick auf Drehtage, Drehverhältnis, Höhe der Gagen, Person des Regisseurs.

Schritt 2: Das Drehbuch entwickeln
- Am Anfang steht die Idee zur Geschichte (Stoffidee).
- Aus ihr heraus wird das Exposé entwickelt. Statt Exposé wird auch von Basisentwurf gesprochen.
- Es folgt das Treatment, das einen Grobentwurf des Inhalts darstellt.
- Schließlich wird das umsetzungsreife Drehbuch erarbeitet, das die Grundlage für die Produktion ist.
- Die Visualisierung erfolgt durch das Storyboard.

Schritt 3: Die Auszüge erstellen
- Hierunter versteht man die Analyse des Drehbuchs Bild für Bild. Bei einem Spielfilm entstehen oft mehr als 120 Auszüge.
- Die Analyse erfolgt im Hinblick auf die notwendige Produktionstechnik: z. B. erforderliche Studiotechnik (Kamera, Licht, Aufbauten) oder Spezialausrüstung bei Außenaufnahmen,
- und im Hinblick auf die Faktoren, die für die Kosten verantwortlich sind: z. B. notwendiges Team, Spezialeffekte („SFX" ❷), Musik, besondere Drehbedingungen (Wüste, Urwald).

Drehbuch Auszug

Name der Filmproduktion	Titel	Nr. Auszug-Seite
Szenen-Nr.	Name der Szene	Innen / Außen
Beschreibung		Tag / Nacht
		Drehbuchseite

Darsteller	Extras und Komparserie	Stunts
Ausstattung	Spezialeffekte	Requisiten
Autos / Tiere	Kostüm	Make-Up / Haare
Musik	Spezialausrüstung	Produktionsnotizen

Datum: _____

Schritt 4: Die Kostenfindung

- Für jede Position, die Kosten verursacht, wird eine Schätzung vorgenommen. Hierzu ist viel Erfahrungswissen erforderlich, es müssen Recherchen vorgenommen werden, und Fachgespräche sind zu führen.
- Die Schätzung erfolgt in Form von Berechnungen (z. B. Filmmaterial),
- in Form von Näherungswerten (z. B. Drehort recherchieren),
- auf der Grundlage von Vergleichen (z. B. Drehverhältnis ❶)
- oder über Preislisten und Tarifverträge ❷.

Schritt 5: Die Kalkulation zusammenstellen

- Jede in der Kostenfindung ermittelte Kostenposition wird nach einem sinnvollen Schema zusammen gestellt und in eine übersichtliche Form gebracht.
- Dazu bietet sich z. B. für die Filmproduktion ein System von 10 Kostenblöcken an oder für Multimedia-Produktionen ein solches mit sechs (s. u.).

Die Ausarbeitung des Drehbuchs bis zur Kalkulation (Schritte 3 bis 5) obliegt dem *Produktionsleiter* ❸. Er ist der wirtschaftliche und organisatorische „Kopf" der Produktion. Wie sich jeder leicht vorstellen kann, handelt es sich bei der Produktionsleiterfunktion um eine höchst verantwortungsvolle Aufgabe.

---

❶ Das Drehverhältnis gibt das Verhältnis zwischen abgedrehtem Material und dem in der Produktion tatsächlich verwendeten Material an. Ein Verhältnis 1:10 besagt, dass von 10 Meter gedrehtem Film ein Meter in die Endversion eingeht.

❷ Tarifverträge werden zwischen Arbeitgebern und Arbeitnehmervertretungen (Gewerkschaften) für die einzelnen Branchen ausgehandelt.

❸ Die Arbeit des Produktionsleiters hat für die wirtschaftliche Steuerung von Medienprojekten Schlüsselbedeutung.

14.1.3 Kalkulationsbeispiele Film und Multimedia

Beispiel Filmkalkulation

Die Kalkulation dient der realistischen Einschätzung der finanziellen Seite des Filmprojekts. Von ihr hängt die effiziente Geschäftsführung, die Buchhaltung und der materielle Erfolg der Produktionsfirma ab. Sie einfach aus dem Bauch heraus zu entwickeln, birgt daher große Risiken.

Die Kalkulation muss mit größter Sorgfalt erstellt werden. Eine Hilfe ist ein klares und übersichtliches Kalkulationsschema, das sofort von allen verstanden wird und das wie eine Checkliste verwendet werden kann.

Ein solches Kalkulationsschema wird nachfolgend dargestellt. Es handelt sich um das *10-Kostenblöcke-Konzept*, das alle wichtigen Kosten einer Filmproduktion zusammenfasst und übersichtlich darstellt.

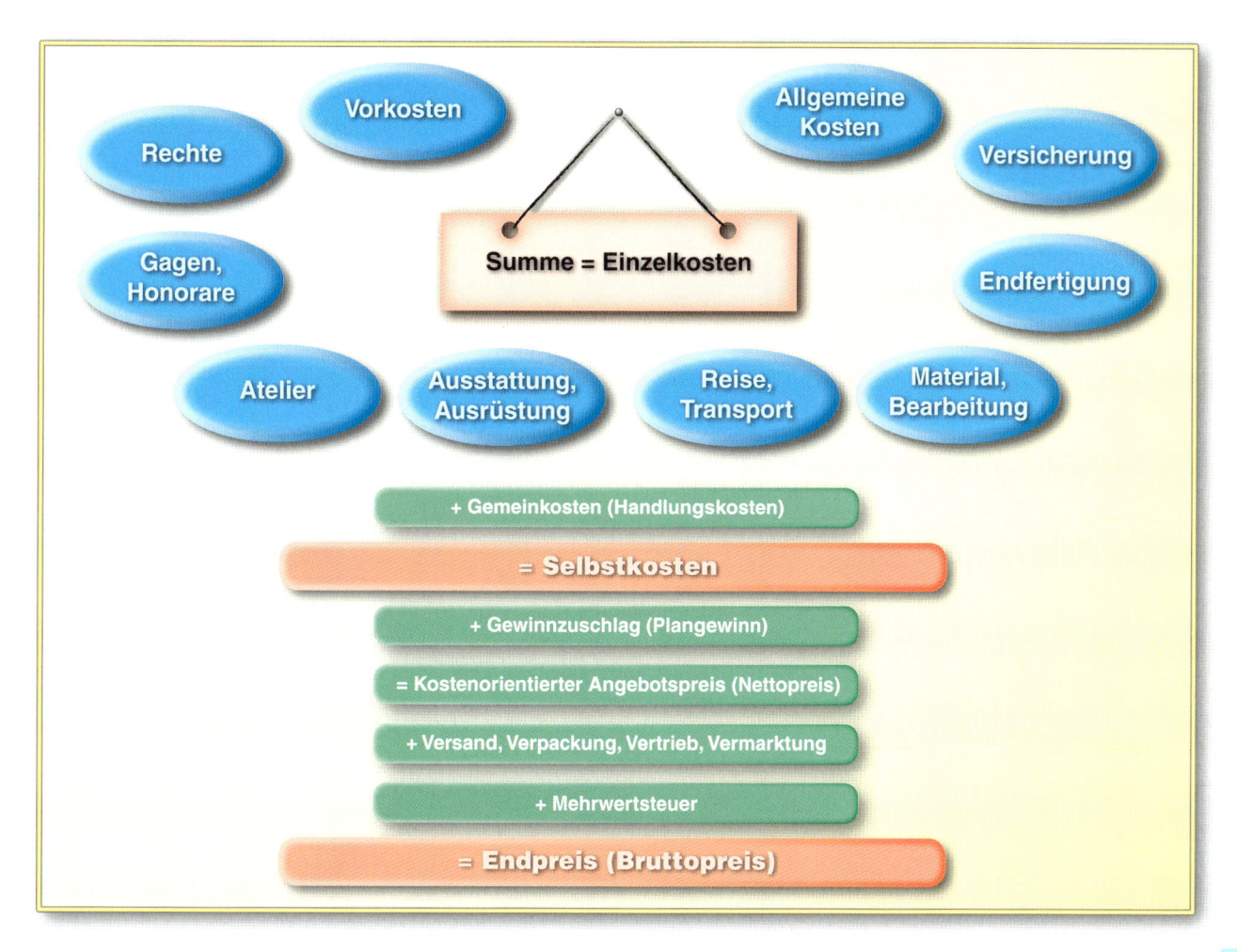

Kalkulation
= die realistische Einschätzung der Kostenseite des Projekts

Sorgfalt!
Transparenz!
Übersichtlichkeit!

- Rechte
- Vorkosten
- Allgemeine Kosten
- Versicherung
- Gagen, Honorare
- Endfertigung
- Atelier
- Ausstattung, Ausrüstung
- Reise, Transport
- Material, Bearbeitung

Summe = Einzelkosten

+ Gemeinkosten (Handlungskosten)
= **Selbstkosten**
+ Gewinnzuschlag (Plangewinn)
= Kostenorientierter Angebotspreis (Nettopreis)
+ Versand, Verpackung, Vertrieb, Vermarktung
+ Mehrwertsteuer
= **Endpreis (Bruttopreis)**

Kostenblock 1: Vorkosten

Zu Beginn eines Filmprojekts fallen aufwändige Vorarbeiten an. Bei einem Dokumentarfilm müssen z. B. Auslandsreisen zur Abklärung von Drehmöglichkeiten unternommen werden, es sind umfangreiche Recherchen notwendig ❶ oder es muss der Rat von Experten eingeholt werden. Das alles führt zu Reisekosten, Telefonkosten und Honorarkosten.

Kostenblock 2: Rechte und Manuskript

Vor Beginn der Spielfilmproduktion ist es wichtig, alle notwendigen Rechte lückenlos einzuholen. Keinesfalls darf in irgend einer Form fremdes geistiges Eigentum verwendet werden, wenn nicht die ausdrückliche Zustimmung des Rechteinhabers vorliegt. Rechte an fremden Werken, deren Nutzung man sich genehmigen lassen muss, können sein:

- Autorenrechte: z. B. für den Drehbuchautor, der das Original-Drehbuch schreibt, oder für den Komponisten der Filmmusik.
- Bearbeitungsrechte: z. B. für den Bearbeiter eines bereits vorliegenden Drehbuchs (das ist nicht selten der Regisseur oder ein anderer Autor). Das betrifft z. B. auch Übersetzungen oder das Synchrondrehbuch für Auslandsfassungen des Films.
- Verlagsrechte: wenn man eine literarische Vorlage verwendet, z. B. den Roman eines Erfolgsautors, aber auch bei Verwendung von Musik (Musikverlage). Viele (Wort- und Musik-)Autoren stehen bei Verlagen unter Vertrag, die dann die Verwertungsrechte besitzen.
- Nutzungsrechte von Film-, Ton-, Bildmaterial aus speziellen Archiven, z. B. bei Verwendung von historischem Material (z. B. Rede von Kennedy „Ich bin ein Berliner" oder Alexanderplatz in Berlin um 1900) oder einzelner Szenen (z. B. Sonnenuntergang, Flug über den Grand Canyon).
- Nutzungsrechte von Mitschnitten aus Konzerten, Theater-, Opern- oder Kabarett-Aufführungen.

In den Rechteerwerb müssen häufig Verwertungsgesellschaften eingeschaltet werden, wenn die Rechteinhaber ihre Ansprüche entsprechend übertragen haben. Die bekannteste Verwertungsgesellschaft ist die „GEMA", die die Rechte von Komponisten vertritt. Daneben gibt es zahlreiche weitere Verwertungsgesellschaften, z. B. die „GVL" (für die sog. Mitwirkenden wie Schauspieler oder Sprecher).

Die Nutzungsrechte können einen erheblichen Anteil an den Gesamtkosten ausmachen. So können sich die Kosten für ein Original-Drehbuch für einen deutschen Kino-Spielfilm leicht in die Größenordnung von 50.000 Eur bewegen. Dieser Betrag ist nachzuvollziehen, muss doch ein Drehbuchautor einige Monate Zeit investieren, um ein gutes Drehbuch auszuarbeiten.

Eine besondere Rolle im Bereich der Rechte spielt das sog. „Buyout". Darunter versteht man zusätzliche Zahlungen an Darsteller und Stabmitarbeiter, mit denen später eventuell fällige Wiederholungshonorare und Verkaufserlöse für immer abgegolten werden. Buyout-Zahlungen können das Drei- bis Vierfache des Grundhonorars oder sogar noch darüber ausmachen ❷.

---

❶ Oft wird ein „Location Scout" eingesetzt, der dazu da ist, einen geeigneten Drehort ausfindig zu machen.

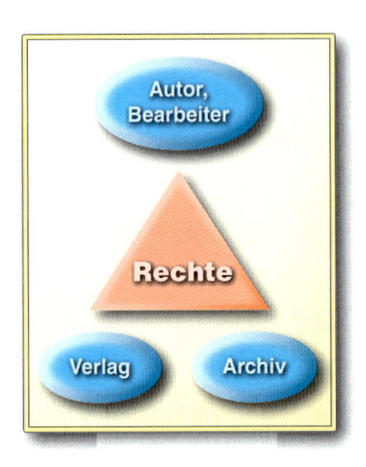

❷ Beispiel: Ein Model erhält in der TV-Werbung ein Arbeits-Tageshonorar von 4.000 Euro. Bei zwei Tagen Einsatz sind das 8.000 Euro. Der Buyout-Zuschlag beträgt 400 Prozent, was einem Betrag von 32.000 Euro entspricht. Hinzu kommen noch andere Kosten (Agenturvergütung, Ausländerlohnsteuer), so dass der Einsatz des Models am Ende deutlich über 50.000 Euro kostet.

Kapitel 14 Medienökonomie — Lektion 14.1 Kalkulation

Personal-Ressourcen im Film

Cast — Alle Darsteller vor Kamera und Mikrofon

Staff — Der Stab hinter Kamera und Mikrofon

Kostenblock 3: Gagen und Honorare

Dieser Kostenblock bezieht sich auf den Aufwand aller am Filmprojekt beteiligten Personen sowohl vor als auch hinter der Kamera und des Mikrofons. Das sind zum einen die Darsteller, zum anderen ist es der Stab:

- Darsteller (vor Kamera und Mikrofon, auch „Cast" genannt): Hauptdarsteller, Kleine Rollen, Komparsen, Stuntmen, Doubles, Sprecher, Musiker.
- Stab (hinter Kamera und Mikrofon, auch „Staff" genannt): Produktionsstab (v.a. Produzent, Herstellungsleiter, Produktionsleiter, Aufnahmeleiter), Regiestab (Regisseur, Kameramann, Tonmeister, Cutter), Ausstattungsstab (Architekt, Requisiteur, Kostümbildner, Maskenbildner), Sonstiger Stab (Beleuchter, Bühnenmeister).

Die Gagen und Honorare pro geleistetem Arbeitstag bzw. pro Arbeitswoche richten sich in weiten Teilen nach den Tarifverträgen, die zwischen den Produktionsfirmen und den Gewerkschaften (vor allem IG Medien) abgeschlossen werden. Bei besonders wichtigen Mitwirkenden (Hauptrollen, Regisseur, Chef-Kameramann u. a.) werden jedoch spezielle Vereinbarungen getroffen. Die Höhe der zu kalkulierenden Gagen hängt ferner von der Beschäftigungszeit ab, die sich aus Vorbereitungszeit, Drehzeit, Reise- und Ruhetagen, Urlaubstagen sowie der Zeit für die Endfertigung zusammensetzt. Die typischen Beschäftigungszeiten für ein größeres Filmprojekt sind in einer gesonderten Übersicht dargestellt (s. u.).

Der Produzent und sein Produktionsleiter werden danach streben, mit allen beteiligten „Filmschaffenden" so weit wie möglich Pauschalverträge (meist auf Wochenbasis) abzuschließen. Dadurch erreichen sie, dass sämtliche Ansprüche abgegolten sind und später keine Zusatzforderungen erhoben werden. Die Gage für den Regisseur kann sich bei einem größeren Projekt leicht in die Größenordnung von 75.000 Eur bewegen. Dafür ist er freilich acht Monate mehr oder weniger intensiv für dieses Projekt im Einsatz.

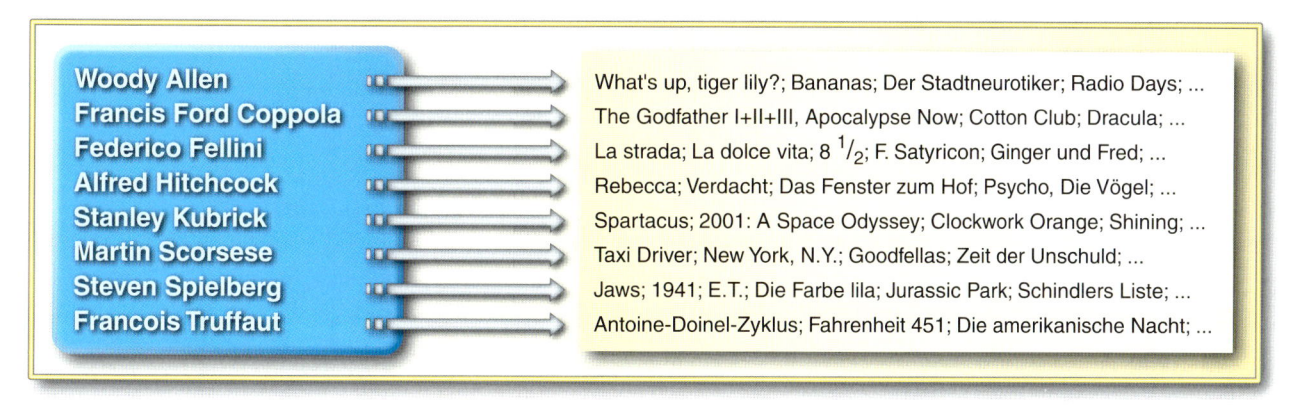

Woody Allen	What's up, tiger lily?; Bananas; Der Stadtneurotiker; Radio Days; ...
Francis Ford Coppola	The Godfather I+II+III, Apocalypse Now; Cotton Club; Dracula; ...
Federico Fellini	La strada; La dolce vita; 8 $^1/_2$; F. Satyricon; Ginger und Fred; ...
Alfred Hitchcock	Rebecca; Verdacht; Das Fenster zum Hof; Psycho, Die Vögel; ...
Stanley Kubrick	Spartacus; 2001: A Space Odyssey; Clockwork Orange; Shining; ...
Martin Scorsese	Taxi Driver; New York, N.Y.; Goodfellas; Zeit der Unschuld; ...
Steven Spielberg	Jaws; 1941; E.T.; Die Farbe lila; Jurassic Park; Schindlers Liste; ...
Francois Truffaut	Antoine-Doinel-Zyklus; Fahrenheit 451; Die amerikanische Nacht; ...

❶ Unter Catering versteht man die Verpflegung des Teams während der Drehzeit.

Bei den Gagen und Honoraren spielen oft Zusatzkosten eine nicht unbeträchtliche Rolle. Zu denken ist z. B. an Überstunden- und Wochenendzuschläge (bis zu 100 Prozent Aufschlag), an Kosten für das Catering ❶ sowie an Beiträge zur Sozialversicherung, die vom Produzenten abzuführen sind.

Lektion 14.1 Kalkulation — Kapitel 14 Medienökonomie

Typische Beschäftigungszeiten in einem größeren Filmprojekt (in Wochen)
(in Anlehnung an Dress, Peter: Vor Drehbeginn, Berlin 1991, S. 179 f.)

Personal / Stab	Vorproduktion	Dreharbeiten	Nachbearbeitung
Regiestab	Regiestab	Regiestab	Regiestab
Regisseur	--------------------	----pauschal----	--------------------
Regie-Assistent	4	7	
Kameramann	--------------------	----pauschal----	--------------------
Kamera-Assistent	0,5	7	
Material-Assistent	0,5	7	
2. Kamera		0,5	
2. Kamera-Assistent		0,5	
Ton	0,5	7	0,5
Cutter		3	10
Cutter-Assistent		4	10
Cutter-Assistent		7	10
Standfotograf	--------------------	----pauschal----	--------------------
Script		7	
Trick		1	1
Ausstattungsstab	Ausstattungsstab	Ausstattungsstab	Ausstattungsstab
Architekt	--------------------	----pauschal----	--------------------
Ausstatter		3	
Kunstmaler	1		
Requisiteur Inland	2	4	
Requisiteur Inland	1	4	
Requisiteur Ausland	2	3	
Requisitenhilfe		3	
Kostümbildner	1,5	7	
Kostümbildner-Assistent	1,5	3	
Garderobier		7	
Maske	1	7	
Maske-Assistent			
Sonstiger Stab	Sonstiger Stab	Sonstiger Stab	Sonstiger Stab
Oberbeleuchter	1	7	1
Beleuchter 1		7	
Beleuchter 2		7	
Drehbühne Inland	1	4	
Drehbühne Ausland	1	4	
Baubühne	3	7	
Baubühnenhilfe	2	7	
Fahrer	3	7	1
Geräuschemacher			1
Geräuschemacher-Assistent			1
Pyrotechniker		1	
Hilfskräfte	2	7	1
Produktionsstab			
Produktionsleiter	6	7	1
Produktionsleiter-Assistent	6	7	0,5
Aufnahmeleiter Inland	4	4	
Aufnahmeleiter Ausland	3	3	
Aufnahmeleiter Ausland	1	3	
Produktionssekretariat	6	7	2
Filmgeschäftsführung	--------------------	----pauschal----	--------------------

Kostenblock 4: Atelier

Die Kosten für ein Atelier ❶ sind Mietkosten und werden üblicherweise in Form einer Pauschale abgegolten. Darin werden die Kosten für Personal, Apparaturen und Fundus ❷ verrechnet, aber auch Strom-, Wasser- und Heizungskosten. Bei der Anmietung muss man ausreichend viele Tage für den Auf- und Abbau berücksichtigen.

Atelierkosten sind Studiokosten und müssen von den Kosten, die bei Außenaufnahmen anfallen, unterschieden werden. Außenaufnahmen sind alle Aufnahmen, die nicht im Studio bzw. Atelier stattfinden.

Man darf sie nicht mit „Aufnahmen im Freien" gleichsetzen. Ein Dreh in einer Bankfiliale in München ist eine Innenaufnahme in einem Gebäude, gilt aber als Außenaufnahme, weil sie nicht in einem eigens dafür geschaffenen Filmstudio durchgeführt wurde.

Kostenblock 5: Ausstattung und Technik

In dieser Rubrik werden alle Kosten für Ausstattung und Technik erfasst, unabhängig davon, ob sie für Studio- oder Außenproduktionen anfallen:

- Genehmigungen und Mieten: Drehgenehmigungen ❸, Motivnebenkosten (z. B. Absperrungen, Umbauten, Entfernen von Straßenschildern), Polizei- und Feuerwehreinsätze, Mieten
- Bau: alle anfallenden Materialkosten, Kosten für Geräte, Maschinen, Transporte, Reinigung, Müllabfuhr
- Ausstattung: Requisiten, Kostüme, Fahrzeuge im Bild, Tiere, Pyrotechnik ❹, SFX-Material (Special Effects)
- Technische Ausrüstung: Kamera und Zubehör, Tongeräte, Hubschrauber, Beleuchtung, Bewegungsgeräte für die Kamera (Kran ❺, Dolly ❻)

Alle diese Positionen sind unter Umständen äußerst kostenträchtig. Zum Beispiel kann eine Drehgenehmigung manchmal nur zu extrem hohen Kosten beschafft werden und ein großes Loch in das Budget reißen. Das kann sogar dazu führen, dass man aus Kostengründen auf preiswerteres Archivmaterial zurückgreift.

Kostenblock 6: Reise- und Transportkosten

Die Reise- und Transportkosten werden nach Personen- und Sachkosten unterschieden. Bei den Personenkosten sind die Personentransporte zum und am Drehort (u. U. Ausland) zu verrechnen, ferner die Tage- und Übernachtungsgelder sowie das Kilometer-Geld.

Sachkosten werden auch als „Lasten" bezeichnet und umfassen alle Transporte auf der Straße, der Bahn, zu Wasser und in der Luft. Um Transportkosten zu sparen, kann bei weit entfernten Drehorten die Anmietung von Equipment ❼ notwendig sein.

---

❶ Ein Atelier ist ein speziell ausgerüstetes Aufnahmestudio für Foto-, Film- und Videoaufnahmen. Ihre Größe reicht von kleinen Ateliers bis zu sehr großen TV-Studios mit z. B. 600 qm Grundfläche.

❷ Ein Fundus ist ein Lager für Requisiten.

❸ Drehgenehmigungen spielen beim Außendreh oft eine große Rolle, z. B. beim Dreh auf öffentlichen Plätzen, in öffentlichen und privaten Häusern oder auf Flugplätzen.

❹ Pyrotechnik = Erzeugen von Feuereffekten in Filmszenen

❺ Kran: Kamerawagen für vertikale Kamerabewegungen

❻ Dolly: Kamerawagen für horizontale Kamerabewegungen

❼ Technische Geräte wie Kameras, Stative, Einsatzfahrzeuge etc. werden mit dem Sammelbegriff „Equipment" bezeichnet.

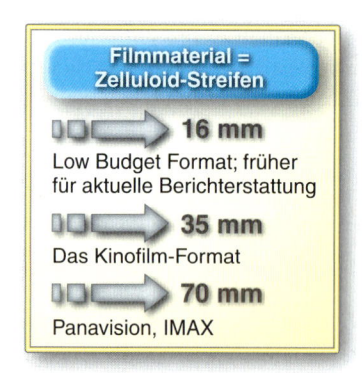

Kostenblock 7: Material und Bearbeitung

Welches Filmmaterial verwendet wird, hängt von der Entscheidung des Regisseurs, des Kameramanns und des Produzenten ab. Regisseur und Kameramann entscheiden diese Frage nach gestalterischen Kriterien, während letzterer den Preis im Auge hat. Filmmaterial ist prinzipiell sehr teuer, wobei der Löwenanteil auf die Entwicklungskosten im Kopierwerk entfällt.

Beispiel: Bei einem durchschnittlich teuren Kinofilm in der Größenordnung von zwei Millionen Eur Gesamtkosten können die Materialkosten 100 bis 150 Tausend Eur, also schon fast zehn bis fünfzehn Prozent des ganzen Budgets, ausmachen.

Kostenblock 8: Endfertigung

In der Endfertigung entsteht das „Gesicht" des Films. Es handelt sich um eine Vielzahl unterschiedlicher Arbeitsschritte: Das Filmmaterial wird geschnitten (Rohschnitt und Feinschnitt), die Sprach-, Musik- und Geräuschaufnahmen werden hergestellt, der Ton wird bearbeitet, und es erfolgt die Synchronisation und Mischung aller Medienelemente.

Je nach Drehbuchthema, Material und Finanzmitteln kann erheblicher Trickaufwand anfallen. Wie hoch der Aufwand für Titel, Grafik, Auslandsfassungen und Trailerherstellung ist, hängt vom späteren Einsatzzweck ab.

Kostenblock 9: Versicherungen

Eine Spielfilmproduktion ist ohne die Abdeckung von Risiken durch geeignete Versicherungen nicht denkbar, zu groß sind die Gefahren, dass unvorhergesehene Schwierigkeiten eintreten. In der Filmbranche gibt es eine Reihe von Spezial-Versicherungen:

- Ausfallversicherung für Personen: v. a. für Regisseur, Hauptdarsteller, gelegentlich auch für Produzent und Kameramann.
- Ausfallversicherung Sach: betrifft v. a. Atelierbauten, wertvolle Requisiten, lebende Tiere und teure Spezialgeräte.
- Negativversicherung: betrifft einen Schaden, den das abgedrehte Rohfilmmaterial erleidet (z. B. beim Transport in das Kopierwerk) und ein Nachdreh erforderlich wird.
- Produktionshaftpflichtversicherung: Absicherung gegen Schadensersatzansprüche Dritter.

Im Brennpunkt der Versicherungskosten, die bis zu drei Prozent der Gesamtkosten ausmachen, stehen üblicherweise die Ausfallversicherungen.

Kostenblock 10: Allgemeine Kosten

In dieser Position finden sich alle Kosten wieder, die vom Produktionsbeginn bis zur Fertigstellung des Films für einen reibungslosen Arbeitsablauf sorgen, so z. B. Kosten für Telefon, Kopien, Bewirtungen, Bürogeräte, für Hilfsmittel wie Landkarten oder Bücher. Ein häufiger Wechsel des Drehortes und Dreharbeiten im Ausland können diese Position empfindlich nach oben schrauben.

Gemeinkostenzuschlag

Die Kostenblöcke 1 bis 10 nennt man zusammen genommen die *Einzelkosten*. Manche Kosten können dem herzustellenden Produkt aber nicht direkt zugerechnet werden. Beispiele sind z. B. Kosten für Heizung, Strom, Gebäudemiete, allgemeine Versicherungen, Geschäftsfahrzeuge, Gehälter der Geschäftsleitung oder Beiträge zu Fachverbänden. Diese so genannten *Gemeinkosten* müssen pauschal auf die Kostenblöcke 1 bis 10 zugerechnet werden. Als Pauschale verwendet man normalerweise einen prozentualen Aufschlag. Solche Zuschläge bewegen sich in der Größenordnung von 10 bis 25 Prozent.

Filmkalkulationen arbeiten immer mit dieser Methodik. Es werden pauschal alle Kosten zugeschlagen, die dem Projekt nicht direkt zurechenbar sind. Solche Kalkulationen nennt man *Zuschlagskalkulationen*. Eine Zuschlagskalkulation verwendet man immer dann, wenn es sich um eine Einzelanfertigung oder „Maßanfertigung" handelt, also wie im vorliegenden Fall einer Filmkalkulation. Die Zuschlagskalkulation beruht auf dem folgenden Grundraster:

Einzelkosten (direkt zurechenbare Kosten = Kostenblöcke 1 bis 10):
+ Gemeinkosten (nicht direkt zurechenbare Kosten)
───
= Selbstkosten

Gewinn

Ein angemessener Gewinnzuschlag ist erforderlich, damit die herstellende Produktionsfirma ihren Geschäftszweck erreicht, nämlich Gewinn zu erzielen. Als angemessen wird – je nach Projekt – ein Zuschlag von 7,5 bis 15 Prozent angesehen. Das Thema des Gewinnzuschlags verweist bereits auf die Frage, welcher Angebotspreis gesetzt werden soll. Eine Filmproduktion soll Gewinn abwerfen, was nur möglich ist, wenn in den Endpreis (=Bruttopreis) ein angemessener Gewinn einkalkuliert wird (Ausnahme: über die Filmförderungsanstalt FFA finanzierte Filme).

Zusammenstellung der Kosten im Kalkulationsschema

Auf den folgenden Seiten wird auf der Grundlage des 10-Kostenblöcke-Konzepts das *Fallbeispiel einer Kinospielfilm-Kalkulation* vorgestellt (in Anlehnung an Dress 1991, S. 39 ff. DM-Werte wurden auf Euro 2:1 umgerechnet. Beim verwendeten Formular handelt es sich um die Richtlinien der FFA). Die folgenden Annahmen sind dabei unterstellt:

- Länge des Films: 90 Minuten.
- Es handelt sich um eine reine Außenproduktion (also keine Studioproduktion).
- Es wird ein großer Darsteller- und Ausstattungsaufwand betrieben.

Dieses Beispiel unterscheidet sich wesentlich z. B. von einer Werbefilmproduktion, bei der die Produktionsbedingungen völlig anders sind. Ein Fernsehwerbespot hat ja nur eine durchschnittliche Länge von ca. 20 Sekunden (bei 25 Bildern pro Sekunde macht das nur 500 Einzelbilder aus!). Werbefilme werden in der Regel innerhalb einer Woche gedreht, in einer weiteren Woche geschnitten und fertiggestellt, basierend auf einer ausgedehnten Konzeptions- und Vorlaufphase.

#				#				#			
1.	**Vorkosten**				**c) Ausstattungsstab**				**e) Darsteller**		
001	Vorkosten		50.000	046	Szenenbildner		0	096	Hauptdarsteller		200.000
	Summe Vorkosten		50.000	047	Szenenbildner-Assistent		0	097	Kleine Rollen		212.500
				048	Ausstatter		13.200	098	Komparsen		25.050
2.	**Rechte und Manuskript**			049	Kunstmaler		0	099	Artisten/Stuntmen/Double		32.500
002	Verfilmungsrechte		0	050	Bildhauer		400	100	Choreograph		0
003	Treatment		0	051	Außenrequisiteur		8.000	101	Ballett		0
004	Drehbuch		20.000	052	Außenrequisiteur		0	102	Synchronsprecher		0
005	Synchronbuch		3.000	053	Innenrequisiteur		5.600	103	Kommentarsprecher		0
006	Archivrechte		3.500	054	Innenrequisiteur		0	104	(offen)		0
007	Musikrechte		5.000	055	Requisitenhilfe		2.500		Summe Darsteller		470.050
008	Textrechte		0	056	Kostümbildner		10.000		**f) Musiker**		
009	Komponist		12.500	057	Kostümbildner-Assistent		0	105	Musiker im Bild		0
010	Gema-Gebühren		0	058	Garderobier		4.000	106	Musiker im Aufnahmestudio		0
011	(Dolby-Stereo incl. Tonmeister)		5.000	059	Garderobier		0	107	Dirigent		0
	Summe Rechte und Manuskript		49.000	060	Garderobiere		0	108	Sänger und Chor		0
				061	Garderobiere		0	109	Instrumentenmiete und Transport		0
3.	**Gagen**			062	Garderoben-Aushilfe		2.000	110	Notenschreibarbeiten		0
	a) Produktionsstab			063	Herrenmaskenbildner		6.400	111	(pauschal)		20.000
012	Produzent		27.500	064	Herrenmaskenbildner		0		Summe Musiker		20.000
013	Herstellungsleiter		0	065	Damenmaskenbildner		3.200		**g) Zusatzkosten Gagen**		
014	Produktionsleiter		14.000	066	Damenmaskenbildner		0	112	Samstags- und Sonntagsarbeit		6.500
015	Produktionsleiter-Assistent		8.400	067	Maskenbildner-Aushilfe		1.250	113	Überstunden		20.000
016	Aufnahmeleiter		9.600	068	(offen)		0	114	Urlaubsabgeltung		17.180
017	Aufnahmeleiter		6.000	069	(offen)		0	115	Zusatzverpflegung		24.000
018	Aufnahmeleiter		3.000	070	(offen)		0	116	Berufsgenossenschaft		8.250
019	Aufnahmeleiter (Synchron)		0		Summe Ausstattungsstab		56.550	117	Sozialversicherung (Arbeitgeber)		35.870
020	Produktionssekretärin		6.300		**d) Sonstiger Stab**			118	Künstlersozialversicherung (AN)		3.000
021	Produktionssekretärin		4.500	071	Oberbeleuchter		6.400	119	(offen)		0
022	Kassierer		750	072	Beleuchter		6.800		Summe Zusatzkosten Gagen		114.800
023	Filmgeschäftsführer		22.500	073	Beleuchter		5.950	**4.**	**Atelier**		
024	Buchhaltung		0	074	Beleuchter		5.950		**a) Atelier-Bau**		
025	(offen)		0	075	Aggregatfahrer		0	120	Hallenmiete		0
	Summe Produktionsstab		102.550	076	Drehbühnenmeister		6.400	121	Hallenmiete		0
	b) Regiestab			077	Drehbühnenmann		0	122	Miete Vorbauhalle		0
026	Regisseur		30.000	078	Drehbühnenmann		0	123	Miete Nebenräume		0
027	Regie-Assistent		8.000	079	Drehbühnenmann		0	124	Heizung		0
028	Regie-Assistent (Coach)		7.800	080	Baubühnenmeister		6.750	125	Reinigung		0
029	Regisseur (Synchron)		0	081	Baubühnenmann		1.000	126	Feuerwehr		0
030	1. Kameramann		20.000	082	Baubühnenmann		1.000	127	Telefonkosten		0
031	Kamera-Assistent		6.750	083	Baubühnenmann		0	128	Löhne Baubühne		0
032	Kamera-Assistent		0	084	Baubühnenmann		0	129	Material für Bau (Kauf)		0
033	Material-Assistent		2.000	085	Produktionsfahrer		4.800	130	Baufundus (Miete)		0
034	2. Kameramann		4.000	086	Produktionsfahrer		4.000	131	Geräte und Maschinen		0
035	2. Kamera-Assistent		1.500	087	Produktionsfahrer		0	132	Stromkosten		0
036	Tonmeister		8.000	088	Wachmann/Sanitäter		3.000	133	An- und Abtransporte		0
037	Tonassistent		4.800	089	Geräuschemacher		6.000	134	(offen)		0
038	Cutter		17.600	090	Pyrotechniker, SFX		1.750	135	(offen)		0
039	Cutter-Assistent		10.800	091	Pyrotechniker, SFX		0		Summe Atelier-Bau		0
040	2. Cutter-Assistent		4.000	092	Sonstiger Hilfskräfte		1.500				
041	Synchron-Cutter		0	093	(Kinderbetreuung)		900				
042	Synchron-Cutter-Assistent		0	094	(Dolmetscher, Übersetzer)		500				
043	Standfotograf		3.500	095	(offen)		0				
044	Script		4.000		Summe Sonstiger Stab		62.700				
045	Fachmännischer Beirat		0								
	Summe Regiestab		132.750								

Kalkulation Kinofilm (Seite 1) – Angaben in €

Kapitel 14 Medienökonomie · Lektion 14.1 Kalkulation

	b) Außenbau durch Atelier	
136	Löhne Baubühne	0
137	Material für Bau (Kauf)	0
138	Baufundus (Miete)	0
139	Geräte und Maschinen	0
140	Lastentransporte	0
141	Personentransporte	0
142	Tage- und Übernachtungsgelder	0
143	(offen)	0
144	(offen)	0
	Summe Außenbau Atelier	*0*
	c) Atelier Dreh	
145	Hallenmiete	0
146	Hallenmiete	0
147	Miete Nebenräume	0
148	Heizung	0
149	Reinigung	0
150	Feuerwehr	0
151	Telefon	0
152	Löhne Beleuchter	0
153	Löhne Drehbühne	0
154	Beleuchtungsgeräte	0
155	Bel.geräte Verbrauch, Schaden	0
156	Kran, Elemack, Dolly usw.	0
157	Stromkosten	0
158	Transportfahrzeuge	0
159	Aufpro-, Rückpro-Anlage	0
160	Blue-Screen-Anlage	0
161	(offen)	0
162	(offen)	0
163	*Summe Atelier Dreh*	*0*
	d) Abbau Atelier und Außenbau	
164	Hallenmiete	0
165	Löhne Abbau	0
166	Geräte und Maschinen	0
167	Reinigung, Müllabfuhr	0
168	Lastentransporte	0
169	Personentransporte	0
170	(offen)	0
	Summe Abbau At., Außenbau	*0*
5.	**Ausstattung und Technik**	
	a) Genehmigungen und Mieten	
171	Drehgenehmigungen	42.500
172	Drehgenehmigungen	0
173	Motivnebenkosten	16.500
174	Polizei- und Feuerwehreinsätze	7.500
175	Mieten für Büroräume	5.000
176	Mieten für sonstige Räume	3.400
177	Telefon, Telex	5.500
178	(Telefax)	1.250
179	(offen)	0
	Summe Genehmigungen, Mieten	*81.650*

	b) Bau und Ausstattung	
180	Material für Bau (Kauf)	30.000
181	Baufundus (Miete)	2.500
182	Geräte und Maschinen	2.000
183	An- und Abtransporte	6.000
184	Sonstige Baukosten	0
185	Reinigung, Müllabfuhr	4.000
186	Kostüm (Kauf)	15.000
187	Kostüm (Miete)	5.000
188	Kostümtransporte	1.250
189	Schminkmaterial, Haarteile (Kauf)	3.500
190	Schminkmaterial, Haarteile (Miete)	3.000
191	Requisiten (Kauf)	16.500
192	Requisiten (Miete)	7.500
193	Requisitentransporte	4.000
194	Fahrzeuge im Bild	21.000
195	Großrequisiten im Bild	0
196	Tiere und Nebenkosten	0
197	Gärtnerarbeiten	0
198	Pyrotechnik-Material	15.000
199	Spezialeffekt-Material	5.000
200	Modellbau	5.000
201	(LKW versenken)	4.250
202	(Bergung LKW)	3.400
203	(Schiff 5 Tage je 500)	2.500
204	(offen)	0
	Summe Bau, Ausstattung	*156.400*
	c) Technische Ausrüstung	
205	Kamera	35.145
206	Kamerazubehör und Verbrauch	0
207	Zusätzliche Kameraausrüstung	6.750
208	Hubschrauber, Aufnahmewagen	0
209	Tonapparatur	5.550
210	Tonzubehör und Verbrauch	0
211	Playbackanlage	0
212	Sprechfunkgeräte usw.	2.925
213	Beleuchtungsgeräte	46.342
214	Beleuchtungsgeräte Verbrauch	5.500
215	Bühnengeräte	6.750
216	Bühnengeräte Verbrauch	3.825
217	Kran, Elemack, Dolly usw.	5.800
218	Aggregat	3.500
219	Stromkosten incl. Anschluss	3.500
220	Lastwagen Beleuchtungsgeräte	2.573
221	Lastwagen für Bühnengeräte	0
222	Kameratransportwagen	2.062
223	Tongerätewagen	0
224	Produktionsfahrzeug	1.305
225	Produktionsfahrzeug	2.475
226	Produktionsfahrzeug	2.232
227	Wohnwagen, Herrenmaske	1.800
228	(Wohnwagen, Damenmaske)	1.800
229	(Regiewagen)	3.000
	Summe Techn. Ausrüstung	*142.834*

6.	**Reise- und Transportkosten**	
	a) Personen	
230	Reisekosten zum Drehort Inl.	24.215
231	Fahrtkosten am Drehort Inland	1.050
232	Reisekosten zum Drehort Ausl.	0
233	Fahrtkosten am Drehort Ausl.	0
234	Tage- und Übern.-Gelder Inl.	15.000
235	Tage- und Übern.-Gelder Ausl.	0
236	Reisekosten (Synchron)	1.750
237	Tage- und Übern.-Gelder Syn.	2.250
238	Sonstige Personentransporte	1.750
239	km-Geld und Benzin	4.744
240	(offen)	0
241	(offen)	0
	Summe Reise-/Transport Pers.	*50.759*
	b) Lasten	
242	Transport zum Drehort, Inland	4.900
243	Transport am Drehort, Ausland	0
244	Transport zum Drehort, Ausl.	0
245	Transport am Drehort, Ausl.	0
246	Sonstige Lastentransporte	0
247	Bahn- und Luftfracht	5.000
248	Zoll- und Grenzkosten	2.500
249	(offen)	0
	Summe Reise-/Transport Last.	*12.400*
7.	**Filmmaterial und Bearbeitung**	
250	Rohfilmmaterial	27.500
251	Tonbandmaterial	6.315
252	Kopierwerksleistungen	73.206
253	Tonüberspielung	5.700
254	Video- und MAZ-Bearbeitung	4.000
255	Fotomaterial	2.250
256	Fotobearbeitung	2.250
257	Trailer	5.000
258	(offen)	0
259	(offen)	0
	Summe Filmmaterial, Bearb.	*126.221*
8.	**Endfertigung**	
260	Vorführung	2.295
261	Schneideraum	5.000
262	Schneideraum	4.000
263	Schneideraummaterial	1.500
264	Numeriermaschine usw.	300
265	Sprachaufnahmen	30.000
266	Geräuschaufnahmen	3.559
267	Musikaufnahmen	1.947
268	Mischung	13.366
269	IT-Mischung	4.373
270	(offen)	
	Summe Endfertigung	*66.340*

Kalkulation Kinofilm (Seite 2) – Angaben in €

9.	**Versicherungen**	
271	Ausfallversicherung	27.500
272	Negativversicherung	15.000
273	Haftpflichtversicherung	2.500
274	Unfallversicherung	3.000
275	Feuerregressversicherung	0
276	Apparateversicherung	0
277	Kassenversicherung	0
278	Requisitenversicherung	0
279	Lampenversicherung	0
280	Reisegepäckversicherung	0
281	(offen)	0
282	(offen)	0
	Summe Versicherungen	*48.000*
10.	**Allgemeine Kosten**	
283	Vervielfältigungen	3.250
284	Büromaterial	3.000
285	Bürogeräte (Miete)	2.500
286	Telefon, Telex, Porto	3.500
287	Übersetzungen	2.000
288	Kleine Ausgaben	1.000
289	Bewirtungen	7.500
290	FSK-, FBW-Gebühren	4.200
291	Produzentenverband	0
292	Produktionspresse	7.500
293	PR-Kosten	20.000
294	Rechts- und Steuerberatung	8.000
295	Projektberatung	0
296	Projektüberwachung	0
	Summe Allgemeine Kosten	*62.450*
11.	**Kostenmindernde Erträge (abzüglich)**	
297	Löhne Abbau	0
298	Geräte und Maschinen	0
299	Reinigung, Müllabfuhr	0
300	Lastentransporte	0
	Summe Kostenmind. Erträge	*0*

Kostenzusammenstellung

1.	**Vorkosten**		50.000
2.	**Rechte und Manuskript**		49.000
3.	**Gagen**		
	a) Produktionsstab	102.550	
	b) Regiestab	132.750	
	c) Ausstattungsstab	56.550	
	d) Sonstiger Stab	62.700	
	e) Darsteller	470.050	
	f) Musiker	20.000	
	g) Zusatzkosten Gagen	114.800	
	Summe		959.400
4.	**Atelier**		
	a) Atelier-Bau	0	
	b) Außenbau durch Atelier	0	
	c) Atelier-Dreh	0	
	d) Abbau Atelier und Außenbau	0	
	Summe		0
5.	**Ausstattung und Technik**		
	a) Genehmigungen und Mieten	81.650	
	b) Bau und Ausstattung	156.400	
	c) Technische Ausrüstung	142.834	
	Summe		380.884
6.	**Reise- und Transportkosten**		
	a) Personen	50.759	
	b) Lasten	12.400	
	Summe		63.159
7.	**Filmmaterial und Bearbeitung**		126.221
8.	**Endfertigung**		66.340
9.	**Versicherungen**		48.000
10.	**Allgemeine Kosten**		62.450
11.	**Kostenmindernde Erträge**		0
A.	**Summe = (Netto-) Fertigungskosten**		1.805.454
A.	**Netto-Fertigungskosten**		1.805.454
B.	**Handlungskosten (12 % von A.)**		108.327
C.	**Zwischensumme**		1.913.781
D.	**Überschreitungsreserve**		100.000
E.	**Zwischensumme**		2.013.781
F.	**Finanzierungskosten**		60.000
G.	**Zwischensumme**		2.073.781
H.	**Treuhandgebühren**		45.000
I.	**Netto-Herstellungskosten**		2.118.781

Kalkulation Kinofilm (Seite 3) – Angaben in €

Beispiel Multimedia-Kalkulation

Eine multimediale CD-ROM-Produktion unterscheidet sich von einer reinen Filmproduktion durch die grundsätzlich höhere Komplexität und sowie vor allem dadurch, dass es sich um eine interaktive Anwendung handelt. Die Stufen, die zur Kalkulation führen, sind im Prinzip die gleichen: Auch hier geht es darum, fünf Stufen zu durchlaufen, bis eine aussagefähige Kalkulation entstehen kann:

- Stufe 1: Rahmenbedingungen
- Stufe 2: Drehbuch
- Stufe 3: Auszüge
- Stufe 4: Kostenfindung
- Stufe 5: Kalkulation

Wie beim Film ist auch bei einer multimedialen Produktion das Drehbuch incl. Storyboard das Basis-Dokument (Stufe 2: Drehbuch).

Als erstes wird – analog den Auszügen beim Film – aus dem Drehbuch jeder einzelne Baustein, der auf dem Bildschirm (Screen) erscheinen soll, abgeleitet (Stufe 3). Baustein für Baustein werden nun die Inhalte beschrieben, differenziert nach den verschiedenen Medienelementen, den sog. *Assets* ❶, also Text, Bild, Grafik, Videosequenz, Audio oder Animation. Das Dokument, das die Assets auflistet, ist die sog. Medienliste. In der Medienliste kommt insbesondere zum Ausdruck, welche Teile der Produktion neu zu produzieren sind und welche Teile bereits als Archivmaterial vorliegen.

❶ Unter „Asset" versteht man das einzelne Datenobjekt einer Multimedia-Produktion, also Objekte der folgenden Art:
- Text
- Bild
- Grafik
- Videosequenz
- Audio
- Animation

Auf der Grundlage der Medienliste können nun die Kosten im einzelnen ermittelt werden (Stufe 4: Kostenfindung). Man schätzt für jeden Screen und dort für jedes Asset, welcher Aufwand erforderlich ist, um das Teil neu zu produzieren oder das vorliegende Archivmaterial zu bearbeiten. Daraus ergeben sich die erforderlichen „Manntage" für die Texterstellung, die Bildproduktion oder die Programmierung. Hinzu kommen die weiteren Kosten wie Urheberrechte, Konzeptionskosten und der Gemeinkostenzuschlag.

Alle Einzelpositionen werden anschließend in eine übersichtliche Form, also in ein Kalkulationsschema, gebracht und ergeben die Kalkulation (Stufe 5). Bei Multimedia ist es zweckmäßig, mit einem *6-Kostenblöcke-Konzept* zu arbeiten:

- Kostenblock 1: Analyse und Basis-Konzeption
- Kostenblock 2: Feinkonzept, Storyboard, Rechte
- Kostenblock 3: Produktion der Einzelmedien - Text, Ton, Bild, Grafik, Video und Animation
- Kostenblock 4: Integration: Nachbearbeitung, Programmierung
- Kostenblock 5: Sonstiges - Allgemeine Kosten
- Kostenblock 6: Zuschläge

Nachfolgend wird die Kalkulation für eine CD-ROM-Produktion dargestellt. Man kann die grundsätzlichen Unterschiede zur Filmkalkulation erkennen, sieht aber auch, dass sie vom Prinzip her ebenfalls der Methode der Zuschlagskalkulation folgt.

6-Kostenblöcke-Konzept
- Analyse und Basiskonzeption
- Feinkonzept, Storyboard, Rechte
- Produktion der Einzelmedien
- Nachbearbeitung, Programmierung
- Allgemeine Kosten, Sonstiges
- Gemeinkostenzuschlag

Lektion 14.1 Kalkulation — Kapitel 14 Medienökonomie

Nr.	Position	Menge	Einzelpreis	Aufwand	Einzelpreis	Gesamtpreis
1	**Konzeption**	**Menge**	**Einzelpreis**	**Aufwand**	**Einzelpreis**	**Gesamtpreis**
1.1	Briefing/Workshop			1 Tage	1.100 €	1.100 €
1.2	Materialsichtung, Recherche			1 Tage	1.100 €	1.100 €
1.3	Exposé			1 Tage	1.100 €	1.100 €
1.4	Schnittstellendefinitionen			1 Tage	1.000 €	1.000 €
1.5	Grobdesign (Nutzerführung, Themenbaum)			1 Tage	1.000 €	1.000 €
	Zwischensumme Konzeption			*5 Tage*		*5.300 €*
2	**Ausarbeitung**	**Menge**	**Einzelpreis**	**Aufwand**	**Einzelpreis**	**Gesamtpreis**
2.1	Feinkonzept			1 Tage	1.000 €	1.000 €
2.2	Storyboard, Drehbuch, Screenbook, Flowchart	Seiten		5 Tage	700 €	3.500 €
2.3	Textredaktion für Specher und Screen (Autor)	Zeilen		2 Tage	700 €	1.400 €
2.4	Erwerb von Rechten (gesonderte Aufstellung)	GEMA etc.				
2.5	Projektplanung, Projektleitung, Freigabe			1 Tage	1.000 €	1.000 €
	Zwischensumme Ausarbeitung			*9 Tage*		*6.900 €*
3	**Produktion incl. Post-Produktion**					
3.1	**Produktion Video**	**Menge**	**Einzelpreis**	**Aufwand**	**Einzelpreis**	**Gesamtpreis**
3.1.1	Aufnahme einfachst, z.B. Moderation	10 min	500 €	1 Tage		5.000 €
3.1.2	Aufnahme einfach, z.B. Industrie, Sachvideo	10 min	800 €	1 Tage		8.000 €
3.1.3	Aufnahme szenisch, mittlerer Aufwand	min	3.000 €	Tage		
3.1.4	Aufnahme szenisch, großer Aufwand	min	5.000 €	Tage		
3.1.5	Videostudio			1 Tage	1.100 €	1.100 €
3.1.6	Digitalisierung (Einrichtung je Sequenz)	30 Sequ.	80 €	2 Tage		2.400 €
3.1.7	Digitalisierung MPEG offline Band (min. 5 Min.)	min	130 €	Tage		
3.1.8	Digitalisierung MPEG offline E-Bild (min. 5 Min.)	min	650 €	Tage		
3.1.9	Digitalisierung MPEG online Band (min. 5 Min.)	min	35 €	Tage		
3.1.10	Digitalisierung AVI vom Band (min. 5 Min.)	20 min	30 €	Tage		600 €
3.1.11	Konvertierung, Bearbeitung			1 Tage	1.100 €	1.100 €
3.1.12	Videoabnahme, ggf. Korrektur Kundenwünsche			0,5 Tage	1.000 €	500 €
	Zwischensumme Produktion Video			*6,5 Tage*		*18.700 €*
3.2	**Produktion Bild**	**Menge**	**Einzelpreis**	**Aufwand**	**Einzelpreis**	**Gesamtpreis**
3.2.1	Aufnahme (Fotograf)	Stück		Tage	500 €	
3.2.2	Aufnahme (Fotograf mit Studio)			1 Tage	800 €	800 €
3.2.3	Assistent			Tage	200 €	
3.2.4	Maske, Make Up, Haare, etc.			Tage	250 €	
3.2.5	Nebenkosten (Kleines Licht, Material, Requisiten)			Tage	250 €	
3.2.6	Modelle Laien			Tage	150 €	
3.2.7	Modelle Profis			Tage	500 €	
3.2.8	Scannen, Nachbearbeiten	Stück		0,5 Tage	1.000 €	500 €
3.2.9	Abnahme, ggf. Korrektur Kundenwünsche			0,5 Tage	1.100 €	550 €
	Zwischensumme Produktion Bild			*2 Tage*		*1.850 €*
3.3	**Produktion Grafik**	**Menge**	**Einzelpreis**	**Aufwand**	**Einzelpreis**	**Gesamtpreis**
3.3.1	Screendesign	75 Objekte		7 Tage	700 €	4.900 €
3.3.2	Texteingabe Screen			0,5 Tage	500 €	250 €
3.3.3	2D-Grafik	Objekte		Tage	950 €	
3.3.4	3D-Grafik	Objekte		Tage	700 €	
3.3.5	2D-Animation	min		Tage	800 €	
3.3.6	3D-Animation	min		Tage	850 €	
3.3.7	Abnahme, ggf. Korrektur Kundenwünsche			0,5 Tage	1.000 €	500 €
	Zwischensumme Produktion Grafik			*8 Tage*		*5.650 €*

		Menge	Einzelpreis	Aufwand	Einzelpreis	Gesamtpreis
3.4	**Produktion Ton**					
3.4.1	Sprecher	min		1 Tage	800 €	800 €
3.4.2	Sprachaufnahme Tonstudio	min		1 Tage	900 €	900 €
3.4.3	El. Musik u. Klang (Komposition und Aufnahme)	min/St.		0,5 Tage	700 €	350 €
3.4.4	Ton-Nachbearbeitung, Konvertierung, Schnitt	min		Tage	800 €	
3.4.5	Abnahme, ggf. Korrektur Kundenwünsche			0,5 Tage	1.000 €	500 €
	Zwischensumme Produktion Ton			*3 Tage*		*2.550 €*
3.5	**Programmierung**	**Menge**	**Einzelpreis**	**Aufwand**	**Einzelpreis**	**Gesamtpreis**
3.5.1	Programmierer A (C, Visual Basic etc.)			5 Tage	800 €	4.000 €
3.5.2	Programmierer B (Autorensysteme)			5 Tage	650 €	3.250 €
3.5.3	Programmierer C (HTML, PC-Grafik, Bilder)			Tage	500 €	
3.5.4	Komplettverschaltung			4 Tage	750 €	3.000 €
3.5.5	Funktionaler Test			1 Tage	500 €	500 €
3.5.6	Qualitätstest, Freigabe (Abnahme)			5 Tage	500 €	2.500 €
	Zwischensumme Programmierung			*20 Tage*		*13.250 €*
4	**Anteil Produktionsleitung**	10 %		4 Tage	1.200 €	8.690 €
5	**Herstellung**	**Menge**	**Einzelpreis**	**Aufwand**	**Einzelpreis**	**Gesamtpreis**
5.1	CD Einzelfertigung	1 Stück	100 €	0,2 Tage		100 €
5.2	CD Kleinauflage	20 Stück	3 €	Tage		60 €
5.3	CD-Mastering und Pressung	1000 Stück	1 €	Tage		500 €
5.4	Begleitmaterial (Booklet, Inlaycard)	20 Stück		Tage		
5.5	Projektdokumentation	1 psch		1 Tage		
5.6	Abnahme, Versand	1 psch		0,2 Tage		
	Zwischensumme Herstellung			*1,4 Tage*		*660 €*
6	**Nebenkosten des Auftragnehmers**	**Menge**	**Einzelpreis**	**Aufwand**	**Einzelpreis**	**Gesamtpreis**
6.1	Reisekosten	500 km	0,80 €	Tage		400 €
6.2	Kommunikation (Telefon, Fax, Porto)	psch		Tage		
6.3	Übernahme bestehender Projekte	psch		Tage		
6.4	Laborkosten	psch		Tage		
6.5	Gerätekosten	psch		Tage		
6.6	Verbrauchsmaterial	psch		Tage		
	Zwischensumme Nebenkosten Auftragnehmer			*0 Tage*		*400 €*
7	**Zusatzkosten des Auftraggebers (z.B.POI)**	**Menge**	**Einzelpreis**	**Aufwand**	**Einzelpreis**	**Gesamtpreis**
7.1	Geräte (Miete)	1 psch		Tage		
7.2	Transport, Installation, Abbau	psch		Tage		
7.3	Standmiete (z.B. Zelt 5x5 m, 5 Tage)	1 psch	250 €	Tage		250 €
7.4	Betreuung	psch		5 Tage	500 €	2.500 €
	Zwischensumme Zusatzkosten Auftraggeber			*5 Tage*		*2.750 €*
	Summe					***66.700 €***
	Mehrwertsteuer				16 %	10.672 €
	Summe brutto					**77.372 €**

14.2 Projektmanagement

14.2.1 Vorgehenskonzept

❶ *Projektmanagement* ist ein Gesamtkonzept, mit dem man komplexe Vorhaben zum Erfolg führt.

Einen Film, eine CD-ROM, einen Web-Auftritt oder ein anderes Medienprodukt herzustellen, ist eine komplexe Angelegenheit. Es ist nicht einfach, den Überblick zu behalten. Um auf Erfolgskurs zu bleiben, muss man den Ablauf straff organisieren, die richtigen Leute in einem Team vereinigen, den Kosten- und Zeitrahmen einhalten und ständig auf die Qualität achten.

Das Rezept, um den Herausforderungen gerecht zu werden, heißt „*Projektmanagement*" ❶. Darunter wird ein Instrumentarium verstanden, mit dem es gelingt, außergewöhnliche und komplexe Vorhaben in den Griff zu bekommen.

Gutes Projektmanagement beginnt damit, dass man den Ablauf des Projekts übersichtlich strukturiert. Drei Schritte können unterschieden werden:

Konzeption	Vorbereitung	Realisierung
Ziele definieren	Beteiligte identifizieren	Projekt durchführen
Pflichtenheft erarbeiten	Projektteam bilden	Abweichungen beherrschen
Feinkonzeption erstellen	Basisplan erstellen	Projekt abschließen

14.2.2 Konzeption

Ziele des Projekts definieren

Grundlage aller Arbeiten im Projekt sind die Projektziele. Sie bilden das Herzstück des Projektmanagements und stehen daher am Beginn der Konzeptionsphase. Die Ziele unterscheidet man nach dem *Sachziel* und den *Formalzielen*.

- Beim *Sachziel* geht es darum, den eigentlichen Projektzweck zu definieren: Was soll mit dem Internet-Auftritt, dem Spielfilm, dem TV-Werbespot, dem Fachbuchprojekt, der Lern-CD-ROM oder mit dem Computerspiel erreicht werden? Das Ziel ist immer, bei einer Gruppe von Menschen – man spricht von Zielgruppe – eine gewollte Wirkung herbeizuführen. Unter Sachziel ist also das Ergebnis zu verstehen, das der Auftraggeber des Projekt bei seiner Zielgruppe erreichen will. Beispiele sind: Verbesserung des angeschlagenen Images des eigenen Unternehmens in der Öffentlichkeit, Absatzsteigerung eines bestimmten Produktes bei bisherigen Nichtkäufern oder hoher Lernerfolg bei den Mitarbeitern einer Abteilung, die eine neue Software einsetzt.

Das magische Dreieck des Projektmanagements (Termin, Kosten, Qualität)

- *Formalziele* definieren die *Form*, in der das Sachziel erreicht werden soll: Das Projekt soll zu einem bestimmten Termin abgeschlossen sein, es soll einen vorgegebenen Kostenrahmen nicht überschreiten und einem definierten Qualitätsanspruch genügen. Da zwischen diesen drei Teilzielen ein Konflikt besteht, spricht man in diesem Zusammenhang von sog. *Magischen Dreieck des Projektmanagements*. Konflikte zwischen den Formalzielen sind vielfältiger Natur, was am Beispiel eines Hausbaus erkennbar wird: Will man z. B. ein Haus schon zwei Monate früher fertig stellen, fallen normalerweise Überstunden und Wochenendarbeit an, was zu höheren Kosten führt. Soll eine sehr hohe Qualität angestrebt werden (Kupferdachrinnen, offener Kamin, Verwendung edler Hölzer), kommt es zu höheren Kosten. Schließlich kann das Ziel, den Bau des Hauses stark zu beschleunigen, zu ungenauem Arbeiten, Schlamperei und Nachlässigkeit, also zu Qualitätsverlusten führen.

➡ **Für das Projektmanagement ist es von zentraler Bedeutung, die Ziele präzise und sauber zu setzen. Ziele sind der Erfolgsmaßstab für das Projekt. Ohne Ziele kein Erfolg!**

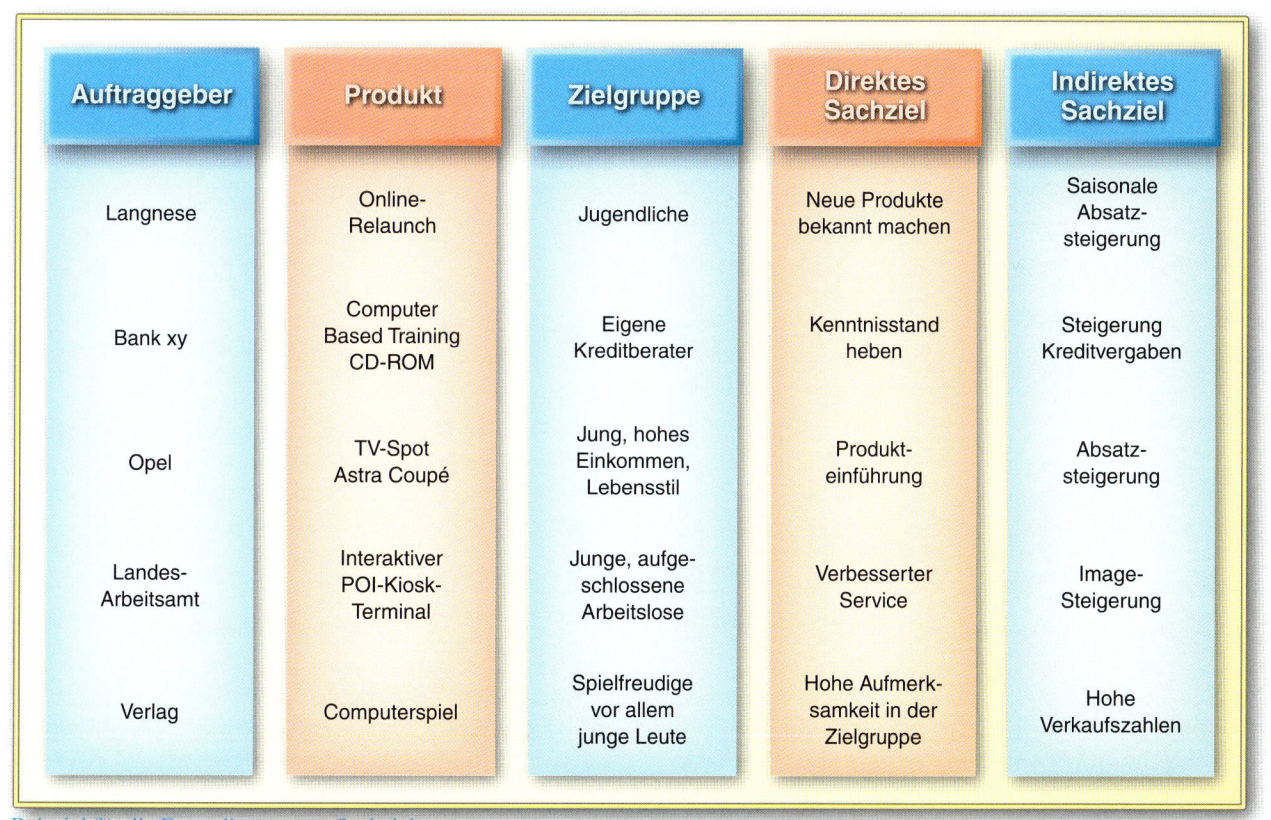

Auftraggeber	Produkt	Zielgruppe	Direktes Sachziel	Indirektes Sachziel
Langnese	Online-Relaunch	Jugendliche	Neue Produkte bekannt machen	Saisonale Absatzsteigerung
Bank xy	Computer Based Training CD-ROM	Eigene Kreditberater	Kenntnisstand heben	Steigerung Kreditvergaben
Opel	TV-Spot Astra Coupé	Jung, hohes Einkommen, Lebensstil	Produkteinführung	Absatzsteigerung
Landes-Arbeitsamt	Interaktiver POI-Kiosk-Terminal	Junge, aufgeschlossene Arbeitslose	Verbesserter Service	Image-Steigerung
Verlag	Computerspiel	Spielfreudige vor allem junge Leute	Hohe Aufmerksamkeit in der Zielgruppe	Hohe Verkaufszahlen

Beispiel für die Formulierung von Sachzielen

Pflichtenheft erarbeiten

Ein Pflichtenheft ist ein Dokument, in dem alle Punkte beschrieben sind, die für das Projekt wichtig sind. Damit Auftraggeber und Auftragnehmer genau wissen, was bei dem ins Auge gefassten Projekt alles auf sie zukommt, „schreiben sie ihre Pflichten in ein Heft" und haben so eine klare Vorstellung über die Aufgaben, die zu erledigen sind. Das Pflichtenheft ist der sichtbare Ausdruck für die Basiskonzeption des Projekts. Es ist ein absolutes Schlüsseldokument und sollte bei keiner Medienproduktion fehlen. Es verankert alle wichtigen Grund-Entscheidungen und ist sozusagen der „Grundriss" für das Projekt. Ein Pflichtenheft sollte die folgenden Bestandteile haben:

- *Ziele:* Die Sach- und Formalziele sind sorgfältig auszuweisen.
- *Inhalte:* Festzulegen ist der Umfang der Anwendung (z. B. Länge des Films, Größe des Lernprogramms ❶), die Struktur der Inhalte (Welche Medienelemente - Text, Audio, Video, Animation, Grafik, Bild – sollen eingesetzt werden?), die Herkunft der Inhalte (Neuproduktion oder Archive), die Interaktionsstrukturen ❷, die Interaktionselemente ❸, und die Navigation (beim Film die Dramaturgie, bei Multimedia-Produktionen z. B. die Schaltflächen oder die Platzierung von Inhalten auf dem Screen).
- *Gestaltung:* Festzulegen sind die Grundanforderungen an das Design, festgehalten im Style Guide ❹.
- *Produktion:* Zu dokumentieren ist das anzuwendende Produktionsverfahren, das wiederum von den einzusetzenden Medien abhängig ist. Bei multimedialen Produktionen ist die Wahl der Programmiertools ❺ von besonderer Wichtigkeit.
- *Technik:* Festzulegen ist die technische Plattform, was vor allem die Seite der Nutzung betrifft (z. B. Frage der PC-Ausstattung bei Film- und Kinoproduktionen oder beim Fernsehen).
- *Ökonomie:* Aufzuführen ist das Budget und seine grobe Aufteilung auf die einzelnen Zwecke (z. B. beim Film die Budgets ❻ für die Rechte, für Hauptdarsteller oder Effekte).
- *Management:* Zu zeigen ist eine grobe Vorstellung über den Projektverlauf (Entwurf Zeitplan, Meilensteine, wichtige Ecktermine).

Ein Pflichtenheft muss nicht in jedem Fall bis in alle Details ausgearbeitet sein. Bei kleineren Projekten bietet es sich an, nur eine einfache („schlanke") Form des Pflichtenhefts anzufertigen. Für sehr große Projekte wie z. B. die Entwicklung einer Software für den betrieblichen Einsatz benötigt man eine detailliert ausgearbeitete Pflichtenheft-Grundlage. Drei Formen eines Pflichtenhefts kann man unterscheiden:

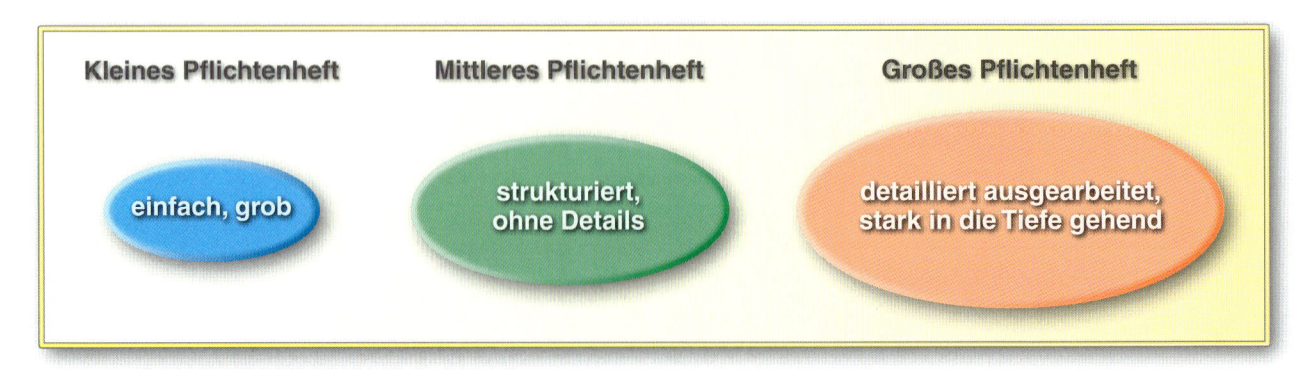

Das Pflichtenheft...
...der Schlüssel zum wirkungsvollen Projektmanagement!

❶ Die Größe eines Lernprogramms kann z. B. in den erforderlichen Lernstunden ausgedrückt werden, die ein normaler Nutzer benötigt, um das ganze Programm durchzuarbeiten

❷ Interaktionsstrukturen unterscheiden sich nach linearer und nicht-linearer Präsentation.

❸ Elemente der Interaktion sind vor allem: Klicken, Berührung (Touch) und Sprache (Spracheingabe).

❹ Unter Style Guide versteht man das Dokument, das die gestalterischen Grundlinien der Anwendung festlegt (das "Look and Feel")

❺ Programmiertools sind z. B. Autorenprogramme oder höhere Programmiersprachen.

❻ Ein Budget weist die für einen bestimmten Zweck bereit gestellten Mittel aus.

Kleines Pflichtenheft	Mittleres Pflichtenheft	Großes Pflichtenheft
einfach, grob	strukturiert, ohne Details	detailliert ausgearbeitet, stark in die Tiefe gehend

Inhalt	Spezifikation der Aufgaben
I. Einleitung	1. Navigation
II. Zielsetzung der Produkt-CD-ROM	2. Online-Schnittstelle
III. USP Unique Selling Proposition	3. Inhalte
IV. Zielgruppe	4. Mehrsprachigkeit
V. Inhalte der CD-ROM	5. Darstellung der Preisliste
VI. Produktfindung	6. Gestaltung
VII. Inhaltliche Konzeption	7. Integration Datenbank
VIII. Technik	8. Systemvorraussetzungen
IX. Sprache und Text ("Wording")	9. Redaktionsprozess
X. Materialien	10. Druckmöglichkeit von Blättern
XI. Termine, Meilensteine	11. Puzzlespiele

| Anlagen | Struktogramm der Produkt-CD-ROM | Technische Spezifikation der Datenbank-Architektur | Inhaltliche Spezifikation des Produktkatalogs |

Beispiel der Gliederung eines Pflichtenheftes für eine CD-ROM Produktion

Feinkonzeption bzw. Drehbuch erstellen

Das Pflichtenheft ist der Endpunkt der Arbeiten an der Grob- bzw. Basiskonzeption. Nun gilt es, diese Basiskonzeption zu einer *Feinkonzeption* auszuarbeiten. Diese dient dann als konkrete „Gebrauchsanleitung" für die Realisierung des Projekts. Den Prozess der Ausarbeitung nennt man *Spezifikation*.

Im Mittelpunkt der Feinkonzeption steht das *Drehbuch*. Es stellt die Spezifikation der inhaltlichen Seite des Projekts dar und ist Dreh- und Angelpunkt für alle weiteren Schritte. Eine besonders große Rolle spielt das Drehbuch für die Kalkulation, aber auch für die Planung des Produktionsablaufs und für die technische Umsetzung.

14.2.3 Vorbereitung

Projektbeteiligte identifizieren

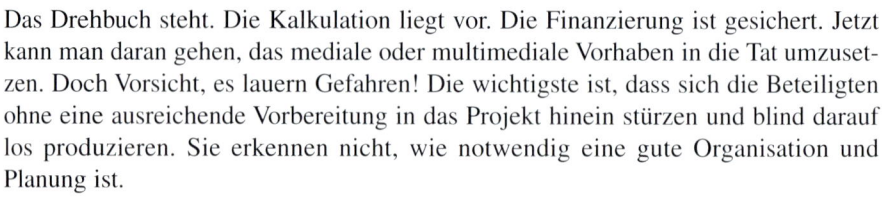

Das Drehbuch steht. Die Kalkulation liegt vor. Die Finanzierung ist gesichert. Jetzt kann man daran gehen, das mediale oder multimediale Vorhaben in die Tat umzusetzen. Doch Vorsicht, es lauern Gefahren! Die wichtigste ist, dass sich die Beteiligten ohne eine ausreichende Vorbereitung in das Projekt hinein stürzen und blind darauf los produzieren. Sie erkennen nicht, wie notwendig eine gute Organisation und Planung ist.

Gute Organisation beginnt beim Zusammenspiel aller am Projekt beteiligten Akteure. Hier erkennt man schnell, dass es sich bei Medienprojekten normalerweise um ein recht kompliziertes Geflecht von Auftraggeber, Zielgruppe, Agentur, Produktionsfirma und Dienstleistern handelt.

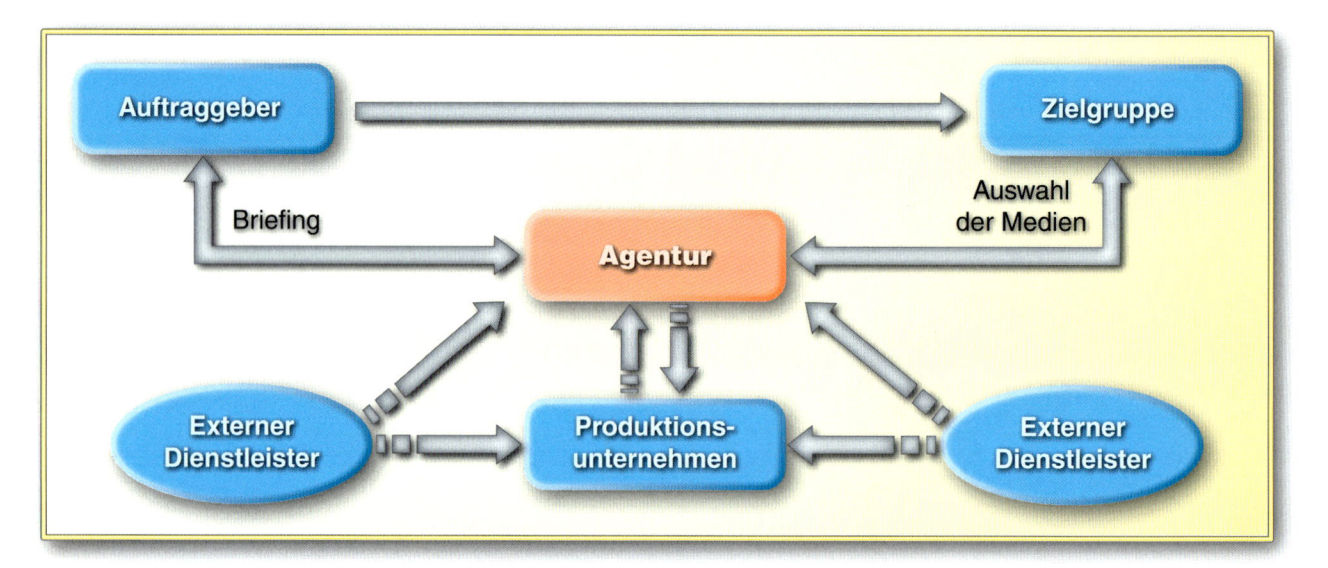

❶ Im Briefing erfolgt die genaue Abstimmung zwischen dem Auftraggeber und dem Auftragnehmer.

Das Zusammenspiel aller dieser Akteure muss im Projektmanagement reibungslos funktionieren. Dabei kommt dem Auftraggeber eine Schlüsselrolle zu, indem er das Projekt mit seinem Auftrag überhaupt erst auslöst. Er vergibt den Auftrag, verfolgt damit ein Ziel und hat Vorstellungen, in welchem Rahmen das Projekt ablaufen soll. Es ist seine Aufgabe, allen Beteiligten seine Vorgaben genau mitzuteilen, also welches Projektergebnis er erwartet und welche Rahmenbedingungen eingehalten werden müssen. Diese Mitteilung erfolgt im Bricfing ❶.

Damit der Auftraggeber seine Ziele erreichen kann, wird er Helfer benötigen, die ihm zur Seite stehen. Das ist im Medienbereich in erster Linie eine Agentur, die ihm eine Konzeption ausarbeitet, Empfehlungen gibt, Vorschläge macht und die für Effektivität der Aktion sorgt. Sie wird neben der Auswahl der Medien auch die Produktion z. B. des Films oder der CD-ROM veranlassen und überwachen. Die Produktion ist ein eigenständiger komplexer Prozess, bei dem viele weitere Beteiligte eine Rolle spielen.

Projektteam bilden

Ist der Auftrag erteilt, wird man beim Produzenten ein Team zusammen stellen, das die professionelle Umsetzung der Aufgabe garantiert. Von besonderem Interesse sind die Fragen: Zusammensetzung des Teams, Größe des Teams und Aufgabenverteilung innerhalb des Teams (s. Kap. 2).

Wie das Team zusammen gesetzt werden soll, ist eine schwierige Frage. Die Regel lautet: Man muss sicher stellen, dass alle notwendigen Fachkompetenzen im Team vertreten sind. Bei einem Multimedia-Projekt sind z. B. die folgenden Fachkompetenzen gefordert (sortiert nach den jeweiligen Fachgebieten):

- Inhalte: Autor, Texter, Konzeptioner
- Gestaltung: Designer, Grafiker
- Produktion: Programmierer, Medienspezialisten (Video, Audio; wird oft an externe Dienstleister vergeben)
- Projektmanagement: Projektleiter

Wie groß das Team sein soll, hängt von der Komplexität und von der Schwierigkeit des Projekts ab:

- Für kleinere Projekte gilt eine Teamgröße von sieben Personen als günstig. Eine ungerade Zahl ist zu empfehlen ❶
- Bei größeren und sehr großen Projekten lässt sich keine allgemeine Empfehlung aussprechen. Unter Umständen wird es notwendig sein, eine ganze „Infrastuktur" und das Gesamtteam in mehrere Teil-Teams zu untergliedern, z. B. in Steuerungsteam, Beratungsteam, Produktionsteam.

Wichtig ist schließlich, dass innerhalb des Teams eine klare Aufgabenverteilung und damit Verantwortungsstruktur hergestellt wird. Die folgenden Grundsätze sind zu beachten:

- Jedes Teammitglied erfüllt die ihm zugeteilten Aufgaben in Eigenverantwortung.
- Alle Mitglieder sind gleichrangig.
- Der Projektleitung kommt eine Sonderrolle zu.

Der Projektleiter muss neben Organisationstalent und Wirtschaftlichkeitsdenken über ausgeprägte Fähigkeiten hinsichtlich der Menschenführung verfügen. Zu nennen sind insbesondere:

- Fähigkeit zur Menschenführung
- Ergebnisorientiertes Arbeiten und Handeln
- Kommunikationsfähigkeit

Damit das Team gut arbeiten kann, ist es wichtig, dass auf Seiten des Auftraggebers immer ein konkrete Person benannt ist, an die sich der Projektleiter jederzeit wenden kann.

❶ Der Grund liegt darin, dass im Falle einer Abstimmung keine Patt-Situation entsteht. Allerdings sollten „Kampfabstimmungen" im Projektmanagement unbedingt vermieden werden. Besser ist es, Lösungen zu finden, bei denen alle Teammitglieder zustimmen können (Konsenslösungen).

Basisplan erstellen

Am Beginn der konkreten Ablaufplanung des Projekts steht der *Projektstrukturplan*, abgekürzt „PSP". Er stellt das zentrale Planwerk, den „Plan der Pläne", dar und ist Ausgangspunkt für alle weiteren Einzelplanungen. Es ist notwendig, dass das Team die Projektstrukturplanung sorgfältig vornimmt und einen übersichtlichen Projektstrukturplan erarbeitet.

Das Hauptergebnis der Projektplanung ist die Definition der sog. Arbeitspakete. Sie sind die kleinsten Einheiten im Projekt und entstehen auf der untersten Stufe des PSP. Auf der Grundlage der Arbeitspakete entwickelt man die Zeit- und Ressourcenplanung.

Basisplan
- Projektstrukturplan
- Arbeitspakete
- Zeitplan
- Balkendiagramm
- Netzplan
- Ressourcenplan
- Kostenplan

➡ **Merke: Um das Projekt überschaubar zu machen, erarbeitet man den sogenannten Projektstrukturplan (PSP) Dieser zerlegt die Gesamtaufgabe in Einzelaufgaben, auch Arbeitspakete genannt.**

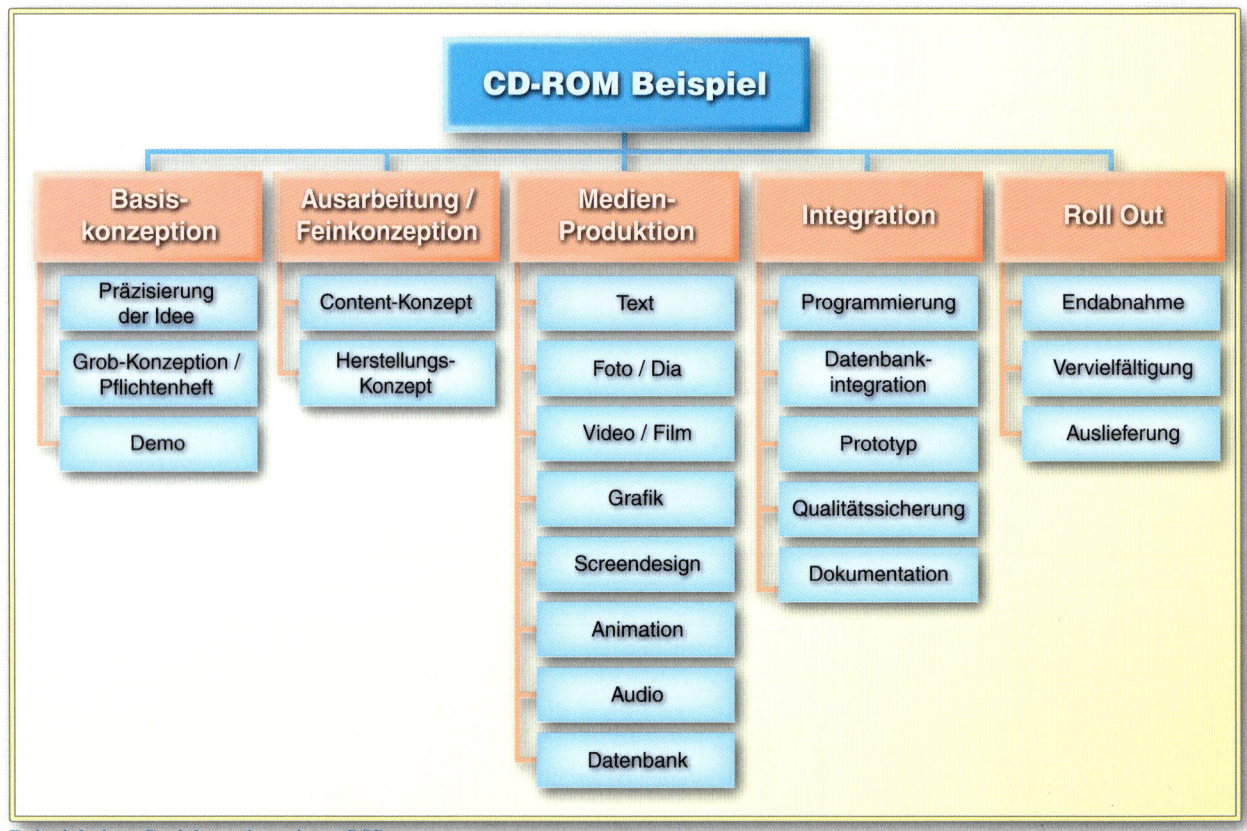

CD-ROM Beispiel

- **Basiskonzeption**
  - Präzisierung der Idee
  - Grob-Konzeption / Pflichtenheft
  - Demo
- **Ausarbeitung / Feinkonzeption**
  - Content-Konzept
  - Herstellungs-Konzept
- **Medien-Produktion**
  - Text
  - Foto / Dia
  - Video / Film
  - Grafik
  - Screendesign
  - Animation
  - Audio
  - Datenbank
- **Integration**
  - Programmierung
  - Datenbankintegration
  - Prototyp
  - Qualitätssicherung
  - Dokumentation
- **Roll Out**
  - Endabnahme
  - Vervielfältigung
  - Auslieferung

Beispiel eines Projektstrukturplans (PSP)

Normalerweise entstehen bei der Projektstrukturierung im Medienbereich zwischen 50 und 150 Arbeitspakete. Die Strukturierung sollte nicht zu tief gehen, damit das Projekt noch überschaubar bleibt. Aber auch ein zu grobes Raster ist andererseits nicht empfehlenswert.

Arbeitspakete sind der Ausgangspunkt für alle Planungen im Projekt. Sie sind die kleinsten Planungseinheiten. Jedes „AP" ist sorgfältig zu definieren und erhält eine genaue Beschreibung. Insbesondere ist festzulegen, wieviele Ressourcen notwendig sind und wie lange diese an Zeit benötigen, um es abzuarbeiten. Jedes Arbeitspaket bekommt eine „Visitenkarte":

Ausarbeitung Produktion	
12	2 Tage
Mi 15.03.00	Do 16.03.00

Das Beispiel drückt aus, dass das Arbeitspaket Nr. 12 die „Ausarbeitung der Produktion" ist, dass dafür 2 Tage erforderlich sind, die für den 15. und 16. März eingeplant sind.

Wenn der Projektstrukturplan mit den Arbeitspaketen vorliegt, kann die *Zeitplanung* erarbeitet werden. Bei der Zeitplanung fragt man zunächst danach, welchen Zeitbedarf jedes einzelne Arbeitspaket aufweist. Dazu listet man die Arbeitspakete in einer speziellen Liste auf, der sog. *Tätigkeitsliste*, und gibt an, wie lange sie voraussichtlich brauchen, bis sie abgearbeitet sind.

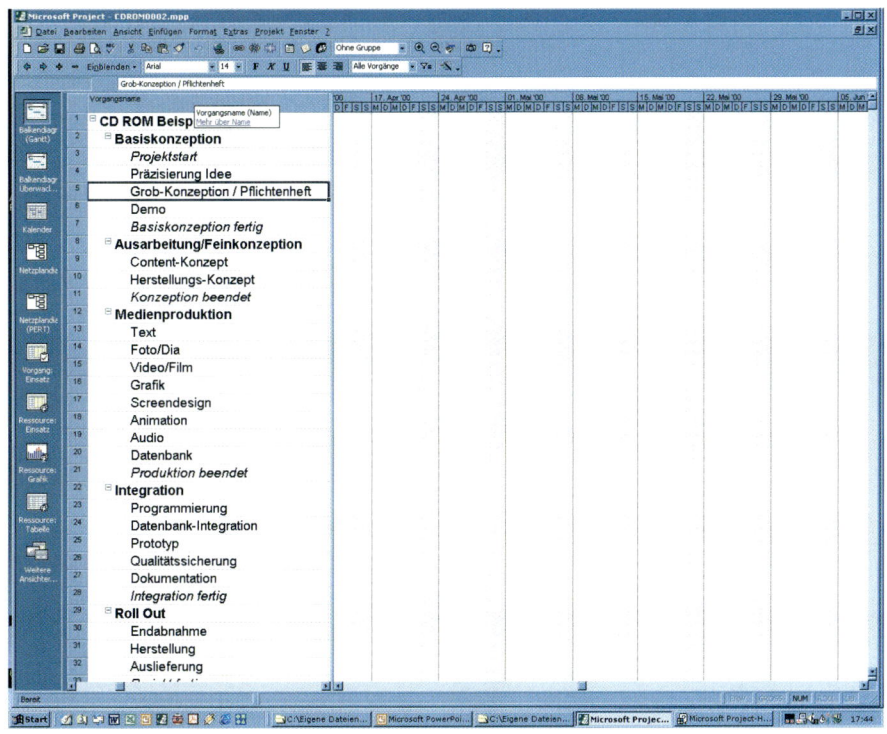

Screenshot MS Project: Tätigkeitsliste

❶ Die Gliederung der Arbeitspakete nach ihrer zeitlichen Abfolge nennt man auch „Projektablaufplan".

❷ Ein vorhergehendes Arbeitspaket nennt man „Vorgänger", ein nachfolgendes „Nachfolger".

Sind die Arbeitspakete mit ihrer Zeitdauer festgelegt, werden sie nun in eine zeitliche Reihenfolge gebracht ❶. Man überlegt sich, welche Arbeitspakete fertig sein müssen, damit das nächste Arbeitspaket beginnen kann. Oder umgekehrt: Welche Arbeitspakete können gestartet werden, wenn ein bestimmtes Arbeitspaket erledigt ist? Dabei wird man feststellen, dass manche Arbeitspakete parallel nebeneinander abgearbeitet werden können, während andere es zwingend erfordern, dass ein vorhergehendes Arbeitspaket ❷ abgeschlossen ist.

Man kann nun die Arbeitspakete auflisten und sehr übersichtliche Darstellungen erzeugen, die für Ordnung im Projekt sorgen. Die entscheidenden Darstellungen sind das *Balkendiagramm* und der *Netzplan*.

Das Balkendiagramm – nach seinem Erfinder auch „Gantt-Diagramm" genannt – ist ein sehr wirkungsvolles Instrument, um den zeitlichen Umfang der Arbeitspakete und ihre logische Verknüpfung darzustellen. Manche Arbeitspakete können nur linear nacheinander abgearbeitet werden, andere gleichzeitig mit parallel bearbeiteten Arbeitspaketen.

◆ Symbol für einen Meilenstein. Ein Meilenstein ist ein wichtiges Etappenziel im Projekt.

Screenshot MS Project: Balkendiagramm

Der Netzplan ist eine optische Verknüpfung der Arbeitspakete. Er zeigt die logische Abfolge der Arbeitspakete (=Vernetzung) und den Typ der Arbeitspakete:
Schwarz: „normale" Arbeitspakete
rot: kritische Arbeitspakete

Bei letzteren darf kein Zeitverzug eintreten, ohne den Fertigstellungstermin des Projekts zu gefährden. Alle kritischen Arbeitspakete zusammengenommen bilden den sog. „Kritischen Pfad".

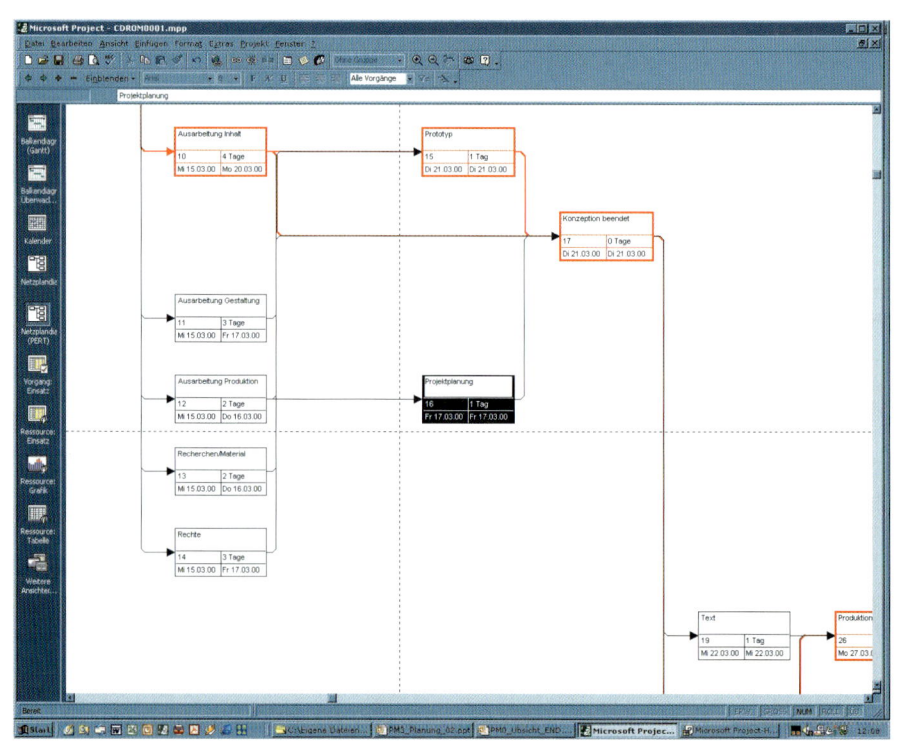

Screenshot MS Project: Netzplan

Im nächsten Schritt der Planungen überprüft man jedes einzelne Arbeitspaket daraufhin, welche *Ressourcen* notwendig sind, um es termingerecht fertig zu stellen. Unter Ressourcen versteht man alle Hilfsmittel, die zur Durchführung des Projekts erforderlich sind. Es gibt zwei Typen von Ressourcen:

- Personalressourcen, z. B. die geleisteten Arbeitsstunden des Programmierers oder des Projektleiters
- Sachressourcen, z. B. der Verbrauch an Material oder die Nutzungszeit eines Videostudios

Im Hinblick auf diese beiden Ressourcentypen werden die Arbeitspakete hinterfragt und der notwendige Ressourceneinsatz dokumentiert. Das Arbeitspaket „Prototyp erstellen" erfordert beispielsweise den Einsatz von vier Personen, die drei Tage tätig sind und in dieser Zeit entsprechende Computereinrichtungen nutzen.

Arbeitspakete spielen schließlich auch für die *Kostenplanung* eine wichtige Rolle. Wenn man den Bedarf an Ressourcen für das einzelne Arbeitspaket kennt, kann man diese mit Preisen versehen und den Ressourcenverbrauch bewerten. Man erhält dann die Kosten der Arbeitspakete, die eine wichtige Information für die Ermittlung der Gesamtkosten des Projekts sind.

14.2.4 Realisierung

Das Projekt in Phasen durchführen

Nach Abschluss der vorbereitenden Planungen ist man nun gut gerüstet, um das Projekt in die Tat umzusetzen: Ein Pflichtenheft ist vorhanden. Es liegt eine fein ausgearbeitete Konzeption vor (vor allem das Drehbuch). Die vorbereitenden Planwerke sind erarbeitet (vor allem der Zeitplan). Nun kann die Durchführung beginnen.

In der Durchführungsphase des Projekts wird man besonders darauf achten, dass möglichst alles „nach Plan läuft", dass also größere Abweichungen vom Plan vermieden werden. Plantreue ist zu gewährleisten. Um diese sicher zu stellen, wird man in Phasen oder Etappen vorgehen, um den ganzen Projektprozess übersichtlich zu halten. Immer wenn ein Etappenziel erreicht ist, befindet man sich an einem besonderen Punkt des Projekts, den man als Meilenstein bezeichnet.

Meilensteine müssen sorgfältig ausgewählt werden und allen Beteiligten bewusst sein. An einem Meilenstein angekommen muss überprüft werden, wie der Zustand des Projekts aussieht. Die folgenden Fragen wird sich das Team vorlegen:

- Wo stehen wir?
- Sind wir noch im Zeitplan?
- Laufen die Kosten aus dem Ruder?
- Haben wir wirtschaftlich gearbeitet?
- Ist die Qualität sicher gestellt?

Abweichungen beherrschen

Trotz aller Bemühungen wird es nicht gelingen, den aufgestellten Plan minutiös einzuhalten. Abweichungen vom Plan wird es immer geben, so dass es im Projektverlauf immer wieder notwendig sein wird, Maßnahmen der Gegensteuerung zu ergreifen. Für diesen Fall bieten sich die folgenden Ansatzpunkte an:

- *Leistung reduzieren*: Der ursprünglich geplante Leistungsumfang wird auf das Machbare zurückgeführt, z. B. bei einem Film wird eine komplizierte Szene weggelassen oder nur in vereinfachter Form gedreht.
- *Aufwand reduzieren*: Der Einsatz von Personal- oder Sachressourcen wird herabgesetzt, z. B. durch Ersatz einer ursprünglich vorgesehenen hochkarätigen Besetzung einer Nebenrolle durch einen preiswerteren Schauspieler.
- *Kapazität erhöhen*: Man setzt mehr Ressourcen ein oder verlängert die Zeit für die Herstellung des Produkts, z. B. durch Verlängerung der Drehzeit oder – wenn ein fixierter Endtermin ins Wanken gerät – durch Anordnung von Überstunden. Bei diesem Punkt kommt es eventuell zu der unliebsamen Erscheinung, dass der Auftraggeber das Projekt nachfinanzieren muss.
- *Produktivität erhöhen*: Man versucht, die *Produktivität* ❶ zu erhöhen, z. B. durch bessere Koordination, Umstellung der Pläne oder durch Rationalisierungsmaßnahmen, z. B. indem der Regisseur veranlasst wird, nicht unbedingt die letzte künstlerische Feinheit herauszuarbeiten und dadurch kostbare Zeit und knappes Geld zu „verbraten".

In einem Projekt das Ruder herumreißen zu müssen, kann für alle Beteiligten eine sehr schmerzhafte und konfliktträchtige Angelegenheit sein. An dieser Stelle ist in besonderem Maße die Stärke des Projektleiters gefordert.

Das Projekt abschließen

Jedes Projekt muss ordnungsgemäß abgeschlossen werden. Dazu gehören eine Reihe von Abschlussarbeiten:

- Das Produkt muss vom Auftraggeber abgenommen, eventuell überarbeitet und dann noch einmal abgenommen werden. Hierbei sind Abnahmetests und ein Übergabeprotokoll zweckmäßig.
- Der Erfolg des Projekts muss kontrolliert werden. Dies bedeutet eine Gegenüberstellung der Projektergebnisse mit den gesetzten Zielen. Zur Erfolgskontrolle wird ein Projektbericht erstellt, der als offizieller Projektabschlussbericht dient.
- Ein Erfahrungsbericht wird erarbeitet. Leistungsfähige Teams erstellen am Schluss des Projekts zusätzlich einen internen Erfahrungsbericht, in dem auch die sog. weichen Faktoren ❷ ausgewertet werden.

Das Projekt endet damit, dass in einer offiziellen Abschlusssitzung das Team entlastet und aufgelöst wird.

❶ *Produktivität* ist das Verhältnis zwischen dem Ergebnis (Output) und den eingesetzten Mitteln (Input).

❷ Man unterscheidet im Projektmanagement sog. harte und weiche Faktoren, die zum Gelingen des Projekts beitragen. Harte Faktoren sind z. B. die Ziele, die Zeitplanung oder die Aufgabenverteilung. Unter weichen Faktoren versteht man z. B. Kommunikation, Kooperation, Fähigkeit zur Konfliktlösung, das Betriebsklima oder der Teamgeist. Es hat sich gezeigt, dass die weichen Faktoren genauso wichtig sind wie die harten Faktoren.

14.3 Marketing

14.3.1 Definition Marketing

Definition

Marketing ist die *Summe aller Anstrengungen, das Unternehmen und seine Produkte konsequent auf die Wünsche der Kunden auszurichten*. Das Ziel von Marketing ist es, einen *Markterfolg* zu erreichen. Dieser soll sich – direkt oder indirekt – in befriedigenden Verkaufs- und Gewinnzahlen niederschlagen.

Um das Ziel des Markterfolges zu erreichen, müssen geeignete Instrumente eingesetzt werden, die sog. *Marketing-Instrumente*. Sie lassen sich grundsätzlich in drei Kategorien einteilen:

- Produktpolitik: Darunter werden alle Maßnahmen verstanden, die zu einem hervorragenden Produkt oder einer ganzen Produktpalette ❶ zu einem angemessenen Preis führen.
- Präsenzpolitik: Alle Maßnahmen, die das Produkt zum Kunden bringen, werden unter dem Titel Präsenzpolitik zusammen gefasst. Jedes Produkt braucht geeignete Absatzwege, um beim Kunden präsent zu sein ❷.
- Profilpolitik: Schließlich muss das Produkt in den Köpfen der Kunden als eine wertvolle Marke präsent sein. Ein Produkt braucht ein Profil. Alle Maßnahmen, die das Produkt „profilieren" sollen, nennt man Profilpolitik oder auch Kommunikationspolitik. Die wichtigsten Instrumente sind Werbung, Verkaufsförderung, Öffentlichkeitsarbeit ❸ und persönliche Kommunikation.

Um erfolgreich zu sein, muss ein Unternehmen die „Klaviatur" aller drei Marketing-Instrumente beherrschen. Alle Instrumente stehen in einem engen Zusammenhang zueinander und müssen aufeinander abgestimmt sein. Die Kombination, für die sich ein Unternehmen entscheidet, nennt man Marketing-Mix.

Was ist Marketing?
- Das Unternehmen und seine Produkte...
- ...auf die Wünsche der Kunden ausrichten!
- Und zwar mit aller Konsequenz!

❶ Die Produktpalette wird auch Sortiment genannt.

❷ Um das sicher zu stellen, kann der Aufbau ganz neuer Vertriebskanäle wie das Internet notwendig sein.

❸ Mit der Öffentlichkeitsarbeit wirbt das Unternehmen um Vertrauen in der Öffentlichkeit. Anderer Name: Public Relations

Produktpolitik	Präsenzpolitik	Profilpolitik
Das Herzstück im Marketing!	Die Pipeline im Marketing!	Das Sprachrohr im Marketing!

Grundlage aller Marketingaktivitäten ist die Erkundung des Marktes und der eigenen Position im Markt. Zum Marketing-Instrumentarium gehört demnach auch die Marktforschung.

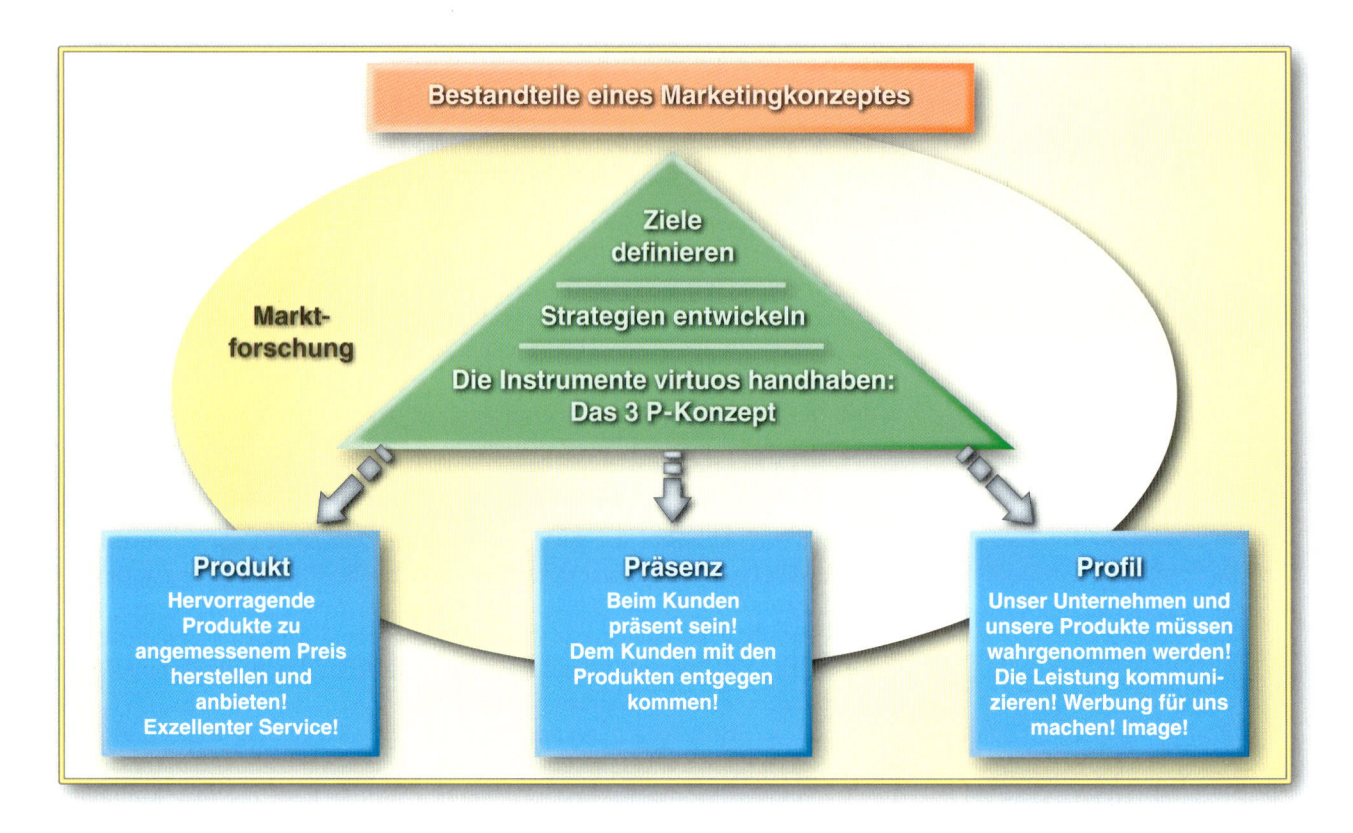

Bestandteile eines Marketingkonzeptes

- **Marktforschung**
- Ziele definieren
- Strategien entwickeln
- Die Instrumente virtuos handhaben: Das 3 P-Konzept

Produkt
Hervorragende Produkte zu angemessenem Preis herstellen und anbieten! Exzellenter Service!

Präsenz
Beim Kunden präsent sein! Dem Kunden mit den Produkten entgegen kommen!

Profil
Unser Unternehmen und unsere Produkte müssen wahrgenommen werden! Die Leistung kommunizieren! Werbung für uns machen! Image!

Produktpolitik

❶ Produkte sind Waren (= materielle Produkte), Dienstleistungen und Informationen.

❷ USP = Unique Selling Proposition. Man spricht in diesem Zusammenhang auch von „Produktversprechen".

Die Produktpolitik umfasst alle Entscheidungen, die sich auf die marktgerechte Gestaltung der abzusetzenden Produkte ❶ beziehen. Der Begriff Produkt bezeichnet ein ganzes Bündel von Aspekten und darf nicht zu eng gesehen werden. Drei Ebenen sind zu unterscheiden, die ein erfolgreich vermarktetes Produkt aufweist:

- *Ebene des Kernprodukts*: Jedes Produkt weist in seinem Kern eine Einzigartigkeit auf, die dem Käufer oder Nutzer einen Kernvorteil, einen „USP" ❷, bringt. Dieser Kern des Produkts spricht beim Käufer ein ganz bestimmtes Bedürfnis, eine Hoffnung oder ein Problem an, das er gelöst haben will. So vermittelt z. B. der Besitz einer aktuellen Audio-CD dem jugendlichen Käufer das Gefühl, in seiner Clique „in" zu sein. Das Marketing im Sinne der Produktpolitik ist dazu da, diesen Kernvorteil klar herauszuarbeiten und der Zielgruppe mitzuteilen.
- *Ebene des formalen Produkts*: Jedes Produkt hat eine formale Seite, die gestaltet werden muss. Dazu gehören vor allem der Markenname, die Verpackung und das Styling. So muss die Audio-CD zwar das Produktversprechen erfüllen und Qualität bieten, sie muss aber auch in einer attraktiven äußeren Aufmachung daherkommen und einen prägnanten Namen haben.
- *Ebene des erweiterten Produkts*: Jedes Produkt hat noch ein „Drumherum", das für den Käufer interessant ist. Zu denken ist vor allem an Serviceleistungen, Garantie und Installation. Bei der Audio-CD könnte z. B. ein Booklet mit Hintergrundmaterial über den Interpreten oder Hinweise auf Online-Links angefügt sein.

➲ **Produkte sind niemals nur ein einfacher Gegenstand, sondern sind ein Mittel, mit dem der Nutzer ein ganzes Bündel von Vorteilen, Problemlösungen und Bedürfnisbefriedigungen verbindet!**

Ein wichtiger Bestandteil des Produkts ist auch sein Preis, also das Entgelt, das für das Produkt zu entrichten ist. Ein Produkt ist nur dann attraktiv, wenn es einen angemessenen Preis hat. Dabei ist weniger der absolute Preis wichtig, sondern der relative Preis.

Relativ heißt, dass der Produktpreis vom Käufer immer im Verhältnis zum gestifteten Nutzen bewertet wird. Er beurteilt das Produkt darauf hin, ob es ihm einen Leistungsvorteil, einen Preisvorteil oder beides bringt. In den vom Käufer wahrgenommenen Preis fließen oft auch noch andere Elemente ein wie z.B. gewährte Rabatte, die Lieferungs- und Zahlungsbedingungen oder Kreditmöglichkeiten.

Ein letzter Aspekt der Produktpolitik ist die Tatsache, dass Produkte einem Lebenszyklus unterliegen und daher im Zeitablauf verändert werden müssen. Entweder werden sie eliminiert, weil sie nicht mehr ertragbringend sind, und durch völlig neue Produkte ersetzt. Man spricht von Produktinnovation. Oder die bestehenden Produkte werden verändert, was man als *Produktvariation* oder *Relaunch* ❶ bezeichnet. Eine Web-Site muss z. B. laufend verändert und weiter entwickelt werden, will der Anbieter im schnelllebigen Netz stand halten.

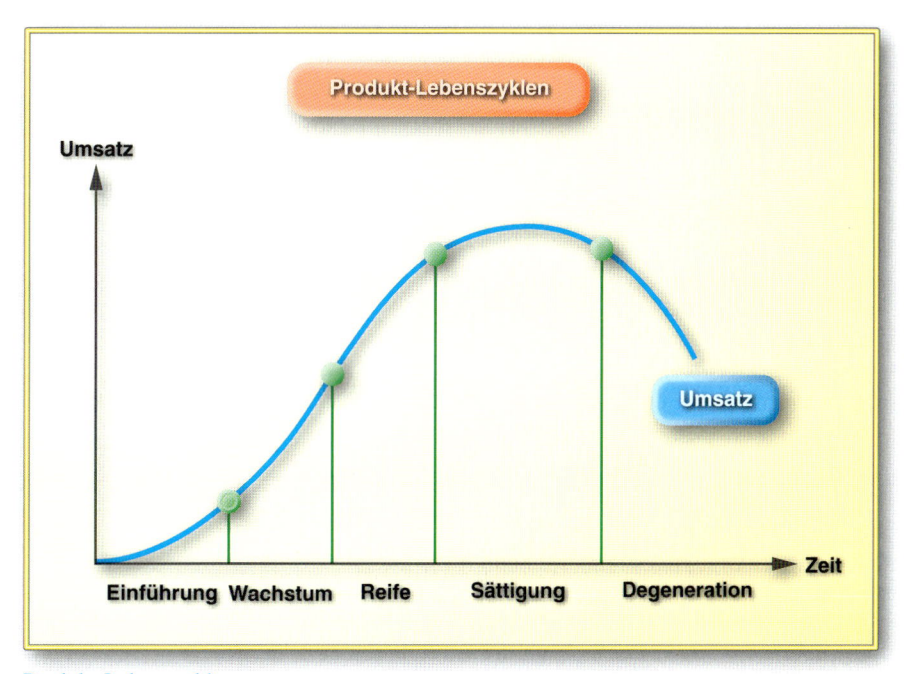

Was ist der Preis?

▶ **Absoluter Preis**
Entgelt, das für das Produkt zu entrichten ist.

▶ **Relativer Preis**
Vom Käufer wahrgenommenes Preis-Leistungs-Verhältnis

❶ Ein *Relaunch* ist also ein Neustart eines bestehenden Produkts, der normalerweise von einem hohen Werbeeinsatz begleitet wird.

Produkt-Lebenszyklen

Präsenzpolitik

Die Präsenzpolitik – auch Distributionspolitik genannt – sorgt dafür, dass das Produkt vom produzierenden Unternehmen in die Verfügungsmacht des Verbrauchers bzw. Verwenders übergeht. Dabei muss sicher gestellt werden, dass das Produkt zur richtigen Zeit, im richtigen Zustand und in der erforderlichen Menge zur Verfügung steht. Zu unterscheiden sind zwei Absatzwege:

- *Direktabsatz*: Die Produkte werden über eigene Verkaufsfilialen und Läden („stores"), über Reisende, über Handelsvertreter oder über Franchising ❶ direkt an die Zielgruppen herangeführt. Eine zunehmende Bedeutung erlangen die elektronischen Medien als Instrument für den direkten Absatz von Produkten (z. B. der TV-Verkaufskanal H.O.T. oder Web-Shops im Internet).
- *Indirekter Absatz*: Hier erfolgt die Weitergabe der Produkte ❷ vom Hersteller über verschiedene Stufen des Handels, üblicherweise vom Großhandel über den Einzelhandel zum Nutzer.

❶ Beim Franchising verkauft der Händler (Franchise-Nehmer) im Namen des Herstellers (Franchise-Geber). Der Händler ist an den Namen, das Warenzeichen und die Ausstattung des Herstellers gebunden.

❷ Den körperlichen Transport des Produkts bezeichnet man als Logistik.

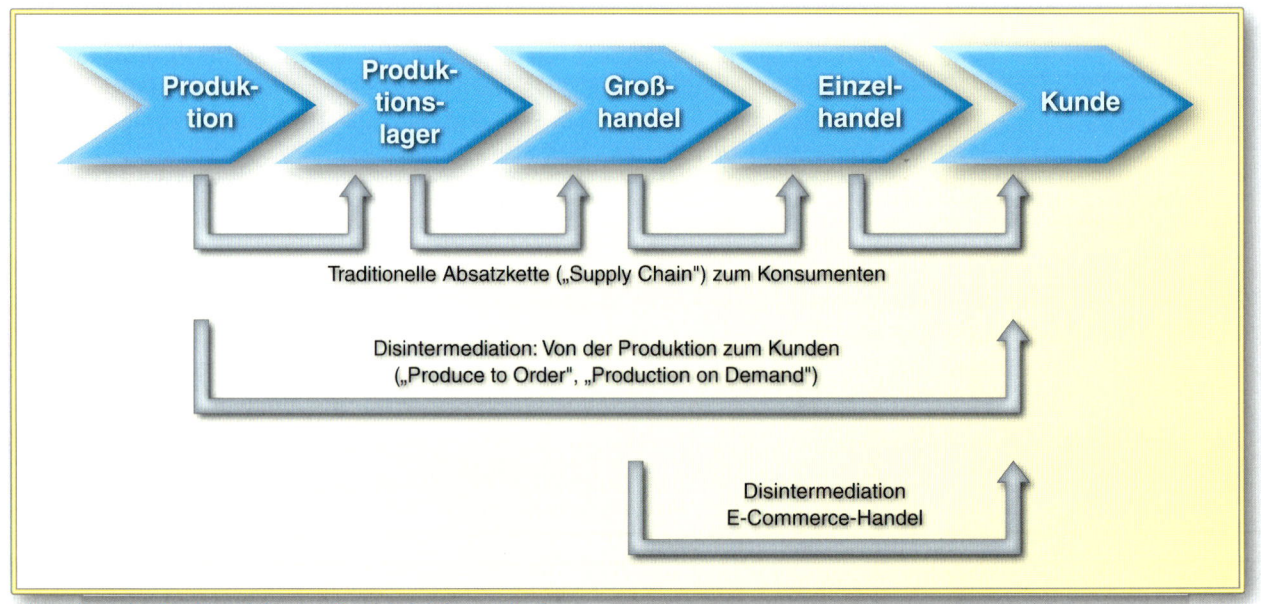

Produktion → Produktionslager → Großhandel → Einzelhandel → Kunde

Traditionelle Absatzkette („Supply Chain") zum Konsumenten

Disintermediation: Von der Produktion zum Kunden („Produce to Order", „Production on Demand")

Disintermediation E-Commerce-Handel

Absatzkette im Buchbereich unter Berücksichtigung des Internet

❸ Unter „Disintermediation" versteht man das Überspringen von Stufen in der Wertschöpfungskette, im Extrem aller Handelsstufen.

Im Hinblick auf die Medien ist als neues Vertriebssystem das Internet hoch bedeutend und vor allem auch brisant. Immer mehr Hersteller gehen dazu über, ihre Waren und Dienstleistungen durch die Eröffnung von Web-Shops direkt zu vermarkten und dadurch Handelsstufen zu überspringen oder auszuschalten ❸. Das führt dazu, dass der herkömmliche Groß- und Einzelhandel durch den Ausbau des Internet zu einem neuem Absatzkanal seine dominierende Stellung einbüßen könnte.

➜ **Produkte müssen beim Kunden präsent sein!**

Profilpolitik

Die Profilpolitik verfolgt das Ziel, den Produkten ein Profil zu verleihen und sie in den Köpfen der Käufer und Verwender als wichtige „Produkt-Persönlichkeiten" erscheinen zu lassen. Es geht darum, Einfluss zu nehmen auf die

- Meinungen
- Einstellungen
- Erwartungen
- Verhaltensweisen

der Abnehmer und diese positiv zu beeinflussen.

➲ **Produkte müssen Produkt-Persönlichkeiten sein. Sie brauchen ein Profil. Dies wird durch Kommunikationspolitik geschaffen.**

Die Einflussnahme auf die Käufer kann nur über Kommunikation erfolgen. Daher nennt man die Profilpolitik auch Kommunikationspolitik. Vier Ansatzpunkte sind zu unterscheiden:

- *Werbung*: Sie ist das bedeutendste aller kommunikationspolitischen Instrumente. Man versteht darunter die bezahlte Form der unpersönlichen Präsentation von Produkten. Zu unterscheiden ist klassische und alternative Werbung. Klassische Werbung ist Anzeigenwerbung, Werbung in Radio, TV und Kino oder Plakatwerbung. Online-Werbung kann mittlerweile bereits zur klassischen Werbung gezählt werden. Alternative Werbeformen sind *Sponsoring* ❶ oder *Product Placement* ❷. Eine immer größere Rolle spielt Direktmarketing wie z. B. Mailings, Prospektverteilung oder Responsemedien ❸.
- *Verkaufsförderung*: Hierunter werden alle Maßnahmen verstanden, die zur punktuellen Aktivierung von Zielpersonen führen. Man spricht auch von Sales Promotion. Ansatzpunkt von Verkaufsförderung kann der Endkunde sein, der sich am Verkaufsort (POS = „Point of Sale") einfindet und z. B. eine kostenlose Probe oder einen Gutschein erhält. Es kann aber auch der Verkäufer sein, den man einer Schulung unterzieht, z. B. mittels einer CBT-Maßnahme (Computer Basiertes Training). Eine Sonderform von Verkaufsförderung ist das *Merchandising* ❹.
- *Public Relations* (kurz: PR): Der deutsche Begriff ist Öffentlichkeitsarbeit. Ziel ist es, durch gezielte Information ein gutes Verhältnis zwischen dem Unternehmen (z. B. dem Bertelsmann-Konzern) und der Öffentlichkeit aufzubauen mit dem Hintergedanken, das Image des Unternehmens zu verbessern. PR-Instrumente sind z. B. Pressekonferenzen, Interviews, Durchführung von Veranstaltungen, Betriebsbesichtigungen oder die Herstellung und Verteilung von Filmen, Broschüren, Schriften (z. B. Firmenjubiläum).
- *Persönliche Kommunikation*: Sie gilt als besonders interessant (aber auch als besonders kostenträchtig). Zu nennen ist die persönliche Beratung und Überzeugung, das Verkaufsgespräch beim Konsumenten (Außendienstverkauf) und der Telefonverkauf. Der persönliche Kontakt zum Kunden ist überaus wichtig bei Produkten, die erklärungsbedürftig sind (z. B. Software).

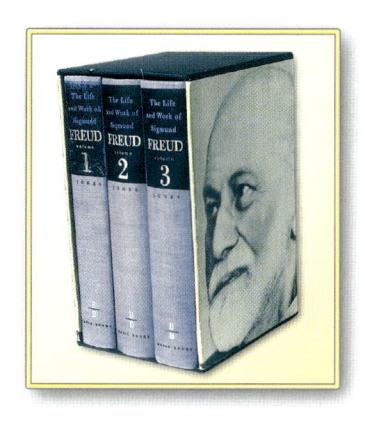

❶ Unter *Sponsoring* versteht man die Förderung von Personen oder Organisationen mit dem Ziel, das eigene Unternehmen zu kommunizieren. Im Vordergrund steht das Sponsoring in den Bereichen Sport, Kultur, Soziales und Umwelt.

❷ Mit *Product Placement* wird die Platzierung eines Markenartikels als Requisit in der Handlung eines Spielfilms bezeichnet.

❸ Responsemedien zielen auf die unmittelbare Reaktion der Konsumenten ab, z. B. bei TV-Shopping-Kanälen wie H.O.T. („Transaktionsfernsehen").

❹ *Merchandising* hat die Funktion, Waren am Point of Sale wirksam darzubieten und günstig zu platzieren.

Unterschiedliche Medienprodukte – anderes Marketing

Nach den vorstehenden begrifflichen Erläuterungen soll nun das *Medienmarketing* näher beleuchtet werden. Dabei handelt es sich um ein vielschichtiges Thema und es ist notwendig, Unterscheidungen zu treffen. Die wichtigste Unterscheidung bezieht sich auf die Medienprodukte, die sich in zwei Typen einteilen lassen:

- Medienprodukte als Endprodukte von Medienunternehmen
- Medienprodukte als Instrument zur Gestaltung der Geschäftsprozesse bei Wirtschaftsunternehmen

Im ersten Fall geht es um das Marketing von Medienprodukten, die als marktfähige Güter von Verlagen, Rundfunkanstalten oder Online-Anbietern auf den Markt gebracht werden. Diese Medienprodukte werden also publiziert. Sie sind Publikationsprodukte, die von Publikationsorganen auf den Markt gebracht werden.

Im zweiten Fall geht es um das Marketing mit Hilfe von Medienprodukten, um die Geschäftszwecke von Wirtschaftsunternehmen jedweder Art zu unterstützen. Dies ist im Gegensatz zum ersten Fall eine völlig andere Ausrichtung. Medien sind in diesem Fall ein Faktor im „Business" ❶. Dieses Feld lässt sich in verschiedene Teilbereiche unterscheiden, insbesondere in die Felder „Business to Consumer" („B-to-C-Medienprodukte") und „Business to Business" („B-to-B-Medienprodukte").

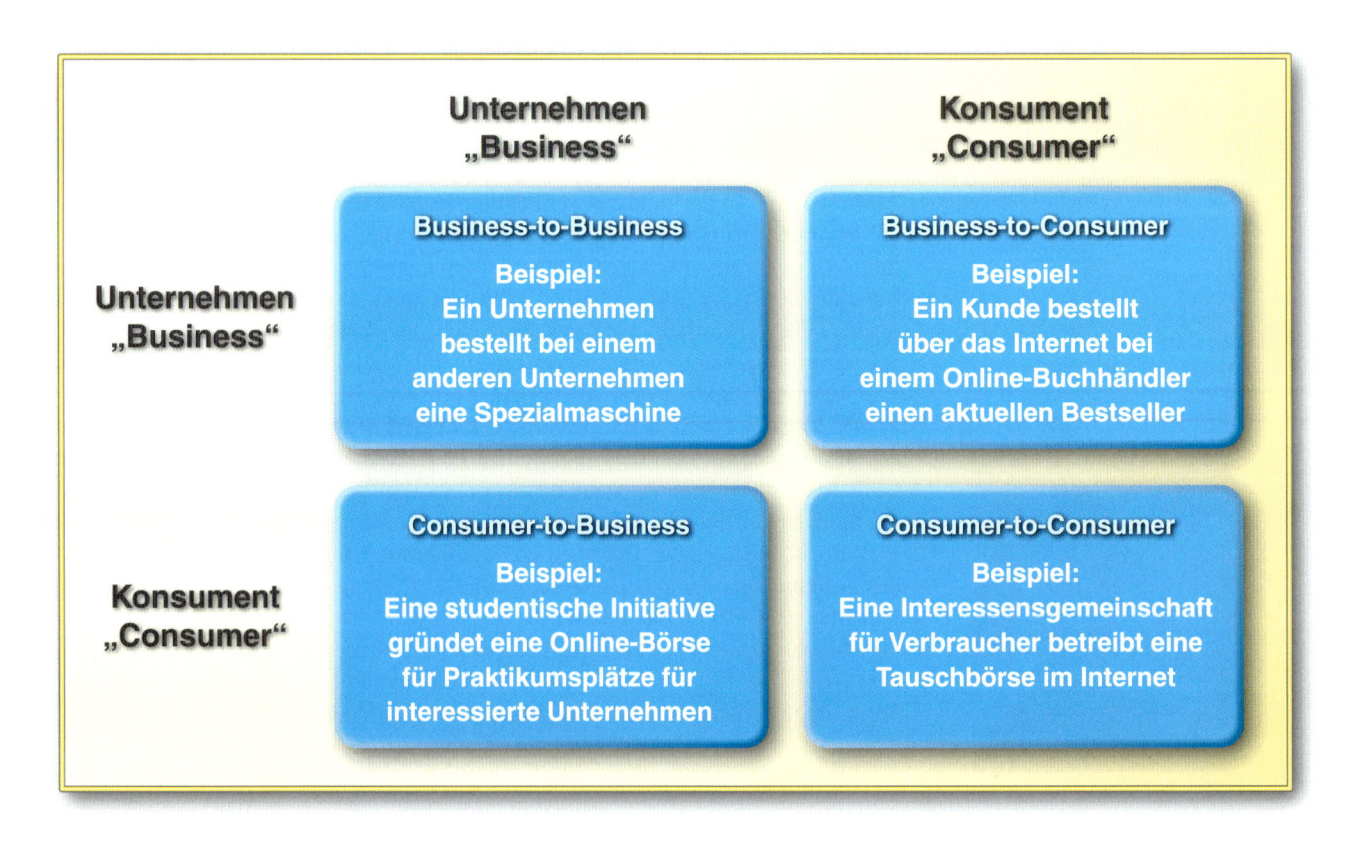

Medienmarketing

▶ **Endprodukte**
Medienprodukte sind Produkte von Medienunternehmen für den Konsumenten

▶ **Business**
Medienprodukte sind ein Instrument, um die Geschäftsprozesse von Unternehmen zu unterstützen

❶ Wenn es sich um elektronische Medien handelt, spricht man von „E-Business".

	Unternehmen „Business"	Konsument „Consumer"
Unternehmen „Business"	**Business-to-Business** Beispiel: Ein Unternehmen bestellt bei einem anderen Unternehmen eine Spezialmaschine	**Business-to-Consumer** Beispiel: Ein Kunde bestellt über das Internet bei einem Online-Buchhändler einen aktuellen Bestseller
Konsument „Consumer"	**Consumer-to-Business** Beispiel: Eine studentische Initiative gründet eine Online-Börse für Praktikumsplätze für interessierte Unternehmen	**Consumer-to-Consumer** Beispiel: Eine Interessensgemeinschaft für Verbraucher betreibt eine Tauschbörse im Internet

14.3.2 Medienprodukte als Publikation

Marketing-Mix bei Medienunternehmen

Medienprodukte, die für den Endverbraucher bestimmt sind, sind marktfähige Produkte, mit denen man möglichst hohe Verkaufszahlen und Gewinn erzielen will. Sie unterscheiden sich damit nicht von den herkömmlichen Gebrauchs- und Verbrauchsgütern wie Lebensmittel, Kraftfahrzeuge oder Dienstleistungen. Das Marketing der Medienprodukte folgt also den gleichen Grundsätzen und Instrumentarien.

Diejenigen Unternehmen, die Medienprodukte herstellen und vermarkten, sind die *Medienunternehmen*. Sie treten in den unterschiedlichsten Formen in Erscheinung. Das Spektrum reicht von kleinen Multimedia-Neugründungen bis zu den großen Unternehmen wie Bertelsmann, die im Weltmaßstab operieren.

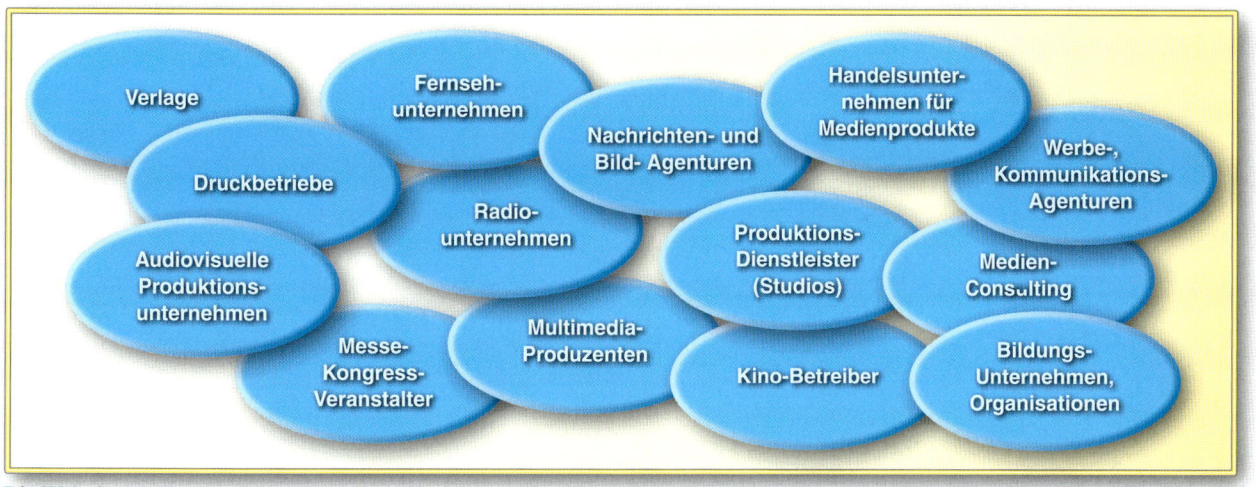

Die Welt der Medienunternehmen

Die *Produktpolitik* der Medienunternehmen ist darauf ausgerichtet, attraktive Produkte herzustellen, die sich auf den Medienmärkten behaupten können. Was sie anbieten, ist eine Frage der Strategie:

- Große Medienunternehmen zielen darauf ab, eine möglichst breit angelegte Produktpalette zu haben, um in möglichst vielen Bereichen vertreten zu sein. Dadurch verspricht man sich Krisenfestigkeit und Flexibilität. So ist es z. B. die Politik des Bertelsmann-Konzerns, auf allen Stufen der *Wertschöpfungskette* ❶ vertreten zu sein: Medienproduktion, Medienredaktion, Ausstrahlung, Verwertung. Oberstes Gebot ist es, in keine Engpass-Situationen hinein zu geraten und dann von anderen Lieferanten abhängig zu sein. Aus dem gleichen Grund versuchen große Medienunternehmen, über den engeren Bereich der Medien hinaus Allianzen mit starken Partnern einzugehen. Das wird befördert durch das Zusammenwachsen aller Bereiche der *Informationswirtschaft* ❷.
- Kleine Medienunternehmen ziehen sich eher in eine Nische zurück und spezialisieren sich auf ihre ganz spezielle Kompetenz. So wird z. B. ein CD-ROM-Produzent die notwendigen Video-Produktionsleistungen von einem Spezialdienstleister einkaufen und nicht selber herstellen wollen.

❶ In der Wertschöpfungskette werden die Produkte vom Ur-Zustand bis zum Endprodukt immer weiter entwickelt, bis sie zum Endkunden gelangen.

❷ Das Phänomen des Zusammenwachsens der einzelnen Bereiche der Informationswirtschaft (TIME: Telekommunikation, Informationstechnik, Medien, Entertainment-Elektronik) nennt man auch „Konvergenz".

Höchst unterschiedlich sieht auch die *Preispolitik* aus, die von den Medienunternehmen betrieben wird. Um die Finanzierung ihrer Produkte am Markt sicherzustellen, müssen sie für die einzelnen Medien unterschiedliche Ansätze verfolgen. Im Vordergrund stehen direkte Zahlungen der Nutzer und Erlöse aus der Werbung.

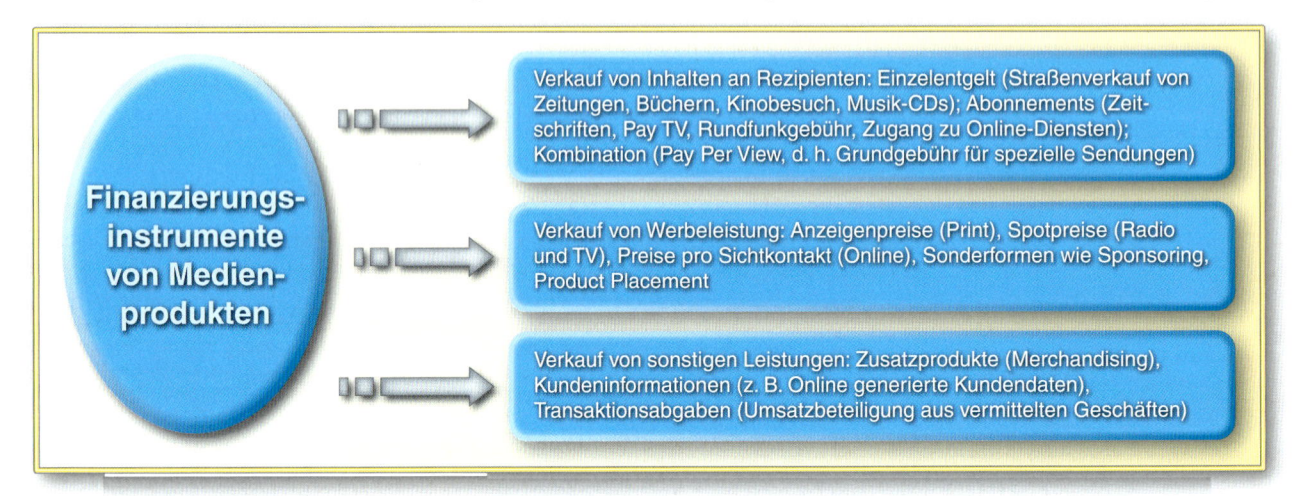

Finanzierungsinstrumente von Medienprodukten

- Verkauf von Inhalten an Rezipienten: Einzelentgelt (Straßenverkauf von Zeitungen, Büchern, Kinobesuch, Musik-CDs); Abonnements (Zeitschriften, Pay TV, Rundfunkgebühr, Zugang zu Online-Diensten); Kombination (Pay Per View, d. h. Grundgebühr für spezielle Sendungen)
- Verkauf von Werbeleistung: Anzeigenpreise (Print), Spotpreise (Radio und TV), Preise pro Sichtkontakt (Online), Sonderformen wie Sponsoring, Product Placement
- Verkauf von sonstigen Leistungen: Zusatzprodukte (Merchandising), Kundeninformationen (z. B. Online generierte Kundendaten), Transaktionsabgaben (Umsatzbeteiligung aus vermittelten Geschäften)

Rangfolge des Werbeaufkommens nach Branchen 1999

1. Automobilsektor
2. Massenmedien
3. Telekommunikation
4. Handelsorganisationen
5. Schokolade, Süßwaren
6. Pharmazie
7. Banken und Sparkassen
8. Bier
9. Spezialversender
10. Versicherungen
11. Unternehmenswerbung
12. Buchverlage
13. Computer, Zusatzgeräte
14. Alkoholfreie Getränke
15. Reisegesellschaften

Was die *Präsenzpolitik* anbelangt, so haben die Medienunternehmen unterschiedliche Distributionskonzepte. Grundsätzlich ist zu sagen, dass mediale Produkte eine Ansammlung von Informationen darstellen und nicht materiell sind. Solche Produkte sind im Prinzip dazu geeignet, über Netze zu ihren Nutzern transportiert zu werden. So ist längst der Einstieg gemacht, Radio- und Fernsehsendungen über das Internet zu verbreiten. Große Texte wie Gutachten, Berichte, Verlautbarungen über das Netz zu verbreiten, ist eine gängige Angelegenheit. Alle großen Tages- und Wochenzeitungen sowie die Publikumszeitschriften und -magazine bieten umfassende Online-Informationen an. Prinzipiell gibt es keinen Hinderungsgrund, auch die Inhalte von Büchern über das Netz zu verschicken. Freilich wird es sich der Konsument nicht nehmen lassen, diejenige Form nachzufragen, die ihm am angenehmsten ist. So ist zu erwarten, dass es auch im Internet-Zeitalter weiterhin die gedruckte Form von Publikationen gibt.

Die elektronischen Massenmedien in Radio und Fernsehen verbreiten ihre Programme auf drei Wegen, zum einen terrestrisch über Sendernetze, was vor allem noch für den mobilen Radioempfang im Auto von großer Bedeutung ist, zum zweiten über Kabelnetze und schließlich über Satellit. Die Digitalisierung muss nicht unbedingt bedeuten, dass z. B. terrestrischer Transport überflüssig wird, auch über Sendernetze „durch die Luft" lassen sich digitale Botschaften transportieren.

Die *Profilpolitik* spielt für Medienunternehmen eine große Rolle. So rangiert der Mediensektor im Vergleich der Werbeaufwendungen nach Branchen ganz vorne. Hinzu kommen z. B. bei allen Fernseh- und Radiosendern große Anstrengungen hinzu, die eigenen Sendungen mit Trailern zu bewerben. Auch das Internet wird als Instrument verwendet, um die Programmangebote bekannt zu machen und z. B. vertiefende Informationen über die Sendungen anzubieten. Damit kommt dem Internet auch die Funktion zu, die Einschaltquote der Sendungen anzukurbeln.

Bei der Vermarktung von Medienprodukten muss man zwei Bereiche unterscheiden, die sich stark voneinander unterscheiden:

- Die Vermarktung von Trägermedien, die für den Massenmarkt hergestellt werden.
- Die Vermarktung von Inhalten auf dem elektronischen Verbreitungsweg.

Vermarktung von Trägermedien

Trägermedien spielen im Medienmarkt eine große Rolle. Dabei hat man hat es mit einer Vielzahl der unterschiedlichsten Formen zu tun, die man nach gedruckten und elektronischen Trägern einteilen kann:

- Bücher: Zu unterscheiden sind Erstauflagen von Neuauflagen sowie in inhaltlicher Hinsicht Fachbücher von allgemeiner Literatur.
- Zeitungen: Tageszeitungen, Wochenzeitungen, Anzeigenblätter.
- Zeitschriften: Publikumszeitschriften, Fachzeitschriften

- Tonträger: Audio-CD, Ton-Cassetten
- Bildträger: Videocassetten, CD-ROMs, DVD
- TV-Spiele: Spielekonsolen
- Software-Produkte: Spiele-Software, Lern-Software

Bei der Vermarktung von Büchern spielen Erträge aus der Werbung keine Rolle, so dass die Umsatzerlöse ausschließlich über den Verkauf erzeugt werden.

Die gleiche Situation ist bei den elektronischen Trägern gegeben, bei denen der Verkaufserlös aus dem Geschäft mit Privatpersonen die Finanzierung der Produkte sicher stellt. Lediglich Zeitungen und Zeitschriften – verstanden als Trägermedien – finanzieren sich auch aus Werbung. Der zentrale Punkt bei der Vermarktung der Trägermedien ist, dass die Deckung der Selbstkosten entscheidend von der Anzahl der verkauften Produkte, also von der Auflage, abhängt.

➲ **Bei Trägermedien hängt der wirtschaftliche Erfolg entscheidend von der Höhe der Auflage ab.**

Bei den Printprodukten kommt verschärfend hinzu, dass der Prozess der Vervielfältigung hohe Druckkosten verursacht. Dies ist bei den elektronischen Trägermedien anders. Bei ihnen ist die Vervielfältigung zu relativ geringeren Kosten als im Druckbereich möglich, so dass die Herstellungskosten des Originals, von dem die Kopien gezogen werden, eine größere Rolle spielen.

Für alle Trägermedien gilt jedoch gleichermaßen, dass das wichtigste Ziel im Marketing sein muss, eine ausreichend hohe Auflage zu erzeugen, die unter dem Strich Gewinn abwirft.

➲ **Bei elektronischen Trägermedien treten die Kosten der Vervielfältigung in den Hintergrund. Im Zentrum stehen die Kosten der Herstellung der ersten Kopien (sog. „First-Copy-Costs").**

Vermarktung elektronisch verbreiteter Inhalte

Die Vermarktung von Inhalten, die nicht auf einem materiellen Träger verbreitet werden, wie z. B. Fernseh- und Radiosendungen, stellt sich grundsätzlich anders dar. Verantwortlich hierfür sind die anderen Eigenschaften der elektronisch verbreiteten Medienprodukte:

- Der Konsum des Produkts erfolgt durch einen mehr oder weniger großen Nutzerkreis gemeinschaftlich und gleichzeitig. Ob ein Konsument mehr oder weniger das Produkt nutzt, hat auf die Kosten keinen Einfluss ❶.
- Interessenten vom Konsum auszuschließen, geht nur, wenn technische Vorkehrungen getroffen werden wie z. B. bei Pay-TV mit Hilfe einer Set-Top-Box oder über einen Kabelanschluss. Ansonsten können die Interessenten das Medienprodukt als „Schwarzfahrer" kostenlos nutzen.
- Während es bei den Trägermedien die natürlichste Sache ist, das Produkt in Einzelexemplaren zu verkaufen, versagt dieses Prinzip bei den elektronisch verbreiteten Inhalten. Das Prinzip, nach dem der einzelnen Leistung eine konkrete Gegenleistung in Geld gegenüber steht ❷, z. B. beim Verkauf eines Buches im Laden, beim Zeitungsverkauf am Kiosk, greift also nicht unmittelbar.
- Die Verbreitungskosten sind im Vergleich zu den Herstellungskosten von nachrangiger Bedeutung, da die Herstellung eines Trägermediums nicht notwendig ist.

➡ **Bei der Vermarktung elektronisch verbreiteter Inhalte hat man es also mit einem völlig anderen Sachverhalt zu tun. Daher sind andere Vermarktungskonzepte notwendig.**

Unterschiedlich ist vor allem die Form der Finanzierung. Wenn das Prinzip der Leistung und Gegenleistung im Prinzip außer Kraft gesetzt ist, nach dem ein Medienprodukt (z. B. ein Tonträger) gegen die Bezahlung eines Preises abgegeben wird, gewinnen andere Formen der Finanzierung an Bedeutung. Besonders wichtig auf den elektronischen Medienmärkten ist die Finanzierung über Werbung. Formen der direkten Bezahlung (z. B. Pay TV) sind nicht leicht durchzusetzen.

Nachfolgend einige Anmerkungen zu den einzelnen Medienbereichen:

Private TV-Angebote: Die Privatangebote werden vorwiegend als "Free-TV" über Werbung finanziert. Die privaten Fernsehsender sind daher stark darauf ausgerichtet, ein Programm anzubieten, das für die Werbung treibende Wirtschaft ein attraktives Umfeld darstellt. Eine Verletzung der Konsumenteninteressen wird im Zweifel in Kauf genommen, z. B. durch Werbeunterbrechungen von Filmen. Eine zweite Vermarktungsschiene ist Pay-TV, bei dem ein spezieller Kanal (z. B. Premiere) abonniert werden muss. Mit der Digitalisierung wird aber auch die entgeltliche Abgabe einer Einzelsendung (sog. Pay Per View) möglich. Alle privaten Anbieter kämpfen um möglichst hohe Einschaltquoten und Marktanteile.

---

❶ Man spricht in diesem Zusammenhang davon, dass das Produkt den Charakter eines „öffentlichen Gutes" aufweist. Anders als bei einem privaten Gut sind die Konsumenten im Hinblick auf die Nutzung des Produkts keine Rivalen.

❷ Das Prinzip, nach dem einer bestimmten Leistung eine ganz konkrete Gegenleistung gegenüber steht, nennt man „Äquivalenzprinzip".

TV-Sendungen von ARD und ZDF: Das Basisangebot im Fernsehmarkt kommt von ARD und ZDF, das durch eine für alle gleiche Grundgebühr finanziert wird. Im Gegensatz zu früher (vor 1984) befinden sich die öffentlich-rechtlichen Rundfunkanstalten in einer heftigen Konkurrenz zu den Privaten. Auch sie müssen sich dem Wettbewerb stellen und müssen kundengerechte Leistungen erbringen. Allerdings ist das Marketing der öffentlich-rechtlichen Rundfunkanstalten nicht auf einen maximalen Marktanteil ausgerichtet, sondern orientiert sich an Kriterien wie Vielfalt, Ausgewogenheit und hoher Programmqualität. Insofern streben sie lediglich einen ausreichend hohen Marktanteil an, der sie als eine unübersehbare Kraft innerhalb des Fernsehsystems ausweist. Ihre Legitimation liegt im gesetzlich festgelegten Leistungsauftrag, die Mehrheiten und Minderheiten im Sinne des Gemeinwohls zu bedienen.

Radio: Die ARD-Radio-Sendungen folgen analog der TV-Vermarktung. Die Voraussetzungen sind in diesem Teilmarkt allerdings günstiger, da der Marktanteil gegenüber den Privaten im Vergleich zum Fernsehen deutlich höher liegt. Privatradio-Angebote ergänzen in einer Reihe von Bundesländern das regional ausgelegte ARD-Angebot, indem sie sich auf die kleinräumige, lokale Ausstrahlung konzentrieren, in anderen Bundesländern treten sie mit landesweiten Programmen an und haben eine starke Marktposition errungen. Es ist bemerkenswert, dass sich Radiosender in ganz besonderer Weise über die Durchführung öffentlicher Veranstaltungen (Pop-Konzerte, auf Messen, Kulturveranstaltungen) vermarkten.

Kino-Spielfilm: Über das Kino wird das junge Publikum angesprochen, das direkt für den einzelnen Besuch bezahlt. Das Kino-Marketing zeichnet sich dadurch aus, dass die Vermarktung der Angebote über Anzeigen in örtlichen Zeitungen, über Flyer, neuerdings verstärkt auch Online erfolgt. Promotions geschehen in Special-Interest-Zeitschriften wie z. B. Cinema. Zu beachten ist, dass es sich bei Kino-Spielfilmen um einen Sonderfall von Medienprodukten handelt: Das Kino ist der Ort der ersten Präsentation für ein besonders interessiertes (junges) Publikum, an die sich später andere Medien „anhängen" können, insbesondere das Fernsehen. Aufgrund der hohen Qualität des Kinofilms ist eine Weiterverwertung in anderen Medien kein Problem. So hat sich in der Vermarktung von Spielfilmen, insbesondere der großen (vorwiegend amerikanischen) Spielfilme internationalen Zuschnitts eine spezielle Verwertungskette herauskristallisiert: Kinoverleih – Videocassetten – Pay TV – Free TV – Wiederholungen.

Online: In der Onlinewelt sind als Medienprodukte eigenständige Online-Publikationen bemerkenswert, sog. „E-Zines" wie z. B. Online-Computer-Zeitschriften, die nicht nur als Zusatz oder „verlängerter Arm" einer bestehenden Printpublikation zu werten sind (wie z. B. Focus Online). Ferner sind Web-Shops zu beachten, die sich an den Endkonsumenten wenden. Auch sind Informations-Plattformen wichtig, die von Betreibern eröffnet werden, damit Anbieter und Nachfrager sich treffen. Als allgemeine Plattformen dienen die Online-Dienste wie AOL oder T-Online. Spezielle Plattformen gibt es z. B. für die Navigation (Suchmaschinen, Portale), für den Handel (Shopping-Malls, virtuelle Marktplätze) oder im Bildungsbereich (Online Learning).

14.3.3 Medienprodukte im Business

Übersicht

Medienprodukte dieser Kategorie werden nicht hergestellt, um sie als Endprodukte am Markt zu verkaufen und damit Gewinn zu machen, sie dienen vielmehr dazu, den sog. *Wertschöpfungsprozess* von Unternehmen zu unterstützen.

Sie spielen eine Rolle im Business-to-Business-Bereich (B-to-B), die als Vorstufe zum Endkonsum (Business-to-Consumer) bezeichnet werden kann.

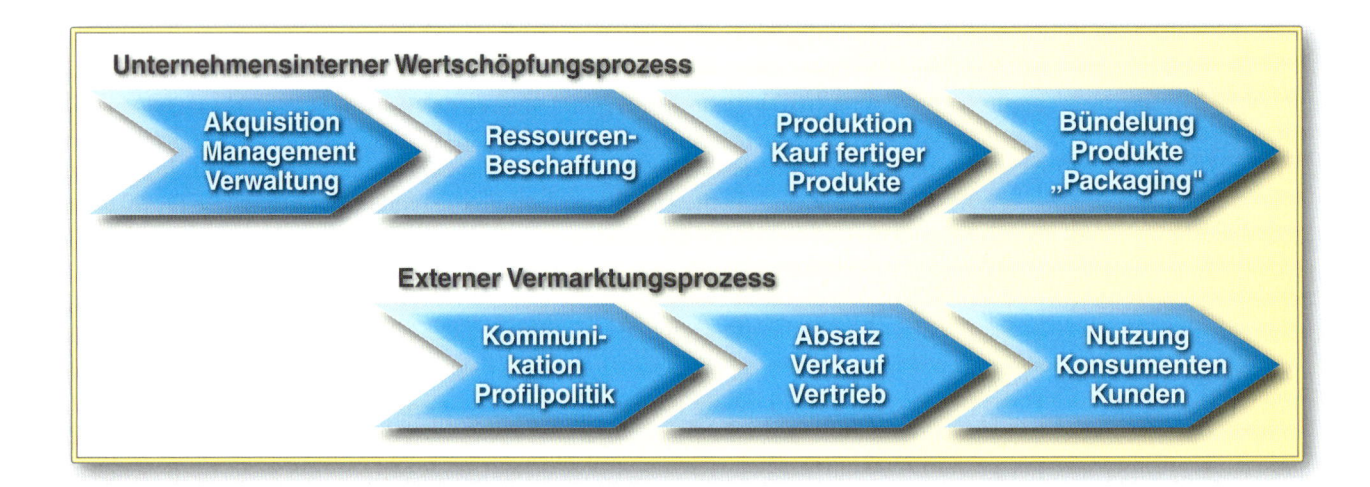

Unternehmensinterner Wertschöpfungsprozess

Akquisition Management Verwaltung → Ressourcen-Beschaffung → Produktion Kauf fertiger Produkte → Bündelung Produkte „Packaging"

Externer Vermarktungsprozess

Kommunikation Profilpolitik → Absatz Verkauf Vertrieb → Nutzung Konsumenten Kunden

Der Wertschöpfungsprozess ist die Abfolge der Bearbeitungsstufen eines Produktes von der ersten Idee bis zur Nutzung durch die Zielgruppe. Man unterscheidet die folgenden Stufen:

- Akquisition
- Management und Verwaltung
- Beschaffung von Ressourcen
- Produktion oder Kauf von fertigen Produkten ❶
- Bündelung der Produkte ❷
- Absatz: Verkauf, Vertriebswege, Kommunikation, Verwertung
- Nutzung durch die Zielgruppe

❶ Man nennt dies die „Make-or-Buy-Entscheidung".

❷ Hier spricht man auch von „Packaging".

Wirkungsvolles Marketing sorgt dafür, dass auf allen Stufen der Wertschöpfungskette eine Ausrichtung auf den maximalen Markterfolg geschieht. Hierzu leisten Medien in vielfältiger Weise einen positiven Beitrag.

Es kommt hinzu, dass der Medieneinsatz auch im innerbetrieblichen Bereich zu einer Verbesserung der Produktivität und zu Kostensenkungen führen kann. Der nachfolgende Überblick vermittelt einen beispielhaften Eindruck von den sich bietenden Möglichkeiten des Medieneinsatzes im B-to-B-Bereich.

Medienprodukte in Management, Beschaffung und Produktion

Medienprodukte im Management

- Mitarbeiter-Zeitschrift: Die Führung eines Unternehmens hat ein Interesse daran, die Mitarbeiter gut zu informieren. Ein klassisches Instrument ist die Mitarbeiter-Zeitschrift, die meist sechsmal jährlich erscheint und sich an alle Mitarbeiter richtet.
- Schulungsmaterial: Nach wie vor interessant sind z. B. Management-Lehrgänge auf Video-Cassetten oder der Einsatz von Lern-Software auf CD-ROM.
- Business TV: Bei diesem Medium übermitteln Unternehmen via TV-Satellit spezielle Informationen an ihre Mitarbeiter oder Außenstellen. Business TV bedeutet, das Medium Fernsehen für die geschäftliche Kommunikation zu nutzen. Die wesentlichen Einsatzbereiche von Business TV sind die Vermittlung von Wissen an die Mitarbeiter, sei es im Hinblick auf Produkteinführungen, Produktschulungen oder Verhaltenstraining. Mit dem Einsatz von Business TV gelingt es dem Management, die Schulung der Mitarbeiter und die interne Kommunikation zu verbessern. Zahlreiche, vor allem größere Firmen arbeiten intensiv mit diesem Medium.
- Intranet: Wie Business TV ist das Intranet ein unternehmensinternes Kommunikationssystem. Anders als Business TV arbeitet es aber auf der digitalen Plattform, was neue Möglichkeiten eröffnet, insbesondere Interaktion und Multimedialität. Intranets werden für alle Managementzwecke eingesetzt.

Medienprodukte in der Verwaltung

- Electronic Data Interchange (EDI): Hierbei handelt es sich um den elektronischen Datenaustausch zwischen Geschäftspartnern. Es geht um die effiziente verwaltungstechnische Abwicklung von Geschäften. Das Medium ist bereits seit langem im Einsatz. Es wird zunehmend mit dem Internet verknüpft, um die Vorteile der digitalen Welt zu nutzen.
- Einsatz von Business-Software: In allen Unternehmen findet ein umfassender Software-Einsatz statt. Dabei ist zwischen vorgefertigter Standard-Software und maßgeschneiderten Lösungen zu unterscheiden.
- Dokumentenmanagement-Systeme: Der Einsatz von elektronischen Medien hilft mit, die papiergebundene Dokumentationen zu ersetzen, was zu einer Vereinfachung und Effizienzsteigerung führt.

Medienprodukte in der Beschaffung und Produktion

- Internet als Einkaufsinstrument: Im Bereich des Einkaufs spielt das Internet eine zunehmend bedeutende Rolle. Der Grund liegt in der Fähigkeit des Internets, gewinnbringende Informationen schnell und umfangreich zu erzeugen. Mit dem Internet kann das Unternehmen sonst schwer zugängliche Informationen schnell auffinden, es kann elektronische Preisvergleiche anstellen oder elektronische Ausschreibungen veranstalten. Unter Einsatz von intelligenten Internet-Agenten lässt sich das Netz gezielt nach Informationen durchsuchen, weit über die Funktion von konventionellen Suchmaschinen hinausgehend.
- Software-Einsatz: Jedes Unternehmen ist interessiert daran, seine Geschäftsprozesse durch den Einsatz von Software zu unterstützen. Auch hier gibt es eine Vielzahl der unterschiedlichsten Programme.

Medienprodukte im Produkt- und Absatzbereich

Medienprodukte als Instrument der Produktgestaltung

- Durch den Einsatz von Medien können die angebotenen Produkte aufgewertet werden. Ein Musterbeispiel ist die Einrichtung einer Online-Hotline für ein kompliziertes elektronisches Gerät oder eine multimediale elektronische Gebrauchsanleitung auf CD-ROM. Medien in dieser Form eingesetzt, stellen Dienstleistungen dar, die das Kernprodukt um zusätzliche Leistungsbündel ergänzen und damit einen Zusatznutzen für den Nutzer erzeugen ❶.
- Mit digitalen Medien können Unternehmen ihr Produktangebot besser auf den einzelnen Kunden ausrichten. Sie eröffnen einen Weg, wie sie ihr Leistungsangebot auch im Falle von Massenproduktion maßgeschneidert gestalten können ❷. Ein Beispiel ist die Zusammenstellung des Produkts durch den Kunden via Online bei einem Computerkauf (Beispiel Dell-Computer).
- Preispolitik: Digitale Medien ermöglichen stärkere Differenzierungen in der Preisgestaltung und die Verbesserung der Zahlungsbedingungen für den Kunden (Rabattierung).

Medienprodukte in der Marktforschung

- Internet als Instrument zum Data Mining und zur elektronische Marktforschung ❸: Das Internet ermöglicht völlig neue Formen der Informationserhebung wie z. B. virtuelle Testmärkte, Online-Befragungen, Diskussionsforen. Diese neuen Formen sind durchweg viel preiswerter als die herkömmlichen Marktforschungsinstrumente.
- Über Online-Protokollsysteme („elektronische Spuren") kann die sofortige und einfache Analyse von Daten erfolgen.

Medienprodukte im Verkauf, als verkaufsunterstützendes Mittel, als Vermarktungshilfe

- Interaktive Kiosk-Terminals: Hier handelt es sich um Geräte, die den interaktiven Abruf von Informationen am *POS*, *POI* oder *POF* ❹ möglich machen, also z. B. auf Messen, Ausstellungen, in Diskotheken oder auf Bahnhöfen.
- Internet als Informationsinstrument: Das Internet dient hier z. B. dazu, die Produktpalette online zu präsentieren.
- Internet als Kommunikationsinstrument: Hier geht es um die Erhöhung der Kundenbindung und die Verbesserung des Kundenkontakts. Gute Möglichkeiten sind das laufende Zuspielen von Neuigkeiten aus dem Unternehmen über E-Mail-Newsletters oder die Einrichtung von Online-Kundenclubs („Communities").
- Internet als interaktiver Vertriebskanal: Das Internet dient auch zur Anbahnung und Abwicklung von geschäftlichen Transaktionen. Dies wird als „E-Commerce" bezeichnet. Ziel ist es, mit dem Absatzkanal Internet die Marktdurchdringung zu steigern.
- Lernprogramme im innerbetrieblichen Einsatz: Eine große Rolle spielen in der Verkaufsförderung das Training der Verkäufer und aller am Verkauf beteiligten Mitarbeiter. Medien helfen mit, Lerninhalte zu transportieren, z. B. durch *CBT*, *WBT* ❺ und Telelearning.

---

❶ Man spricht in diesem Zusammenhang von „Value Added Services".

❷ Diese Personalisierung des Leistungsangebots wird als „Mass Customization" bezeichnet.

❸ Die Marktforschung ist eine wichtige Grundlage für das Marketing, bei der möglichst viele Informationen über die Märkte, die potenziellen Kunden oder über Konkurrenten in Erfahrung gebracht werden.

❹ *POS* = Point of Sales: der Ort des Verkaufs wie z. B. ein Einzelhandelsgeschäft oder Shopping-Zentrum
POI = Point of Information: der Ort, wo Informationen vermittelt werden wie z. B. Bahnhof oder Messe
POF = Point of Fun: der Ort, wo Spiel und Spaß dominieren wie z. B. Diskothek oder Freizeitpark

❺ *CBT* = Computer Based Training
WBT = Web Based Training

Medienprodukte als Kommunikationsmittel

- *Werbung:* Medienprodukte spielen eine wesentliche Rolle in der Werbung. Dort wird das Produkt als „Werbemittel" bezeichnet, z. B. eine gestaltete Anzeige oder ein TV-Spot, das in geeigneten Werbeträgern zu schalten ist ❶. Zu denken ist beispielsweise an die Herstellung eines Fernsehwerbespots, der von Agentur- und Produktionsseite entwickelt wird und den Umsatz eines Automobilherstellers ankurbeln soll.
- *Internet-Werbung* ❷: Durch das Internet gelingt es zunehmend, die Werbung auf die konkreten Bedürfnisse und Einstellungen der Zielgruppen hin maßzuschneidern. Das geht so weit, dass sogar völlig individualisierte Formen der Kommunikation zwischen Anbietern und Nachfragern möglich werden ❸.
- *Öffentlichkeitsarbeit:* In diesem Feld ist die Palette der Möglichkeiten besonders groß. Zu denken ist an Präsentations-CDs, Image-Broschüren, Video-Cassetten oder Dia-AV. Letzteres ist die Verbindung von Bild und Ton in Form sog. Tonbildschauen oder Multivisionen, die auf Messen und bei Betriebsbesichtigungen nach wie vor Bedeutung haben.

Das Marketing mit Hilfe von Medienprodukten erweist sich damit als ein ausgesprochen vielschichtiges Gebiet. Es gibt kaum einen innerbetrieblichen Bereich und wohl kaum eine Verbindung zwischen Unternehmen, in dem nicht Medien eine Rolle spielen. Gerade der Business-Bereich ist es, der daher eine besondere Beachtung verdient, wenn man den Medieneinsatz untersuchen will.

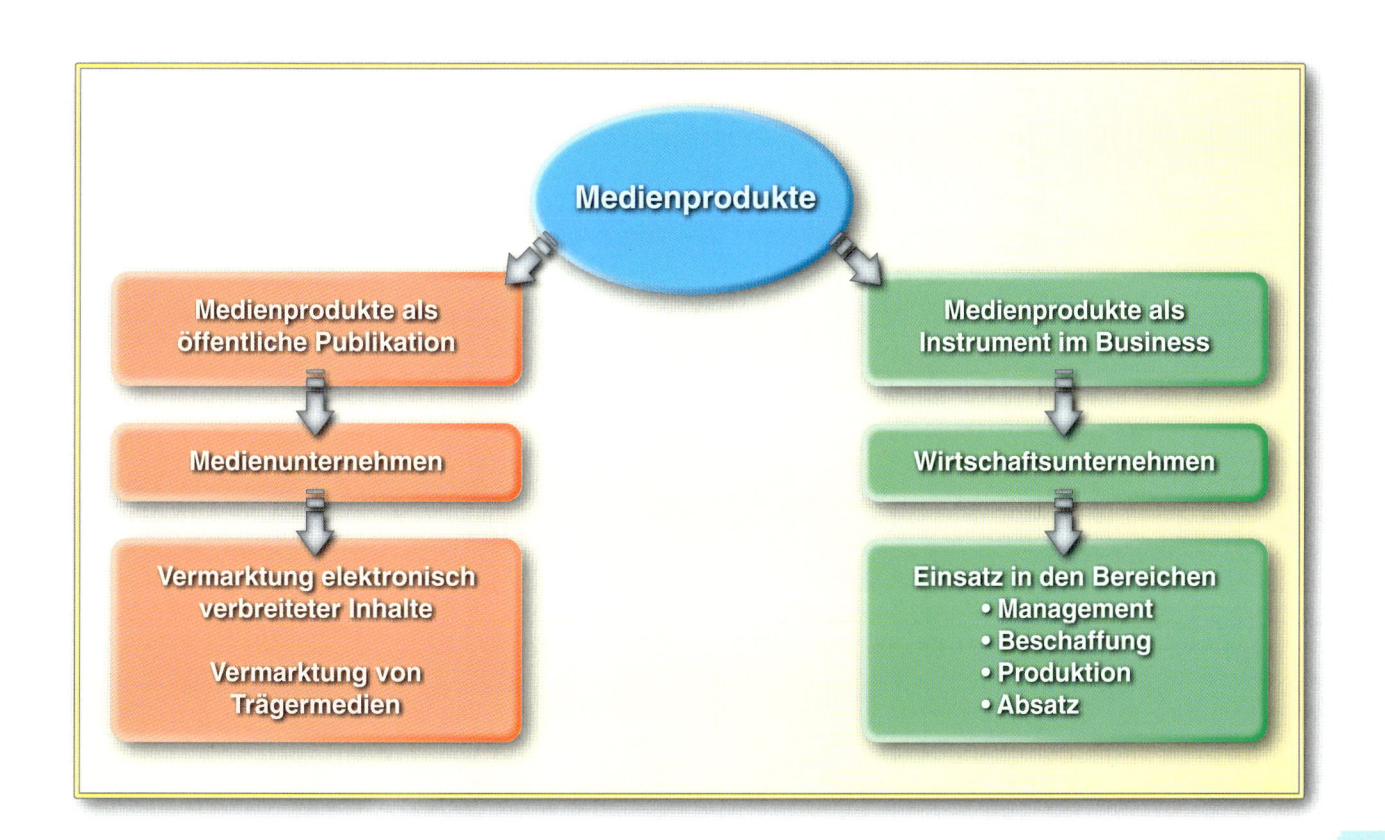

❶ Die Auswahl der Werbeträger nennt man Mediaplanung oder kurz Media.

❷ Wird auch als „Webvertising" bezeichnet, eine Wortschöpfung aus „Web" und „Advertising".

❸ In der Fachsprache als „One-to-one-Marketing" bezeichnet, also Marketing von einer Stelle (dem Unternehmen) zur anderen Stelle (dem einzelnen Kunden).

Medienprodukte

- Medienprodukte als öffentliche Publikation
  - Medienunternehmen
    - Vermarktung elektronisch verbreiteter Inhalte
    - Vermarktung von Trägermedien

- Medienprodukte als Instrument im Business
  - Wirtschaftsunternehmen
    - Einsatz in den Bereichen
      - Management
      - Beschaffung
      - Produktion
      - Absatz

Üben und anwenden

Aufgabe 1: *Nehmen Sie im Fernsehen eine Reihe von Fernsehwerbespots auf. Sortieren Sie diese danach, ob sie eher niedrige oder eher höhere Herstellungskosten verursacht haben (Low Budget vs. High Budget Produktionen). Geben Sie Begründungen.*

Aufgabe 2: *Sie sollen eine kleine Szene mit der Amateur-Videokamera drehen. Entwerfen Sie ein Drehbuch zu dieser Szene im Sinne einer groben Skizze. Entwickeln Sie nun aus diesem Drehbuch eine Kalkulation in grober Form.*

Aufgabe 3: *Sie sollen sich mit drei konkreten Medienproduktionen aus unterschiedlichen Bereichen befassen (z. B. Kinofilm, Audio-CD und Internet-Auftritt), die Ihnen bekannt sind. Stellen Sie dar, wie Sie sich die jeweiligen Zielsetzungen dieser drei Produktionen vorstellen.*

Aufgabe 4: *Greifen Sie eine Medienproduktion Ihrer Wahl heraus, die Ihnen bekannt ist (z. B. ein Kinofilm oder eine Spiele-CD-ROM). Erstellen Sie zu dieser Produktion ein Pflichtenheft.*

Aufgabe 5: *Analysieren Sie, wie sich das Marketing der Fernsehkanäle ZDF und MTV unterscheidet.*

Aufgabe 6: *Nehmen Sie Stellung zum Thema „Marketing im Internet von Handwerksbetrieben".*

15 Medienrecht

Medienprodukte sind kein Selbstzweck, sie werden vielmehr hergestellt, um vervielfältigt, gesendet, vorgeführt, eingesetzt oder vermarktet zu werden. Der Auftraggeber will das Recht haben, mit dem fertigen Produkt nach eigenem Gutdünken zu verfahren. Die Medienproduktion ist damit untrennbar mit Rechtsfragen verbunden. Im Brennpunkt des Medienrechts steht das Urheberrecht.

Die Frage der Rechte ist sowohl bei der Herstellung als auch bei der Verwertung von Medienproduktionen von großer Bedeutung. Eine herausragende Rolle spielt das Urheberrecht, wobei die Regel gilt: *Alle Rechte müssen ausnahmslos eingeholt und geklärt sein, sonst droht der Produktion das Aus!* Hat man es versäumt, Vorsorge zu treffen, muss man auf böse Überraschungen gefasst sein:

- Die Rechte können sich als so teuer herausstellen, dass die Produktion aus wirtschaftlicher Sicht nicht durchführbar ist.
- Es kann sein, dass eine sehr große Anzahl von Rechten abgeklärt werden muss, z. B. bei komplexen Multimedia-Produktionen, mit der Folge, dass für die Klärung der Rechte viel Zeit ins Land geht und sich die Produktionszeit stark verzögert.
- Nach Fertigstellung der Produktion kann es sich herausstellen, dass die Rechte nicht lückenlos beschafft worden sind. Das schon fertige Produkt muss unter Umständen „eingestampft" werden.

Empfehlenswert ist also die sorgfältigste Recherche und Einholung aller Rechte für die verwendeten Materialien.

15.1 Materialien aus der Praxis

15.1.1 Anschauungsbeispiel

Berlin CD-ROM

Annahmen: Zu produzieren ist die offizielle Stadt-Präsentation für die Bundeshauptstadt Berlin. Auftraggeber ist die „Stadtmarketing Berlin GmbH". Das Werk hat den Titel „Berlin – Europäische Metropole der Zukunft". Vorgesehen ist eine interaktive Multimedia-Produktion auf CD-ROM, die gleichzeitig eine Anbindung zum Online-Auftritt von Berlin hat. Die CD-ROM soll in den Touristenbüros, bei Reiseveranstaltern, in Bahnhöfen und anderen „Points of Information" zu einem angemessenen Preis verkauft werden. Bei bestimmten offiziellen Anlässen soll die CD auch als Geschenk („Give Away") an wichtige Persönlichkeiten („Multiplikatoren") vergeben werden.

❶ Ein fertiges Produkt heißt in der juristischen Fachsprache „Werk".

Dieses Produkt ❶ herzustellen und wie vorgesehen zum Einsatz zu bringen, ist mit einer Vielzahl von Rechtsfragen verbunden. Das beginnt beim Auftraggeber und endet mit der Nutzung durch den Endverbraucher. Zur Verdeutlichung der anstehenden Rechtsfragen soll die nachfolgende *7-Stufen-Kette einer Medienproduktion* dienen:

- Stufe 1: Der Auftrag wird vergeben.
- Stufe 2: Die beauftragte Agentur erstellt eine Konzeption.
- Stufe 3: Ein Autor wird beauftragt, die Inhalte der Produktion zu verfassen.
- Stufe 4: Das Werk wird von dazu befähigten Spezialisten hergestellt.
- Stufe 5: Der Auftraggeber nimmt das fertige Werk ab.
- Stufe 6: Das fertige Werk kommt zum Einsatz.
- Stufe 7: Die vorgesehene Zielgruppe nutzt das Werk.

Auftraggeber	Agentur	Autor	Produzent	Distributor	Zielgruppe
Stufe 1	Stufe 2	Stufe 3	Stufe 4 + 5	Stufe 6	Stufe 7
Akquisitionsvorgang	Konzeption	Multimedia-Autor	Produktionsteam	Verteilungsvorgang	Nutzungsvorgang
Auftrag	Kosten	Drehbuch-Autor	Externe Dienstleister	Vervielfältigung	Interessenten
Vertrag	Briefing	Honorar	Rechte-Sicherung	Verbreitung	Freistellung von Ansprüchen Dritter
Umfang der Rechte	Umfang der Rechte	Umfang der Rechte	Abnahme	Umfang der Rechte	

Rechtliche Folgen

Stufe 1: Der Auftrag wird vergeben

Die Stadtmarketing GmbH Berlin als Auftraggeber hat zunächst ein Interesse daran, das fertige Werk möglichst uneingeschränkt zu nutzen. Dazu muss sie sich schon im Vertrag mit der Agentur alle notwendigen Verwertungsrechte sichern. Im Mittelpunkt steht das Recht zur Vervielfältigung und zum Verkauf.

Ferner soll der Titel „Berlin – Europäische Metropole der Zukunft" exklusiv für Berlin gesichert werden. Es wäre fatal, wenn z. B. die Städte Rom oder Paris mit dem selben Slogan aufwarten würden. Angesprochen ist damit die Frage eines möglichen Titelschutzes im europäischen Rahmen. Hier sieht es für Berlin gut aus: Seit der Reform des deutschen Markenrechts 1995 und der Einführung der EU-Gemeinschaftsmarkenverordnung 1996 ist der Markenschutz erheblich erweitert und kann einzelne Worte, kurze Musiksequenzen und sogar bestimmte Farben wie z. B. das Lila von Milka erfassen.

Berlin als Auftraggeber hat des weiteren ein Interesse daran, dass im fertigen Werk das offizielle Logo, das Erscheinungsbild und alle Design-Elemente der äußeren Erscheinung von Berlin Verwendung finden. Den Herstellern wird man daher zwingend die richtige Verwendung der „Marke Berlin" vorschreiben.

Die Stadtmarketing Berlin GmbH muss schließlich darauf achten, dass sie keine anderen gesetzlichen Grundlagen verletzt. In Frage könnte z. B. das *Wettbewerbsrecht* ❶ kommen, das einen unlauteren (Städte-)Wettbewerb untersagt. Dort ist z. B. festgelegt, dass ein Ideenklau bzw. das „Abkupfern" von Ideen wettbewerbswidrig ist. Wenn es so wäre, dass Rom oder Paris bereits mit einem ähnlichen Slogan aufwartet, müsste man ganz genau prüfen, ob hier eine Rechtsverletzung vorliegt.

Stufe 2: Die beauftragte Agentur erstellt eine Konzeption

Um das Projekt zu realisieren, muss eine Agentur eingeschaltet werden, die die ganze Konzeption erarbeitet und den Produktionsprozess überwacht. Die Konzeption ist eine wesentliche Voraussetzung für das Gelingen des fertigen Produkts. Die Leistung der Agentur muss daher angemessen vergütet werden.

Die Kosten für die Erarbeitung der Konzeption können beachtlich sein, dies vor allem deshalb, weil sich die Agentur neben der reinen Arbeitsleistung auch die Nutzungsrechte bezahlen lässt.

Die Agentur wird vom Auftraggeber mit dessen Vorstellungen und Anforderungen bekannt gemacht, die im sog. *Briefing* ❷ festgehalten werden. Rechtlich ist festzulegen, dass die Agentur nach Beendigung des Projekts nicht die Möglichkeit hat, die Konzeption oder Teile daraus für andere Zwecke zu verwenden.

Die Stadtmarketing Berlin GmbH muss sich also vor der ungerechtfertigten Weiterverwendung der erarbeiteten Konzeption schützen. Dies geschieht durch Übertragung sämtlicher Nutzungsrechte an der Konzeption von der Agentur an die Berliner Stadtmarketing GmbH.

---

❶ Das *Wettbewerbsrecht* sorgt für die Einhaltung der Grenzen des zulässigen Wettbewerbs. Die zentralen Vorschriften sind im „Gesetz gegen den unlauteren Wettbewerb" (UWG) enthalten.

❷ Unter *Briefing* versteht man den direkten Informationsaustausch zwischen Auftraggeber und Auftragnehmer mit dem Ziel der genauen Festlegung der Aufgabenstellung.

Stufe 3: Ein Autor wird beauftragt, die Inhalte der Produktion zu verfassen

❶ Mit dem *Flowchart* wird die Struktur einer interaktiven Anwendung visualisiert.

Die Inhalte, die auf der CD-ROM erscheinen sollen, werden vom Multimedia-Autor bzw. Drehbuch-Autor erstellt. Er arbeitet das *Flowchart* ❶ aus, entwickelt den Themenbaum, schafft Übersicht, kurz: er verfasst die umsetzungsfähige Produktionsvorlage für das Produkt. Eine Multimedia-Produktion stellt hohe Anforderungen, da prinzipiell alle Medienelemente betroffen sind.

Der Autor tut gut daran, schon bei der Entwicklung der (komplexen) Inhalte die anfallenden Rechtekosten mit in Betracht zu ziehen. Von entscheidender Bedeutung ist die Frage, inwieweit die Medienelemente neu produziert werden müssen oder aber vorgefertigt vorliegen bzw. beschafft werden können. Der Autor entscheidet mit, wie hoch der Anteil an Neuproduktionen sein soll, und wie viele vorgefertigte Medienelemente benutzt werden können. Bereits fertiges Material kann aus verschiedenen Quellen wie z. B. Archive oder aus dem Netz bezogen werden.

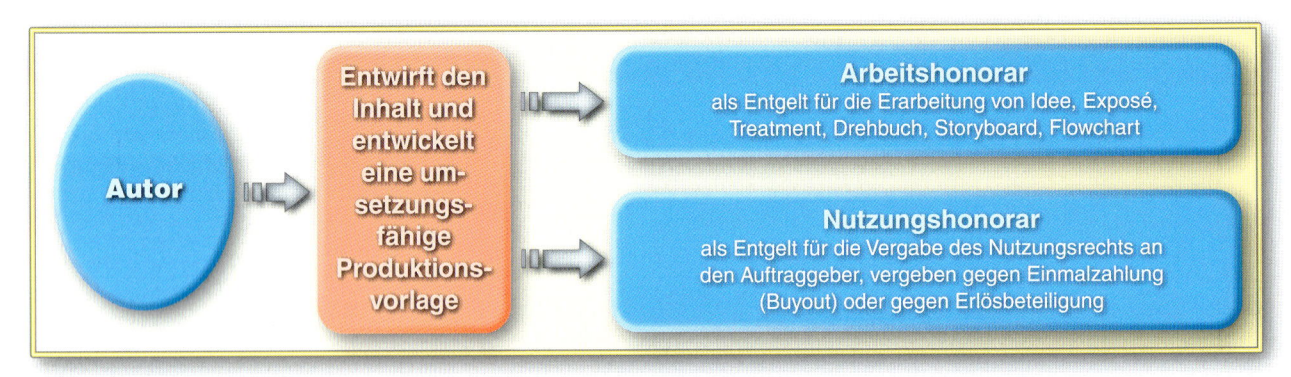

Autor → Entwirft den Inhalt und entwickelt eine umsetzungsfähige Produktionsvorlage →
- **Arbeitshonorar** als Entgelt für die Erarbeitung von Idee, Exposé, Treatment, Drehbuch, Storyboard, Flowchart
- **Nutzungshonorar** als Entgelt für die Vergabe des Nutzungsrechts an den Auftraggeber, vergeben gegen Einmalzahlung (Buyout) oder gegen Erlösbeteiligung

❷ Allerdings gibt es die Hilfestellung von Agenturen. So wäre z. B. die Verwendung des Filmausschnitts aus der berühmten Kennedy-Rede 1963 „Ich bin ein Berliner" in einem vertretbaren finanziellen Rahmen zu realisieren.

Dem Autor sollte klar sein, dass bei einer sehr umfangreichen Verwendung fremder vorgefertigter Elemente unter Umständen ein erheblicher Aufwand für die Rechteklärung entsteht, der bei multimedialen Produktionen geradezu „aus dem Ruder laufen" kann ❷.

Für den Autor selbst wird sich die Frage nach dem Honorar stellen. Dieses teilt sich nach zwei Bestandteilen auf:

- Arbeitshonorar: Entgelt für die Erarbeitung und Ausarbeitung von Idee, Exposé, Treatment, Drehbuch, Flowchart.
- Nutzungshonorar: Honorar für die Vergabe des Nutzungsrechts der erstellten Inhalte an den Auftraggeber.

❸ Unter *Buyout* versteht man die Entschädigung für die Überlassung des Veröffentlichungsrechts. In der Werbung wird es als prozentualer Aufschlag auf das Grundhonorar verrechnet.

Das Arbeitshonorar bemisst sich nach dem voraussichtlichen Aufwand, den der Autor einbringen muss, z. B. 10 Tage, die dann z. B. mit 500 Eur pro Tag vergütet werden. Davon zu trennen ist das Nutzungshonorar. Hier muss der Autor entscheiden, in welcher Form er das Nutzungsrecht erteilt: Zum einen kann er die Rechte gegen eine Einmalzahlung im Sinne eines „Buyout" ❸ abtreten, zum anderen wird er in Form einer regelmäßigen Lizenzzahlung am Erlös der Anwendung beteiligt. In der Praxis werden oft Arbeitshonorar und alle Nutzungsrechte incl. Buyout in einer gesamten Pauschale abgegolten.

Stufe 4: Das Werk wird von den dazu befähigten Spezialisten hergestellt

❶ Üblicherweise wird der Videoteil bei Multimedia-Produktionen von externen Dienstleistern hergestellt.

An der Herstellung der CD-ROM „Berlin – Europäische Metropole der Zukunft" ist eine Vielzahl von Spezialisten beteiligt. Auf der kreativen Seite sind dies vor allem die Mediendesigner, Screendesigner, Grafiker, Programmierer, auf der Produktionsseite der Vertreter des Multimedia-Produzenten, meist der Projektleiter, sowie Techniker und Operatoren. Wenn Video-Sequenzen eingeplant sind, wird ein Videoteam benötigt ❶. Eventuell kommen Darsteller hinzu. Erforderlich sind in jedem Fall Sprecher.

Multimedia-team
→ **Kreativteam**: Mediendesigner, Screendesigner, Grafiker, Programmierer → **genießen besonders starken urheberrechtlichen Schutz**
→ **Produktionsteam**: Projektleiter, Techniker, Operatoren, Videoteam, Darsteller, Sprecher

❷ Kreativleistungen genießen einen besonders starken urheberrechtlichen Schutz!

Man tut gut daran, zunächst davon auszugehen, dass die Arbeit aller Beteiligten einen urheberrechtlichen Schutz genießt – allerdings nicht im selben Umfang. Einen starken Schutz genießen vor allem diejenigen Beteiligten, die als Kreative mit der Schöpfung des neuen Werkes unmittelbar zu tun haben, und das können – wie oben gezeigt – eine ganze Reihe von Personen sein ❷. Geschützt ist das ganze Werk, aber auch jeder einzelne spezielle Beitrag einer Einzelperson zum Gesamtwerk.

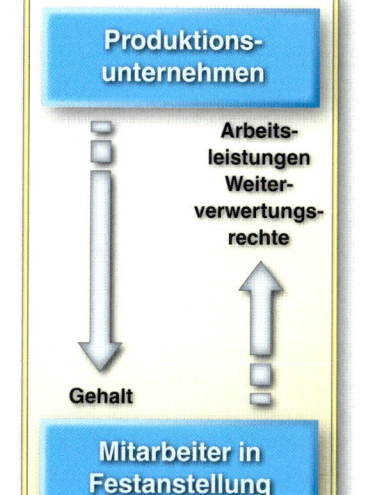

Will also jemand das fertige Werk nutzen, im vorliegenden Falle die Stadtmarketing Berlin GmbH, so ist das Einverständnis hierzu von jedem einzelnen Beteiligten einzuholen. Dieses Einverständnis einzuholen kann – muss aber nicht – zu einigen rechtlichen Schwierigkeiten führen. Zwei Situationen sind denkbar:

Produktionsunternehmen ↓ Gehalt / ↑ Arbeitsleistungen Weiterverwertungsrechte **Mitarbeiter in Festanstellung**

- Im ersten Fall wird das Produkt oder wesentliche Teile davon von der Stadtmarketing Berlin GmbH in Eigenregie produziert. Das führt dazu, dass sie mit allen Fragen der Rechteeinholung und Verhandlung über die Höhe der Vergütung der beteiligten Hersteller konfrontiert wird. Das könnte ein zeitraubendes und möglicherweise rechtlich spitzfindiges Unterfangen werden.
- Im vorliegenden Beispiel wird es jedoch wohl eher so sein, dass die Herstellung der Berlin-CD an ein professionelles Produktionsunternehmen (nennen wir es „Multimedia Production Berlin AG") als Auftrag fremd vergeben wird. In diesem (sehr wahrscheinlichen) Fall hat die Stadtmarketing GmbH Berlin normalerweise kein Problem. Sie kann davon ausgehen, dass das Produktionsstudio alle Rechte an den erbrachten Leistungen besitzt und auch berechtigt ist, die Rechte an ihre Auftraggeber weiter zu geben. Das wird sich die Stadtmarketing Berlin GmbH garantieren lassen.

Die Frage der Rechte ist im letzteren Fall ein internes Problem zwischen der „Multimedia Production Berlin AG" und deren Angestellten und Mitarbeitern. Das Einverständnis der Weiterverwertung liegt normalerweise automatisch vor, wenn es sich um fest angestellte Mitarbeiter handelt, die dann im Rahmen ihres Arbeitsverhältnisses im Austausch gegen ihr Gehalt alle Rechte an ihren Auftraggeber abtreten. Bei freien Mitarbeitern und Subunternehmern sind die Rechte durch separate Vereinbarungen zu übertragen.

Nicht alle Teile der CD-ROM „Berlin – Europäische Metropole der Zukunft" werden neu zu produzieren sein. Viele Medienbausteine liegen vermutlich schon in der einen oder anderen vorgefertigten Form vor. Die folgenden Quellen lassen sich unterscheiden:

- Material aus PR- und Marketing-Archiven von Berlin, z. B. Logos, offizielles Bild-, Grafik-, Film- und Tonmaterial. Es darf davon ausgegangen werden, dass dieses Material sogar schon in digitalisierter Form vorliegt und die Rechte für jede Form der Verwertung bei der Stadtmarketing Berlin liegen.
- Material, das in diversen anderen Archiven von Berlin und Berlin betreffend vorliegt, aber erst noch recherchiert werden muss. Zu denken ist z. B. an historische Archive, Museen, Sammlungen, Dokumentationen. Hier ist möglicherweise ein aufwändiger Prozess der Sichtung notwendig, um geeignetes Material zu finden. Die Frage, wie es mit den Rechten für dieses Material aussieht, ist völlig offen. Sie muss genauestens geklärt werden.
- Material, das man von kommerziellen Bild-, Ton- und Film-Archiven beziehen kann, z. B. von Agenturen wie Mauritius, Bavaria, Selected Sound oder Central Order. Hier ist es so, dass eine geradezu gigantische Fülle von verwertbarem Material auf dem Markt zur Verfügung steht. Jeder Produzent wird genauestens prüfen, ob Archivmaterial einsetzbar ist, bevor man in die viel teurere Neuproduktion einsteigt. Allerdings verlangen die Archive selbstverständlich je nach Nutzungsart und Nutzungszeitraum mehr oder weniger hohe Honorare.
- Lizenzfreies Material. Dieses gibt es in der unterschiedlichsten Form, z. B. in Form von Sammlungen, die gegen ein Einmalentgelt genutzt werden dürfen, aber auch als völlig kostenfreie, da über Werbung finanzierte Angebote. Lizenzfrei sind vor allem aber alle Werke, deren urheberrechtliche Schutzfrist (spätestens 70 Jahre nach dem Tod des Urhebers) abgelaufen ist. Solche so genannten „gemeinfreien Werke" können von jedem beliebig genutzt werden.

Abschließend eine Anmerkung zur Neuproduktion von Bildern und Filmsequenzen: Hier verdient die Frage, wie die im Werk abgebildeten Personen zu behandeln sind, eine besondere rechtliche Beachtung. Jede abgebildete Person besitzt nämlich ein unumstößliches und grundgesetzlich verankertes Persönlichkeitsrecht, das besagt, dass ein jeder das Recht auf eine Privatsphäre besitzt. Abgebildete Personen müssen daher der Veröffentlichung in einem Bild ausdrücklich zustimmen. Neben dem Grundgesetz sichert dieses Recht am eigenen Bild auch der Datenschutz und Spezialgesetze wie das Kunsturhebergesetz (KUG). Lediglich sehr bekannte Personen des öffentlichen Lebens müssen eine gewisse Einschränkung ihres Persönlichkeitsrechts hinnehmen.

Stufe 5: Der Auftraggeber nimmt das fertige Werk ab

In dem Moment, zu dem der Auftraggeber das fertig gestellte Werk akzeptiert, beginnt ein neues Kapitel rechtlicher Fragen. Mit der Abnahme wird nämlich das Werk als eine eigenständige Schöpfung anerkannt. Als eine solche „individuelle schöpferische Leistung" ist das Werk eigenständig geschützt. Es darf von niemandem einfach verwendet werden. Die Berliner Stadtmarketing GmbH als Rechteinhaberin muss gefragt werden, wenn das Werk von Dritten für deren Zwecke benutzt werden soll.

Die Erklärung aller Beteiligten, dass das Werk nun fertig ist, hat rechtlich also eine hohe Bedeutung. Jetzt ist man über das Stadium einer bloßen Entwicklung hinaus oder gar über den Zustand einer Idee. Ideen sind als solche praktisch nicht schutzfähig – im Gegensatz zum fertigen Werk.

Stufe 6: Das fertige Werk kommt zum Einsatz

Die Berliner Stadtmarketing GmbH will nun natürlich „loslegen". Das Produkt soll ja nun vervielfältigt werden, um es wie vorgesehen an Interessierte zu verkaufen oder es für PR-Zwecke zu verschenken. Dazu braucht die Stadtmarketing GmbH das Vervielfältigungsrecht ❶. Es braucht auch das Verbreitungsrecht, d. h. das Recht, das Produkt der Öffentlichkeit anzubieten und in Verkehr zu bringen. Vielleicht will man Teile der CD in Ausschnitten im Rundfunk verwerten, so dass auch an das Senderecht gedacht werden muss. Oder es ist eventuell vorgesehen, sie auf Messen und Ausstellungen vorzuführen, wozu man dann das Vorführungsrecht benötigt.

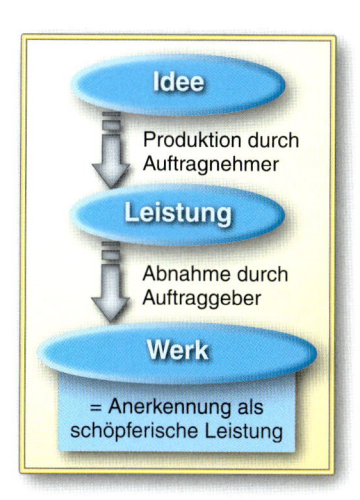

❶ Rechte, an die man denken muss:

- Vervielfältigungsrecht
- Verbreitungsrecht
- Senderecht
- Vorführungsrecht
- Merchandisingrecht

Jeder, der ein Werk erstellen lässt, um es zu verwerten, steht vor der Frage des Umfangs des Rechteerwerbs. Zwei Möglichkeiten gibt es:

- Die Nutzungsrechte werden in eingeschränkter Form erworben.
- Die Nutzungsrechte werden unbeschränkt erworben, zumindest für alle bekannten Nutzungsarten.

Das unbeschränkte Nutzungsrecht hat den Vorteil, mit dem Werk alle nur denkbaren Nutzungen vornehmen zu können, der Nachteil ist, dass die Kosten für den Rechteerwerb höher sind.

Die Stadtmarketing muss sich also genau fragen, welchen Umfang der Rechte sie sicher stellen soll. Üblicherweise wird man bei einem Produkt, das der Eigenvermarktung dient, die Rechte eher in Richtung uneingeschränkter Nutzung erwerben, um flexibel handeln zu können.

Stufe 7: Die vorgesehene Zielgruppe nutzt das Werk

Das Produkt ist vervielfältigt. Es wird nun an Endverbraucher verkauft und an bestimmte Zielpersonen verschenkt. Es versteht sich von selbst, dass die Personen der Zielgruppe erwarten, nicht mit Rechtsfolgen ihrer Nutzung konfrontiert zu werden. Sie dürfen zu Recht davon ausgehen, dass sie von irgendwelchen Ansprüchen Dritter freigestellt ❷ sind, wenn sie sich die CD anschauen.

❷ Die „Freistellung von Ansprüchen Dritter" ist ein wichtiger Rechtsbegriff. Er spielt insbesondere im Zusammenhang von Auftraggeber, Agentur und Produktionshaus eine Rolle.

15.1.2 Kleine praktische Fallbeispiele

Idee

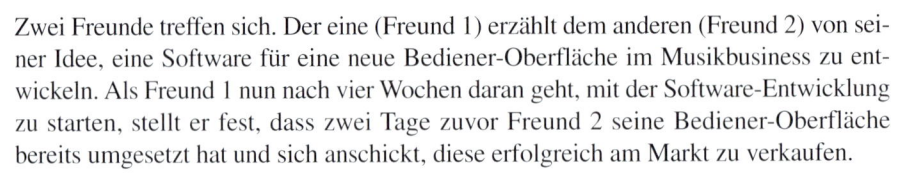

Zwei Freunde treffen sich. Der eine (Freund 1) erzählt dem anderen (Freund 2) von seiner Idee, eine Software für eine neue Bediener-Oberfläche im Musikbusiness zu entwickeln. Als Freund 1 nun nach vier Wochen daran geht, mit der Software-Entwicklung zu starten, stellt er fest, dass zwei Tage zuvor Freund 2 seine Bediener-Oberfläche bereits umgesetzt hat und sich anschickt, diese erfolgreich am Markt zu verkaufen.

Ist das „Abkupfern" der Idee durch Freund 2 rechtmäßig? Antwort: Es liegt kein Verstoß gegen das Urheberrecht vor. Freund 2 erfuhr von den Ideen von Freund 1, bevor dieser konkrete Entwürfe oder Skizzen erarbeitet hatte. Ein schutzwürdiges Werk lag nicht vor.

Design-Entwurf

Mediendesigner Ludwig Kohlani konzipiert und gestaltet eine Oberfläche für die Internet-Website der Firma Abzock AG. Diese verwendet die Screengestaltung für den Internet-Auftritt einer Tochterfirma, ohne mit Kohlani vorher Kontakt aufzunehmen.

Rechtmäßig? Antwort: Es liegt ein Verstoß gegen das Urheberrecht vor, da hier ein Werk bzw. ein in sich abgeschlossenes Teilwerk nach außen hin eine wahrnehmbare Gestalt angenommen hat.

Pop-Musik

Die bekannte Pop-Gruppe „Die Beatles" verwenden in ihrem Lied „All you need is love" an einer bestimmten Stelle die Marseillaise, also die Nationalhymne Frankreichs.

Dürfen sie das? Antwort: Ja. Es handelt sich lediglich um ein sog. Zitat, und zwar hier um ein Musikzitat. Die Beatles wollten mit der kurzen Passage in den Köpfen ihrer Fans die Vorstellung erzeugen, dass die Franzosen etwas mit „l'amour" zu tun haben.

Künstlerische Plastik

Der Bildhauer Markus Kreativus erstellt für die Stadt Ordnungshausen eine sieben Meter hohe Plastik. Die Stadt, auf Sicherheit und Ordnung bedacht, füllt nach einem halben Jahr den Sockel der Plastik 25 cm hoch und kaum merklich mit Beton auf, um die Standfestigkeit des Monuments zu erhöhen.

Handelt die Stadt richtig? Antwort: Nein. Das vom Bildhauer geschaffene Werk ist gegen jede Form der Entstellung geschützt, mag sie auch noch so klein erscheinen. Die Gestaltung des Kunstwerkes darf ohne Zustimmung des Bildhauers nicht verändert werden.

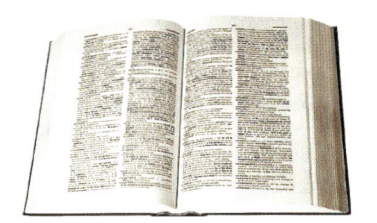

Buch im Internet (1)

Ich besitze ein Originalbuch aus dem Jahre 1875, das eine Reisebeschreibung der Türkei zum Gegenstand hat. Der Verfasser ist Herbert P. Glott. Als freundlicher Zeitgenosse will ich das Werk kostenlos der Menschheit zugänglich machen und stelle das ganze Werk gescannt ins Internet.

Darf ich das? Antwort: Da sämtliche Schutzfristen für das Werk abgelaufen sind, sowohl was den Autor als auch den Verlag, der das Buch produziert hat, anbelangt, ist mein Handeln rechtmäßig.

Buch im Internet (2)

Ich als freundlicher Zeitgenosse bin der Meinung, dass man die Lesbarkeit erhöhen sollte und die Neuausgabe des Buches von Herbert P. Glott aus dem Jahr 1985 ins Netz stellen sollte.

Immer noch rechtmäßig? Antwort: Nein. Der herausgebende Verlag hat mit der Neuausgabe des Buches eine verlegerische Leistung erbracht und besitzt dadurch Rechte, gegen die ich nun bei der Veröffentlichung im Internet verstoßen würde.

Wagenfeld-Leuchte

Dem Bastler und Tüftler Sebastian Schlau fällt ein Konstruktionsplan einer Tischlampe im Bauhaus-Stil von Professor Wilhelm Wagenfeld (gest. 1990) aus dem Jahre 1924 in die Hände, von der er ganz begeistert ist. Würde er die Lampe kaufen wollen, müsste er eine Unsumme berappen. So entschließt er sich, diese Lampe selbst nachzubauen und sie der lieben Freundin zu Weihnachten zu schenken.

Erlaubt? Antwort: Ja. Es handelt sich um eine Vervielfältigung zu rein privatem Gebrauch. Die Weitergabe an die Freundin ist keine unerlaubte Verbreitung. Anders sähe es aus, wenn S. Schlau zehn Exemplare nachbauen und diese zum Verkauf anbieten würde, da die Erben des Schöpfers der Lampe Urheberschutz genießen.

Berliner Mauer

Die beiden Graffiti-Künstler Max und Moritz Mumm hatten in den 80er-Jahren in Berlin ein Mauerstück großflächig bemalt. Nach dem Abriss der Mauer kam ein großes Stück dieses Mauerabschnitts in Monte Carlo zur Versteigerung. Erlös: eine Mio. Euro für die Firma XY. Die Graffiti-Künstler erfahren davon und verlangen Beteiligung am Versteigerungserlös.

Ein berechtigtes Verlangen? Antwort: Ja. Nach dem Urteil des Bundesgerichtshofs mussten die Künstler am Verkaufserlös angemessen beteiligt werden.

Anmerkung: Es handelt sich um einen wahren Fall (Namen geändert).

15.2 Grundzüge des Urheberrechts

15.2.1 Bedeutung des Urheberrechts

Derjenige, der ein Werk schafft, z. B. ein Buch schreibt, ein Musikstück komponiert oder eine Multimedia-CD herstellt, geht zu Recht davon aus, dass er einen besonderen Schutz genießt. Es kann nicht sein, dass irgend jemand, ohne zu fragen und ohne sich die Erlaubnis zu holen, die Früchte harter Arbeit „abgreift" und für eigene Zwecke benutzt. Der Besitzer eines Autos würde ja auch heftig dagegen protestieren, wenn irgend jemand sich daran machen würde, sein Gefährt ungefragt für einen Personentransport zu benutzen!

Es geht also um die Frage der Nutzung von Eigentum, im Falle von Medienprodukten um die Nutzung geistigen Eigentums. Das fertige Medienprodukt ist ein eigenständiges Werk, das vor dem Zugriff unberechtigter Dritter geschützt ist. Nicht selten ist das Medienprodukt ja dazu da, einen finanziellen Erfolg zu erzielen, wie z. B. ein Fernsehwerbespot. Wenn die – u. U. sehr teure Produktion ❶ – einfach von einem Konkurrenten übernommen werden könnte, oder auch nur die Konzeption, wäre dies ein schwerer Schaden für das Werbung treibende Unternehmen, zumal sich der andere Wettbewerber einen ungerechtfertigten Zeit- und Kostenvorteil verschafft.

❶ Die Herstellungskosten eines Fernsehwerbespots können sich leicht auf mehr als 200 Tausend Euro und mehr belaufen.

Auch der Auftraggeber selbst bzw. der Endkunde kann das fertige Werk nicht nach Belieben nutzen. Auch er muss den Schutz des Werkes respektieren und kann sich nur das Recht zur Nutzung in einem genau festzulegendem Umfang sichern.

➡ **Das Urheberrecht ist das umfassende Recht des Schöpfers eines Werkes an seinem individuellen geistigen Werk.**

❷ Man sagt, das Urheberrecht ist ein „eigentumsähnliches Recht".

Dieses Recht hat den Charakter eines Eigentums ❷. Geschützt ist ein neu geschaffenes Werk, das eine persönliche geistige Schöpfung darstellt.

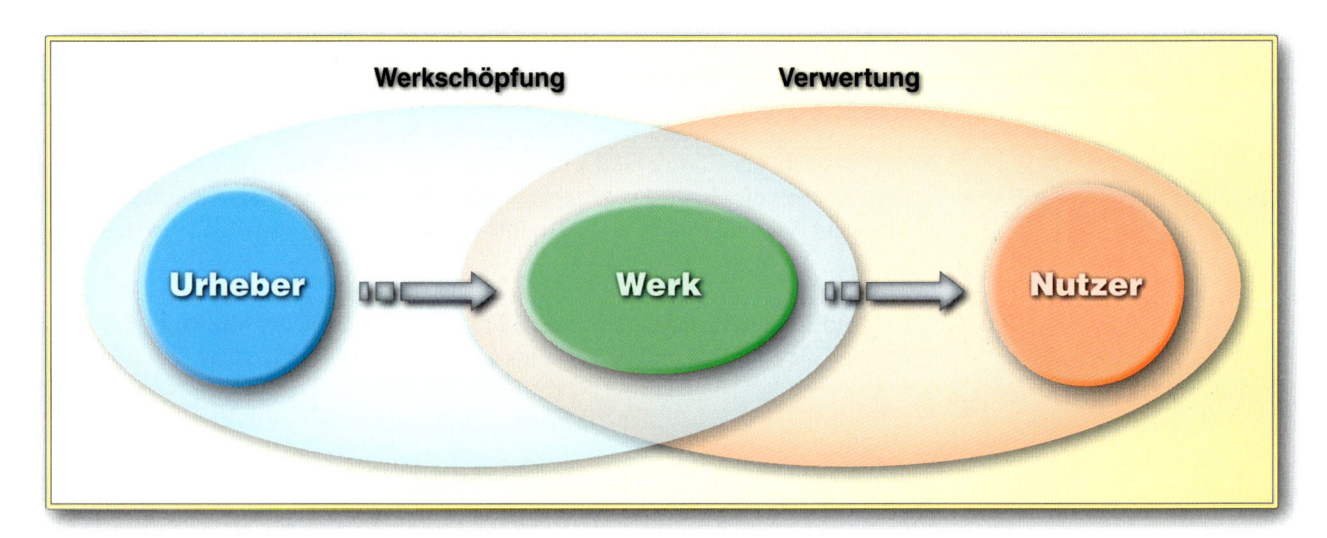

Werkschöpfung — **Verwertung**

Urheber → Werk → Nutzer

15.2.2 Werk als Schutzgegenstand

Definition Werk

❶ Der Schutzgegenstand im Urheberrecht ist das „Werk".

Ein fremdes Werk oder auch nur Teile daraus ohne Genehmigung des Urhebers bzw. – wenn es mehrere sind – der Urheber zu verwenden, ist nicht erlaubt ❶. Dabei handelt es sich um ein schwerwiegendes Verbot, das dem Verbot gleichkommt, materielles Eigentum zu entwenden.

Allerdings ist nicht jedes erstellte Produkt und jede erbrachte Leistung gleich ein „Werk", das wie Eigentum geschützt ist. Nach dem Urheberrecht werden, damit eine Leistung als ein „Werk" eingestuft wird, bestimmte Anforderungen gestellt:

- Individuelle schöpferische Leistung.
- Konkretisierung in einer eigenschöpferischen Form.

Entscheidend ist vor allem die „*individuelle schöpferische Leistung*". Ein Werk muss das Ergebnis einer geistigen Schöpfung sein und sich durch die individuelle Prägung seines Schöpfers auszeichnen.

Ist das Kriterium der „individuellen schöpferischen Leistung" nicht erfüllt, spricht man von einem „*Allerweltserzeugnis*", das keinen urheberrechtlichen Schutz genießt. Ein Allerweltserzeugnis wird als banal oder trivial angesehen, bei dem der Grad der Individualität und Originalität nicht ausreicht, um von einem „Werk" sprechen zu können. Allerweltserzeugnisse dürfen von jedermann frei benutzt werden.

Die Grenze vom Werk zum Allerweltserzeugnis ist weit gezogen, so dass auch noch scheinbar triviale Dinge wie Telefonbücher oder Sammlungen von Kochrezepten als Werk gelten und damit geschützt sind. Auch Datenbanken sind Werke, da sie auf Grund der Auswahl und Anordnung des Stoffes als eine eigene geistige Schöpfung ihres Urhebers anzusehen sind. Ebenso sind z. B. Werbegrafiken, die zu reinen Gebrauchszwecken dienen, normalerweise als Werke einzustufen, da eine geistige Schöpfung vorhanden ist. Gleiches gilt für Industriebauwerke, Bürohäuser oder Gartenanlagen, sofern es sich um künstlerische Schöpfungen handelt.

Ein Werk muss immer in einer „*eigenschöpferischen Form*" konkretisiert sein. Eine Idee, die lediglich in Worten geäußert oder mit wenigen Sätzen hingeworfen wird, reicht üblicherweise nicht aus, um als Werk anerkannt zu werden. Erforderlich wäre z. B. eine ausgearbeitete Projektskizze, die dazu noch Dritten bekannt gemacht wird. Nur so gelänge es dem genialen Ideengeber, sich gegen Ideenklau zu schützen.

Die Idee zu einem Multimedia-Produkt ist praktisch nur in Form eines ausgearbeiteten Exposés, Treatments oder Drehbuches, der ausgearbeiteten Benutzer-Oberfläche oder des fertigen Produkts schutzfähig.

Arten von Werken

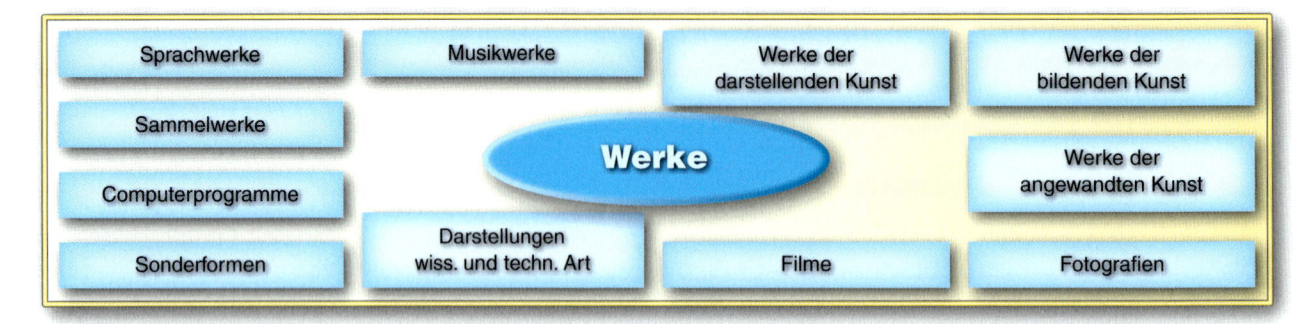

- Sprachwerke
- Musikwerke
- Werke der darstellenden Kunst
- Werke der bildenden Kunst
- Sammelwerke
- Computerprogramme
- **Werke**
- Werke der angewandten Kunst
- Sonderformen
- Darstellungen wiss. und techn. Art
- Filme
- Fotografien

Das Urhebergesetz weist einen Katalog von Leistungen aus, in dem genau bezeichnet wird, was als Werk anzuerkennen ist. Dieser Katalog ist jedoch nicht abschließend zu verstehen. Im Einzelnen handelt es sich um die folgenden Werke:

- Sprachwerke: Texte jeder Art, mündliche Aufführungen (Reden). Übersetzungen, andere Bearbeitungen, Zusammenfassungen, Sammlungen von Werken sind selbständig neben den Originalwerken geschützt.
- Musikwerke: Alle Arten der „leichten" und „ernsten Musik" sowie bloße Improvisationen. Geschützt sind auch die Melodie und das Thema. Wenige einzelne Töne sind allerdings nicht mehr schutzfähig.
- Werke der darstellenden Kunst: Tanz, Pantomime, Theater, Choreographien
- Werke der bildenden Kunst: Gemälde, Zeichnungen, Collagen, Skulpturen, Bauwerke usw.
- Werke der angewandten Kunst: Werbekonzeptionen, Werbetexte, Werbefotos, Werbefilme, Werbeplakate. Der Schutz von Werbeslogans und Warenetiketten wird überwiegend verneint.
- Fotografien: Geschützt sind nicht nur schöpferische Fotos („Lichtbildwerke"), sondern auch andere Fotos wie z. B. Schnappschüsse („Lichtbilder").
- Filme: Wie bei Fotografien wird zwischen schöpferischen Filmwerken und den sog. Laufbildern unterschieden. Bild- und Tonteile eines Filmes werden als eine Einheit betrachtet. 
- Darstellungen wissenschaftlicher oder technischer Art: Pläne, Skizzen, Karten, Tabellen, Modelle, soweit sie geeignet sind, über technische oder wissenschaftliche Sachverhalte zu belehren. Darunter fallen z. B. auch Zeichnungen in Kindersachbüchern.
- Computerprogramme: Sie sind erst seit 1993 im Urheberrecht geschützt. Der Schutz umfasst nicht nur den Quellcode, sondern auch alles vorbereitende und begleitende Material.
- Sammelwerke: Sammlungen sind Werke, wenn sie durch Auslese oder Anordnung eine persönliche geistige Schöpfung sind.
- Datenbanken jeglicher Art: Hier handelt es sich um eine relativ neue Werkart. Es geht z. B. um den Katalog eines Shopping-Angebots, um eine Suchmaschine oder um ein Produktverzeichnis.

Neben den Werken sind deren Titel selbständig geschützt, ohne dass es einer Eintragung in das Markenregister beim Deutschen Patentamt bedarf.

Besondere Werke

Hinzuweisen ist auf einige *Sonderformen von Werken*. Die meisten, aber nicht alle aufgeführten Leistungen werden auch rechtlich als eigenständige Werke anerkannt:

- Bearbeitungen eines Werkes: Handelt es sich um eine eigenständige persönliche geistige Schöpfung, ist eine Bearbeitung wie ein selbständiges Werk geschützt ❶. Selbstverständlich bedarf die Veröffentlichung und Verwertung einer Bearbeitung der vorherigen Einwilligung des Urhebers des bearbeiteten Werkes.
- Umgestaltung: Eine Umgestaltung ist eine Veränderung eines bestehenden Werkes, das aber nicht die Qualität einer persönlichen geistigen Schöpfung erreicht und daher ungeschützt ist ❷.
- Übersetzungen: Die Übertragung eines Sprachwerkes in eine andere Sprache oder Mundart gilt stets als ein neues Werk und genießt daher einen eigenständigen Urheberschutz.
- Parodie: Hier handelt es sich um die Bearbeitung eines bestehenden Werkes mit dem Ziel, die übernommenen Werkteile komisch oder satirisch wirken zu lassen. Bis zur Grenze der Entstellung darf ein bestehendes Werk zum Zweck der Parodie frei benutzt werden. Einschränkungen sind aber im Musikbereich gegeben. Für musikalische Parodien sind die Grenzen sehr eng gezogen, weil es den sog. „starren Melodienschutz" gibt, nach dem die Melodie eines Musikwerkes keinem anderen Musikwerk zugrunde gelegt werden darf. Auch eine Variation einer Melodie anderer Komponisten ist unzulässig. Eine freie Benutzung im Musikbereich ist daher praktisch ausgeschlossen.
- Zitat: Grundsätzlich hat jeder das Recht, einzelne Stellen aus einem Werk zu zitieren (Zitierfreiheit). Dies ist eine Einschränkung des Urheberrechts im Interesse der Allgemeinheit. Ein Zitat liegt vor, wenn einzelne Stellen eines bestehenden Werkes in einem neuen, selbständigen Werk verwendet werden. Dabei muss der Zweck vorliegen, eine Assoziation herbeizuführen, ohne zu einem tragenden Bestandteil des neuen Werkes zu werden.
- Plagiat: Hier handelt es sich um ein Produkt, dessen Erschaffer fremdes Geistesgut übernimmt und als sein eigenes ausgibt. Der Erschaffer ist ein Plagiator und macht sich einer Rechtsverletzung schuldig. Beispiel: Ein Sachbuch-Autor übernimmt ganze Passagen eines anderen Sachbuches wörtlich, ohne irgendeinen Hinweis, in sein Buch.
- Gemeinfreie Werke: Dies sind solche Werke, deren Schutzfrist (70 Jahre nach dem Tod des Urhebers) abgelaufen ist. Sie dürfen frei verwendet werden.

Benutzung von Werkpartikeln

Häufig wird bei Medienproduktionen nicht das vollständige Sprach-, Bild- oder Filmwerk benutzt, sondern nur kleine und kleinste Partikel aus diesen Werken. So werden z. B. im Musikbereich oft nur diverse Sounds kopiert oder nur Musikelemente wie Schlagzeugfiguren, Bassläufe oder Keyboard-Einstellungen. Nach allgemeiner Ansicht sind diese Partikel urheberrechtlich nicht geschützt, da sie nicht „melodietragend" sind. Sie stellen lediglich „abstrakte Ideen ohne konkrete Form" dar und sind nicht urheberrechtsfähig.

---

❶ Beispiele sind die Dramatisierung eines Schriftwerkes, die Schaffung eines Klavierauszugs oder eines musikalischen Potpourris.

❷ Eine „Umgestaltung" ist kein eigenständiges Werk – im Gegensatz zur „Bearbeitung"!

15.2.3 Urheber als Werkschöpfer

Begriff Urheber

Der *Urheber* ist der *Schöpfer eines Werkes*. Schöpfer wird man, wenn man ein Werk „mit eigenen Händen", auch unter Zuhilfenahme von Werkzeugen, geschaffen hat. Der Begriff „mit eigenen Händen" darf nicht wörtlich genommen werden, beim Werk eines Urheber handelt es sich vielmehr um eine persönlich-geistige Schöpfung, die selbständig geschaffen wurde. Ein rein maschinell und über eine Software erzeugte Informationsdarstellung ist daher nicht schutzfähig.

Ein Urheber ist immer ein *konkreter Mensch*, d. h. eine natürliche Person. Niemals kann eine juristische Person, also ein Unternehmen, eine staatliche oder private Institution, eine kommerzielle oder gemeinnützige Organisation, Träger eines Urheberrechts sein.

An der Erstellung einer Medienproduktion sind normalerweise eine ganze Reihe von Personen beteiligt, ohne deren Einsatz und Sachverstand das Werk nicht zustande kommen würde. Man steht also oft vor der Situation, dass mehrere Personen ein Werk gemeinsam geschaffen haben, ohne dass sich die Anteile der einzelnen gesondert verwerten lassen. Auch in diesem Fall erlangt nicht die Menschengruppe, z. B. ein Multimedia-Produktionsteam, den Urheberstatus, sondern jeder einzelne des Teams wird zum Urheber oder Miturheber.

Nur derjenige, der ein Werk geschaffen hat, ist Urheber ❶. Die Urheberschaft kann nicht an einen Vorgesetzten, an einen Auftraggeber oder einen sonstigen Dritten abgetreten werden. Die Urheberrechte sind also immer an die Person des Werkschöpfers gebunden. Das hat Bedeutung für Urheber, die in abhängigen Arbeitsverhältnissen stehen: So kann ein Arbeitgeber logischerweise von seinen Angestellten nicht verlangen, die Urheberschaft für geschaffene Werke abzutreten.

Der Schöpfer ist Urheber, so lange er lebt. Diese Rolle kann nicht übertragen werden, auch nicht durch Vererbung ❷. Übertragbar ist lediglich das Nutzungsrecht am geschaffenen Werk, das auch weiter vererbt werden kann.

➡ **Der Urheber ist der Schöpfers eines Werkes. Er ist immer eine natürliche Person.**

Arten von Urhebern

Bei medialen Werken kommen eine Vielzahl von Personen in Betracht, die als Urheber anzusehen sind. Man kann dabei nach Bereichen unterscheiden:

- Text, Audio, Film: Textdichter, Drehbuchautor, Schriftsteller, Verfasser von Exposés, Treatments, Verfasser von wissenschaftlichen oder technischen Darstellungen, Komponist, Filmkomponist, Autor der Dialoge, Hauptregisseur
- Multimedia: Spezielle Urheber wie Drehbuchautoren, Programmierer, Screen-Designer, Konzeptionisten, Schöpfer von 3D-Animationen, Web-Designer

❶ Ohne Werk kein Urheber! Ohne Urheber kein Werk!

❷ Die Urheberschaft ist also ein unveräußerliches Gut und eine Tatsache, über die man nicht streiten kann.

Umstritten und daher im Einzelfall zu beurteilen ist, inwieweit z. B. der Kameramann oder die Cutterin in die Rolle der Urheberschaft schlüpfen können. Das Urheberrecht sieht dies eher negativ und wirkt mit einem eigenen Abschnitt darauf hin, dass die Verwertungs- und Leistungsschutzrechte nicht auf die einzelnen Beteiligten verteilt werden, sondern sich letztlich in der Person des Filmproduzenten vereinigen. Dadurch soll verhindert werden, dass einzelne an der Gestaltung des Filmes Mitwirkende die Verwertung des Filmwerkes im Zweifel unnötig erschweren.

Werke	Urheber
Sprachwerke	Drehbuchautor, Schriftsteller, Verfasser
Musikwerke	Komponist, Filmkomponist
Werke der darstellenden Kunst	Choreograph
Werke der bildenden Kunst	Kunstmaler
Werke der angewandten Kunst	Werbefilmer, Werbetexter
Fotografien: Lichtbildwerke, Lichtbilder	Fotograf
Filme	Regisseur, Cutter, Kameramann
Darstellungen wissenschaftlicher, technischer Art	Verfasser
Computerprogramme	Software-Entwickler
Sammelwerke	Schöpfer von Sammelwerken
Datenbanken	Schöpfer von Datenbanken

Leistungsschutzrechte der Mitwirkenden

Diejenigen Personen, die ein Werk darstellen, vorführen, zur Aufführung bringen, vortragen, präsentieren oder daran künstlerisch mitwirken, z. B. als Schauspieler, Sänger, Musiker oder als sonstige Mitwirkende, sind „Ausübende Künstler", die sog. „Darbietungen" erbringen ❶. Sie sind keine Urheber im eigentlichen Sinne, sondern „Inhaber verwandter Schutzrechte" und genießen nur einen eingeschränkten Schutz.

Diese Schutzrechte werden auch *Leistungsschutzrechte* genannt ❷. Dass dieser Personenkreis überhaupt urheberrechtlich geschützt ist, darf nicht als selbstverständlich angenommen werden, denn nach dem Geist des Urhebergesetzes ist grundsätzlich nur die eigenständige schöpferische Leistung schutzwürdig. Der Schutz erklärt sich aus der Tatsache, dass die Leistungen der Mitwirkenden aber den Leistungen der Urheber in gewisser Weise ähnlich sind oder im Zusammenhang mit ihnen erbracht werden.

Kein ausübender Künstler (und schon gar nicht ein Werkschöpfer) ist z. B. ein Fernsehansager, da seine Äußerungen keine Wiedergabe eines schutzwürdigen Werkes sind. Mitwirkender ist im übrigen nur der, der auf die künstlerische Interpretation des Werkes einen bestimmenden Einfluss ausübt.

❶ Ausübende Künstler sind:
- Schauspieler
- Sänger
- Musiker
- Tänzer
- Dirigenten
- Ensembles wie Orchester, Chöre, Musikgruppen, Ballett; vertreten durch den Vorstand
- Rezitatoren

❷ Leistungsschutzrechte sind die Rechte der ausübenden Künstler, also derjenigen Personen, die ein Werk vortragen oder aufführen.

15.2.4 Geschützte Rechte

Das Urheberrecht schützt den Urheber zweifach, zum einen ihn persönlich, zum anderen sein Werk. Die beiden Schutzbereiche sind daher zum einen das Persönlichkeitsrecht des Urhebers, zum anderen das Verwertungsrecht des Werkes.

Urheberpersönlichkeitsrecht

Mit diesem Recht wird das Verhältnis des Urhebers zu seinem Werk bestimmt. Es ist ein Recht, das niemand dem Urheber nehmen kann. Zum Urheberpersönlichkeitsrecht gehören die folgenden Teil-Rechte:

- *Veröffentlichungsrecht*: Das ist das Recht des Urhebers, selbst darüber zu bestimmen, ob sein Werk überhaupt veröffentlicht wird, und wenn ja, wie.
- *Recht auf Namensnennung*: Ferner hat der Urheber das Recht, dass sein Name im Zusammenhang mit dem Werk genannt wird und mit welcher Urheberbezeichnung das Werk zu versehen ist.
- *Recht auf Verhinderung der Entstellung des Werkes*: Schließlich hat der Urheber das Recht, eine Entstellung oder Beeinträchtigung seines Werkes zu verbieten.

Verwertungsrechte

Die Verwertungsrechte schützen hauptsächlich die materiellen Interessen des Urhebers, im Gegensatz zu den angeführten persönlichen Interessen.

Danach hat der Urheber das alleinige Recht, über die Verwertung seines Werkes zu verfügen. Dieses Recht kann er anderen übertragen ❶. Die wichtigsten Verwertungsrechte sind:

- *Vervielfältigungsrecht*: Der Urheber hat das Recht, selbst darüber zu bestimmen, ob und in welcher Anzahl von seinem Werk Vervielfältigungsstücke hergestellt werden.
- *Verbreitungsrecht*: Dies ist das Recht, das Original-Werk oder Vervielfältigungsstücke des Werkes der Öffentlichkeit anzubieten, in Verkehr zu bringen, zu verkaufen, zu verschenken oder zu vermieten.
- *Ausstellungsrecht*: Es handelt sich um das Recht, das Original oder Vervielfältigungsstücke öffentlich zur Schau zu stellen (gilt besonders für Werke der bildenden Künste und der Fotografie).
- *Vortrags-, Aufführungs- und Vorführungsrecht*: Dies ist das Recht auf die unmittelbare öffentliche Wiedergabe des Werkes (ohne das Senderecht).
- *Senderecht*: Das Senderecht ist das Recht, das Werk durch Funk der Öffentlichkeit zugänglich zu machen. Der Begriff „Funk" ist als ein Oberbegriff zu verstehen, der alle technischen Verfahren erfasst, die Texte, Bilder und Töne von einer Sendestelle zu beliebig vielen Empfangsstellen übertragen. Darunter fallen auch das Internet und Online-Dienste.
- *Recht der Wiedergabe durch Bild- und Tonträger*: Hier handelt es sich um Zweitverwertungsrechte, da die Wiedergabe durch Bild- und Tonträger erst möglich ist, nachdem das Werk vervielfältigt worden ist.

❶ Nur das Verwertungsrecht ist übertragbar, nicht das Persönlichkeitsrecht!

15.2.5 Einräumung von Nutzungsrechten

Dauer des Urheberrechts

Nutzungsrechte einzuräumen ist nur möglich innerhalb der gesetzlichen Schutzfristen. Sind die Schutzfristen abgelaufen, kann das Werk von jedermann frei genutzt werden. Man spricht dann von gemeinfreien Werken.

Die Schutzdauer für „Werke" als die schöpferischen Leistungen beträgt 70 Jahre, gerechnet ab dem Tod des Urhebers. Für Inhaber von Leistungsschutzrechten (also z. B. Darsteller, Schauspieler, ausübende Künstler) werden nichtschöpferische Leistungen unterstellt und eine verkürzte Schutzfrist angesetzt. Sie beträgt grundsätzlich 50 Jahre nach Aufführung, Veröffentlichung oder Erscheinen des Werkes. Die Schutzfristen sind seit 1994 innerhalb der EU vereinheitlicht worden.

Beschränkung der Nutzungsrechte

Der Urheber kann die Nutzungsrechte an seinem Werk in freier Entscheidung vergeben. Dabei hat er eine Reihe von Möglichkeiten. Zunächst kann er die Rechte einfach oder exklusiv vergeben:

- *Einfaches Nutzungsrecht*: Vergibt der Urheber das einfache Nutzungsrecht, hat der Inhaber keinen Anspruch auf die alleinige, exklusive Nutzung des Werkes. Es kann also sein, dass mehrere Lizenznehmer das Nutzungsrecht gleichzeitig besitzen. Auch der Urheber selbst kann sein Werk weiterhin nutzen. In den meisten Fällen wird das einfache Nutzungsrecht wenig sinnvoll sein, da der Zweck des Rechteerwerbs untergraben würde. Man denke z. B. an eine TV-Werbekampagne oder eine Musikproduktion.
- *Ausschließliches bzw. exklusives Nutzungsrecht*: Der Erwerber dieses Rechts kann das Werk unter Ausschluss aller anderen Personen einschließlich des Urhebers nutzen. Er darf sogar – falls der Urheber zustimmt – weiteren Personen einfache Nutzungsrechte einräumen.

Die Nutzungsrechte können ferner auch noch räumlich, zeitlich und inhaltlich beschränkt sein. Zur Vermeidung von Irritationen müssen die Vertragspartner vor Auftragsbeginn genau festhalten, welche Rechte benötigt und eingeräumt werden.

- *Räumliche Begrenzung*: Hier erfolgt eine Beschränkung auf einzelne Länder, Sprachräume oder sogar Orte, z. B. für Berlin. Werden z. B. für eine Buchauflage nur die Rechte für den deutschsprachigen Raum erworben, ist bei einer weiteren Auflage in englischer Sprache eine zusätzliche Rechteeinräumung und Vergütung fällig.
- *Zeitliche Begrenzung*: Möglich ist die Beschränkung z. B. für die Dauer einer Werbekampagne, für eine bestimmte Anzahl von Monaten oder von Jahren.
- *Inhaltliche Begrenzung*: Die Beschränkung erfolgt hier im Hinblick auf die Nutzungsarten. So kann z. B. die Auflage eines Buches oder einer CD-ROM auf eine bestimmte Höhe begrenzt sein. Auch der Einsatz kann begrenzt sein, z. B. beschränkt auf die Kino- und Pay-TV-Ausstrahlung eines Filmes oder den Einsatz einer Archivszene nur für einem TV-Werbespot.

15.3 Verwertungspraxis

15.3.1 Verlage

Sollen z. B. in einer Multimedia-Produktion fremde Werkteile eingebaut werden, steht man vor der Frage, an wen man sich wenden soll, um sich das Nutzungsrecht zu sichern.

Bei bildenden Künstlern wie Malern und Bildhauern liegen die Rechte meist noch bei den Urhebern selbst. Geht es um Computer-Software, hat man es normalerweise mit Arbeitnehmer-Urhebern zu tun, und man muss sich an die betreffende Firma wenden.

Bei den Nutzungsrechten von Texten, Bildern und Musik liegen die Rechte demgegenüber normalerweise bei den Verlagen, bei denen die Autoren unter Vertrag stehen. Daher ist unbedingt der Verlag einzuschalten, wenn es um die Rechteklärung geht. Allerdings kann es hier zu unbefriedigenden Situationen kommen, da die Verlage die in Frage stehenden Rechte oft selbst nicht erworben haben, gerade wenn es um Multimedia-Produktionen geht. Daher muss die Rechtesituation bei Verlagen, Museen und Archiven besonders genau geprüft werden. Zu beachten ist, dass auch eine Haftungsklausel im Vertrag den Rechteverwerter vom Schadensersatz nicht freistellt, da es den „gutgläubigen Erwerb" ❶ im Urheberrecht nicht gibt.

Allerdings werden viele Autoren, die bei einem Verlag unter Vertrag stehen, häufig nicht bereit sein, ohne die Einschaltung des Verlags Rechte am Werk weiter zu geben. Daher empfiehlt es sich auf jeden Fall, mit dem Verlag Kontakt aufzunehmen, um auf der sicheren Seite zu stehen.

15.3.2 Verwertungsgesellschaften

Bedeutung der Verwertungsgesellschaften

Die größte Rolle bei der Verwertung von Nutzungsrechten spielen die *Verwertungsgesellschaften*. Sie üben eine doppelte Funktion aus:

- Sie helfen denjenigen, die ein Nutzungsrecht suchen, die betreffenden Rechte ordnungsgemäß zu erwerben.
- Sie helfen vor allem aber den Urhebern, ihre Rechte durchzusetzen und nicht übervorteilt zu werden. Ohne ihre Hilfestellung würde es z. B. im musikalischen Bereich den Komponisten kaum gelingen, ihr Recht gegenüber den Konzertveranstaltern oder Restaurantbesitzern, die ihre Musikwerke zur Aufführung bringen oder abspielen, durchzusetzen. Nur weil sie sich der organisierten Form einer Verwertungsgesellschaft bedienen, können sie die systematische Abgeltung ihrer Ansprüche sicher stellen.

Nutzungsrechte können liegen...
- ... beim Urheber selbst
- ... beim Unternehmen, bei dem der Urheber beschäftigt ist oder war
- ... beim Verlag, bei dem der Urheber unter Vertrag steht

❶ *Gutgläubiger Erwerb*: Jemand verleiht sein Auto an einen anderen und der verkauft es an einen Dritten. Der Dritte wird Eigentümer des Autos, da er dieses gutgläubig erworben hat.

Verwertungsgesellschaften setzen Rechte durch, und zwar ...
- ... der Urheber
- ... der Inhaber verwandter Schutzrechte
- ... gegenüber den Nutzern der Werke und Leistungen

Verwertungsgesellschaften sind für die Rechteinhaber im Sinne eines Treuhänders tätig. Sie schütten die eingehenden Gelder an die Mitglieder nach einem im voraus festgelegten Verteilungsplan aus, bei dem z. B. die Häufigkeit des gespielten Musikstücks eine Rolle spielt. Die Kosten der Verwertungsgesellschaften werden von allen Mitgliedern gemeinsam getragen und vorab vom erzielten Ertrag abgezogen.

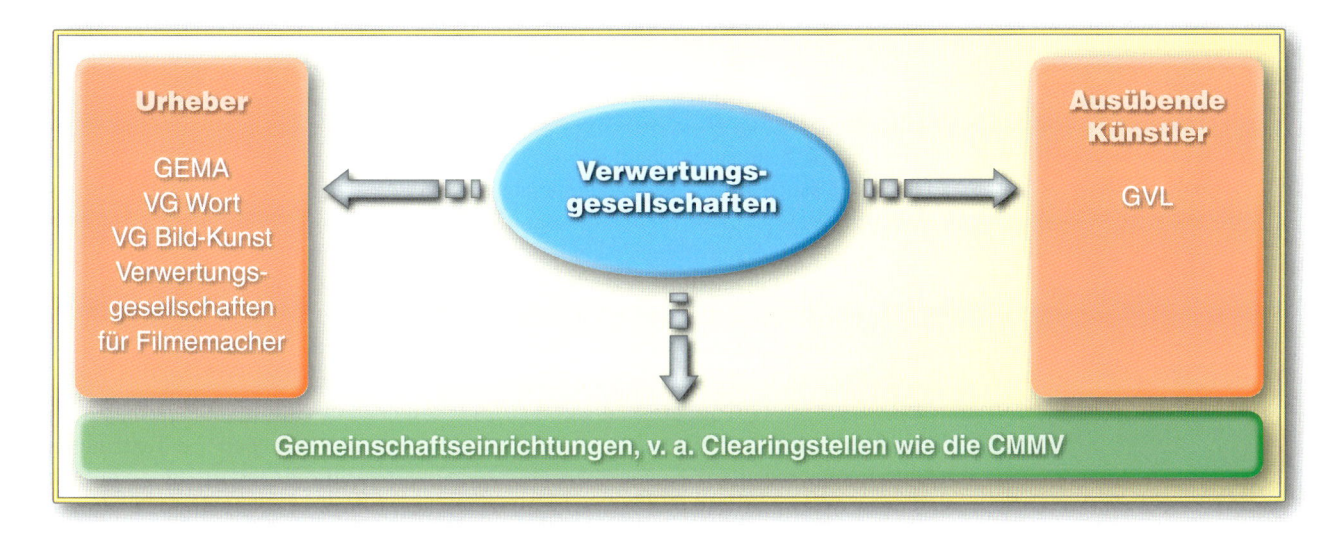

```
Urheber                          Verwertungs-                   Ausübende
GEMA                    ←――――    gesellschaften    ――――→        Künstler
VG Wort                                                         GVL
VG Bild-Kunst
Verwertungs-
gesellschaften
für Filmemacher
                                       ↓
          Gemeinschaftseinrichtungen, v. a. Clearingstellen wie die CMMV
```

❶ Es ist geplant, eine öffentliche Fete mit Disco-Betrieb zu veranstalten. Eintritt: 5 Mark. Der Veranstalter (z. B. drei junge Leute) ist gesetzlich verpflichtet, dies vorher der GEMA anzuzeigen und anschließend eine Liste der gespielten Titel zu übersenden.

Die Macht und der Einfluss der Verwertungsgesellschaften ist groß. Das geht so weit, dass deren Tätigkeit per Gesetz ein besonderer Nachdruck verliehen wird. So ist gesetzlich vorgeschrieben, dass alle Veranstalter, die urheberrechtlich geschützte Werke öffentlich wiedergeben, sich bei der jeweiligen Verwertungsgesellschaft vorher anmelden müssen und nach der Veranstaltung eine Liste der aufgeführten Werke zu übersenden haben ❶. Soll also z. B. ein öffentlicher Dia-Vortrag mit fremden Bildern gehalten werden, so muss der Veranstalter dies zuvor der betreffenden Verwertungsgesellschaft (hier: VG Bild-Kunst) anzeigen. Die Arbeit der Verwertungsgesellschaften ist weltweit ausgerichtet, unterstützt durch sog. Gegenseitigkeitsverträge mit ausländischen Kollegengesellschaften. Die Aufsicht über die Verwertungsgesellschaften übt das Deutsche Patentamt aus.

GEMA

❷ GEMA
Bayreuther Straße 37,
10789 Berlin
Rosenheimer Straße 11,
81667 München
www.gema.de

Wegen der Missbrauchsmöglichkeiten werden bei musikalischen Werken die Verwertungsgesellschaften für besonders dringlich gehalten. So ist es nicht überraschend, dass gerade auf dem Gebiet der Musik die ersten Gesellschaften gegründet wurden. In Deutschland ist dies die „GEMA" ❷. GEMA steht für *„Gesellschaft für musikalische Aufführungsrechte und mechanische Vervielfältigungsrechte"* und ist ein wirtschaftlicher Verein. Sie nimmt insbesondere die Rechte der Komponisten kleinerer Werke wahr (sog. „Kleines Aufführungsrecht" bzw. „Kleines Recht"). Dazu zählen:

- Aufführungsrechte an in- und ausländischer Tanz- und Unterhaltungsmusik.
- Mechanische Rechte zur Vervielfältigung und Verbreitung von Schallplatten und sonstigen Tonträgern.
- Rechte an der bei der Vertonung von Filmen verwendeten Musik.

SACEM
Societé des Auteurs,
Compositeurs
et Editeurs
des Musique

SACEM - Die erste Verwertungsgesellschaft 1851 in Frankreich gegründet. Sie besteht noch heute.

❶ VG Wort
Goethestraße 49
80336 München
www.vgwort.de

❷ VG Bild-Kunst
Weberstraße 61
53113 Bonn
www.bildkunst.de

❸ VFF
Widenmayerstraße 32
80538 München
www.vffvg.de

Im Gegensatz dazu stehen dramatische Musikwerke wie Oper, Operette oder Sinfonien, die ein sog. „Großes Aufführungsrecht" bzw. „Großes Recht" begründen. Bei der Verwertung von Live-Konzerte oder für den Rundfunk nimmt in diesem Fall der Urheber selbst oder sein Musikverleger die Rechte wahr. Die GEMA ist in diesem Falle nicht eingeschaltet.

Ein wichtiger Einnahmenfaktor der GEMA sind die Pauschalzahlungen der öffentlich-rechtlichen Rundfunkanstalten, die sich an der Höhe der Rundfunkgebühr orientieren, sowie der Erlös aus dem Verkauf von CDs.

Die GEMA besitzt innerhalb der Verwertungsgesellschaften eine besonders starke Position. Sie ist die älteste und bekannteste. Die starke Position wird dadurch unterstrichen, dass der Gesetzgeber die sog. „GEMA-Vermutung" unterstellt, nach der von der GEMA die Rechtsinhaberschaft nicht nachgewiesen werden muss. Das heißt, im Streitfall muss der Verwerter nachweisen, dass der GEMA keine Rechte zustehen.

VG Wort

Für den Bereich der Literatur und der Wissenschaft ist die *„Verwertungsgesellschaft Wort"*, kurz: VG Wort, zuständig ❶. Die Tätigkeit der VG Wort besteht darin, Vergütungsansprüche von Wortautoren und Verlegern geltend zu machen. Da Textautoren ihre Rechte meist an Verlage übertragen haben, nimmt die VG Wort jedoch nur die Zweitverwertungsrechte der Autoren und Verleger wahr, z. B. im Hinblick auf die Vervielfältigung von Zeitungsartikeln in Online-Systemen oder die Verwertung im Radio und Fernsehen. Die Erstverwertungsrechte verbleiben bei den Autoren und Verlegern.

VG Bild-Kunst

Was die GEMA für die Urheber von musikalischen Werken ist, die VG Wort für die Schöpfer von Sprachwerken, das leistet die *„Verwertungsgesellschaft Bild-Kunst"*, abgekürzt: VG Bild-Kunst ❷, für die nachfolgend genannten Berufsgruppen:

- Bildende Künstler
- Fotografen
- Grafikdesigner
- Filmemacher: Filmurheber, Spielfilmproduzenten

Die VG Bild-Kunst schützt auch die Rechte von Bildagenturen.

Verwertungsgesellschaften für Filmemacher

Für Filmemacher gibt es neben der VG Bild-Kunst drei weitere Verwertungsgesellschaften, die sich untereinander in gewisser Weise Konkurrenz machen:

- VFF, „Verwertungsgesellschaft der Film- und Fernsehproduzenten GmbH" ❸
- VGF, „Verwertungsgesellschaft für Nutzungsrechte an Filmwerken mbH"
- GÜFA, „Gesellschaft zur Übernahme und Wahrnehmung von Filmaufführungsrechten mbH"

Unter den Begriff der Filmemacher fallen auch die Multimedia-Produzenten. Sollen die Rechte an einer fertigen Multimedia-Produktion von einer Verwertungsgesellschaft gesichert werden, bietet sich die VFF als Ansprechpartner an. Sollen fremde Multimedia-Produktionen oder Teile davon in die eigene Produktion eingebaut werden, ist die VFF ebenfalls relevant.

GVL

Die Leistungsschutzrechte nimmt die GVL, die „Gesellschaft zur Verwertung von Leistungsschutzrechten mbH", wahr ❶. Sie vertritt die Rechte der folgenden Berufsgruppen:

- Ausübende Künstler
- Veranstalter
- Tonträgerhersteller
- Hersteller von Videoclips
- Schallplattenhersteller

❶ GVL
Heimhuder Straße 5
20148 Hamburg
www.gvl.de

Im Falle von Multimedia-Produktionen übertragen die ausübenden Künstler der GVL zur Wahrnehmung gegenüber Dritten das Senderecht sowie das Recht der Aufnahme, Vervielfältigung und öffentlichen Wiedergabe von Funksendungen. Tonträgerhersteller übertragen der GVL das Recht zur Aufnahme von Sendungen auf Bildtonträger (CD-ROM) und Übertragung von einem auf einen anderen Träger zum privaten Gebrauch und die unkörperliche, digitale Verbreitung, z. B. im Weg von Online.

CMMV

Die Deutschen Verwertungsgesellschaften haben im Jahr 1996 für Multimedia-Produktionen gemeinsam eine Einrichtung geschaffen, um die oft komplizierte Rechteabklärung in diesem Bereich zu vereinfachen. Sie nennt sich „Clearingstelle Multimedia für Verwertungsgesellschaften von Urheber- und Leistungsschutzrechten GmbH" (CMMV) ❷.

❷ CMMV
Rosenheimer Straße 11
81667 München
www.cmmv.de

Bei Multimedia geht es um alle Formen von Werken oder Werkteilen, die eine Rolle spielen können, seien es Werke des Wortes, Musik-, Sprach-, Film- oder Bildwerke. Ein Multimediaproduzent kann Anfragen an die CMMV richten, die diese an die jeweils betroffenen Verwertungsgesellschaften weiterleitet. Auf diese Weise ist eine rationelle Klärung der Rechtsinhaberschaft an bestimmten Werken gesichert. Der Anfragende erhält die Rechercheergebnisse gebührenpflichtig mitgeteilt.

Für weltweite Recherchen bietet sich ein Kontakt zur „CISAC" an, der „Confédération Internationale des Sociétés d'Auteurs et Compositeurs", ein Zusammenschluss von 116 Verwertungsgesellschaften aus 55 Ländern.

Üben und anwenden

Aufgabe 1: Verfolgen Sie für einige Zeit die Tageszeitung und sammeln Sie Fallbeispiele, die mit dem Urheberrecht zu tun haben.

Aufgabe 2: Analysieren Sie die nächste private Fete darauf hin, was rechtlich passieren würde, wenn es sich um eine öffentliche Veranstaltung handelte.

Aufgabe 3: Zeigen Sie auf, welche rechtlichen Konsequenzen sich in der Aufgabe 1 im Kapitel 2 (Medienproduktion) ergeben.

Aufgabe 4: Finden Sie heraus, welche GEMA-Gebühren anfallen würden, wenn Sie eine öffentliche Veranstaltung mit einer Kleinkunstgruppe durchführen. Treffen Sie entsprechende Annahmen.

Aufgabe 5: Beobachten Sie den Abspann eines Kinofilms und erklären Sie, welche der Funktionen unter den Urheberschutz fallen und welche Leistungsschutzrechte genießen.

Aufgabe 6: Schneiden Sie eine Anzeige aus der Zeitung aus und erklären Sie, was es im Zusammenhang mit dieser Anzeige an urheberrechtlichen Fragen geben könnte.

Literaturverzeichnis

Beim nachfolgenden Literaturverzeichnis handelt es sich um eine nach pragmatischen Gesichtspunkten erstellte Auswahlbibliografie. Sie bietet die Möglichkeit, das vermittelte Wissen gezielt und kompetent zu vertiefen. Es wird nicht der Anspruch auf Vollständigkeit erhoben.

Allgemeines

Böhringer, Joachim; *Bühler*, Peter; *Schlaich*, Patrick; *Ziegler*, Hanns-Jürgen: Kompendium der Mediengestaltung für Digital- und Printmedien, Berlin, Heidelberg, New York u. a. 2000 (Springer); Ergänzungsband Workshop
Eichhorn, Dieter R.: MedienInfoThek, Eine Reihe (Selbstverlag)
Kühner, Anja; *Sturm*, Thilo: Das Medien-Lexikon, Fachbegriffe von A-Z aus Print, Radio, TV und Internet, Landsberg/Lech 2000 (Verlag Moderne Industrie)
Mast, Claudia (Hrsg.): ABC des Journalismus, 7. Aufl., Konstanz 1994 (UVK)
Sturm, Robert; *Zirbik*, Jürgen: Lexikon Elektronische Medien, Radio, Fernsehen, Internet, Konstanz 2001 (UVK Medien)

Empfehlenswerte Zeitschriften: Werben & Verkaufen (w&v), Horizont

Kapitel 1: Medien

Bonfadelli, Heinz: Medienwirkungsforschung I. Grundlagen und theoretische Perspektiven, 2. Aufl., Konstanz 2001 (UVK)
Bonfadelli, Heinz: Medienwirkungsforschung II. Anwendungen in Politik, Wirtschaft und Kultur, Konstanz 2000 (UVK)
Burkart, Roland: Kommunikationswissenschaft, Wien u. a. 1995 (Böhlau)
Chill, Hanni: Grundwissen Medien, Stuttgart u. a. 1999 (Ernst Klett)
Friedrichsen, Mike; *Vowe*, Gerhard: Gewaltdarstellungen in den Medien, Opladen 1995 (Westdeutscher Verlag)
Jarren, Otfried; *Bonfadelli*, Heinz (Hrsg.): Einführung in die Publizistikwissenschaft, Bern, Stuttgart, Wien 2001 (UTB Haupt)
Ludes, Peter: Einführung in die Medienwissenschaft, Berlin 1998 (Erich Schmidt)
Maletzke, Gerhard: Psychologie der Massenkommunikation, Hamburg 1963
Maletzke, Gerhard: Kulturverfall durch Fernsehen? Berlin 1988 (Volker Spiess)
Maletzke, Gerhard: Kommunikationswissenschaft im Überblick, Opladen, Wiesbaden 1998 (Westdeutscher Verlag)
Medien und Kommunikation, Konstruktionen von Wirklichkeit, hrsg. v. Deutschen Institut für Fernstudien an der Universität Tübingen, Weinheim und Basel 1990
Merten, Klaus; *Schmidt*, Siegfried J.; *Weischenberg*, Siegfried (Hrsg.): Die Wirklichkeit der Medien, Opladen 1994 (Westdeutscher Verlag)
Merten, Klaus: Einführung in die Kommunikationswissenschaft, Bd. 1/1: Grundlagen der Kommunikationswisssenschaft, Münster, Hamburg, London 1999 (Lit Verlag)
Meyn, Hermann: Massenmedien in Deutschland, Konstanz 1999 (UVK)

Kapitel 2: Medienproduktion

Appeldorn, Werner van: Handbuch der Film- und Fernseh-Produktion, 4. überarb. Aufl., München 1997 (TR-Verlagsunion)
Clevé, Bastian: Von der Idee zum Film, Gerlingen 1998 (Bleicher)
Dress, Peter: Vor Drehbeginn, Planung von Film- und Videoproduktionen, Berlin 1991 (Drei-R-Verlag)
Field, Syd; *Märthesheimer*, Peter; *Längsfeld*, Wolfgang: Drehbuchscheiben für Fernsehen und Film, München 1987 (List)
Iljine, Diana; *Keil*, Klaus: Der Produzent, München 1997 (TR-Verlagsunion)
Making of ..., Wie ein Film entsteht, 2 Bände, Reinbek bei Hamburg 1998 (Rowohlt)
Monaco, James : Film verstehen, überarb. u. erw. Neuausgabe, Reinbek bei Hamburg 1998 (Rowohlt)
Monaco, James : Film und Neue Medien, Reinbek bei Hamburg 2000 (Rowohlt)
Stader, Josef: Fernsehen: Von der Idee zur Sendung, Frankfurt am Main 1994 (Eichborn)
Vale, Eugene: Die Technik des Drehbuchschreibens für Fernsehen und Film, 4. Aufl., München 1996 (TR-Verlagsunion)
Reihe „Produktionspraxis", hrsg. von Bastian Clevé:
Bd. 1: Clevé, Bastian: Wege zum Geld. Film-, Fernseh- und Multimedia-Finanzierungen, 2. aktualisierte Aufl., Gerlingen 1997 (Bleicher)
Bd. 2: Clevé, Bastian: Investoren im Visier. Film- und Fernsehproduktionen mit Kapital aus der Privatwirtschaft, Gerlingen 1998 (Bleicher)
Bd. 3: Clevé, Bastian (Hrsg.): Von der Idee zum Film. Produktionsmanagement für Film- und Fernsehen, Gerlingen 1998 (Bleicher)
Bd. 4: Kohle, Friedrich; *Döge-Kohle*, Camilla (Hrsg.): Medienmacher heute, Gerlingen 1999 (Bleicher)
Bd. 5: Auer, Manfred: Top oder Flop? Marketing für Film- und Fernsehproduktionen, Gerlingen 2000 (Bleicher)
Bd. 6: Kauschke, Andree; *Klugius*, Ulrich: Zwischen Meterware und Maßarbeit. Markt- und Betriebsstrukturen der TV-Produktion in Deutschland, Gerlingen 2000 (Bleicher)
Bd. 7: Yagapen, Markus: Filmgeschäftsführung, Gerlingen 2001 (Bleicher)
Bd. 8: Brehm, Wolfgang: Filmrecht, Gerlingen 2001 (Bleicher)
Bd. 9: Schneider, Michael: Vor dem Dreh kommt das Buch. Ein Leitfaden für das filmische Erzählen, Gerlingen 2001 (Bleicher)

Kapitel 3: Typografie

Bollwage, Max: Typografie kompakt, Berlin, Heidelberg, New York u. a. 2001 (Springer)
Gorbach, Rudolf Paulus: Typografie professionell, Bonn 2001 (Galileo)
Gulbins, Jürgen; *Kahrmann*, Christine: Mut zur Typografie, 2. Aufl., Berlin, Heidelberg, New York u. a. 2000 (Springer)
Siemoneit, Manfred: Typografisches Gestalten, 4. Aufl., Frankfurt am Main 1989 (Polygraph Verlag)
Walton, Roger: Page Layout, New York 2000 (HBI)

Kapitel 4: Audio

Arnold, Bernd-Peter: ABC des Hörfunks, 2. Aufl., Konstanz 1999 (UVK)
Beggs, Josh; *Thede*, Dylan: Designing Web Audio, Beijing, Cambridge, Farnham, Köln, Paris, Sebastopol, Taipei, Tokyo 2001 (O'Reilly & Associates)
Dickreiter, Michael: Handbuch der Tonstudiotechnik, 2 Bände, 6. Aufl., München, New York, London, Paris 1997 (Verlag K.G. Saur)
Pierce, John R.: Klang, 2. Aufl., Heidelberg, Berlin, Oxford 1999 (Spektrum)
Schneider, Norbert Jürgen: Handbuch Filmmusik I, Konstanz 1986 (UVK)
Simpson, Ron: Cutting Edge Web Audio, New York u. a. 1998 (Prentice Hall)
Webers, Johannes: Tonstudiotechnik, 7. Aufl., Feldkirchen 1999 (Franzis-Verlag)
Wolff, Harald: Geräusche und Film, Frankfurt am Main u. a. 1996 (Peter Lang)
Zander, Horst: Das PC-Tonstudio, Feldkirchen 1998 (Franzis-Verlag)

Kapitel 5: Grafik

Brugger, Ralf: Professionelle Bildgestaltung in der 3D-Computergrafik, Bonn, Paris u. a. 1995 (Addison-Wesley)
Siegle, Michael: Logo, Grundlagen der visuellen Zeichengestaltung, Itzehoe 2000 (Verlag Beruf und Schule)

Kapitel 6: Bild

Art Directors Club: ADC-Jahrbuch 2001, Mainz 2001 (Verlag Hermann Schmidt)
Buss, Alexander; *Ehricke*, Rainer: Digital Fotografieren, Bonn 1999 (MITP)
Bülow, Heinz von: Grundkurs Digitale Fotografie, Augsburg 1999 (Augustus)
Gaede, Werner: Vom Wort zum Bild, München 1992 (Langen-Müller/Herbig)
Goldstein, E. Bruce: Wahrnehmungspsychologie, Heidelberg, Berlin, Oxford 1997 (Spektrum Akademischer Verlag)
Jenny, Peter: Farbhunger, Stuttgart 1994 (Teubner)
Jenny, Peter: Bildkonzept, Zürich 2000 (Hochschulverlag ETH Zürich)
Jenny, Peter: Bildrezepte, Zürich 1996 (Hochschulverlag ETH Zürich)
Kleint, Boris: Bildlehre. Der sehende Mensch, Basel 1980 (Schwabe)
Kroeber-Riel, Werner: Bildkommunikation, München 1993 (Vahlen)
Stankowski, Anton: Visuelle Kommunikation, Berlin 1989 (Reiner)

Kapitel 7: Video

Blaes, Ruth; *Heussen*, Gregor A. (Hrsg.): ABC des Fernsehens, Konstanz 1997 (UVK)
Büchele, Fridhelm: Digitales Filmen, Bonn 2002 (Galileo Press)
Gehr, Herbert; *Ott*, Stephan: Film-Design. Visual Effects für Kino und Fernsehen. Bergisch-Gladbach 2000 (Bastei-Lübbe)
Giessen, Rolf: Lexikon der Special Effects, Berlin 2001 (Schwarzkopf & Schwarzkopf)
Kandorfer, Pierre: DuMont's Lehrbuch der Filmgestaltung, Köln 1984 (DuMont)
Klimsa, Paul: Desktop Video - Videos digital bearbeiten, Reinbek bei Hamburg 1998 (Rowohlt)

Kramarek, Johannes; *Pockrandt*, Rainer; *Kerstan*, Peter: DuMont's Handbuch für praktische Filmgestaltung, Köln 1986 (DuMont)
Rabenalt, Peter: Filmdramaturgie, Berlin 1999 (Vistas)

Kapitel 8: Animation

Parent, Rick: Computer Animation. Algorithms and Techniques. San Francisco 2001 (Morgan-Kaufmann)
Schäffer, Florian: Das große Buch Webdesign. Design, Navigation, Grafik, Animation, Düsseldorf 2001 (Data Becker)
Weishar, Peter: Blue Sky: The Art of Computer Animation. Algorithms and Techniques, New York 2002 (Harry N. Abrahams)
Velsz, Istvan: Grundlagen und Praxis der 3D-Visualisierung und -animation, München u. a. 2002 (Addison Wesley)

Kapitel 9: Multimedia

Clement, Ute; *Kräft*, Klaus: Lernen organisieren: Medien, Module, Konzepte, Berlin, Heidelberg, New York u. a. 2001 (Springer)
Förster, Hans-Peter; *Zwernemann*, Martin: Multimedia – Die Evolution der Sinne, Neuwied, Kriftel, Berlin 1993 (Hermann Luchterhand)
Franz, Wolfgang A.W.; *Franz*, Julia C.: Multimedia-Produktion, München u. a. 1998 (Pflaum)
Fröbisch, Dieter; *Lindner*, Holger; *Stetten*, Thomas: MultiMediaDesign: das Handbuch zur Gestaltung interaktiver Medien; Benutzerführung, Text, Bild, Sound & Grafik, München 1997 (Laterna Magica)
Henning, Peter A.: Taschenbuch Multimedia, München 2001 (Fachbuchverlag Leipzig im Carl Hanser Verlag)
Holzinger, Andreas: Basiswissen Multimedia. 3 Bände. Bd. 1: Technik, Bd. 2: Lernen, Bd. 3: Design. Würzburg 2000, 2001 (Vogel)
Kerres, Michael: Mutimediale und telemediale Lernumgebungen, München, Wien 1998 (Oldenbourg)
Macromedia GmbH – Akademie für neue Medien, München (Hrsg.): Konzeption und Entwicklung interaktiver Lernprogramme, Berlin, Heidelberg, New York u. a. 2001 (Springer)
Merx, Oliver (Hrsg.): Qualitätssicherung bei Multimedia-Projekten, Heidelberg 1999 (Springer)
Schifman, Richard S.; *Heinrich*, Yvonne; *Heinrich*, Günther: Multimedia-Design interaktiv, Berlin, Heidelberg, New York u. a. 1997 (Springer)
Schreiber, Alfred: CBT-Anwendungen professionell entwickeln, Heidelberg 1998 (Springer)
Siemoneit, Manfred: Multimedia, Bonn, Paris u. a. 1995 (Addison-Wesley)
Vaughan, Tay: Multimedia: Making It Work, Fourth Edition, Berkeley, California 1998
Thissen, Frank: Screen-Design-Handbuch. Effektiv informieren und kommunizieren mit Multimedia. 2. Aufl., Berlin, Heidelberg, New York u. a. 2001 (Springer)
Yass, Mohammed: Entwicklung multimedialer Anwendungen. Eine systematische Einführung. Heidelberg 2000 (dpunkt-Verlag)

Kapitel 10: Internet

Baumgart, Michael: Web Design, 3. Aufl., Berlin, Heidelberg, New York u. a. 2000 (Springer)

Beier, Markus; *Gizycki*, Vittoria von (Hrsg.): Usability – Nutzerfreundliches Webdesign, Berlin, Heidelberg, New York u. a. 2002 (Springer)

Gralla, Breston: So funktioniert das Internet, Ein visueller Streifzug durch das Internet, München 2001 (Markt + Technik Verlag)

Grotenhoff, Maria; *Stylianakis*, Anna: Website-Konzeption. Von der Idee zum Storyboard. Bonn 2992 (Galileo)

Hofer, Klaus C.; *Zimmermann*, Hansjörg: Good Webrations, Eine Web Wirkungsanalyse, München 2000 (PROTEUS)

Langkau, Ralf: Webdesign und -publishing. Grundlagen und Designtechniken. 3. Aufl., München, Wien 2001 (Hanser)

Langkau, Ralf: Webdesign und -publishing. Projektmanagement für Websites. München, Wien 2000 (Hanser)

McKelvey, Roy: Hypergraphics, Reinbek bei Hamburg 2000 (Rowohlt)

Randerath, Detlef; *Neumann*, Christian: Streaming Media, Bonn 2001 (Galileo)

Schenker, Amanda; *Meier*, Alexander: Internet-Konzept, Kilchberg 2000 (Smart Books Publishing)

Schieb, Jörg: Internet, Nichts leichter als das, Berlin 2001 (Stiftung Warentest)

Schnieders, Christian: Schnellkurs Internet, Köln 2001 (DuMont)

Schweibenz, Werner; *Thissen*, Frank: Qualität im Web, Berlin, Heidelberg, New York u. a. 2002 (Springer)

Siegel, David: Das Geheimnis erfolgreicher Web Sites, Haar bei München 1998

Stocksmeier, Thorsten: Business Webdesign, Berlin, Heidelberg, New York u. a. 2002 (Springer)

Zocholl, Michaela: Internet, Schritt für Schritt, Unterschleißheim 2001 (Microsoft Press)

Kapitel 11: Design

Brandes, Uta: Hartmut Esslinger & frog design, Göttingen 1992 (Steidl)

Cullen, Cheryl: The Best of Brochure Design 6, Hamburg 2001 (Gingko Press)

Esslinger, Hartmut: frog, form follows emotion, New York 1999 (The Ivy Press)

Holder, Eberhard: Design: Darstellungstechniken, 2. Aufl., Augsburg 1994 (Augustus-Verlag)

Turtschi, Ralf: Mediendesign, 2. Aufl., Zürich 2000 (Niggli)

Zec, Peter: Mit Design auf Erfolgskurs, Köln 1998 (DuMont)

Zuffo, Dario: Die Grundlagen der visuellen Gestaltung, Zürich 1998 (Niggli)

Kapitel 12: Druck

Blana, Hubert: Die Herstellung: Ein Handbuch für die Gestaltung, Technik und Kalkulation von Buch, Zeitschrift und Zeitung, München 1998 (Verlag K.G. Saur)

Kipphan, Helmut (Hrsg.): Handbuch der Printmedien, Berlin, Heidelberg 2000 (Springer)

Schönstedt, Eduard: Der Buchverlag, 2. Aufl., Stuttgart 1999 (Metzler)

Kapitel 13: Präsentation

Hierhold, Emil: Sicher präsentieren – wirksam vortragen, München, Wien 1994 (Ueberreuter)
Thiele, Albert: Überzeugend präsentieren, 2. Aufl., Berlin 2000 (Springer)

Kapitel 14: Medienökonomie

Becker, Jochen: Marketing-Konzeption, 6. Aufl., München 1998 (Vahlen)
Bruhn, Manfred: Kommunikationspolitik, München 1997 (Vahlen)
Busse, Rido: Was kostet Design? 2. Aufl., Frankfurt a. M. 1999 (Verlag forum)
dmmv-Gehaltsspiegel 2001. Die Gehaltstruktur der Internet- und Multimedia-Branche, dmmv-Studie Nr. 4, München (High Text Verlag)
Etat-Kalkulator, erscheint halbjährlich, Freiburg i. Br. (creativ collection)
Greunke, Uwe: Erfolgreiches Projektmanagement für Neue Medien, Frankfurt am Main 2000 (Deutscher Fachverlag)
Hackenberg, Heide: Was kostet Grafik-Design? 2. Aufl., Frankfurt a. M. 2000 (Verlag forum)
Hermanns, Arnold; *Sauter*, Michael (Hrsg.): Management-Handbuch Electronic Commerce, 2. Aufl., München 2001 (Vahlen)
Hübner, Roger; *Bressler*, Florian; *Rohloff*, Stefan: Was kostet Web-Design? Frankfurt am Main 2000 (Verlag Form)
iBusiness Honorarleitfaden 2001/2002: Honorare und Stundensätze für freie Mitarbeiter der Neuen Medien, München (High Text Verlag)
Khazaeli, Cyrus Dominik: Multimedia mit Director 8. Projektplanung und Interfacedesign, vollst. überarb. u. erw. Aufl., Reinbek bei Hamburg 2000 (Rowohlt)
Leeb, Hugo: Kalkulation (II): Vom Drehplan zum Budget, München 1998 (TR-Verlagsunion)
Lettau, Claudia: Das Web-Pflichtenheft, Bonn 2000 (MITP-Verlag)
Lyng, Robert: Die Praxis im Musikbusiness, 6. Aufl., o. O. 1998 (PPV)
Rehn-Göstenmmeier, Gudrun: Projekt 2000, Kaarst 2000 (bhv)
Schelle, Heinz: Projekte zum Erfolg führen, 3. Aufl., München 2001 (dtv)
Schifman, Richard S.; *Heinrich*, Günther: Multimedia-Projektmanagement, 3. Aufl., Berlin, Heidelberg, New York u. a. 2001 (Springer)
Sehr, Peter: Kalkulation (I): Vom Drehbuch zum Drehplan, München 1998 (TR-Verlagsunion)
Sträubig, Michael E.: Projektleitfaden Internet-Praxis, Braunschweig, Wiesbaden 2000 (Vieweg)

Kapitel 15: Medienrecht

Harke, Dietrich: Ideen schützen lassen? München 2000 (dtv)
Merx, Oliver; *Tandler*, Ernst; *Hahn*, Heinfried (Hrsg.): Multimedia-Recht für die Praxis, Berlin, Heidelberg, New York u. a. 2002 (Springer)
Weinknecht, Jürgen; *Bellinghausen*, Iris: Multimedia-Recht, Heidelberg 1997 (Hüthig)
Wenzel, Karl Egbert; *Burkhardt*, Emanuel H.: Urheberrecht für die Praxis, 4. Aufl., Stuttgart 1999 (Schäffer-Poeschel)

Index

A

3D-Animation	241
3D-Chat	294
3D-VR-Simulatoren	247
Abbildungsgrößen	176
Ablaufplan	77
Abnahmeprozeduren	84
Abspiel-Hardware	211
Abspiel-Plattform	208, 210
Abtastauflösung	347
Abtastfrequenz	134, 135, 146, 147
Achsensprung	228
ActiveX	309
ADPCM	147
ADSL	314
A/D-Wandler	224
Advertainment	22
AES/EBU	130, 138
Agent	300, 302
Agentur	74, 418
AIFF	150
AIF-Format	125, 137, 139, 146
Akzeptanz	84
Akzeptanzüberprüfungen	86
Algorithmen	225
Altpapier	364
Amerikanisch	183
Analog-Digital-Wandlung	134, 139, 140
Änderungsdurchlauf	75
Anforderungen	74
Animation	238, 239
Anreizsteigerung	86
Ansichten	330
Antivirenprogramm	317
Anzeigenblätter	40
Äquivalenzprinzip	434
Arbeitspaket	420
Archive	446
ARPANET	285
Artikel	372 f.
Arts & Crafts	324
ASA	182
ASF	152
ASP	319
Assets	411
Assoziationen	255
ATAPI-Schnittstelle	139
Atelier	405
Atmo	119, 120, 122, 126, 134, 148
Attachments	289
Audio-Grabber	137, 139
Auf- und Abblenden	219
Aufdecktechnik	388
Auflösung	232
Auflösung, Scanner	346
Aufnahmestandpunkt	228
Auftraggeber	75
Augenmuschel	178
Augmented Reality	248
Aussage	21
Ausschießen	354
Ausschnittvergrößerung	205
Ausschwingphase	107, 108
Auszeichnung	99
Authorware	276
Autor	74
Autorensystem	82, 210, 211, 272, 274, 278, 280
Avatar	294
Axonometrie	328

B

Backbone	314
Balgengerät	179
Balkendiagramm	421 f.
Bandwurmsatz	257
Basismedium	39
Basisplan	420
Batch-Converter	146
Bauhaus	324
Baum-Metapher	260, 261
Bearbeitungsprotokollierung	86
Bebildern	353, 357
Bedruckstoff	363
Begleitmaterial	86

Behaltensleistung	381	Body	306
Belichtungsmesser	178, 179	Bogendruckmaschine	359
Benutzerunterstützung	75	Bogenmontage	354
Benutzereingaben	274	Booklet	86
Benutzerfreundlichkeit	274	Brainstorming	74
Benutzerführung	75, 82, 263, 267	Branche	76
Benutzeroberfläche	75, 85	Brennweite	175, 227
Beschichten	365	Bridge	286
Betacam	223	Briefing	418
Beta-Version	83	Broadcast-Qualität	225
Betrachtungsstandpunkt	227	Brokerage	320
Bewegtbildmedien	226	Browser	150, 151, 153, 315
Bewegung	226	B-to-B	430, 436
Bibliotheken	277	Buch	43 f.
Bildanalogie	200	Buchaufbau	368 f.
Bildassoziation, freie	200	Buchgestaltung	368 f.
Bildauflösung	223	Buchherstellung	369 f.
Bildbearbeitungsprogramme	207	Buchstabenbegriffe	92
Bilder, Präsentation	382	Buddy	295
Bildinformation	195	Bundzuwachs	354
Bild, akustisch	197	Business TV	437
Bild, haptisch	197	Buttons	266, 268, 277
Bild, inneres	196	Buyout	402, 444
Bildkomposition	192, 193, 194, 213, 214, 218, 219, 220, 221, 222		

C

Bildkompositionen	218, 220	C++	309
Bildkommunikation	197	Camcorder	223
Bildmetapher	200	Cascading-Style-Sheet	307
Bildschärfe	203	Cast	403
Bildschirmeinheiten	77	Catering	403
Bildschirmtypografie	103	CBT	76, 321, 429, 439
Bildsemiotik	195	CCD-Chip	184, 226, 237, 250, 323, 324
Bildverfremdungen	206, 207		
Bildweite	175	CCD-Zeile	201
Bildwiederholfrequenz	222	Cel-Animation	240
Binden	367	CGI	310
Bitedit	210	Chat	292, 300
BITNET	285	Chrominanz	223
Bleisatz	355	Cinch	128, 130
Blendcharakteristik	220	Client-Server	288
Blenden	220	CMMV	461
Blendenwert	173	CMS	319
Blickrichtung	228	CMYK	163, 346, 349
Blickverlauf	199	Codec	153
Blitzgerät	179	Cognitive Overload	262
Blocksatz	97	CompactFlash-Card	185
Blue Screen Technik	230, 231	Component-Video	223

Composite-Video	223
Computer Animation	22
Computer Based Training	76, 251, 259, 274, 275
Computer-Blitzgeräte	179
Computerpräsentation	392 f.
Computer-to-film	353
Computer-to-plate	353
Computer-to-press	353
Content-Provider	315
Cookies	317
Copyboard	391
CPC	361
CSS	307
Cursor	277

D

D1	224
D2	224
D3	224
Darstellung, ergonomisch	334
Darstellung, schematisch	334
Datenkompression	153
Datenmenge	208
Datenreduktion	208
Datentransferrate	225
Datenübertragung	186
Datenübertragungsrate	150, 152, 153
Datenübertragungswege	208
DC-Offset	143
De-Esser	143
Deinking-Prozess	364
DENIC	284, 287
Denkprozeß	256, 258
De-Noiser	145
Desktop-Video	224
Designbegriff	324
Designgeschichte	324
Designprozess	337 f.
Detail	189
Diapräsentation	389
Diaprojektor	182
Dicke	92
didaktische Prinzipien	250
Didaktisches Konzept	75
Didot-Punkt	93

Dienstleister	69
Digipak	86
Digital-Betacam	224
Digitaldruck	353, 357
Digitaldruckmaschine	359
Digitalfotoprintern	187
Digitalisieren	201
Digitalisierung	52, 224, 234
Digitalisierungskarte	224, 234
Digitalkamera	184, 224
Digitalscanner	201
Digital Subscriber Line	314
Dimensionsdarstellung	335
Dimetrie	239, 328
DIN	182
Director	278
Direktabsatz	428
Direktschall	114
discArt	86
Disintermediation	428
DNS	287
Dokumentarische Beschreibung	188
Dokumentationen	275
Dolly	405
Domain	287
Domain-Name	287
Download	150, 153
Drahtauslöser	179
Drahtgittermodell	242
Dramaturgie	253, 381
Drehbuch	79, 232, 256, 317, 398 f.
Drehverhältnis	400
Druck, dezentraler	458
Druckplatte	455
Drucküberwachung	361
DSL	314
DSL-Modem	314
DSL-Splitter	314
Duale Medien	15
Duales System	52
Duktus	88, 92
dynamische Bilder	226

E

eBay	321

E-Business	430	Farben	162
Echtzeiteffekte	149	Farbgrafiksystem	210
Echtzeitfähigkeit	141	Farbkasten	360
E-Collaboration	321	Farbkomponente	192
E-Commerce	320	Farbkompositionen	193
EDI	437	Farbkontraste	164
Edutainment	22	Farbkorrekturen	204
Effektfilter	206	Farblaserdrucker	187
Effektgeräte	113, 128, 130	Farbmischung	163
E-Government	321	Farbnegativfilm	182
Einblendungen	220	Farbpaletten	210
Einschwingphase	107, 108	Farbsechseck	163
Einstellgröße	189, 190, 191, 227	Farbsysteme	349 f.
Einstellscheiben	179	Farbtiefe	208, 209, 224
Einstellung	189, 190, 227, 230, 234, 255	Farbton	164, 166, 167, 168
		Farbtöpfe	210
Einstellungen	233	Farbumkehrfilm	182
Einzelkosten	407	FBAS	223
Einzug	99	Feinkonzeption	417
E-Learning	321	Fernsehen	51 ff., 435
E-Mail	288, 289, 290	Fernsehkritik	55 ff.
Emoticon	303	Fernsehnutzung	54
Empfänger	208	Figur-Grund	157
Endfertigung	406	File Transfer Protocol	287, 297
Entwicklungsprozess	183	Film	22
Equipment	80, 361	Film- und Diascanner	201
Ergonomie	121, 123	Filmkalkulation	401 ff.
Erzählende Montage	255	Filmproduktion	278
EUnet	285	Firewall	317
Evaluationsstufen	81	Firewire-Schnittstelle	224
Exciter	143	Fixation	199
Explosionsdarstellung	336	Fixierungsprozess	183
Exposé	74, 78	Flachbettscanner	202
Exposition	232	Flachdruck	356
Extranet	319	Fläche	159
		Flash	150, 152, 295
		FlashPath-Adapter	185
		Flattersatz	97
		Flexodruck	356
		Flipchart	390

F

Fachberater	74, 84	Flowchart	75, 77, 444
Fachzeitschriften	42	Fluchtpunkt	327
Falzen	366	Flussdiagramm	274
Farbauflösung	224	FM-Synthese	139
Farbbalance	204	Focoltone	349 f.
Farbeffekte	211	Folienpräsentation	387 f.
Farbeindruck	204	Font	348
Farbelemente	211		

Form	192, 193, 194, 233, 237, 239, 255, 256, 262, 274
Formanten	108
Format	50
Form follows function	324
Fragebogenaktion	86
Frame-by-Frame-Technik	240
Franchising	428
Freistellung	447
Frequenzgang	132, 133
Froschperspektive	328
FTP	287, 297
Fünfsatz, dialektisch	380
Fünfsatz, divergierend	380
Fünfsatz, linear	380
Fünfsatz, parallel	380
Führungslicht	229
Füll-Licht	229
Funktionen der Medien	54 f.
Funktionsbeschreibung	188
Fußnote	102

G

Gagen	403 f.
Gateway	286
Gedächtnisbilder	196
Gefühle	255
Gegenlicht	193, 229
Gegenlichtblenden	179
GEMA	124, 402, 459 f.
Gemeinkosten	407
General-MIDI	139
General Packet Radio Service	302
Geräuscharchiv	120, 124
Geruchsbild	197
Gestalt	193
Gestaltgesetze	168
Gestaltungsformen	188, 211
Gewaltdarstellungen	23, 56 f.
Gewinn	407
Glätten	157, 365
Gopher	298
GPRS	302
Grafiker	77
Grafikherstellung	81
Grauwert	96

Grauwertauflösung	346
Grobkonzept	74
Groß	189
Großformatkamera	181
Grundmuster	232
Grundschriftgröße	95
Grundstruktur	75, 76
GSM	302
Guide-Systeme	275
Gute Form	325
GVL	402, 461

H

Haas Effekt	112
Halbbilder	222
Halbbildverdopplung	222
Halbnah	190
Halbtonproof	353
Halbtonvorlage	346
Hardcover	86
Harddisk-Recording	134, 140, 148, 149
Hauptlicht	229
HBCI	320
HDTV	223
Header	305
Helligkeit	166, 167, 168, 203
Herstellungskosten	352
HfG	325
Hi-8	223
Hintergrund	211
Hintergrundlicht	229
HiRes	351
Historismus	324
HKS	349 f.
Hochdruck	355
Hochformat	212
Hochgeschwindigkeitskamera	181
Hochschule für Gestaltung	325
Holzstoff	364
Honorare	403 f.
Hörereignis	106, 110, 112, 114, 115, 116
Hörfunk	45
Horizont	327
Host	287, 318
HSB	349 f.
HSB-Farbmodell	12

HTML	305	Inverse Kinematik	244
HTTP	150, 152, 287, 288, 304	IP	286
		IP-Adresse	287
HTTP-Protokoll	304	IPIX	245
Hub	286	IRC	292
Hurenkind	101	ISDN	313
Hypercard	273	Isometrie	238, 329
Hyperlink	304	ISP	314
Hypermedia	273, 305		
Hypertext	76, 261, 304		
Hypertext Markup Language	305	**J**	
Hypertext Transfer Protokoll	287		
		Java	308
		Java-Applet	308
I		JavaScript	309
		Jewelcase	86
Icon	276	JPEG	225
Ideen	74	JSP	319
Imageryforschung	195	Jugendstil	324
IMAP4	288	Junk-Mail	290
Independant	59		
Individualisierung	61		
Individualkommunikation	128	**K**	
Informationseinheiten	77		
Informationsmedien	208	Kalkulation	398 ff.
Informationsmenge	208	Kameraführung	228
Informationsrecherche	76	Kamera-Licht	229
Informationsschichten	273, 280	Kammfiltereffekt	131
Informationssysteme	259, 273, 275	Kann-Inhalte	380
Informationstiefe	76	Kapitalis	88
Informationsvermittlung	75	Kaschieren	365
Infotainment	22	Kausalmontage	237
Infrarotfilter	178	Kino	58 f., 435
Inhalte, Präsentation	379	Kleinbildkamera	180
Inhaltsanalyse	22	Kleingruppenkommunikation	14
Initiale	99	Kleinstbildkamera	181
Instant Messaging	295, 300	Kommunikation	14 ff., 35
Instruktionsmethode	252	Kommunikator	20
Integrated Services Digital Network	313	Komplementärfarben	193
Interaktivität	254, 260	Komplementärkontrast	332
Interface-Agenten	253	Kompression	225
Internet	62, 438, 449	Kompressor	128, 144
Internet Protocol	286	Kondensatormikrofon	131, 132
Internet Relay Chat	292	Konfrontation	232
Internet Service Provider	314	Konkurrenzprodukte	76
Internet Telephony Service Provider	297	Konstruktivismus	30, 32
Interpersonale Kommunikation	14	Kontaktkopierer	183
Intranet	319, 437	Kontaktproof	352

Kontrast	160	LowRes	351
Kontrastfilter	177	lpi	347
Kontur	161	Luminanz	223
Konvergenz	63		
Konzeptioner	74		
Konzeptionsphase	76		

M

Körperfarben	162, 163		
Körperschall	127	Magazine	275
Körpersignale	385	Magisches Dreieck	415
Körpersprache	384 f.	Mailingliste	290
Korrekturfiltern	169	Majors	59
Kosten	396 ff., 423	Majuskel	88
Kran	405	Makroobjektive	177
Kreativteam	74, 76	Maletzke-Modell	28
Kreuzbruchfalz	354, 366	Manuskript	369 f.
Kunde	84	Mapping	243
Kundenzeitschriften	42	Marginalie	102
Kunstlichtaufnahmen	204	Marketing	425 ff.
Kupferstich	357	Marktforschung	425, 428
Kurven gleicher Lautstärke	109, 112	Mass Costumization	438
		Massenkommunikation	14, 33, 61
		Material	77
		Mediaplanung	439

L

		Medien	208
Lampenfieber	384 f.	Medienbegriff	10 f.
LAN	313	Medieneinbindungen	271
Lasswell-Formel	19	Medienelemente	22
Laufweite	94	Medienliste	411
Laufzeit	111, 131	Medienproduktion	81
Lautstärke	109, 110, 112, 113	Medienwirkungsforschung	24
LCD-Display	184	Meilenstein	423
Learning Management System	321	Memory Stick	185
Leistungsschutzrechte	455	Mengenkontrast	165
Leiter-Metapher	260	Menübreite	260
Leporellofalz	366	Menüs	270
Lernerfolgskontrollen	251	Menütiefe	260
Lernhilfen	251	Merchandising	429
Lernstrategien	251	Meta-Datei	151
Lernvoraussetzungen	251	Metapher	29 ff., 260, 273
Lernziel	251	Metasuchmaschine	301
Licht	192, 194	Methodik	75
Lichtfarben	162, 163	Mickey-Mousing	118
Lichtstärke	177	MIDI	123, 127, 128, 134, 139, 152
Linien	157		
Linsenformen	175	Mikrofon	114, 115, 123, 127, 130, 131, 132, 133, 134, 136, 138, 139, 143, 144, 145
LMS	321		
Local Area Network	313		
Location Scout	402		

Mikrofonhalterung	127, 128
MIME	151, 289
Mindmap	196
Mini-DV	224
Minuskel	88
Mischpult	111, 112, 127, 129, 130, 137, 138, 148
Mitarbeiterzeitschrift	437
Mitteilung	21
Mittelachsensatz	38
Mittelformatkamera	180
Mitwirkende	455
M-JPEG	225
Modeling	243
Modem	313
Moderationskarten	391
Monomedien	15
Montage	255
Motion Capturing	244
Motivation, Präsentation	386
Motor	179
MP3	137, 139, 146, 147, 150, 152
MPEG	139, 147, 225
Multimedia	15, 411
Multimedia-Autor	256
Multi Purpose Mail Extensions	289
Muss-Inhalte	380
Muster	194

N

Nachhallzeit	116
Nachricht, vier Seiten	35
Nah	189
Navigation	83, 265
Navigationselemente	211, 268
Navigationsmöglichkeiten	75
Nebenbeimedium	50
Netiquette	303
Netmeeting	294
Network News Transfer Protocol	291
Netzplan	421 f.
Netzwerk	76
Netzwerk-Metapher	261
Neue Sachlichkeit	324
News Server	291

Newsgroups	291
Newsletter	290
NNTP-Protokoll	291
Non-destructive Editing	140, 145
Nonverbale Kommunikation	35 f.
Normalize	144
Normalperspektive	191, 328
NTBA	313
NTSC	223
Nutzung	54
Nutzungsrechte	357, 402

O

Obertöne	107, 108, 110
Objektive	174
Objektweite	175
Öffentlichkeitsarbeit	425, 439
Öffentlich-rechtlicher Rundfunk	46 f., 53
Offsetdruck	356
On-Demand	152
Online	62 f., 435
Online-Auktionen	321
Online-Communities	293
Onlinedienst	315
Open Prepress Interface, OPI	351
Outline-Schrift	348

P

Packaging	436
PAL	223
Palettenumschaltung	210, 211
Panorama- und Weitwinkelkamera	181
Pantone	349
Papiere	363
Papierherstellung	364
Papiersorten	365
Paradigma	232
Passergenauigkeit	361
Passivsätze	255
Paybox	320
Pay TV	51 f., 434
PC-Card	185
PCMCIA-Adapter	185
PCMCIA-Card	185

PCMCIA-Standard	185	Product Placement	429
Peak-Meter	136	Produktdefinition	75
Perl	310	Produktentwicklung	340 f.
Persönliche Kommunikation	33	Produktion	80
Perspektive	191, 327	Produktionsleiter	68, 400, 403, 419
Pfadanimation	240	Produktionsteam	77, 208
Pflichtenheft	416	Produktkatalog	275
PGP	318	Produktlebenszyklus	427
Phantomspeisung	132, 138	Produktpolitik	425 ff., 431
Phasenanimation	240	Produktpräsentation	275
Philosophie	273, 274	Produzent	403
Photoshop	210	Profilpolitik	425, 429, 432
PHP	319	Programm	50, 53, 271
Pica-Point	93	Programmablaufplan	79
Picture Card	185	Programmaufbau	75
PIN	320	Programmgerüst	82
Pixel	157, 162, 169	Programmierer	74, 256
Pixelauflösung	208	Programmiersprachen	271
Pixelgrafik	169	Programmwege	274
Plattenzylinder	357 f.	Projektleiter	74
Player	150, 151	Projektmanagement	414 ff.
Plug-in	150, 151, 153, 207, 247, 312	Projektstrukturplan	420
		Proof	352
Point of Fun	439	Prototyp	83
Point of Information	397, 439	Proxy-Server	314, 317
Point of Sale	397, 439	Prozessfarben	346, 349
Polarisationsfilter	178	Pseudo-Streaming	152
POP3	288	Public-Key-Verfahren	318
Pop-up-Menü	270	Public Relations	425, 429
Portal	299	Publikationen	249
Post Office Protocol	288	Publikum	23
Postproduktion	233	Publikumszeitschriften	42
Postscript	348	Publishing-Prozess	216 f.
Powershopping	321	Pull-down-Menü	270
ppi	346		
Pragmatik	27, 34, 195		
Präsentationsgestaltung	383	Q	
Präsentations-Rahmenbedingungen	208		
Präsentationsraum	391	QTVR	247
Präsentationssysteme	259	Quantisieren	134
Präsentationstermin	75	Quasistationäre Phase	107
Präsenzpolitik	425, 428, 432	Querformat	212
Preispolitik	427, 432	Quick Motion	230, 231
Pretty Good Privacy	318	QuickTime	150, 152, 225
Primäre Medien	12	QuickTime VR	245
Printing on demand	358		
Prinzipzeichnung	333		
Privater Rundfunk	48 f., 53		

R

Radio	45, 435
Rakeltiefdruck	357 f.
Raster Image Processor	358
Rasterproof	358
Rasterpunkt	347
Rastersystem	215
Rasterweite	347
Raumakustik	112, 113, 127, 131
Raumaufteilungen	215
Raumsimulator	113
Raumtiefe	192
Rat für Formgebung	325
Realbilder	209
Recherchen	402
Rechte	379 ff., 402, 441 ff.
Red Book	125, 137
Redaktion	372
Redaktionsprogramm	372 f.
Reflexionen	112, 114, 115, 116, 131
Regieraum	125, 133
Registerhaltigkeit	361
Reiz, emotional	199
Reiz, physisch	199
Reiz, überraschend	199
Reiz-Reaktions-Schema	30 f.
Relaunch	427
Rendering	234, 273, 274, 336
Repeater	286
Requisiten	405
Resonanz	108
Ressourcenverwaltung	277
Rezeption	250
Rezeptoren	162, 163
Rezipient	23 f., 232
RGB	162, 167, 287 f.
Rhetorik	385
Rich Media	321
Richtcharakteristik	131, 132, 133
RIP	353
Robots	300
Rohdrehbuch	78
Rollendruckmaschine	360
Roll-over	266, 267, 270
Rotationsmaschinen	360
roten Faden	78
Router	286
RTP	152
RTSP	152
Runtime	85

S

S/MIME	318
S/P-DIF	130, 137, 138
Saccade	199
Samples	134
Sättigung	166, 167, 204
Satz	370
Satzspiegel	101
Schalldruckpegel	109, 116
Schallereignis	106, 107, 112, 113, 114
Schaltflächen	266
Schärfe	194
Schärfentiefe	173, 177
Scharfzeichnen	203
Schatten	331
Schaubilder, Präsentation	382
Schlitzverschluss	172
Schmuckfarbe	349
Schneideprozess	234, 235
Schnittsystem	234
Schön- und Widerdruck	354
Schriften, Antiqua	89, 91
Schriften, gebrochene	89, 91
Schriften, Grotesk	89
Schriften, Klassifikation	89
Schriften, serifenbetonte	89, 91
Schriften, serifenlose	89, 91
Schriftgröße	93
Schriftlinie	92
Schriftschnitt	90, 91
Schusterjunge	101
Schuss/Gegenschuss	228
Schwarzweiß	192
Schwenk	227
Schwingungen	107
Screendesigner	74
Scrollbalken	270
SECAM	223
Segmentierung	23
Sekundäre Medien	12

Selbstauslöser	179	Sprungsteuerung	82
Selbstkosten	407	SSL	317, 320
Semantik	27, 34, 195	Staff	403
Senderecht	447, 456	Standbild	188, 221
Senderfamilien	53	Standproof	353
Separation	346	Standpunkt, schräger	191
Sequenz	254, 258	statischen Bilder	218
Serifen	89	Stativ	179
Server	150, 151, 152, 153	Stereokamera	181
SFX (Special Effects)	399, 405	Stimulanzien	382
Shading	243	Stimulus-Response-Ansatz	30
Shannon-Weaver-Modell	26	Storyboard	398
Shockwave	150, 152	Streaming	150, 151, 152, 153
Shutterbrillen	248	Streaming-Verfahren	311
SHTTP	317	Streichen	365
Silberhalogenidsalze	193	Strichzeichnung	346
Simulationssysteme	259	Struktur	82, 259, 273
Simultankontrast	164	Strukturierung	256
Situationsbeschreibung	188	Strukturplan	77
Skizze	333	Style Guide	416
Slow Motion	230, 233	Sub-Domain	287
SmartMedia Disk	185	Substantive	257
SMTP	288	Sucher	174
SMTP-Protokoll	288	Suchmaschine	300
Soll-Inhalte	380	Supercard	273
Sonderfarbe	349	S-VHS	223
Sonnenschutzblenden	179	S-Video	223
Soundchip	139	Symmetrische Leitung	130
Sounddesign	105, 121, 123, 126	Syntaktik	27, 34, 195
Soundkarte	127, 129, 130, 137, 138, 139, 140, 144, 146	Systemfarben	211
		Szene	232
Spam	290		
Spannung	253		
Spannungsbogen	254	T	
Spartenprogramme	53	TAE-Dose	313
Special-Interest-Zeitschriften	42	Tag	305
Speicherkapazitäten	208	Tageslichtfilm	204
Speichermedien	13, 185	Tageslichtprojektion	387 f.
Spezialeffekte	235	Tageszeitung	371 f.
Spezifikation	417	TAN	320
Spider	300	Tarifverträge	400, 403
Spiegelreflex	174	Tätigkeitsliste	421
Spiegelreflexkamera	184	TCP	286
Sponsoring	329	TCP/IP	152, 286
Sprache	34 f.	Team	419
Sprachpassagen	256	Telefon	37 f.
Sprecherkabine	125, 127	Telekommunikation	37

Telelearning	439	Unschärfe	194
Teleobjektive	177	Unterlegtechnik	428
Telnet	298	Unterschneiden	94
Thema	74	Urheber	454 f.
Thermosublimationsdrucker	187	Urheberrecht	441 ff.
Thermotransferdrucker	187	URL	287, 304
Three-Pass-Scanner	201	USENET	285, 291
Tiefdruck	357 f.	UV-Filter	178
Tilt	227		
Timecode	223		
TIME-Branchen	15, 63	**V**	
Tintenstrahldrucker	187		
Tonhöhe	108, 110, 113	Value Added Service	438
Tonstufen	347	Vario-Objektiv	177
Tonwert	192	Vektorgrafik	169
Tonwertkorrektur	204	Verben	257
ToolBook	261, 273, 280	Verbreitungsrecht	447, 456
Top Level-Domain	287	Vergrößerungsapparat	183
Totale	190	Verkaufsförderung	429
Touchscreen-Monitor	267	Verknüpfungen	76, 82
Trägermedien	60 f., 433	Verlage	458
Transmission Control Protocol	286	Vermarktung	433 ff.
Trapping	351	Veröffentlichungsrecht	456
Trickfilter	178	Verschlusszeit	173
Trommelscanner	202	Versicherungen	406
True Color	208	Verständlichkeit	256
Truetype	348	Vervielfältigungsrecht	447, 456
TruMatch	349 f.	Verwertungsgesellschaften	458 ff.
TTL-Belichtungsmessung	179	Verwertungskette	59
Typografisches Logo	102	Verwertungsrechte	456
		VG Bild-Kunst	460
		VG Wort	460
U		VHS	223
		Video Capture Card	224
Überblendeffekte	234	Video	22, 221
Überdecktechnik	388	Video-8	223
Überfüllen	351	Video for Windows	225
Überschriften	100	Video on Demand	51
Übertragungsprotokoll	150, 153	Videoaufnahmen	80
UDP	152	Videokamera	296
Umriss	193	Videopräsentation	389
Umschlagen	354	Videoqualität	224
Umstülpen	354	Video-Schnitt	234
UMTS	302	Videosignal	221
Uniform Ressource Locator	287	Videoteam	77
Unique Selling Proposition (USP)	426	Vignettierung	179
Universal Mobile		Virtual Reality	245, 312
Transmission System	302	Virtual Reality Modeling Language	246

Visual Basic	309	Wireless Application Protocol	302
Visuelle Blende	218	Wireless Markup Language	302
Vogelperspektive	191, 328	Wirkung	23
Voice over IP	296	WML	302
Voice-Gateway	297	World Wide Web	63, 288, 304
Vollbilder	222	WWW	288, 294
Vorführrecht	447, 456	WWW-Browser	305, 315
VR	245	WWW-Server	304
VR Szene	246		
VR-Anwendungen	245		
VR-Komponenten	245		
VRML	246, 247		
VR-Simulationseinrichtungen	247		
VU-Meter	136		

X

XLR-Stecker	128, 130

W

W3C	284		
WAIS	299		
Wandler	127, 134, 136, 139, 143		

Y

Y/C-Video	223
YUV-Video	223

Z

WAP	302		
WARPING	246	Zeichentrick	22
Wässerung	183	Zeilenabstand	95 f.
WAV-Format	125, 137, 139, 146, 147	Zeilenbreite	95
		Zeilensprungverfahren	222
WAVE	150	Zeitachse	278
WBT	321, 439	Zeitdehnung	230
Web Based Training	321	Zeitlupe	230
WebCam	296	Zeitplan	421
Webchat	293	Zeitraffer	230, 231
Web-Editor	318	Zeitschriften	41 f.
Webkataloge	300	Zeitungen	38 f.
Webserver	151, 152	Zeitverhalten	83
Weichzeichnen	203	Zellstoff	364
Weichzeichner	178	Zentralverschluss	172
Weite	190	Ziele, persönliche	378
Werbebanner	299	Ziele, sachliche	378
Werbemarkt	48	Zielgruppe	23, 76, 83, 208, 274, 378 f., 414
Werbung	52, 58 f., 429, 439	Zoom	227
Werk	442 ff., 451 ff.	Zwischenringe	179
Werkbund	324		
Wertschöpfungsprozess	436		
Wettbewerbsrecht	441		
Whiteboard	294		
Wickelfalz	366		
Windows	273		

Die Autoren bedanken sich bei den nachfolgenden Firmen und Institutionen für ihre Unterstützung

Stuttgarter Nachrichten
Stuttgart

Brauerei Clemens Härle, Leutkirch

Siemens Dematic AG
Konstanz

frogdesign GmbH
Altensteig

Agfa-Gevaert AG, Mortsel, Belgien

Heidelberger Druckmaschinen AG,
Heidelberg

Büttenpapierfabrik Gmund
Gmund am Tegernsee

Typedata Druckerei, Wangen i. A.

Functional Food Trading GmbH, Salzburg

Siemens AG, München

Georg Neumann GmbH
Berlin

beyerdynamic, Heilbronn

Sennheiser electronic GmbH&Co KG
Wedemark

TerraTec Electronic GmbH
Nettetal

Engel Verbindungselemente, Weingarten

Jochen Wilfert Architekt, Fellbach

Barsortiment Lingenbrink, Norderstedt

Mobile Management GmbH, Kauferring

Studio Hamburg GmbH
Hamburg

Norddeutscher Rundfunk, Hamburg

Werbeagentur Topic
Christazhofen

Athemia GmbH, Stuttgart

KAVO Elektrotechnisches Werk
Leutkirch

Claus Peter Dudek Photodesign
Hamburg, www.peterdudek.de

Jörg Rusnak, Tübingen

Schuhwerk Grafikdesign,
Bad Grönenbach

Verband Deutscher Papierfabriken
Bonn

Hans-Jochem Dudek, Hattingen

Neuland GmbH, Eichenzell

Ravensburger Interactive, Ravensburg

Multimedia-Akademie,
Friedrichshafen

Shure Europe GmbH, Heilbronn

Radio-TechnischeWerkstätten GmbH
Köln

Hans Kolb Wellpappe GmbH
Memmingen

Seminarhotel Sonnenstrahl, Kißlegg

G. Merkle Fotograf, Ulm

Helmut Mitschke Steindruck, Kißlegg

Camgaroo AG, München

Sonoton Music GmbH&Co KG
München

Trotz größter Sorgfalt konnten die Urheber der Abbildungen nicht in allen Fällen ermittelt werden. Wir bitten gegebenenfalls um Mitteilung.